汉语方言研究的多维视角

游汝杰教授八秩寿庆论文集

主　编　胡　方　杨　蓓

副主编　胡　萍　雷红波

　　　　李冬香　亓海峰

　　　　孙锐欣　唐七元

　　　　王　健　吴　波丹

　　　　吴春相　袁　丹

上海教育出版社

溫文儒雅

汝杰老师八十华诞 谨书此

祝贺

受业 沈钟伟

1964 年 在杭州江城中学任教

1974 年 结婚照

1981 年 复旦大学中文系 81 届研究生毕业照（第二排右一为游汝杰）

1983 年 桥本万太郎来访

1983 年 吴语分区研讨会（杭州）与许宝华合影

汉语方言研究的多维视角

游汝杰教授八秩寿庆论文集

1986 年 与汤珍珠、张洪明、陈忠敏、沈榕秋
等带领学生赴杭州调查方言

1988 年第一届国际吴方言学术研讨会（香港中文大学）与许宝华、汤珍珠、汤志祥合影

1991 年在美国华盛顿大学小教室讲课

1994 年在东南方言语法研讨会上发言

1995 年在日本早稻田大学讲学

1997 年第九届汉语方言学会年会（汕头大学）与李荣、潘家懿合影

2002 年纪念李方桂先生研讨会（美国西雅图）与郑张尚芳、万波合影

2007 年在深圳大学讲学

2010 年 教师节大合影（第二排左五为游汝杰）

2015 年上海语文学会成立 60 周年纪念学术研讨会与濮之珍、许宝华、陈光磊合影

目　录

吴语汤溪方言的若干本字*

曹志耘**

浙江师范大学人文学院

关于汤溪话的本字,傅根清(2001)考证了 30 个字,曹志耘等(2016)前言第四节"本字考"考证了婺州(今金华市)方言里的 100 多个字,第二章第一节"语音特点"和第三章第一节"词汇特点"也讨论了一些较为特殊的字词,其中包括许多汤溪话的字。《汤溪方言民俗图典》《金华方言词典》等也涉及汤溪话的一些本字。

近年来,笔者在编写《汤溪方言词典》的过程中,遇到了很多本字问题或者说写字、用字问题,偶有所得。本文拟在以往研究的基础上,选择讨论汤溪话里的若干本字。

本文"汤溪话"指汤溪镇岩下村方言。汤溪话有 7 个单字调:阴平[24],阳平[11],阴上[535],阳上[113],阴去[52],阳去[341],阴入[55]。浊入字归阳上调。

一　生僻字考证

1. 靄[ɑ⁵²]、藹[ɑ⁵²]

汤溪话表示天阴说"靄"[ɑ⁵²],例如"天公～契罢_{天阴起来了}"。阴天说"靄天"[ɑ⁵²⁻³³ tʰie²⁴]。也说"靄神天公"[ɑ⁵²⁻³³ z-ɕiai¹¹⁻³³ tʰie²⁴ kɑo⁰]。靄,《广韵》泰韵於盖切:"云状。"陶渊明《时运》:"山涤余靄,宇暖微霄。""靄"指云雾。

汤溪话表示草木茂盛说"藹"[ɑ⁵²],例如"稻吓农～_{稻子长得很茂盛}"。也可以在后面加上重叠的虚语素说成"藹灵灵"[ɑ⁵²⁻³³ lei²⁴ lei⁰],义为很茂盛。藹,《广韵》泰韵於盖切:"晻藹,树繁茂。"《楚辞·九辩》:"离芳藹之方壮兮,余菱约而悲愁",洪兴祖补注:"藹,繁茂也。"

汤溪话咍、泰相分。咍韵读[ɛ];泰韵一层读[ɑ],如"带太癞",一层读[ɛ],如"贝盖艾害"。"靄藹"均为蟹开一泰韵於盖切,今读零声母阴去的[ɑ⁵²],可谓音切义合。但普通话

---

* 本文为国家语委中国语言资源保护工程专项任务"浙江方言词典编写研究"(YB1924C001)的成果。
** 作者电子邮箱:caozy@blcu.edu.cn。

均读上声,反而不合,常用词"和蔼"与"蔼"的本义(繁茂)也有较大距离,故容易错过。

2. 堵[to⁵⁵]

汤溪话把在田中或旱地上分割成的长条形土地(通常约两米宽,长度不限)叫作"堵"[to⁵⁵],一般用来种麦子、油菜、玉米、蔬菜等,例如"菜堵菜地"[tsʰe⁵²⁻³³ to⁵⁵]。如果是在水田上做成的,周围有田埂(相当于"畦");在坡地上做成的则无田埂。山坡上的旱地统称"山堵"[so²⁴⁻³³ to⁵⁵]。

[to⁵⁵]音的来源有咸开一合、盍,山开一曷,宕开一铎。因汤溪话覃(合)、谈(盍)相分,合韵以[ɤ]为主,也有读[o]的,盍韵读[o],故合、盍两韵中以盍韵字更为理想。查韵书,这几韵中唯一相关的字是《集韵》盍韵德盍切的"堵",义为"地之区处"。读音完全吻合,意义也说得通,可以写作"堵"。

本地地名里经常用到此词,意思是山区里较为平缓的小片土地,但苦于无字可写,通常都写作"塔"了,例如"郑家塔、鸽坞塔、洋坞塔、宋村塔、屋基塔ㄦ、塔上、塔石"等。但"塔"字本音[tʰo⁵⁵],声母送气,意义也相去甚远,故容易引起混乱。

3. 湔[tsie²⁴]

把衣服、鞋子等衣物的局部地方洗一下叫作"湔"[tsie²⁴],例如"棉袄咯头颈领～记落去把棉袄的领子洗一下"。湔,《广韵》仙韵子仙切:"洗也。"与"煎"同音。书面词语有"湔雪"。

4. 筅[sie³³](狼筅桩[lo¹¹ sie³³ tɕiɑo²⁴⁻⁵²])

筅,《广韵》铣韵苏典切:"洗帚,饭具。""筅"同"筅",今作"筅"。在汤溪话里,"筅"不单用,无单字调,"筅帚炊帚"一词读[sie⁵² tɕiɐɯ⁵³⁵],"筅"读[52]符合阴上在阴上前的变调。

"筅"的另一个用法见于"狼筅桩"。本地农村里,将两根毛竹枝叶削去,留下短枝杈,下端埋入地里,直立于地面,两根竹竿之间相隔数米,晒衣服时把一根光杆竹竿横架于竖竹竿的枝杈上,构成"H"形。横竹竿叫"筅竿"[uo¹¹ kɤ⁵²],竖竹竿叫"筅竿桩"[uo¹¹ kɤ³³ tɕiɑo²⁴⁻⁵²],也叫"狼筅桩"[lo¹¹ sie³³ tɕiɑo²⁴⁻⁵²]。

"狼筅"为古时兵器,在毛竹顶端装上铁枪头,带多层锋利的枝杈,戚继光抗倭时曾使用。戚家军里多浙人,"狼筅桩"系借用兵器名而来(参看图1、图2)。但"狼筅"二字的变调不符合规律,不过这也是借词里常见的现象。

图1 狼筅 **图2 狼筅桩**

5. 摭[io⁵⁵]

汤溪话的"约ᵈ"[io⁵⁵]是一个泛义动词,最基本的意义是"拿",其次为"给"以及介词"被",例如"～个碗来拿个碗过来""渠～我块糖他给我一块糖""碗～渠打打破碗被他打破了",此外还有造、制作、收拾、摆弄、修理、收割、收获等多种扩展义。

杨秀芳(2003)在广泛比较吴闽语方言的基础上,论证了闽语表示"捡拾"的[kʰioʔ](阴入)类音的本字为"摭",同时认为吴语处衢方言捡拾义的"约ᵈ"(如云和[iɑʔ⁵]、江山[iɑʔ⁵]、玉山[iɐʔ⁵]等)本字也是"摭"。

"摭"在相关文献里的情况如下:

《方言》卷一:"攈、撎、摭、挺,取也。南楚曰撎,陈宋之间曰摭。"

《说文》卷十二上手部:"拓,拾也,陈宋语,从手石声。摭,拓或从庶。"

《广韵》昔韵之石切:"摭,拾也。"

《集韵》二音:①昔韵之石切:"拓摭撕,《说文》拾也,陈宋语。或从庶,古作摣";②药韵职略切:"摭,拾也。"

杨秀芳先生考证闽语及处衢方言的[kʰioʔ](阴入)、[iɑʔ⁵]等均来自昔韵之石切。我们来看一下汤溪话昔韵字的读音:

[a]韵:射照射 石又

[iɛ]韵:隻赤尺适释 石又

[ei]韵:积迹脊惜可~ 蓆

[iei]韵:益译易

[io]韵:惜得农~:惹人喜爱

昔韵之石切的"摭"为章母,音韵地位与"隻"相同。不过,章组字今读[iɛ]和[a]韵,没有读[io]韵的。昔韵字中只有"得农惜惹人喜爱"里的"惜"[ɕio⁵⁵]读作跟"约ᵈ"[io⁵⁵]相同的[io]韵。汤溪话今读[io]韵的入声字主要来自药、觉二韵,例如:着穿 tɕio⁵⁵ | 勺 ʑio¹¹³ | 脚 tɕio⁵⁵ | 约 io⁵⁵,桌 tɕio⁵⁵ | 戳 tɕʰio⁵⁵ | 镯 dʑio¹¹³。"摭"有药韵来源,音韵地位与"酌"相同,也是章母。药韵职略切折合成今音为[tɕio⁵⁵],如果利用章母(今[tɕ]母)脱落为零声母的规则(汤溪话章见母脱落声母的字还有"肫其茛~:一种蕨"),那么今音正好是[io⁵⁵]。

"惜"的[ɕio⁵⁵]音在昔韵中属于特例,声韵母皆不符合规律。"惜"为心母,汤溪话精组细音字今仍读[ts]组声母,"惜"按规律应读[sei⁵⁵]("可惜"的"惜"即读[sei⁵⁵])。其实,"惜"字在古代就有与"若""薄"等字相押的现象,例如曹植《赠丁仪》:"思慕延陵子,宝剑非所惜。子其宁尔心,亲交义不薄。"晋傅咸《污卮赋》:"猥陷身于丑秽,岂厥美之不惜。与觯杓之长辞,曾瓦匜之不若。"故被认为也有"息约切"的音。(《钦定叶韵汇辑》卷五十三·十药)因此,"惜"[ɕio⁵⁵]不宜作为"约ᵈ"[io⁵⁵]为昔韵字的重要证据。

综上所述,我们可以把汤溪话"约ᵈ"[io⁵⁵]的本字确定为药韵职略切的"摭",而不是昔韵之石切的"摭"。至于意义,应直接源自《方言》"摭"的"取"义,与《说文》《广韵》《集韵》

的"拾"义有别。

下面再来看看浙江其他方言里的情况。表1中第二列"音"的调类均为阴入或阴入和其他调合并后的调类；第三列"义"举主要义，见于多音词的以例词表示；第四列"该韵主体来源"只列相关的入声韵。

表1　浙江部分吴徽语方言点的相关音义

	音	义	该韵主体来源	昔韵来源字	备　注
淳安	tɕiaʔ⁵	拾	帖薛屑药觉	液腋	"液腋"非口语字
遂安	ia²⁴	拾	药		
浦江	tɕɤyo⁴²³	收～收拾	药觉		
	yo⁴²³	拾、收拾			
兰溪	iaʔ³⁴	弄坏	药	惜得农～:讨人喜欢	
东阳	iəʔ⁴⁵	～束收拾	叶业帖缉薛月屑质药职昔	璧脊惜席夕适释益亦译易液	昔韵还读[ɔʔ][eiʔ]
磐安	ia⁴³⁴	给、～束收拾	帖屑药	惜	
永康	iɒ⁵⁴⁵	给、～集收拾、弄坏	药	惜得农～:可爱	
缙云	iɔʔ¹²³	给	药烛		
遂昌	iaʔ⁵	拿、放	药陌麦	惜亦	"惜"原文作"□" [ɕiaʔ⁵]轻拍安抚小孩
云和	iaʔ⁵	拿	药	惜	"惜"原文作"□" [ʃiaʔ⁵]哄小孩入睡
庆元	iɑʔ⁵	拾、抓	帖屑药	惜疼爱	
江山	iaʔ⁵	拾	药	惜石	
常山	iaʔ⁵	拾	药	惜安慰石	
开化	iɛʔ⁵	拾、提	叶帖薛屑药	石	
玉山	iɐʔ⁵	拿	叶帖薛屑药	石硕①亦	"亦"原文作"也"
广丰	iɐʔ⁵	拿、给	叶帖薛屑药	石	"也"义的[ɐʔ²³]是否"亦"字存疑

材料来源：淳安、遂安(曹志耘，2017)，浦江、东阳、磐安、永康(曹志耘等，2016)，兰溪诸葛(秋谷裕幸等，2002)，缙云城里(太田斋，2003)，遂昌、云和、庆元、常山、开化、玉山(曹志耘等，2000)，江山、广丰(秋谷裕幸，2001)。遂昌[iaʔ⁵]原记"藏、放"义，据王文胜调查改为"拿、放"义。

---

① 硕，《广韵》昔韵常隻切，音韵地位与"石"相同，普通话今读 shuò。孙玉文(2018)认为是"叶音"(如朱熹《诗集传》"叶常灼反""叶常约反"等)影响口语而造成的读音例外。

由表1可见:

(1)淳安的[tɕiɑʔ⁵]、浦江的[tɕyo⁴²³]保留了声母脱落前的完整读音,为研究吴、徽、闽语"摭"的演变提供了重要基础。淳安的[tɕiɑʔ⁵]与遂安的[iɑ²⁴](遂安为淳安邻县,入声韵无喉塞尾)、浦江的[tɕyo⁴²³]与[yo⁴²³]显示了[tɕ]声母脱落的轨迹,为解释吴徽语的零声母读法提供了有力的证据。

(2)该语素韵母的古韵来源中,唯有药韵是所有地点共有的。反过来说,药韵是该语素韵母的主体来源和规则来源。而昔韵只有部分地点的个别特字,最主要的是"惜石"二字。"惜"上文已做过讨论,"石"字集中出现在上山小片,原因不详。东阳[iə̃ʔ]韵来源广泛,昔韵也是主体来源,不足为据。

(3)从意义上看,基本义有"拿""拾"两个。遂昌、云和、玉山、广丰为"拿",跟汤溪相同;磐安、永康、缙云的"给"义来自"拿",东阳的"收拾"、兰溪的"弄坏"等义也来自"拿"。淳安、遂安、浦江、庆元、江山、常山、开化为"拾"。

综上所述,本文认为汤溪以及上文提及的所有吴徽语方言的"摭"均承袭了药韵职略切的读音,与闽语的来源可能有别。"摭"在淳安、浦江仍保留章母[tɕ]的声母,在多数地点脱落声母变为零声母。汤溪、遂昌等地的基本义源自《方言》的"取",淳安、庆元等地符合《广韵》的"拾",不过该词往往有其他扩展义。

杨秀芳(2003)进而还论证了吴语处衢方言捡拾义的另一个说法"撮"(如龙游[tsʰəʔ⁵]、遂昌[tsʰəuʔ⁵]、庆元[tsʰəuʔ⁵]、广丰[tsʰeʔ⁵]等)也是"摭"字。汤溪话捡拾义也说"撮"[tsʰɛ⁵⁵]。撮,《广韵》末韵仓括切:"手取。"汤溪话末韵字的读音如下:

[ɤ]韵:钵拨泼末掇

[ɛ]韵:脱夺撮

[uo]韵:阔豁活

把汤溪话捡拾义的[tsʰɛ⁵⁵]写作"撮"字,音义皆合。而要考证其为"摭"字,声母必须由[tɕ]变为[tsʰ]——目前无任何旁例,不免是舍近求远了。

二 常用字确认

1.反[mo⁵³⁵]

"反"指反面时读[fo⁵³⁵],例如"反顺正反面、反向相反的方向、反风顶风"。汤溪话有个动词叫[mo⁵³⁵],义为用手翻动、扒拉,字形也应是"反"。例如"件衣裳晓弗得园园哪只箱里,～弗着那件衣服不知道放在哪个箱子里了,找不到",又如"反上反落到处翻找"[mo⁵³⁵⁻⁵² ʑio¹¹³⁻¹¹ mo⁵³⁵⁻⁵² lo¹¹³]、"反屋翻修屋顶"[mo⁵³⁵⁻⁵² ou⁵⁵]。"反"为非母阮韵字,汤溪话帮端母古阳声韵字今读[m n]声母,例如"板"[mo⁵³⁵],"反"虽为非母,但曾有重唇[p]声母的读音,该读音和帮母字一起变成了[m]声母。因此，[mo⁵³⁵]的本字就是保留重唇的"反"。

2. 乏[bo⁻¹¹]

"乏"是一个文言性的字，汤溪话也不单用，但可用于"少气乏力"[ɕiə⁵³⁵⁻⁵² tɕʰi⁵² bo⁻¹¹ lei¹¹³]一词中，义为身体虚弱无力。"乏"为奉母乏韵字，今保留重唇[b]声母，调值[11]也符合阳入字在阳入字前的变调规律。当然，从读音上看，"薄"[bo¹¹³]字也符合，不过还是写作"乏"更合适。

除了"反""乏"两字外，汤溪话非组今读重唇的字有"覆吠肥洋~皂：肥皂 伏孵 缚腋芦~：萝卜 无未晚~娘：后妈 万麻将牌名 袜蚊问网忘望"等，其中非敷奉母字很少。

3. 细[sia⁵²]

细，《广韵》霁韵苏计切："小也。"汤溪话有两个音义：①[sia⁵²]小；②[sie⁵²]细。蟹开四齐韵汤溪话主要读[ie]，也有读[ia][ɛ][i]的，例如：米 mie¹¹³｜洗 sie⁵³⁵｜泥 ȵia¹¹ ~ȵie¹¹｜梯 tʰɛ²⁴｜闭 pi⁵²。"[sia⁵²]小"应是汤溪话"细"的早期音义，"[sie⁵²]细"可能是受书面语影响而后起的。

汤溪话也有"小"字，不单用，只用于"小姊小姐、小娘儿姑娘、小学、小心、小气、小满节气名"等词，读[sɤ⁵²]，符合效开三小韵，比较同类字：焦 tsɤ²⁴｜俏 tsʰɤ⁵²｜笑 sɤ⁵²。汤溪话最小的姐姐叫"细姊"。由"小姊小姐"[sɤ⁻⁵² tsi⁵³⁵]、"细姊小姐姐"[sia⁵²⁻³³ tsi⁵³⁵]二词比较可见"小"文、"细"白的性质。

本地人一律把[sia⁵²]视作"小"字，反过来也可以说一律把"小"字读作[sia⁵²]。该字在人名地名里很常用，基本上都写作"小"，个别人名里写作"卸"，似乎意识到与"小"有别，但没有人写作"细"。

4. 泻[ɕia⁵²]

"泻"指池塘、水库堤坝上面敞开的排水口，通常位于堤坝的一端，比堤坝矮一截，实质上是堤坝的大缺口，当蓄水达到缺口水位时就会自动从缺口排出去，以免发生洪涝。泻，《广韵》祃韵司夜切："吐泻"；《集韵》祃韵四夜切："卤也，泄也。"汤溪话假开三麻韵精组字韵母为[ia]，例如：借 tsia⁵²｜写 sia⁵³⁵｜斜 zia¹¹，"泻"字按规律应读[sia⁵²]。不过章组、以母字的韵母主要为[ia]，例如：蛇 zia¹¹｜赦 ɕia⁵²｜夜 ia³⁴¹。"泻"字读[ɕia⁵²]，意义由动转名，大致上说得过去。

浙江诸暨有个景点"五泄"，亦作"五洩"。"泄"字诸暨话读入声，义为瀑布，"五泄"即五级瀑布。泄，《广韵》薛韵私列切："漏泄也，歇也，亦作洩"；又祭韵余制切。二音均与[ɕia⁵²]相去甚远，非汤溪话本字。

5. 射[dʑia³⁴¹]

汤溪话"射"有三个音义：①[dʑia³⁴¹]排泄，即解大小便、放屁；②[zia³⁴¹]射箭；③[za¹¹³]照射、飞驰。前两个音符合《广韵》祃韵神夜切，[dʑ][z]两个声母可看作是船母的两个层次；第三个音符合《广韵》昔韵食亦切，比较"石"[za¹¹³~ziɛ¹¹³]，不过章组昔韵字多读[iɛ]韵,例如:尺 tɕʰiɛ⁵⁵｜适 ɕie⁵⁵。"射"字普通话今只有 shè 一音,来自神夜切。船母在汤溪话里也多读擦音,故排泄义[dʑia³⁴¹]的本字"射"不为常人所知。

6. 雀[tsɣ⁵⁵]

雀,《广韵》药韵即略切,北京话读 què～qiǎo,声母特殊,读送气音。汤溪话麻雀叫"麻雀儿"[mə¹¹⁻³³tsaŋ⁵⁵],只能用小称音。阴茎义说[tsɣ⁵⁵],读音符合"雀",比较同类字:鹊 tsʰɣ⁵⁵｜嚼 zɣ¹¹³｜削 sɣ⁵⁵;意义由小动物名转指而来,亦较常见,例如其他方言里的"鸟、鸡、鸭、鸠"等。

7. 窄[tsa⁵⁵]

窄,《广韵》陌韵侧伯切,汤溪话按规律应读[tsa⁵⁵]。不过跟吴语绝大多数方言一样,汤溪话狭窄义说"狭",几乎想不起"窄"的用法。汤溪话患中耳炎叫"生[tsa⁵²]耳",岩下村有一条狭长的山垅叫"[tsa⁵²]耳垅",把二者联系起来,暂可推测其为"窄"字,阴入在阳上前由[55]变[52]符合规律。值得注意的是,浙江龙泉、福建北部一些点狭窄义说"窄",不说"狭"。

8. 共[dʑiao³⁴¹]

"共"表示具有相同属性,相当于"同",例如"共村、共班、共姓共名、共爷各娘_同父异母_、共娘各爷_同母异父_"。还有一个常用词"共原"[dʑiao³⁴¹⁻¹¹³ ȵiɣ⁰],义为仍然,例如"渠身体～吃么光景_儿他的身体还那样儿_"。"共"单字读[gao³⁴¹],在"一共、总共、共产党"等词里也读[gao³⁴¹],在"中共"里读文读音[kao⁵²]。通摄三等钟韵声母腭化,韵母读细音,是符合一般规律的读音。不过此字北京话未腭化,又因读[gao³⁴¹]音的"共产党"属于极高频词,所以本地人不知道[dʑiao³⁴¹]即"共"字。

9. 供[tɕiao²⁴]

"供"既指赡养,例如"供爷娘_赡养父母_";又指抚养,例如"供儿供女"。音韵地位相同的"龚",在村名"山下龚"里读[tɕiao²⁴],不过说姓龚时读文读音[kao⁵²]。通摄三等钟韵声母腭化,韵母读细音,是符合一般规律的读音。不过此字北京话未腭化,又因方言里"供销、供应、口供"以及表示上供祭品的"供"字都读[kao](声调不一),所以本地人不知道[tɕiao²⁴]即"供"字。

汤溪话表示做饭做菜也说[tɕiao²⁴],既与"供"同音,也与"装"同音。金华话"供"读[koŋ³³⁴],"装"读[tɕyaŋ³³⁴],做饭说"装饭"[tɕyaŋ³³⁴⁻³³ va²⁴],据此可推断汤溪话也是"装"字。

10. 惊[kua²⁴]

汤溪话害怕说"惊"。"惊"为梗开三庚韵字,但汤溪话读为合口,主元音与二等相同,比较:耕 ka²⁴｜坑 kʰa²⁴｜硬 a³⁴¹。三等同类字均读[iei]韵,声母腭化,例如:京 tɕiei²⁴｜庆 tɕʰiei⁵²｜迎 ȵiei¹¹。"惊"[kua²⁴]音与[tɕiei]类音确实过于悬殊,非专业人员难以理解该本字。不过,梗摄开口读合口的特字还有二等梗韵的"梗"[kua⁵³⁵]。

11. 总[tsou⁵⁵]

"总"单字读[tsɑo⁵³⁵]，符合规律。副词"共总—共"读[gɑo³⁴¹⁻¹¹ tsɑo⁵³⁵⁻⁵⁵]，"总"读[55]调（同阴入），其实这是合变式小称调[55]用作虚词标记的现象（曹志耘 2011）。"总"进一步虚化后表示总是、只有等意思，例如"尔～么客气你总是这么客气""店里～个农店里只有一个人"，也可用于"总要、总是"等多音词，这时读作[tsou⁵⁵]（跟"足"同音），有时又读[tɕiou⁵⁵]（跟"竹"同音）。韵母[ɑo]读作[ou]，元音高化，开口度变小，实质上是一种弱化现象。[tɕiou⁵⁵]应由[tsou⁵⁵]进一步变化而来。但因[tsou⁵⁵][tɕiou⁵⁵]与单字音[tsɑo⁵³⁵]相去太远，本字已无人知晓。

12. 统[tʰou⁵⁵]

"统"单字读[tʰɑo⁵³⁵]，符合规律。汤溪话副词"都"义说[tʰou⁵⁵]，例如"渠睿[tʰou⁵⁵]去罢他们都去了""街路上[tʰou⁵⁵]是农街上尽是人"。该音只跟"秃"字同音，本字难求。然而，联系到"总"[tsɑo⁵³⁵]虚词化后读[tsou⁵⁵]的现象，"统"[tʰɑo⁵³⁵]虚词化后读[tʰou⁵⁵]就显得顺理成章了。

在浙西南地区，我们发现衢州、常山、开化、建德也用"统"表示副词"都"，不过读音与普通单字音无别。江山说[tʰoŋ⁴⁴]，[44]不是单字调，比较"通"[tʰoŋ⁴⁴⁵]、"统"[tʰoŋ⁵²]，本字可能也是"统"字。其他方言都说"都"。（材料来源：衢州：王洪钟，2019：111；常山：曹志耘等，2000：410；开化中村、桐村、华埠镇华民村等地，程朝调查；江山：秋谷裕幸，2001：126；建德：沈丹萍调查）

13. 好[xəɯ⁵²]

"好"作形容词读[xə⁵³⁵]，动词用法只见于成语"好吃懒做"[xə⁵²tɕʰiei⁵⁵lo³⁴¹⁻¹¹tsɣ⁵²]里，无单字调。动词本该读阴去[52]，在阴入前按规律应变为[33]，此处[52]不符合阴去（动词）变调，但符合阴上（形容词）变调。不过"好吃懒做"可能是在书面语影响下产生的说法，其中"好"的声调使用了方言中既有的阴上调，并按"阴上＋阴入"的规律变为[52]。

汤溪话介连词"和"义说[xəɯ⁵²]（无同音字），例如"尔[xəɯ⁵²]渠讲记你跟他说一下""我[xəɯ⁵²]渠同学我和他是同学"。在婺州地区，各方言"和"义说法以及"好"字读音如表2（下文把岩下村方言称为"汤溪岩下"，把汤溪镇上的方言称为"汤溪城里"）。

表 2　婺州各方言介连词"和"的说法

	金华	汤溪岩下	汤溪城里	浦江	义乌	东阳	永康	武义	兰溪	磐安
和介连词	亨=	□	孝=	孝=	蒿=	好=	□	货=	跟	□
	xəŋ³³⁴	xəɯ⁵²	xɔ⁵²	xo⁵⁵	xo³³	xɑu⁵⁵	xɑ⁵⁴	xuo⁵³	kæ̃³³⁴	tʰa⁴³⁴
好形容词	xɑu⁵³⁵	xə⁵³⁵	xɔ⁵³⁵	xo⁵³	xo⁵³	xɑu⁵⁵	xɔ⁵⁴⁵	xɣ⁴⁴⁵	xɔ⁵⁵	xo⁴³⁴

材料来源：汤溪城里为笔者调查，兰溪城里为吴众调查，义乌（方松熹，2000），其他（曹志耘等，2016：388，554—555）。义乌[x]声母原文作[h]。

表示介连词"和"义的词,除兰溪、磐安外各点均为[x]声母,其中东阳与"好"字完全同音,汤溪_{城里}、浦江、义乌二者声韵母相同,声调不同。这种现象强烈地暗示了二者之间的关系。

如果金华等地"和"义的本字是"好",就汤溪_{岩下}方言而论,"好"[xə⁵³⁵]是怎么变成[xɯ⁵²]的呢?从金华、东阳等地情况可以推测,汤溪话效摄洪音字古读[ɑu]类韵母(这里暂拟为[ɑo])。今汤溪_{城里}读[ɔ],显然由[ɑo]单元音化而来。汤溪_{岩下}读[ə](这个[ə]舌位较低,接近[ɜ]),可视为[ɔ]展唇化的结果。如上文"总""统"二条所示,汤溪_{岩下}[ɑo]韵字虚词化的读音为[ou],而[ou]的展唇化即为[ɯ],从圆唇到展唇是更进一步的弱化。在汤溪_{岩下}方言里,"帮"作动词时读[mɑo²⁴],符合规律;作介词(表示"替、把")时读[mɯ⁵²],可作为虚词化过程中从[ɑo]到[ɯ]演变的一个旁证。据此,可以推测,汤溪_{岩下}方言在效摄洪音字读[ɑo]韵的时候,"好"字发生了虚词化(表示"和")的变化,韵母由[ɑo]变为[ou],再进一步变为[ɯ],当然也不排除由[ɑo]直接变为[ɯ]的可能性。至于声调由阴上[535]变[52](同阴去),[52]调也是汤溪话里的一个虚词标记(曹志耘,2022)。

今汤溪城里及附近部分村庄以及罗埠镇一带方言效摄洪音字读[ɔ]韵,形容词"好"读[xɔ⁵³⁵],介连词"和"义说[xɔ⁵²]。"好"在虚词化的过程中韵母未发生弱化,声调则跟岩下村一样,形容词读阴上[535],介连词读[52]调。

至此,可以认为,除兰溪、磐安外,婺州各地方言"和"义的词均来自"好",金华的[xəŋ³³⁴]也许跟小称音有关,这里不再作推论。不过,浙西南其他地区方言介连词"和"多说"跟、对、搭、同、听⁼"等,很少用"好"的。①全国其他地区也未发现用"好"的方言。此外,要说"好"由形容词变为介连词,从意义上来说确有难度。假如是从动词变来,则相对容易理解。表2中汤溪_{岩下}、汤溪_{城里}、浦江、永康、武义的介连词倒是都读阴去调,不过这些方言"好"均无单音节动词的用法(不过有助动词的用法,表示"容易""可以"等)。当然,也有一种可能是,在这些方言中,动词"好"都已整体演变为介连词了。

三 结 语

考本字是汉语方言调查研究中的一项基本内容,不但很有意义,也很有意思。很多学者,包括像李荣先生这样的大家都做过考本字的工作,一些民间研究者对此更是情有独钟。笔者认为,做这项工作时需要注意以下几点。

---

① 缙云形容词"好"读[xɤ⁵³],介连词"和"义说[xai⁵⁵～xaiŋ⁵⁵](太田斋,2003)。缙云单字韵系统中无[ai]韵,[aiŋ]韵来自曾梗摄,[55]为小称调,[xai⁵⁵～xaiŋ⁵⁵]可能也是在"好"的基础上产生的小称音,待进一步研究。缙云与婺州地区接壤,方言与婺州地区同属吴语金衢片。此外,据沈丹萍调查,建德梅城介连词"和"也可说"好"[xɔ⁴²³](阴平)。

1. 水到渠成

考本字很重要，但也需要严格遵循科学的方法。在这方面，前辈学者做过不少探讨，提出了很好的原则和方法。笔者以为，考本字最根本的原则还是"音切义合"四字，其中尤以"音切"为要。此外，在可能的情况下要尽量利用周边相关方言和历史文献材料。

方言中不免有一些本方言自创的词，或来自其他民族语言的词，或古代韵书失收的字，这些情况本来就无字可考。另有一些字因在长期演变中读音或意义变得面目全非，已无法辨认确定是否为本字。在这种情况下，不必"硬考"，更不能像一些民间研究者那样不顾时空条件，不管语音演变规律，"关公战秦琼"般地生拉硬扯，陷入"庸俗本字考"的境地。

考本字的理想状态是"水到渠成"，正所谓"众里寻他千百度，蓦然回首，那人却在灯火阑珊处"。

2. 本字相对论

一说到"本字"，往往会让人想到是从故纸堆里找出来的某个从来没见过的字。实际上，文字系统从无到有，从少到多，从混乱到规范，一直处于发展变化之中。换句话说，在历史上，一个字的"正统性"是相对的，所谓"本字"也是一个相对的概念。考本字并不一定非要考证出最初的、源头的那个字形。如果本字过于生僻，或本字的音义与今天的实际情况差别太大，这种本字大概只有词源学上的意义，而无实用价值。

在编写方言词典、规范方言用字时，我们应注意避免"本字崇拜"现象，避免过度考本字，避免为考本字而考本字。尤其是一些虚词、封闭类词，应尊重方言实际读音和语感，对一些已约定俗成、习以为常的俗字应持肯定的态度，积极采纳并给予其正字的地位，而不必一律回归本字或以方框"□"表示。正如詹伯慧先生所言："考证归考证，应用归应用。"（詹伯慧，2016）

3. 常用字确认

传统的考本字主要是指考证生僻字。从学术研究的角度来说，这固然是很必要的，但从实用的角度来说，为方言中的常用字确认字形也是一项亟待重视的工作。

长期以来，大多数汉语方言缺乏用字教育、用字规范，导致方言语音和文字脱节，这当中有许多字因读音特殊或发生例外音变，尽管本字极为普通，该方言使用者竟无人会写，研究者也未必能一一指明。今天，记录保存和保护传承方言文化已成为各地文化建设的一项重要工作，书写方言、表达母语文化也已成为普通老百姓的日常行为，作为方言研究者，我们有责任在科学研究的基础上，为那些虽然普通但往往不知道该怎么写的字确认字形。本文的第二部分就是这方面的一个尝试。

参考文献

曹志耘，秋谷裕幸，太田斋，赵日新.吴语处衢方言研究[M].日本:好文出版社,2000.

曹志耘.吴语汤溪方言合变式小称调的功能[J].中国语文,2011(4).

曹志耘,等.吴语婺州方言研究[M].北京:商务印书馆,2016.

曹志耘.徽语严州方言研究[M].北京:北京语言大学出版社,2017.

曹志耘.吴语汤溪方言的量词调及阴去化的性质[J].中国语文,2022(4).

方松熹.义乌方言研究[M].杭州:浙江省新闻出版局,2000.

傅根清.汤溪方言本字考[J].方言,2001(3).

傅惠钧.汤溪话中的"东司"[M]//游汝杰,等.吴语研究(第七辑).上海:上海教育出版社,2014.

李荣.考本字甘苦[J].方言,1997(1).

秋谷裕幸.吴语江山广丰方言研究[M].爱媛大学法文学部综合政策学科,2001.

秋谷裕幸,等.吴语兰溪东阳方言调查报告[M]//平成 13—15 年度科学研究费基盘研究(B)"历史文献データと野外データの综合を目指した汉语方言史研究(2)"研究成果报告书第 2 分册,2002.

太田斋.缙云方言音系[M]//外国学研究 58(アジア言语论丛 5),2003.

孙玉文.说"硕"的读音例外[M]//中文学术前沿(第 11 辑).杭州:浙江大学出版社,2018.

王洪钟.浙江方言资源典藏·衢州[M].杭州:浙江大学出版社,2019.

杨秀芳.从方言比较论吴闽同源词"撍"[J].语言暨语言学,2003(4).

詹伯慧.关于方言词的用字问题——以粤方言为例[M]//汉语方言辞书编纂的理论与实践.广州:暨南大学出版社,2016.

汉语方言声调与声母关系评述[*]

史濛辉　　复旦大学现代语言学研究院

陈轶亚[**]　荷兰莱顿大学语言学中心

　　　　　荷兰莱顿大学大脑与认知研究所

陶　寰　　复旦大学中国语言文学系

引　　言

　　汉语方言的声母与声调有密切的关系(以下简称"声母-声调关系")。这种密切关系主要体现在两方面。一方面,特定方言系统中的声母和声调的搭配存在一定的模式,如吴语在单音节中大多呈现清声母配高调和浊声母配低调的共现模式(详见张吉生(2006)对该模式的讨论)。即使是两音节融合成单音节,这种模式也不会被打破,如苏州方言的否定词"朆"/fən⁴⁴/表示"未曾",实际是"弗"/fəʔ⁵/与"曾"/zən²³/的合音,但合音后的声调为高调;又如温州方言的否定词/məˈ³¹/表示"不好",实际是"无"/m̩³¹/和"好"/hə³⁵/的合音,但合音后的声调为低调(潘悟云,1995:114)。[①]。另一方面,声母的语音性质(voice quality)对声调的演变有十分重要的影响。大量的共时证据显示:清声母后的起始基频较高,而浊声母后的起始基频较低,这种共时的语音差异被认为是声调产生历时分化的一个重要来源(如 Hombert 等,1979;详见 Shi(2020)第一章的文献回顾);又如汉语方言中如果浊音声母发生清化[②],其后

---

　　* 本文得到荷兰国家科学研究委员会(Nederlandse Organisatie voor Wetenschappelijk Onderzoek,NWO)Vici SGW 项目"Melody in Speech"(主持人:陈轶亚,项目号:VI.C.181.040)及教育部人文社会科学研究规划基金项目"吴语浊音声母的类型及实验研究"(主持人:陶寰,项目号:18YJA740045)以及上海市浦江人才计划"实验语音学视野下吴语的清浊声母与阴阳调"(主持人:史濛辉,项目号:2021PJC22)的支持。我们感谢 Yujia Yao 同学向我们指出图 3 中排版的错误。文责自负。

　　** 陈轶亚为本文约稿作者,电子邮箱:yiya.chen@hum.leidenuniv.nl。

　　① 温州方言原文仅标调类,调值据游汝杰、杨乾明(1998)。

　　② "浊音清化"至少有两方面的涵义:一方面是指音系上浊音音位变为清音,原先的清浊对立消失,是一种系统上的音位调整;另一方面是指语音上浊音变为清音的过程,如带声变为不带声,气声发声态消失,是一种语音线索(phonetic cue)的变化。两者有密切关系,系统性的变化绝大部分是通过语音特征的逐步变化形成的。本文所讨论的"浊音清化"更多指语音层面上的变化。至于语音的变化积累到什么程度才会引发系统音位的调整是另一个值得深入研究的课题。

多数方言的声调会发生改变，从而进一步引起该方言整个声调系统的调整（Chang，1975；潘悟云，1982）。[①]

前辈学者在汉语方言的声母-声调关系这个议题上已有较为丰硕的研究成果，这些成果大致涵盖了两个方面。一是材料的记录与积累，主要来自大量的汉语方言田野调查报告，通过声韵调配合表或同音字表，我们大致可以了解该方言中声母-声调关系。二是声母与声调共现模式的分类，主要体现在通过对田野数据的整合进行类型讨论，如王莉宁（2014）利用了 930 个汉语方言点材料分析了阴阳调调值的类型及其地理分布；陶寰（2017）对吴语声母-声调关系作了十分详尽的分类与讨论。

但我们也发现，如果想要完全基于前人的研究成果更进一步讨论汉语方言中的声母-声调关系，便会遇到一些障碍。这些障碍主要来自四个方面：第一，术语混用指代不明，与此联系最为紧密的是三组术语，分别是"清浊""阴阳""高低"，纵观文献，显然大家对它们的理解和使用并不一致；第二，声母-声调的类型讨论较为局限，大量的精力集中在对于常见共现模式（即所谓"阴高阳低"或"清高浊低"，详见 2.1 节的讨论）形成及发展的讨论之上，对其他"异常"模式的关注相对欠缺；第三，主要集中在单字调的讨论，对于连读变调中声母-声调关系的探讨十分不充分；第四，主要侧重声母对声调的影响，但对于声调对声母产生的影响关注则不充分。

本文将围绕现有文献，针对以上四个方面展开评述。首先对前人文献中使用的术语进行离析（第 1 节）。在此基础上讨论汉语方言中单字调的声母-声调关系的各种类型（第 2.1 节），着重讨论较为"异常"的类型（第 2.2 节）。之后我们讨论连读变调中声母-声调关系的类型（第 3 节）。随后列举前人报道中声调对声母影响的例子（第 4 节）。最后是全文总结（第 5 节）。

一 术语的使用

汉语方言中，围绕声母-声调关系议题主要存在三组术语："清浊""阴阳""高低"。较为公认的是："清浊"描绘声母的区别，"阴阳"反映声调的区别，两者需要分开。如罗常培（1979：28）曾明确指出："阴阳虽出于清浊，而与清浊实非一物……声母与声调混为一谈，而清浊本义转以日晦。""高低"则表示现在语言系统中声调的相对物理状态（通常认为是基频的差异）。

但在对这三组术语的使用和讨论中存在三方面的困惑，分别是：（1）术语的所指；

---

① 值得注意的是，有些方言虽然浊音声母清化，但声调系统并未发生太大的调整，如广州方言，其声调系统至少从阴阳调的关系来说跟有浊音声母的方言没有太大的区别。一种可能的推测是广州方言发生浊音清化的时间并不久远，声调系统还未来得及作出相应调整。一些研究已经发现粤语的阴阳调有合并的趋势，如阴上/35/与阳上/23/，阴去/33/与阳去/22/（详见 Mok 等，2013）。

(2)"清浊""阴阳"的实质;(3)"高低"的判定。这些困惑对我们进一步开展声母-声调关系讨论造成了一些障碍,以下详细论述。

1.1　术语的所指

　　"清浊""阴阳"和"高低"是不同时代和学术领域的术语,前两组是音韵学的概念,主要用来指称中古以后的语音系统,属于近代音和方言音韵领域;后者是声调音高参数的客观相对关系,主要用来描写调值。值得注意的是,音韵学中的"清浊"或"阴阳"与现代方言中客观的"高低"没有必然联系,也不存在一一对应关系。例如从历史上的"四声八调"系统来看,现代大部分官话方言已经发生浊音清化,阴阳调的对立也随之部分消失。因此我们必须明确术语的使用范围与具体所指,切不能"古今混杂,层次不分"(李荣,1983)。

1.2　"清浊""阴阳"的实质

　　这个问题有点复杂。先来谈"清浊",一些学者将音韵学的"清浊"概念和"voiceless-voiced"对应起来,"voiceless-voiced"是一组现代音系学中的区别特征(distinctive feature)(Jakobson等,1952/1963:26)。从功能的角度来看,如果为了强调两类音的对立,这种对应是可以的,但这只是一种类比的关系。部分学者进一步将这种关系必然化,认为"清浊"对立就是"voiceless-voiced"对立。如此强行关联音韵学术语与音系学术语的做法并不恰当,这一点赵元任很早就已经指出:

　　　　所以他[傅斯年]很了解我们一班搞音韵学的,虽然把清浊定为 voiceless 跟 voiced 讲,可是只算是为求逻辑的紧严(rigor)而定的名词的用法,并不是甚么天经地义。……大凡一种理论求其整齐紧凑就可能只照顾到事实的一部,一方面;如果求其包括的事实丰富,多方面来照顾,系统就不免会松弛下来。(赵元任,1959/2002:546)

　　那么,所谓"清浊"的具体语音性质是什么呢? 前人的探讨主要围绕"浊音"展开,这里的"浊音"是音韵学术语,主要指"全浊"声类,包括"并定群澄从崇船奉邪禅匣"。对于这些"全浊"声类的语音性质有两大讨论议题,分别是:送气与否(塞音塞擦音)和带声与否。对于送气与否的议题大致已有定论,《切韵》时代的全浊声母不区分送气不送气,在标准语中应该是不送气的,但是可能存在送气的地域变体(陆志韦,1940/1999;李荣,1952/2020:116—124;Pulleyblank,1984;黄笑山,1994;麦耘,1998;伍巍,2000)。
　　对于"清浊"的语音性质,多数学者认为是以声母之带声不带声为分别(如罗常培,1979:28—29),这相当于将"全浊"声母当作带声声母,与声带振动与否(voicing)

联系起来。①但这种看法至少有两点不合适。首先,如上文所言,这就是将"清浊"和"voiceless-voiced"进行了机械对应。第二,在当时的认识下,"voiceless-voiced"的区别就体现为声带振动与否的区别。诚然,这两者有密切关系,但必须要明确的是:"voiceless-voiced"是音系学上的区别特征,而声带振动与否是一个语音学概念,并不是所有音系上"voiced"的辅音在语音上都实现为声带振动,比如英语发词首的浊辅音时,声带常常是不振动的;但法语、荷兰语等语言声带基本是振动的。可见,音系学上的所谓"浊音"并不直接对应于声带振动,"浊音"的概念在世界语言中有许多不同的实现方式(realization),声带振动只是其中的一种方式(Kingston & Diehl, 1994)。因此,通过"voiceless-voiced"的对立关系将古代音韵学中表示不同声类的"清浊"概念与生理上声带振动与否直接联系在一起是不可取的。曹剑芬(1987)已经明确指出,今天方言平面上的清浊分类同实际音值的带声与否不一定对应,最典型的就是北部吴语所谓的"浊音",在词首往往不带声。同时,她也建议将音系分类上的"清浊"与语音本身固有特性的"带声不带声"区分开来。

近年来关于浊声也有不同的观点,一些学者认为"全浊"声母实质为气声(breathy voice),类似于如今北部吴语的"清音浊流"现象(黄笑山,1994;麦耘,1998;王福堂,2007)。朱晓农进一步阐释了这种说法,他认为:

> 中古汉语(甚至更早)的全浊塞音声母和今天吴语、湘语、赣语、桂北土话、老湖广话中的"浊音"相同,也就是说今天吴湘赣语中的"浊音"自古以来就没发生过什么变化,就是继承了中古、甚至上古的全浊声母的属性……它不是传统我们所认为的类似英语、法语中的那种 modal voice(常态带声),而是听感"浑浊"的弛声(slack voice)。(朱晓农,2010b:2)②

我们的确可以为这种"气声说"找到许多现代方言的证据,但是有一些客观条件仍需要进一步检讨。第一,在世界语言中,带声和气声并非互相排斥的两个状态。例如印地语中所谓的"浊送气"(voiced aspirated)就兼备带声和气声发声两个语音特征(Dutta,2007)。第二,现代方言的证据到底在多大程度上能用来证明中古时期浊音的生理和物理表现?今天方言中所见到的气声化发音可能是一种存古状态,但也可能不是。第三,吴语、湘语等一些"古全浊声母今读浊音"的方言,其浊音的语音实质并不十分一致。北部吴

---

① 目前国内有不少的语音学著作把"voiced"和"voicing"都看作"带声",但在很多的国外语音学著作当中,这两个术语是有严格区分的。故本文将"voiced"(浊)归为现代音系学范畴,而在讨论声音的物理属性时使用"voicing"(带声)这个术语。

② 在朱晓农(2010a:83—85)的术语系统中,"气声"(他译为"气浊声")按气流量大小分为两类:气流量大的是"浊送气"(voiced aspirated),如印地语的浊送气音;气流量小的是"弛声"(slack voice),如大部分吴语的浊音。"弛声"这个术语沿用自 Ladefoged 和 Maddieson(1996)。我们觉得这两者可能不仅是气流量的差别,和声带的状态也有关系。在汉语方言中,有必要进一步关注气声和弛声的差别。

语大多实现为不带声的气声发声；娄邵片的湘语大体实现为带声的常态发声，因此凭借现代方言的材料并不能作出排他性的结论，我们无法确证这些区别是不是也存在于中古的"清浊"对立中。第四，即使在某一方言内部，其浊音音类的实现也存在着多样性，如 Zeng（2008）、彭建国（2016）、Shi（2020）分别对湘乡、岳阳、双峰的研究表明，浊音音类带声常态发声并不稳定，除了常态浊音之外，都存在着内爆音、不带声气声甚至不带声送气音等变体。图 1 为双峰方言一名老年女性发音人"坛"/dia¹³/字的两遍读音，浊声母/d/的浊音起始时间（voice onset time，VOT）第一遍（1a）为负值（−77 毫秒），第二遍（1b）为正值（9 毫秒）。南部吴语温州方言的浊音以不带声气声为主，但也存在着带声气声的变体（胡方，2001；朱子璇，2016）。

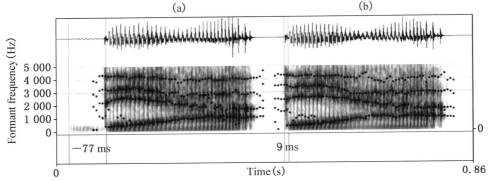

**图 1　湘语双峰方言"坛"/dia¹³/字的两遍读音，数据来自一名老年女性发音人
（1950 年代生人）（Shi，2020:115）**

最后，同一方言间的人际/代际差异也十分显著。Shi（2020）对双峰方言老青两代人浊塞音语音实现的研究表明，相较于老年组，青年组实现为带声的比率正在降低，但元音前半部分的气声特征反而在增强，是一个"正在进行中的音变"。所有这一切的证据都表明，古音系中所谓的"清浊"都不能简单地说是"带声不带声"或者"气声非气声"的区别。历史上的实际情况，或许跟现代方言一样，也具有多种语音表现，也有人际差异和地域差异，不过这些变体在一个系统内并不用来区别意义罢了。古音系统只是类的区别，历史音变是各个时代横断面音类的不同组合（杨秀芳，1989），我们切不能忽视语言的多样性及其各自的演变道路。

"清浊"作为区分古代音类的术语有其传承性及便利性，但在将其与现代音系学的区别特征及语音学的发声概念关联起来时则应好好明确各自的所指与实质，否则很可能"以今律古"，令人生惑。

接下来讨论"阴阳"。"阴阳"也是一个音韵学术语，主要指声调的区分，跟声母的"清浊"相配。古清声母音节的声调被称为"阴调"；古浊声母音节的声调为"阳调"。因此我们可以讲"清浊"和"阴阳"是音节描写的两个不同侧面，内部存在对应性——"清阴浊阳"。但问题是语言是不断变化的，这种对应性在某一特征发生变化后会变得岌岌可危。始作俑者通常是全浊声母。从汉语方言演变的大趋势看，古全浊声母变化最为剧烈（即浊音清

化)。一旦这种精巧的平衡态被打破后,所谓的"清浊"或"阴阳"很大程度上都只是指称类别与溯源标签。朱晓农曾指出:

> 浊音清化后,阴阳调就只有名义上的区别了。也即此时叫"阴平""阳平"只是习惯称呼,实质上两者毫无区别,你高调还是我高调并无清浊声母作制约因素。因此,在浊音清化后,千百年来阴调能发生多少种变化,阳调照样也能;阴调在现代方言中有多少种表现形式,阳调也同样可以有。反之也一样。(朱晓农,1987/2008:146)

1.3 "高低"的判定

基频曲线是一种连续信号,是汉语声调物理性质上最主要的体现。尽管基频值是在连续信号中以离散的方式取得的(如等间距取多个点),但这些点在时间上具有先后性,彼此并非独立,除了第一个点以外,后面每个点的值都受到前一个点的制约。这种类型的数据叫"时间序列数据"(time-course data),声调(基频曲线)本质上属于这种数据(李倩等,2020)。声调的"高低"是一个相对的物理概念,主要指调域(register)的高低,在吴语中一般表现在声调调头,体现为声母后元音起始基频(onset F0)的区别,最为典型的是吴语绍兴方言。从表1的音系描写可以看出,每个调类中清浊声母后的声调调形几乎平行,差别在于调域的高低,清声母后的声调要高于浊声母后的声调。从图2的实际基频数据来看,同一调类中清浊声母后的基频曲线的走势大致是一致的,但两者分别处于不同的调域。这种调域区别在基频起始位置处尤为明显。我们可以发现,清浊声母后的起始基频都集中在2附近,而浊声母都在0到1之间。后续声调可能部分重合甚至出现翻转,如平声中清声母后是一个降调,起始基频很高,但是基频下倾贯穿整个调域,声调后半段落入低调域与浊声母后的基频曲线基本重合。可见,所谓的"高低"区别实际上更侧重调头的差异。声母的发音状态对调头的影响最为关键,而调形整体的高低则相对次要。李晨雨和张明辉(2018)对于广西铺门方言的感知实验也为此提供了证据,在"调头抑制"和"调形整体平移抑制"两种机制中,"调头抑制"对阴阳调字识别更为重要。这里还有一个重要的问题有待解决,即我们如何确定调头的范围。朱晓农(2010a:277)认为汉语方言的声调前10%到20%是调头,会受声母影响;李晨雨和张明辉(2018)的操作根据调形不同有所区别,但都集中在前50%。如何确定调头,反映了我们对于声调如何受制于生理音素影响的认识,仅用几个方言的证据不具备说服力,需要更多跨语言的证据来加以验证。

表1 吴语绍兴方言的单字调(五度制转写取自陶寰(2017),基频曲线请参看图2)

	平(实线)	上(虚线)	去(点线)	入(点划线)
清(白色)	高降/53/	高升/335/	高平/33/	高短平/45/
浊(黑色)	低降/31/	低升/113/	低平/11/	低短平/12/

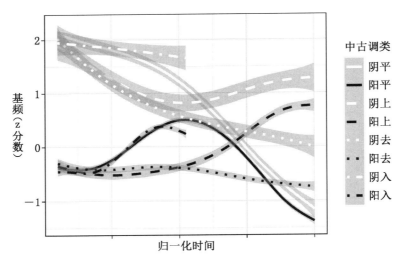

图 2 吴语绍兴方言 8 个单字调的基频曲线，灰色阴影表示标准误，
数据来自一名老年女性发音人（1950 年代生人）①

综上所述，目前语言学用来描写声母-声调关系所用的三对术语"清浊""阴阳""高低"都有用，但是我们必须明确它们的含义和使用范围。"清浊"和"阴阳"都是古音类的指称，应当与各种现代语言学概念，尤其是现代音系学中的区别特征"voiceless-voiced"以及语音学中的"带声"与"气声"明确区分。而"高低"用来描写声调的调域，其中调头（起始基频）的高低之别尤为重要。

二 单字调中的情况

2.1 分类标准及四大主要类型

在谈任何分类之前都必须探讨清楚标准问题。古"清阴高-浊阳低"的这种声母-声调共现模式往往是大家讨论的起点与比较的参照点（Chang，1975；Li，1980；潘悟云，1982；Ting，1982）。纵观现代汉语方言，从单音节形式看（即单字调），文献中描述声母-声调关系类型最常见的一种模式叫"阴高阳低"或"清高浊低"。根据第 1 节中对于术语的探讨，我们知道这里的"阴阳""清浊"都是音韵学概念，"阴高阳低"或"清高浊低"的实际意思是：**某个现代方言中，对应于古清声母（主要指全清类）今读的后接声调相对较高，对应于古浊声母（主要指全浊类）今读的后接声调相对较低**。古全清声母今读大多是清不送气声母。全浊声母的表现则较为多样。从主流形式来看，保留浊音类的方言可以实现为真浊音、内

---

① 本图由莱顿大学闻欣怡博士研究生提供数据并绘制，特此致谢。

爆音、气声发声和边音等;①已经发生清化的方言则大多变为清送气或清不送气音。夏俐萍(2020)对汉语方言全浊声母的演变已作了十分详尽的讨论与分析,本文不赘。

王莉宁(2014)利用北京语言大学"汉语方言地图集数据库"930 个汉语方言点材料的统计结果显示,汉语方言最典型的声母-声调关系模式即为"阴高阳低"。有意思的是,王文的统计实际着眼于今声调高低的比较,而对于中古浊音类是否保持则并不关心。但是声母的变化往往会影响声调的发展,因此这种"一刀切"的静态标准可能会掩盖一些事实。一种较为合理的标准是**从声母与声调的独立性入手来进行类型探讨,即这种"清阴高-浊阳低"模式在某一方言中是否有创新发展**。这样做至少有两大好处:一来,兼顾古今,既关照古音类的对应,又能看到今音的情况;二来,声与调并顾,前人研究多仅从声母或声调入手,但鉴于声调-声母关系的密切联系,它们理应被作为一个整体来讨论。

根据这样的标准,如表 2 所示,现代汉语方言中声母-声调关系大致可被分为四种典型的模式。

表 2　汉语方言单字调中声母-声调关系的四种类型

	类型	声母-声调关系	声母情况	声调情况	代表方言
清阴高-浊阳低	(1)	非完全独立	全浊类保留	阴高阳低	大部分北部吴语
	(2)	非完全独立	全浊类保留	部分阴阳同调	娄邵片湘语 小部分吴语
	(3)	完全独立	全浊清化	阴高阳低(同调)	大多数方言
	(4)	完全独立	全浊清化	部分阴低阳高	零星分布 (如天津、潮州等)

(1) 古全浊声类今未清化,古清声类今读后接高调,古浊声类今读后接低调。如大部分北部吴语,最为典型的是绍兴方言,清浊和阴阳实际只需一对特征即可,另一对特征则冗余(陶寰,2017)。这种类型最为接近大家对于历史上"四声八调"格局的认知。值得注意的是,属于这种类型的一些方言中的阴调类或阳调类内部也会存在合并(潘悟云(1982)称之为声调的"B 类合并")。如上海方言三个阳调类合并,阴上与阴去合并,但整体"阴高阳低"的格局是保持的。

(2) 古全浊声类今未清化,主要呈现"阴高阳低"模式,但部分阴阳调因调形相似合并,形成所谓的"清浊同调"。从调类合并的来源看,这种现象可被分为两小类。第一小类是舒声与促声的同调,这主要出现在湘语娄邵片的一些方言中。如双峰方言(Shi,2020),该方言有 5 个单字调,阴入与阳平今合并读为低升调,从共时上看,双峰方言的"阴高阳低"体现在清声母只配高调,浊声母只配低调,但清浊声母都可与低升调相配,为"清

---

① 需要特别说明的是,一些吴语(如松江方言)和海南闽语(如文昌方言)也有内爆音,但这些内爆音都来自古全清声类(赵元任,1928/1956、1935),和此处来自古全浊声类在共时上产生的内爆变体不同。

浊同调"。邵阳方言(鲍厚星,1989)有 6 个单字调,其声类和调类的变化与双峰方言类似,其中 5 个声调保留"阴高阳低"模式,但清入字舒化后单独形成一个中平调,不与其他声调合并,这可能体现了与双峰方言"清浊同调"不同的演变阶段。第二小类是舒声内部的同调,部分吴语属于这种情况。如太湖片海盐方言阴上和阳上同为一个高降升的凹调/423/(陈忠敏,2011);瓯江片苍南灵江方言的阳平和阴去同为低降调/31/(陶寰等,2018)。

(3) 古全浊声母今已清化,后接低调,单独成调或和其他声调合并。大部分发生浊音清化的方言都属于此类。最为典型的是粤语广州方言,尽管浊音声母已经完全清化,但今高调都是来自与古清声母相配的阴调,低调都是来自与古浊声母相配的阳调(除上阴入与中阴入按主元音长短为条件)。又如北京方言的 4 个声调,阴平调主要包括古清声母平调字,今读高平调;阳平主要包括古浊声母平调字,今读低升调;去声则主要包括古浊声母上声字和古无论清浊的去声字,今读高降调。

(4) 古全浊声母今已清化,后接高调单独成调,比来自古清声母的后接声调今读要高,形成所谓的"阴低阳高"。该现象最早被称为"翻转"(flip-flop),由 Wang(1967)在讨论潮州方言时提出。在潮州方言中(林伦伦,1995),阴平是低平调,而阳平却是高平调;阴入调是低调,而阳入调是高调。根据 Yue-Hashimoto(1986)及曾晓渝(1988)的统计,这种现象主要出现在浊音声母已经发生清化的方言中,在全国都有分布。Yue-Hashimoto(1986)对全国 997 个方言的归纳显示,其中有 340 个古阴调今读低于古阳调的例子:官话方言大多出现在平声,如天津方言的阴平调是一个低降调/31/,而阳平调反而是一个高升调/45/(Li 等,2019);南方方言入声较多,闽语的去声和赣语的平声也较为普遍。Yue-Hashimoto(1986)进一步指出,这种现象与末音节重音(prejunctural stress)的影响有关。她的主要证据是她发现在大部分闽语的例子中,连读变调后字仍然保留了"阴高阳低"的模式。她认为闽语作为连调后字决定型方言,声调在连调后字时拥有重音而单字调时却没有,故而单字调可能因缺乏重音而导致声调高低交换,而连调后字则保留更为原始的状态。但这种看法有两个疑点:第一,我们目前对音节重音与声调高低变化的必然联系尚不清楚;第二,单字调和连调之间的联系如何,目前亦不甚明了。近来,张静芬和朱晓农(2018)对潮汕地区的方言进行了实验语音的分析。他们认为,"阴低阳高"是在原"阴高阳低"的模式上发生了语音上的连续变化,而之所以两者没有发生合并,是因为各自的基频走向不同,而导致基频走向不同是由发声态区别所引起的。具体来说,引起阴入调基频下降的是嘎裂声,使阳入调基频上升的是张声。这样的解释有助于揭示共时层面上基频与发声态的关系,但并不能说明孰因孰果。因此,"阴低阳高"的成因依然有待探讨。

整体而言,我们在讨论汉语方言声母-声调关系时,一定不能只关心古调类今读的高低关系,必须同时兼顾古全浊声母的今读情况。一旦浊音声母发生清化,"清阴高-浊阳低"的共现模式便会打破,声母与声调可能各自产生变化。王莉宁(2014)所谓"阴高阳低"至少包含了这里的(1)和(3)两类,虽然它们声调的今读表现一致,但是所处的阶段及成因则不同。前者的低调一定程度上是受到浊音声母的制约而形成的,并不独立,古声母-声调关系依然紧密;而后者中全浊声母已然清化,低调已脱离浊音声母的控制,完全独立,古声母-声调关系完全断裂,是一种创新。

2.2 其他声母的影响

2.1 节主要讨论了古全清和全浊声母与声调的关系,那么古次清与次浊声母的情况如何呢?次清声母今读主要为清送气音声母,后接声调表现一般同古全清声母的今读;次浊今读主要为响音声母(主要为鼻、边音声母),后接声调表现一般同古全浊声母的今读。这是全国方言的主流。但是在那些保留全浊声类的方言中,我们的确也发现了一些特殊的模式,如表3所示,主要有以下四种模式:

表 3 汉语方言中清送气和响音声母对声调的影响

今声母	今读表现	传统术语	代表方言
清送气	清送气声母配低调	次清分调	吴江吴语
	声母类似浊音配低调	次清化浊	北部赣语
响音	鼻音单独成调	次浊分调	宣州片吴语、娄邵片湘语
	响音配高调	次浊归阴	温岭吴语

清送气声母的后接声调有两种较为特殊的类型。第一种是所谓的"次清分调"(也叫"送气分调"或"气声分调"),即来自古次清类声母今读为清送气声母的后接声调与来自古全清类今读为清不送气声母的后接声调不一致,目前所见大多是一个低调,最为著名的是吴江诸方言。如图 3 所示,黎里方言的古上(3a)、去(3b)、入(3c)三声中,清送气声母后的基频曲线明显低于清不送气声母后的,而与浊声母后基频曲线更为类似。根据 Shi 等(2020)的实验结果,送气声母后的基频曲线与浊声母后的没有统计意义上的区别,可以被处理为同一个声调,这样一来吴语单字调中最为常见的"清阴高-浊阳低"模式被打破。

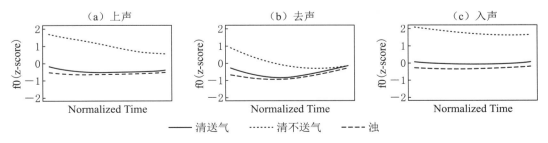

图 3 吴语黎里方言单字调去入三声中清送气、清不送气和浊声母条件下的基频曲线(Shi 等,2020)

第二种传统称为"次清化浊"，最为典型的例子出现在北部赣语。如在渣津方言的平声中(周颖异、朱晓农，2020)，古全清声母后是一个高凹调/323/，次清声母后的声调则是一个低凹调/212/。此外，次清声母今读已经不是清送气音，而是带有今汉语方言中各种浊音的特性。渣津方言古次清声母的今读至少存在内爆、常态带声和不带声气声[①]三个变体。这种语音实现的多样性和湘语双峰方言浊音的情况十分类似。

来自于古次浊声类，今主要读为响音声母的后接声调也有两种较为特殊的类型。

第一类是今响音声母的后接声调单独成调，与今清或浊声母的后接声调都不一致。根据曹志耘和王莉宁(2014)的研究，这种现象主要出现在苏浙皖三省交界处的吴语及湖南西部地区的老湘语和乡话中。如宁国南极方言(蒋冰冰，2003)的阴平是一个高平调/55/，配清声母；阳平是一个低升调/13/，配浊声母；次阳平是一个中平调/33/，配响音声母。部分娄邵片湘语的阴平、阳平、次阳平也呈现类似的分调情况(鲍厚星，2003)，如祁东方言(陈晖，2006；袁丹等，待刊)和湘乡方言(蒋军凤，2010；Zeng，2020)。但值得注意的是，吴语和湘语的情况可能存在一些差异。在宁国方言中(蒋冰冰，2003：110、131、136)，次阳平主要由声母的中古来源决定，个别次浊声母字今不读响音，但声调依旧，如微/ui^{33}/、寅/iŋ^{33}/、文/bəŋ^{33}/。祁东方言(陈晖，2006：138—139)的情况则有所不同，响音声母独立成调可能与声母的今读更为密切。祁东方言的次阳平为/21/，按理，来源日母字的"如""燃"等字应该读为此调，但它们今读都为浊擦音声母，声调也相应读为阳平调/212/。袁丹等(待刊)的实验数据也显示，在古平声和上声中，祁东方言老年组响音声母后的起始基频显著高于浊声母后的。更有意思的是，青年组上声中响音声母后的基频曲线甚至进一步和清声母后的合并。可见，祁东方言响音声母分调的情况与宁国方言并不相同。

另一个更为复杂的例子来自清水坪乡话(李姣雷，2020)。乡话古次浊平声字的声调分化大致是以今声母为条件：今鼻音声母的字，都读阴平/55/；今浊擦或塞擦音声母的字，主要读阳平/212/，也有少数读阴平的。[②]但有趣的是，又不是所有今读鼻音的字都配阴平，如古澄母今也可读/n/声母，但却配阳平，如啼/niɐ^{212}/、桃/nɔu^{212}/、田/nɛe^{212}/、糖/nəŋ^{212}/、肠/nẽ^{212}/、虫/niɔu^{212}/。可见，这里历时和共时的规则都起了作用：只有来自古次浊类且今读为鼻音声母的字才能配高调(阴平)。澄母字读为鼻音声母应该是一个较为晚近的变化。

综合上述例子可以发现，从共时上看，响音声母似乎都引起了声调分化，但背后的成因可能完全不同，吴语更多和历时来源相关，而湘语更多与响音的发音特性相关。我们期待更多的实证数据来进一步比较分析。

---

① 原文使用"弛声"术语，详见第 15 页脚注①。

② 李文对这一不对称现象的解释是：乡话古平声字以鼻音声母为条件产生声调分化时，来母、以母等字的浊擦、塞擦化演变也同时发生，如果浊擦、塞擦化演变已经完成，则声调归入阳平；如果还未完成，则归入阴平，之后再发生浊擦、塞擦化演变。但是这个解释无法回答，为何归入阴平后的字再发生声母浊擦、塞擦化却对声调没有影响。

第二类是响音声母后的声调同清声母后的表现一致,而与浊声母后的表现不一致。比较受关注的是吴语温岭方言,一般认为在该方言中有两套响音声母,一套与浊声母一样带有浊流,另外一套带有前喉塞[?]。两者成互补分布,前者只配来自古平、去、入三声中的次浊字,今声调与浊声母后的一致(图4b-d);后者配来自古上声中的次浊字,今声调与清声母后的一致(图4a)。杨建芬(2016)的实验数据显示,配高调的响音声母字与清声母字的发声类型一致,为张声;而其他与低调相配的响音声母字的发声类型则与浊声母的发声类型一致,是弛声。而至于为什么只有温岭上声发生了这样的变化,杨文的解释是:共时上看,今阳上调是阳调系统中音高最高的一个调类,早期温岭方言的上声可能承继了四声时代的上声高调,由于是高调,所以原来的次浊声母上声字的弛声特征不如平、去、入三声中的强烈,因此发声态最容易改变,弛声最容易消失,从而导致其后声调从阳上调中脱离,与阴上调合并。该研究揭示了响音声母配高调时十分重要的声学性质,接下来的问题是为什么同为阳上调,只有响音声母的发声态出现改变,而其他声母(塞音、擦音、塞擦音)并没有。这可能要从不同发音方法的生理特性去考察。

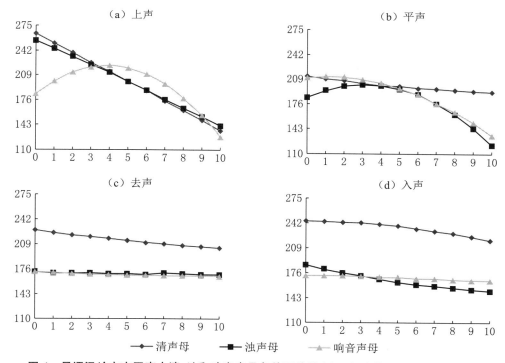

图4 吴语温岭方言四声中清、浊和响音声母条件下的单字调(杨建芬,2016:图5和图7)

另外一个值得研究的问题是,从发声上讲,为什么响音声母会和浊声母后的声调分道扬镳?在缅甸语中有一套对立的清浊响音声母,Maddieson(1984)的实验结果显示,清浊响音与清浊塞音对于起始基频的作用类似。或许一些汉语方言中的响音情况也与正常同浊声母表现一致的响音的发声性质并不完全相同。Li(1980:5)曾建议可以从考察声门上下气流压力的差异(the difference in supraglottal and/or subglottal air stream pressures)入手。这是一个值得尝试的方式。

总体来说,根据目前有限的数据,从历时上看,来自古次清和次浊声类的声母与声调的关系与来自古全清和全浊声类的并不完全一致;从共时上看,送气声母及响音声母后基频及发声态的表现也十分多样。

三　连读变调中的情况

我们目前对于非单字调层面上(主要是连读变调)声母-声调关系的情况尚不十分了解。这种不了解主要由两大因素造成。一是汉语方言声调的研究主要集中在单字调上,对连调情况的报道,无论是印象式描写还是实验数据都相对缺乏。二是就目前所见材料,汉语各方言间连读变调模式差异巨大,对于变调单位(范围)、变调方式及变调结果等核心议题的研究尚不充分,讨论连读变调中声母-声调关系的基础便更为薄弱。

吴语连读变调中声母-声调关系是目前讨论相对较多的(陶寰,2017)。绝大部分吴语单字调属于"清阴高-浊阳低"的模式,但是在连读变调中阴阳调发生中和而趋同,声母的清浊就成为主要或唯一的特征,形成"清浊同调",根据连读变调规则,这种"同调"可以出现在前字,也可以出现在后字。瓯江片吴语是后字决定型连调模式,所以"同调"能出现在前字,如温州方言的"颁发-办法"和"机房-厨房"可分别构成最小对比对,唯一的区别是前字声母的清浊,这时的浊音一般实现为元音前半部分的气声发声特征(胡方,2001)。相反,太湖片吴语是前字决定型连调模式,所以"同调"出现在后字,如上海方言"第八-提拔"和"特点-特地"分别构成最小对比对,唯一的区别是后字声母的清浊,这时的浊音一般实现为带声声母。但值得指出的是,虽然此时的连调模式一致,但声母对声调存在扰动效应(perturbation effect)。Chen(2011)对上海方言的研究发现,如图5所示,

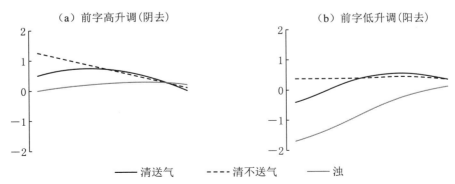

图5　吴语上海方言连调后字中清送气、清不送气和浊声母条件下的基频曲线(Chen, 2011:图3-2B和3B)

连调后字不同声母条件下的声调的确发生了中和效应,但声母对调头的扰动效应明显:浊音后的调头明显低于清音后的,清送气后的调头明显低于清不送气后的,清不送气与浊后的起始基频差距甚至大于 1 度。只不过扰动效应的强弱会受到前字声调的影响,当前字为高升调(阴去)时(图 5a),扰动效应较弱;当前字为低升调(阳去)时(图 5b),扰动效应较强。

此外,有一些单字调中出现的异常声母-声调关系在连读变调中会发生改变。以吴语黎里方言为例,如图 6 所示,上声中单字调中存在所谓"次清分调"现象(图 6a),清送气声母后的基频曲线明显低于清不送气后的,与浊后的基频曲线没有显著差异。但这种模式在连调后字位置上便会消失,前字为高调(阴平)时(图 6b),后字无论什么声母后的基频曲线都为一个高降调,且基本重合;前字为低调(阳平)时(图 6c),后字都为一个中平调,两个清声母(送气和不送气)后的基频曲线基本一致,浊声母对起始基频存在一定的扰动效应,但在后半段与清声母后的基频基本重合。可见,黎里方言清送气声母与低调的共现模式仅出现在单字调中。因此,声母-声调关系可能随着韵律环境发生改变,需要详细分析与讨论。

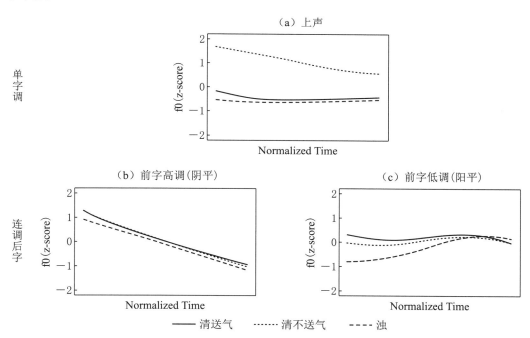

图 6　吴语黎里方言上声字在单字调及连读变调后字中清送气、清不送气和浊声母条件下的基频曲线①

①　单字调来自 Shi 等(2020),连调根据 Bai(2017)重绘,数据来自同一批 20 位老年发音人。

四 声调对声母的影响情况

之前多数的研究都侧重于声母对声调的影响,尤其是浊音声母清化与声调分合的关系。理论上讲,声母-声调关系应该是相互的,声调也会对声母造成影响,但目前这方面的报道极度缺乏。不仅是汉语方言,从整个世界语言来看(主要体现为声调对辅音的影响)亦是如此。Maddieson(1978)较早意识到了这个问题,他根据当时的材料,归纳出了声调对辅音影响的三种情况。第一,辅音的历时变化会受声调影响。如汉语一些官话方言浊音清化是以古调类为条件展开的,即"平送仄不送"。第二,共时的辅音性语音特征会以声调为条件有所区别。如在 Tankhur Naga 语中,/p t k/在低调的条件下会变为浊音。第三,通过实验获得的结果也表明声调对辅音的发声也有细微的语音影响。如在泰语中,后接声调对前置辅音有十分显著的生理语音上的影响(physiological phonetic effect):在不同调形中,发辅音时喉头从最高点下降到最低点的时间不同,升调和低调的运动时间较大,而中平调和高平调的运动时间较小。

第一类例子在汉语方言中十分普遍,主要体现为声调对浊音清化次序及结果的影响,这一点夏俐萍(2020:第五章第二节)已作了十分详细的分类与总结,此处不赘。此外,第2节中报道的许多现象都有其历史调类的限制,如黎里的"次清分调"仅仅发生在来自于古上去入三声的字中,宁国的"鼻音分调"只出现在来自于古平声的字中。

之前对第二类证据的关注十分有限,但随着调查的深入,我们发现其实汉语方言中,尤其是吴语,也存在着类似的情况。在吴语中,声母的清浊会根据声调的改变而转换。根据声母转换后的结果,大致可分为三类,如表4所示。

表4 吴语中声母根据声调高低发生变化的三种类型

类　　型	代表点
(1) 清不送气和浊声母互转	武义
(2) 浊声母变为清送气声母	江山
(3) 清声母变为边音、近音和零声母	查济

(1) 清不送气和浊声母互转。陶寰(2017)指出,吴语婺州片和处衢片的一些方言中,单字调为"清阴高-浊阳低"模式,但连调中声母的清浊随声调的高低变化而改变。最为典型的是武义方言。武义方言连调模式主要为后字决定,一般前字发生变化。根据傅国通(1984:110)的描写,武义方言"单字调……阴调全是高调,阳调全是低调。……变调的时候,高调变高调声母不变;低调变低调,声母也不变;高调变低调,声母同时由高的一类变到低的一类,如[p]变[b];低调变高调,声母也由低的变到高的,如[b]变[p]"。如在后字

为阳去/31/的两字组连调中,前字统一变为低平调/11/,所以"比"单念为/pi⁵⁵/是清声母配高平调,但在"比例"念为/bi¹¹ ɦlie³¹/与"被料"同音,其中"比"念为/bi¹¹/变为了浊声母/b/,声母因声调变低由清变浊(/p/>/b/);也有反过来声母因声调变高由浊变清的(/b/>/p/),在后字为阴平/24/的两字组连调中,前字如果是入声会统一变为高平短调/5/,"鼻"单念为/bæʔ²¹²/,但在"鼻尖"/pæʔ⁵ tɕie²⁴/中念为/pæʔ⁵/,"鼻尖"和"笔尖"同音,此时"鼻"的声母由浊转清。更值得注意的是,傅国通(1984:110)提到,清送气音在连读变调低调的情况下"仍为送气音,只是过渡到元音时有个浊擦成分,跟[b d dz dʑ g]五个浊音声母不同音"。武义方言的浊音声母主要实现为气声发声态,按傅文的描述,是否在低调的情况下这些原来的清送气音变为了浊送气音呢?低调情况下的送气音与浊音的区别到底是什么?亟需声学数据来揭示。

(2)浊声母会在声调变高后转换为清送气声母。如在江山方言中(陶寰,2017:285),"□树 欣树"/kɵ³³ tsʰ̩⁵¹/、"毛病"/mɯ¹¹ pʰ̃ã⁵¹/、"棒槌 蜻蜓"/boŋ¹¹ tsʰæ⁵¹/中的"树""病""槌"单念分别为/dz̩³¹//b̃ã³¹//dzæ²¹²/,都为浊声母配低调,但在连调中因声调变为高降调/51/,声母都变成了清不送气。

(3)清声母与边音、近音和零声母(声母脱落)的转变。如在吴语宣州片铜泾小片的查济方言中(刘祥柏、陈丽,2017:8—16),全浊声母今已经清化为送气声母,但如果连读后字为轻声,则这些清送气声母会变为边音、近音或零声母。如,街道/ka²¹ tʰɵ⁵⁵/-味道/vi⁵⁵ lɵ°/(边音)、洋房/iə²⁵ fə²⁵/-厢房/ɕiə²¹ və°/(近音)、①盲肠/mə²⁵ tɕʰiə²⁵/-大肠/tʰa²⁵ iə°/(零声母)。从共时上看,这似乎显示不同连读变调模式下,清送气声母和一些响音声母(包括声母脱落)的转换关系,但实际上是连调后字读轻声时显示了古全浊声母的遗留(刘祥柏、陈丽,2017:8),是一种弱化音变。同样的变化也能在其他一些方言中找到,如湘语益阳方言和闽语建阳方言(详见夏俐萍(2020:第三章)的详细论述)。

第(2)类和第(3)类似乎都体现了连读变调与浊音声母清化的关系。第(2)类中的江山方言在单字调中保留浊音,连调后字变为清送气音;而第(3)类中的查济方言浊音已然清化为送气音,但当连调后字读轻声时仍然保留浊音的痕迹。这种连调中声母与声调关系的异同与成因,以及它对浊音清化过程的启示是后续一个值得深入讨论的课题。

第(3)类证据目前在汉语方言中的研究成果相对稀见,现有的报道主要集中于探讨声母在不同声调条件下对起始基频扰动效应强弱的差异。Xu 和 Xu(2003)在北京方言中发现,送气声母对后接起始基频扰动效应的幅度受调形影响,2调/35/条件下的扰动幅度要比4调/51/条件下大得多。Shi(2020)对于湘语双峰方言的初步实验结果也显示,各声母的扰动效应在两个升调中幅度较大。另外,在连读变调中,似乎也是升调条件下声母对起

---

① 刘祥柏和陈丽的记音虽然使用浊擦音/v/,但在他们(2015:212)的文章中特别说明:"v声母摩擦较轻,接近半元音。"

始基频扰动效应更强,如上海方言(Chen,2011)。但似乎也不尽如此。如在香港粤语中,送气声母对起始基频的扰动效应在低降调/21/中大于在低升调/25/调中(Francis 等,2006)。就目前的数据而言,我们还很难归纳出共性。调形对声母扰动效应的影响在汉语方言中显示出较强的多样性,可能具有方言特异性。

综上所述,一方面,我们需要更多的方言调查来进一步重构和完善声调对声母影响的具体方式和过程;另一方面,我们需要更多的共时实验数据来探讨和解释其中的语音关联。

五 总 结

以上我们大致总结了目前汉语方言中声母-声调关系的研究历史及我们目前对于这个问题的认识。汉语方言中声母-声调关系的描写成果十分丰富,除了共时音系描写以外,学者们也梳理了方言与中古音之间的对应关系,即浊声母演变及阴阳调的分合。历时溯源与古今比较能在很大程度上为跨方言比较提供一套十分有用的框架和指称体系。但汉语方言声母-声调关系存在着多种类型,其演变分化的过程仍是不透明的;实验语音学方法的介入,使我们看到共时层面上声母(辅音)和声调各自有着更为复杂的语音表现,其相互关系也需要进一步加以梳理和澄清。语音演变的历史研究需要有共时(变异)的研究作为经验基础(Weinreich 等,1968),唯有深入认识汉语方言共时层面上声母-声调的语音性质及复杂关系,才能为进一步梳理演变过程进而探究中古时期全浊声母的语音实质及其与声调的关系打下坚实的基础。

参考文献

鲍厚星.湖南邵阳方言音系[J].方言,1989(3):196—207.

鲍厚星.湘语声调演变的一种特殊格局[R].全国汉语方言学会第十二届年会暨学术研讨会第三届官话方言国际学术研讨会,2003.

曹剑芬.论清浊与带音不带音的关系[J].中国语文,1987(2):101—109.

曹志耘,王莉宁.汉语方言平去声的全次浊分调现象[J].中国语文,2014(6):541—549.

曾晓渝.试论调值的阴低阳高[J].西南师范大学学报(哲学社会科学版),1988(4):112—115.

陈晖.湘方言语音研究[M].长沙:湖南教育出版社,2006.

陈忠敏.论吴语海盐话古全浊上声字声母[M]//语言研究集刊(第8辑).上海:上海辞书出版社,2011:148—175.

傅国通.武义方言的连读变调[J].方言,1984(2):109—127.

胡方.温州话浊塞音的声学分析[M]//蔡莲红,周同春,陶建华.新世纪的现代语音学——第五届全国现代语音学学术会议论文集.北京:清华大学出版社,2001:142—145.

黄笑山.试论唐五代全浊声母的"清化"[J].古汉语研究,1994(3):38—40.

蒋冰冰.吴语宣州片方言音韵研究[M].上海:华东师范大学出版社,2003.

蒋军凤.湘乡方言语音研究[M].长沙:湖南师范大学出版社,2010.

李晨雨,张明辉.音高抑调还是气嗓发声——广西铺门话舒声类阳调声调特征的声学与感知实验研究[R].汉语方言类型研讨会.上海:华东师范大学,2018.

李姣雷.乡话古全浊平声字声调的分化与古次浊声母演变[J].语言科学,2020(1):328—336.

李倩,史濛辉,陈轶亚.声调研究中的一种新统计方法——增长曲线分析法在汉语方言研究中的运用[J].中国语文,2020(5):591—608.

李荣.方言研究中的若干问题[J].方言,1983(2):81—91.

李荣.切韵音系[M].黄笑山,校订.北京:商务印书馆,1952/2020.

林伦伦.潮汕方言声调研究[J].语文研究,1995(1):52—59.

刘祥柏,陈丽.安徽泾县查济方言同音字汇[J].方言,2015(3):211—220.

刘祥柏,陈丽.安徽泾县查济方言[M].北京:中国社会科学出版社,2017.

陆志韦.The voiced initials of the Chinese languages:When were they aspirated? [M].英文单行本第7种.哈佛燕京学社,1940.

陆志韦.汉语的全浊声母是什么时候才送气的? [M]//俞敏,译.陆志韦语言学著作集(第2卷).北京:中华书局,1999:522—547.

罗常培.释清浊[M]//汉语音韵学导论.台北:九思出版社,1979:23—29.

麦耘."浊音清化"分化的语音条件试释[J].语言研究(增刊),1998.

潘悟云.关于汉语声调发展的几个问题——读王士元先生的 *A Note on Tone Development*[J].Journal of Chinese Linguistics,1982(2):359—385.

潘悟云.温、处方言与闽语[M]//吴语和闽语的比较研究.上海:上海教育出版社,1995:100—121.

彭建国.岳阳话的塞音声母[M].中国语文,2016(1):28—39.

陶寰,朱子璇,姜淑珍.浙江苍南灵江话声调实验[J].方言,2018(4):401—410.

陶寰.吴语浊音声母的类型及其音系地位[J].方言,2017(2):279—289.

王福堂.全浊声母清化后塞音塞擦音送气不送气的问题[M]//语言学论丛(第36辑).北京:商务印书馆,2007:108—128.

王莉宁.汉语方言阴调与阳调调值比较类型及其地理分布[J].云南师范大学学报(哲学社会科学版),2014(2):55—62.

伍巍.中古全浊声母不送气探讨[J].语文研究,2000(4):41—50.

夏俐萍.汉语方言全浊声母演变研究[M].北京:中国社会科学出版社,2020.

杨建芬.温岭方言次浊上声归阴调的语音学成因探讨[J].方言,2016(4):438—444.

杨秀芳.论汉语方言中全浊声母的清化[J].汉学研究,1989(2):41—74.

游汝杰,杨乾明.温州方言词典[M].南京:江苏教育出版社,1998.

袁丹,夏俐萍,陈轶亚.湘语祁东方言"全次浊分调"研究(稿),待刊.

张吉生.从吴方言看声母—声调的相互关系[J].当代语言学,2006(2):121—128.

张静芬,朱晓农.潮汕入声:从阴高阳低到阴低阳高[J].语言研究,2018(4):15—27.

赵元任.现代吴语的研究[M].北京:科学出版社,1928/1956.

赵元任.中国方言中爆发音的种类[M]."中研院"历史语言所研究集刊(第5本第2分),1935:515—520.

赵元任.说清浊[M]//"中研院"历史语言所研究集刊(第30本第2分),1959:493—497.

赵元任.说清浊[M]//赵元任语言学论文集.北京:商务印书馆,2002:541—547.

周颖异,朱晓农.江西修水渣津赣语的十六调系统[J].中国语文,2020(5):570—590.

朱晓农.声调笔记五则[M]//"文字与文化"丛书(第2辑).北京:光明日报出版社,1987.

朱晓农.音韵研究[M].北京:商务印书馆,2008:145—154.

朱晓农.语音学[M].北京:商务印书馆,2010a.

朱晓农.全浊弛声论——兼论全浊清化(消弛)低送高不送[J].语言研究,2010b(3):1—19.

朱子璇.温州话浊塞音的语言实验研究[D].上海:复旦大学,2016.

Bai, Ziyi. An Acoustic Study on the Three-way Stop Contrast in the Medial Position of Tone Sandhi Domains in Lili Wu Chinese[D]. Leiden University, 2017.

Chang, Kun. Tonal Developments among Chinese Dialects[J]. Bulletin of the Institute of History and Philology, 1975, 46(4):636—709.

Chen, Yiya. How Does Phonology Guide Phonetics in Segment-f0 Interaction? [J]. Journal of Phonetics, 2011, 39(4):612—625.

Dutta, Indranil. Four-way Stop Contrasts in Hindi: An Acoustic Study of Voicing, Fundamental Frequency and Spectral Tilt[D]. University of Illinois, 2007.

Francis, Alexander L., Valter Ciocca, Virginia Ka Man Wong and Jess Ka Lam Chan. Is Fundamental Frequency a Cue to Aspiration in Initial Stops? [J]. The Journal of the Acoustical Society of America, 2006, 120(5):2884—2895.

Hombert, Jean-Marie, John J. Ohala and William G. Ewan. Phonetic Explanations for the Development of Tones[J]. Language, 1979, 55(1):37—58.

Jakobson, Roman, C. Gunnar M. Fant and Halle Morris. Preliminaries to Speech Analysis: The Distinctive Features and Their Correlates[M]. Massachusetts Institute of Technology Press, 1952/1963.

Kingston, John and Randy L. Diehl. Phonetic Knowledge[J]. Language, 1994, 70(3):419—454.

Ladefoged, Peter and Ian Maddieson. The Sounds of the World's Languages[M]. Blackwell, 1996.

Li, Fang-Kuei. Laryngeal Features and Tone Development[J]. Bulletin of the Institute of History and Philology, 1980, 51(1):1—13.

Li, Qian, Yiya Chen and Ziyu Xiong. Tianjin Mandarin[J]. Journal of the International Phonetic Association, 2019, 49(1):109—128.

Maddieson, Ian. Tone Effects on Consonants[J]. Journal of Phonetics, 1978, 6(4):327—343.

Maddieson, Ian. The Effects on F0 of a Voicing Distinction in Sonorants and Their Implications for a Theory of Tonogenesis[J]. Journal of Phonetics, 1984, 12(1):9—15.

Mok, Peggy P. K., Donghui Zuo and Peggy W. Y. Wong. Production and Perception of a Sound Change in Progress: Tone Merging in Hong Kong Cantonese[J]. Language Variation and Change, 2013, 25(3):341—370.

Pulleyblank, Edwin G. Middle Chinese: A Study in Historical Phonology[M]. University of British Columbia Press, 1984.

Shi, Menghui. Consonant and Lexical Tone Interaction: Evidence from Two Chinese Dialects[M]. Landelijke Onderzoekschool Taalwetenschap, 2020.

Shi, Menghui, Yiya Chen and Maarten Mous. Tonal Split and Laryngeal Contrast of Onset Consonant in

Lili Wu Chinese[J]. The Journal of the Acoustical Society of America, 2020, 147(4):2901—2916.

Ting, Pang-Hsin. Some Aspects of Tonal Development in Chinese Dialects[J]. Bulletin of the Institute of History and Philology, 1982, 53(4):629—644.

Wang, William S.-Y. Phonological Features of Tone[J]. International Journal of American Linguistics, 1967, 33(2), 93—105.

Weinreich, Uriel, William Labov and Marvin I. Herzog. Empirical Foundations for a Theory of Language Change[M]//W. Lehmann & Y. Malkiel. Directions for Historical Linguistics. University of Texas Press, 1968.

Xu, Ching X., Yi Xu. Effects of Consonant Aspiration on Mandarin Tones[J]. Journal of the International Phonetic Association, 2003, 33(2):165—181.

Yue-Hashimoto, Anne O. Tonal Flip-flop in Chinese Dialects[J]. Journal of Chinese Linguistics, 1986, 14(2):161—183.

Zeng, Ting. "Voicing"-tone interaction in Xiangxiang Chinese [C]//Toronto Working Papers in Linguistics, 2008, 28:395—405.

Zeng, Ting. The Xiangxiang Dialect of Chinese[J]. Journal of the International Phonetic Association, 2020, 50(2):258—281.

上海城市方言的源头与其中的苏州话因素[*]

陈忠敏[**]

复旦大学

一

　　上海城市的历史不是很长,作为商业城市的历史应该从 1843 年开埠时算起。从 1843 年到 1949 年的 100 多年间,上海从原本东海之滨的小县城一跃成为东方大都市。1852 年,整个上海县(当然也包括上海县县城)的总人口是 54.44 万人,租界人数极少。100 多年以后的 1949 年,仅上海市区人口就有 502.92 万人,其中本地户籍人口只占总人口数的 15％左右,而邻近的江苏、浙江两省籍贯的移民人口数分别占 48.1％和 25.8％(据中共上海市委组织部、宣传部、上海市地方志办公室编《上海通志》,2014:49—52)。上海城市方言的历史源头,一般认为跟苏州话、宁波话关系最大。因为大多数移民来源于邻近的江浙两省。不过,从开埠初期的方言记录及市区话老派的最为主要的一些特征来看,上海城市方言较早的源头应该是松江府的土话(陈忠敏,1992)。早期的地方志也证明了这一点。明代嘉靖《上海县志》说:"方言视华亭为重",华亭府即后来的松江府。明代华亭县(后来的松江县)的土语是跟嘉兴话,而不是跟苏州话、宁波话更接近。明代正德《华亭县志》和《松江府志》在述及方言时都说:"视嘉兴为重。"所以上海城市方言的源头是嘉兴—松江一路的方言。开埠以后大量来源不一的移民(主要来源于江浙两省)在共同语没有普及的情况下,改说本地的上海话作为他们的交际语言自然是最佳的选择,所以移民原居住地底层方言改造了上海城市方言,使得原来相对古老、发展缓慢的上海县城方言迅速改变面貌,成为整个吴语区发展最快的城市方言。移民方言中以苏州话的影响力度最大。本文从语音角度来说明上海城市方言的源头和苏州话的影响。

　　* 本文写作受国家社科基金重大项目"上海城市方言现状与历史研究及数据库建设"(批准号 19ZDA303)的资助,特此鸣谢。

　　** 作者电子邮箱:zhongminchen@fudan.edu.cn。

一

上海城市方言与嘉兴—松江话的源头关系可以从早期的声韵调特点得到证明。外国传教士艾约瑟(J. Edkins)1853 年著有 *A Grammar of Colloquial Chinese as Exhibited in the Shanghai Dialect* 一书,比较完整、正确地记录了当时上海县城话的语音系统。1853 年去上海城开辟为通商口岸的 1843 年不远,可以说,艾约瑟的记录是反映开埠时期上海县城话的语音面貌。现根据艾约瑟的记录(据 1868 第二版,Shanghai Presbyterian Mission Press 出版),整理出我们惯常排列的声韵调系统表([ ]内为国际音标,[ ]前的是原书用的罗马字母),国际音标是笔者根据原书与英文、法文读音的对应描写而确定的(陈忠敏,1995)。

表 1　声母表(29 个)

p[ʔb]比	p′[ph]批	p.b[b]皮	m[m]米	f[f]飞	f.v[v]微
d.t[ʔd]多	t′[th]拖	t.d[d]杜	n[n]怒	l[l]路	
ts[ts]精	ts′[tsh]清	ts.dz[dz]尽		s[s]心	s.z[z]寻
ki[c]鸡	k′i[ch]去	ki.gi[ɟ]其	ni[ɲ]拟	hi[ç]希	dj[j]序
k[k]公	k′[kh]空	k.g[g]共	ng[ŋ]我	h[h]火	h[ɦ]河
Ø 爱					

表 2　韵母表(60)个

元音鼻韵母	z[ɿ]字	í[i]理	ú[u]所	ü[y]句	û[ʮ]主
	á[ɑ]拜	iá[a]斜	wá[wɑ]乖		
	o[o]怕		wo[uo]瓜		
	ao[ɔ]好	iao[iɔ]教			
	é[e]海	ié[ie]且	wé[ue]规		ûe[ɥe]虽
	eu[ɤ]沟	ieu[iɤ]求			
		iú[iu]靴			
鼻音尾韵母	én[ẽ]半	ién[iẽ]选	wén[uẽ]官		
	ön[ø̃]端	iön[iø̃]权			ûn[ɥø̃]/[ø̃]算
	an[ɛ̃]但	ian[iɛ̃]念	wan[uɛ̃]关		
	áng[ã]张	iáng[iã]	wáng[uã]横		
	ong[ã]双	iong[iã]	wong[uã]光		

续 表

鼻音尾韵母	un(g)[ʌŋ]根	iun(g)[iʌŋ]勤	wun(g)[uʌŋ]滚	iün[yŋ]训	
		ing[iŋ]心			
	óng[oŋ]松	ióng[ioŋ]兄			
	úng	iúng			
促音尾韵母	ah[æʔ]法	iah[iæʔ]甲	wah[uæʔ]刮		
	ák[ɑk]百	iák[iɑk]略	wák[uɑk]划		
	ok[ɔk]薄		wok[uɔk]郭		
	ók[oʔ]独	ioh[ioʔ]曲			
	öh[œʔ]夺	iöh[iœʔ]月			
	eh[eʔ]实		weh[ueʔ]活		
		ih, yih[iʔ]热			
	uk[ʌʔ]直	iuk[iʌʔ]逆			
	m[m̩]无		n[n̩]芋	rh[əl]而	ng[ŋ̍]五

表3 声调表(8个)

调类	阴平	阴上	阴去	阴入	阳平	阳上	阳去	阳入
调值	53	44	35	5	22	213	13	12
例字	希	喜	戏	歇	歌	理	弟	敌

三

以上是1853年上海县城话的声韵调系统。这一声韵调格局和语音特点与今上海市郊松江区方言以及浙江嘉兴方言是较为接近的。我们从声、韵、调三方面来说明上海城市方言与嘉兴—松江一路方言的渊源关系。

3.1　声调

开埠之初，上海县城话声调系统与松江、嘉兴方言最为相似。表4为开埠之初的上海县城话与今嘉兴话、松江话、苏州话的声调系统比较，可以看出它们之间的亲疏关系(嘉兴话、松江话据笔者调查，苏州话参考汪平(2011)《苏州方言研究》，叶祥苓(1988)《苏州方言志》。下同)：

表 4　开埠之初的上海县城话与今嘉兴话、松江话、苏州话的声调系统比较

	阴调类					阳调类				调类数
	阴平	阴上		阴去	阴入	阳平	阳上	阳去	阳入	
		全清	次清							
1853 年上海县城话	53	44		35	5	22	213	13	12	8～7
今嘉兴话	53	44	224	35	5	31	213	13	12	9
今松江话	53	44		35	5	31	213	13	12	8
今苏州话	44	51		523	5	223	231		12	7

嘉兴方言送气分调,次清声母字单独成调,这一点与松江方言和 1853 年上海县城话不同,除去这一点,嘉兴话的声调与松江话的完全一致。当时的上海县城话阳平是低平调,其余也跟松江话、嘉兴话一致。阴平高降、阴上高平、阴去高升这三个调型是嘉兴、松江、1853 年上海县城方言高度一致的调型,可以看出它们之间的渊源关系。苏州话声调的调型除了阴入、阳入两个入声调外,几乎没有一个跟它们相同。可以看出 1853 年开埠之初的上海县城方言与松江、嘉兴一路方言接近,与苏州话则远。

3.2　声母

开埠之初上海县城话古帮端声母分别为先喉塞音(pre-glottalized stop,又称内爆音)[ʔb、ʔd]。艾约瑟原书虽然没有明确指出这一术语,但他在原书第 40 页有一段话:端、短、断(决断)、对、答、斗、耽 dön'dön dön'dé'deh deu'dén 声母是真浊音,但声调却配高音调。可见他已注意到这一不同寻常的音类。赵元任在 1928 年《现代吴语的研究》一书第四章声韵调总讨论里也说,上海城内老派话古帮端母用真浊音。所谓的真浊音就是先喉塞音 ʔb、ʔd。今上海地区松江片方言的老派基本都保留这类声母。整个北部吴语帮端母读先喉塞音(内爆音)的也只有在上海地区的松江片方言。

开埠之初上海县城话古非敷母跟晓母,奉母跟匣母在 u 为韵母或为韵头时是相混的,读双唇擦音。如"夫＝呼"φu¹,"分＝昏"φəŋ¹(φuəŋ¹),"父＝户"βu⁶。赵元任 1927 年的记录也显示上海旧派两者相混,即非敷母跟晓母在合口呼,特别是 u 前读成双唇清擦音 φ,奉母跟匣母在合口呼,特别是 u 前读成双唇浊擦音 β。1923 年 Parker R. A.的 *Lessons in the Shanghai Dialect*(上海广协书局总发行所)中也已提到 h、hy 和 hw 也能发成 f。上海市区周围的松江片方言也是如此,赵元任 1928 年《现代吴语的研究》一书第四章声韵调总讨论松江点里说的"富于双唇摩擦音(phi, beta)"也是就这一点而言的。今嘉兴方言的情况也跟松江、开埠之初上海县城话同。苏州话则两者不同,"夫"fu¹≠"呼"hu¹,"父"vu⁶≠"户"ɦu⁶。

3.3 韵母

蟹止摄合口三等韵母字韵母在艾约瑟 1853 年的记音里是 ûe[ɥe]，如"追醉催脆岁随瑞"，邻近方言只有嘉兴话这些字的韵母也是这样。艾约瑟所记 ûe[ɥe]韵的范围是古精组、知系合口灰泰祭支脂韵字韵母，与今嘉兴话完全一样。如：

表 5　19 世纪中叶"罪税追"等字韵母读音

	蟹合一灰泰(精组)	蟹合三祭(精组知系)	止合三支脂(精组知系)
ûe[ɥe]	罪　最	脆　缀　税	随　吹　虽　追

到了 20 世纪初，艾约瑟所记的 ûe[ɥe]韵字，韵母读音变 ø 或 œ，可见发生了 ɥe＞ø(œ)音变。高本汉《中国音韵学研究》一书里，上述"罪税追"等字都记为 œ，赵元任《现代吴语的研究》里记为 ø。松江话也与此同，我们可以推测松江话在 1850 年左右也应读 ɥe，以后与上海话一样发生了 ɥe＞ø 音变。变为 ø 以后与来源于山摄合口一二等字韵母同：

表 6　20 世纪初上海话老派、松江话、苏州话"罪税追"等字韵母读音

	醉	钻	脆	窜	岁	算
1928 年上海话老派	tsø⁵		tsʰø⁵		sø⁵	
1928 年松江话	tsø⁵		tsʰø⁵		sø⁵	
1928 年苏州话	tsE⁵	tsø⁵	tsʰE⁵	tsʰø⁵	sE⁵	sø⁵

分类明显与苏州话不同。苏州话"罪税追"等字读 E，它们与山摄合口一二等字读 ø 韵母不同。

古遇摄合口三等知章组字，如"主处书住"韵母读 ɥ，嘉兴话也跟它一致。苏州话也有 ɥ 韵母，但是此韵母的涵盖范围和音韵分合与第一时期上海县城话、嘉兴话的不同。苏州话读 ɥ 韵母的不仅有古遇摄合口三等知章组字韵母，还有止摄、蟹摄开口三等知章组字韵母。如：

表 7　古遇摄合口三等知章组、止蟹摄开口三等知章组字韵母对比

	朱	支	书	诗	如	时
1853 年上海县城话	tsɥ¹	tsɿ¹	sɥ¹	sɿ¹	zɥ²	zɿ²
嘉兴话	tsɥ¹	tsɿ¹	sɥ¹	sɿ¹	zɥ²	zɿ²
苏州话	tsɥ¹		sɥ¹		zɥ²	

可见，1853 年上海县城话 ɥ 韵母的音类分合规律与嘉兴话同，与苏州话不同。

开埠初期上海县城话入声韵非常丰富，共有 17 个入声韵，光开口呼入声韵就有七类，今松江片方言老派发音和分类跟开埠之初的上海县城话完全一样：

表 8　开埠初上海县城话、今松江话入声韵比较

	客	掐	磕	刻	渴	哭	壳
1853 年上海县城话	ɑʔ	æʔ	eʔ	ʌʔ	œʔ	oʔ	ɔʔ
松江话	ɑʔ	æʔ	eʔ	ʌʔ	œʔ	oʔ	ɔʔ

可见,开埠之初,当外来移民还没有大量涌入市中心的时候,上海县城方言还是与嘉兴—松江方言一脉相承的,尚未脱离嘉兴话—松江话—上海县城话的递属轨道。

四

19 世纪末 20 世纪初,随着外来移民的大量涌入,上海城市方言发生了根本性的改变。其中,上海城市方言受苏州话的影响最大。赵元任在 1928 年出版的《现代吴语的研究》里就说"有新旧两派,新派分类近似苏州,旧派近似浦东,(两派人以"苏州音","浦东音"互相指斥)"。赵氏的这句话的信息有两个。第一,当时各地的移民很多,只提苏州方言,并说两派人以苏州音和浦东音相互指斥,说明苏州话对上海城市方言的影响已经相当大,以至于一般市民都能感觉到这种影响力。第二,这种影响已经在新派的语音里体现出来,语音分类近似苏州。以新派的年龄来推算,苏州话对上海城市方言的影响大概在 19 世纪末 20 世纪初已经相当深了。从音类的分合可以看出苏州话对上海城市方言有较大的影响。

4.1　声母方面

赵元任 1928 年《现代吴语的研究》中指出旧派古非敷母跟晓母,奉母跟匣母在 u 为韵母或为韵头时是相混的,读双唇擦音,但是到了新派,非敷母与晓母,奉母与匣母在合口前都有分别了,本来同音的变为不同音了：

表 9　古非敷母与晓母、奉母与匣母在 u 前的分混情况

	夫—呼	分—昏	父—户	坟—混
赵元任旧派	ɸu¹	ɸəŋ¹	βu⁶	βəŋ⁶
赵元任新派	fu¹≠hu¹	fəŋ¹≠huəŋ¹	vu⁶≠ɦu⁶	vəŋ⁶≠ɦuəŋ⁶
苏州话	fu¹≠həu¹	fəŋ¹≠huəŋ¹	vu⁶≠ɦəu⁶	vəŋ⁶≠ɦuəŋ⁶

赵元任说新派分类跟苏州话近似,确实,这一点跟苏州话是相同的,可以看到苏州话

对上海城市方言的影响。不过有语言接触造成的变化往往旧形式和新形式会并存很长一段时间，即使是到了 21 世纪，上海城市方言既有分的读法，也有不分的读法，特别是在 u 韵前，都读作唇齿擦音还是相当普遍："夫＝呼"fu[1]、"父＝户"vu[6]。

4.2　韵母方面

古精组、知系合口灰泰祭支脂字韵母的，"罪最"（蟹合一灰泰）、"脆缀税"（蟹合三祭）、"随虽追"（止合三支脂）这些字的韵母从 1853 年的 ûe[ɥe]韵母到了 20 世纪初高本汉、赵元任的记录演变为 ø(œ)。这样就跟山合三仙（知系）字韵母 ø 同韵母。如"专追"同音都为 tsø[1]，"篆罪"同音都为 zø[6]。到了 20 世纪五六十年代，"罪最脆缀税随虽追"等精组、知系合口灰泰祭支脂字韵母有 ɛ 韵的另读，这种另读就跟蟹开一咍（精组）字韵母一样了。许宝华、汤珍珠 20 世纪 60 年代初所写《上海方言的内部差异》已记录"罪"等字有 ø/ɛ 互读的现象。联系附近方言，"罪"等字也可以读 ɛ 韵是苏州话的渗透，韵母读音的分类明显跟苏州话一致。如：

表 10　古精组、知系合口灰泰祭支脂字韵母读音的分混情况

	山合三仙（知系）	"罪"等字	蟹开一咍（精组）
	篆	罪	在
20 世纪 20 年代上海城市方言	zø[6]		zɛ[6]
20 世纪 20 年代及今苏州话	zø[6]	zɛ[6]	
20 世纪 50 年代上海城市方言	zø[6]	zø[6]/zɛ[6]	zɛ[6]

不过，这次苏州话的渗透发生在 20 世纪四五十年代。那时，在上海市区，苏州话的权威已是强弩之末，对上海市区话的影响大大不如以前了。所以今市区话里"罪"等字既有读 ɛ 韵的，又有读 ø 韵的。两种读音势均力敌，到目前为止，还看不出谁胜谁负。

部分 e/ɛ/ø 韵母的合并。从艾约瑟 1853 年到 20 世纪初高本汉的记音里，我们可以看出艾约瑟当时所记的轻微鼻化韵鼻化丢失，全部变为元音韵母。如：én[ẽ]、ién[iẽ]、wén[uẽ]分别变为相应的[e][ie][ue]韵里；ön[ø̃]、iön[iø̃]分别变为相应的[ø][iø]韵母里（高本汉记为[œ][iœ]）。an[ɛ̃]、ian[iɛ̃]、wan[uɛ̃]分别变为相应的[ɛ][iɛ][uɛ]韵里。艾约瑟的 ûn[ɥø̃]韵字本来已有 ûn[ɥø̃]、ön[ø̃]两读，到了高本汉时代，ûn 韵字已全部读[ø]。这样高本汉所记的一个[ø]韵，相当于艾约瑟所记的 ön、ûn、ûe 三韵了。[e][ie][ue]三韵分别相当于艾约瑟所记的 é、én、ié、ién、wé、wén 六韵。到了赵元任 1927 年记录的上海城里话，情况已有了新的变化，赵元任所记旧派跟高本汉记音相同，新派已有变化。高本汉时代及赵元任所记旧派的一个[e]韵，在赵氏所记的新派里已分化为三个韵：[e][ɛ][ø]。如：

表 11 20 世纪初新旧派"胎推贪"韵母读音的分混

	胎	推	贪
20 世纪 20 年代旧派	tʰe¹		
20 世纪 20 年代新派	tʰE¹	tʰe¹	tʰø¹

原读[e]后读[E]的字是古咍韵端系(胎莱来)、见系(开海)字及泰韵见系(害)字;原读[e]后仍读[e]的是古脂开口帮系(悲美)、脂支合口泥来母(累类)、灰合口帮系(梅背配)、端组、泥来组(腿雷)等字;原读[e]后读[ø]的是古覃开口(男含贪)、谈见系(敢)、盐仙合口知照系(传串)等字。从一类音[e]变为三类音[e、E、ø],音类的分化看不出任何共时语音条件。比较附近方言,我们认为这是苏州话与当时市区面积扩大后市区西北部松江片方言的渗透结果:

表 12 20 世纪初新旧派"胎推贪"韵母与苏州话、松江片方言比较

	胎	推	贪
20 世纪 20 年代旧派	tʰe¹		
20 世纪 20 年代苏州话	tʰE¹		tʰø¹
松江片真如、江湾点	tʰɛ¹	tʰe¹	
20 世纪 20 年代新派	tʰE¹	tʰe¹	tʰø¹

到了 20 世纪 50 年代原来不同韵[e]和[ɛ]的字变为同韵[E]韵字,这一音类的分合特点跟苏州话一致:

表 13 20 世纪 50 年代新派韵母[e][ɛ][E]与苏州话比较

	胎	摊	来	兰
20 世纪 50 年代老派	tʰe¹	tʰɛ¹	le⁶	lɛ⁶
20 世纪 50 年代新派	tʰE¹		lE⁶	
苏州话	tʰE¹		lE²	

高本汉、赵元任(旧派)咸开一覃端系某些字韵母读[e],如"贪"tʰe¹、"南"ne⁶。但是在赵元任记录的新派,这些字有 ø 韵的异读。如读 ø 韵就跟山合一端系字(湍暖)韵母同,且韵母分类也跟苏州话一致。

表 14 20 世纪初新旧派"贪湍南暖"韵母分混及与苏州话比较

	贪	湍	南	暖
20 世纪 20 年代旧派	tʰe¹	tʰø¹	ne⁶	nø⁶
20 世纪 20 年代新派	tʰe¹ / tʰø¹	tʰø¹	ne⁶ / nø⁶	nø⁶
苏州话	tʰø¹		nø⁶	

尽管这种音类的分合并没有增加新的韵母,赵元任所记的新派[e、E、ø]三韵跟高本

汉及赵氏所记的老派的[e、ɛ、ø]的内涵已不同。

1853 年艾约瑟的 we[ue]韵包括两类字,甲类是中古蟹合一灰泰见系(块灰会),蟹合三祭废齐见系(卫秽桂),止合三支脂微见系(规为轨胃)。乙类是蟹合二皆哈见系的文读(乖怪淮怀快),如:

表 15　1853 年甲乙两类字韵母读音

1853 年	甲类								乙类		
	蟹摄合口见系				止摄合口见系				蟹摄合口见系		
	灰	泰	祭	废	齐	支	脂	微	皆		夬
	灰	会	卫	秽	桂	规	轨	胃	怪	怀	快
	hwé	hwé'	hwé'	hwé'	kwé	kwé	'kwé	hwé	kwé'	hwé	k'wé'

20 世纪初艾约瑟所记的轻微鼻化韵 wén[uẽ](中古山摄合口一等桓韵见系字)鼻化消失以后也并入相应的[ue]韵里,我们把这类字称为丙类。这样就形成了甲、乙、丙三类字同韵母:

表 16　1853 年甲乙丙三类字韵母读音

甲类		乙类		丙类	
桂	＝	怪	＝	贯	［kue⁵］
回	＝	怀	＝	丸	［ɦue⁵］

高本汉的记音就是如此。到了赵元任 1927 年的记音里,情况有了变化,赵氏所记的新派"贯丸"等丙类字韵母读 uø,即原来同类的韵母变为两类不同的韵母。分类的特点跟苏州话一致,显然是这时期苏州话渗透的结果:

表 17　甲乙丙三类字韵母读音演变与苏州话比较

	甲类	乙类	丙类
	桂回	怪怀	贯丸
20 世纪 20 年代旧派	ue		
20 世纪 20 年代新派	ue		uø
20 世纪 20 年代苏州话	uɛ		uø

差不多同时,ue 和 uɛ 又出现了合并的趋势,这种合并与开口呼韵母 e 和 ɛ 的合并是同时的。20 世纪五六十年代已有"桂＝怪＝惯 kuɛ⁵"、"回＝怀＝还 ɦuɛ⁶"的情况(见 1960 年《江苏省和上海市方言概况》)。附近方言里,只有苏州话有相同的特点,而且韵母的读音也相同。

部分 ue(uɛ)韵分化出来,变为 uø 韵。这种分化以及韵母的重新组合也跟苏州话的一致,明显是受苏州话的影响。20 世纪 20 年代赵元任《现代吴语的研究》里记录的一部分新派这种分化已有表现,赵氏这批字的韵母读音新派记录了两种,一种与旧派同,为 ue;另一种记录为 uø,并说"少"。说明这些字韵母的分化在第二时期已经有端倪。到了20 世纪五六十年代"官"等字读 uø 韵母逐渐变为多数,"官规""宽亏""碗委"分别不同音:

表 18　20 世纪初新旧派"官规、宽亏、碗委"韵母分混及与苏州话比较

	官	规	宽	亏文读	碗	委
20 世纪 20 年代旧派	kue^1		kʰue^1		ue^3	
20 世纪 20 年代新派	kuø^1	kue^1	kʰuø^1	kʰue^1	uø^3	ue^3
20 世纪 50 年代新派	kuø^1	kuE^1	kʰuø^1	kʰuE^1	uø^3	uE^3
苏州话	kuø^1	kuE^1	kʰuø^1	kʰuE^1	uø^3	uE^3

原来同音的,变成不同音,而分化的情形跟苏州话一致。

五　结　语

　　上海从 1843 年开埠以后迅速成为国际大都市,随着城市经济、文化、工业的迅猛发展,全国各地移民,特别是邻近江浙两省移民在短时间内大量涌入这座城市,城市方言的面貌也变得跟原来本地土语不同。各地来的移民为了交际的需要,改说上海话,这样,移民原籍贯地的方言也改造了上海话,使得上海话的发展和演变非同寻常。我们从音类的分合特点来看上海城市方言的发展和演变,从开埠不久的 1953 年艾约瑟的音系记录来看,上海话的源头跟嘉兴—松江一路的方言有渊源关系,声调阴平、阴上及阴去的调型最能说明嘉兴话—松江话—开埠初上海县城话的源头关系。开埠到 19 世纪末 20 世纪初可以说是上海话的自然演变期,如果有移民方言的影响的话,这种影响只加速音类的合并,如声调从开埠初的八类到 20 世纪初的六类,并没有由于语言接触而引起同类音的无条件分化。

　　20 世纪初到 20 世纪中叶(1950 年代)是上海城市方言的飞速发展期,可以看出外来移民方言对上海城市方言的发展有深刻的影响。其中苏州话的影响尤为显著,苏州话的影响大概起于 19 世纪末 20 世纪初。苏州话的渗透和影响,改变了上海话的自然演变方向,引起同类音的无条件分化。受苏州话影响从而引起同类音无条件分化主要发生在上海城市方言的韵母里,声母只有一项,声调则无。这种情形也可以说明一个方言里,声调系统最不易受外来方言的影响而变化,其次是声母,三者中最容易受影响的是韵母。由语言接触引起的音类分化或演变往往是旧形式与接触引起的新形式相互竞争,会共存很长时间,所以这一阶段受苏州话影响引起的音类分化往往多有新旧形式共存的变异,这种变异不仅存在于不同年龄层,也存在于同一年龄层,甚至同一个人也会有新旧形式变异共存。到了 20 世纪 50 年代,随着上海城市方言地位的迅速崛起,以及普通话的推广,此时苏州话在上海的影响力已经式微,20 世纪 50 年代后的上海城市方言里已经看不到什么苏州话的影响了。

参考文献

陈忠敏.上海地区方言的分区及其历史人文背景[J].复旦学报,1992(4).

陈忠敏.方言渗透的特点及其研究方法——从上海市区方言的某些共时差异谈起[J].语言研究,1993(1).

陈忠敏.上海市区方言一百五十年来的演变[M]//中国东南方言比较研究丛书第一辑·吴语和闽语的比较研究.上海:上海教育出版社,1995:18—31.

高本汉.中国音韵学研究(陆续发表于 1915—1926 年)[M].赵元任,李方桂,罗常培,译.上海:商务印书馆,1940.

江苏省和上海市方言调查组.江苏省和上海市方言概况[M].南京:江苏人民出版社,1960.

汪平.苏州方言研究[M]//鲍明炜,顾黔.江苏方言研究丛书.北京:中华书局,2011.

中共上海市委组织部,中共上海市委宣传部,上海市地方志办公室.上海通志——干部读本.上海:上海人民出版社,2014.

许宝华,汤珍珠.上海方言的内部差异[J].复旦学报,1962(1).

许宝华,汤珍珠.上海市区方言志[M].上海:上海教育出版社,1988.

许宝华,汤珍珠,陈忠敏.上海地区方言的分区[J].方言,1993(1).

叶祥苓.苏州方言志[M].南京:江苏教育出版社,1988.

赵元任.现代吴语的研究[M].北京:科学出版社,1956.

J. Edkins(艾约瑟).A Grammar of Colloquial Chinese as Exhibited in the Shanghai Dialect [M]. Shanghai Presbyterian Mission Press, 1853.(Second Edition Corrected in 1868)

Parker R.A. Lessons in the Shanghai Dialect[M].上海广协书局,1923.

江淮官话古全浊声母演变研究*

顾　黔**

南京大学

引　　言

　　浊音清化是汉语重要的语音演变规律,分布广泛,影响深远,一直是学界的讨论热点。古全浊塞音、塞擦音声母到底送气还是不送气,各家看法不一。高本汉(1915)、罗常培(1933)等认为送气,陆志韦(1947)、李荣(1956)等认为不送气。古清声母分全清、次清,即送气、不送气两类;而浊声母只有一类,不存在送气与不送气的音位对立。因此,全浊声母清化后送气或不送气均有可能。

　　现代汉语方言全浊声母的演变类型复杂多样,除了吴语和老湘语保留浊音,与全清、次清声母形成三分对立,其他方言多数业已清化。官话大多为平声送气,仄声不送气。客赣等方言不论平仄,一律送气。徽语、闽语有的送气,有的不送气(徽语送气居多,闽语不送气居多)。粤语平上送气,去入不送气。平话一般为不送气。①这项演变的条件和机制是什么? 经历了怎样的过程? 这些问题都引起我们的思考。

　　官话方言是汉民族共同语的基础方言,北起东三省,跨越黄河、长江,南抵云、贵、川,纵横数千公里,使用人口超过 8 亿。江淮方言处于我国广袤的北方官话方言与东南部复杂方言群的交界前沿,通泰片、洪巢片与吴语关系密切,黄孝片与赣语等接触频繁,在语音、词汇、语法诸方面均具有明显的过渡性特征,是考察官话南进历史及演变规律的重要区域,也是探讨古全浊声母演变特征和轨迹的绝佳窗口。

---

　　* 本文受国家社科基金重大项目"苏皖鄂赣江淮官话与周边方言的接触演变研究及数据库建设"(19ZDA307)资助。

　　** 作者电子邮箱:guqian@nju.edu.cn。

　　① 参见《中国语言地图集》(第 2 版)(2012)。

一　江淮官话古全浊声母的今读类型及成因

　　江淮官话主要分布于苏皖鄂赣四省,地处官话南缘,由东向西分别为通泰片、洪巢片和黄孝片。古全浊塞音、塞擦音声母並、定、从、澄、崇、船、群等,在江淮官话的今读类型,大致可分为两种:腹地洪巢片和西翼黄孝片大体上平声送气,仄声不送气,如"甜"声母为[t'ʻ]、"豆"声母为[t],符合官话方言全浊声母演变的普遍规律;东翼通泰片不论平仄,白读一律读为送气清音,如"甜""豆"声母均为[t'ʻ]。

　　"不论平仄一律送气"是通泰方言内部一项重要的、统一的特征。由于受共同语及西北面洪巢片方言的影响,近年来通泰片方言的全浊声母仄声字出现文白异读,白读送气,文读不送气。详见表1。

表 1　通泰片古全浊声母仄声字文白异读

方言点 ＼ 例字	步並	渡定	字从	像邪	丈澄	状崇	剩船	植禅	拒群
南通	p'	t'	ts'	tɕ'	ts'	tɕ'白 tɕ文	ts'	ts'	tɕ'
兴化	p'	t'	ts'	tɕ'	ts'	ts'	ts'	ts'	tɕ'
如皋	p'	t'	ts'	tɕ'	ts'	ts'	ts'	ts'	tɕ'白 tɕ文
泰兴	p'	t'	ts'	tɕ'	ts'	ts'	ts'	ts'	tɕ'白 tɕ文
东台	p'	t'白 t文	ts'	tɕ'白 ɕ文	ts'	tɕ'白 tɕ文	ts'白 s文	ts'白 ts文	tɕ
泰州	p'白 p文	t'白 t文	ts'白 ts文	tɕ'白 ɕ文	ts'白 ts文	tɕ'白 tɕ文	ts'白 s文	ts'白 ts文	tɕ

　　表1显示,古全浊声母在通泰片内部的发展是不平衡的,体现在两方面。

　　一是同一方言区西北部与东南部的发展不平衡:西部泰州、北部东台的文白异读较多。泰州位于通泰片与洪巢片的边界线上,受江淮官话中心区域扬州、南京影响较大,文白异读现象最为突出,如"拒"在口语里一般都不送气了。东台则在通泰片北部,与洪巢片盐城接触频繁①,因此文白异读比泰兴、如皋等地多。

---

　　① 　东台,古属海陵(泰州),清乾隆三十三年(1768)与泰州分治,始置东台县,隶属扬州府。1949 年 5 月属泰州专区(今泰州市),1950 年 1 月改属盐城专区(今盐城市)。

二是同一方言点不同声类的发展也不平衡,如东台并母的"步"、定母的"渡"、从母的"字"等仍为送气;崇母的"状"、船母的"剩"、禅母的"植"等出现了文白异读,白读送气,文读不送气;而群母的"拒"日常口语里已经很难听到送气,完全变成不送气了。

今洪巢片南京、扬州、合肥等,黄孝片黄冈、孝感、英山等,古全浊声母逢塞音、塞擦音基本为平声送气,仄声不送气。详见表2。

表2　洪巢、黄孝两片古全浊声母今读

例字 方言代表点		平						仄					
		並	定	澄	从	崇	群	並	定	澄	从	崇	群
		爬	甜	迟	全	柴	桥	抱上	动上	仗去	就去	闸入	及入
洪巢片	南京	p'	t'	tʂ'	ts'白 tɕ'文	tʂ'旧 ts'新	tɕ'	p	t	tʂ旧 tʂ新	tɕ	tʂ旧 ts新	tɕ
	扬州	p'	t'	ts'	tɕ'	ts'	tɕ'	p	t	ts	tɕ	ts	tɕ
	合肥	p'	t'	tʂ'	tɕ'	tʂ'	tɕ'	p	t	tʂ	tɕ	tʂ	tɕ
黄孝片	黄梅	p'	t'	tʂ'	tɕ'	tɕ'	tɕ'	p	t	tʂ	tɕ	tʂ	tɕ
	孝感	p'	t'	tʂ'	tɕ'	ts'白 tʂ'文	tɕ'	p	t	tʂ	tɕ	tʂ	tɕ
	英山	p'	t'	tʂ'	tɕ'	tʂ'	tɕ'	p	t	tʂ	tɕ	ts	tɕ

[说明:黄梅方言引自王定国(2016),孝感方言引自王求是(2014),英山方言引自陈淑梅(1989)。下同。]

根据我们最近的调查,洪巢片和黄孝片"平送仄不送"并非铁板一块,例外并不鲜见,各地的白读均有仄声送气现象。详见表3。

表3　洪巢片和黄孝片白读仄声送气表

方言点 例字	洪巢片			黄孝片		
	南京	扬州	合肥	黄梅	孝感	英山
並	p'捕埠	p'步拔	p'埠勃	p'鼻拔弼勃泊箔脖渤白	p'拌泊	p'鳔泊
定	t'蝶谍	t'递导	t'蝶蹀谍导诞	t'笛毒读独狄碟蝶		t'铎淡
从	ts'昨族	ts'族	ts'昨造族	ts'族贼昨凿造 tɕ'绝截嚼寂	ts'造族	ts'族造 tɕ'捷辑
澄	tʂ'撞秩	ts' 重重量	ts'撞秩滞稚 重重量	ts'直值择秩泽宅浊濯逐稚侄	ts'泽择 tʂ'撞秩	tʂ'秩稚滞辙
群	tɕ'圈猪圈	k'跪 tɕ'掘	tɕ'掘	tɕ'掘偏	k'跪	

表 3 所列例字在共同语里均为不送气，而洪巢片和黄孝片方言，白读多送气，文读一般不送气。由此可推断，洪巢片、黄孝片应有过"不论平仄一律送气"的阶段，与通泰片共同构成了"一律送气"的江淮方言特征板块。那么，"平送仄不送"在洪巢、黄孝两片是如何成为主流的呢？

我们认为这是受北方官话影响的结果。罗常培(1933:56)根据成书于 8 世纪到 9 世纪的汉藏对音《千字文》和《大乘中宗见解》，发现"全清上去声字所以同全浊的上去声字相混，也恰好可以拿同样的理由来解释，可见全浊平声变次清、仄声变全清的趋势，从那时候已经开始了"。北宋时期，这一趋势则更加显著。周祖谟(1966:591)根据北宋邵雍的《皇极经世·声音倡和图》指出，"至于近揆二字与乾虬二字皆属全浊群母一类，今邵氏以仄声之近揆与见母相配，以平声之乾虬与溪母相配，盖全浊之仄声已读同全清，全浊之平声已读同次清矣。此与今日北方语音正合"①。换言之，北宋时期汴洛方音的全浊声母已经清化，按调类平仄分为送气和不送气两种。到了《中原音韵》(1324)时代，全浊声母平送仄不送的格局已基本形成。这项音变对江淮各片方言，尤其是文读，均有较大影响。但对三片影响的程度和范围并不均衡，"仄声送气"在地理分布上自东向西呈现不连续性。详见表 4。

表 4　今江淮官话仄声送气分布表

方言点 / 例字	通泰片			洪巢片			黄孝片		
	南通	泰兴	泰州	扬州	南京	芜湖	黄梅	麻城	安陆
鼻	＋	＋	＋/－	－	－	－	＋	＋/－	－
绝	＋	＋	＋/－	－	－	－	＋	＋/－	－
嚼	＋	＋	－	－	－	－	＋	－	－
择	＋	＋	＋/－	－	－	－	＋	＋/－	＋
昨	＋	＋	＋/－	－	＋/－	＋/－	＋/－	－	－
族	＋	＋	＋/－	＋/－	＋/－	＋/－	＋	＋	＋

[说明：1."＋"表示仄声送气，"－"表示仄声不送气。2.安陆方言引自盛银花(2014)，麻城方言引自夏中华(2011)。]

表 4 显示，东部通泰片的主流是一律送气，程度最深，范围最广，数量最多。西部的黄孝片次之。处于中心位置的洪巢片"仄声送气"现象反而最少。该分布格局引起我们的思考，为什么"仄声送气"在江淮官话两翼多而腹地少，中间出现断裂带？

这与它们的历史、人文、交通等因素有关。洪巢片的中心城市南京是六朝古都、十朝都会，经济发达，文化繁荣，自古是物资和人员的重要集散地。扬州曾是两淮盐运中心，漕

---

① 原文作于 1942 年 4 月，后收于《问学集》(1966)。

运发达,商贾云集。扬州、南京等作为洪巢片的重要城市,是历代北人南下的必经之路和落脚点,首当其冲受到北方方言冲刷,在早期江淮方言"平仄皆送气"的板块中,形成了一个"仄声不送气"的断裂带。东翼通泰片濒临黄海,交通不便,"平仄皆送气"特征保留最为完整。西翼黄孝片依然有一些"平仄皆送气"的残留,但在地理分布上有差异。详见表5。

表5　黄孝片古全浊声母仄声送气情况表

方言点＼例字	鼻	白	洞	毒	造	族	昨	贼	直	撞
孝感	p	p	t	t	ts'	ts'	ts	ts	tʂ	ts
浠水	p'	p	t	t	ts	ts'	ts	ts	tʂ'	tʂ'
黄梅	p'	p'	t'	ts'	ts'	ts'	ts'	ts'	tʂ'	ts

[说明:浠水方言引自郭攀、夏凤梅(2016)。]

表5显示,黄孝片自西向东,仄声送气现象递增。孝感送气者只有"造、族"二字,居中的浠水有"鼻、造、族、直、撞"等,而东南部的黄梅"鼻、白、造、族、昨、贼、直、撞"等皆送气。该片毗邻鄂东南赣语,从安陆、孝感,到麻城、浠水,再到英山、黄梅,越往东越靠近赣语,受其影响程度越深,仄声送气现象越多,涉字范围越广。

二　江淮官话古全浊声母的演变轨迹

古全浊声母清化不论平仄一律送气,应是早期江淮官话的普遍规律。虽与今官话区主流相悖,但也并非无据可考。刘广和(1984:46)统计密教经典《大孔雀明王经》汉译密咒全浊声母的对音情况,指出"群、定、并三纽共23个汉字,对音87字次,全部对送气浊塞音"。又根据天竺和尚不空的梵汉对音,发现汉语全浊声母大多对应梵语送气浊塞音,且不加标记,只在少数情况下对应不送气浊塞音。由此可以推断,8世纪"长安音全浊声母送气"。龚煌城(1981:47—48)考察《番汉合时掌中珠》(1190)一书的汉夏对音资料,发现大量的西夏送气清音,汉语用全浊声母或送气清音与之相对,证明"中古汉语的浊塞音与浊塞擦音,不分声调,均变成送气的清塞音与清塞擦音"[1]。可见,汉语的浊音清化送气早已有之。

现代汉语"平仄皆送气"的方言,除学界熟知的客赣方言、江淮官话通泰片外,还有中原官话关中片的西安、汾河片的临汾等,西南官话黔川片的大方、西蜀片的都江堰等,晋语并州片的太原、五台片的神木等。详见表6。

---

[1]　丁邦新(1987)认为,"这是坚不可移的论断"。

表6　官话与晋语古全浊声母送气情况分布表

方言区		胶辽官话			中原官话					
方言片		登连	青莱	营通	关中	秦陇	陇中	南疆	汾河	信蚌
例字（方言点）		牟平	诸城	丹东	西安	宝鸡	天水	吐鲁番	临汾	信阳
平	糖	t‘	t‘	t‘	t‘	t‘	t‘	t‘	t‘	t‘
上	造	ts	tθ	ts	ts‘白 ts文	ts	ts‘	ts	ts‘	ts‘
去	败	p	p	p	p	p	p‘	p	p‘白 p文	p
入	族	ts‘又	ts‘又	ts‘又	ts‘又	ts‘	ts‘	ts‘又	ts‘	ts

方言区		兰银官话			西南官话					
方言片		金城	河西	塔密	黔川	西蜀	川西	云南	湖广	桂柳
例字（方言点）		永登	张掖	吉木萨尔	大方	都江堰	喜德	昆明	武汉	荔浦
平	糖	t‘	t‘	t‘	t‘	t‘	t‘	t‘	t‘	t‘
上	造	ts	ts	ts	ts‘	ts‘	ts	ts	ts‘	ts‘
去	败	p	p	p	p	p	p	p	p	p
入	族	ts‘	ts‘	ts‘	ts‘	ts‘	ts‘	ts‘	ts‘	ts

方言区		晋语								
方言片		并州	吕梁				上党	五台	大包	
例字（方言点）		太原	汾西	吴堡	临县	岚县	长治	忻州	神木	大同
平	糖	t‘	t‘	t‘	t‘	t‘	t‘	t‘	t‘	t‘
上	造	ts	ts‘	ts‘	ts‘	ts‘	ts‘	ts‘	ts‘	ts
去	败	p	p‘	p‘	p‘	p‘	p	p‘	p‘	p
入	族	ts‘	ts‘	ts‘	ts	tɕ‘	ts‘	ts‘	ts‘	ts‘

[说明：岚县方言引自沈明(2014)，神木方言引自邢向东(2002)，其余引自钱曾怡主编(2010)。]

表6显示，浊音清化送气的分布范围相当广泛，特别是白读层，如西安、临汾等。李如龙、辛世彪(1999:200)指出："在唐宋时期，以关中晋南为中心的西北方言在当时的方言中是有影响力的，这一时期的一些重要的对音材料都是用这种权威方言对译的。可见今天关中晋南一带的方言与唐宋西北方言在送气音的特征上是一脉相承的。"张维佳(2002:242)亦指出："从古全浊声母白读层送气的地理分布看，这种音变曾是整个关中地区发生

过的现象。"

我们认为,古全浊声母清化送气这一音变类型,分布范围应该更广,不仅包括关中、晋南、客赣等,还应涵盖江淮一带。那么,浊音是如何一步步演变为送气清音的?

我们很难从历史文献中找到这种演化过程的具体资料,但江苏境内江淮官话与吴语交界处的通州和溧水方言,可以解释这一过程。那里方言的浊声母类型,正好介于浊音和清音之间。通州浊声母的语音表现详见表7。

表 7 通州浊声母的语音类型

例字＼方言点	二甲	十总顾灶	金沙	观音山
病	pɦ	pɦ p'ɦ_文	p'ɦ	p'
大	tɦ	tɦ_白 t'ɦ_文 t_文	t'ɦ	t'_白 t_文
茶	tʃɦ	tʃɦ tʃ'ɦ_文	tʃ'ɦ	ts'
跪	kɦ	kɦ k'ɦ_文	k'ɦ	k'

表7的中二甲乡处于吴语的北缘,浊声母与典型的北部吴语一致,语音性质是"清音浊流"。观音山属江淮官话通泰片,浊音业已清化,白读不论平仄一律送气。金沙、十总顾灶处于混杂的过渡地带,当地谓之"通东话"。该地的"浊音"与典型吴语的"清音浊流"不同。"清音浊流"的语音表现是,清辅音后浊流从元音开始贯穿整个音节;而金沙等地的语音表现则是,浊流比典型吴语强烈,而且浊流前有一个送气成分。如金沙、十总顾灶的"病"[p'ɦ],与苏州、上海"病"[pɦ]等典型吴语有显著区别。

相似的语音表现,在溧水也有体现,见表8。

表 8 溧水浊声母的语音类型

例字＼方言点	乌山镇 新春村	城郊乡 沙河村	乌山镇 红星村	乌山镇 乌山村
病	pɦ	p'ɦ	p'	p
大	tɦ	t'ɦ	t'_{有轻微的浊流}	t
茶	sɦ	ts'ɦ	ts'	ts'_白 ts_文
跪	k'	k'ɦ	k'	k

溧水隶属南京,境内方言东部属太湖片毗陵小片,西南部属宣州片太高小片①,表中所列各点属宣州片。表8显示,它的语音类型跟通州一样。溧水在江苏西边,靠近安徽;通州在江苏东边,靠近黄海。两地相隔甚远,语音表现却如此相似,这是因为它们都位于

---

① 《中国语言地图集》(第2版)(2012)划归吴语太湖片毗陵小片。

江淮官话与吴语的交界线上，正在经历相同的语音演变。

溧水和通州的方言材料，为我们追溯浊声母清化的演变轨迹提供了活的证据。这一地区的浊声母经历了先产生送气成分、后丢失浊流、最后清化的发展过程，演变路径为：清音浊流→清音送气带浊流→送气清音→平送仄不送。具体情况详见图1。

吴语的"清音浊流"对应图1的第一阶段。通州金沙和溧水城郊乡沙河村等处于第二阶段。通州十总顾灶正在从第一阶段向第二阶段过渡。江淮官话通泰片处于第三阶段，洪巢片和黄孝片的主流处于第四阶段。那么，这种分布的不平衡是如何形成的？

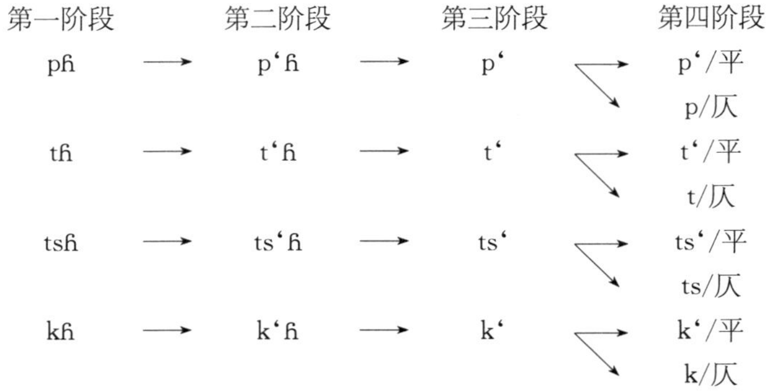

第一阶段	第二阶段	第三阶段	第四阶段
pɦ →	p'ɦ →	p' ↗↘	p'/平 p/仄
tɦ →	t'ɦ →	t' ↗↘	t'/平 t/仄
tsɦ →	ts'ɦ →	ts' ↗↘	ts'/平 ts/仄
kɦ →	k'ɦ →	k' ↗↘	k'/平 k/仄

图1 江淮官话与吴语交界地区浊声母演变模式

这与该地区的历史和移民密切相关。自4世纪初永嘉之乱，及至8世纪安史之乱，及至12世纪的靖康之乱，北方各地流民被迫多次大规模南徙。南徙线路主要分东西两条："北之东部人徙南之东部，北之西部人徙南之西部"（谭其骧，2000：294）。《晋书·王导传》："洛京倾覆，中州士女避乱江左者十六七。"沈约《宋书·州郡志·南徐州》序记载："晋永嘉大乱，幽、冀、青、并、兖州及徐州之淮北流民，相率过淮，亦有过江在晋陵郡界者。晋成帝咸和四年，司马都鉴又徙流民之在淮南者于晋陵诸县，其徙过江南及留在江北者，并立侨郡县以司牧之。徐、兖二州或治江北，江北又侨立幽、冀、青、并四州"（胡阿祥，2006：24—25），可见江淮之间北方流民之多。如此众多的北方移民陆续涌入此地，北方方言的一些特征随之向南渗入江淮之间。

由于江淮腹地洪巢片的南京、扬州、合肥等自古以来就是这一地区的重要城市，接收的移民最多。因此，其方言受北方官话的影响也最大。上文讨论的"平送仄不送断裂带"正是由历代移民冲刷而成。

三　结　语

通过考察江淮官话通泰片、洪巢片和黄孝片古全浊声母的今读类型，以及江淮官话与吴语边界地区浊声母的语音类型,我们推导出该地区浊声母的演变链,其中"清音送气带浊流"是这一演变链的关键节点。具体见图2(X 表示声母):

图2　江淮官话与吴语交界地区浊声母

　　我们推测,大多数汉语方言可能都经历过上述演变。这一演变的前提条件是浊气流,浊气流为浊音清化送气提供了介质。"清音浊流"不仅是现代吴语浊声母的语音表现,也可能是中古汉语浊声母的表现形式。黄笑山(1994:40)以日汉对译材料为论据,指出全浊声母在中唐五代时已经清化,但仍与清声母对立,认为"(唐五代)这时的全浊声母,近似于现代吴语的清音浊流,而其后流成分可能比吴方言更明显,且还没有发展成气声化的元音"。王福堂(2010:188)根据吴湘方言浊声母的音值和清化情况,推测"汉语的全浊声母在古代是一种类似于现代吴方言的浊送气音——气嗓音"。

　　早期江淮官话与客赣、关中、晋南等地方言的"不论平仄一律送气",处于上述演变链的第三阶段。现代北方官话平声仍保留送气,仄声则更进一步,送气消失,因而有了"平送仄不送"的语音演变规律。

参考文献

陈淑梅.英山方言研究[M].北京:民族出版社,2001.

丁邦新.论官话方言研究中的几个问题[M]//"中研院"历史语言研究所集刊(第五十八本),1987.

高本汉.中国音韵学研究[M].赵元任,罗常培,李方桂,译.北京:商务印书馆,2005.

龚煌城.西夏韵书同音第九类声母的拟测[M]//"中研院"历史语言研究所集刊(第五十二本第一分册),1981.

郭攀,夏凤梅.浠水方言研志[M].武汉:华中师范大学出版社,2016.

胡阿祥.宋书州郡志汇释[M].合肥:安徽教育出版社,2006.

黄笑山.试论唐五代全浊声母的"清化"[J].古汉语研究,1994(3).

李荣.切韵音系[M].北京:科学出版社,1956.

李如龙,辛世彪.晋南关中的"全浊送气"与唐宋西北方音[J].中国语文,1999(3).

刘广和.唐代八世纪长安音的声纽[J].语文研究,1984(3).

陆志韦.古音说略[J].燕京学报(专号二十),1947.

罗常培.唐五代西北方音[M].北京:商务印书馆,2012.

钱曾怡.汉语官话方言研究[M].济南:齐鲁书社,2010.

沈明.山西岚县方言[M].北京:中国社会科学出版社,2014.

盛银花.安陆方言研究[M].武汉:华中师范大学出版社,2014.

谭其骧.二十世纪中国史学名著:长水粹编[M].石家庄:河北教育出版社,2006.

王定国.黄梅方言志[M].武汉:华中师范大学出版社,2016.

王福堂.古全浊声母清化后塞音塞擦音送气不送气问题[M]//汉语方言论集.北京:商务印书馆,2010.

王求是.孝感方言研究[M].武汉:华中师范大学出版社,2014.

夏中华.麻城方言调查报告[D].广西民族大学,2011.

邢向东.神木方言研究[M].北京:中华书局,2002.

张维佳.演化与竞争:关中方言音韵结构的变迁[M].西安:陕西人民出版社,2002.

张玉来,耿军.《中原音韵》校本[M].北京:中华书局,2013.

中国社会科学院语言研究所,中国社会科学院民族学与人类学研究所,香港城市大学语言资讯科学研究
中心.中国语言地图集(第2版)[M].北京:商务印书馆,2012.

周祖谟.宋代汴洛语音考[M]//《问学集》下册.北京:中华书局,1966.

（本文原载于《汉语学报》2019 年第 4 期）

从广西合浦县"廉州话"去声调类的异变谈起

李连进 *

广西大学

我们最近在广西合浦县廉州镇对该镇的"廉州话"做了调查,得知了合浦"廉州话"的声调是:

调类	调值	例　字
阴平	45	高安天偏三
阳平	33	穷神麻盖唱送
上声	24	古碗好五老有
去声	21	共饭岸怒用
上阴入	33	急曲黑湿缺月六
下阴入	24	割百拍发纳麦
阳入	21	局食杂读白合服

从以上声调格局看,可知今廉州话中来源于浊声母的平声字与来源于古清声母的去声字的调值均为 33,同为阳平调。为何合浦廉州话声调发生了这样不合规律的声调调类合并呢? 记载有此方言点的《广西通志·汉语方言志》(广西人民出版社,1998 年 12 月第一版)没有给予解释。而对此语言异变,我们认为这是由于合浦廉州话与周边粤语广府片白话,如合浦县城白话、北海市区白话、钦州市区白话发生密切接触后引发的声调异变。对此的理由具体为:

1) 合浦县在 20 世纪 60 年代重新划归广西前,曾长期属于广东省管辖,因此合浦廉州话受到作为广东省权威方言——粤语广府片白话(又称作广州话)的强烈影响,当地人多是既能说母语廉州话又能说粤语广府片白话的双语人,而由于同属一个次方言片的合浦县城白话或北海市区白话的古清声母去声字的今读调值都是 33,所以当地人便将其母语——廉州话的古清声母去声字的调值也读成了 33。

2) 与合浦县廉州镇"廉州话"相邻的合浦县党江镇"廉州话"、钦州市钦南区犀牛脚镇

---

* 作者电子邮箱:lilianjin2008@gxu.edu.cn。

"廉州话"（这两个方言点也存在有当地的权威汉语方言——粤语广府片白话）的古浊声母平声字也均读33调值,这样受模式语——粤语广府片白话强烈影响的当地群众自然将已经习非成是读成33调的古清声母去声字与其母语的古浊声母平声字合并为同一共时调类的字。

3）合浦县城廉州镇及其附近的"廉州话"的阳平调均读33调值,这表明了"廉州话"（廉州镇在宋前一直作为合浦郡或廉州治的所在）于宋前在钦廉地区的一直拥有的权威语及通行语的地位。而今"廉州话"的古清声母去声字读同阳平的33调,则表明了元、明以来粤语广府片白话对"廉州话"的影响。

但是从我们调查得到的整个合浦县廉州话的情况看（如,古全浊声母的今音值,梗开三、四字-ŋ前化为-n,基本特征词等）,今存在于北海市、钦州市、防城港市等地的廉州话与平话应是同一种方言。

这就说明了类似这样的语言接触引发的语音异变,的确是我们了解汉语方言（尤其是南方汉语方言）演变的不可或缺的方面,但是这样的外来原因造成且不是共同创新的语音异变,不应作为方言系属的依据,即能作为一种方言系属依据的主要是自身发生的演变或共同创新,否则就会使汉语方言的系属划分或出现混乱,或模糊不明而只能以"土话"这样含混的说法称谓之。

参考文献

广西地方志编纂委员会.广西通志·汉语方言志[M].桂林:广西人民出版社,1998.

合浦县志编纂委员会.合浦县志[M].桂林:广西人民出版社,1994.

游汝杰.汉语方言学导论[M].上海:上海教育出版社,1992.

附录:诗一首

语言文化相表里,艺德相馨为人敬。

师恩教诲不敢忘,学生永记红烛情。

从疑问代词到减量构式语气词：吴江话的"啥"*

刘丹青**
中国社会科学院

引　言

　　"啥"是普通话口语和南北许多方言都拥有的疑问代词，跟"什么"同义，当来自"什么"的合音，而"什么"的语源为"是物"（吕叔湘著、江蓝生补，1985：127—129；冯春田，2003）。"啥"的语义用法在各方言有很大的共性，相当于"什么"或英语的 what，是一个基本疑问词及疑问语素。作为疑问词，主要就事物发问，符合其内含的"物"字；作为语素，则可以构成本体不同的各种疑问词，在吴江话中有"啥物事（问事物）、啥人（问人）、啥场化/啥地方（问处所）、啥辰光（问时间）"等。这些复合疑问词也普遍见于上海、苏南、浙北等地的吴语。

　　"啥"在有些方言中声母转为 h（[x]或[h]），字或作"哈"（声调不一定相同），是舌尖擦音变读为舌根或喉头擦音。东北、四川都有此读法，吴语崇明话也以"啥""蟹"[ha]同音为显著方音特征，有"有蟹吃蟹"（有啥吃啥）之类谐音笑话流传。本文考察的吴江方言以同里镇方言为例，"啥"[sɔ⁵²]（全阴上）也有"哈"[hɔ⁵²]的常见变体，尤其在农村。本文一律作"啥"。

　　像"什么"一样，"啥"在各地方言主要用作指物的论元（你要啥？），也可以做限定性定语（你要穿啥衣服？）。吴江话"啥"的主要功能也主要是这两类，不过限定词用法多可以视为复合词内的语素，如上举"啥物事"等例，其类推性受限。做限定词比较自由的是"啥个"（啥个物事、啥个人、啥个房子、啥个汽车、啥个计划……）。官话方言中疑问代词的任指用法，在北部吴语中不发达，尤其是在肯定句中不能用，如" ?啥物事也弗吃"（什么东西都不吃）" *啥物事侪吃"（什么东西都吃）。"啥"前面要加上"随便"才合格。

　　但是，吴江话"啥"作为显赫的疑问代词，只是扩展路径与官话不同，它也有超越普通

　　* 本文为国家社科基金重点项目"汉语方言语法特征语料库建设"（19AYY004）及深圳大学特聘教授启动项目成果之一。初稿曾在中南大学文学与新闻传播学院（长沙，2014 年 4 月 13 日）、伦敦大学亚非学院和德国洪堡大学联合主办的首届吴方言语法研讨会（在线，2021 年 7 月 15 日）报告，获与会多位学者讨论指教，一并感谢。尚存问题均归笔者。
　　** 作者电子邮箱：liudq@cass.org.cn。

话"什么""啥"的几种派生功能。本文要讨论的是吴江方言中名词论元和限定词两种用法之外的一种用法,即在否定句构式里参与表示减量(包括减程度)的句末语气词,如"吾弗去**啥**"(我不怎么去)、"小张弗开心**啥**"(小张不怎么开心)。这种用法在周边的上海话、苏州话等重要吴方言和明清北部吴语文献中尚未发现(如钱乃荣,1997;李小凡,1998;石汝杰、宫田一郎,2005)。李荣主编《现代汉语方言大词典》"啥"字条,只有宁波方言收了语气助词用法,是表并列列举的用法,相当于北京话"北京啊、上海啊"的"啊",与本文讨论的语气词功能无关。在我们检阅的其他一些有疑问代词"啥"的吴语或非吴语中也没有发现这一功能。由于"啥"的这种用法有时尚处在双重分析中,容易被混同于疑问代词"啥",因此,即使有其他方言存在该用法,也容易被忽视,需要仔细观察分析方可察觉。此外,吴江话的"啥"还有一种带惊异反问语气的问原因的疑问副词用法,如"倷啥弗去?"(你怎么竟然不去),我们另文讨论(刘丹青,2020,手稿)。本文语料主要依据本人作为同里话母语人的语感,所有例句都经同里人凌晖(教师,男,50岁)核实。

一 "啥"的语气词功能及其句法语义属性

下面先看几个可以将"啥"分析为语气词的例句:

(1) 小明假期里书弗看**啥**嘅。 '小明假期里不怎么看书的'

(2) 小明假期里弗看书**啥**嘅。 (义同上)

(3) 敆条路黑黝黝个,吾夜里向弗走**啥**嘅。 '这条路黑黢黢的,我晚上不怎么走'

(4) 老王日里向弗睏**啥**个。 '老王白天不怎么睡觉的'

(5) 昆明热天天气弗热**啥**个。 '昆明夏天天气不怎么热的'

我们可以就这几个例句初步分析一下语气词"啥"的几项句法语义属性。

1) "啥"无法再视为名词性的论元,只能分析为语气词。例(1)中,谓语动词"看"的受事成分出现在动词前做次话题,"啥"至少可以不分析为宾语,而只是一个语气词。例(2)中,"书"在宾语位置,而"啥"在宾语之后。宾语之后不存在其他的名词性句法槽位,"啥"也不指任何对象事物,因此,例(2)的"啥"肯定不再能分析为宾语内的成分,只能分析为语气词。例(3)(4)两例,"啥"都用在不及物动词后,其中"走"即使有处所论元,也是上一分句句首的"敆条路",与"啥"无关。例(5)用在形容词"热"后,"啥"更不可能作为名词性成分做论元了。

2) 这个"啥"只能用在否定句中。以上例句中,动词前都有否定词,"啥"后还需要加上更加外围的表示句子功能的语气词,上述各例用的是与普通话"的"对应的"嘅"[gəʔ²]("嘅"也是从定语助词发展出语气词功能的,常写作音近的"个、葛、格",为免混淆,笔者已在多文中借用粤语音义均合的专用字"嘅"来记录),因为这些句子都表示惯常性行为,包括某一阶段的惯常行为,"嘅"在其中表示陈述语气,吴语中惯常性命题句的陈述语气词很难省略"嘅"。但是不能将"啥嘅"看作词汇化的合成语气词。如果表示某种新情况,"嘅"可以换用与普通话句末语气词"了"(了₂)对应的"特"[də$ʔ^2$],如:

(6) 小明现在弗看书**啥特**,从前看来蛮多个。 '小明现在不怎么看书了,以前看得挺多的'

(7) 王阿姨现在公园里弗去**啥特**。 '王阿姨现在不怎么去公园了'

(8) 老王日里向弗困**啥特**。 '老王白天不怎么睡觉了'

(9) 九月份天气弗热**啥特**。 '九月份天气不怎么热了'

有时,"弗 X 啥"表示当前状况,主要用于形容词谓语,这时,"啥"后无须再加语气词。这更证明"啥"本身是一个语气词,并不是合成语气词的一部分,只是语气层级上不如句子功能语气词那么外在。

假如否定词用否定已然情况的"弗宁"[fə$ʔ^{5-3}$ ȵiən$^{24-55}$]("弗曾"在吴江话中的变异形式)或其合音形式"齤"[fən^{44}],也不再需要另加语气词,可能已然否定词本身就含有表示句子功能的语气义了。如:

(10) 昨日夜里吾弗宁睏着**啥**。 '昨晚上我没怎么睡着'

(11) 今朝青菜齤卖脱**啥**。 '今天青菜没怎么卖掉'

(12) 最近牙齿倒齤痛**啥**。 '最近牙倒没怎么疼过'

作为只能用于否定句的语气词,"啥"显然是一个否定敏感算子,是这一专表"甚少量"的否定构式的重要组成成分,其语义作用,就是将否定词的质的否定转化为量的主观否定,即表示不多,比预想的少(关于质的否定和量的否定,可以参看戴耀晶(2013))。可以说,"啥"和否定词配合,以构式的形式共同表达了减量义。

由于"啥"句法上已经不做论元,也并不加在论元上,因此其否定的量具体落实到动词为代表的事件上。所以我们一般用"不怎么 V"和"没怎么 V"来翻译这类句子。不过,事件量和事物量是相关的,甚至可以有相同的真值条件,事件的量客观上也常常表现为论元所体现的事物的量。"书弗看啥",表示看书这一事件的量少,客观上也是所看的书少。

再进一步细分,对于及物动词来说,"啥"在表示事件量少的同时也表示受事对象的量少。对于不及物动词来说,"啥"就纯粹是表示事件量的少,而事件量在跟不同动词和语境结合时也有动量和时量的区别。如:

(13) 小明现在弗去**啥**个。 '小明现在不怎么去'

(14) 老王日里弗睏**啥**个。 '老王白天不怎么睡'

(15) 老王昨日夜里齤睏**啥**。 '老王昨天晚上没怎么睡'

从动作情状(aktionsart)角度看,"去"是完结动词,没有时间延续性,因此"弗去啥"只能表示动量,即"去"的次数少。"睏"是静态活动动词兼动态活动动词(从未睡到睡下的动作)。"弗睏啥"有惯常性,可以表示睡的时间少,也可以表示惯常性的次数少(多数白天不睡,少数白天睡);"昨日夜里齤睏啥"在语境因素下表示单次事件,只能凸显时量,表示睡的时间少。而形容词跟"啥"的组合，多数情况下表示程度低，因为属性的量少实际上就是程度低，偶尔在凸显形容词的事件性时表示事件量少，如：

(16) 辫种玫瑰花弗红**啥**。　'这种玫瑰花不怎么红'

(17) 现在冬天弗冷**啥**特。　'现在冬天不怎么冷了'

(18) 小明今朝一直弗适意**啥**。　'小明今天一直不怎么舒服。'

(19) 现在走路少，鞋子弗坏脱**啥**特。　'现在走路少，鞋很少穿坏了'

例(16—18)主要表示程度低，但是"弗冷啥"也含有天冷的天数少的意思。例(19)表示鞋坏的次数少了，消失性补语"脱"也强化了"坏"的事件性。"啥"的这种功能，使吴江话在程度疑问代词(一种疑问副词)之外多了一种表达程度否定的手段和句法位置。

3) 由于质的否定是对对象存在的否定，是彻底的否定，而量的否定只是部分否定(戴耀晶，2013)，因此"啥"有时也可以用作对质的否定的委婉表达。如实质上批评一个不看书的人，可以说"书弗看啥"，表面上说他看书不多，实际上可能是不看书的委婉说法。"啥"的这种委婉功能很符合汉文化中对直接否定的回避态度(刘丹青、曹琳琳，2020)，因此在实际使用中，语气词"啥"用于委婉否定的机会不少，促使"啥"在吴江话中发展为一个很常用的语气词。

二　"啥"语气词用法的语法化来历

语气词"啥"的语法化源头是比较显著的，就是指物疑问代词"啥"。从演化轨迹看，句法上，语气词"啥"来自某些话题结构的扩展用法，特别是上位语域式话题结构和论元分裂式话题结构；语义上，语气词"啥"的用法延续了否定句中疑问代词的部分否定的功能。下面分别讨论。

2.1　"啥"语气词化的句法机制

"啥"的基本功能是充当论元和做论元的限定词。汉语，尤其是吴方言中特别显赫的话题结构，为"啥"的这两种功能提供了语法化为语气词的有利位置，促成其语气词化。

吴语是汉语中话题最显赫的方言，话题凸显胜过普通话(徐烈炯、刘丹青，1998/2007：246—249；刘丹青，2001a、2001b)。有多种在普通话中存在的话题构式，在吴语中表现得更加凸显，使用频率更高，使用范围更广，表义功能更多。跟"啥"的语气词化最相关的是上位语域式话题结构和论元分裂式话题。

上位语域式话题由一个上位成分充当话题，再由其下位成分充当后面的一个句法成分，主要是主语或宾语，如徐烈炯、刘丹青(1998/2007：118—119)所举的：

(20) 动物，老虎最凶猛。

(21) 水果，我很喜欢吃苹果。

例(20)(21)中,话题"动物"和主语"老虎"互为上下位成分,话题"水果"和宾语"吃苹果"中的宾语"苹果"互为上下位成分。上位话题在吴语中也很常用,而且当下位成分做宾语时,上位名词也像吴语中的受事话题一样常常充当主语后的次话题,如吴江话:

(22) 吾水果最欢喜吃苹果。 '水果我最喜欢吃苹果'

(23) 小明动物顶要看猢狲。 '动物小明最爱看猴子'

论元分裂式话题原为受事名词短语的核心名词,由它在动词前或主语前充当话题,作为类指的光杆名词;而该名词的限定成分和修饰成分则留在动词后的宾语位置,使得论元分裂为前后两个部分。留在宾语位置的限定修饰成分也必须是能自足的名词性成分。数量短语、指量短语都符合这个要求,形容词定语则需要带上名词化标记(普通话的"的"、吴语的"嘅")以名词性成分出现,以吴江话为例[普通话、上海话例句见刘丹青(2001b)]:

(24) 夷衬衫买仔[zɿ]三件。 '他衬衫买了三件'

(25) 夷衬衫买仔搿件。 '他衬衫买了这件'

(26) 夷衬衫买仔蓝嘅。 '他衬衫买了蓝的'

以上两种常用的话题结构,语义关系相近,区别在于话题是否能够受留在动词后的成分的修饰限定。如"老虎动物""苹果水果"都不构成一种定名结构,而"三件衬衫、搿件衬衫、蓝(嘅)衬衫"都是自然的定名结构,所以前者是上位话题结构,后者是分裂式话题结构。而这些宾语当然都可以用"啥"来提问。而且"啥"既能做论元,又能做限定词,所以,当我们用"啥"来提问这些话题结构的宾语时,它一身而兼二任,既可以理解为与上位话题对应的宾语,也可以理解为与分裂式话题对应的宾语,反而要由语境特别是答句来判定其现场性质。如:

(27) 倷水果吃啥? '水果你吃什么?(-苹果/-热带嘅)'

(28) 老王年货准备买啥? '年货老王准备买什么?'(-荤菜、蔬菜、干果、点心……)

(29) 夷香烟平常吃啥? '香烟他平时抽什么?'(-中华/-国产香烟)

例(27)"啥"的回答一般是具体水果名,跟"水果"是上下位关系。不过如果回答是"热带嘅"(热带的),则也可以理解为分裂式话题的宾语,因为可以合并成"热带水果"。例(28)"啥"的回答一般是"肉、鱼、青菜"等,跟"年货"是上下位关系。例(29)"啥"的回答一般是烟草的牌子,"中华""前门"之类,这些可以跟话题合并成"中华香烟、前门香烟"等(吴江话较少单用"烟"表示香烟),"啥"可以是分裂式话题句的宾语;如果回答是"国产香烟""进口香烟"等语义自足的单位,也可以理解为上位话题句的宾语。

以上这些宾语位置的"啥"都是"啥"的原型疑问功能,不会发展出本文关心的减量构式语气词的功能。刘丹青(2013)指出,在汉语否定句中,"什么/啥"类疑问代词可以用在宾语前,表示主观性较强的模糊的"甚少量",具体所指在不同语境中分别有全量否定和部分否定的解读。如"没吃什么东西"可以表示完全没吃,也可以表示吃得很少。这种"什么/啥"也能用于上位话题句或分裂话题句的宾语,如吴江话:

(30) 老王年货还齘买**啥**勒。　'老王还没买什么年货呢/老王还没怎么买年货呢'

(31) 夷现在香烟弗吃**啥**特。　'他现在不抽什么烟了/他现在不怎么抽烟了'

(32) 小明假期里书弗看**啥**嘅。　'小明不看什么书/小明不怎么看书'

到这个阶段，"啥"一方面仍然保留了疑问代词的身份，充当上位话题结构或分裂式话题结构的宾语部分。另一方面，"啥"在这类减量构式中本已不表疑问，而是与否定配合表示"甚少量"，其语义内容较模糊，透明度降低，与疑问代词的原型义距离较远。与此同时，由于跟否定词配合表示主观性的"甚少量"，更多沾染了主观语气。而且在上位话题或分裂式话题前置的情况，"啥"的位置又处在句末。人类语言的语法演变有一种无标化的趋势，就是尽量让语义语用功能与它的句法身份匹配，达成或回归无标记的状态（刘丹青，2008）。"啥"在例(26—28)句中的语义功能带有较强的主观语气，语义比较模糊，又处在句末的位置，在无标化的机制下，就有重新分析为语气词的动因。这些"啥"即使理解为语气词，与母语人的语感上也相符了。在不改变整句语义和表层语符序列的情况下，"啥"可以进行双重分析，指向论元的疑问代词或指向命题的语气词。所以我们提供了两种释义。

"啥"的功能扩展，证明了上述双重分析的后一种分析得以成立，可以确认发生了重新分析。这个"啥"在充当上位话题句或分裂式话题句的宾语部分的基础上，出现了进一步脱离疑问代词用法的功能，踏出了朝向语气词的不可逆的步伐。如：

(33) 夷现在弗吃香烟**啥**特。　'他现在不怎么抽烟了'

(34) 小明假期里弗看书**啥**嘅。　'小明假期里不怎么看书的'（＝(2)）

(35) 小明现在弗去**啥**嘅。　'小明现在不怎么去'（＝(13)）

(36) 老王日里弗睏**啥**嘅。　'老王白天不怎么睡'（＝(14)）

例(33—34)看起来是由分裂式话题句回归到不分裂的主动宾句，但是注意"啥"已经可以不在宾语"香烟""书"的前面充当限定词，而是在整个动宾结构之后，已经不能再分析为限定成分，也不能分析为论元，只能分析为语气词了。这种用法，正是话题结构中的"啥"被重新分析为语气词的结果。词性之变又推动其功能朝新身份扩展。既然"啥"已经是参与表示减量的语气词，不再是宾语的限定词，那么它搭配的动词就不必是及物动词了，因此例(35—36)中的"去""睏"这种不及物动词也可以进入这个构式了。"啥"由疑问代词到语气词的功能扩展和演变得以完成。而"啥"原有的疑问代词的功能仍然完整保留，甚至例(30—32)这样的句子中，"啥"按照疑问代词分析也仍然成立。这些句子是正处在双重分析阶段的例证。

"啥"的语气词地位确立后，进一步经历重新分析之后的功能扩展（extension），即以新的句法身份占据该身份可占的领地，使语法规则更加一致。Harris & Campbell(1995：51，80，97)将扩展看作重新分析发生之后新的分析真正得以实现（actualization）的主要途径之一。"啥"所搭配的谓语就是从及物动词扩展到不及物动词再扩展到形容词，如前引例(13—19)，并相应孕育出更适合不及物动词和形容词谓语的语义——动量、时量和程度的减弱。

"啥"的语气词化，还有一个重要表征，就是出现了主句现象（root phenomenon），即只能出现单句或主句中，不能出现在嵌入性的从句中①。而上位话题句、分裂话题句都可以出现在关系从句等嵌入性从句中，比较：

（37）香烟弗吃**啥**嘅人～＊弗吃香烟**啥**嘅人 '不怎么抽烟的人'

（38）假期里书弗看**啥**嘅人～＊假期里弗看书**啥**嘅人 '假期里不怎么看书的人'

"香烟弗吃啥""假期里书弗看啥"是处在双重分析阶段的结构，"啥"仍然可以分析为相应话题结构的宾语，因此可以进入关系从句。"弗吃香烟啥""假期里弗看书啥"只能是重新分析之后的结构，"啥"已经不能是宾语或宾语的限定词，只能分析为语气词，也就跟语气词一样丢失了进入嵌入从句的功能。

近年来，很多研究语法化的学者，如 Traugott & Trousdale(2013：第 3 章)，非常强调构式在语法化中的作用，认为一个成分的语法化是在具体的形-义结合体即构式的环境里发生的，而成分的语法化过程也往往伴随着构式化的过程。"啥"的个案也有力地印证了这一点。"啥"的语法化完全是在构式中完成的，构式及其组成成分有力制约了语法化的进程。"啥"的语气词作用，来源于它与否定词搭配表示"甚少量"的构式，它作为语气词的用法，至今无法脱离构式中的否定词而单独存在。更精确地说，"啥"语法化的成果，并不是形成了一个单独的语气词，而是形成了一个新的减量构式"否定词……语气词'啥'"的一个核心成分，与否定词共同构成该构式。该构式是原有的"否定词……疑问代词"减量构式的一个新变体，其中的疑问代词替换成了更虚化的语气词，构式语义从论元减量泛化为事件减量。"啥"的语法化是与新构式的形成相随而成的。

2.2 "啥"语气词用法的语义来源

"啥"语气词用法的语义直接来源于否定句中疑问代词的语义。疑问代词(不限于"什么、啥")在否定谓语之后一起表示由零到少的"甚少量"，见刘丹青(2013)。如普通话：

（39）我没吃**什么**零食。

（40）我昨天没见到**谁**。

（41）他晚饭没**怎么**吃。

"啥"用作语气词时，也一样可以表示这种"甚少量"，而且这种少量，可以指向论元，如例(34)的"弗看书啥"，仍然指看的书少。虽然词类属性变了，但是语义的继承度很高。

另一方面，"啥"的语义功能并非到此为止。首先，作为语气词，它的语义指向改变了，首先指向谓语了，指向论元是推导所得的解读。当扩展到不及物动词和形容词谓语时，"甚少量"已经无受事论元可指，只能指向谓语和命题了，于是，产生出了动量甚少、时量甚少，甚至程度甚低的语义功能，这就离"啥"作为指物疑问代词的原型义距离较远了。

---

① 这一点是复旦大学盛益民教授提醒笔者关注的。谨致谢忱。

因此，虽然"啥"的语义来源很清楚，在重新分析为语气词后，仍然可以保留其指物疑问代词时就有的配合否定词表示论元"甚少量"的语义，但是随着搭配关系的扩大泛化，也泛化出动量时量甚少程度甚低的语义，这是疑问代词"啥"所不具备的语义。

三　小　结

吴江话"啥"由指物疑问代词用法，借助上位话题结构和论元分裂式话题结构单独后置于动词核心后的位置，在表示"甚少量"的"否定词……疑问代词"构式中发展出了语气词的用法，形成了"否定词……语气词'啥'"的新的减量构式。它一方面继承了源头构式表示论元"甚少量"的功能，同时扩展到不及物动词、形容词等构成的谓语，引申出动量时量甚少或程度甚低的事件减量的表义功能。

吴江话"啥"的语法化是在特定的构式环境中实现的。而实现的条件，除了相关的构式库藏，还包括吴语话题优先、上位话题结构和论元分裂式话题结构发达等库藏条件。可见语法化的路径，既有语言共性的作用，也有特定语言库藏类型特点作为重要的条件。

参考文献

戴耀晶.汉语质的否定与量的否定[M]//现代中国语研究(第15期).日本:朝日出版社,2013.(该文收入《戴耀晶语言学论文集》,复旦大学出版社,2017年)

冯春田.合音式疑问代词"咋"与"啥"的一些问题[J].中国语文,2003(3).

李荣.现代汉语方言大词典[M].南京:江苏教育出版社,2002.

李小凡.苏州方言语法研究[M].北京:北京大学出版社,1998.

刘丹青.汉语方言语序类型的比较[M]//现代中国语研究(创刊第2期).日本:朝日出版社,2001a.

刘丹青.论元分裂式话题结构初探[M]//语言研究再认识——庆祝张斌先生从教50周年暨80华诞.上海:上海教育出版社,2001b.

刘丹青.重新分析的无标记化解释[J].世界汉语教学,2008(1).

刘丹青.汉语特色的量化词库:多/少二分与全/有/无三分[M]//木村英树教授还历纪念·中国语文法论丛.日本:日本白帝社,2013.

刘丹青,曹琳琳.次生否定词库藏:间接否定成分的规约化[J].语言教学与研究,2020(5).

吕叔湘.近代汉语指代词[M].江蓝生,补.上海:学林出版社,1985.

石汝杰,宫田一郎.明清吴语词典[M].上海:上海辞书出版社,2005.

钱乃荣.上海话语法[M].上海:上海人民出版社,1997.

Harris, Alice & Lily Campbell. Historical Syntax in Cross-Linguistic Perspective[M]. Cambridge University Press, 1995.(此据世界图书出版公司中国原文引进版,2007年)

Traugott, Elizabeth Closs & Graeme Trousdale. Constructionalization and Constructional Changes[M]. Oxford University Press, 2013.

多 向 音 变

潘悟云 *

上海师范大学

新语法学派假设认为,音变是有规则的,音变的结果只有一种,没有例外:

$$p1 \longrightarrow p2$$

这种音变模式,我们叫单向音变。

一种音在语音条件下会发生不同的音变,如中古的见母 k-(干 kɑn,紧 kin)到北京话变成 k-(kan)与 tɕ-(tɕin),这看起来是同一类音的不同音变,实际上却是两个语音条件下转化成的两个单向性音变:

$$^*k \longrightarrow k \qquad / \underline{\hspace{2cm}} \begin{bmatrix} V \\ \text{-hight} \end{bmatrix}$$

$$^*k \longrightarrow kj \longrightarrow tɕ / \underline{\hspace{2cm}} \begin{bmatrix} V \\ \text{-hight} \end{bmatrix}$$

声母 k-在第一个高元音的语音条件下,腭化为 kj-,于是有两个单向音变:

$$k\text{-} \longrightarrow k\text{-}$$

$$kj\text{-} \longrightarrow tɕ\text{-}$$

除此以外,我们会碰到其他类型的音变,在同一语音条件下,有两个以上不同的音变方向,叫作多向音变。

王士元(Wang, S.-Y., 1969)指出,不同的词汇因为某些非语音的因素,变化速度会不一样。有些词变成了另外一个音,另一些词还没有变化,于是同一个音由于非语音因素变成两个不同的音。歌韵在中古是 ɑ,通过后高化 ɑ>ɒ>ɔ>o,在普通话中变成了 o。但是"大那他"等字到现在还是读 a。这就是词汇扩散形成的音变。

因为这几个词是高频词,高频词会出现音变的滞后。这就是词汇扩散形成的音变。

---

* 作者电子邮箱:pwy@shnu.edu.cn。

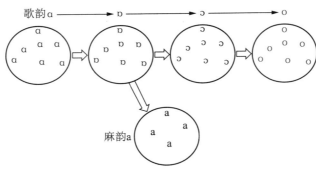

图 1　歌韵的音变

除了词频以外,造成音变的原因还有很多,如方言借用、语言类推、避讳忌用、社会背景,等等。王士元的词汇扩散理论是在新语法学派假设以后所提出的更全面的音变理论(Wang & Cheng, 1970)。

本文将重点讨论是因为自由变体产生的多向音变。

语音发生变化的时候,有条件变体,也有自由变体。上文提到,条件变体之间根据音变条件截然分开,所引起的音位分裂,就是单向性音变。但是,自由变体的语音之间非常接近,很难截然分开,甚至是互读,于是就会产生多向的音变。下面是这种音变的例子。

1. **带摩擦的近音**

赖福吉(1991)说,有些 r 类音的调音器官并没有接触,而只是接近。有的发音过程伴有摩擦,有的产生近音。景颇语的 ʒ,也有人记作 ɹ,是一个带有擦音成分的近音。个人的读音不一样,有的擦音成分多一点,就是浊擦音;有的擦音成分少一点,就成了近音。图 2 是景颇语"落"ʒun³³的声学图:

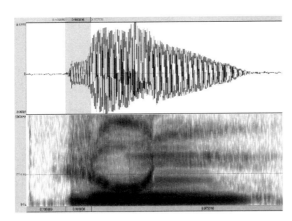

图 2　景颇语"落"ʒun³³的声学图

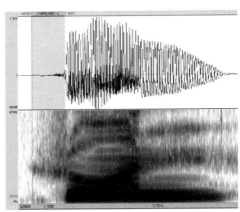

图 3　景颇语"鼓起"ʒon³³的声学图

图中的 ʒ 音段,是一段周期波,语图有明显的共振峰,不过也有明显的噪声。图 3 的"鼓起"ʒon³³,其中的 ʒ 音段不是周期波,在语图上表现为乱纹。还有的是处于两者之间,声母

的前半部分是擦音,后半部分是近音,如"拆"ʒun³¹的声学图:

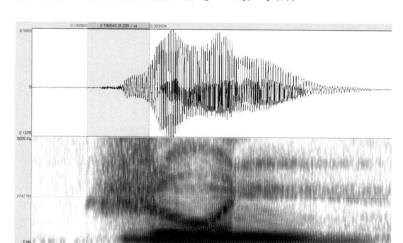

图4　景颇语"拆"ʒun³¹的声学图

声母段中的 AB 段为擦音,BC 段表现为近音。

　　这种近音有擦音的变体,才会产生多向音变。中古桓韵匣母的一些字,如"完丸纨汍芄皖"在北京话中读成近音 w-,另一些字,如"桓洹貆萑瓛缓浣换逭澴"则读成声母 x-。同样一个"浣"字北京话有三个读音:xuan²¹⁴、xuan⁵¹、uan²¹⁴。同是"肴淆",既读 jiau³⁵,又读 ɕiau³⁵,出现多向音变。这与匣母的性质有关。匣母的中古音为 ɦ-,擦音成分减小到一定程度就成了近音:ɦʷ->w-,ɦʲ->j-,于是同一个音位会产生自由变体。同一个"丸"字,可以发成 ɦʷan,也可以发成 wan。"淆"字可以发成 ɦʲau,也可以发成 jau。这个时候碰上了浊音清化音变,浊擦音 ɦ->x,ɦʲ->xʲ->ɕ-。但是,清化音变对近音不起作用,同一个音位 ɦ 中,自由变体浊擦音变为清擦音,近音仍读近音。变化以后的清擦音与近音相差很大,就不再互读了,于是分裂成不同的音位。

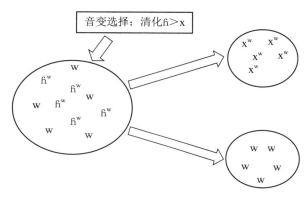

图5　多向音变

两类自由变体分裂成两个不同的音位。用公式表达就是：

与匣母相关的另一个多向音变是全浊上声的声调变化。全浊上声大部分会变为现代的去声,但是少部分字会保留上声不变。古代的上声与去声的发声态不同,全浊声母与次浊声母、清声母的发声态也不一样。全浊声母清化的时候,发声态发生了变化,上声变成了去声。声母和声调的发声态交杂在一起,形成了声调的多向变化。保留上声的全浊声母更多的是匣母字,这与匣母的声母性质有一定的关系。

2. 清鼻音和送气的清鼻音

上古的清鼻音只有一个来源 *sn->hn->n̥-,但是中古的演变结果却有两个,与浊鼻音"难"相对应的清鼻音有晓母"汉"与透母"滩"。清鼻音 n̥- 经常有送气的自由变体 n̥h-,到中古变成送气塞音 th- 与擦音 h-。

h- 是一个很特殊的辅音,它的声腔会跟随后接的音段变化。它的后面如果跟随着一个鼻音,鼻音的软腭下降动作有可能提前发生,口腔通道封闭,h 就会从鼻腔出来,变成了清鼻音。这个变化过程中有两个因素在交互作用,一个是软腭下降的时间,一个是声带振动的时间,两者不同的状态相配合会产生许多不同的声母。如 Bhaskararao 和 Ladefoged (1991)讨论过两种清鼻音,其中的 Angami 语在清鼻音后面会有一个同时从口腔与鼻腔出来的 h,所以他把这个鼻音定为送气清鼻音 m̥ʰ-。下图中(2)与(3)之间的送气段,大部分是口流,就是类似于 h 的读音。

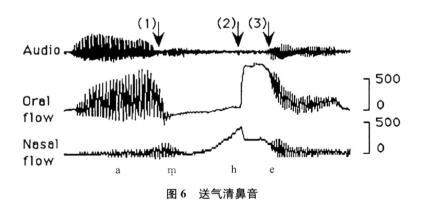

图 6　送气清鼻音

下面,我们举 hme、m̥e、m̥he 为例,说明它们的发音机制,其中斜纹代表软腭下降,粗线代表声带振动：

复辅音

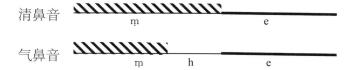

可见,清鼻音与送气清鼻音之间的区别,就在于鼻腔关闭的时间。鼻腔如果恰在鼻声母与韵母之间关闭,声母段不送气。如果鼻腔提前关闭,就会形成一个送气段 h,产生送气清鼻音。复辅音 hm-向清辅音演变的过程中,在某个阶段会有清鼻音与送气清鼻音互读的阶段,一些鼻音三分格局的语言中,清鼻音与送气清鼻音往往不对立,就是这个原因。这个时候发生了合并音变,m̥-、n̥-、ŋ̥-因为音色上的相似与 pʰ-、tʰ-、kʰ-合并,剩下 m̥ʰ-、n̥ʰ-、ŋ̥ʰ-不再与它们互读了,并且演变为 h-。

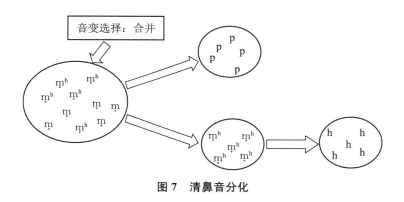

图 7　清鼻音分化

清鼻音与送气清鼻音的分裂就成为一个多向音变:

$$hm \longrightarrow m̥\text{-}/\ m̥ʰ \xrightarrow{\qquad} \begin{array}{l} pʰ\text{-} \\ m̥ʰ\text{-} \longrightarrow h\text{-} \end{array}$$

3. 复杂辅音与复辅音

复杂辅音 Cˡ-(Cʳ-)与复辅音 Cl-(Cr-)在许多语言中也会有自由变体。有些壮语的"鱼"读 pˡa,又读 pla。前者两个辅音是一次除阻,后者是两次除阻,语音非常相似,是自由变体。同一个"告"邕宁壮语读 kla:u,南部侗语应该有自由变体 kla:u,才会变成 ta:u,西双版纳傣语应有自由变体 kˡa:u,变成了 kau,这说明不同的自由变体演变成不同的读音。有些次要音节与复辅音也成为自由变体,如 Sagart(1999)据 Alieva(1994)报道,潘让占语(Phanrang Cham)的"我"有三个不同的读音 tahla、thla、hla,其中的 thla 读复辅音,tahla 中的 ta 是次要音节,次要音节容易脱落成为 hla。上古的"不律"是一个半音节 p·rud＞rud,"笔"是复辅音 prud＞pit,在不同的汉语方言中是两个不同的自由变体。

4. 三等的 l 的多向性音变

三等的 l 也出现多向性音变,当它出现三等介音 i 的时候会变成 lia＞ʎia。其中的 li- 与 ʎi- 之间非常接近,i 之前的 l 与 ʎ 只是自由变体。在这个时候如果发生了音变:l-＞ɽ-＞ɖ-＞ɖ-, ʎ-＞j-,这就会产生双向音变:三等的 l- 有些变成了以母 j-,还有些变成了澄母 ɖ-。

参考文献

Bhaskararao and Ladefoged. Two types of Voiceless Nasals[J]. Journal of the International Phonetic Association, 1991, 21:80—8.

Sagart, L. The Roots of Old Chinese[M]. John Benjamins Publishing Company, 1999.

Wang, William S.-Y. Competing Change as a Cause of Residue[J]. Language, 1969, 45:9—25.

Wang, W. S-Y., Cheng Chin-chuan. Implementation of Phonological Change: The Shuangfeng Chinese Case[C]. Papers from the Sixth Reginal Meeting Chicago Linguistic Society, 1970:552—559.

移民背景与上海城市方言声调习得*

平悦铃**

复旦大学

一 引 言

1.1 上海城市方言与乡村方言

上海城市方言(Shanghai urban dialect),即现在国内外通称的"上海话",是随着 1843 年开埠后上海城市化的进程而迅速崛起的一种城市方言,通行于繁华的中心城区。20 世纪 50—80 年代通行于当时的市区范围,所以前辈研究者将其称为"上海市区方言"。上海乡村方言(Shanghai rural dialect),即"上海本地老闲话",简称为"本地话",指的就是七百多年前就形成的,到 20 世纪 80 年代末一直通行于原郊区范围,包括了当时的十个郊区方言以及浦东音系方言。

下文如无特殊说明的"上海话""上海方言",指的就是上海城市方言。

1.2 移民来源地的选择

1843 年开埠前,在上海这个地域就生活了大量的当地人。上海地区人口的快速增长主要是由于人口从内地大量迁入的缘故,本地籍贯的人数少,外地籍贯人数多。迁入的非本籍人口最多的是江苏和浙江。江苏省移民来源地选择苏南的苏州和苏北的扬州、盐城三地,浙江省移民来源地选择宁波和绍兴两地。下面分说一下选择各点的具体原因:

(1) 苏州

在上海城市方言的形成过程中,特别是在萌芽期和形成期,苏州话对上海话的影

---

* 国家社会科学基金项目"移民背景与上海城市方言的形成"(14BY037)。

** 作者电子邮箱:pingyueling@sina.com。

响巨大。

（2）苏北

苏北移民人数众多,是生活在上海城区范围人数最多的族群。正好与后面的宁波族群可作一对照,两个都是人数众多的外来族群,但一个威望低,一个威望高,他们在上海城市方言的形成过程中各自会有怎样的表现？

（3）宁波

宁波移民是上海另一个人数众多的移民族群。由于他们从事的职业地位较高,在上海的族群威望和族群自信力也较高。

（4）绍兴

绍兴移民是人数不是很多的移民族群,而且绍兴方言也不是当时(20 世纪 50 年代以前)吴语的代表方言。选择绍兴可与苏州作对比。两个族群人数都不算多,但苏州在上海城市方言的萌芽期和形成期有着文化上的优势地位,而绍兴则没有。

（5）本地

本土族群是指一直生活在这方水土的居民,人数众多。本地族群的祖辈都是上海乡村方言的使用者,随着城市化的进程,150 年来,他们一代又一代经历着上海方言的各种演变,最后都成为上海城市方言的使用者。

综上,确定如下五个来源地:本地、宁波、绍兴、苏北、苏州。

1.3　一代移民和二代移民

1.3.1　外来族群的一代移民和二代移民

"一代移民"指本人出生在其他地方(宁波、绍兴、苏北、苏州),12 岁后才来到上海定居生活。本人母语不是上海方言,而是来源地(宁波、绍兴、苏北、苏州)方言,但会说带口音的上海城市方言。"二代移民"指本人出生或 3 岁前就定居在上海当时的城区范围,由"一代移民"抚养长大。本人母语就是上海城市方言,略带一点口音。

为了使被调查的"移民背景"项可控,在本项目里,要求父母双方("一代移民")都来自同一个移民来源地。排除父母来自不同来源地的情况,如父亲是宁波一代而母亲是苏州一代等类似情况。

1.3.2　"本地一代"和"本地二代"

为了能与外来族群作相应的对比,必须定义好"本地一代"和"本地二代"。"本地一代"指 12 岁前生活区域还是通行上海乡村方言,到了 12 岁后生活区域才开始通行上海城市方言。本人 12 岁前不说上海城市方言,母语是上海乡村方言,到了 12 岁后才开始说上海城市方言。"本地二代"指父母均是"本地一代",本人出生时生活区域已是上海城区范围,母语就是上海城市方言。

二　来源地方言的声调系统

据各类方言志、方言词典的记载,五个来源地方言的声调系统如下:

表1　上海乡村方言声调(6个)①

阴平 53　刚知专开商	
阴上 44　古展口好手	
阴去 34/335　盖正对唱汉	阳去 23/224　穷女近共害
阴入 55　急竹曲出黑	阳入 12　额入麦局合

说明:这个声调系统综合了《上海市区方言志》(许宝华、汤珍珠,1988)里"上海市区老派音系"和"浦东音系"里的声调系统,两者差别只在"阴去"和"阳去","阴去"的老派音系为34,浦东音系为335;"阳去"老派音系为23,浦东音系为224。其他调类两个音系都相同。

表2　宁波方言声调(7个)②

阴平 53	阴上 35	阴去 44	阴入 55
阳平 24		阳去 213	阳入 12

表3　绍兴方言声调(8个)③

阴平 52	阴上 335	阴去 33	阴入 45
阳平 231	阳上 113	阳去 11	阳入 23

表4　苏北方言声调(5个)④

阴平 52/31	上声 42/33	去声 55/35	入声 4/5
阳平 231			

说明:此表综合了扬州和盐城两地的声调系统,"/"左边为扬州的调值,"/"右边为盐城的调值。无"/",则表示两地调值一样。苏北两地的调类分布完全一致,只在具体调值上有一定的差异。

---

① 据许宝华,汤珍珠.上海市区方言志[M].上海:上海教育出版社,1988:57—58,74.
② 据汤珍珠,陈忠敏,吴新贤.宁波方言词典[M].南京:江苏教育出版社,1997:7.
③ 据王福堂.绍兴方言研究[M].北京:语文出版社,2015:7.
④ 据1)王世华,黄继林.扬州方言词典[M].南京:江苏教育出版社,1996:7.
　　2)蔡华详.盐城方言研究[M].北京:中华书局,2001:55.

表 5　苏州方言声调(7 个)①

阴平 44　诗高低边粗筋	阳平 223　穷陈唐难云皮
阴上 51　古展口好手	
阴去 523　正对唱怕四剑	阳去 231　是厚大饭五女
阴入 43　急一笔尺福鸭	阳入 23　六读滑十热佛

　　从表 1—5 可看出,其中 4 个来源地方言为北部吴语,具有吴语声调的一些共同特征,如:总的调类数目在 6—8 个;有入声,且分阴阳;3 个舒声阴调类都保留,3 个舒声阳调类有的保留(如绍兴方言),有的阳上归去(如宁波方言、苏州方言),有的全部合并(如上海乡村方言)。只有苏北两地方言,扬州和盐城是江淮官话的声调面貌:平分阴阳;上去不分阴阳;有入声,但不分阴阳。

三　移民背景对一代移民习得上海方言声调系统的影响

　　成熟期上海城市方言的声调系统,只有 5 个调类,阴上归阴去,3 个舒声阳调类都归阳去,入声仍分阴阳,详见表 6:

表 6　上海城市方言声调(5 个)②

阴平 53　刀浆司东刚知	
阴去 34　岛到奖酱水四	阳去 23　桃导道墙象匠
阴入 55　雀削说踢足笔	阳入 12　嚼石局读食合

　　一代移民在习得成熟期上海城市方言的声调系统时各有什么表现呢?
　　研究将从声学特征分析入手,主要观察两个声学参量:(1)音高;(2)调长。采样的具体方法可见《吴语声调的实验研究》(第一章)(平悦铃等,2001)。

3.1　音高影响

　　下文分析每个发音人的母语声调系统对习得语声调系统的影响。
　　表 7 呈现 9③ 个一代移民声调调值的具体情况:

---

① 据汪平.苏州方言研究[M].北京:中华书局,2001:28.
② 据许宝华,汤珍珠.上海市区方言志[M].上海:上海教育出版社,1988:8.
③ 编号 4 发音人在此项调查中缺省。

表 7 一代移民的声调调值

编号	背景	性别	年龄	阴平	阳平	阴上	阳上	阴去	阳去	阴入	阳入
1	bd	m	75	41		33		34	213	<u>55</u>	<u>23</u>
2	nb	m	83	52				33	113	<u>55</u>	<u>23</u>
3	nb	f	78	51				43	113	<u>44</u>	<u>23</u>
5	sx	m	83	51	231		113	44	33	<u>55</u>	<u>23</u>
6	sb	f	77	31	223				55	<u>22</u>	<u>11</u>
7	sb	m	87	53	24	31			33		<u>33</u>
8	sz	f	77	53				44	24	<u>54</u>	<u>12</u>
9	sz	f	78	41				44	14	<u>55</u>	<u>22</u>
10	sz	m	72	41				433	113/213	<u>55</u>	<u>23</u>

说明:bd 为本地;nb 为宁波;sx 为绍兴;sb 为苏北;sz 为苏州。m 为男;f 为女。

3.1.1 上海城市方言5个调类的习得情况

上海城市方言里的阴平是个高降调,绝大部分的一代移民都能很好地习得这个调类,9 个发音人中 8 个都是高降调,习得率为 88.9%。具体调值有:53(苏北男、苏州女 1);52(宁波男);51(宁波女、绍兴男);41(本地男、苏州女 2、苏州男)。只有 1 个发音人(苏北女)是低降调,调值为 31。

上海城市方言的阴去是个中升调,绝大部分移民都没能习得,而且有的还保留阴上调,没有归入阴去(本地男、苏北男);有的则归入阴平调(苏北女、苏州女 1)。只有一代本地男性习得,习得率只有 11.1%。

上海城市方言的阳去调是个低升调,9 个发音人中有 6 个习得了这个调类,习得率为 66.7%。具体调值有:213(本地男)、113(宁波男、宁波女、苏州男)、24(苏州女 1)、14(苏州女 2)。

上海城市方言的阴入调是个高短调,除了两个苏北移民,其他一代移民都习得了,习得率为 77.8%。具体调值有 <u>55</u>(本地男、宁波男、绍兴男、苏州女 2、苏州男);<u>44</u>(宁波女);<u>54</u>(苏州女 1)。

上海城市方言的阳入调是个短低升调,这个调除了一代苏北男性移民,其他发音人都习得了,习得率为 88.9%。具体调值有:<u>23</u>(本地男、宁波男、宁波女、绍兴男);<u>11</u>(苏北女);<u>12</u>(苏州女 1);<u>22</u>(苏州女 2)。

这 5 个声调习得率从高到低依次为:阴平=阳入>阴入>阳去>阴去,具体情况见表 8。

表 8 一代移民5个调类的习得率

调类	阴平	阴去	阳去	阴入	阳入
习得率	88.9%	11.1%	66.7%	77.8%	88.9%

3.1.2 一代移民母语对习得上海城市方言 5 个调类的影响

母语方言的声调系统对习得上海城市方言声调系统影响有两个层面：一个是整个声调调类分布格局的习得；另一个是某个调类的具体调形的习得。下面逐一看一看：

一代上海本地男性还依然保留上海乡村方言的声调格局，6 个调类：阴平、阴上、阴去、阳去、阴入、阳入。同上海城市方言相比，多了个阴上 33。其他 5 个调类的调形同城市方言相同，因为乡村方言里的阴平、阴去、阳去、阴入、阳入 5 个调类的调形同城市方言本来就一样。

一代宁波男性的声调格局同上海城市方言是一样的，即合并为阴平、阴去、阳去、阴入、阳入 5 个调类。而且合并规则也一样，阴上归阴去，阳平、阳上都归阳去。调形习得上也同上海城市方言一致，唯一不同是他的阴去调，他是中平调 33，而不是中升调。

一代宁波女性的情况与一代宁波男性完全一样，也是完全习得了上海城市方言的声调格局。只是调形习得上有一个不同，她的阴去是中平略降的 43，而不是中升调。

一代绍兴男性完全保留了母语的声调格局，保留 8 个声调的格局，但已发生了某些串调现象，阴上与阳去都是 33 了。在具体调形的习得上，他的阴平同上海城市方言完全一样，也是高降调，因为绍兴方言的阴平本来也是高降。阴入、阳入也同上海方言相似，阴入是短高调，阳入是短低升调，因为在绍兴方言里本来就这样。至于其他的调类都没有习得。

一代苏北女性的声调格局既不是苏北方言的，也不是上海城市方言的，她正处在从苏北声调系统向上海城市方言转化的一种中间状态。阴平与阴上相混，都是 31；阳平独立，调值是 223，阴去、阳上、阳去都归为去声，调值是 55；入声分阴阳，但具体调值与上海城市方言不同，阴入为 <u>22</u>，阳入为 <u>11</u>，两个都是短低调，阴入只是比阳入稍高一点，而不像上海方言的阴入是短高调。

一代苏北男性的声调格局同苏北女性一样，既不是苏北方言的，也不是上海城市方言的，而是从苏北声调系统向上海城市方言转化的一种中间状态。平声分阴阳，阴平调值为 53，恰好同上海城市方言一致；阴上不与阴去合并，还是一个独立的调，调值为 31；阳上、阴去、阳去合并，调值为 33。入声不分阴阳，都是短中调 <u>33</u>。

一代苏州女 1 的声调格局也处于过渡状态，从苏州方言向上海城市方言过渡。格局上与上海方言不同的是：阴上与阴平相混，而不是归入阴去。具体调形向上海方言靠拢，阴平同上海方言一样，也是高降的 53，而不是苏州的高平 44。她的三个舒声阳调也同上海方言一样，已经都合并为一个低升调的 24。阴入、阳入也同上海方言基本一致，因为苏州的入声调本来就同上海差别不大，阴入是高短调，阳入是低略升的短调。

一代苏州女 2 已经习得了上海城市方言的声调格局，只在阴去的具体调形上有所不同，她是中高平的 44，而上海城市方言是中升调。其他调形与上海城市方言相同。

一代苏州男性也已经习得了上海城市方言的声调格局。调形习得上略有不同，也是阴去调,他的调形是中平调 433,上海城市方言是中升调。其他调形与上海城市方言相同。

综上可归纳出不同来源地一代移民的声调格局与调形的习得情况,可从 7 个声调习得要素来考察,7 个要素分别是:(1)舒声调格局;(2)入声调格局;(3)阴平调形;(4)阴去调形;(5)阳去调形;(6)阴入调形;(7)阳入调形。具体情况见表 9:

表 9 一代移民声调格局和调形的习得

编号	背景	性别	年龄	声调格局习得		调形习得					习得数
				舒声调格局	入声调格局	阴平	阴去	阳去	阴入	阳入	
1	bd	m	75	−	+	+	+	+	+	+	6
2	nb	m	83	+	+	+	−	+	+	+	6
3	nb	f	78	+	+	+	−	+	+	+	6
5	sx	m	83	−	+	+	−	−	+	+	4
6	sb	f	77	−	+	−	−	−	−	+	2
7	sb	m	87	−	−	−	−	−	−	−	1
8	sz	f	77	−	+	+	−	+	−	+	5
9	sz	f	78	+	+	+	−	+	+	+	6
10	sz	m	72	+	+	+	−	+	+	+	6

说明:bd 为本地;nb 为宁波;sx 为绍兴;sb 为苏北;sz 为苏州。m 为男;f 为女。"+"为习得;"−"为未习得。

从表 9 列出的 7 个习得要素来看,没有一个一代移民全部习得了这 7 个习得要素,习得 6 个的是:一代本地(男)、一代宁波(男)、一代宁波(女)、一代苏州(女 2)、一代苏州(男);习得 5 个的是:一代苏州(女 1);习得 4 个的是:一代绍兴(男);习得 2 个的是:一代苏北(女);习得 1 个的是一代苏北(男)。图 1 将形象展示移民背景与声调习得的关系:

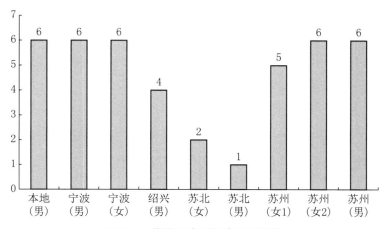

图 1 一代移民声调要素的习得数

所以习得最好的是一代本地、一代宁波和一代苏州;最糟糕的是一代苏北;位于中间的是一代绍兴。可作如下推断:

一代移民的母语方言如果与上海城市方言的语言系属关系越近,习得情况就越好;关系越远,习得情况就越糟糕。

最近的当然是上海乡村方言,本地男性习得了 6 个要素;苏州方言与上海方言同属北部吴语的苏沪嘉小片,所以苏州女 2 和苏州男性也习得了 6 个要素,苏州女 1 习得了 5 个要素。最远的是属于江淮官话的苏北方言,根本不是吴语区的,因此苏北女性只习得了 2 个要素,苏北男性只习得了 1 个要素。

宁波方言、绍兴方言与上海方言的关系距离是差不多的,三种方言都属于北部吴语,宁波方言属于甬江小片,绍兴方言属于临绍小片,因此它们与上海方言的关系都是同属于一个大片,分属于不同小片,但为什么宁波移民的习得率会高于绍兴移民? 只能作如下推断:宁波移民更善于适应环境。

3.2　调长影响

在调长研究方面,传统方言学模糊认为舒声调比促声调长,所以在入声调的调值下加下划线,以示短促。但研究表明:舒声调确实比入声调长。但决定调长的因素还有声调调形,曲折调比非曲折调长,如阴去、阳去(先平后升)比阴平(高降)长。拱度声调比平调长,如阳入(低升)比阴入(高平)长(平悦铃等,2001)。各调类间调长关系为:阴去、阳去>阴平>阳入>阴入。

9 位一代发音人的相对调长在表 10 里加以集中呈现:

表 10　一代移民的相对调长

编号	背景	性别	年龄	阴平	阳平	阴上	阳上	阴去	阳去	阴入	阳入
1	bd	m	75	1.15		1.51		0.99	1.46	0.32	0.57
2	nb	m	83	1.19				1.38	1.64	0.44	0.54
3	nb	f	78	0.92				1.36	1.69	0.25	0.52
5	sx	m	83	0.92	1.18		1.37	1.04	1.21	0.37	0.90
6	sb	f	77	1.12	1.4			1.26		0.64	0.59
7	sb	m	87	0.91	1.21	1.19		1.20		0.49	
8	sz	f	77	0.86				1.44	1.59	0.46	0.65
9	sz	f	78	1.06				1.34	1.44	0.54	0.61
10	sz	m	72	0.90				1.43	1.62	0.37	0.76
均值				1.00	1.26	1.35	1.37	1.27	1.46	0.43	0.63

说明:同表 7。

从表10可以看出,在习得上海城市方言时,对调长的把握9个发音人大都很到位,两个入声小于平均值,其中阴入调长更是小于平均调长的1/2;阳入则比阴入长,约为平均调长的2/3。舒声里阴平最短,基本等于平均调长,而其他舒声调则都比平均调长长。移民背景对上海城市方言的声调系统调长的习得有何作用,将在后文里进行论述。

前文对9位一代移民的相对调长的观察,已发现他们对调长的把握基本到位。此处将观察一代移民的母语背景对调长的影响,与上海方言的调长特征相符的就以"+"标识,不符的就以"—"标识。得到表11:

表11　一代移民相对调长的习得

编号	背景	性别	年龄	阴平	阴去	阳去	阴入	阳入
1	bd	m	75	+	—	+	+	+
2	nb	m	83	+	+	+	+	+
3	nb	f	78	+	+	+	+	+
5	sx	m	83	+	+	+	+	+
6	sb	f	77	+	+	+	—	—
7	sb	m	87	+	+	+	—	—
8	sz	f	77	+	+	+	+	+
9	sz	f	78	+	+	+	+	+
10	sz	m	72	+	+	+	+	+

说明:同表9。

从表11可明显看出,9个一代移民的三个舒声调的调长特征差不多都符合的,除了一代本地的阴去不符,他的阴去<阴平,其他所有人的所有舒声调类都符合上海城市方言的调长特征。

入声的调长特征除了一代苏北移民,其他来源地的移民都符合上海城市方言的调长特征。两个一代苏北移民的阴入和阳入都比舒声调的短,但两个入声的调长都差不多,没有符合阳入>阴入的特征。一代苏北男性的两个入声本来就不分,一代苏北女性的两个入声虽然在音高上已有所区分,但在调长上依然无法区分。

四　移民背景对二代移民习得上海方言声调系统的影响

音高数据、调长数据,及两者的归一化,与一代移民的声调研究相同,此处限于篇幅略去。下文将分析二代移民的家庭移民背景对他们习得上海城市方言声调有何影响。

4.1 音高影响

表 12　二代移民的声调调值

编号	背景	性别	年龄	阴平	阴上	阴去	阳去	阴入	阳入
1	bd	m	69	51		334	113	55	23
2	bd	f	67	41		44	13	55	12
3	bd	f	63	52		44	13	54	12
4	bd	f	62	53		33	13	54	23
5	bd	m	60	52		34	13	55	22
6	bd	f	52	53		33	13	55	23
7	nb	m	79	53		33	13	45	23
8	nb	m	79	41	33	44	13	45	23
9	nb	m	74	41		33	13	55	23
10	nb	f	73	42		33	13	55	23
11	nb	f	71	42		44	13	55	33
12	nb	m	68	53		33	13	55	24
13	nb	f	62	52		33	13	55	33
14	nb	f	58	51		33	13	55	22
15	nb	m	57	51		44	13	55	23
16	nb	f	54	51		33	13	55	23
17	nb	m	52	52		33	13	55	23
18	sx	f	64	53		33	23	55	11
19	sx	m	63	54	44	55	13	55	11
20	sx	f	59	52	44	55	13	55	12
21	sb	f	72	53	33	44	13	54	22
22	sb	m	71	51		44	13	55	11
23	sb	f	63	42		34	13	55	12
24	sb	m	62	51		34	13	55	23
25	sb	m	58	53		34	13	44	12
26	sb	f	56	53		44	13	44	23
27	sb	f	54	52		44	13	44	23

编号	背景	性别	年龄	阴平	阴上	阴去	阳去	阴入	阳入
28	sb	m	52	53		34	13	<u>55</u>	<u>13</u>
29	sb	f	52	53		33	13	<u>44</u>	<u>11</u>
30	sz	f	72	51		34	13	<u>55</u>	<u>33</u>
31	sz	m	71	41		33	13	<u>55</u>	<u>12</u>
32	sz	f	70	52		33	13	<u>55</u>	<u>23</u>
33	sz	f	59	52		33	13	<u>55</u>	<u>12</u>
34	sz	m	51	41		33	13	<u>55</u>	<u>23</u>

说明:同表 7。

4.1.1　上海城市方言 5 个调类的习得情况

上海城市方言里的阴平是个高降调,所有的二代移民都很好掌握了这一调形特征,具体调值有:51、52、53、54、41、42。起点都在调域高点,终点则什么位置都有,有偏高的 4、中间的 3、偏低的 2、最低的 1。因此这是一个高降调,起点明确,终点含糊。习得率为 100%。

上海城市方言中已经没有阴上调,但仍有 4 个发音人保留,1 个二代宁波,2 个二代绍兴,1 个二代苏北。他们往往是阴上中平、阴去高平,如二代宁波(编号 8)、二代苏北(编号 21)发音人的阴上是 33,阴去是 44;也有的是阴上 44,阴去 55,如 2 个二代绍兴(编号 19、20)发音人。

上海城市方言的阴去是个中升调,但通过本次调查发现,有很多人是中平调,即调值为 33,共有 17 人,占 50%;也有的是偏高平调,调值 44,有 9 个人,占 26.5%;中升调 34,或 334 的只有 6 人,占 17.6%;还有两个发音人保留了阴上,他们的阴去就是高平调 55,占 5.9%。所以阴去调习得率只有 17.6%。

上海城市方言的阳去调是个低升调,34 个二代移民都是这样,即他们的阳去为 13,或 113。习得率为 100%。

上海城市方言的阴入调是个高短调,所有的二代移民都这样,具体调值为 <u>55</u>、<u>54</u>、<u>45</u>、<u>44</u>。习得率为 100%。

上海城市方言的阳入调是个短低升调,大部分二代移民都这样,具体调值有 <u>12</u>、<u>23</u>、<u>24</u>,共有 25 人次,占 73.5%;但有一些二代移民是短的低平或偏低平调,具体调值为 <u>11</u>、<u>22</u>,共有 6 人次,占 17.6%;也有 3 个人是中平短调,他们的调值为 <u>33</u>,占 8.8%。阳入调习得率为 73.5%。

因此,二代移民的声调系统也呈现出一定的差异性,集中在阴去调和阳入调。特别是阴去调,有些发音人甚至还保留了阴上与阴去的对立,符合中升调的只有17.6％,大部分是中平或偏高的平调,占76.5％。少数人是高平调,占5.9％。

4.1.2 二代移民家庭语言背景对习得上海城市方言5个调类的影响

表 13 二代移民声调格局和调形的习得

编号	背景	性别	年龄	声调格局习得		调形习得					习得数
				舒声调格局	入声调格局	阴平	阴去	阳去	阴入	阳入	
1	bd	m	69	+	+	+	+	+	+	+	7
2	bd	f	67	+	+	+	−	+	+	+	6
3	bd	f	63	+	+	+	−	+	+	+	6
4	bd	f	62	+	+	+	−	+	+	+	6
5	bd	m	60	+	+	+	−	+	+	−	5
6	bd	f	52	+	+	+	+	+	+	+	7
7	nb	m	79	+	+	+	−	+	+	+	6
8	nb	m	79	−	+	+	−	+	+	+	5
9	nb	m	74	+	+	+	−	+	+	+	6
10	nb	f	73	+	+	+	−	+	+	+	6
11	nb	f	71	+	+	+	−	+	+	−	5
12	nb	m	68	+	+	+	−	+	+	+	6
13	nb	f	62	+	+	+	−	+	+	−	5
14	nb	f	58	+	+	+	−	+	−	+	5
15	nb	m	57	+	+	+	−	+	+	+	6
16	nb	f	54	+	+	+	−	+	+	+	6
17	nb	m	52	+	+	+	−	+	+	+	6
18	sx	f	64	+	+	+	−	+	+	−	5
19	sx	f	63	−	+	+	−	+	+	−	4
20	sx	f	59	−	+	+	−	+	+	+	5
21	sb	f	72	−	+	+	−	+	+	−	4
22	sb	m	71	+	+	+	−	+	+	+	6
23	sb	f	63	+	+	+	−	+	+	+	6
24	sb	m	62	+	+	+	+	+	+	+	7
25	sb	m	58	+	+	+	+	+	+	+	7

续　表

编号	背景	性别	年龄	声调格局习得		调形习得					习得数
				舒声调格局	入声调格局	阴平	阴去	阳去	阴入	阳入	
26	sb	f	56	＋	＋	＋	＋	＋	＋	＋	7
27	sb	f	54	＋	＋	＋	－	＋	＋	＋	6
28	sb	m	52	＋	＋	＋	－	＋	＋	＋	6
29	sb	f	52	＋	＋	＋	＋	＋	＋	－	6
30	sz	f	72	＋	＋	＋	－	＋	＋	－	5
31	sz	m	71	＋	＋	＋	＋	＋	＋	＋	7
32	sz	f	70	＋	＋	＋	－	＋	＋	＋	6
33	sz	f	59	＋	＋	＋	－	＋	＋	＋	6
34	sz	m	51	＋	＋	＋	－	＋	＋	＋	6

说明:同表9。

从表13可发现:7个要素都习得的二代移民共6个,二代本地2个,二代苏北3个,二代苏州1个。二代宁波和二代绍兴一个都没有。表14从家庭背景角度来看5个调类的习得情况:

表14　家庭背景与二代移民声调格局和调形的习得

家庭背景	声调格局习得		调形习得				
	舒声调格局	入声调格局	阴平	阴去	阳去	阴入	阳入
本地	100.0%	100.0%	100.0%	33.3%	100.0%	100.0%	83.3%
宁波	90.9%	100.0%	100.0%	0.0%	100.0%	100.0%	72.7%
绍兴	33.3%	100.0%	100.0%	0.0%	100.0%	100.0%	33.3%
苏北	88.9%	100.0%	100.0%	44.4%	100.0%	100.0%	77.8%
苏州	100.0%	100.0%	100.0%	20.0%	100.0%	100.0%	80.0%

从表14可知,入声调格局、阴平调形、阳去调形、阴入调形习得这4个声调要素习得上,所有的家庭背景都一样,全部习得了。只在舒声调格局、阴去调形、阳入调形这3个声调要素习得上,各类家庭背景有不同的表现。图2.1—2.3将展现这三个声调要素习得的不同表现:

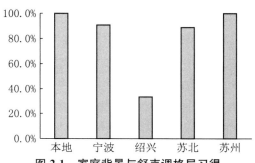

图2.1　家庭背景与舒声调格局习得

81

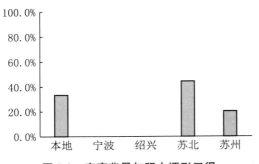

图 2.2　家庭背景与阴去调形习得　　　图 2.3　家庭背景与阳入调形习得

结合表 14 和图 2.1—2.3 可知：舒声调格局习得率，本地＝苏州＞宁波＞苏北＞绍兴；阴去调形习得率：苏北＞本地＞苏州＞宁波＝绍兴；阳入调形习得率：本地＞苏州＞苏北＞宁波＞绍兴。因此，二代本地在这 3 个特征的习得率最高，苏州和苏北居中，宁波和绍兴最低。

从这可看出，二代移民与一代移民情况很不相同。一代移民习得最好的是本地、宁波和苏州，居中的是绍兴，最糟糕的是苏北。基本是由母语方言与上海城市方言的关系远近所决定的，只有一代宁波例外，表现超出其方言地位与上海城市方言的关系。

二代最好的是本地，居中的是苏州和苏北，二代宁波和绍兴反而最糟糕。原因可能是：浙北籍移民由于一代在上海适应得比其他地域来的移民更好，到二代反而产生了优越心态，语言心理趋向保守，更多保留家庭来源地方言的某些要素。明显的例子是：在阴去调的习得上，二代宁波和二代绍兴没有一个人习得上海城市方言的中升调 34/334，都是中平调 33，或偏高平调 44。完全还是宁波和绍兴方言阴去调的调形。

一代最糟糕的苏北移民，到二代反而习得情况比浙北籍移民后代好，特别在阴去调的习得上，二代苏北移民的习得率最高。舒声调格局和阳入调调形的习得上也很高。原因可能是：苏北籍移民由于一代在上海各方面的地位不高，到了二代，他们有着比其他地域的二代移民更加积极地融入上海的心态，因此在语言习得上态度也更积极。

4.2　调长影响

表 15　二代移民相对调长的习得

编号	背景	性别	年龄	阴平	阴去	阳去	阴入	阳入
1	bd	m	69	＋	＋	＋	＋	＋
2	bd	f	67	＋	＋	＋	＋	＋
3	bd	f	63	＋	＋	＋	＋	＋
4	bd	f	62	＋	＋	＋	＋	＋

编号	背景	性别	年龄	阴平	阴去	阳去	阴入	阳入
5	bd	m	60	＋	＋	＋	＋	＋
6	bd	f	52	－	＋	＋	＋	＋
7	nb	m	79	＋	＋	＋	＋	＋
8	nb	m	79	＋	＋	＋	＋	＋
9	nb	m	74	－	＋	＋	＋	＋
10	nb	f	73	＋	＋	＋	＋	＋
11	nb	f	71	＋	＋	＋	＋	＋
12	nb	m	68	＋	＋	＋	＋	＋
13	nb	f	62	＋	＋	＋	＋	＋
14	nb	f	58	－	＋	＋	＋	＋
15	nb	m	57	＋	＋	＋	＋	＋
16	nb	f	54	＋	＋	＋	＋	＋
17	nb	m	52	＋	＋	＋	＋	＋
18	sx	f	64	＋	＋	＋	＋	＋
19	sx	m	63	＋	－	＋	＋	＋
20	sx	f	59	＋	－	＋	＋	＋
21	sb	f	72	＋	＋	＋	＋	＋
22	sb	m	71	＋	＋	＋	＋	＋
23	sb	f	63	＋	＋	＋	＋	＋
24	sb	m	62	＋	＋	＋	＋	＋
25	sb	m	58	＋	＋	＋	＋	＋
26	sb	f	56	＋	＋	＋	＋	＋
27	sb	f	54	＋	＋	＋	＋	＋
28	sb	m	52	＋	＋	＋	＋	＋
29	sb	f	52	－	＋	＋	＋	＋
30	sz	f	72	＋	＋	＋	＋	＋
31	sz	m	71	＋	＋	＋	＋	＋
32	sz	f	70	＋	＋	＋	＋	＋
33	sz	f	59	＋	＋	＋	＋	＋
34	sz	m	51	＋	＋	＋	＋	＋

说明:同表9。

从表 15 可明显看出,34 个二代移民的两个入声调的调长特征与上海城市方言完全一致。这说明:入声短促,阳入略长于阴入这两个调长特征,所有的二代移民都习得了。

在舒声调长的习得上,1 个二代本地、2 个二代宁波、1 个二代苏北的阴平＜阳入,这 4 个人的阴平调过短了,比阳入还短。2 个二代绍兴的阴去＜阴平,阴去过短,比阴平还短。总的来说,舒声调习得上的某些差异是些零星现象,总共 102 个舒声调采样,只有 6 个人次不符合上海声调调长特征,只占 5.8％。

通过以上分析可知,在调长习得上,无论来自哪类家庭移民背景,二代移民已经全面掌握了上海城市方言声调调长的特征。家庭背景对二代移民的调长习得已没有影响。

五　结　论

5.1　一代移民的语音习得受母语方言影响大

在声调音高特征的习得方面,与上海城市方言系属最近的一代移民,如一代本地、一代宁波、一代苏州最好,一代绍兴居中,最糟糕的是一代苏北。在声调调长习得方面,一代移民最有问题的还是一代苏北,不能区分两个入声的调长分布特征,即"阳入＞阴入"。

总之,一代移民的母语方言对他们的习得影响非常大。越是系属关系近,越是容易习得,越远越难习得,男性尤其难习得。

5.2　二代移民的语音习得有一定的移民背景口音残留

二代移民在音高习得方面,7 个声调要素里有 4 个声调要素:入声调格局、阴平调形、阳去调形、阴入调形,移民背景已经没有影响了。剩下的 3 个要素:舒声调格局、阴去调形、阳入调形,移民背景还有影响。在剩下的 3 个要素的习得上,最好的族群是"本地",居中的是"苏州"和"苏北","宁波"和"绍兴"最糟糕。二代移民在调长习得上已完全掌握了上海城市方言声调调长的特征,移民背景已经没有影响了。

二代移民在语音习得上,移民背景对很多特征已经没有影响,即使在有些特征上有些影响,也只是残留现象。而且残留比较多的往往是人数多、威望高的族群,像二代宁波、二代本地。人数多、威望低的族群,像二代苏北反而残留率低。原因可能是:浙北籍移民由于一代在上海适应得比其他地域来的移民更好,到二代反而产生了优越心态,语言心理趋向保守,更多保留家庭来源地方言的某些要素。一代最糟糕的苏北移民,到二代反而习得情况比浙北籍移民后代好,可能苏北籍移民由于一代在上海各方面的地位不高,到了二代,他们有着比其他地域的二代移民更加积极地融入上海的心态,因此在语言习得上态度也更积极。

参考文献

许宝华,汤珍珠.上海市区方言志[M].上海:上海教育出版社,1988.

平悦铃,等.吴语声调的实验研究[M].上海:复旦大学出版社,2001.

汤珍珠,陈忠敏,吴新贤.宁波方言词典[M].南京:江苏教育出版社,1997.

王福堂.绍兴方言研究[M].北京:语文出版社,2015.

王世华,黄继林.扬州方言词典[M].南京:江苏教育出版社,1996.

蔡华详.盐城方言研究[M].北京:中华书局,2001.

汪平.苏州方言研究[M].北京:中华书局,2001.

附录 1　一代移民情况

编号	移民背景	性别	出生年份	年龄[1]	出生地	入沪年份[2]	在沪居住地[3]	文化程度	职业
1	本地	男	1940	75	浦东杨思	1953	浦东南市(杨思)	大学本科	工程师
2	宁波	男	1932	83	宁波镇海	1945	虹口	小学	店员
3	宁波	女	1937	78	宁波北仑	1952	虹口	小学	工人
4	绍兴	女	1942	73	绍兴城区	1954	虹口	中专	技术员
5	绍兴	男	1932	83	绍兴马山	1948	卢湾	私塾	工人
6	苏北	女	1938	77	扬州邗江	1954	虹口	扫盲班	工人
7	苏北	男	1928	87	盐城阜宁	1949	虹口	小学	工人
8	苏州	女	1938	77	苏州城区	1956	虹口	大学本科	翻译
9	苏州	女	1939	76	苏州吴县	1952	黄浦	小学	工人
10	苏州	男	1943	72	苏州吴江	1958	闸北	大专	企业管理

说明:1.项目调查时间在 2015 年,被调查人的年龄据此确定。2."本地"的入沪年份指原属乡村范围的居住区域划入市区的时间。3."在沪居住地"指 20 世纪 60 年代至 80 年代上海城区范围的 10 个区,即:黄浦、卢湾、静安、南市、徐汇、长宁、虹口、杨浦、闸北、普陀。

附录 2　二代移民情况

编号	移民背景	性别	出生年份	年龄[1]	父母入沪时间[2]	父亲出生地	母亲出生地	居住地[3]	文化程度	职业
1	本地	男	1946	69	世居	榆林区	榆林区	杨浦	大专	企业管理
2	本地	女	1948	67	世居	虹口谭家桥	虹口谭家桥	虹口	高中	工艺员
3	本地	女	1952	63	1940 年代	张桥	张桥	杨浦	初中	营业员
4	本地	女	1953	62	1940 年代末	高桥	洋泾	浦东黄浦	初中	工人
5	本地	男	1955	60	1940 年代末	高桥	洋泾	浦东黄浦	初中	工人
6	本地	女	1963	52	世居	万航渡路	万航渡路	徐汇	大学	务家
7	宁波	男	1936	79	1930 年代初	鄞县	镇海	静安	大学本科	教师

续　表

编号	移民背景	性别	出生年份	年龄[1]	父母入沪时间[2]	父亲出生地	母亲出生地	居住地[3]	文化程度	职业
8	宁波	男	1936	79	1930年代初	宁海	宁海	虹口	大学本科	药剂师
9	宁波	男	1941	74	1930年代	鄞县	鄞县	虹口	大专	教师
10	宁波	女	1942	73	1930年代	慈城	慈城	南市	大专	技术员
11	宁波	女	1944	71	1940年代初	慈溪	慈溪	闸北	初中	工人
12	宁波	男	1947	68	1930年代末	慈溪	慈溪	虹口	中专	工人
13	宁波	女	1953	62	1950年代初	慈溪	慈溪	虹口	中学	工人
14	宁波	女	1957	58	1950年代中	鄞县	鄞县	杨浦	大专	教师
15	宁波	男	1958	57	1950年代初	鄞县	北仑	南市	大专	企业管理
16	宁波	女	1961	54	1940年代中	奉化	镇海	黄浦	高中	营业员
17	宁波	男	1963	52	1940年代末	岱山	岱山	静安	大学本科	工程师
18	绍兴	女	1951	64	1930~1940年代	余姚低塘	余姚后新屋	黄浦	中专	会计
19	绍兴	男	1952	63	1930~1940年代	萧山党山	绍兴县	杨浦	中专	工人
20	绍兴	女	1956	59	1930~1940年代	诸暨	诸暨	长宁	高中	财务
21	苏北	女	1943	72	1920年代初	瓜州	扬州郊区	浦东黄浦	高中	工人
22	苏北	男	1942	71	1930年代	盐城建湖县	盐城建湖县	卢湾	初中	工人
23	苏北	女	1952	63	1930年代初	扬州江都	扬州江都	杨浦	初中	工人
24	苏北	男	1953	62	1940年代末	盐城响水	盐城滨海	静安	大专	工程师
25	苏北	男	1957	58	1940年代末	盐城阜宁	盐城城区	虹口	高中	工人
26	苏北	女	1959	56	1950年代中	盐城射阳	盐城城区	杨浦	大专	企业职工
27	苏北	男	1961	54	1940年代中	高邮川青	高邮川青	浦东黄浦	高中	工人
28	苏北	男	1963	52	1940年代	江都	高邮	闸北	大专	银行职员
29	苏北	女	1963	52	1950年代中	宝应	宝应	闸北	高中	公司职员
30	苏州	女	1943	72	1930~1940年代	苏州木渎	苏州木渎	虹口	高中	工人
31	苏州	男	1944	71	1930年代	苏州城区	苏州西山	静安	大学本科	公司职员
32	苏州	女	1945	70	1940年代	苏州城区	苏州城区	卢湾	大专	财务
33	苏州	女	1956	59	1950年代	苏州城区	苏州城区	卢湾	大专	企业
34	苏州	男	1964	51	1950年代	离异	苏州吴江	黄浦	大学本科	工程师

　　说明：1.项目调查时间在2015年,被调查人的年龄据此确定。2."本地"的"父母入沪时间"指父母原居住区域划入市区的时间。3."居住地"指20世纪60年代至80年代上海城区范围的10个区,即:黄浦、卢湾、静安、南市、徐汇、长宁、虹口、杨浦、闸北、普陀。

传承上海话,我们能做些什么?

钱乃荣 *

上海大学文学院

一　上海话,上海情

　　语言本身就是文化,是一个地方民俗特征的基础,语言又承载着文学、文艺、生活方式等文化。语言与人的思维关系最密切,现今国外的研究证明,不同语言思维的人在科技和产品上的创造上都会有差异。上海开埠以来,语言多元,文化多样,融汇创新,形成了不断流动的有强盛生命力的辉煌的海派文化。上海话是上海人从自己心底灵魂中发出的独特的声音,她是千百年来民众世代自然演绎传承下来的智慧密码和珍贵的灵性财富。方言是人性中的神,是人际交往中的亲和力,是最重要的情感纽带,潜藏着精致深切的乡愁。上海话渗透在上海人生活的方方面面,有地域的神味,永远带着些神秘作用。上海方言的全部发展历程,充分传达出上海人民创造生活的辉煌,也证明了开放创新、海纳百川对优化语言的重要作用。

　　上海方言的乡音语汇及其文化积累中,蕴含着上海这个城市发展成长的历史,浸透了江南水土孕育出的上海市俗民风,闪烁着上海人在五方杂处、中西融合中形成的宽阔胸怀和睿智,深藏着多元博采的海派文化的基因和密码。

二　让学生课间一起来讲上海话

　　这些年来,越来越多的人参与保护上海方言的活动,而且更进一步重视如何采取切实的措施,使上海人的后代传承好上海话。

　　上海开埠以后,一波一波的外地人外国人移民而来,在漫长历史中上海话是怎样传

---

　　*　作者电子邮箱:qiannairong@sina.com。

承下来的呢？上海的弄堂里包容着不同籍贯、不同阶层、各管各的新上海人，他们是以上海文化来认同的，上海话便成为维系上海人身份的纽带和标志。上海话并不是诸如苏州话、宁波话等江浙方言的混合语，更不是新造语，北部吴语本来就有一大批共同的生活词语，以松江话为基础的老上海话基本词汇多数在新上海话中还传承着，在上海开埠的环境下首先不断优化。上海成为语言集散中心，移民的最大贡献是和本地人一起在上海社会物质和精神文化迅速现代化的过程中创造了无数新词语，翻新了上海话，并传播开去。

来上海的移民第一代人中可能说着家乡话或说洋泾浜上海话，但是从子女一代起就可用相当准确的上海话交际，这是因为他们在幼儿园、小学里自然跟随会说上海话的孩子说起上海话来(几乎与老师无关)，完全变成上海人。儿童7岁前天生非常容易学会语言。

同样，"70后""80—85后"由于在小学里上课说普通话、下课都延续传统用上海话交际，所以双语至今都说得很流利。儿童时期是学习语言的良机，过了11岁后，再要去学方言，大多数人就不愿学了，学说方言就成了个别人的行为。所以，上课讲普通话，下课讲方言，同龄同辈人在校互相说方言是习得母语的关键。

事实已证明，单靠家庭里两代长辈在家里与孩子说方言，他们同辈同龄人互相交际时不说，绝大多数人是不能习得方言的。而且不对长辈说方言。很多孩子在未进幼儿园时跟着家长自然学会一口母语，但是一进幼儿园，不到几星期，就不再会说方言了。我们要采取的措施，是要让孩子将从婴儿起跟着长辈习得的母语自然带进幼儿园，在园里有说的时间和环境，这样就可以把说方言的习惯一直带到小学里，并在下课时普遍讲起来。

现在中小学里，绝大多数学生不会说方言，不说方言。要打破这个长久以来形成的惯性很难。在下课时间，要设法使班里会一点方言的人带头先说起来，鼓励学生干部带个头讲方言，并带动其他同学一起讲起来。学校的校长重视并略作推动，支持鼓励带头说的少数学生，让他们去"滚雪球"，大家开口说了就好办，方言即可自然传承。这是最切实可行的办法。

现在的学生多数还是听得懂母语的，使他们有环境，互相交际说起来就行。教而不讲，等于不教。语言毕竟是个交际工具，每天互相说，就会自动增加、扩充、传承词语，自动纠正错误。自然交际的环境很重要。大家去互教互学，用集体力量必然事半功倍。

《光明日报》在2016年时就发表了《让校园适度拥有方言时空》一文，明确说明："应允许中小学、幼儿园在课外说方言，让方言成为青少年日常用语之一。如果从家庭自然习得的母语在校园里获得了使用时间和空间，普通话和方言各司其职，和谐共存，就能避免二者对立局面。""各地基础教育部门可组织专家搜集整理本地语言资源，为不同学段的青少年编写多媒体形式的方言文化读本和乡土教材，试点开设方言文化校本课程，组织童谣传唱、学唱地方戏、方言经典吟诵等校园活动。"

三　重视书写中写标准沪语字

　　还有个问题是上海话的书写。近年来，方言书面语在微信、小说散文歌谣、报刊、街头、广告宣传品、电视版面、出版物中频频出现。到处见到方言积极推动者因没有规范能遵循而自造乱写的错字怪字，五花八门的错误出现于报刊、微信等各处，常见的错误是用普通话的近音字代写写不出的方言字，如"切饭""上海宁""额(代"个")"，再不顺势抓紧文字的规范，或成灾难，很难纠正。这就是许多人催促我写了《原来上海话这样写——沪语难词的正音正字》的原因，这本书在2020年8月出版了。

　　要使人学写方言字和正音，必须有一个通用的方言拼音方案。

　　面向大众的方言注音方案，用国际音标做方案行不通，一是大众不会去学，二是报刊对方言难字注音时不能印用国际音标。大家使用习惯了普通话的"汉语拼音方案"，让上海话中大量与普通话相同相近的声母韵母，尽量与普通话方案所用字母一致；见到与普通话不同的拼写，读者就会自动识别那些与普通话不同的方言声韵，否则在方言文章中对难字单独注音时会造成读音混乱。2006年在第一届国际上海方言研讨会上已经投票通过的《上海方言拼音方案》早已在《上海话大词典》《上海话小词典》《小学生学说上海话》中使用至今。

　　语言是随社会发展而变化的，要容纳新词新音，在已确定老派、新派两种标准音系以后，对过时的，连80多岁的老年人都已不说了的旧上海话语音，如分尖团音等，应让它随历史自然淘汰，拿社会上不说的语音来教公众或学生是徒劳的。

　　方言也是开放性的，但文字必须标准化。

　　正字的原则是什么呢？一个字不会写，不是去找来一本有此字的古书，就能认为书上印的字就是对的，因为古代书面语一般通用北方话文字，与现今的文人一样，要写个方言字，也不一定是可靠的。对方言实词的正字，必须在《广韵》《集韵》《玉篇》等古代辞书中去查到本字，应该用本字。不能把某地流行的俗字也算作正字。各地都有常用俗字，方言学家一起坐下来讨论时，必是古韵书有音义对应各地语音的字取胜。方言中的虚词因常用、轻声等原因，声韵调都可能中性化，各地发音不同。应按各地实际语音用当地同音字，一般不考本字(如"你"不用"尔""汝")。对虚词，不要去用生僻的怪字，如语义为"的"的虚词用"个"不用"嗰"，不用被普通话取消的异体字"箇"，因印刷时会自动被转换掉。

　　有的方言字，在扩大的方正大字库里无字的，即在CJK统一扩充A、B(目前"搜狗"普通话输入法只有扩充A)之外(即打不出字来的)的字，一律不用。用"逍遥笔"4.0版软件能在电脑上打出扩充A、B类字。

　　对有些确实写不出的字，可参考过去的吴语小说等书中广用的字(如表示"剩余"的"挺")，或用合适的常用同音字来代写，但要经过专家慎重论定，不造新字。

从历史音变论舌尖元音的音系地位

沈钟伟[*]

美国马萨诸塞州大学

一 前 言

"舌尖元音"由高本汉在《中国音韵学研究》一书中首先提出。这个术语是对发音方法的描写,但是却给音系分析上造成麻烦。并且由于是舌尖元音,无法将其纳入舌面元音图,也无法用前、央、后维度作归类。近一个世纪过去了,高本汉所提出和采用的音标虽然在中国汉语语言学界广泛使用,但是从未被国际语音协会接受,列入其出版的国际音标表之中。

语言的基本功能是交际。作为交际工具的口语,以语音的声学特征传递信息。汉语学界使用的"舌尖元音"这一语音术语是对发音动作和音节结构(在音节中作为韵母)的描写(Lee and Zee, 2016),而不是声学感知的描写。由于语言是用来交际的,任何的发音动作本身只是一种方法,而其产生的声学效果则是达到交际功能的目的。所以,要真正认识舌尖元音在音系中的功能,不能够限于对发音动作的认识。我们必须要清楚了解,"舌尖元音"产生了什么声学效果。

舌尖元音在发音上有舌尖动作,但是舌尖动作只是参与发音的整个舌体的一部分。由于舌尖动作产生舌体下降,影响了第二共振峰的频率。语音实验结果清楚显示舌尖元音第二共振峰数值,在前元音和后元音之间。所以在决定听觉感知的声学特征上舌尖元音是央元音。舌尖元音只是在元音空间中占据了央元音的位置。这个声学特征早已做出实验,但是似乎并没有对认识舌尖元音的音系地位产生影响。本文认为舌尖元音的声学感知,必然会在历史音变中有明确体现。从以下历史音变的分析中,我们可以清楚历史音变揭示了舌尖元音的性质是央元音。

本文从官话的历史音变来探讨舌尖元音的音系地位。在官话历史上,舌尖元音是逐

---

* 作者电子邮箱:zwshen@umass.edu。

步产生的。舌尖元音的出现并不是一个孤立的音变,而是音系中系统变化中的一个部分。如果将舌尖元音的出现和其同时发生的,并且具有相同音系条件的音变一起观察,我们可以对舌尖元音的音变原因及其音系地位有更明确的了解。为了行文方便,减少误会,下文仍按传统把舌尖元音称为"舌尖元音",在对历史音变讨论过程中,本文逐步揭示所谓的舌尖元音在汉语官话音系中的地位实际是"央元音"。

二 舌尖元音的历史来源及其相关音变

在官话历史中,舌尖元音的出现是个历史过程。现代官话音系中的带有舌尖元音的音节是逐步形成的(Shen, 2008)。从中古音系来说,舌尖元音和阴声韵的支、脂、之(举平生赅上去)、祭诸韵,以及入声韵的缉、职、昔、质、栉诸韵有关。[①]现代官话音系中和舌尖元音相关的音节分布如下,"+"表示存在,"(+)"表示不出现舌尖元音,"-"表示音系空缺(phonological gaps)。

表 1　与舌尖元音出现有关的中古音韵地位

		支	脂	之	祭	缉	職	昔	質	櫛
精	ts	+	+	+	(+)	(+)	(+)	(+)	(+)	-
知	ʈ	+	+	+	+	+	+	+	+	-
庄	tʂ	+	+	+	-	+	+	+	-	+
章	tɕ	+	+	+	+	+	+	+	+	-
日	ȵ	+	+	+	-	+	-	-	+	-

有关的例字列在下表。

表 2　与舌尖元音有关的例字

		支	脂	之	祭	缉	質	櫛	職	昔
精	ts	雌	资	兹	祭	缉	七	-	即	积
知	ʈ	知	遲	癡	滯	蟄	姪	-	植	擲
庄	tʂ	差	師	輜		澀		蝨	側	-
章	tɕ	支	脂	之	制	執	質	-	職	隻
日	ȵ	兒	二	而	-	入	日	-	-	-

在现代标准官话的音值如下表。

---

① 锡韵有一个韵母是舌尖元音的"吃"字。"吃"字的声母从中古溪母 kh-变成了以后的 tʂh-,是个例外音变(讨论参考沈钟伟,2018)。

表 3　在现代标准官话中的音值

		支	脂	之	祭	緝	質	櫛	職	昔
精	ts	ɿ	ɿ	ɿ	i	i	i	—	i	i
知	t	ɿ	ɿ	ɿ	ɿ	ə	ɿ	—	ɿ	ɿ
庄	tʂ	ɿ	ɿ	ɿ	—	ə	—	ə	ə	—
章	tɕ	ɿ	ɿ	ɿ	ɿ	ɿ	ɿ	—	ɿ	ɿ
日	ɳ	ɻ	ɻ	ɻ	—	u	ɿ	—	—	—

在这个舌尖元音形成的历史过程中，从声母类型来看，我们可以将和舌尖音有关的音变分成四个阶段：1)精组舌尖化；2)庄组舌尖化；3)章组舌尖化；4)知组舌尖化。

表 4　舌尖元音形成的四个阶段

		支	脂	之	祭	緝	質	櫛	職	昔
精	ts	1	1	1	(+)	(+)	(+)	—	(+)	(+)
知	t	4	4	4	4	4	4	—	4	4
庄	tʂ	2	2	2	—	2	—	2	2	—
章	tɕ	3	3	3	4	4	4	—	4	4
日	ɳ	3	3	3	—	4	4	—	—	—

早于《蒙古字韵》的《切韵指掌图》(赵荫棠(1957)认为在 1176 年和 1203 年之间)出现了变化的第 1 阶段(支之两韵开口精组字列为一等)；13 世纪的《蒙古字韵》中出现了变化的第 2 阶段；1324 年的《中原音韵》出现了变化的第 3 阶段①；17 世纪初的《等韵图经》开始出现了变化的第 4 阶段，也是最后一个阶段。

现代标准语中带有舌尖元音同音音节，在近代汉语中并不同音。在 13 世纪的《蒙古字韵》中的八思巴拼写中，庄组声母后已经出现舌尖元音，但是在知组和章组声母后还是前高元音(见下文)。这个对立的消失出现在明代末期 1606 年的《重订司马温公等韵图经》(简称《等韵图经》)。《等韵图经》是个韵图，用字有限。为了列举方便，以下用现代汉语和《蒙古字韵》作对比。由于这个变化只和卷舌声母有关，除了中古止摄韵母(支、脂、之诸韵)，其他声母后的韵母尚未出现变化。以下例子中列出中古精组声母字，作对比参考。

以下先列举和舌尖元音有关的韵字。在支韵中有如下对立(表中列出：1)三组有关中古声母，知组、章组、庄组以及精组的代表字；2)《蒙古字韵》中八思巴字拼写及其音值；3)现代汉语语音)。

_____

①　在《蒙古字韵》中韵母相同的知组声母字和照组声母字已经合并，而在稍后的《中原音韵》舌尖元音在照组字中出现，但是没有在相应的知组字中出现。如果《中原音韵》音系是《蒙古字韵》音系的直接继承发展的结果，这样的变化不可能出现。因为在《蒙古字韵》中已经完全合并的知、照组字无法再作区分。不可能只在照组字中出现变化，而不在知组字中出现变化的情况。因此，《蒙古字韵》和《中原音韵》代表了古官话发展历史中的不同分支。

支韵(支、脂、之韵开口),i>ɿ(精组已经出现舌尖元音的变化,和这个音变无关)①

中古声母	知组		章组		庄组	精组
例子	知智	=	之志	≠	淄滓	赀咨
蒙古字韵	ꡁꡠ-i		ꡁꡓ-i		ꡁꡦꡟ-ɨ	ꡐꡦꡟ
现代汉语	ɿ(ʅ)		ɿ(ʅ)		ɿ(ʅ)	ɿ(ʅ)

以上例子用音标 ɿ 表示舌尖元音。支、脂、之韵庄组字的韵母在《蒙古字韵》中拼写为 ꡦꡟ,ꡟ代表元音 i,ꡦ是形容符号,表示"非前",ꡦꡟ一起表示央高元音,即"非前"的 i。以下例子会显示,在《蒙古字韵》的八思巴字拼写系统中,央元音 ə 的八思巴字拼写也是 ꡦꡟ,和舌尖元音完全相同!(具体参考 Shen,2008;沈钟伟,2015)

在《蒙古字韵》时代,以上这些例子中(用知、章声母代表知、章两组声母,下同),中古带知组、章组声母音节中的韵母是前高元音 i,不是舌尖元音。此后由于知组、章组的卷舌声母和前高元音有发音上的冲突,前高元音 i 变化成为舌尖元音(此后,有些庄组声母也从卷舌音变化成为齿龈音)。

这个产生舌尖元音的音变并不是一个孤立的音变,而是一个涉及范围更广的音变中的一部分。有关的音变都有相同的条件,即声母必须是知组、章组声母,韵母必须是前高元音(圆唇或不圆唇)或者带腭介音(圆唇或不圆唇)。如果符合上述条件,所有音节都发生变化。如果把舌尖元音的产生和其他平行的音变一起观察,可以让我们更好认识舌尖元音在音系中的地位。

在以下的例子中,每个声组(知组、章组、庄组)和每个韵都用一个字代表(尽量用知、章、庄声母字)。韵目按照《蒙古字韵》(《蒙古字韵》的十五个韵相当韵图中的摄),并在括号中列出相关中古韵目。中古没有开合口对立的韵,不标开合。有开合对立的韵表明开合。中古韵类都是三等,不一一标明。韵类举平声以赅上去。可能的话,例子都用平声字。《蒙古字韵》的例子是八思巴拼写及其韵母(国际音标)。现代汉语只标韵母(国际音标)。

麻韵(中古麻韵),y>u

中古声母	知组	章组	庄组	精组
例子	—	遮	—	嗟
蒙古字韵		ꡁꡤ-ɛ		ꡐꡤ-ɛ
现代汉语		ɤ		jɛ

---

① 支脂之韵的合口字没有变为舌尖元音,而是通过音段移位的方式解决了卷舌元音和主要元音前 i 发音上的矛盾。韵母的变化 wi>uj 后,主要元音从 i 变成了 u,解决了发音上的矛盾(Shen,2008:255—257)。

鱼韵(中古鱼、虞韵)，y＞u

中古声母	知组		章组		庄组	精组
例子	豬诛	＝	诸朱	≠	葅	且诹
蒙古字韵	ꡝ-y		ꡝ-y		ꡝ-u	ꡝ-y
现代汉语	u		u		u	y

萧韵(中古宵韵)，ew＞aw(《蒙古字韵》八思巴字标音系统中前元音的介音不标，jew 标为 ew，下同，不一一说明。庄组无字)

中古声母	知组		章组	庄组	精组
例子	朝	＝	昭	—	焦
蒙古字韵	ꡝ-ew		ꡝ-ew		ꡝ-ɛw
现代汉语	aw		aw		jɛw

尤韵(中古尤韵)，iw＞əw

中古声母	知组		章组		庄组	精组
例子	辀	＝	舟		邹	啾
蒙古字韵	ꡝ-iw		ꡝ-iw	≠	ꡝ-əw	ꡝ-iw
现代汉语	əw		əw		əw	jəw

覃韵(中古盐韵)，em＞an(韵尾变化 m＞n，庄组无字)

中古声母	知组		章组	庄组	精组
例子	霑	＝	詹	—	尖
蒙古字韵	ꡝ-em		ꡝ-em		ꡝ-em
现代汉语	an		an		jɛn

侵韵(中古侵韵)，im＞ən(韵尾变化 m＞n)

中古声母	知组		章组		庄组	精组
例子	碪	＝	斟	≠	簪森	祲
蒙古字韵	ꡝ-im		ꡝ-im		ꡝ-əm	ꡝ-im
现代汉语	ən		ən		an/ən①	in

---

① əm＞an 是发生的不同变化。侵韵庄组声母其他的字，如"涔岑森"等字，韵母是 ən。

先韵(中古仙韵开口),en, ɛn＞an(庄组无字)

中古声母	知组		章组		庄组	精组
例子	邅	＝	饘		—	煎
蒙古字韵	ꡏꡟꡦ -en		ꡏꡟꡦ -ɛn			ꡐꡅꡦ -ɛn
现代汉语	an		an			jɛn

先韵(中古仙韵合口),wɛn＞wan

中古声母	知组		章组		庄组	精组
例子	转	＝	专	≠	譔	镌
蒙古字韵	ꡏꡟꡦ -wɛn		ꡏꡟꡦ -wɛn		ꡟꡦ -wan	ꡐꡅꡦ -wɛn
现代汉语	wan		wan		wan	ɥɛn

真韵(中古真、臻韵),in＞ən(知、照组字在真韵,庄组字在臻韵)

中古声母	知组		章组		庄组	精组
例子	—	＝	真	≠	臻	津
蒙古字韵	ꡏꡤꡦ -in		ꡏꡤꡦ -in		ꡏꡤꡥꡦ -ən	ꡐꡤꡦ
现代汉语	ən		ən		ən	in

真韵(中古谆韵),yn＞un(庄组无字)

中古声母	知组		章组		庄组	精组
例子	屯	＝	谆		—	俊
蒙古字韵	ꡏꡟꡎꡦ -yn		ꡏꡟꡎꡦ -yn			ꡐꡟꡎꡦ -yn
现代汉语	un		un			yn

阳韵(中古阳韵开口),ɛŋ＞aŋ(知、章组声母字已经是 aŋ)

中古声母	知组		章组		庄组	精组
例子	张	＝	章	≠	庄	将
蒙古字韵	ꡏꡈ -aŋ		ꡏꡈ -aŋ		ꡏꡧꡈ -aŋ	ꡐꡈ ɛŋ
现代汉语	aŋ		aŋ		waŋ	jaŋ

庚韵(中古蒸、清韵开口),iŋ＞əŋ(庄组无字)

中古声母	知组		章组		庄组	精组
例子	徵贞	＝	蒸征		—	精
蒙古字韵	ꡏꡩ -iŋ		ꡏꡩ -iŋ			ꡐꡩ -iŋ
现代汉语	əŋ/ən①		əŋ			iŋ

---

① 知母"贞"字韵尾出现了 ŋ＞n 音变。知组声母的其他字的韵尾没有变化,如"柽、呈"的韵母是-əŋ。

东韵(中古东、锺韵)，iŋ＞əŋ(早与其他各三等韵，在《蒙古字韵》中，东三、锺韵知、章组字，都已经变为洪音。《蒙古字韵》后精组字变为洪音)

中古声母	知组		章组		庄组	精组
例子	中—	＝	终钟	＝	—崇	纵
蒙古字韵	ꡁꡟꡃ-uŋ		ꡁꡟꡃ-uŋ		ꡁꡟꡃ-uŋ	ꡐꡟꡃ
现代汉语	uŋ		uŋ	uŋ		uŋ

以上的各类变化可以按照韵母的主元音和介音分成四类：圆唇高元音韵母，不圆唇高元音韵母，圆唇腭介音韵母，不圆唇腭介音韵母。

第一类，带圆唇高元音韵母的变化：鱼、虞韵，y＞u；谆韵合口，yn＞un。这两韵的变化相同，都是前高元音 y 变成了后高元音 u。或者说，元音 y 的语音特征"前"变成了"后"，舌位高低没有变化。东韵字与众不同，变化先于其他诸韵。这很可能是其后元音的主要元音 u 以及舌根鼻韵尾 ŋ 的发音部位造成的，值得进一步探讨。

第二类，带不圆唇高元音韵母的变化：尤韵，iw＞əw；侵韵，im＞əm；真韵，in＞ən；庚韵，iŋ＞əŋ。这五个韵的变化相同，都是前高元音 i 变成了央元音 ə。在《蒙古字韵》的八思巴拼写中，央元音 ə 的拼写是 ꡙ(ɨ)。或者说元音 i 的语音特征"＋前"变成了"－前"，舌位降低，在舌位高低上是不高不低。需要指出的是，这几个韵中的 i 和 ə 的对立和支韵中的前高元音 i 和舌尖元音的对立是相同的。这是一个非常有意思的现象，值得深入探讨。在《蒙古字韵》的作者听觉感知上，舌尖元音和央元音相似，或者说是同一个音位的变体。舌尖元音出现在音节末尾(在没有韵尾的音节中)，而央元音出现在韵尾之前(在有韵尾的音节中)。这就表明，舌尖元音和央元音所有的基本语音特征都相似(不一定相同)。

央元音的语音特征是不前不后[－前，－后]，不高不低[－高，－低]。那么，舌尖元音的基本特征也必须相似。在舌位前后上是[－前，－后]的央。在舌位高低上则不但是[－低]，还是[＋高]，因为舌尖元音不是央元音 ə。由于音系中，在"央"这个舌位向量上，ə 和 a 有音位对立，e 和舌尖元音不形成音位对立。ə 出现在韵尾之前，舌尖元音单独做韵母，没有韵尾。

在八思巴拼写中揭示的一个非常重要的信息是：舌尖元音和央元音 ə 一样，也是央元音！

第三类，带圆唇腭介音韵母的变化：先韵，ɥɛn＞wan。在《蒙古字韵》中韵母-ɥɛn 拼写成 ꡦꡦꡜ，转换成拉丁音标是 wɛn，介音符号是 w。这是八思巴字拼写的一个特殊性。在汉语拼写中只使用两个介音符号，ꡭ 和 ꡜ，分别表示-j-和-w-(ꡭ 只用在元音 a 之前)。汉语的细音韵母的介音没有专门符号表示。-jɛn 和-ɥɛn 就分别拼写成 ꡦꡜ(ɛn)和 ꡦꡦꡜ(wɛn)。ꡦꡜ(ɛn)省略了介音-j-；ꡦꡦꡜ(wɛn)用介音-w-替代了介音-ɥ-。韵母-ɥɛn 的细音特征由主要元音表示。或者说,主要元音的[＋前]的语音特征涵盖整个韵母,既是主要元音的特征,也是介音的特征(-wɛ-表示-ɥɛ-)。韵母-ɥɛ-的音标使用也是一种冗余现象,因为ɥ和ɛ都含有语音特征[＋前]。在八思巴拼写中,韵母wɛn＞wan 的变化就简单体现为主要元音的变化。

第四类,带不圆唇腭介音韵母的变化:麻韵,ɛ＞ɤ;萧韵,ew＞aw;咸韵,em＞an;先韵,en, ɛn＞an;阳韵,aŋ＞aŋ。在《蒙古字韵》中,e 和 ɛ 不存在音位对立,属于同一个韵母。有主要元音 e 或 ɛ 的韵母实际上都是带介音-j-的。从变化结果观察,这几个韵可以分为三类:麻韵是一类(ɛ＞ɤ);阳韵是一类(aŋ＞aŋ);其他的是一类(ɛ＞a)。这是音系中带韵尾和不带韵尾韵母的差别。音变后,两者都取消了主要元音的语音特征[＋前],也同时取消了介音-j-。不同的是,麻韵的韵母 ɤ 的语音特征是[－前,＋后],而 a 的语音特征是[－前,－后]。①阳韵的情况特殊,类似东韵字,在《蒙古字韵》音系中,知、章组声母字已经先于其他诸韵完成了音变。

以上四类变化是由音系中同一个元音造成的变化,即解决卷舌辅音和前元音在发音上的矛盾。解决的方法是取消韵母中的语音特征[＋前]。以上各类韵母的变化,都是取消语音特征[＋前]的具体表现。所以,在这些韵母变化后,都一致体现为前元音变为央元音或后元音。所以,在发音上舌尖参与发出的"舌尖元音"在音系中的地位实际是一个央元音。

历史音变还有几个有关现象也表明舌尖元音是央元音。其一,《蒙古字韵》的支韵中有几个字值得注意。"澁瑟"的拼写是 ʂi,"厕"的 tʂhi 和现代标准语不同。这三个字的现代标准语的读音分别是 sè 和 cè,韵母都是 ɤ,舌面后中不圆唇元音。在《中原音韵》的支思韵中"塞音死","澁瑟音史","塞涩瑟"的元音是高元音,和《蒙古字韵》相似,和现代标准语不同。此后这些字都出现了低后化,i＞ɤ(ə)。这几个字的元音变化也揭示了变化之前是央元音。因为后元音是从音色接近的央元音所产生的变化结果。

其二,"入"是中古音缉韵开口字,"人執切"。"入"字在《蒙古字韵》中的拼写是 ꡘꡜ ri。在《中原音韵》中出现两读,一个在齐微韵,与"日"同音,是 ri(还没有变为属于支思韵的舌尖元音);一个在鱼模韵,与"辱褥"同音,是 ru。声调都是"入声作去声"。在现代汉语中,"日"的韵母是舌尖元音,"入"的韵母是后圆唇元音 u。"入"字读音变为 ru 显然是为了避讳而出现的例外音变,区别于常用字"日"。"入"字的变化是在高元音中找了唯一可能的元音空间。前元音 i、y 和卷舌声母发音有冲突,在元音空间的前后向量上变化,只有后移。前后向量上的央元音位置上有舌尖元音占据。变为圆唇央元音,音系中没有如此音

① 按照舌位高低,麻韵的主要元音 ɛ 可以变为央元音 ə。但是在语音系统中,ə 和舌尖元音是一个音位。受到这个音位的排斥,ɛ 在变化中增加了一个语音特征[＋后],变为了后元音 ɤ(从语音特征来分析,ɛ 是[＋前,－后],ə 是[－前,－后],ɤ 是[－前,＋后])。

位。为一个字新增音位，从语音负荷量来说不可能。剩下的选择就是音系中存在的后高圆唇元音 u。因为音系中没有后高不圆唇元音，只能变为圆唇元音。

其三，儿化，中古日母的止摄字在历史上发生了所谓的"儿化"。如"儿、尔、二、而、耳、饵"等字在现代汉语的读音都是 er，或者说是一个卷舌央元音 ɚ（带有复元音性质 ɝ·ɚ）。这个音变一般认为是直接受前高元音 i 受卷舌声母 r 影响儿化的结果。但是从历史发展来看更合理的解释应该是舌尖元音（央元音）受卷舌近音（approximant）声母影响的结果。在《韵略易通》中，这些字列在"支辞韵"，阳平：而儿輀洏；上声：耳尔迩饵珥駬；去声：二贰樲，韵母是舌尖元音。在《等韵图经》中已经是成为儿化韵母了。所谓的舌尖元音实际是一个央元音，受声母影响带上儿化，儿化卷舌（翘舌）要求降低舌位，于是就变为了 ɚ/ɐ（ɻ̩ > ɻ̩ > ir > ər(ɚ/ɝ·/ɐ)）。这是一个从发音上更容易解释和理解的变化。

三 结 论

上文指出，任何的发音动作都只是方法，其产生的声学效果才是目的。必须清楚了解的是，"舌尖元音"产生了什么声学效果。因为舌尖元音也必须和其他舌面元音一样，在声学的元音空间具有一个相对位置。称其为"舌尖元音"是因为在发音上有舌尖动作。但是舌尖动作只是参与发音整个舌体的一部分。因此需要从声学特征上认识舌尖元音，及其和其他元音在声学特征上的关系。发音语音学的知识告诉我们，舌尖元音在发音时，由于舌尖动作形成的口腔后部空间（back cavity），从而影响了第二共振峰的频率（Lee-Kim，2014）。语音实验结果也清楚显示，汉语各个方言中的舌尖元音第二共振峰数值，都是处在前元音和后元音之间（时秀娟，2005）。声学从声学效果上认识舌尖元音和其他元音在元音空间中的相对位置。

语音的声学特征是语音感知的基础。由于舌尖元音的语音特征是 [-前]的央高元音，这种声学感知，就必然会在历史音变中明确体现出来。本文分析的官话历史音变毫无疑问地揭示了一个简单事实：在音系地位上，舌尖元音是央元音。

所以在决定听觉感知的声学特征上舌尖元音是央元音。舌尖元音只是在元音空间中央元音的位置。这个结论不仅仅是音系分析的抽象描写，也是语音感知的实际情况。

参考文献

沈钟伟.蒙古字韵集校[M].北京:商务印书馆,2015.

沈钟伟."吃"字方音小议[M]//语言研究集刊(第21辑).北京:商务印书馆,2018:441—449.

时秀娟.汉语方言元音格局的实验[D].天津:南开大学,2005.

杨耐思.中原音韵音系[M].北京:中国社会科学出版社,1981.

赵荫棠.等韵源流[M].北京:商务印书馆,1957.

Lee, Wai-Sum and Eric Zee. "Apical Vowels"[M]// Encyclopedia of Chinese Language and Linguistics. General Editor Rint Sybesma, 2016.

Lee-Kim, Sang-Im. Revisiting Mandarin "Apical Vowels": An Articulatory and Acoustic Study[J]. Journal of the International Phonetic Association, 2014, 44.3:261—282.

Shen, Zhongwei. Studies on the Menggu Ziyun[M]//Language and Linguistics Monograph Series No. A-16. Institute of Linguistics, Academia Sinica, 2008.

Shen, Zhongwei. Apicalization and Its Related Changes before and after the *Menggu Ziyun*[J]. Bulletin of Chinese Linguistics, 2008, Vol 2.2:15—34.

一百多年来吴语咸山摄鼻音韵尾的演变

石汝杰*

日本熊本学园大学

一 缘 起

游汝杰(1997)利用文献资料讨论了吴语的鼻音韵尾和塞音韵尾,游汝杰(2018)又专列一节讨论、归纳了这一问题。

本文也利用文献资料来讨论鼻音韵尾的问题,集中考察 19 世纪到 20 世纪的吴语,尤其是北部吴语中的现象,中心是考察鼻音韵尾的语音形式及其消失过程。

明末沈宠绥《度曲须知》(收音总诀)有:

> 曲度庚青,急转鼻音。江阳东钟,缓入鼻中。……先天真文,舐舌舒音。(舐舌者,舌舐上腭也。)寒山桓欢,亦舐舌端。音出寻侵,闭口讴吟。廉纤监咸,口闭依然。

接着,沈又进一步作出说明:

> 收鼻何音? 吴字土音。(吴江呼吴字,不作胡音,另有土音,与鼻音相似。)闭口何音? 无字土音。(吴俗呼无字,不作巫音,另有土音,与闭口相似。)舐舌何音? 你字土音。(吴俗有我侬、你侬之称,其你字不作泥音,另有土音,与舐舌相似。)以上土音凡四,缘无本字,又无叶切,故借用之。然惟吴俗能喻其音,概之他方,有汉不相通者,姑亦在吴言吴云耳。

这些都说明,在明末,吴语已经不分韵尾[m、n、ng],所以作者要详细说明唱曲时要

---

* 作者电子邮箱:shiruj_pro@hotmail.com。

如何区分这三类。在"北曲正讹考"一节中,他指出:"吴音有积久讹传者,如'师'本叶'诗',俗呼'思'音;'防'本叶'房',俗呼'庞'音。"在"同声异字考"下各个鼻音韵中,作者列出区分"英-因、升-申、冰-宾、惊-巾""森-孙、金-斤、音-因、浸-进""谈-坛、南-难、减-简""甜-田、蟾-缠"等各组的例子,也是中古三类鼻音韵尾已经相混的证明。

二　赵元任以来的记录

赵元任(1928)讨论了古山咸摄字在吴语各地的韵尾,他在"吴语全部的公共点"中说,吴语"没有 m 韵尾,也没有一致辨-n、-ng 韵尾的。古山咸摄字往往全失去鼻音"。具体看书中记录的山咸两摄的字,有很多地点的开口呼韵母里还保留鼻化成分(不是鼻辅音韵尾),有江苏靖江、常州、无锡,上海浦东,浙江杭州、绍兴、嵊县(两点)、衢州、金华。而在带[i、y]介音的韵母中,有鼻音成分的地点就更少了。

50 多年后,钱乃荣重走赵元任调查的路,做了新的更全面的调查。我们看其中所列的各地音系,山咸两摄的字,还保留鼻音成分的地点是:金坛西岗(有趣的是,其后所附的老派西岗音系却没有鼻音成分)、靖江、绍兴、嵊县(两个地点)、余姚、衢州、金华。其中有的地点只是部分字保留鼻音成分,如衢州、金华(钱乃荣,1992:24—76)。

把两份相差几十年的报告放在一起比较,能看到在一部分地点反映古阳声(鼻音)韵尾的鼻音成分已经消失。

再具体看看其他调查报告。

《江苏省志·方言志》收 18 个地点的吴语,其中比较完整地保存鼻音的地点是:通州和靖江,如通州有[ā](班谈)、[uā](关环)、[iī](边天) 、[ō](半贪)。常熟只有"贪"在[əŋ]韵中,与"本春胜利"同韵(鲍明炜,1998:114—156)。

袁丹(2010)在[əŋ]韵母下,有"贪、探侦探、南男、蚕、敢感感谢、堪龛勘勘探、坎砍、软、岸、含函、揞、暗按案"等,与"吞能耿垦恒恩"等同类。其中,除了"软、岸、按案"是山摄字、"砍"不见于韵书外,其他都是古咸摄字。虽然有明显的混乱,而且已经与深臻曾梗等混同了,但是可以确认这些是古代咸摄读音的遗留。其他咸山摄字,常熟话都读成无鼻音成分的口元音了。如:

[ɛ](番淡开)[iɛ](念)[uɛ](惯顽)/[ie](片线)

[ɤ](盘)[iɤ](捐县)[uɤ](官碗)(鲍明炜,1998:139)

浙江省的吴语,"古咸、山两摄的字,今音不带鼻音尾,读口音韵或鼻化韵。……少数地点如松阳、遂昌等仍收鼻音尾"(傅国通、郑张尚芳,2015:92;又见傅国通,2010:19),所举例子如下:

表 1　浙江吴语古咸山摄字的读音

	南	膽	店	灘	變	短	全
杭州	nɛ̃	tɛ̃	tiɛ̃	t'ɛ̃	piɛ̃	tuõ	dziɛ̃
宁波	nɐi	tɛ	ti	t'ɛ	pi	tø	dzɨy
台州	nø	tɛ	tiɛ	t'ɛ	piɛ	tø	zyo
温州	nø	ta	ti	t'a	pi	tø	ɦyø

又说，"古咸、山两摄见系一二等字，多数地点不同韵，其二等字白读为洪音"（傅国通，2010:19），所举例子如下：

表 2　古咸山两摄见系开口二等字的白读

		德清	长兴	临安	义乌	永康	诸暨	永嘉
咸一	敢	kø	kɤ	kœ	kɯ	kɯɤ	kõ	kø
咸二	减	kɛ	kɛ	kɛ	kɔ	ka	kɛ̃	ka
咸一	肝	kø	kɤ	kœ	kɯ	kɯɤ	kõ	kø
咸二	奸	kɛ	kɛ	kɛ	kɔ	ka	kɛ̃	ka

以上地点中，有鼻化成分的是：杭州和诸暨。

曹志耘（2002:85—86）讨论南部吴语阳声韵尾时，列出 11 个代表点，表中，ŋ 表示鼻辅音，～表示鼻化，—表示无鼻音成分。

表 3　南部吴语古阳声韵字鼻韵尾的有无

	磐安	金华	汤溪	龙游	常山	广丰	遂昌	云和	庆元	文成	温州
咸摄	—	—	—	～—	～	～	ŋ～	～—	～	—	
山摄	—	—	—	～—	～	～	ŋ～	～—	～	—	ŋ—

说明：温州[ŋ]韵尾少。

这里记录的现象，和傅国通（2010）所述大致相同。作者在书中还讨论了这两摄韵母在南部吴语地区的具体读音。

以下根据傅国通、郑张尚芳（2015）考察浙江吴语的情况，在相关的部分，补充一些其他著作中的材料。不加说明的页码，都出自此书。

傅国通、郑张尚芳总编的《浙江省语言志》（2015）收录 72 个地点的字音，其中有 65 个地点是吴语的。在各方言区域内附有当地各县的音系，以下举例性地列举其中找到的有关现象。这里基本上依照原著所列的顺序和分区，但是为了节省篇幅和论述方便，作了部分简化和重新组合。

（1）杭州咸山两摄舒声字带鼻化（有一定的特点），新派鼻化脱落（144 页、149 页）。

(2) 宁波山摄合口一等桓韵,老派读[ũ],新派无鼻化(238 页)。余姚:[ɛ̃](班丹)、[iɛ̃](念炎)、[uɛ̃](关弯);[õ](潘乱)、[uõ](宽完)(294 页)。

(3) 舟山定海:[ɛ̃](板兰)、[ãi](探南)、[ũ](半腕)(249 页)。镇海:[ɛ̃](班蓝)、[æ̃](贪汉)、[ē](肝看)、[iɛ̃](验念)、[iĩ](编先)(253 页)。

(4) 绍兴:[æ̃](班山)、[iæ̃](验念)、[uæ̃](关环);[Ẽ](展南)、[iẼ](变电);[õ](半团)、[uõ](官完)、[yõ](捐员)(259 页)。

王福堂(2015:39—40)记录的绍兴方言,咸山摄字今读为[æ̃][ē][õ]三大类。其中,[ē]混入了部分深臻摄字。

咸摄开口一等覃谈两韵的字,"绍兴市各县市①均念鼻化韵。这同浙北吴语中的多数地方的念法不同"(279 页)。

其他有同类鼻化音的地点,还有:富阳、桐庐、分水(299—305 页)。

(5) 临海各地的方言,咸山摄舒声字,没有类似的现象,也就是说,都没有鼻音或者鼻化的韵尾(306—340 页)。

温岭方言也属于这一片。阮咏梅(2013:67)说:温岭方言古咸山两摄的鼻音韵尾基本上已经脱落,只在部分咸开一泥母和精组字的白读音中尚有残存。

(6) 金华:[æe](班安)、[iæe](尖盐)、[uæe](官短)、[yæe](砖园)(342—343 页)。

但是,又说:古咸、山两摄,今金华话白读音均无鼻韵尾和塞音尾,均读开尾韵。如:[nɯɤ](南)[ɯɤ](安)[ɑ](咸)[tʰɑ](炭)[dʑie](钳)[ɕie](献)[tiɐi](店)[ɕiɐi](先)(363 页)。这样看来,上述带鼻化音的一类,应该是文读音。

(7) 浦江:[ã](班山)、[iã](点烟)、[uã](官弯);[ə̃](般甘)、[iẽ](边厌)、[yə̃](川员)。按,这两组韵母有文读音,分别为[an][ian][uan](366—367 页)。

(8) 义乌:[an](班寒旁)、[uan](搬瞒粮)、[uan](端官皇);[iɛn](编严)、[yɛn](专园)按,以上两组是文读,与它们对应的白读音都是无鼻音的,而且与其他类别的韵母混了,如[ɯə](南安帮焦)、[iɛ](天年爷)、[ie](变泉)、[ye](砖园月)(369 页)。

东阳的同类韵母,情况与义乌类似(371 页)。

曹志耘等(2016:54—55)在讨论婺州地区(指今金华地区的金华、汤溪、兰溪、浦江、义乌、东阳、磐安、永康、武义)的鼻音韵尾时,指出:在婺州方言当中,中古阳声韵鼻尾的演变表现出极其复杂的差异性。中古咸山摄的韵母,除了浦江话读作鼻化韵以外,都变成开尾韵。

(9) 江山:[ē](潘本)[iē](边坚)[uē](乱官村)[yē](专宣)。这里能看到,这一类已经与臻摄字混同。从全局看,混的还有更多,如咸山摄字还见于:[aŋ](胆男看郎撑)[ɑŋ](团兰安帮)(411 页)。

---

① 绍兴市各县市指上虞、诸暨、嵊县(嵊州)、新昌。

（10）常山：[ɔ̃]（丹难安桑，按，这些字大多是白读）[æ]（班南蚕咸狼）[iẽ]（边天）[uɐ̃]（端余乱孙）[yʌ̃]（专圆）（415—416 页）。

（11）温州地区，各地都没有鼻化韵母，大多有[ŋ]韵尾的韵母，但是咸山摄字不在其中，读口元音了。例外是泰顺：有[aŋ]（班山奸）[iaŋ]（边天亮），但是更多的是读口元音的：[æ]（端暖吞）[e]（半南采）[ie]（变牵占）[uœ]（肝坤）[yœ]（捐川）（473 页）。参考前述浦江、义乌方言的情况，这样的局面应该就是文白异读的分别。

（12）丽水：咸山两摄的字在三个不同的类别里，分布比较复杂，可能也是文白读的分别。(a)[ɛ]（半在）[iɛ]（烟天）[uɛ]（安端吞）[yɛ]（冤选)；(b)[ā]（班胆杏）[uā]（碗管）（477 页）。按，[ā]韵母，在同音字表里有改动，分别为[aⁿ][iaⁿ][uaŋ]（484、489、492 页）。(c)[əŋ(eŋ)]（<u>关断根心</u>）[uəŋ]（管滚）。这一类字少，与"根"等同音，并且声明这些都是白读音（485 页、492 页）。

丽水地区的方言，情况相当复杂。青田同时有口元音韵母[ɑ]（班间买）、[iɑ]（边先）、[iɛ]（鞭甘）、[uɑ]（官弯）、[uæ]（般钻）、[yuæ]（捐完）和带鼻辅音韵尾的[aŋ]（暖含本）（501—502 页）。值得注意的是，列入[aŋ]韵母里的是白读。

丽水各地的方言，云和和龙泉的这一类韵母既有口元音的，也有带鼻辅音韵尾[ŋ]的（504、511 页）。遂昌的同类韵母都带鼻辅音韵尾[ŋ]：[aŋ]（班奸旁）、[æŋ]（搬喊团盆灯）、[iæŋ]（编天烟）（506 页）。松阳的韵母也都带鼻辅音韵尾[ŋ]（509 页）。庆元的韵母以口元音和带鼻化成分的为主，还有部分在鼻辅音韵尾[ŋ]的韵母里（513 页）。景宁的韵母，有口元音的[æ]（搬团恩）、[ɔ]（班单）、[ie]（编严）、[ye]（砖园），还有鼻化音的[iɛ̃]（扁田张)（516 页）。

从以上的简单介绍来看，在北部吴语，即太湖片的区域，内部比较一致，共同点是：类别内部一致性高，不和其他韵类混同；"南""难"两类的界限也比较清楚，即赵元任（1928：69）用拉丁字母表示的 an（三班）、on（半南）两类。但是到浙江南部，不管有没有鼻音成分，韵母类别多样复杂，不但"南""难"两类的界限难分，与其他韵母混同的情况很多。所以，无法简单地根据各地的现代音来做出全面的归纳。钱乃荣（1992：15—16）对吴语咸山摄的情况做了比较全面的归纳总结，可以参考。

三　北部吴语的鼻音韵尾的演变

这一节根据已有的文献和研究成果来考察北部吴语中咸山摄字读音变化的情况，主要考察上海和苏州两地方言中的现象。

先把我们搜集整理的艾约瑟(J. Edkins)《上海方言语法》中有关韵母及所收汉字罗列如下：(拉丁字母的标记大多依据原著，国际音标是我加的。为了节省篇幅，各个韵母下，按声母的大类分组;平上去三类声调,原著是用发圈方式表示的,这里改用①②③,声调的阴阳,可以根据声母的清浊来确定)(石汝杰,2011)。

an[æ̃]

p ② 板　ph ① 攀　b ① 爿 ③ 办　m ① 蛮(副词) ③ 曼(饭吃曼?)万　f ① 翻 ② 反
　v ① 凡烦 ② 犯 ③ 饭万

t ① 单担 ② 胆 ③ 担丹(牡丹)　tʰ① 坍滩　d ① 谈 ③ 但淡蛋　n ① 难　l ① 蓝篮
　② 懒 ③ 烂

ts ① 剺 ② 盏斩 ③ 赞　tsʰ① 忏 ② 产　dz ③ 暂站　s ① 三山散(散开) ③ 伞

k ① 监间 ② 简减　kʰ① 铅　ng ① 颜 ② 眼　h ① 喊墙(～头)沿(方位)　hh ① 还(副
　词)咸闲

ian[iæ̃]

gn ③ 念廿　yh ① 咸(咸丰) ③ 焰

wan[uæ̃]

k ① 关鳏 ③ 惯　kʰ① 筷　g ③ 掼丢(训读)　ø ① 弯 ② 挽

én[ẽ]

p ① 般搬 ③ 半　b ① 盘 ③ 伴　m　① 瞒 ② 满

t ① 耽　tʰ① 贪　n ① 南男

ts ① 砖 ② 转 ③ 战　tsʰ① 参串　dz ① 传全(＝侪) ③ 篆　s ③ 闪扇　z ① 船传然全
　③ 善

k ① 甘 ② 敢　ø ① 庵 ③ 暗

íen[iẽ]

p ① 边 ③ 变　pʰ① 篇偏 ③ 片骗　b ③ 便辨辫　m ① 眠 ② 免勉 ③ 面

t ① 颠 ② 点典 ③ 店　tʰ① 天添　d ① 田填甜钱(铜钱) ③ 殿　l ① 联连怜帘

ts ① 尖 ③ 荐箭　tsʰ① 千刊(cut away) ③ 浅　dz ① 钱(文读)前泉全(文读) ③ 贱
　s ① 先鲜 ② 选 ③ 线　z ① 前 ③ 旋

k ① 坚肩 ② 简(文读) ③ 见　kʰ① 牵谦杴(枕米 grind rice) ③ 牵(＝縴)　g ③ 件
　gn ① 年研(rub ink) ② 染 ③ 验砚谚　h ② 显险　hh ① 贤盐言衍檐 ③ 现限厌
　ø ① 烟焉 ③ 燕

wén[uẽ]

k ① 官棺 ② 管 ③ 罐　kʰ① 宽 ② 款　h ① 欢　hh ① 完宛桓 ③ 缓换　ø ① 剜 ② 碗

ön[ø̃]

t ① 端 ②③ 断(审断)　d ① 团 ③ 段缎断(断气)　n ① 团 ② 暖　l ③ 乱

tsʰ① 餐

kʰ③ 看　ng ③岸　h ① 虾　hh ① 寒　Ø ① 安 ③ 按

iön[iɐ̃]

k ③ 眷　kʰ① 圈 ② 犬 ③ 劝　g ① 权　gn ① 原源 ② 软 ③ 愿　hh ① 缘圆② 远 ③ 县
　院　Ø ① 冤 ③ 怨

ûn[œ̃]

ts ① 钻　s ① 酸 ③ 算

k ① 干杆竿赶 ③ 惯(又音 kwan³)

从中可以看到,中古咸山摄字,都带鼻音,而且界限清楚。只有少数非咸山摄字混入
其中,如"虾"列在 ön[ɐ̃] 韵母中,这显然是"虾"[ho]的儿化形式。一般情况下,ön[ɐ̃]和
ûn[œ̃]应该是同一个韵母,区分为这两类,是这部书的特殊之处。

钱乃荣(2014:68)列出 1853—1992 年间的 15 份资料,记录了上海咸山摄字读音的演
变,1923 年以前的 9 份资料中,大多数都有鼻化成分,只有 1883 年的松江方言课本的音
系中,鼻音成分大多失落了。钱乃荣(2003:22)说:中古咸山摄大部分字在 19 世纪的上海
话中韵母带有轻微的鼻化音。并引用艾约瑟、赵元任、杨福绵诸家,说明在上海话里,这一
鼻音成分失落的过程,一直持续到 20 世纪的 80 年代。这个过程,是从鼻辅音转变为鼻化
音,然后逐步弱化,逐渐消失。

赵元任(1928:66)说:"吴语的鼻音韵尾大略可以分-n、-ng,跟形容性的半鼻音三种。
第三种其实已经是没有韵尾的了,不过为了便于跟别种音比较,也叫它作韵尾。"又说:"an
on uan uon ien iuon 六韵母(古山咸两摄)的鼻音之有无跟性质都是一同来的。"他记录的
苏州、上海的韵母,咸山两摄的韵母,都没有鼻音成分了。

但是,我们看到,与赵元任的记录差不多同时期的,或者稍微早一点时期的资料里,还
有不同的情况。

《上海土白集字》(1891)按部首排列,我们从中选择"亻、口、心"等三个部首里的咸山
摄字来看①:

【an】慢 man 单 tan/zen 叹 t'an 但惮 dan 懒 lan 傪 ts'an 伞 san 慙 dzan
　　含衔'an// 念 nyan 咸 yan// 患'wan

【en】伴 ben 善 zen 惨 ts'en 感 ken 憨 hen 俨 ngen

【ien】偏 p'ien 便 bien 忝 t'ien 佃 dien 恋 lien 佔 tsien/tsen 仟 ts'ien
　　仙 sien 愆 chien 件俭 jien 宪 hyen 严 nyien 咽 ien// 倌 kwen 唤 hwen// 员 yuen

【oen】倦 joen 怨 ioen// 愿 nyoen 悬 yoen

_____

① 部分繁体字、异体字改用现在的通行形式。

可以看到,这些字分属 an/ian/uan、en/ien/wen/yuen/oen 等韵母,这些韵母主要与今上海方言的[ɛ][ø]两大类韵母(老上海话则分为[ɛ][e][ø]三类)对应。艾约瑟在《上海方言语法》里标记这一鼻音韵尾时,特意使用斜体的 n,以表示是一种轻微的鼻化音,但是这里不加区分。只在导言部分做了如下说明:

Final *n* is sounded in the combination *uin*, but in other combinations does little more than lengthen out and impart a nasal quality to the preceding vowel.

再看苏州方言。现代苏州话,从赵元任开始,大多数报告中,咸山摄字和蟹止摄(部分)字混同,都记录为[ɛ];咸山摄字中,还有一部分读[ø]韵母。下面来看文献中的情况。

《苏州方言字表》(1892)记录的苏州音,也有同样的现象。此书按照方言拼音的字母顺序排列,这里把相关音节及代表字抄录如下(抄录时,基本依据原文的顺序,只做了少量的调整):

a*n* 晚①'a*n* 闲

ba*n* 办 bie*n* 缏 bö*n* 盘

chö*n* 占 ch'ö*n* 川

da*n* 痰 die*n* 田 dö*n* 覃

djö*n* 传

dza*n* 谗 dzie*n* 钱 dzö*n* 蚕

fa*n* 番

gwa*n* 圜 gyie*n* 乾 gyö*n* 权

ha*n* 喊 hö*n* 酣 hwa*n* 甩 hwö*n* 欢 hyie*n* 轩 hyö*n* 喧

ie*n* 烟

ka*n* 奸 kö*n* 干 kwa*n* 关 kwö*n* 官 kyie*n* 肩 kyö*n* 捐

k'a*n* 嵌 k'ö*n* 刊 kw'a*n* 筷 kw'ö*n* 宽 ky'ie*n* 牵 ky'ö*n* 圈

la*n* 蓝 lie*n* 帘 lö*n* 銮

ma*n* 蛮 mie*n* 棉 mö*n* 瞒

na*n* 难 nö*n* 男 nyie*n* 年(比较:nye*n* 人)nyö*n* 原

nga*n* 巖 ngö*n* 软

ö*n* 鞍 'ö*n* 函

pa*n* 班 pie*n* 蝙 pö*n* 般

---

① a*n* 晚,是训读,现在一般写作"晏"。

p'a*n* 攀 p'ie*n* 篇 p'ö*n* 拚

sa*n* 三 sie*n* 仙 sö*n* 酸

sh*ön* 煽

ta*n* 丹 tie*n* 颠 tö*n* 端

t'a*n* 坍 t'ie*n* 天 t'ö*n* 探

tsa*n* 戋 tsie*n* 尖 tsö*n* 钻

ts'a*n* 剗 ts'ie*n* 千 ts'ö*n* 撺

va*n* 凡

wa*n* 还 wö*n* 桓

yie*n* 延 yö*n* 元

zh*ön* 蝉

这里，有以下几个韵母：a*n*、wa*n*、ie*n*、ö*n*、yö*n*。书中，咸山摄字的韵尾用斜体 *n* 表示，其说明是：

Italicizing a letter, shows that a sound is somewhat modified or partially suppressed.（Introductory note）

这样的处理，应该理解为这是一个鼻化的成分。再对照此书对其他鼻辅音韵尾的处理，更能证明这一点。如在/l/声母下，除了"la*n* 蓝、lie*n* 帘、lö*n* 銮"以外，还有：

le*n* 伦　　liang 良　　lin 伶　　long 隆　　lông 狼

可见，当时苏州话的鼻音类韵尾，就有 n、ng 和鼻化音三种。

陆基、方宾观《苏州注音符号》(1931)则把咸山摄字和蟹止摄字明确分开。下面把陆基的音节表中相关的音节列出来。原文用的是方言的注音字母，而这两类用的字母正好是和北方话(官话)的一样，是 ê 和 an。下面来看这两类字，每行前的编号是我加的，以便称说。

卋(ê)类：

(1) 杯呸陪梅/堆推抬耐来/该开(戤)呆海孩/吹/哉催虽(材)

(2) 边偏便棉/颠天田连/奸牵钳年掀言/尖千先钱

(3) 归窥葵危辉为

括弧里的两个字,是根据苏州注音丛书中的陆基《苏州注音符号》加的。这三行,分别是开口呼、齐齿呼、合口呼。"言"原书排在开口呼里(可能是把这个字当作"闲话"的"闲"看待了),这里调整其位置。这里齐齿呼的字,都属咸山摄三四等。

ㄢ(an)类:
(4)班攀爿蛮翻凡/单摊谈难栏/监铅岩喊衔/斩搀山残
(5)关筷环顽甩还

这一类韵母,只有开口呼和合口呼两组。这里"筷"原来不是咸山摄字,"甩"并非本字,应该是训读(扔、丢)。

作为对比,我们把第三类也列出来,即上文提到的[ø]韵母(这里省略原文的方音注音字母):

(6)搬潘盘瞒/端贪团男峦/竿堪岸酣含/专穿闩冉/钻参酸
(7)捐圈①权元喧

从以上三类来看,中古咸山两摄舒声字,一般在ㄢ(an)类(4—7)行里,但是有部分已经混入ㄝ(ê)类,即齐齿呼的(2)行。因为作者们没有具体描写音值,所以无法判断陆基的记录有没有鼻音(鼻化)韵尾。陆基还编印了一套"苏州注音丛书",符号的用法还有一些差别,但是咸山摄等的字音类别基本相同。

魏建功(1926:231)说:"颉刚兄辑印吴歌,我以'江北老'来代他整理吴歌声韵。"他列出的中古咸山两摄字的"吴音",有:

ε/uε、ie、œ/ uœ/yœ

他指出,中古的咸山摄字,苏州话已经都没有鼻音韵尾了。又说:《广韵》的"哈灰皆佳泰祭废"与"微脂支之"及"覃谈咸衔盐严凡添寒桓山删仙先"在吴音中分别地同作 ε、e、uε、ie 韵(魏建功 1926:252—253、257),即咸山摄和止蟹摄的一部分合流了。他列出的韵母,和赵元任及后来的研究者所列出的,在类别上没有差异,不同的只是他用的音标不是[ε][ø]([ie]则与[ɪɪ]对应)。

归纳起来,在赵元任著作(1928)的前后,苏州话咸山摄字的读音记录出现了两派,一派是有鼻音成分的,而且咸山摄和止蟹摄的界线比较清楚;一派的记录中鼻音成分则完全

---

① 原文"圈"误作"团"。

消失了，与咸山摄和止蟹摄(一部分)合流了。

丁邦新(2003)在讨论陆基《苏州同音常用字汇》时，只是简单地提到：ε 和 ɛ 的区别也是苏州话中常为人引述的特点，《字汇》显示"来""雷"是同音的，和"蓝"字不同音。蓝 lε≠来、雷 lɛ。同时，他也指出赵元任的《苏州闰音分表》中的韵母，不区分这两类，即"来兰雷"同音。

李军(2008)在分析 1877 年陆懋修《乡音字类》中所反映的苏州话时，采纳了丁邦新的说法，确认有"蓝兰≠来雷"的现象，但是同样用口元音来构拟这两个韵母。

我想，丁先生过于拘泥于赵元任的记录了。与前述 1892 年的苏州字表相对比，陆基的分类(即其音系)，应该是完全相同的，不同的是，ien 类音已经脱落鼻音成分，合并到 ie 里去了，这也是变化的一个重要征兆。所以，比照上海的情况，他的 ㄢ(an)类韵母，就是带鼻音成分的，也许已经相当微弱，使用人数也越来越少了，连赵元任在调查时也没有听到这样的发音。另一方面，赵元任记录的苏州话在当时还属于年轻人的发音，而在陆基那样的老人看来，ㄝ(ê)、ㄢ(an)的合流(混同)还是无法接受的。还有一点可以商榷的，即如何构拟这两类韵母的音值。丁邦新的构拟是：蓝 lε、来雷 lɛ，根据现代苏州和吴县各地的实际读音(林齐倩，2016)[①]，更合适的构拟当是：蓝 lɛ、来雷 lei。

综合考察以上各种文献，能得出结论，即在 20 世纪初期，苏州、上海的方言里，中古咸山摄字，鼻音成分消失速度很快，但是在一个比较长的时期里，因为年龄的不同，一部分人(老人)仍然带鼻音，而另外一部分人(年轻人)则没有鼻音了。只有做这样的假设，才能合理地解释我们在文献里看到的那种"矛盾"的现象。

参考文献

鲍明炜.江苏省志·方言志[M].南京：南京大学出版社，1998.

---

① 林齐倩(2016：12—15)列出了原吴县地区的 34 个地点的音系，其中"来蓝雷"三类音的关系，如下表：

类　　型	地　　点
雷来蓝 lɛ	横泾/浦庄/太湖/光福/藏书/香山渔帆/香山梅舍/镇湖/东渚/通安/浒关/陆慕/渭塘/北桥/东桥/望亭
雷 lei 来蓝 lɛ	唯亭/胜浦/斜塘/娄葑/甪直/车坊/东山镇/木渎/枫桥/蠡口/黄桥/太平/浦泾
雷来 lɛ 蓝 lε	郭巷/越溪/渡村/西山
雷 lə 来蓝 lɛ	东山杨湾

表中，"雷来蓝"同音(lɛ)的地点最多，跟苏州城区相同；其次是"雷 lei 来蓝 lɛ"的地点，其分布也很广，从最西边的东山镇一直到最东边的唯亭、胜浦；其他两种类型就很少了。

曹志耘.南部吴语语音研究[M].北京:商务印书馆,2002.

曹志耘,秋谷裕幸.吴语婺州方言研究[M].北京:商务印书馆,2016.

丁邦新.一百年前的苏州话[M].上海:上海教育出版社,2003.

傅国通.方言丛稿[M].北京:中华书局,2010.

傅国通,郑张尚芳.浙江省语言志[M].杭州:浙江人民出版社,2015.

古屋昭弘.《度曲须知》所见的明末吴方音[M]//吴语研究(第七辑).上海:上海教育出版社,2014.(原著发表于日本东京都立大学《人文学报》第 156 号,1982)

李军.《乡音字类》所反映的十九世纪中叶苏州话读书音[J].方言,2008(1).

林齐倩.苏州郊区方言研究[M].苏州:苏州大学出版社,2016.

陆基.苏州注音符号(苏州注音丛书)[M].苏州注音符号推行会印行(京都大学藏,无出版年代).

陆基.苏州同音常用字汇[M]//丁邦新.一百年前的苏州话.上海:上海教育出版社,2003.

陆基,方宾观.苏州注音符号[M]//丁邦新.一百年前的苏州话.上海:上海教育出版社,2003.

钱乃荣.当代吴语研究[M].上海:上海教育出版社,1992.

钱乃荣.上海语言发展史[M].上海:上海人民出版社,1992.

钱乃荣.西方传教士上海方言著作研究[M].上海:上海大学出版社,2014.

阮咏梅.温岭方言研究[M].北京:中国社会科学出版社,2013.

沈宠绥.度曲须知[M]//中国戏曲研究院.中国古典戏曲论著集成(五).北京:中国戏剧出版社,1959.

石汝杰.19 世纪上海音系和相关的问题[J].语言研究(增刊),1994.

石汝杰.明清吴语和现代方言研究[M].上海:上海辞书出版社,2006.

石汝杰.艾约瑟《上海方言语法》同音字表[J].熊本学園大学文学·言語学論集,2011,18(1).

石汝杰.现代上海方言的多种来源与方言岛理论[M]//吴声越韵(复旦中文学科建设丛书·吴语研究卷).北京:商务印书馆,2017.

王福堂.绍兴方言研究[M].北京:语文出版社,2015.

魏建功.吴歌声韵类[M]//影印本.顾颉刚.吴歌甲集.上海:上海文艺出版社,1990.(原书为北京大学歌谣学会 1926 年出版)

游汝杰.古文献所见吴语的鼻音韵尾和塞音韵尾[M]//橋本万太郎紀念中国語学論集.日本:内山書店,1997.

游汝杰.吴语方言学[M].上海:上海教育出版社,2018.

袁丹.江苏常熟梅李方言同音字汇[J].方言,2010(4).

J. Edkins(艾约瑟). A Grammar of Colloquial Chinese, as Exhibited in the Shanghai Dialect(上海方言语法)[M]. Second Edition. Shanghai:Presbyterian Mission Press,1868.

Shanghai Christian vernacular society. Syllabary of the Shanghai vernacular (上海土白集字)[M]. Shanghai:American Presbyterian Mission Press,1891.

A Committee of the Soochow Literary Association. A Syllabary of the Soochow Dialect (苏州方言字表)[M].Shanghai:American Presbyterian Mission Press,1892.

论重构华语(普通话)与方言的相关关系

汤志祥 *

深圳大学/香港中文大学

○ 中华文明及其文化与华语及其地域方言

不言而喻,在当今世界上,中华文明以及文化是唯一的自诞生以来从未间断过,从未割裂过,也从未衰落过的。它既是中国乃至东方文明的代表,也是既传统又现代的文化的代表。中华文明以及文化的生命力在于其源远流长的根基及其绵延不断的承继力;而它的凝聚力就在于它的博大精深的内涵及其兼收并蓄的特性。

众所周知,中国自古以来是一个拥有众多语言与方言的大国。中华民族是由多民族、多民系的大家庭构建而成的。中华文明和文化能传承至今,所依靠的是其语言载体——被称为"华语",或"国语",或"汉语",或"普通话",还有或"中国语"或"中语"的民族共同语,当然还应该包括被称为"地域方言"的一众次语言。一个民族的文明、文化与其民族语言(包括方言)必然是共存、共变的,两者缺一不可,既相辅又相成。中华文明和文化与中国语言(包括方言)是浑然一体,互不分割的。

就语言理论上说,汉语是世界上独一无二的由一个单一大语族组成的系统,也是世界上最大的语言社团。在这个大语族里,内部还存有十大地域方言①(一说七大)。它们从地理上由北至南分别是:官话大区、晋语大区、徽语大区、吴语大区、湘语大区、赣语大区、客语大区、闽语大区、粤语大区与平话大区。这些大区方言的内部又分别存在着较小的方言区,譬如:在官话大区内有8个方言区;晋语大区内有8个方言区;吴语大区内有3个方言区,等等。一些方言区内又存在着若干方言片,譬如:徽语大区内有5个方言片;赣语大区内有7个方言片;湘语大区内有7个方言片;闽语大区内有5个方言区(片);粤语大区内有4个方言片;客语大区内有三类8个方言片;平话大区内有2个方言片,等等②。有趣

---

　* 　作者电子邮箱:tangzhixiang@szu.edu.cn。
　①　十大方言:指在传统划分的北方、吴、湘、赣、客、闽、粤七大方言外再加上晋语、徽语和平话。
　②　侯精一.现代汉语方言概论[M].上海:上海教育出版社,2002.

的是:我们的其中一个官话大区的面积就相当于今天的整个欧洲,而其使用人口数竟然达十亿之巨,接近于世界上的第二大人口大国——印度的全部人口。

如果说中华文明与文化是中华民族极其重要的财富与宝贵资源,那么汉语及其地域方言同样是中华民族极其重要的交际工具与珍贵资源。这两项民族文化遗产都值得尊崇,值得珍视。应该指出,今天我们研讨如何传承中华文明与文化,就必须同时研究如何传承华语及其地域方言。还应该指出,我们同时拥有并引以为豪的不仅是中华文明与文化,而且还有华语及其地域方言这一"中华语言大家庭",或者说是"中华语言共同体"。

一　华语普通话与华语方言的地位

今天我们所说的华语,一般是指"以北京音为标准音,以北方话为基础方言,以典范的白话文著作为语法规范的汉民族共同语",即华语普通话。其实华语必须包括它所囊括的所有的地域方言。而且就其实际使用情况而言,生活在这 960 万平方千米土地上的每一个中国人绝大多数日常说的是某一种或者多种方言。今天中国人或者全世界的华人绝大多数或是双语者(即"华语普通话+方言"型),或是多语者(即"华语普通话+多方言"型[他们有的是"华语普通话+方言 1+方言 2"型,有的是"华语普通话+方言 1+方言 2+方言 3+……"型])。这些都是普遍而不争的事实。纵观全球,即使是那些已经移民海外,生活在异国他乡的 3 000 多万华人(一说 5 000 万),只要还讲中文的,绝大多数也是"华语普通话+方言"型,或者"华语普通话+多方言"型。

1.1　华语普通话的地位

就其语言地位而言,现今的"中华语言大家庭"里,唯有华语普通话是具有至高无上的法定的地位的。其地位之崇高与权威可以从下面 14 个方面来描述:华语普通话现在享有的地位是:

(1) **国家标准语**,即被最高权威认可的中国全国规范语言

(2) **全国通用语**,即中国全民共通语

(3) **汉民族共同语**,即超方言的汉族共通语言

(4) **政府工作语言**,即中国官方正式语言(官方语文)

(5) **联合国工作语言**,即世界认可的六大国际性工作语言之一

(6) **法定书面用语**,即标准中文书面语言

(7) **法定新闻出版用语**,即被认可的正式新闻语言

(8) **法定教育用语**,即被认可的正式教育语言

(9) **法定法律用语**,即被认可的正式司法语言

(10) **法定会议用语**,即被认可的正式会议语言

(11) **法定公务用语**,即被认可的正式政府部门公务语言

(12) **法定电视、电影、广播用语**,即被认可的正式传媒用语言

(13) **社会公共交际语**,即被认可的正式社会交际语言

(14) **中华传统与现时文化的承载体**,即被认可的正式传承语言

可以说,华语普通话已经具有国家级语言的崇高的地位。它已经同时具备了 1)"国家的(国语)",2)"官方的(官语)",3)"全民的(共同语)",4)"规范的(标准语)"的多重高端语言属性。华语普通话具有如此至高无上的地位完全是因为:1)国家的语言政策,2)语言的使用历史,3)语言的使用现状,4)社会的语言共识,即社会认受性。

相比较而言,全国除华语普通话之外的其他方言,不管其流通地域范围、使用人数,书面语表达程度如何,都基本不具备上述国家语言生活中首要的地位。

1.2　华语方言的地位

从目前的语言状况与语言事实出发,华语各大方言基本上具有如下地位:

(1) 汉民族共同语的地域分支

(2) 某个汉族民系的共同语

(3) 各种汉族民系或者各族群聚居区域的通用语

(4) 各种民系的某种场合社会交际语言

(5) 各种民系的家庭、亲属、团体生活用语

(6) 中华地域传统文化的承载体

不难看出,与华语普通话相比,华语各大方言并不具备全民性、全地域性、全领域性等作为国家级语言生活中用语的地位,而明显只具有某一地域性、某一领域性,以及某一社会交际性的地区性语言生活中用语的地位。如果与华语普通话相比,两者的地位完全无法比肩,无法相提并论。

1.3　粤语在粤港澳地区的语言社会地位及使用的比较

在华语七大方言中粤语是最重要方言之一,其通行范围主要在华南的广东中、南部和广西的东南、南部,尤其通行在中国最重要的经济区域之一——珠江三角洲的经济、贸易、航运、通讯和文化的中心大城市:广州、香港和澳门。在这三个大城市中,粤语的地位及其使用大致呈现下列情况(以下"＋"表示"是";"－"表示"不是";"＋/－"表示有的地点或者部分是,部分不是,下同):

表1 粤语的使用范围

使用范围	港、澳粤语	广州粤语
政府工作语言	＋	－
正式教育工作用语	＋	－
法定法律工作用语	＋	－
主流报刊、杂志用语	＋	－
正式会议用语	＋	－
政府部门公务用语	＋	＋/－
电视、电影、广播用语	＋	＋/－
地铁、机场、交通服务用语	＋	＋/－
社团、地方社会公共交际语	＋	＋
市场、商店、旅社交际语	＋	＋
地方戏曲、曲艺用语	＋	＋
家庭、亲友、邻里用语	＋	＋

很明显,粤语在香港和澳门具有特定地区标准语的地位,它在5个主要要素上具备标准语地位及高度的社会认受性:1)政府工作语言,2)法定法律工作用语,3)正式教育工作用语,4)报刊、杂志用语,5)正式会议用语。而广州粤语并不具备以上特性,仅是具有某些特定场合的交际性与通用性。但在公务用语,地铁、机场、交通服务用语以及电视、电影、广播用语三个方面具有对华语普通话的辅助及补充功能。

1.4 粤语的使用人口及通行区域

以粤语作母语的使用人口的数量历来说法不一,以下是主要学术著作中记载与统计的把粤语作为母语的人口数量以及通行区域:

李新魁《广东的方言》(1994)[①]:国内:广东:3 800万,其中,(1)广府片:2 000万,(2)高廉片:600万,(3)罗广片:700万,(4)四邑片:400万。广西:1 300万。国外:1 500万至2 000万。全球以粤语为母语的人口一共6 600万至7 100万。

邹嘉彦、游汝杰《汉语与华人社会》(2001)[②]:估计(海外)以粤语为母语的人口为400万至600万,加上粤语非母语而能说粤语的人口,总共在1 000万至2 000万之间。

---

① 李新魁.广东的方言[M].广州:广东人民出版社,1994:26—27.
② 邹嘉彦,游汝杰.汉语与华人社会[M].上海:复旦大学出版社;香港:香港城市大学出版社,2001:57.

侯精一《现代汉语方言概论》(2002)①:国内:广东:近 4 000 万,广西:1 500 万左右,香港、澳门:700 多万;国外:1 500 万—2 000 万。合计全球以粤语为母语的人口一共 7 750 万至 8 250 万。

陈晓锦、张双庆《首届海外汉语方言国际研讨会论文集》(2009)②:(海外)使用粤语的人数为 1 100 万……

可见,至 21 世纪初,中国国内以粤语为母语的人口数量,普遍认为有七八千万之众,如果再加上海外 5 000 万华人(据《中国语言生活状况报告(2005)·海外华人华侨分布》③)中 1 500 万—2 000 万的操粤语人士,其总数至少已经达到 1 亿。

而"维基百科"的统计也指出,目前全球粤语使用人口大约有 7 000 万至 1.1 亿。可见,粤语是一种具有世界性规模的不可忽视的华语方言。

如果仅就世界语言的使用人口数而言,根据《剑桥语言百科全书》(*The Cambridge Encyclopedia of Language*)的统计,至 20 世纪 70 年代,世界主要语言使用人口,全部世界 20 个大语种作为母语的使用人数及使用情况为④:

表 2　世界 20 个大语种作为母语的使用人口数量

序号	语种	人口数量 （百万）	序号	语种	人口数量 （百万）
1	华语⑤	1 000	11	法语	70
2	英语	350	12	旁遮普语	70
3	西班牙语	250	13	爪哇语	65
4	印地语	200	14	比哈尔语	65
5	阿拉伯语	150	15	意大利语	60
6	孟加拉语	150	16	朝鲜语	60
7	俄语	150	17	泰卢固语	55
8	葡萄牙语	135	18	泰米尔语	55
9	日语	120	19	马拉蒂语	50
10	德语	100	20	越南语	50

根据以上语言人口排行榜,以粤语为母语的使用人数在 7 000 万至 1 亿人以上的话,

---

① 侯精一.现代汉语方言概论[M].上海:上海教育出版社,2002:174.

② 张振兴.海外华人与海外汉语方言[M]//陈晓锦,张双庆.首届海外汉语方言国际研讨会论文集.广州:暨南大学出版社,2009:24.

③ "中国语言生活状况报告"课题组.中国语言生活状况报告(2005)·上篇[M].北京:商务印书馆,2006:398.

④ [英]戴维·克里斯特尔(David Cristal).剑桥语言百科全书(The Cambridge Encyclopedia of Language)[M].北京:中国社会科学院出版社,1995:446.(说明:"华语"原文中被译为"汉语"。)

⑤ 此处应该已经包括粤语。如果除去粤语的 8 000 万,华语还是高居全球第一,并不影响排名,后同。

粤语的排名至少应该在第十名的德语(1亿人)与第十一名法语(7 000万人)之间。其至在葡萄牙语(第8名)与日语(第9名)之间。可见从世界范围来看,粤语还是一种相当重要的华语方言。

1.5 粤语目前在世界各地的使用功能

粤语在全世界华人、华侨社会中通行时间很长、范围很广。自从19世纪中叶华人开始大量移民海外至今的一二百年来,粤语(包括著名的四邑粤语)在美国的旧金山和澳洲的新金山等很多地方都享有过代表"中文"的盛誉。而20世纪80年代以后,不少香港同胞移民英、美、加、澳等地,也造就过海外一个个著名的讲粤语的"小香港"。

目前粤语在海外的主要通行地区可以分为主要在以新、马、泰、越为代表的东南亚地区以及美、加、澳等为代表的其他广大地区。其使用情况和功能大致如下:

表3 粤语在海外主要通行地区的使用范围

使用范围	新马粤语	加澳粤语
政府工作语言	—	—
正式教育工作用语	—	—
法定法律工作用语	—	—
主流报刊、杂志用语	—	—
大会会议用语	—	—
地铁、机场、交通服务用语	—	—
政府部门公务用语	+/−	+/−
电视、电影、广播用语	+/−	+/−
社团、地方社会公共交际语	+	+
商店、市场、旅社交际语	+	+
地方戏曲、曲艺用语	+	+
家庭、亲友、邻里用语	+	+

可见,世界范围内粤语使用的场合和功能主要集中在华侨、华人的社团、市场、商店、戏曲、曲艺、家庭、亲友和邻里范围等中低端社会交际层面。

二 华语普通话与华语方言的交际功能比较

语言最主要的功能是社会交际。其中交际的功能高低又可从三个不同层级去考察。

第一层级当然是整个语言社会公认的标准语层面,它包括官方正式用语、全国通用语以及标准书面语;第二层级是社会某一大社区、大范围,某一大领域里使用的共通语;第三个层面是局限于相对较小社区、较小范围、较小领域使用的交际语。

2.1 华语普通话的交际功能

华语普通话的交际功能主要分布于下列方面:

表 4 华语普通话的交际功能分布

层　级	功　能	使用范畴	使用范围
第一层级	国家政府正式用语	书面语与口语	全部
	全国中文书面用语	书面语	全部
	正式法律用语	书面语	全部
第二层级	电视、广播、电影用语	口语	全部
	大中小学教育用语	书面语与口语	全部
	政府部门公务用语	书面语与口语	全部
	会议用语	书面语与口语	全部
	报刊、杂志用语	书面语	全部
	广告用语	书面语与口语	全部
	网络用语	书面语	全部
	汽车、的士、轮船服务用语	口语	全部
	铁路、地铁、航空服务用语	口语	全部
	酒店、旅馆、旅游服务用语	口语	全部
	商店、市场用语	口语	全部
	文艺演出用语	口语	全部/部分
第三层级	社团、社会活动交际语	口语	全部/部分
	朋友、邻里交谈语	口语	全部/部分
	亲戚之间交谈语	口语	全部/部分
	家庭内部交谈语	口语	全部/部分

可见华语普通话的交际功能涵盖社会生活的三个层级,包含语言交际的各个大社区的各个层面,使用范畴也包括书面语与口语,因此其交际功能是全面的、多方面的、充分的。

就其层级而言,华语普通话的交际功能主要体现在社会高端的第一层级(全部)以及中端的第二层级(几乎全部)。因此其交际功能是全方位的、大范围的、多领域的。

2.2　华语方言的交际功能

一般地说,方言目前在国内的交际功能主要分布于下列方面:

表 5　华语方言在国内的交际功能分布

层　级	功　能	使用范畴	使用范围
第二层级	电视、广播、电影用语	口语	小部分/极少部分
	广告用语	口语	小部分/极少部分
	网络用语	书面语	小部分/极少部分
	汽车、的士、轮船服务用语	口语	小部分/极少部分
	铁路、地铁、航空服务用语	口语	小部分/极少部分
	酒店、旅馆、旅游服务用语	口语	小部分/极少部分
	商店、市场用语	口语	部分
	文艺演出用语	口语	部分
第三层级	社团、社会活动交际语	口语	部分
	朋友、邻里交谈语	口语	极大部分
	亲戚之间交谈语	口语	极大部分
	家庭内部交谈语	口语	极大部分

可见,方言的交际功能仅仅涵盖社会生活的两个层级中的部分层面。就其层级而言,方言的交际功能处于社会交际的中下端。而且越下端使用的范围就越大。表中所见,"极大部分使用"的社区是低端的较小范围的"家庭内部交谈语""亲戚之间交谈语"以及"朋友、邻里交谈语"。"部分使用"主要集中于社会中端的社区:"商店、市场用语""文艺演出用语"以及"社会活动各类交际语"。而且其使用范畴也大都仅限于口语。因此其交际功能是相对较小的、不充分的、受限制的。尤其可以说是完全没有书面语形式。

2.3　拓展大城市、大方言的辅助口语交际功能的探讨

根据当下的中国全国的语言使用状况,某些大城市的大方言(譬如粤语、沪语等)是具备了作为华语普通话辅助语言和补助语言的交际功能的。尤其是在语言社区的第二层级的多种使用场合,如教育、公务、交通、旅游服务等方面。但是这些方面的功能与地位,尚未获得正式的认定与认可,因此能否正式作为辅助语言是值得探讨的。譬如:

表 6　方言作为辅助语言和补助语言

层　级	拟使用场合	拟使用范畴	拟使用范围
第二层级	大中小学教育用语	口语	非正式的场合
	政府部门公务用语	口语	非正式的场合
	各种类会议用语	口语	非正式的场合
	汽车、的士、轮船服务用语	口语	部分场合
	铁路、地铁、航空服务用语	口语	部分场合
	酒店、旅馆、旅游服务用语	口语	部分场合

所谓辅助语言和补助语言的意思是：在正式的场合讲华语普通话，而在非正式的场合以方言作为阐述、说明、咨询、问答的交际语，尤其是在中国东南方言区，在华语普通话尚未较好普及的地区，在个人交谈的场合都应当允许合法地使用并发挥其社会交际的功能。

三　重构华语普通话与方言的相关关系

中国整体上是个"华语普通话＋方言"型的大语言社区①。华语普通话与方言共同构成了我们现今语言生活的主流。华语普通话与方言的交替使用的状况将会在我们的语言生活中长期延续。因此必须了解、理解并接受不论在中国，还是在世界各地，华语普通话与华语方言会长期共存和共荣的现实与未来。华语普通话与方言的相关关系都值得我们继续研讨。

3.1　华语普通话与方言是共存、共变的，方言是华语普通话的基础，华语普通话是方言的发展

华语方言存在是自然的，不以人们的意志为转移的，然而民族共同语的产生与发展也是必然的，更是千真万确的语言事实。

今天我们所说的华语普通话形成于中国近代的元、明、清三代以及民国时期，至今已经有八百多年的历史了。然而华语普通话的前身是起源于商周的"雅言"与汉代的"凡语"或"通语"。由此而论，民族共同语自形成至今应该有三千多年的历史了。这就是说，方言和共同语与中华文明和文化之间一直有着共存、同变的关系，才造成了今天中国全国上上下下一大片"华语普通话＋方言"型语言社区的现状。

毋庸置疑，华语普通话与方言之间的关系可以用两句话来概括：1）先有华语方言，再

---

① "中国语言生活状况报告"课题组.中国语言生活状况报告（2005）·上篇[M].北京：商务印书馆，2006.

有华语普通话;华语普通话是后天在众多中国方言中,尤其是北方话(北京话为其代表方言)的基础上形成的。2)华语普通话自形成的那一天起,因其语言地位的超然与崇高,又不断地发展了原来的母语——北方方言,成为能讲、能写、规范化了的民族共同语。

3.2 华语普通话在不断影响方言,方言正不断向华语普通话靠拢

历史的巨轮滚动到 20 世纪,尤其是自 50 年代开始,华语普通话在中华大地上得到广泛而强力的推广与传播。华语普通话通过政府、教育、广播、电影、电视以及报刊、杂志等多方面、多渠道,长时间地,连绵不断地推广与运用。今天的华语普通话不管在语音、词汇,还是句法等各个方面都做好了规范化的工作并极大地影响着各地的方言。

因此华语普通话与方言之间的关系还可以用下列两点来概括:1)华语普通话在不断影响各地方言。今天中国青少年一代受华语普通话的影响是全面的、全程的,他们的华语普通话水平大大超过了方言水平,他们对华语普通话的使用远比方言流利并频繁。2)中国各地方言正不断向华语普通话靠拢。我们不难看到,各地方言已经在不同程度上多了华语普通话的语义、词汇以及句法的特点。那些老的、传统的语音、词汇、语法正在被新的、现代的华语普通话语音、词汇、语法所逐渐代替。

3.3 华语普通话和方言一直在互相吸收、互相影响

在华语发展的历史上,中国北方方言一直占据主导的地位。自从有文字(甲骨文)记载的殷商开始,汉民族共同语从商周的"雅言"、两汉的"凡语"和"通语"、明清的"官话"、民国的"国语"发展到今天的"普通话",一路走来,中国北方话一直是华语的基础方言,因此华语普通话以北方方言为基础并大量吸收其词汇是极其自然的。

然而 20 世纪 70 年代末以来,改革开放使得华语普通话逐渐吸收了大量的南方方言——尤其是粤语的词语。据中国科学院语言研究所著名语言学家陈章太教授统计,在这个过程中华语普通话吸收的粤方言词语,其数量有六七百个[①]之多。而社会语言学家陈建民教授统计则是:进入华语普通话的香港粤语词语有 600 个[②]。

华语普通话大量吸收方言词语的情况,我们也可以从 1988 年出版的《现代汉语词典》(补编),1996 年出版《现代汉语词典》(修订本),2002 年出版《现代汉语词典》(2002 年增补本)以及 2005 年出版《现代汉语词典》(第 5 版)前后五次所收入的千余条新词语中清晰地看出。可见,今天方言与华语普通话之间的相互影响,无论就其数量还是规模来说,都是空前的。

---

① 陈章太.普通话词语的规范问题[J].中国语文,1996(3).
② 陈建民.普通话对香港词语的取舍问题[J].语文建设通讯(香港),1994(43).

3.4 我们应该在大力推广华语普通话的同时，充分发挥方言的辅助性或补助性作用

从语言学的角度而言，世界上所有的语言（方言）都是平等而有用的，彼此之间并无高低之分，文雅之分，贵贱之分。一个国家、一个民族的语言生活应该是和谐而合理的。我们认为，华语普通话目前已经具有了至高无上、主导型的地位与齐全、周遍性的使用功能。那么也应该考虑给予某些大华语方言，主要是具有巨大影响力的大城市的方言，譬如通行于珠三角广州、香港、澳门以及海外的粤语以及作为吴方言代表方言的上海话，以可认可的次一级通用语的地位，让其在多种社会功能上发挥补充性或辅助性的作用，譬如在教育、司法、公务、广播、电视、电影以及新闻出版等诸多中层语言社区得到适当而合理的使用。我们还应该关注这些华语方言的必要的规范化工作。

3.5 语言是资源，中华语言大家庭中的所有语言都是中华民族极其重要的财富

毋庸置疑，从全球的视野出发，华语（普通话）及其方言都应该具备与中华民族的国际地位以及其国家实力相应的地位以及表达功能。我们在把中华文明与文化看成中华民族极其重要的财富与宝贵资源的同时，也应该把华语及其地域方言看成是中华民族重要的交际工具与珍贵的财富资源。

中华语言是博大精深的中华文化和传统的"载体"。中华语言中的任何语言都不应该被看成是一种"问题"。我们在大力推广和使用华语的同时也应该赋予具有中华民族深厚历史、文化、社会底蕴的"方言"，尤其是某些具有巨大世界性影响力的"大方言"以明确的地位，以便让其在多种社会功能上发挥出辅助性或补助性的作用。

因此，我们应该重新探讨并研究当今华语（普通话）与方言的相关关系，努力探求如何在当代创造出一种和谐合理的"中华语言大家庭"的理论与现实。从而营造出一个众多语言（方言）共生共荣、互补互利的"中华语言大家庭"的语言生活格局。

参考文献

"中国语言生活状况报告"课题组.中国语言生活状况报告（2005）·上篇[M].北京：商务印书馆，2006.

李新魁.广东的方言[M].广州：广东人民出版社，1994.

邹嘉彦，游汝杰.汉语与华人社会[M].上海：复旦大学出版社；香港：香港城市大学出版社，2001.

侯精一.现代汉语方言概论[M].上海：上海教育出版社，2002.

陈晓锦，张双庆.首届海外汉语方言国际研讨会论文集[M].广州：暨南大学出版社，2009.

戴维·克里斯特尔.剑桥语言百科全书[M].北京：中国社会科学院出版社，1995.

温州方言受事成分的句法位置及允准条件[*]

林依俐　　温州革命历史纪念馆

盛益民　　复旦大学

陶　寰[**]　复旦大学

一　引　言

　　Li & Thompson(1976)从类型学角度出发,认为汉语是话题优先型语言。徐烈炯、刘丹青(2007[1998]:30)进一步指出,在汉语中,普通话不是话题优先型的典型代表,吴闽语等方言比普通话更具有话题显赫范畴,受事名词作为次话题位于主语和谓语之间的情况(STVO)在吴闽语中很常见。徐烈炯、刘丹青(2007[1998])认为吴语的次话题是一个句法位置;胡建华、潘海华、李宝伦(2003)在生成语法的框架下,对宁波话次话题进行了深入研究后也认为,宁波话的次话题是一个语法化成分。刘丹青(2003:185)等已经注意到,在浙江中部的部分方言中,部分前置于动词的受事成分已经不具备话题的信息特征或者指称特征,出现了宾语化的迹象。盛益民(2014)和盛益民、陶寰(2019)在先行研究基础上,指出吴语的主语和谓语动词之间以饰谓副词(VP-adverb)为界可分为两个句法位置:一个是结构化的次话题位置,主要容纳定指和类指成分;另一个是由动后限制促发的宾语位置,可容纳不定指成分。①

　　吴语内部的基本语序也存在较大差异。刘丹青(2001a、2001b、2003)等著述已经指出,绍兴、宁波一带的浙江吴语在话题显赫度上要明显高于苏沪吴语,使用话题结构更加常规化,而且在一些其他 SVO 语言通常后置的处所类成分也倾向于前置;盛益民、陶寰(2019)也有进一步的讨论。盛益民、朱佳蕾(2020)发现吴语各地在是否存在 VOR 语序

---

　　* 本文初稿是林依俐在陶寰指导下完成的,由盛益民修改定稿。初稿曾在第九届汉语方言语法学术研讨会(安徽大学,2018 年 6 月)上报告,会上会下承蒙刘丹青等先生多所指正;修改稿得到吴越博士的诸多意见。在此一并致谢。本文为 2020 年度国家社科基金重大项目"吴语语料库建设和吴语比较研究"(项目批准号:20&ZD301)的阶段性成果。

　　** 陶寰为约稿作者,电子邮箱:13818952750@163.com。

　　① 关于吴语动前受事成分句法属性的争论,可参盛益民、陶寰(2019)的讨论。

以及 VOR 的具体表现方面,也存在着一定的差异性。由于先行研究主要聚焦于上海、绍兴、宁波等北部吴语,而对南部吴语缺乏深入探究,因此本文拟在先行研究的基础上,以南部吴语的温州话(属于吴语瓯江片)为对象进行讨论。

关于温州方言的基本语序问题,学界讨论较少。潘悟云(1997)指出,温州话的受事前置比普通话要多,而且温州话的受事绝对不能出现在补语之后。该文并未对基本语序问题做全面的讨论,本文打算全面考察温州话中不同形式的受事成分句法位置分布以及允准条件,探讨其表现背后的原因,为温州话的语序乃至是吴语语序研究提供有效参照。①

本文以温州市龙湾区瑶溪街道的方言为研究对象,为本文第一作者的母语。龙湾位于温州东郊,其与市区方言的差别见郑张尚芳(2008a)的讨论。温州方言的用字主要依据游汝杰、杨乾明(1998)和郑张尚芳(2008a)。文中常用词语解释如下:渠(他)、居(这)、许(那)、是狘(在,进行体标记)、爻(掉,表示消极结果)、冇(没有)、早早(早就)、肇(立即、马上)②、眙(看)、呷(喝)、起(①建造;②表示积极结果的补语)、了滞(干净)、屋(房子)、间(房间)、妆嚷(为什么)、妆紧(赶紧)、柑儿(橘子)、配(菜肴)、毛(差,为"无好"的合音)、亦(又)。

下面第二节讨论温州方言的句法槽数量以及不同句法槽的允准条件,第三节主要讨论受事成分位于动前位置与动后位置的条件及原因,第四节讨论动结式带宾语的语序问题,最后是全文的总结。

二 温州方言的句法槽及允准条件

根据线性顺序,我们把主语与饰谓副词之间的位置计为 A,饰谓副词与谓语之间的位置计为 B,谓语核心之后的动后位置计为 C;如果谓语是动补结构,动后又可以有两个位置,我们把动词与补语之间的位置计为 C_1,补语之后的位置计为 C_2。可以表示如下:

$$S+\underline{A}+Adv+\underline{B}+V+\underline{C_1}+R+\underline{C_2}$$

这些句法位置的存在都具有一定的句法条件,本节主要讨论这个问题。

2.1 句法槽及其允准条件

只有当谓语核心是动补结构、动词重叠式、否定词结构、助动词结构、动词＋数量成分

---

① 篇幅所限,本文不讨论受事成分位于主语前主话题位置的情况;同时,也只讨论广义受事成分的句法分布位置,不讨论处所成分、时间成分等。

② 时体标记,"立即、马上"的意思,表事件将要实现,也有先生写作"道"。郑张尚芳(2008a)中两种写法都有,但是郑张尚芳(2008b)中认为应写作"肇",本文统一采用"肇"。

时,温州话才允准 B 句法槽的存在;否则,动前只允许出现 A 句法槽。方便起见,我们把允准 B 句法槽的谓语核心称为复杂成分。

下面首先来看谓语核心不是复杂成分的情况,此时只允许出现 A 句法槽,请看以下的对比例句:

(1) a. 我<u>居本书</u>**已经**眙罢。(我这本书已经看了。)

   b. ＊我**已经**<u>居本书</u>眙罢。

(2) a. 我<u>牛奶</u>**清清**呷个。(我经常喝牛奶的。)

   b. ＊我**清清**<u>牛奶</u>呷个。

(3) a. 我<u>三门作业</u>**早早**写罢。(我那三门作业早就写了。)

   b. ＊我**早早**<u>三门作业</u>写罢。

而当谓语核心是复杂成分的情况下,则允许出现 B 句法槽。先来看谓语核心是动补结构的情况,例如:

(4) a. 我<u>许张桌</u>**早早**擦了滞罢。(我早就把那张桌子擦干净了。)

   b. 我**早早**<u>许张桌</u>擦了滞罢。

(5) a. 我<u>酒</u>**马上**吃好肇罢。(我马上吃好酒了。)

   b. 我**马上**<u>酒</u>吃好肇罢。

(6) a. 我<u>三个间</u>**已经**拖了滞罢。(我已经把那三个房间拖干净了。)

   b. 我**已经**<u>三个间</u>拖了滞罢。(我已经把那三个间/三个房间拖干净了。)

动词重叠式等其他复杂成分的情况也类似,请看以下例句:

(7) a. 渠<u>居本书</u>**已经**眙眙罢,还未眙完。(他已经看了看这本书,还没看完。)

   b. 渠**已经**<u>居本书</u>眙眙罢,还未眙完。

(8) a. 渠<u>药</u>**从来**不吃个。(他从来不吃药的。)

   b. 渠**从来**<u>药</u>不吃个。

(9) a. 我<u>居台电脑</u>**早早**会用罢。(我早就会用这台电脑了。)

   b. 我**早早**<u>居台电脑</u>会用罢。

(10) a. 我<u>配</u>**已经**烧三盘罢。(我已经烧了三盘菜了)

    b. 我**已经**<u>配</u>烧三盘罢。

关于不同受事成分进入 A、B 两个句法槽的条件以及具体的语义解读(如例 6b),我们将在 3.2 节中进一步讨论。

同时,当复杂成分是动补结构时,温州方言存在 C_1、C_2 两个句法位置,例子见下。两者的使用条件较为复杂,我们将在第 4 节中做进一步的讨论。

(11) 你马上写<u>三张</u>好肇!(你马上写好三张!)

(12) 我已经拖了滞<u>两个间</u>罢。(我已经拖干净两个房间了。)

(13) 渠早早烧好<u>(一)盘</u>配罢。(她早就烧好一盘菜了。)

2.2　受事成分共现与槽位分配

在温州话中，句中常常出现多种受事成分共现的情况。

先来看不同句法槽容纳受事成分数量的能力。A 句法槽可以容纳多个名词性成分，而 B、C 句法槽则没有这样的能力。请看以下例句：

(14) 我柑儿N1 皮N2 已经是狠剥罢。（我已经在剥橘子的皮了。）

(15) 我居部车N1 窗门N2 已经擦擦罢。（我这辆车已经把窗户擦了擦。）

(16) 我香烟N1 毛个N2 从来不吃。（我从来不抽差的香烟。）

(17) 我菠萝N1 皮N2 已经会剥罢。（我已经会削菠萝皮了。）

再来看名词性成分出现于不同句法槽的情况。

谓语核心为非复杂成分时，由于不存在 B 句法槽，因此只有 A＋C 一种情况，例如：

(18) A＋C：我配已经烧三盘罢。（我已经烧三盘菜了）

谓语核心是重叠式时，不允许名词性成分用于动后的 C 位置，而 A＋B 也不好，因此例(15)也不能说成"我居部车已经窗门擦擦罢"。谓语核心是否定结构、助动词结构等复杂成分时，最自然的语序配置是 A＋C，B＋C、A＋B＋C 不是很自然，而 A＋B 则是不合语法的。例如：

(19) a. A＋B：＊我香烟从来毛个不吃。（我从来不抽差的香烟。）

　　 b. A＋C：我香烟从来不吃毛个。

　　 c. B＋C：？我从来香烟不吃毛个。

(20) a. A＋B：＊我菠萝已经皮会剥罢。（我已经会削菠萝皮了。）

　　 b. A＋C：我菠萝已经会剥皮罢。

　　 c. B＋C：？我已经菠萝会剥皮罢。

　　 d. A＋B＋C：？我英语已经单词会背五百个罢。（我已经会背五百个英语单词了。）

当谓语是动补结构时，可以允许 7 种共现情况，只有 C_1 跟 C_2 句法槽不能共现。当然，3 个位置共现时并不是很自然。例如：

(21) A＋B：我柑儿已经皮剥爻罢。（橘子我已经剥了皮了。）

(22) A＋C_1：我试卷已经写三张爻罢。（我已经写完三张试卷了。）

(23) A＋C_2：我配已经烧好三盘罢。（我已经烧好三盘菜了。）

(24) B＋C_1：我已经试卷写三张爻罢。（我已经写完三张试卷了。）

(25) B＋C_2：我已经配烧好三盘罢。（我已经烧好三盘菜了。）

(26) A＋B＋C_1：？我菠萝已经皮剥五个好罢。（我已经削好五个菠萝的皮了。）

(27) A＋B＋C_2：？我菠萝已经皮剥好五个罢。（我已经削好五个菠萝的皮了。）

上一节已经提到，当谓语为"动词＋数量成分"时，可以允准 B 句法槽。这可以看作是一种论元分裂结构。

2.3 小结

从上文讨论可以看出，温州方言受事成分所能出现的句法位置，完全受制于不同的谓语核心类别。

根据谓语核心的类别以及不同句法槽的数量，本节讨论的内容我们可以列表总结如表 1：

表 1 名词性成分句法分布表

	A	B	C	A+B	A+C	B+C	A+B+C
非复杂成分	✓		✓		✓		
动词重叠	✓	✓					
否定结构	✓	✓	✓		✓	?	
助动词结构	✓	✓	✓		✓	?	?
动补结构	✓	✓	✓	✓	✓	✓	✓

三 动前分布、动后分布及其条件

本节讨论受事成分进入不同句法槽的限制条件。下面从名词性成分的形式类别和指称表现两个方面来讨论。

3.1 形式类别

陈平（1987）一文中将汉语的名词性成分按形式分成 7 类：A 组：人称代词；B 组：专有名词；C 组："这/那"＋量词＋名词；D 组：光杆普通名词（bare noun）；E 组：数词＋量词＋名词；F 组："一"＋量词＋名词；G 组：量词＋名词。除了用词不同外，温州话的量词可以变读入声表达定指的功能。我们按照盛益民（2017）等将其看成是"指量名"结构的变体，不过由于其与"指量名"结构仍有不同表现，因此需要增加一组：H 组：量词^声＋名词。

能进入 A、B 句法槽的有 A-F 组和 H 组，例子见下。不同的名词性成分在指称表现与信息属性上表现出差异性来，这方面下一小节具体讨论。

(28) a. 我渠/张三/许个人/人/三个人/一个人/个^声人已经叫过罢。（我已经叫过他/张三/那个人/人/那三个人/那一个人/那个人了。）

　　b. 我已经渠/张三/许个人/人/三个人/一个人/个^{入声}人叫过罢。①

不过,如果受事成分与施事成分在生命度上接近,那么容易引起歧义,需要依赖语境来进行判断。

　　在温州方言中,光杆名词比指量名结构更倾向前置。有时即使光杆名词是对比焦点,它也不能后置。②例如:

(29) a. 我鱼吃完先,新_才吃蔬菜个。(我先吃完了鱼,才吃蔬菜的。)

　　　b. *我吃完鱼先,新吃蔬菜个。

(30) a. 你日记写爻再走_去写作文。(你写了日记再去写作文。)

　　　b. *你写爻日记再走_去写作文。

　　能进入 C 句法槽的有 A—G 组。G 组表不定指的"量名"结构只能用于 C 句法槽,而 H 组表定指的"量名"结构用于 A、B 句法槽,两者呈现互补分布,可能是为了避免混淆之故,例如:

(31) a. 渠已经写篇日记罢。(他已经写了一篇日记了。)

　　　b. *渠已经写篇^{入声}日记罢。(他已经写了那篇日记了。)

　　温州方言不同名词类别进入不同句法槽的情况可以总结为表 2:

表 2　温州方言不同名词类句法槽表

	A 组	B 组	C 组	D 组	E 组	F 组	G 组	H 组
A 句法槽	✓	✓	✓	✓	✓	✓		✓
B 句法槽	✓	✓	✓	✓	✓	✓		✓
C 句法槽	✓	✓	✓	✓	✓	✓	✓	

3.2　指称表现

　　陈平(1987)认为,普通话中 A—C 组一般只用来表现定指,F、G 两组格式一般只用来表现不定指成分,而 D、E 组则表现比较灵活,可以有定,可以不定指,具体的判断需要根据语境。此外,光杆名词多表类指,"数量名"结构和"一量名"结构除了有指称解读外,还有数量解读(李艳惠、陆丙甫,2002)。温州话与普通话的表现大致相同,只是 F 组的"一量名"结构也可以表示定指。③

---

　　① 吴越(私人交流)告知,在瑞安话中,光杆名词可以自由地进入 B 句法槽,而其他名词性成分进入该句法槽则不是很自然。

　　② 刘丹青(2016)指出,类指成分的确定性甚至强于有定的成分,比有定成分更具有前置作话题的倾向。温州话的情况符合这个论断。

　　③ 本文的指称系统主要根据陈平(1987),该系统包括四对八个指称概念:有指(referential)和无指(non-referential)、定指(identifiable)和不定指(non-identifiable)、实指/特指(specific)和虚指/非特指(non-specific)、通指/类指(generic)和单指(individual)。

不同句法位置容纳的名词性成分,在指称表现和信息属性上有较大差异。

由非复杂成分充当谓语核心的句子中,只存在 A、C 两个句法槽。名词短语的指称属性直接制约着其句法分布。当名词性成分是类指或者定指解读,那么多用于 A 句法槽,也可以用于 C 句法槽。例如:

(32)我**信**已经写罢。(我信已经在写了。)

(33)我**三门作业**早早写罢。(我那三门作业早就在写了。)①

(34)我**居本书**已经眙罢~我已经眙**居本书**罢。(我这本书已经在看了。)

而名词性成分做不定指或者数量解读时,只能用于 C 句法槽而不能用于 A 句法槽。不定指的"三门作业"绝对不能用于 A 句法槽。例如:

(35)我早早写**三门作业**罢。(我早就写了三门作业了。)

由复杂成分充当谓语核心时,则情况较为复杂。

先来看定指、类指成分。当谓语核心是否定词结构、助动词结构、动词重叠式时,其可以用于 A、B、C 三个句法槽位;谓语核心是动补结构时,则只能用于 A、B 句法槽,而不能用于 C 句法槽。例如:

(36)a. 渠**许种药从来**不吃个。(他从来不吃那种药。)

　　b. 渠**从来许种药**不吃个。

　　c. 渠**从来**不吃**许种药**个。

(37)a. 我**电脑**早早会用罢。(我早就会用电脑了。)

　　b. 我早早**电脑**会用罢。

　　c. 我早早会用**电脑**罢。

(38)a. 渠**居本书**已经眙眙罢,还未眙完。(他已经看了看这本书,还没看完。)

　　b. 渠已经**居本书**眙眙罢,还未眙完。

　　c. 渠已经眙眙**居本书**罢,还未眙完。

(39)a. 渠**许种药**已经吃完罢。(他已经吃完那种药了。)

　　b. 渠已经**许种药**吃完罢。

　　c. *渠已经吃完**许种药**罢。

这或许表明,两类结构促发受事前置的动因不太一致:动补结构受制于动后限制(postverbal constraint),是比较刚性的句法规则;而否定词结构和助动词结构等中受事前置,更多还是与指称表现相关联,受制于语用因素,因此不是刚性的。

再来看不定指、数量解读的成分。重叠式与否定结构不能与之共现。谓语核心为助动词结构时,只能位于 C 句法槽,如例(40);谓语核心为动补结构时,既可以用于 B 句法槽,也可以用于 C 句法槽,如例(41)。

---

① 数量成分位于 B 句法槽时,做定指解读时不能重读,重读则是做焦点进行数量解读。

(40) 渠饭**清清**可以吃三碗。～＊渠饭**清清**三碗可以吃。(他常常能吃三碗饭。)

(41) 我日记**已经**写好三篇罢。～我日记**已经**三篇写好罢。(我已经写好三篇日记了。)

本小节的讨论,可以总结为下表:

表 3　温州方言受事成分句法槽表

	定指、类指					不定指、数量				
	非复杂	重叠	否定	助动词	动补	非复杂	重叠	否定	助动词	动补
A	√	√	√	√	√					
B	—	√	√	√	√	—				√
C	√	√	√	√		√			√	√

3.3　信息属性

定指、类指成分进入 A、B 句法槽的条件,主要受制于信息结构:表已知信息时,只能用于 A 句法槽;表未知信息时,多用于 B 句法槽。例(39)"**番钿包**"是已知信息,只能置于 A 句法槽,不能置于 B 句法槽;例(40)中"**番钿包**"是新信息,可以置于 A 句法槽,也可以置于 B 句法槽,不过用于 A 句法槽的成分在可及性上仍然要高于 B 句法槽。

(42) A:你番钿包呢?(你钱包呢?)

B1:我番钿包亦遁爻罢。(我钱包又丢了。)

B2:＊我亦番钿包遁爻罢。(我又把钱包丢了。)

(43) A:渠妆嚷心情不好啊?(他为什么心情不好啊?)

B1:渠番钿包亦遁爻罢。(他钱包又掉了。)

B2:渠亦番钿包遁爻罢。(他又掉钱包了。)

上一节提到,当谓语核心是非复杂成分、否定词结构和助动词结构时,定指、类指成分也能进入 C 句法槽,不过此时只能表示对比焦点,例如:

(44) 许本书早早眙完罢,我**已经**眙居本书罢。(那本书早就看完了,我已经看这本书了。)

(45) 渠**从来**不吃许种药个,只吃居种。(他从来不吃那种药,只吃这种。)

谓语核心是动补结构时,数量成分也能用于 B、C 两个句法槽,两者的差别在于:B 句法槽的基本上是数量解读的,而不定指解读用于 C 句法槽。例(46)中的数量结构只能做不定指解读,因此要用于 C 句法槽;例(47)是对比焦点,位于 B 句法槽。

(46) a. 我昨夜吃爻一碗饭先,亦吃爻一个馒头。(我昨天先吃了一碗饭,后吃了一个馒头)

　　b. ＊我昨夜一碗饭吃爻先，亦一个馒头吃爻。

（47）我英语单词已经五十个背好罢，弗是四十个！（我已经背好五十个英语单词，不是四十个！）

　　因此，我们可以得到如下基本规律：定指、类指成分倾向于用于动前，表对比焦点可用于动后；不定指、数量成分倾向于用于动后，表对比焦点可以用于动前的 B 句法槽。

四　动补结构与宾语：VOR 还是 VRO？

　　前文已经指出，温州话动补结构带宾语有 VRO 和 VOR 两种语序，本节打算讨论两者的使用条件。

4.1　VOR 的使用条件

　　吴语中广泛分布着隔开式的 VOR 语序，具体请参石村广（2016、2018），盛益民、朱佳蕾（2020）的讨论。

　　盛益民、朱佳蕾（2020）发现，多数吴语只允许人称代词用于 VOR，而绍兴话还允许数量成分使用该语序。而温州话的特点在于，只允许数量成分，而不允许其他名词性成分使用 VOR 语序。

　　人称代词、光杆名词、指量名短语等都不能使用 VOR 语序，而必须改成处置式、话题结构等。例如：

（48）＊敲渠碎。～代渠敲碎。（敲碎它。）[①]

（49）＊渠烧烧配暖已经忒迟爻罢。～渠配烧烧暖已经忒迟爻罢。（他把菜烧热已经太迟了。）

（50）＊渠已经吃许种药完罢。（他已经吃完那种药了。）

可以用于 VOR 结构的宾语形式包括：数量结构、量词结构、其他数量成分。例如：

（51）苹果分眼儿爻。（苹果分掉点。）

（52）起多显多屋起罢。（建好了很多房子了。）

（53）已经修几徛间屋起罢？（已经修多少房子好了？）

　　跟绍兴话一样，由数量成分充当宾语的 VOR 结构，既可以是现实事件，也可以是非现实事件。不过，当用于非现实语境，那么只能使用 VOR 语序而不能使用 VRO 语序，也

---

　　① 吴越（私人交流）告知，瑞安话中，"死"可以作为结果补语和程度补语，当其为结果补语时，不接受 VOR 语序，而充当程度补语则可以。比如"打渠死"中的"死"只能表示程度高，而如果是作为结果补语，那么只能说"代渠打死"。

不能使用受事前置于动词的语序。请比较以下两组例句：

（54）a. 渠**已经**起（一）套屋好罢。（他已经建好一套房子了。）

　　　b. 渠**已经**起好（一）套屋罢。

（55）a. 你**妆紧**起三套屋好！（你赶紧建好三套房子！）

　　　b. ＊你**妆紧**起好三套屋！

　　　c. ＃你**妆紧**三套屋起好！①

4.2　语义解读

从以上的讨论可以看出，如果是已然事件，那么数量类成分在温州话中可以位于 A、B、C1、C2 4 个句法槽中，如下例：

（56）a. 我英语单词五十个**已经**背好罢。（我已经背好五十个英语单词了。）

　　　b. 我英语单词**已经**五十个背好罢。

　　　c. 我英语单词**已经**背五十个好罢。

　　　d. 我英语单词**已经**背好五十个罢。

上文已经指出，用于 A 句法槽只能是定指解读；B 句法槽可以是定指或者数量，但此时读音有别，轻读时是定指解读，重读时是数量解读；C 句法槽只能是不定指或者数量。接下来讨论表达数量、无定时的差异。

用于 B 句法槽的数量成分，因为重读，往往是充当对比焦点的，例如：

（57）我英语单词**已经**五十个背好罢，不是四十个。（他已经背好五十个英语单词，不是四十个。）

而位于 C1 句法槽，虽然也是做数量解读，通常是有剩余部分未完成，例如：

（58）我英语单词**已经**背五十个好罢，还剩十个。（我已经背好五十个英语单词了，还剩十个。）

而用于 C2 句法槽，则一般是做无定解读的。

五　结　语

汉语是典型的话题优先型语言，而吴语则比汉语普通话具有更为明显的话题优先倾向。但是，以往的研究在名词性受事成分的位置分布这一课题上，大多都更注重研究话题位置的前置与后置，即本文的 A、C 句法槽两个位置。更多的时候都是在讨论什么情况

---

① 如果"三套屋"做定指解读，则该句合语法。

下什么成分可以前置做话题、次话题。但随着研究的逐步深入,近年来越来越多学者开始关注到副词之后、谓语动词之前的 B 句法槽这个位置,也有人开始注意到在一些方言中,不定指成分也可以前置于动词。我们还看到,在不同的吴语方言中,相同条件下,同样的受事成分的句法分布也存在不同的情况,这也给予了我们更多思考的空间。

温州话存在四个句法位置,本文对这些句法位置的允准条件进行了初步探究。我们试图通过四个句法槽位置上不同谓语结构、不同名词形式的比较,来探讨温州方言中受事成分位置分布的制约因素与允准条件。经过这一系列的比较与分析,我们发现,谓语的属性与名词短语的形式是影响受事成分位置分布最主要的因素。当谓语是非复杂形式时,只有 A、C 两个句法槽;当为复杂形式时,可以允准动前的 B 句法槽。而名词性成分与句法位置也存在无标记关联,定指、类指无标记关联动前位置,不定指、数量无标记关联动后位置。

将温州方言的表现与北部吴语(尤其是宁绍一带的吴语)进行比较,可以得到如下几点认识:第一,温州方言中 B 句法槽的产生情况与其他方言也有不同,比如在绍兴方言中,当谓语动词是简单谓语,受事成分是论元分裂式结构时,就不会产生 B 句法槽。我们认为 B 句法槽的产生很可能与动后限制有关,但它的本质仍需要更多的研究来探究。

第二,在温州方言中,不定指的受事成分尚不能前置于动前位置,那些前置常常被当作是不定指成分的数量名、一量名结构,实际上是做有定或者数量解读的。从这个角度来说,温州话的 B 句法槽不如绍兴等地发达。

第三,温州方言 C1 句法槽的表现与北部吴语也存在差异,北部吴语中可以轻松地插入人称代词,但是温州方言 C1 句法槽只能接受“数量(名)”结构。但在未然/非现实语境对 VOR 结构有更高的允准度上,又体现出各方言的一致性来。关于非现实语境与 VOR 语序的亲和性,请参石村广(2016、2018),盛益民、朱佳蕾(2020)等的讨论。

第四,潘悟云(1997)认为温州话的受事绝对不能出现在补语之后。从本文的讨论来看,虽然定指、类指成分的确不能用于动补结构之后,但是无定成分还是允许的。而在绍兴话中,无定成分也不能位于动补结构之后。①

虽然现在关于话题的相关研究有很多,但从受事成分角度来考虑,综合分析受事成分位置分布及允准条件,综合探讨影响要素的文章并不多,尤其是南部吴语这一方面的研究更少。温州方言作为南部吴语的典型成员,希望本文的研究能够在一定程度上弥补这方

① 温州方言是否存在年龄差异,还需要进一步探究。

面的缺失,并给整个吴语的语序研究提供一些有用的参照样本。

参考文献

陈平.释汉语中与名词性成分相关的四组概念[J].中国语文,1987(2):81—92.

胡建华,潘海华,李宝伦.宁波话与普通话中话题和次话题的句法位置[M]//话题与焦点新论,2003:164—175.

李艳惠,陆丙甫.数目短语[J].中国语文,2002(4):326—336.

刘丹青.汉语方言的语序类型比较研究[J].现代中国语研究(日本),2001a(2):1—13.

刘丹青.吴语的句法类型特点[J].方言,2001b(4):332—343.

刘丹青.语序类型学与介词理论[M].北京:商务印书馆,2003.

刘丹青.汉语中的非话题主语[J].中国语文,2016(3):259—275.

刘丹青.制约话题结构的诸参项——谓语类型、判断类型及指称和角色[J].当代语言学,2018(1):1—18.

潘悟云.温州方言的动词谓语句[M]//中国东南部方言比较研究丛书·第三辑——动词谓语句.广州:暨南大学出版社,1997:58—75.

石村广.动结式的致使意义和使动用法的双音化[J].当代语言学,2016(3):339—353.

石村广.汉语南方方言的动宾补语序——兼谈与壮侗语的语言接触问题[M]//语言研究集刊(第20辑).上海:上海辞书出版社,2018:193—210.

盛益民.吴语绍兴柯桥话参考语法[D].天津:南开大学,2014.

盛益民.汉语方言定指"量名"结构的类型差异与共性表现[J].当代语言学,2017(2):181—206.

盛益民,陶寰.话题显赫和动后限制——塑造吴语受事前置的两大因素[J].当代语言学,2019(2):181—206.

盛益民,朱佳蕾.绍兴方言隔开式动补结构的句法表现与语义限制[J].方言,2020(3):311—320.

徐烈炯,刘丹青.话题的结构与功能[M].上海:上海教育出版社,2007[1998].

游汝杰,杨乾明.温州方言词典[M].南京:江苏教育出版社,1998.

郑张尚芳.温州方言志[M].北京:中华书局,2008a.

郑张尚芳.温州常用方言词本字辨正[M]//东方语言学(第3辑).上海:上海教育出版社,2008b.

Li, Charles N. & Thompson, Sandra A. Subject and Topic:A New Typology of Language(主语与话题:一种新的语言类型学)[J].国外语言学,1984:38—44.

汉语方言通梗臻三摄的分合

薛才德[*]

上海大学

本文讨论的范围不仅仅是通梗臻三摄见系合口三等韵,还包括臻摄精组、来母合口三等韵等韵类的分合情况。

—

汉语北方方言通梗臻三摄见系合口三等韵、臻摄精组和来母合口三等韵等的分合情况。

表 1　山西方言通梗臻三摄见系、臻摄精组和来母合口三等韵等的分合情况

	凶雄用勇融容	兄永荣	均军群薰训云	俊旬	轮伦
长治	yɤ				uən
离石	yɑɤ				uən
忻州	yəŋ(薰缺)				uən
大同	yəɣ(薰缺)				uən
太原	yuŋ				

表 1 第一横栏例字,"凶雄用勇融容"属通摄见系合口三等韵,"兄永荣"属梗摄见系合口三等韵,"均军群薰训云"属臻摄见系合口三等韵,"俊旬"属臻摄精组合口三等韵,"伦轮"属臻摄来母合口三等韵(下文表格第一横栏例字排列顺序都是如此,不再赘述)。

表 1 中,长治和离石方言分为两个韵类,"凶雄用勇融容兄永荣均军群薰训云俊旬"为一类,"伦轮"为一类。忻州、大同方言也是两个韵类,同长治和离石方言略有不同,"凶雄用勇融容兄永荣均军群训云俊旬轮"为一类,"伦"为一类。太原方言"凶雄用勇融容兄永荣均军群薰训云俊旬伦轮"合为一个韵类。

＊　作者电子邮箱:xuecd@126.com。

表 2　西北方言通梗臻三摄见系、臻摄精组和来母合口三等韵等的分合情况

	凶雄用勇融容	兄永荣	均军群薰训云	俊旬	伦轮
神木	yɣ̃(伦 uɣ̃)				
宝鸡	yəŋ(俊缺)				
绥德	yŋ				
银川	yŋ				
兰州	yə̃				
天水	yn				uən
西宁	yə̃(俊缺)				
乌鲁木齐	yŋ				

表 2 中，除了天水方言"凶雄用勇融容兄永荣均军群薰训云俊旬"合为一个韵类，"伦轮"为另一个韵类，神木方言"凶雄用勇融容兄永荣均军群薰训云俊旬轮"合为一个韵类，"伦"为另一个韵类外，宝鸡、绥德、银川、兰州、西宁和乌鲁木齐方言"凶雄用勇融容兄永荣均军群薰训云俊旬伦轮"都合为一个韵类。

表 3　其他北方方言通梗臻三摄见系、臻摄精组和来母合口三等韵等的分合情况

	凶雄用勇兄永	融容荣	均军群薰训云	俊①旬	伦轮
北京	yŋ	uŋ	yn		uən
哈尔滨	yŋ	uŋ	yn		uən
青岛	ioŋ		yē		uē
石家庄	yŋ	uŋ	yn		uən
郑州	yŋ	uŋ	yn		uən
成都	ioŋ(永荣 yn)		yn		ən
扬州	ioŋ		yn		ən

表 3 中，北京、哈尔滨、石家庄和郑州方言分四个韵类，"凶雄用勇融容"为一类，"兄永荣"为一类，"均军群薰训云俊旬"为一类，"伦轮"为一类。青岛、成都和扬州方言分三个韵类，"凶雄用勇融容兄永荣"为一类，"均军群薰训云俊旬"为一类，"伦轮"为一类，成都方言与青岛、扬州方言略有不同，例字"永荣"归"均军群薰训云俊旬"韵类。

将表 1、表 2 和表 3 作个比较，就会发现山西方言和西北方言同北京等其他北方方言相比，对表中例字的分类是很不一样的，表 1 和表 2 中的山西方言和西北方言"凶雄用勇融容兄永荣均军群薰训云俊旬伦轮"大多合为一个韵类，或者两个韵类，表 3 中的北京等

---

① 北京和哈尔滨的"俊"有文白异读，文读都为 uən。

其他北方方言则分成三到四个韵类。表 3 中的北京等其他北方方言"伦轮"都是自成一个韵类,表 1、表 2 中的山西方言和西北方言只有部分方言"伦轮"或"伦"自成一类的,这个韵类的出现很可能是受了表 3 中的北京类型北方方言的影响。

一

吴方言和湘方言通梗臻三摄见系合口三等韵、臻摄精组和来母合口三等韵等的分合情况。

表 4　吴方言通梗臻三摄见系、臻摄精组和来母合口三等韵的分合

	凶雄用勇融容	兄永荣	均军群薰训云	俊旬	伦轮
上海	ioŋ			in	ən
江阴	ioŋ			iŋ̩	—
常熟	ioŋ			ĩŋ̩	—
天台	yoŋ				əŋ
温州	ioŋ				aŋ

表 4 中,上海、江阴、常熟方言分为三个韵类,"凶雄用勇融容兄永荣均军群薰训云"为一类,"俊旬"为一类,"伦轮"为一类。天台和温州方言分为两个韵类,"凶雄用勇融容兄永荣均军群薰训云俊旬"为一类,"伦轮"为一类。根据薛才德(2014)研究可以断定上海、江阴、常熟方言的"俊旬"韵类是后起的,它们原来同天台和温州方言一样"凶雄用勇融容兄永荣均军群薰训云"和"俊旬"是合为一个韵类的。

表 5　湘方言通梗臻三摄见系、臻摄精组和来母合口三等韵等的分合情况

	凶雄用勇融容	兄永荣	均军群薰训云	俊旬	伦轮
长沙	in	yn(兄 in)		ən	
衡阳	in	yn(兄① ian 群② uən)		uən	
娄底	iɣŋ(雄③ ɣŋ)	un(兄 yn)	yn(云 un)	un	
双峰	iɛn	yɛn(兄④ ioŋ)	uan(薰训云 yɛn)		
溆浦	ĩ	ỹ(兄ĩ)		uə̃	
泸溪	ioŋ(融缺)	yn(兄 ioŋ 群薰缺)		uən(伦缺)	

---

① 衡阳方言"兄"有文白异读,文读为-in。
② 衡阳方言"群"有文白异读,文读为-yn。
③ 娄底方言"雄"有文白异读,文读为-iɣŋ。
④ 双峰方言"兄"有文白异读,文读为-yɛn。

表 5 中，长沙、溆浦、泸溪方言分为三个韵类，"凶雄用勇融容兄"为一类，"永荣均军群薰训云"为一类，"俊旬伦轮"为一类。衡阳方言分为四个韵类，"凶雄用勇融容"为一类，"永荣均军薰训云"为一类，"俊旬伦轮"为一类；"兄群"有文白异读，"兄"文读与"永荣均军群薰训云"为一类，白读自成一类(ian)；"群"文读与"永荣均军薰训云"为一类，白读与"俊旬伦轮"为一类。娄底方言分为四个韵类，"凶用勇融容"为一类，"兄均军群薰训"为一类，"永荣云俊旬伦轮"为一类；"雄"有文白异读，文读与"凶用勇融容"为一类，白读自成一类(ɤŋ)。双峰方言分为四个韵类，"凶雄用勇融容"为一类，"永荣薰训云"为一类，"均军群俊旬伦轮"为一类；"兄"有文白异读，文读与"永荣薰训云"为一类，白读自成一类。湘方言的韵类三个到四个不等。

三

赣方言和客家方言通梗臻三摄见系合口三等韵、臻摄精组和来母合口三等韵等的分合情况。

表 6　赣方言通梗臻三摄见系、臻摄精组和来母合口三等韵等的分合情况

	凶穷熊用融	兄永荣	均军群薰训云	俊旬	伦轮
南昌	iuŋ	iaŋ 兄① yn 永 iuŋ 荣	yn		ən
余干	uŋ(用融 iuŋ)	aŋ 兄 iuŋ 荣永缺	un(薰缺 云 in)	ən(旬缺 伦缺)	
吉安	iuŋ	iaŋ 兄 uŋ 荣永缺	yn(薰缺 旬缺)		un(伦缺)
黎川	iuŋ	iaŋ 兄 in 永 iuŋ 荣	yn(薰训云 in)	ən	
新干	ioŋ	iaŋ 兄 ioŋ 荣永缺	yn(军 in 薰缺 旬缺)		un(伦缺)
建宁	iuŋ	iŋ	uin(训云 in)	in	un

表 6 中，南昌方言分为四个韵类，"凶用穷熊融荣"为一类，"永均军群薰训云俊旬"为一类，"伦轮"为一类，"兄"自成一类，南昌方言"兄"还有一个文读，归"永均军群薰训云俊旬"韵类。余干方言分为六个韵类，"凶穷熊"为一类，"用融荣"为一类，"均军群训"为一类，"俊轮"为一类，"兄"和"云"各单独为一个韵类。吉安方言分为五个韵类，"凶用穷熊融"为一类，"均军群训云俊"为一类，"兄""荣""轮"各单独为一个韵类。黎川方言分为五个韵类，"凶用穷熊融荣"为一类，"均军群"为一类，"永薰训云"为一类，"俊旬伦轮"为一类，"兄"单独为一个韵类。新干方言分为五个韵类，"凶用穷熊融荣"为一类，"均群训云俊"为一类，"兄""军""轮"各自单独为一类。建宁方言分为五个韵类，"凶用穷熊融"为一类，"兄永荣"为一类，"永均军

---

① 南昌方言"兄"有文白异读，文读为-yn。

"群薰"为一类,"训云俊旬"为一类,"伦轮"为一类。赣方言各地的韵类大多为五个。

表 7　客家方言通梗臻三摄见系、臻摄精组和来母合口三等韵等的分合情况

	凶雄用勇融容	兄永荣	均军群薰训云	俊旬	伦轮
梅县	iuŋ(永 iun)		iun	un	
南雄	iəŋ(永 iuŋ)		iuŋ	uŋ(俊 iuŋ)	
长汀	ioŋ(凶雄 oŋ)	iaŋ 兄① ieŋ 永 ioŋ 荣	eŋ(薰训云旬缺)		
惠州	əŋ		un		
修水	iəŋ	iaŋ 兄 in 永 iəŋ 荣	in	ən(旬缺)	
全南	iuŋ	iuŋ 荣 iun 永(兄缺)	iun	un(旬 in)	

表 7 中,梅县、南雄方言分为三个韵类,梅县方言"凶雄用勇融容兄荣"为一类,"永均军群薰训云"为一类,"俊旬伦轮"为一类;南雄方言的"永"和"俊"归"均军群薰训云"韵类。长汀方言分为五个韵类,"用勇融容兄荣"为一类,"凶雄"为一类,"永均军群俊伦轮"为一类,"永"单独为一类,"兄"有文白异读,文读归"凶雄"韵类,白读单独为一类。惠州方言分为两个韵类,"凶雄用勇融容兄永荣"为一类,"均军群薰训云俊旬伦轮"为一类。修水方言分为四个韵类,"凶雄用勇融容荣"为一类,"永均军群薰训云"为一类,"俊伦轮"为一类,"兄"单独为一类。全南方言分为四个韵类,"凶雄用勇融容荣"为一类,"永均军群薰训云"为一类,"俊伦轮"为一类,"旬"单独为一类。客家方言各方言点少到惠州只有两个韵类,多到长汀有五个韵类。

四

粤方言通梗臻三摄见系合口三等韵、臻摄精组和来母合口三等韵等的分合情况。

表 8　粤方言通梗臻三摄见系、臻摄精组和来母合口三等韵等的分合情况

	凶雄用勇融容	兄永荣	均军群薰训云	俊旬	伦轮
广州	ioŋ(凶雄 oŋ)	ueŋ(兄 eŋ)	uɐn(薰训 ɐn)	œn	
中山	ioŋ(凶雄 oŋ)	eŋ(永 ueŋ)	uɐn(薰 ɐn)	ɐn(旬 uɐ œn)	
台山	øŋ	en	un		
东莞	oŋ	əŋ	uɐn(薰训云 ɐn)	ɐn	
阳江	iuŋ(凶雄 ʊŋ)	wɪŋ(兄 ʊŋ)	uɐn(薰训 ɐn)	ɐn	
南宁	yøŋ(凶雄 øŋ)	ɐŋ(荣 yøŋ)	uɐn	ɐn(俊 iɐn)	

---

① 长汀方言"兄",有文白异读,文读为-oŋ。

表 8 中，广州、中山方言都分七类，但例字归类略有不同。广州方言"凶雄"为一个韵类，"用勇融容"为一个韵类，"兄"为一个韵类，"永荣"为一个韵类，"薰训"为一个韵类，"均军群云"为一个韵类，"俊旬伦轮"为一个韵类。中山方言"凶雄"为一个韵类，"用勇融容"为一个韵类，"永"为一个韵类，"兄荣"为一个韵类，"均军群训云"为一个韵类，"薰俊伦轮"为一个韵类，"旬"为一个韵类。南宁方言有六个韵类，"凶雄"为一个韵类，"用勇融容荣"为一个韵类，"兄永"为一个韵类，"薰训均军群云"为一个韵类，"旬伦轮"为一个韵类，"俊"为一个韵类。台山方言有三个韵类，"凶雄用勇融容"为一个韵类，"兄永荣"为一个韵类，"薰训均军群云俊旬伦轮"为一个韵类。东莞方言有四个韵类，"凶雄用勇融容"为一个韵类，"兄永荣"为一个韵类，"均军群"为一个韵类，"薰训云俊旬伦轮"为一个韵类。阳江方言有六个韵类，"凶雄"为一个韵类，"用勇融容"为一个韵类，"兄"为一个韵类，"永荣"为一个韵类，"均军群云"为一个韵类，"薰训俊旬伦轮"为一个韵类。粤方言的韵类在三个到七个之间。

五

闽方言通梗臻三摄见系合口三等韵、臻摄精组和来母合口三等韵等的分合情况。

表 9　闽方言通梗臻三摄见系、臻摄精组和来母合口三等韵等的分合情况

	凶雄用勇融容	兄永荣	均军群薰训云	俊旬	伦轮
厦门	ioŋ(雄用① ɯŋ)	ɯŋ(兄② iaŋ)	un		
潮州	ioŋ(用雄③ eŋ 融④ĩē 兄ĩa)		uŋ(均薰 ɯŋ)		
福州	yŋ	iŋ(兄⑤ iaŋ)	uŋ(均 iŋ 薰⑥训俊 ouŋ)		
仙游	yøŋ	yŋ(兄 iä)	uoŋ		
沙县	yeiŋ(凶雄 œyŋ 兄 ĩɔ)		uĩ(云缺 俊缺)		
建瓯	œyŋ(兄⑦ iaŋ)				
建阳	eiŋ(兄⑧ iaŋ 轮缺)				
崇安	əŋe				

---

① 厦门方言"雄用"有文白异读，文读为-ɯŋ。
② 厦门方言"兄"有文白异读，文读为-ɯŋ。
③ 潮州方言"雄"有文白异读，文读为-ioŋ。
④ 潮州方言"融"有文白异读，文读为-ioŋ。
⑤ 福州方言"兄"有文白异读，文读为-iŋ。
⑥ 福州方言"薰"有文白异读，文读为-yŋ。
⑦ 建瓯方言"兄"有文白异读，文读为-œyŋ。
⑧ 建阳方言"兄"有文白异读，文读为-eiŋ。

表 9 中，厦门方言分四个韵类，"凶勇融容"为一类，"永荣"为一类；"雄用"和"兄"有文白异读，"雄用"白读归"凶勇融容"，文读归"永荣"；"兄"文读归"永荣"，白读单独成一类；"均军群薰训云俊旬伦轮"为一类。潮州方言分六个韵类，"凶勇用容永荣"为一类，"雄"和"融"有文白异读，文读都归"凶勇容永荣"，白读"雄"和"融"各自成一类；"兄"单独成一类，"军群训云俊旬伦轮"为一类，"均薰"为一类。福州方言分五个韵类，"凶雄用勇融容"为一类，"永荣均"为一类，"兄"有文白异读，文读归"永荣均"，白读单独成一类；"军群云旬伦轮"为一类，"训俊"为一类，"薰"有文白异读，文读归"凶雄用勇融容"，白读归"训俊"。仙游方言分四个韵类，"凶雄用勇融容"为一类，"永荣"为一类，"兄"单独成一类，"均军群薰训云俊旬伦轮"为一类。沙县方言也是四个韵类，"凶雄用勇融容永荣"为一类，"凶雄"为一类，"兄"单独成一类，"均军群薰训旬伦轮"为一类。建瓯、建阳方言都是两个韵类，"凶雄用勇融容永荣均军群薰训云俊旬伦轮"为一类，"兄"有文白异读，文读归"凶雄用勇融容永荣均军群薰训云俊旬伦轮"韵类，白读自成一类。闽方言的韵类，少到崇安方言只有一个韵类，多到潮州方言有六个韵类。闽方言"兄"大多有文白异读，白读自成一类。

六

比较上文各表，可以观察到山西方言、西北方言与吴方言通梗臻三摄见系合口三等韵以及臻摄精组合口三等韵的分合几乎相同，都是合为一个韵母。值得注意的是表 9 中的闽北方言韵摄的分合与吴方言相比，跟山西方言、西北方言有更多的一致性。臻摄来母合口三等韵"伦轮"，吴方言是自成一韵的。

下面再将山西方言、西北方言同吴方言、闽北方言作个较为具体的比较。

山西方言和西北方言由于受到北京类型北方方言较大的影响，各个方言点一个 yŋ 或 ioŋ 韵母所包含的字有出入，现把它们综合起来，归纳如下：

通摄见系合口三等字"供弓熠穹穷凶匈胸熊雄雍臃壅痈融容蓉熔庸拥勇甬涌蛹俑踊愿甏用佣"、通摄精组合口三等字"松诵颂讼"、通摄日母合口三等字"绒戎茸冗"、通摄来母合口三等字"龙陇垄"、梗摄见系合口三等字"琼兄荣永泳咏顷营茔"、梗摄见系合口四等字"迥炯"、臻摄见系合口三等字"均钧君军菌窘郡群裙薰薰勋训匀云耘尹熨运晕允韵陨酝蕴菀"、臻摄精组合口三等字"俊浚竣峻骏旬荀询殉循巡驯笋榫逊迅"、臻摄日母合口三等字"润闰"、臻摄来母合口三等字"轮伦仑沦"。

温州地处吴方言区腹地，受到北京官话的影响相对要小一些，吴方言就以温州方言为代表，把含 ioŋ 韵母的相关韵类字开列如下：

通摄见系合口三等字"弓躬宫芎穹穷藭筇邛蛩跫熊雄融容蓉溶熔邕庸慵墉镛郿佣雍饔雝踊拥"、知系合口三等字"中忠终螽盅众充冲忡仲春衝宠铳虫"、精组合口三等字"纵囱从"，梗摄见系合口三等字"荣嵘蝾琼茕癗兄永泳咏憬倾顷綮廎萦濴营莹茔"、梗摄见系合口四等字"扃迥炯埛焭泂颎萤荥濙"，臻摄见系合口三等字"菌裙窘群郡熏薰醺曛獯纁勋埙训云雲酝纭芸沄韫缊蕴愠匀耘运韵熨晕郓筠䫩郧殒允狁均钧君麇军皲捃恽"、臻摄知系合口三等字"谆肫窀迍准準春椿蝽蠢舜瞬唇純吮顺润闰"、臻摄精组合口三等字"遵俊竣峻浚骏晙焌馂逡皴询荀循巡驯旬殉洵徇郇峋珣笋榫"。

闽北方言以建瓯话为代表把含 œyŋ 韵母的相关韵类字开列如下：

通摄见系合口三等字"供拱弓躬宫恭恐翁穷凶匈胸熊雄融容熔拥勇涌踊用"、通摄知系合口三等字"中忠衷终锺绒戎茸"、通摄精组合口三等字"松诵颂讼从踪纵"、通摄来母合口三等字"龙陇垄隆"，通摄泥母合口三等字"浓"、梗摄见系合口三等字"兄荣永泳咏营"、梗摄见系合口四等字"萤"，臻摄见系合口三等字"均钧君军群裙熏薰勋训匀云熨运晕允韵陨酝蕴莙"、臻摄知系合口三等字"准春椿唇纯蠢顺润闰"、臻摄精组合口三等字"俊旬循巡笋榫迅"、臻摄来母合口三等字"轮伦"。

三地一个韵母古合口三等韵所包含的有通臻两摄见系字、精组字，梗摄见系字（还有四等字）；通臻两摄，温州方言和建瓯方言有知系字，山西和西北方言只有其中的日母字；通臻两摄，建瓯方言同山西和西北方言都有来母字，温州方言则没有；建瓯方言还有其他两地方言没有的泥母字。这种方言语音类型上的相同或相似绝对不是巧合，很可能说明山西及其周边方言与吴方言的历史关系。一般认为汉语东南方言的形成，是同北方汉人南下有关，我们推测吴方言的形成很可能同历史上山西及其周边方言的南下有关。吴方言地理上接近北方官话，尤其是北部吴语受到北方官话的影响较大，可以推测吴方言臻摄来母合口三等韵"伦轮"，原来也是与通梗臻三摄见系合口三等韵以及通臻摄知系和精组合口三等韵合为一体的，后来受到北方官话影响才自成一韵的。闽北方言地理上靠近吴语，历史上跟吴方言关系密切，有些学者甚至认为今天的闽北方言就是早期的吴语。闽北方言远离北方官话，可能保留较多早期方言韵摄分合的面貌。建瓯话的 œyŋ 韵母比温州话，甚至比山西话对应的韵母有更大的音类包容性，可能是建瓯话更多地保留了山西及其周边方言对应韵母的早期面貌①。

参考文献

鲍厚星.湘方言概要[M].长沙：湖南师范大学出版社,2006.

北京大学中文系语言学教研室.汉语方音字汇(第二版)[M].北京：文字改革出版社,1989.

陈昌仪.江西省方言志[M].北京：方志出版社,2005.

陈章太,李行健.普通话基础方言基本词汇集[M].北京：语文出版社,1996.

傅国通,郑张尚芳.浙江省语言志[M].杭州：浙江人民出版社,2015.

贺凯林.溆浦方言研究[M].长沙：湖南教育出版社,1999.

―――――――――――

① 论证吴方言与山西及其周边方言的历史关系需要更多的证据，这是我们下一步要做的工作。

建宁县地方志编纂委员会.建宁县志[M].北京:新华出版社,1995.

蓝小玲.闽西客家方言[M].厦门:厦门大学出版社,1999.

李连进.平话音韵研究[M].桂林:广西人民出版社,2000.

李如龙.福建县市方言志 12 种[M].福州:福建教育出版社,2001.

李如龙,张双庆.客赣调查报告[M].厦门:厦门大学出版社,1992.

李永明.衡阳方言[M].长沙:湖南人民出版社,1986.

林立芳,庄初升.南雄珠玑方言志[M].广州:暨南大学出版社,1995.

刘纶鑫.江西客家方言概况[M].南昌:江西人民出版社,2001.

薛才德.上海话若干韵母的混读及其相关问题探讨[M]//承泽堂方言论丛.北京:语文出版社,2014.

薛才德.山西及其周边方言共有的一个语音特征[M]//语言研究集刊(24 辑).上海:上海辞书出版社,2019.

颜森.黎川方言研究[M].北京:社会科学出版社,1993.

詹伯慧,张日昇.珠江三角洲方言字音对照[M].广州:广东人民出版社,1987.

郑张尚芳.温州方言志[M].北京:中华书局,2008.

乡村地理语言学的理论思考与实践

严修鸿 *

广东外语外贸大学

一 地理语言学

方言地理学兴起于 19 世纪末的欧洲,之后成为西方方言学的主流。中国的相关研究虽然从 20 世纪初林语堂、刘复等人就大力倡导,在教育部的学科分类中,地理语言学也是语言学下面的二级学科,但由于种种原因,该学科在有着复杂方言的中国却一直未能得到充分发展。直到 20 世纪 90 年代末受日本学者的推动和影响,地理语言学才又在国内引起重视。

用地理语言学的方法对我国的语言与方言进行研究始于 20 世纪初,比利时人贺登崧对我国大同、宣化等地的方言进行过调查并将调查结果画成方言地图。汉语方言的地理语言学研究成果很多,如《湖北方言调查报告》(赵元任等,1948)、《宣化方言地图》(王辅世,1950)、《中国语言地图集》(中国社会科学院和澳大利亚人文科学院,1988)、《珠江三角洲方言综述》(詹伯慧、张日升主编,1990)、《山西方言调查报告》(侯精一、温端政主编,1993)、《汉语方言地图集》(曹志耘主编,2008)、《汉语方言解释地图集》(岩田礼主编,2009)等。近年来,方言地图的工作在各地方兴未艾,甘于恩的"广东粤语方言地图集"已经结题,李永新的"湘江流域方言的地理语言学研究"2011 年已经出版。这些研究有的侧重于地理分布,有的侧重于语言特征,分图说明,各具特色。

2010 年 11 月,首届中国地理语言学国际学术研讨会在北京语言大学召开,这是中国地理语言学发展史上一座重要的里程碑。在该会议的论文提要集《地理语言学研究文献》(初稿)里详列了 66 部专著、195 篇论文。该会的第二、第三届在 2012 年及 2014 年分别在南京大学与暨南大学召开,与会学者都超过了 80 位,地理语言学正在中国不断发展。

---

* 作者电子邮箱:1799586322@qq.com。

《汉语方言地图集》是世界上第一部在统一的实地调查的基础上编写的、全面反映 20 世纪汉语方言基本面貌的原创性语言特征地图集,是语言学者的必备工具书。国内外 34 所高校和研究单位的 57 名研究人员,历时 7 年,实地调查全国 930 个地点,编写收录了 510 幅方言地图。

"汉语方言地图集"课题自 2001 年启动,2008 年完成。调查地点共 930 个,遍及全国(包括港澳台)各地,东南部地区达到一县一点。除了省会级城市和方言区代表点城市以外,其余地点均调查乡下方言。发音人基本上是 1931—1945 年之间出生的男性。调查条目选自课题组专门编写的《汉语方言地图集调查手册》,该手册包括单字 425 个,词汇 14 类 470 条,语法 65 类 110 条,共计 1 005 个条目。设立调查条目的主要原则是:(1)反映重要的地域差异,(2)反映重要的历史演变。所有调查点一律赴当地进行调查。在传统的书面记录之外,还采用数字录音方式录制全部调查项目的有声语料。

所有调查材料经录入、校对后,建成全部 930 个调查点的"汉语方言地图集数据库"。再利用 NFGIS 的全国地图数据和 ArcView9.1 版绘图软件,建立"汉语方言地理信息系统",在该系统的基础上,进行方言地图的绘制工作。根据调查结果,从全部调查条目中归纳出最有价值的 510 个地图条目,绘制成 510 幅方言特征分布地图,分为语音、词汇、语法 3 卷。

汉语方言地图的绘制工作,在全国的规模上已经具备宏观的框架,一些重要的语言特征在全国范围内得到了揭示与展现,是 21 世纪初汉语语言学的重要里程碑,其积累的经验可作为中国地理语言学研究的基础。

近年来,地理语言学进入了国家社科语言学选题指南,从 2013 年后,仅仅以"方言地图集"为名目的就有如下这些课题立项:山西晋方言地图集(2013)、上海市方言地图集(2015)、西北地区汉语方言地图集(2015)、黑龙江省汉语方言地图集(2016)、湘西地区汉语方言地图集(2016)、桂东北地区方言地图集(2017)、陕西方言地图集(2018)、山东省汉语方言地图集(2019)、江苏境内汉语方言地图集的编制研究(2019)、广东客家方言地图集(2019)。

2011 年后以"地理语言学"为主题的国家社科项目有如下:

地理语言学和衡山南岳方言地理研究(2011)、语言接触视角下的宣州吴语地理语言学研究(2012)、语言接触视角下的鄂东南赣语地理语言学研究(2014)、语言接触视角下的鄂东南赣语地理语言学研究(2014)、苏北江淮官话的地理语言学研究(2015)、地理语言学视阈下的环渤海方言比较研究(2015)、地理语言学视角下皖西南方言接触研究(2016)、地理语言学视角下的广西左右江流域壮语方言研究(2016)、吴语处衢方言的地理语言学研究(2016)、地理语言学视角下的杭嘉湖地区方言语法研究(2017)、地理语言学视域下的赣闽粤交界地带客家方言语法特征研究(2017)、地理语言学视域中的客赣交界地带方言研究(2017)、地理语言学视角下的鄂豫皖方言接触研究(2017)、地理语言学视阈下苏皖浙交界地区吴语音变研究(2018)、基于《蕲春语》的蕲春方言地理语言学研究(2019)。

学术界对地理语言学的研究偏重宏大叙事，对微观的地理差异总体上重视不够。

长期以来，汉语方言的调查多数以大城市方言为重，重视方言代表点的深入挖掘，取得了一定成绩。大型、中型规模的调查，也多是着眼于宏观、中观，一般是一个县一个点来安排的。学术界偏重宏观，一方面是与学术眼光有关，以往着重解释大面积的方言分布，不太重视每个乡村之间的种种差异。另外，与人力资源也有关系，毕竟方言学是小众的研究，与中国广阔丰富的方言现象相比，方言学人才实在是太缺乏了。

但是，这显然不是地理语言学的全部，更多丰富的语言细节、绵延的语音演变的链条无法透过宏大的方式揭橥与展现，为此我们提出"乡村地理语言学"这一明确的理念，在方言特别复杂的地区做实验探索，这个研究有望充实地理语言学的内涵。

二　乡村地理语言学

2.1　含义

本文提出的"乡村地理语言学"，当然是属于地理语言学范畴的，属于微观地理语言学。加上"乡村"这个限定，主要用意在于设点调查的时候，尽量考虑到语言变异往往是以乡村为单位发生的。在整个县范围内，当地有外出经验的人可以告诉你哪几个乡镇是接近或有差异的，但这还不够细致。只有到了具体乡镇，当地人才可以告知你哪些乡村是有差异的。地理语言学落实到有差别的乡村之间，才更加实在，也更加符合当地百姓对不同言语交际社会的差异的感性认知。

落实到相邻有差异的乡村，更加容易发现一些音变、词汇变化发生的情况，这些可靠案例的积累，有助于理解语言在地理上的变化。

2.2　必要性

1996—1997年，笔者曾经在福建省连城县调查，当时考虑到那里方言比较复杂，设立了16个调查地点，曾心满意足地认为，已经差不多了。但事实上，这与当地复杂分歧的方言事实相比，还是很显稀疏的。以该县北团镇为例，当时选择了罗王村来调查，以极其常见的动词"有"为例，若是该镇只有罗王村这一个点，那么只有一个形式[vu⁵⁵]。但在2014—2015年的密集布点的调查中，我们根据实际所存在的语言差异一共设立了8个调查点，发现了该乡镇有口音区别的村落"有"字就存在着8个不同发音：

表1 "有"字在连城县北团镇8个地点的不同发音

地点	罗王	溪尾	卓家演	倒湖	张地井	大张	赖屋坝	蕉坑
有的字音	vu^{55}	hɐe^{53}	hae^{44}	hʌɯ^{33}	hɑɔ^{42}	hɐɯ33	ʒɯ^{33}	iəɯ^{43}
读同调类	阳入	上声	上声	阴平	阴平	阴平	阴平	阴平
读同声类	云母	匣母	云母	匣母	云母	云母	云母	云母
读同韵类	模韵	侯韵	侯韵	侯韵	侯韵	侯韵	尤韵	尤韵

这同一个乡镇内的8个地点,几乎每个地点都有差异,既有语音层次上的不同(声调有读上声、阴平、阳入三种;声母有读同匣母、读同云母两种;韵母有读同模韵、尤韵、侯韵三种),也有同声类的音质差异。这仅仅是一个乡镇的情况,若扩大到全县的范围,则差异更加纷繁。若依照一个乡镇一个点,那么北团镇除了早先罗王村之外的7个地点的语言材料就被忽略了。

因此,在这类语言接触带上的复杂方言区进行密集布点的调查是符合现实需要的,这与部分方言区的复杂程度是相称的。这种密集程度,大致是一个中等规模县份设置100个左右的调查地点(设点的原则是根据专家判断与当地居民认知,凡是有明显差异的口音都设点,若是当地居民认为差不多,但是地理上存有较大的空档的村落也同样设置调查点)。

三 密集布点的价值

3.1 可以深入了解到语言变化的一些社会动因

一些方言复杂区的丰富的歧异变化,究竟是什么原因导致的? 乡村地理语言学的做法,可能可以提供一些新鲜的案例。深入调查可以了解到独特的交际状况,反映了人以群分的语言心理——同村子因为房派出现口音歧异,在福建省连城县就发现9处。举个例子:曲溪乡罗胜村,吴姓,700人,村内有两个房派,其中梗摄三等阳声韵白读,一般客家话是读iaŋ的,而这个村内,一房人是读ie,如"饼"pieʔ^{31},而另外一房人"饼"读piaʔ^{31}。这两个房派的村民地理上没有多大的距离,村头到村尾也就300米左右的路。这个差异本地人也认识到了的,但依照不同房派,各自发音维持区别。

在广东省的连州市星子镇姜联村的紧邻的两个自然村,一个是老村,一个是新村,都姓唐,同一个宗族分化的两个房派,两村只有140米左右的距离,两村通婚。两村居民现在常走动如一村人,历史上曾经是"鸡犬之声相闻,老死不相往来"。因为不同房派,生活作息有些差异,口音也略有差异。老村吃饭时间更早一点,早饭是9~11点,而新村是 10～11:30。老村人认为新村人比较拖拉。方言词汇上有些差异,比如"捆"老村叫"羁"ka³³,新村叫"缚"pi³³;"打人"老村说"钉人"te³³ ɲin²⁴,新村说"打人"tou⁴⁴ ɲin²⁴。字音上也有系统上韵值的差异:"斫、缚、北"老村韵母为 e,新村为 i;"八、柴"老村韵母是 ɵ,新村是 ou;"前、尖"老村韵母是 əi,新村是 an;"船、泉、拳、劝"老村是 oi 韵,新村是 ɵn 韵。

这些同村同姓氏而不同口音的现象,如果依照一个县一个点,一个乡一个点来调查,肯定是不能发现的,而密集布点调查就有希望观察到。

3.2 可以观察到音变链条上的一些具体环节

一个大方言区的变化,如果布点比较稀疏,则一些演变不能得到很可靠的演变信息。而如果密集布点,其地理上演变的信息就更加丰富,演变链条上的环节可以得到证实。

同样是连城县及周边相关区域(人口 45 万,地理面积大约 4 200 平方千米范围内),我们在调查到 136 个地点时,就侯韵的现代读音发现非常丰富。以"楼"为例,"楼"的韵母细分有 51 个,归纳后有 29 类:

表 2　连城县及周边相关区域"楼"的韵母

单元音	合口	齐齿呼	前响复合
a	uo	iɑo\iɑi	oo\oʌ\cɑ\ɑo\ao
ɑ	ɔe	ii\iɪ\iɐɪ\iɜɪ\ie\iɜ	æ\æe\ae\əe
ɔ	ua	ia\ea	ɐi\ɛi
i	uɑɛ	io\iɔ\cɪ	ʌe\ʌɤ
ɪ	iuɔ\cuɪ\ɣuɪ	oui\cuɔ\iuo	əu\me
e		ɪu	eu
ɛ		mei\ɤi\mɪ	ʌɣ\mɑ\mɤ
ɵ			ɑm\ɣm
ɣ			eɤ

根据地缘、移民等资料,结合音理,就可以尝试去构拟演变的链条。

3.3 一个密集的区域可以检查既往的一些演变结论

《软腭辅音与硬腭过渡音的亲和性》(麦耘,2013)列举了汉语方言中种种软腭音倾向于产生-ɨ-过渡音的情况。该文观察结论是"汉语方言的材料表明,软腭辅音与硬腭过渡音具有亲和性,例如在 k-等声母后面衍生介音比其他声母更常见"。

　　麦先生的这个观察与结论很有意思,启发我们进一步去检验与思考,希望能发现更加确实的一些因果联系。我们尝试就连城县及周边方言的密集布点的材料来检验软腭音声母是否更容易产生-i介音。

　　福建省连城县及周边邻县相关的乡镇是各个村子之间语音的地理差异很大的区域,有丰富的音变现象,是研究音变的聚宝盆。以下选择同为流摄一等侯韵字"楼"和"沟"两个字音来对比,看看所调查的136个地点中究竟是软腭音条件下还是边音条件下(也代表了ts-、t-类声母)更容易产生-i介音,这里包括下面4种情况:

　　(1)"楼"和"沟"都不产生-i介音。共有68个地点,此处列出22例。

表3　倒湖等68个地点"楼"和"沟"的读音

	楼	沟		楼	沟
倒湖	lʌɯ³¹	cʌɯ³³	田心	lɔe³³	kɔe⁴⁴
张地井	lɑɔ³¹	kɑɔ⁴²	南坑	lʌe²²	kʌe³³
卓家演	lua²²	kae⁴⁴	沈屋	leɣ²²	kae³³
蕉坑	ləɯ²²	kəɯ⁴³	内罗屋	lɣe⁴²	kɣe¹¹
罗地	lɛ²²	ka³³	岩背	lɣ⁴³	kɣ³³
坪上	lɑ¹¹	kɑ³³	下村	lea²²	kea⁴⁴
隔川	lae²²	kae³³	张公垅	lɯ²¹	kɯ⁴²
张坑	luaɛ²²	kuaɛ⁴²	罗胜	la²²	ka³³
布地	lɯɣ²²	kɯɣ³³	新和	lɑo⁴¹	kɑo³³
五漈	lɣ²²	kɣ³³	罗坊村	lø²²	kø²⁴
张坊	lua²²	kua³³	马罗	laɯ²¹	caɯ⁴²

　　(2)"楼"和"沟"都有-i介音。共有50个地点,此处列出11例。

表4　富塘等11个地点"楼"和"沟"的读音

	楼	沟		楼	沟
富塘	liɪ³¹	tʃɪɪ³³	俞屋	liɔ⁵¹	kiɔ²²
中曹	lɪ²¹	tʃɪe³³	上余	lia⁴²	kia³³
张家营	lɪɛ²²	tʃɪɛ³³	黄地	liɑɔ⁴¹	kiɑɔ²⁴
高地	liuɣ²²	tʃiuɣ³³	马坊	liɣ⁴²	tʃiɣ³³
詹屋	liuɔ¹¹	kiuɔ³³	黄美	lɪɛ⁵¹	kɪɛ³³
坪坑	lio²²	kio³³			

　　(3)"沟"有-i介音,而"楼"无-i介音。共有8个地点。

表 5　马屋等 8 个地点"楼"和"沟"的读音

	楼	沟		楼	沟
马屋	lɑʌ²¹	tʃiɑʌ²⁴	上莒	lɛ²²	tʃie³³
罗王	læe²²	kiɑʌ³³	文地	luɐ²²	tʃiɐ³³
培田	lɛ²¹	tʃiɛ³³	乐江	le⁴⁴	tʃie¹¹
朋口	lɜ²²	tʃiɛ⁴⁴	赖安	ʎao²²	kiɑo³³

如上 8 个地点软腭塞音先产生-i-介音，而非软腭声母未产生介音，符合麦耘(2013)的预测。

（4）"楼"有-i-介音，而"沟"无-i-介音。共有 10 个地点。

表 6　溪尾等 10 个地点"楼"和"沟"的读音

	楼	沟		楼	沟
溪尾	liɤ²²	kae³³	壁洲	liɤu²²	kae³³
赖屋坝	liɯ¹¹	kæ³³	小莒	liu⁴⁴	kue³³
下罗	liɑo¹¹	kɑo³³	郭坑	liɯ⁴¹	kɐɯ⁴⁴
文保	liɛ²²	kuɐ⁴⁴	上东坑	liu²²	kɐɯ⁴²
天马	liɤ²²	kae⁴⁴	河祠	lia³¹	ca⁴²

如上 10 个地点软腭塞音未产生-i-介音，而非软腭声母则产生了-i-介音，这点不符合麦耘(2013)对这个问题的预测。

因此，从侯韵*eu 的角度对比，就连城这块区域的整体上观察统计，是看不出软腭音是否比其他声组更容易产生-i-介音，就连城这个区域而言，甚至在 l-声母后，比 k-条件下还略多几例。据目前的不完全统计，本文的观察结论是，e/ɛ 这类元音不论在什么声组条件下，都容易产生-i-介音①。

在小范围内密集布点收集到的音变案例，可以用来检验以往的一些判断，如上就是一个例子。

四　本研究的具体操作

事先要对该区域重点调查（东西南北中各设一个地点，字词各超过 2 000 例），在此基

---

①　麦耘(2013)提及，"单独的音素，但没有音位地位，如广州话'精'tsɛŋ 有时说成 tsiɛŋ，其中的-i-即是"。也可知 ɛ 在其他声组后增生介音亦常见。该文对汉语方言是否产生 t/k 后更易产生-i-介音的例证，只选取了 ta/ka 的对比，而无 te/ke 这种对比。

础上，精选有价值条目，进行下一步密集布点。

把一个县域超过 100 个代表性方言点的语料作为基本材料，参考、整合其他有关的研究成果，从共时类型的角度描述农村方言的复杂多样的地理分布，分别揭示各区方言在语音、词汇、语法上的一致性和差异性。

在时间上，一个地点的调查最好一天能完成。为此，有两个考虑，1）要保证音系充分反映的例字调查，2）要一定数量反映当地生活的词汇。目前我们在广东省清远市连州的调查情况是：

字表设置 705 个字，要求记录完毕并且录音。字表调查结果将显示该方言的主要声韵调的类别，反映主要的历史对应。一些有价值的字放到“连读变调”表里，不记音，但保证录音，这样加起来 980 字左右。这个字表比《汉语方言地图集》的规模略大。充分的代表字的调查是很有必要的，这样音系可以充分地照顾到，记录词汇时，也更有把握。我们也了解到台湾有些学者也采取密集调查法，但是却只录制部分词汇，回去再整理，这样虽然每个行政村都落实了，但语音信息上不太充分，记录的品质及结论可能会受影响。

词表设置 260 个词，记录及录音。词表尽量反映各个方言核心概念，反映方言的日常创造，反映方言之间的异同关系。为了调查的效率起见，只设置极少数关键的语法条目。以下以“动物类”为例，列举以下 41～80 条：

猴柿、蕉芋、牡荆、公猪、鸡胗、鸡交配、猴子、麻雀、老鹰、蝙蝠、八哥、鸟窠、蜘蛛、蚂蚁、蚯蚓、蜈蚣、苍蝇、臭虫、跳蚤、虱子、蟑螂、蜻蜓、蝉、蝴蝶、螳螂、萤火虫、蟋蟀、蝌蚪、青蛙、癞蛤蟆、蚂蟥、蚌、螃蟹、银环蛇、蜥蜴、牛虻、臭大姐、马蜂树上的、叉尾斗鱼

如上有几条是一般词表不常见的，比如“猴柿”是一种野生的柿子；“牡荆”是一种南方农村常见，用途广泛的一种灌木；“叉尾斗鱼”是一种早先有机肥时代常见，现在化肥大规模实施后即将消失的小鱼，乡村小孩常常捕捉来玩的。“银环蛇”是特征鲜明不容易搞混的一种毒蛇。这些条目之所以选入，是因为其土俗，不容易受到共同语的影响，并且各地的差异性大。

五　成果举例

“咬”这个说法在连城及周边方言的表现

连城方言在闽客交接带上，“咬”的说法有三种情况：

1. 用“咬”字，但像闽语那样读的是下巧切，匣母读为一般层次，读 h-类，一共有 44 个

地点,部分举例如表7：

表 7　"咬"字读 h-类的地点

县—乡镇—村落	咬的读音	备注
连城—北团—倒湖	ʃa^{33}	hia＞ʃia＞ʃa,读阴平
连城—林坊—张坊	hɔ^{51}	上声
连城—文亨—文保	hɑ^{41}	上声
连城—林坊—林丘	hɑ^{51}	上声
连城—揭乐—布地	hɔ^{42}	上声
连城—莒溪—溪源	ha^{41}	上声
连城—莒溪—太平寮	hɔ^{33}	阴平
连城—赖源—黄宗	ha^{33}	阴平
连城—曲溪—罗胜	hɒʔ^{53}	阳入
上杭—步云—梨岭	hɑ^{44}	阴平
连城—莒溪—太平寮	hɔ^{33}	阴平
龙岩—万安—西源	ha^{33}	阴平
连城—姑田—蒋屋	haʔ^{53}	阳入

这带方言浊上字有读如阴平、上声、阳入的情形,参见严修鸿(1999),"咬"在声调对应是符合各个地点对应的。

这个类型,大致是以文亨镇为中心,向北扩散至北团镇的西北角、向东扩散到曲溪乡的全境及赖源乡,向南扩张到莒溪镇中部、东部的多数地点,直至万安镇西端及上杭县步云乡全境。

这个类型特点在于保留了闽语下巧切匣母的读法,但是语音层次比较晚,不读群母。这个类型目前仅见于这个区域,反映了连城方言区域独有的创造,闽语区其他地方没有这个表现。

2. 用"咬"字,像闽语那样读的是下巧切,匣母读为群母,读 k-类,一共有 22 个地点,全部列出如表8：

表 8　"咬"字读 k-类的地点

县—乡镇—村落	咬的读音	备注
永安—罗坊—盘兰	kaʔ^{53}	阳入
龙岩—万安—好坑	kuoʔ^{53}	阳入
龙岩—万安—浮竹	kaʔ^{53}	阳入
龙岩—万安—梧宅	koʔ^{53}	阳入

县—乡镇—村落	咬的读音	备注
龙岩—万安—涂潭	koʔ⁴²	阳入
龙岩—江山—下车	koʔ³¹	阳入
龙岩—万安—松洋	kaʔ⁵	阳入
龙岩—万安—高林	kaʔ⁵³	阳入
连城—赖源—下村	koʔ⁵³	阳入
连城—赖源—黄地	koʔ⁵³	阳入
连城—赖源—郭地	koʔ⁵³	阳入
连城—赖源—李八坑	koʔ⁵³	阳入
连城—赖源—陈家村	koʔ⁵³	阳入
连城—赖源—河祠	kaʔ⁵³	阳入
连城—赖源—芹菜洋	kaʔ⁵³	阳入
连城—赖源—张公垅	kaʔ⁵³	阳入
连城—姑田—中堡	kɔʔ⁵³	阳入
连城—姑田—长较	koʔ⁵³	阳入
连城—曲溪—新和	kuoʔ⁵³	阳入
连城—姑田—上余	koʔ⁵³	阳入
连城—揭乐—乐太平	ko⁵⁵	阳入
连城—姑田—俞屋	kɔʔ⁵³	阳入

这带方言"咬"读下巧切,读同群母,与一般沿海闽语浊上归阳去不同,这22个地点一律读阳入。

这个类型,大致是分布在连城东部的姑田镇、赖源乡以及龙岩西北的万安镇,永安市罗坊乡西南角的盘兰村。揭乐乡的乐太平以及曲溪乡的新和,是姑田话的方言岛。

这个读不送气软腭塞音 k- 的类型见于与闽语区接壤的东部,反映了内陆闽语在这个区域的延伸。

3. 用"咬"字,像客家话那样读的是五巧切,疑母,读 ŋ- 类,一共有 52 个地点,表 9 举例列出其中 22 个地点:

表 9　"咬"字读 ŋ- 类的地点

县—乡镇—村落	咬的读音	备注
清流—长校—长校	ŋgɑo³³	阴平
连城—四堡—上枧	ɲaɣ²³	阴平

续 表

县—乡镇—村落	咬的读音	备注
连城—莲峰—西康	ŋɒ⁴²	阴平
连城—揭乐—吕屋	ŋɒ⁴²	阴平
连城—北团—焦坑	ŋɒ⁴³	阴平
连城—林坊—有福	ŋɑo⁴²	阴平
连城—朋口—天马	ŋuɒ⁴⁴	阴平
连城—姑田—郭坑	ŋɑo⁴⁴	阴平
连城—姑田—上东坑	ŋɑo⁴²	阴平
连城—北团—赖屋坝	ŋgɑo³³	阴平
连城—塘前—迪坑	ŋgɑo³³	阴平
连城—宣和—培田	ŋɒ³³	阴平
连城—林坊—五漈	ŋɒ³³	阴平
连城—文亨—富塘	ŋɒ³³	阴平
连城—朋口—朋口	ŋuɒ⁴⁴	阴平
连城—莒溪—壁洲	ŋɒ³³	阴平
连城—新泉—新泉	ŋuo²²	阴平
连城—庙前—芷溪	ŋɔ²²	阴平
上杭—南阳—南岭	ŋuɐ³³	阴平
上杭—古田—赖坊	ŋa³³	阴平
上杭—蛟洋—文地	ŋɑ²²	阴平
龙岩—大池—黄美	ŋa³³	阴平
龙岩—万安—赤高坪	ŋuɑ³³	阴平

这带方言"咬"读同疑母，与一般客家话相同，这52个地点一律次浊上白读归阴平。

这个类型，大致是分布在清流西南角的长校镇，连城西部的四堡镇、宣和乡、朋口镇、新泉镇、庙前镇、县城莲峰镇及莲峰镇在乡间的方言岛，上杭的古田、蛟洋、南阳三镇。揭乐乡的乐太平以及曲溪乡的新和，是姑田话的方言岛。龙岩市大池的黄美，是上杭古田方言延伸，而龙岩万安则是新泉话的方言岛。

这个类型见于与客家话区接壤的西部，反映了闽西客家话在这个区域的延伸。

4. 不用"咬"字，读一个可能来自泥母，咸、梗摄的入声类，一共有21个地点，表10列出了全部的21个地点：

表 10 不用"咬"字的地点

县—乡镇—村落	读音	备注
永安—罗坊—罗坊	lɔʔ²¹	不用"咬"字,泥来不分
永安—罗坊—左拔	loʔ²	不用"咬"字,泥来不分
清流—灵地—灵地	loʔ⁴²	不用"咬"字,泥来不分
清流—李家—河北	luʔ⁵³	不用"咬"字,泥来不分
清流—灵地—田中	louʔ⁴²	不用"咬"字,泥来不分
清流—灵地—下芜	loʔ⁴²	不用"咬"字,泥来不分
清流—赖坊—赖安	luɤʔ²¹	不用"咬"字,泥来不分
连城—北团—罗王	ndoʔ⁴	不用"咬"字
连城—塘前—罗地	noʔ⁵³	不用"咬"字
连城—塘前—张地	noʔ⁴²	不用"咬"字
连城—塘前—水源	ndɔʔ⁴³	不用"咬"字
连城—揭乐—漈下	no²⁴²	不用"咬"字
连城—罗坊—长坑	no³⁵	不用"咬"字
连城—罗坊—下罗	noʔ⁵³	不用"咬"字
连城—罗坊—萧坑	ndoʔ⁴¹	不用"咬"字
连城—罗坊—富地	noʔ⁵³	不用"咬"字
连城—罗坊—坪上	nuɤʔ³⁵	不用"咬"字
连城—隔川—隔田	noʔ⁵³	不用"咬"字
连城—隔川—竹叶山	noʔ⁵³	不用"咬"字
连城—揭乐—小朱地	no²⁴	不用"咬"字
连城—姑田—大洋地	no²⁴	不用"咬"字

这个类型,大致是分布在永安市罗坊乡的多数地点,清流南部的灵地镇、赖坊镇、李家乡,连城北部的罗坊乡、隔川乡、塘前乡、北团镇。与塘前交界的揭乐乡的小朱地、姑田镇大洋地。

这个类型比较独特,没用全国各地多见的"咬"字,而独树一帜地用了咸梗摄泥母入声的一个音节。这块区域大致也是全浊声母清化后今读塞音、塞擦音读全不送气的区域。

5. 兼有两种说法的,一个见于北团镇的溪尾村,兼有"咬"疑母以及北部独特说法两种。兼类的说法,反映了语言的接触与竞争。

表 11 "咬"字兼有疑母以及北部独特说法

连城—北团—溪尾	ŋgao³³/loʔ⁴²

一个见于莒溪镇的墩坑村及上杭县步云乡的马坊村,用"咬",读阴平,但兼有疑母、匣母这两种读法。

表 12　"咬"兼有疑母、匣母两种读法

连城—莒溪—墩坑	hɔ³³ / ŋɔ³³
上杭—步云—马坊	ha⁴⁴ / ŋa⁴⁴

六　展　望

讨论县域以下范围的方言地理学的论文——这样距离乡村方言的真实面貌就更近,可以作为全国密集布点调查的先声。

"语言接触带上方言极复杂地区的语言地理",这个密集布点的理念及研究范式一旦得到进一步的贯彻,将给地理语言学带来新气象,最终可望解决一般民众对邻村语言差异的好奇与困惑。这也是汉语方言学从近百年来的宏大叙事模式转向微观记录与刻画的阶段,方言的差异,根本上是乡村的。长期以来,因为小农经济,因为交通不便,极为广阔的山村社会的基本交际圈就是以行政村乃至自然村为单位的。小面积,这是乡村方言存在的常见的范围。

乡村语言地理若得到重视,这门针对一时一地所做的方言知识解说可望得到更多民众的支持,因为这是最接地气的学问。这种细腻布点与翔实记录的材料,累计多了,还可以为普遍的音变理论提供材料基础与生动案例。因为地理上接近的音变,往往存在时间先后,音理上是存在因果关系的。德国、日本的语言地理学早都已经精细化了,达到了全国范围内的密集布点调查。中国这么大的区域,全国性的密集分布地图还是遥遥无期的,但是选择一些极复杂地区进行试点调查是极其迫切且有意义的,我们认为也是可行的,可以作为全国密集布点调查的先声。

在密集布点的情况下来研究乡村方言地理,可以从根本上回答语言在地理上的种种变化所呈现出来的动态及其与生理、交际圈(如婚姻、墟场、行政区划等)、认同等因素相关联的前因后果。这样的工程目标一旦不断地实现,对地理语言学将有重要的意义。

本人尝试做县域以下方言调查是 1995—1997 年博士论文阶段开始的,当时在福建的连城县内设立了 16 个地点,其中姑田镇设立了 2 个点,这个阶段是考虑到了县级以下以乡镇设点。意识到乡镇设点还不足,进一步以乡镇内有不同口音差异的村庄之间的调查是从 2012 年开始,借助国家社科基金课题"方言接触带上的语言地理——以连城方言为例(2012—2014)"来做的。历经多年努力,目前已经完成 146 个与连城境内方言相关的调查(包括相邻的龙岩、上杭、长汀、永安、清流等县市)。目前在继续整理材料,排比分析,初步写成的论文有如下几篇：

(1) 连城全境及邻县相关乡镇方言中儿子一词的地理分布,刊于《南方语言学》(2016)

(2) "咬"的说法、字音在连城县及邻县乡镇的地理分布,刊于《东方语言学》(2019)

(3) "厨房"在连城县及邻县乡镇的说法与地理分布(待刊)

(4) "银环蛇"在连城县及邻县乡镇的说法与地理分布,刊于《语言研究》(2020)

(5) 闽西多方言接触地带"有"字声韵调的地理层次差异(待刊)

(6) 闽西多方言接触地带古全浊声母今读塞、塞擦是否送气的地理分布,刊于《台湾语文研究》(2020)

2017 年开始,我们组织团队在广东省西北部的连州市进行类似的调查,目前已经完成该县级市 155 个地点的调查,目标是 160 个地点。材料也在继续分析整理中。心里怀着"乡村地理语言学"这个理念,我们正在努力中,研究中自得其乐,也可望不断有成果与学林分享。

我们选取像连城及连州这样"多方言接触带上极复杂区域"来探讨"乡村地理语言学"这个课题,考虑到了如下几个方面：

首先,语言接触会带来语言的演进,其变化多端犹如激烈反应的实验场,根据调查经验与前贤的研究结果可知,语言接触带方言的歧异程度比方言核心区要高。而方言歧异多的地方,自然各种语音、词汇的变化频率就高,观察这样的方言区来探讨语言面貌及语言变化,无疑效率是最高的。

其次,我们所选的方言接触带都是远离政治、经济中心的边缘地带,这些地区的乡村方言却面临着城镇化过程中最大的压力,其濒危程度高,从保存方言的角度,需要紧急行动去记录,去发现。

此前,湖南师范大学的彭泽润教授身体力行,倡导县域范围内密集布点的调查,他 2017 年出版了《地理语言学和衡山南岳方言地理研究》,是这方面探索的先行者。2013 年以来,在他的指导下,有多篇研究方言复杂歧异多变的江永县桃川、回龙圩、粗石江、夏层铺、允山、源口、兰溪、黄甲岭镇的硕士毕业论文发表。这些可喜成果必将丰富"乡村地理语言学"的内涵。

台湾高雄师范大学的张学年先生,近年在闽西的上杭、长汀、武平等县也在做逐个行政村为单位的地理语言学的调查,其研究成果同样值得关注。

对汉语方言学而言,"乡村地理语言学"的研究可以锻炼队伍,为众多的硕士和博士开拓一个新的接地气的探索领域。

参考文献

叶祥苓.苏州方言地图集[M].龙溪书会,1981.

北京语言大学语言研究所.汉语方言地图集调查手册[M].北京:商务印书馆,2003.

曹志耘.汉语方言地图集[M].北京:商务印书馆,2008.

彭泽润.地理语言学和衡山南岳方言地理研究[M].北京:商务印书馆,2017.

张学年.福建省武平县地理语言学研究[D].高雄师范大学客家文化研究所,2014.

严修鸿,魏慧斌."咬"的说法、字音在连城县及邻县乡镇的地理分布[M]//东方语言学(第一辑).上海:上海教育出版社,2018:49—67.

麦耘.软腭辅音与硬腭过渡音的亲和性———一项语音演化研究[J].方言,2013(8):258—270.

从宋人避讳看宋代实际语音的演变

杨剑桥 *

复旦大学中国语言文学系

　　避讳是中国历史上一种较为特殊的社会现象,到宋代,避讳更有所谓正讳、嫌讳、国讳、家讳、公讳、私讳等的区别,名目繁多,泛滥成灾,影响到社会生活的方方面面,同时又极为严格苛刻,形成了一种社会制度和行为规范。不过,由于涉及字音和字形,所以避讳后来却成为我国文史研究中的一项重要历史资料,在语言学上也可以用来考证古代的语音、词汇及其演变。本文即拟从宋人的避讳来考察宋代实际语音的一些变化,从而为汉语语音史的研究提供一些新的证据。辽代和金代与宋代大致同一时代,且在避讳方面也多有牵涉,所以本文也吸收了辽代和金代的一些避讳字。有宋一代汉语语音的演变,主要表现在部分一等韵的归并、某些二等韵的混同、部分三等韵的合并、某些三四等韵的合流,以及喻母、影母的演变等等,本文的叙述也以此为序,分别展开。

　　(1) 宋蔡绦《铁围山丛谈》卷二:"宰相堂食,必一吏味味呼其名,听索而后供。此礼旧矣。独'菜羹'以其音颇类鲁公姓讳,故回避而曰'羹菜',至今为故事。"作为菜肴名的"菜羹"二字因其发音接近当朝宰相、鲁国公的名讳"蔡京",所以改称"羹菜"。《广韵》:菜,清母咍韵开口一等去声字;蔡,清母泰韵开口一等去声字。由此可见,中古的咍韵和泰韵在宋代实际语音中已经合流。关于"菜""蔡"同音,宋代还有其他一些记载可以证明。宋吴曾《能改斋漫录》卷十二:"童贯……以功进于是,缙绅无耻者多出其门,而士论始沸腾矣,至以蔡京为比。当时天下谚曰:'打破筒,泼了菜,便是人间好世界。'""筒"指童贯,"菜"则指蔡京。又宋邵博《邵氏闻见后录》卷三十:"刘贡父呼蔡确为'倒悬蛤蜊',盖蛤蜊一名'壳菜'也。确深衔之。""蔡确"倒言为"确蔡",谐音"壳菜",故名为"倒悬蛤蜊"。

　　又"独'菜羹'以其音颇类鲁公姓讳","菜""蔡"同音,则所谓"颇类"是指"羹"音近"京",但不完全音同"京"。《广韵》:羹,见母庚韵开口二等平声字;京,见母庚韵开口三等平声字。庚韵二等字如"庚、羹",与庚韵三等字如"京、英"在《广韵》虽然同处一韵,但有等的不同,而且在后代有不同的演变,它们至今在北京话中仍不同音,因此"羹""京"在宋代

---

　　* 作者电子邮箱:jqyang@fudan.edu.cn。

也不应该是完全音同的；但既然宋人称它们"颇类"，则它们又必须是音近的。拙著《汉语音韵学讲义》第六章第 169 页拟宋代音庚韵开口二等为[gɐŋ]，庚韵开口三等为[giəŋ]，正合于音近而不音同之旨。王力《汉语语音史》第十章"历代语音发展总表"第 518 页则拟宋代音庚韵开口二等为[ɐŋ]，庚韵开口三等为[iŋ]，既无法解释这里所谓的"颇类"，也无法解释"京"字为什么会从宋代的[-iŋ]变为元代的[-gɐi]又变为明清的[-iŋ]，如此反复无常？

（2）南宋王明清《挥麈后录》卷六："温公在相位，韩持国为门下侍郎。二公旧交相厚，温公避父之讳，每呼持国为秉国。"因父亲名池，故温国公司马光避家讳呼"持国"为"秉国"。《广韵》：持，澄母之韵开口三等平声字；池，澄母支韵开口三等平声字。在司马光口语中，"持"与"池"同音，由此可见，宋朝时候中古之韵与支韵已经混同。

又宋庄绰《鸡肋编》卷中："许先之监左藏库，方请衣人众，有武臣亲往恳之曰：'某无使令，故躬来请，乞先支给。'许允之，久之未到。再往叩之云：'适蒙许先支，今尚未得。'许谕曰：'公可少待。'遂至暮不及而去。"左藏库监官许先之，因武官说话中"先支给""许先支"等语触犯自己的名讳，于是故意刁难。《广韵》：之，章母之韵三等平声字；支，章母支韵三等平声字。此条避讳，也证明宋代之、支两韵已经混同。

又南宋周辉《清波别志》卷二："上池初曰教池，以泰陵服药久未康复，俗谓语病，乃改焉。"宋哲宗赵煦服药不见效，以为"教池"音同"较迟"，意为痊愈延迟，故改名为"上池"。《广韵》：池，澄母支韵开口三等平声字；迟，澄母脂韵开口三等字。宋人"池""迟"同音，可见宋朝时候中古支韵与脂韵也已经混同。《广韵》支、脂、之三韵同用，正是当时实际语音的反映。

（3）宋代《附释文互注礼部韵略》一书所附《淳熙重修文书式》记载当时避宋太祖偏讳"匡"字，其他嫌名尚有"筐、邼、眶、恇、劻、洭"等十八字须回避。这些字全都是《集韵》溪母阳韵合口三等平声字。在中古音向近代音的发展演变中，阳韵合口三等的喉牙音字，如"狂、王、枉、往、况、旺"等会变入唐韵合口一等中，这是因为它们原来读作[-iuɑŋ]，后来丧失[i]介音，读成[-uɑŋ]，于是与唐韵合口一等字合流。如果这一语音演变在宋代已经发生，那么当时"匡、筐"等字必定会与唐韵合口一等的溪母字如"骯、砿"等同音，那么后者必定也会作为嫌名回避的；但事实却是没有。由此可见，在宋代溪母阳韵合口三等的"匡、筐"等字仍然保留着[i]介音，读作[-iuɑŋ]，它们直到元代，才由《蒙古字韵》（1269—1297）记录读为[-uɑŋ]。

宋刘攽《中山诗话》："京师人货香印者，皆击铁盘以示众人。父老云，以国初'香印'字逼近太祖讳，故托物默喻。"因"香印"二字与宋太祖名讳"匡胤"音近，故当时人们不敢叫卖，仅敲击铁盘来售卖印香。《广韵》：香，晓母阳韵开口三等平声字，读作[xiɑŋ]。"香""匡"音近，也表明当时"匡"字尚有[i]介音。

（4）《淳熙重修文书式》记载当时避宋太宗名讳"炅"字，其他嫌名尚有"颎、炯、耿、褧、扃、憬"等十六字须回避。这些字全都见于《集韵》见母青韵合口四等上声"颎"小韵。王力

《汉语语音史》第六章"宋代音系"第 304 页提出:从晚唐五代到宋代,"庚青部发生了分化:二等字独立出来,成为庚生部,包括《切韵》庚韵二等字和耕韵字;三四等字分成京青部,包括《切韵》庚韵三等字和清、青韵字"。并在第 299 页替开口三等的庚、清韵拟音[-iŋ],合口三等的庚、清韵拟音[-iuiŋ],开口四等的青韵拟音[-iŋ],合口四等的青韵拟音[-iuiŋ],也就是认为,宋朝时候三等庚韵、清韵和四等青韵的读音已经完全相同。现在我们看一下这里的避讳情况,如果庚、清、青三个韵部在宋代实际口语中确实已经混同,那么在《集韵》中,跟见母青韵合口四等上声"颎"小韵相配的是见母庚韵合口三等上声的"憬"小韵,收有"憬、璟、暻、囧、炅、獷、㵎"等十六个字,这些字就应该也列为避讳字;事实是,除了有青韵异读的"憬、炅"等三字已经作为青韵字列入以外,其他十多个字均未列为避讳字。由此可见,在当时口语中庚韵合口三等可能尚未与青韵合口四等混同。我们看在《蒙古字韵》的庚部中,中古的三等韵庚韵、清韵和四等韵青韵确实已有大量的字读音混了,但是见母青韵合口四等"扃、駉、坰、颎"等字的注音是[giuŋ],而晓母庚韵合口三等"兄"字的注音是[hèiŋ],它们韵母的读音显然是不同的。《蒙古字韵》未收"璟、暻、囧"等字,但与"兄"字同属喉牙音声母,它们的韵母应该一样。由此可见,在宋代虽然庚、清、青韵已经大部混同,但是喉牙音声母的庚韵合口三等的字确实尚未与青韵合口四等的字混同起来。

(5)《淳熙重修文书式》记载当时避宋仁宗名讳"祯"字,其他嫌名尚有"贞、侦、娙、滇、徵、瘝"等十三字须回避。这些字当中"祯、贞、侦"等十个字是知母清韵开口三等平声字,"徵、瘝"等四个字是知母蒸韵开口三等平声字,由此可见,在宋代清韵与蒸韵已经合流。王力《汉语语音史》第七章"元代音系"第 370 页把《切韵》的庚、梗、映,清、静、劲,青、迥、径,蒸、拯、证等韵合在一起,拟音为[- əŋ],这应该是对的,例如在《蒙古字韵》中,"贞、桢、祯"与"徵、正、蒸"在同一小韵中,注音为[dʒiŋ]。但是从本项避讳来看,其中某些字音的合流在宋代已经开始了。

(6)《金史·海陵诸子传》:"天德四年二月,立光英为皇太子。……后以'英'字与'鹰隼'字声相近,改'鹰坊'为'驯鸷坊'。国号有'英国'又有'應国',遂改'英国'为'寿国','應国'为'杞国'。宋亦改'光州'为'蒋州','光山县'为'期思县','光化军'为'通化军'云。"天德四年是 1152 年。说是"英"与"鹰"声相近,既然作为避讳嫌名,则应该读音相同。《广韵》:英,影母庚韵开口三等平声字;鹰、應,影母蒸韵开口三等平声字。由此可见,在宋朝时候,庚韵开口三等的喉音字已经与蒸韵开口三等的喉音字合流。王力《汉语语音史》第七章"元代音系"第 370 页把《切韵》的庚、梗、映,清、静、劲,青、迥、径,蒸、拯、证等韵合在一起,拟音为[-əŋ],这应该是对的,但从本项避讳来看,其中某些字音的合流时间似还可提前。

(7)《淳熙重修文书式》记载当时避宋英宗名讳"曙"字,其他嫌名尚有"署、杼、薯、树、尌、竖、赎、屬"等二十六字须回避。这些字当中"曙、署、杼"等九个字是禅母鱼韵三等去声字,"树、尌、竖、赎"等十八个字是禅母虞韵三等去声字,由此可见,在宋代鱼韵与虞韵已经合流。在隋唐时代的标准音中，鱼虞两韵的读音是有区别的，玄奘翻译佛经，往往以鱼韵字对译[io]，以虞韵字对译[iu]。唐代刘肃《大唐新语·谐谑》云："侯思止出自皂隶，言音不正，以告变授御史。时属断屠，思止谓同列曰：'今断屠宰，鸡（云"圭"）、猪（云"诛"）、鱼（云"虞"）、驴（云"缕"平），俱（云"居"）不得喫（云"诘"），空喫（"诘"）米（云"弭"）麵（云"泯"去），如（云"儒"）何得不饥！'侍御崔献可笑之。思止以闻，则天怒，谓献可曰：'我知思止不识字，我已用之，卿何笑也？'献可具以鸡、猪之事对，则天亦大笑，释献可。"侯思止把鱼韵字"猪、鱼、驴、如"读成虞韵字"诛、虞、缕、儒"，又把虞韵字"俱"读成鱼韵字"居"，传为笑柄，可见侯思止的方言不分鱼虞，但当时的标准语还是区分鱼虞两韵的。而到中唐以后，标准语也开始不分鱼虞了。韩愈《讳辨》云："惟宦官宫妾，不敢言'谕'及'机'，以为触犯。"唐代宗（762—779 年在位）名豫，宦官宫妾以"谕"为嫌名加以回避。《广韵》：豫，喻四鱼韵三等去声字；谕，喻四虞韵三等去声字。经过晚唐、五代直到宋代，鱼虞合流已是确定无疑的了。

（8）北宋彭乘《续墨客挥犀》卷六："朝奉郎王僧彦，父名师古。尝自呼砚为墨池，谓鼓为皮绷，人或误犯，辄以他事中之。曾知岭南一郡。有李彦古者，以进纳得官，过郡请谒，遂题刺云：'永州司户参军李墨池皮绷谨祗候参。'僧彦一见大喜，示其子弟曰：'奉人当如此矣。'"王僧彦避已名偏讳"彦"和父名偏讳"古"，称嫌名"砚"为"墨池"，"鼓"为"皮绷"。《广韵》彦，疑母仙韵开口三等去声字；砚，疑母先韵开口四等去声字。由此可见，宋朝时候三等韵仙韵与四等韵先韵已经混同。王力《汉语语音史》第五章"晚唐—五代音系"第248页把《切韵》的三等韵元、阮、愿，仙、狝、线，与四等韵先、铣、霰合为一部，也就是说，仙、先混同早已开始，宋代是延续了这一音变。

（9）《淳熙重修文书式》记载当时避宋神宗名讳"顼"字，其他嫌名尚有"旭、晑、朒、珛、毞"等七字须回避。包括"顼"字在内，这些字全都是《集韵》晓母烛韵三等字。一般认为，在晚唐五代时东韵三等与锺韵已经合流。王力《汉语语音史》第五章"晚唐—五代音系"第256页说："东冬锺合部，屋沃烛合部，在朱翱反切中也有许多证据。李涪《刊误》说：'法言平声以东农非韵，东崇为切；上声以董勇非韵，以董动为切；去声以送种非韵，以送众为切；入声以屋烛非韵，以屋宿为切。……何须东冬中终妄别声律！'李涪是晚唐人，可见晚唐时代已经东冬锺不分，屋沃烛不分。"李涪所举的例字中，"东、崇、董、动、送、众、屋、宿"是东韵（屋韵）字，"农"是冬韵字，"勇、种、烛"是锺韵（烛韵）字。李涪批评陆法言《切韵》"妄别声律"，可见在他的语音中，这几个韵部是合流了。现在我们看这里的避讳。既然东韵（屋韵）三等与锺韵（烛韵）已经合流，那么十分奇怪的是，在《集韵》中跟"顼、旭"等晓母烛韵三等字相配的"畜、慉、蓄"等十多个晓母屋韵三等字为什么未被列为避讳字，它们在当时应该已经是同音字了呀？

北宋魏泰《东轩笔录》卷九云："刘攽、王介同为开封府试官。举人有用'畜'字者，介谓音犯主上嫌名，攽谓礼部先未尝定此名为讳，不可用以黜落，因纷争不已。而介以恶语侵放,放不校。既而御史张戬、程灏并弹之,遂皆赎金。"卷十一又云:"放尝与王介同为开封府试官。试'节以制度不伤财'赋,举子多用'畜积'字。'畜'本音许六反,《广韵》又呼玉反,声近御名。介坚欲黜落,放争之,遂至诟忿。"又宋代王偁《东都事略》卷七十六云:"考试开封府,进士程文有用'小畜'字者,王介谓犯神宗嫌名,放曰:'此六畜之畜,亦嫌名也?'因纷争。"王介认为,"畜"字与神宗御名"顼"字读音相同,应属嫌名;刘放则不认同。可能当时一般口语中,"畜"与"顼"已经同音,但在读书音中,两字仍有不同。南宋毛晃、毛居正《增订互注礼部韵略》入声屋韵"畜"字下注引元祐五年太学博士孙愕等陈乞云:"旧颁庙讳外无明文而私辄回避者'畜''慉'二字,《易》'大畜''小畜','畜'众音敕六反,又许六反。……今看详《礼部韵》'畜'字训'养',及《诗》'不我能慉'、《孟子》'畜妻子''畜君',并独音许六反。其字义虽不合回避,然释音与庙讳吁玉切者相近。……而本部看详,不明言当避与否,却令随出处释音用之,反使士子疑惑。至今场屋用'畜''慉'二字,不问义训音切,并以'蓄'字代之,殊失文理。案许六切与吁玉切音韵本自不同。许六切声重浊,蹙口出声,唇音也音属羽;吁玉切声轻清,虚口出声,舌音也,音属角。角与羽相去远矣。如'六'与'绿'、'麹'与'曲',岂可以为一音乎?且向来讳'殷'不讳'因',讳'敬'不讳'径',今'畜''慉'二字,乞许从例押用。"由此可见,在当时许多人的口语中,"畜"与"顼"确已同音,但在当时的标准音中,两字仍不同音,也就是说,至少晓母屋韵三等与晓母烛韵三等尚未完全合流。

(10) 南宋毛晃、毛居正《增订互注礼部韵略》入声屋韵"畜"字下注引元祐五年太学博士孙愕等陈乞云:"至今场屋用'畜''慉'二字,不问义训音切,并以'蓄'字代之,殊失文理。……且向来讳'殷'不讳'因',讳'敬'不讳'径',今'畜''慉'二字,乞许从例押用。"《广韵》殷,影母欣韵开口三等平声字;因,影母真韵开口三等平声字。王力《汉语语音史》第五章"晚唐—五代音系"第 252 页拟晚唐五代音臻韵开口二等为[ən],真韵和欣韵开口三等为[iən],谆韵和文韵合口三等为[iuən],也就是说,《切韵》的这几个韵合为一部,它们的主元音相同;第六章"宋代音系"第 290 页拟宋代音臻韵开口二等为[ən],真韵和欣韵喉牙音开口三等为[iən],谆韵和文韵喉牙音合口三等为[iuən],《切韵》的这几个韵同样合为一部,它们的主元音相同。现在我们看,"殷""因"同为喉牙音声母影母,宋人讳"殷"不讳"因",显然欣韵与真韵并不同音。清代顾炎武《音论·唐宋韵谱异同》云:"按唐时二十一殷虽云独用,而字少韵窄,无独用成篇者,往往于真韵中间一用之。如杜甫《崔氏东山草堂》诗用'芹'字,独孤及《送韦明府》《答李滁州》二诗用'勤'字是也。然绝无通文者。而二十文独用,则又绝无通殷者。合为一韵,始自景祐。去声问、焮亦然。"从诗歌押韵看,欣(殷)韵在唐代近于真韵,在宋代则近于文韵,把唐宋时候的欣、真、文韵的主元音全都拟成[ə],应该是不合适的。在后来的元代《蒙古字韵》中,"殷"和"因"分属两个小韵,它们都是零声母,但韵母有洪细之分。由此可见,宋人讳"殷"不讳"因",是因为两字不同音,这个不同,就在于"殷"的主元音较开较低,"因"则较闭较高。

又《淳熙重修文书式》记载当时避宋徽宗名讳"佶"字,其他嫌名尚有"姞、郅、趌、狤、吉、咭"等十一字须回避。这些字全都是中古群母质韵开口三等入声字("佶、姞"等字属重组 B 类,"吉、咭"等字属重组 A 类)。如果宋朝时候真韵与欣韵完全混同,那么它们的入声韵质韵与迄韵也应该完全混同,照此推理,那么宋人避宋徽宗嫌名除了群母质韵开口三等字以外,还应该有群母迄韵开口三等字"趚、汔、扢、忔"等六个字。但是事实上,除了"趚"字有质韵、迄韵异读,已经作为质韵字列为嫌名以外,其他"汔、扢"等五个字并未列为嫌名,可见在宋人那里质韵与迄韵并没有混合为一,这也印证了我们上面所说的真韵与欣韵不同音的结论。

关于讳"敬"不讳"径",《广韵》:敬,见母庚韵开口三等去声字;径,见母青韵开口四等去声字。上文(4)已经指出,王力《汉语语音史》第六章"宋代音系"认为宋朝时候三等庚韵、清韵和四等青韵的读音已经完全相同,但是我们根据宋人避宋太宗名讳"炅"的情况,确认当时口语中,庚韵合口三等的喉牙音字尚未与青韵合口四等的字完全混同;现在我们看宋人讳"敬"不讳"径",则更加怀疑在宋人口语中,可能庚韵开口三等的喉牙音字也没有与青韵开口四等的字完全混同。我们看,在后来的《蒙古字韵》中,"敬"字读作[giŋ],"径"字读作[gèiŋ],也就是说,一直到元代"敬"和"径"的韵母还是不同的,那么宋人讳"敬"不讳"径"还有什么奇怪的呢!

南宋周密《齐东野语》卷四云:"蔡经国闻京闽音称'京'为'经',乃奏乞改名'纯臣'。"宰相蔡京操闽语,"京""经"同音,于是蔡经国为避"京"字而改名。由此可知,在当时的标准语中"京""经"必不同音。《广韵》:京,见母庚韵开口三等平声字;经,见母青韵开口四等字。这一条避讳也可以作为宋代庚韵开口三等喉牙音字并未与青韵开口四等字混同的旁证。

(11)《金史·完颜思敬传》:"思敬本名撒改,押懒河人。……初名思恭,避显宗讳,改焉。"又《白彦敬传》:"白彦敬本名遥设,部罗火部族人。初名彦恭,避睿宗讳,改焉。"1190年,金章宗完颜璟即位,追尊其父完颜允恭为显宗光孝皇帝,故完颜思敬、白彦敬避偏讳"恭"而改为"敬"。又《金史·选举志三》:"笔砚承奉,旧名笔砚令史,大定三年更为笔砚供奉。后以避显宗讳,复更今名。"为避显宗偏讳嫌名"供",官名"笔砚供奉"改为"笔砚承奉"。又《金史·地理志中》:"苏门。本共城,大定二十九年改为河平,避显宗讳也。明昌三年改为今名。"大定二十九年是 1189 年,明昌三年是 1192 年。为避显宗偏讳嫌名"共","共城"改为"河平"。又《金史·地理志中》:"宁阳。旧名龚县,大定二十九年以避显宗讳改。"为避显宗偏讳嫌名"龚","龚县"改为"宁阳"。又《金史·地理志下》:"武亭。本武功,大定二十九年以嫌显宗讳更。"为避显宗偏讳嫌名"功","武功"改为"武亭"。《广韵》恭、供、龚,并见母锺韵三等平声字;功,见母东韵一等平声字。三等字与一等字同为避讳字,由此可见,锺韵牙音字在宋代已经失去[i]介音,而与东韵一等字合流了。王力《汉语语音史》第六章"宋代音系"第 208 页替《切韵》锺、肿、用韵合口三等全部拟音为[iuŋ],看来是不合适的,应该把牙音字另外列出来,音值拟成[uŋ]。

(12)南宋张端义《贵耳集》卷中:"赵文仲在楚,赵倡家初至,问其何来,答云:'因求一碗饭方到此。'赵怒其及己名又及其父名,立斩之。"赵文仲名范,其父名方。娼妓答语中"饭"字触赵文仲嫌名,"方"字犯赵范父讳,所以赵文仲发怒杀人。《广韵》:范,奉母凡韵三等上声字;饭,奉母元韵三等去声字。"范""饭"同音,第一反映了汉语语音史上的"浊上变去"现象,即"范"字因全浊声母而变成去声。第二反映了汉语语音史上[-m]尾变[-n]尾的现象,即"范"字由[-m]尾变成[-n]尾,从而与"饭"字同韵尾。关于"浊上变去",学界一般认为晚唐时候已经开始发生,因为李涪在《刊误》中批评《切韵》说:"吴音乖舛,不亦甚乎?上声为去,去声为上。……'恨怨'之'恨'则在去声,'很戾'之'很'则在上声。又'言辩'之'辩'则在上声,'冠弁'之'弁'则在去声。又'舅甥'之'舅'则在上声,'故旧'之'旧'则在去声。又'皓白'之'皓'则在上声,'号令'之'号'则如去声。又以'恐'字'恨'字俱去声。今士君子于上声呼'恨',去声呼'恐',得不为有识之所笑乎?"中古音"很、辩、舅、皓"是全浊上声字,"恨、弁、旧、号"是全浊去声字,李涪不同意《切韵》把"很、辩、舅、皓"作为上声字,可见此时全浊上声已经变成去声,那么到宋代,"范"字由上声变为去声也是不奇怪的。关于[-m]尾变[-n]尾,拙著《汉语音韵学讲义》第六章第172页说:"(侵部)的字在元、明、清时代的标准音中逐步由收[m]尾演变成收[n]尾。在元代《中原音韵》中,中古侵韵的'品'字已经率先并入真文韵部。与此相同,属于上古谈部中古凡韵的'凡、帆、范、泛、犯'等字也并入了寒山韵部。"王力的意见也是如此,其《汉语语音史》第七章"元代音系"第350页把《广韵》收[m]尾的凡、范、梵韵的唇音字放在寒山韵部中,拟音为[an],第386页说:"宋代的覃咸到元代不变,只有轻唇字(《切韵》凡范梵的轻唇字)转入了寒山。"但是根据这里的避讳情况,[-m]尾变[-n]尾的现象在宋代应该已经开始了。

(13)北宋吴处厚《青箱杂记》卷:"仁宗庙讳祯,语讹近'蒸',今内庭上下皆呼蒸饼为炊饼。"又北宋江休复《邻几杂志》:"王禹玉上言,请以正月为端月,'正'音与上名相近也。"《广韵》:祯,知母清韵开口三等平声字;蒸,章母蒸韵开口三等平声字;正,章母清韵开口三等平声字。上文(5)已经指出,宋朝时候清韵与蒸韵已经合流;这里,如果以"蒸""正"为嫌名属实,则说明当时知母与章母亦已混同。但是南宋周密《齐东野语》卷四载伊川先生程颐曾对宋哲宗云:"昔仁宗时,宫嫔谓正月为初月,饼之蒸者为炊,天下以为非嫌名、旧名,请勿讳。"也就是说,当时虽有宫人、臣下已将或要求将"蒸""正"作为嫌名,但大多数人认为这两个字只是音近上讳,而不属嫌名。不仅如此,南宋费衮《梁溪漫志》卷二云:"谥之美者,极于文正,司马温公尝言之,而身得之。国朝以来,得此谥者唯公与王沂公、范希文而已。若李司空(昉)、王太尉(旦)皆谥文贞,后以犯仁宗嫌名,世遂呼为文正,其实非本谥也。"又南宋洪迈《容斋四笔》卷十云:"杨行密之子溥嗣吴王位,是岁,唐明宗天成二年,溥以十一月僭帝,改元乾贞,宋莒公《纪年通谱》书为'乾正',云避仁宗嫌名,《通鉴》亦同。"为避仁宗嫌名,把谥号"文贞"称为"文正",把年号"乾贞"写作"乾正",正说明"正"字并非嫌名，"正""贞"两字读音不同。同时，宋人著述中称"蒸饼"者甚多，如北宋沈括《梦溪笔谈》卷二十一："徐德占过逆旅，老妇诉以饥……德占以蒸饼啖之，尽一竹簀约百饼，犹称饥不已。"北宋苏轼《东坡志林》卷七："方樊山水盛时放斗门，则河田坟墓庐舍皆被害，及秋深水退而放，则淤不能厚，谓之'蒸饼淤'，朝廷亦厌之而罢。"南宋孟元老《东京梦华录》卷四："凡饼店，有油饼店，有胡饼店。若油饼店，即卖蒸饼、糖饼、装合、引盘之类。"南宋吴自牧《梦粱录》卷十三："有卖烧饼、蒸饼、糍糕、雪糕等点心者，以赶早市直至饭前方罢。"南宋徐梦莘《三朝北盟汇编》卷一百五十："先是卖蒸饼者皆叫云：'一个二五，里外一般。'盖言一个卖二十五钱，里外皆是白面也。"这一切也说明"蒸"字不是嫌名。上文(5)说到避宋仁宗名讳"祯"字，嫌名有"贞、侦、滇、徵"等字，但其中并无"正、蒸"两字，其原因就在于"正、蒸"是章母字，而不是知母字。由此可见，在宋代，知母与章母尚未混同。不过，宋刘攽《中山诗话》云："关中以'中'为'蒸'……向敏中镇长安，土人不敢卖蒸饼，恐触'中'字讳也。"《广韵》中，知母东韵三等平声字；蒸，章母蒸韵三等平声字。这一条避讳，可能说明当时长安方言中，知母和章母已经开始混同了。而到《蒙古字韵》中，"贞、桢、祯"与"徵、正、蒸"则成为同音字，这就十分清楚地表现了宋元之际汉语语音的细微变化。

（14）上引宋刘攽《中山诗话》"'香印'字逼近太祖讳"一语，说明"印""胤"两字音近，但《淳熙重修文书式》列有宋太祖偏讳和嫌讳"胤、引、洧、螾"等十八字，"印"字并未在内，所以"印""胤"当时并不同音。《广韵》印，影母真韵开口三等去声字；胤，喻四真韵开口三等去声字。由此可见，当时喻四声母尚未并入影母。王力《汉语语音史》第六章"宋代音系"第261、264页根据朱熹反切，认为宋代音系中"影母并入了喻母"，"影喻合并，应该是影并于喻，即半元音[j-]"。从宋人避讳看，这一判断恐不确。我们看，一直到元代的《蒙古字韵》，在同一个真部中，影母的"因、茵、堙、印"等字与喻四声母的"寅、引、螾、胤、靷"等字仍然分属两个小韵，它们是不同声母的；而到《中原音韵》(1324)中，喻四声母才与影母合并起来，如真文韵部的影母字"隐"与喻四声母字"引、蚓、尹"处于同一小韵中。王力《汉语史稿》上册第二章第130页说："（十四世纪）影母和喻母在北方话里也只在平声一类有声调上的差别，上去两声就完全相混了（例如"倚""以"同音，"意""异"同音，见《中原音韵》）。"这一判断才是正确的。

南宋李焘《续资治通鉴长编》卷一百零四：天圣四年(1026)，"工部郎中、龙图阁待制韩亿为契丹妻生辰使，崇仪副使田承说副之。诏亿名犯北朝讳，权改曰意"。又《辽史·圣宗纪八》：太平六年，"宋遣韩翼、田承说来贺顺天节"。宋朝派遣韩亿为贺使，因辽太祖耶律阿保机汉名亿，故改"亿"为"意"；而辽国则以为"意"为"亿"之半，犯庙讳嫌名，而改为"翼"。《广韵》：亿，影母职韵开口三等入声字；意，影母志韵开口三等去声字；翼，喻四职韵开口三等入声字。把"亿"改成"翼"就可以了，两字仅有声母不同，这一避讳也证明喻四声母尚未并入影母。

（15）《淳熙重修文书式》记载当时避宋钦宗名讳"桓"字，其他嫌名尚有"桓、完、丸、峘、纨、蘿、萑、莞、猨、貆、鹮、皖"等四十九字须回避。包括"桓"字在内,这些字全都是《集韵》匣母桓韵一等字。在汉语语音发展史上,从中古到近代,随着浊音清化,匣母一、二、四等字大都演变为晓母,读作[x-],以后到现代,洪音字仍读[x-],而细音字又变成[ɕ-];这其中又有少数例外,如上述嫌名中的"完、丸、纨、皖"等字演变为零声母字。既然当时并未将晓母桓韵一等字"歡、讙、驩、貛"等字揽入嫌名之列,那就说明宋朝时候匣母还没有浊音清化,演变为晓母;同时,既然"完、丸、纨、皖"等字仍然属于嫌名,这又说明宋朝时候这几个匣母字变成零声母的情况也还没有发生。实际上,直到《蒙古字韵》,"桓、完、丸、纨、萑、貆"等字仍然读作[ɣon],而"歡、讙、驩、貛"等字属于另一小韵,读作[hon]。最后在《中原音韵》中,"完、丸、纨"等字才变成零声母,而"桓"字与"歡、讙、驩、貛"也变成了同声母字,都读作[xon],仅声调有阳平、阴平之别。王力《汉语语音史》第十章"历代语音发展总表"第496页把"完"类匣母字的五代音拟作[ɦ-],宋代音拟作[h-],元、明清、现代音则拟作[x-],但是根据本项避讳,我们认为"完"类匣母字的宋代音应该依然是[ɦ-],而其元代音早期应是[ɦ-],以后变为[x-],到中晚期应是[w-],并一直保持到明清和现代。

有幸与汝杰兄在复旦共事40余年,眼见其孜孜不倦,勤勉刻苦,成果累累,卓然成为汉语方言学一代大家,殊为敬佩。值此汝杰兄八秩华诞,谨撰此文,以祝荣庆!

参考文献

[宋]丁度,等.淳熙重修文书式[M]//附释文互注礼部韵略.

王力.汉语史稿[M].北京:中华书局,1980.

王力.汉语语音史[M].北京:中国社会科学出版社,1985.

杨剑桥.汉语音韵学讲义[M].上海:复旦大学出版社,2005.

关于历史语言学研究中的若干问题

张洪明 *

中国澳门科技大学国际学院/美国威斯康星大学麦迪逊分校

一　引　言

本文讨论历史语言学研究中的一些基本问题,诸如:什么是历史语言学? 什么不是历史语言学? 为什么研究历史语言学? 如何研究历史语言学? 历史语言学研究的对象是什么? 如何处理文献材料? 如何重建语法? 等等。在讨论这些问题的同时,努力澄清一些重要概念,说明历史语言学不是"语言学历史",不研究"人类语言起源",不决定或企图保存语言的纯正形式,不试图防止语言的变化。历史语言学重点关注的是语言结构如何变化及为何变化,对所观察的特定语言的变化进行描述和分析,进而解释有关语言变化的成因及方式,阐明历史语言学在理论语言学中所处的地位,诠释其研究成果如何在一般意义上为深化对人类语言的理解作出贡献。本文最后还会扼要叙述、评论历史语言学自建立以来的主要内容、理论方法、基本成就、遗留问题等,以冀帮助读者了解历史语言学研究的一些基本状况。

二　何为历史语言学

历史语言学研究什么? 一个常见的答案是研究人类语言的历史。那么,与此相关的一个问题是何为语言? 虽然索绪尔(Ferdinand de Saussure)一直被认为是现代(结构主义)语言学的先驱,但其实他并未真正深入讨论过语言的本体问题。在他看来,语言是一个表达观念、用于交际的符号系统。索绪尔的这一语言观深植于学界长达半个世纪,其在中国的影响尤为深远,迄今出版的大多数语言学教科书,包括历史语言学著作,仍持这种

---

　*　作者电子邮箱:hongmingzhang@must.edu.mo。

看法。随着研究的进一步深入，人们越来越倾向于这样一种理解：语言是人类诸多认知系统之一，是一个基于人脑生物学结构的公理性运算系统。

把语言理解成一个符号系统（sign system）和把语言理解为一个认知系统（cognitive system）有何区别？如果认为语言是一个符号系统，那么与之相应的语言学研究所关注的主要是符号性质的能指（signifier）、所指（signified）、组合（syntagmatic）、聚合（paradigmatic）、输入（input）、输出（output）、存储（store）、复制（copy）等，通过寻找符号间的关系，在符号系统中建立符号结构。落实到具体的语言研究，基本上只关注语言的共时描写分析。索绪尔非常强调语言研究要区分共时和历时的不同，但他把这两者区分开来的目的之一，是要把历时研究摒弃在普通语言学之外。在索绪尔眼里，语言的历时演化并不是真正科学意义上的语言学研究，他认为历史语言学家不清楚研究对象的性质，只有共时研究才能找到语言学的真正对象，才能建立起真正的语言科学（Saussure，1959：90）。因此，结构主义语言学家并没有什么真正的语言历史观，他们从一开始就试图跟历史语言学划清界限，用共时分析来取代历时研究。他们所认为的通过习得而反映的语言历时演化表达式是：{G-1→G-2→G-3…→G-n}。G-1 表示语言结构-1（Grammar-1），G-2 表示语言结构-2（Grammar-2），依此类推。根据这个表达式，一个特定语言 G-1 代的语法传给 G-2 代，G-2 代的语法传给 G-3 代……以致传到 G-n 代，语言学家只要充分研究好分属于不同代的共时结构（如 G-1、G-2、G-3 等），就能了解 G-n 代的语言结构性质，也就能理解一个特定语言从古到今的语言性质。因此，根据这一结构取代模式的假设，历时语言学研究在普通语言学中不再拥有应得的一席之地。

如果认为语言是人类的一个认知系统，那么它就是通过视觉、听觉等感官收集外部信息，然后传递给大脑，大脑将信息进行加工，通过综合、整理、提取等，将信息整合，用来分辨事物间的不同性质，并通过后天升级，对事物产生深层、触及本质的认识。而与之相应的语言学研究就会关注语言的结构（structure）、范畴（category）、系统（system）、层次（level）、层节（tier）、层级（hierarchy）、生成性（generative）等。

鉴于此，现在就可以重新来讨论何为历史语言学。

一般认为，历史语言学研究人类语言的变化及原因，研究语言的演变历史。但是，如果认为语言是人类认知系统之一，那么，历史语言学所要研究的就应是这个认知系统的演变历史，研究它如何变化以及为何变化。换言之，更准确地表述应该是研究人类语言结构的历时演变，对所观察的特定语言的结构、范畴、系统、层次、层节、层级的变化进行描述和解释，重建语言群的史前史，并确定它们之间的亲缘关系，根据亲疏远近把它们归派到相应的语系、语族和语支中，进而阐述有关语言结构变化的成因及方式的普遍原理。只有这样，历史语言学的研究成果才能够在一般意义上对人类语言的理解作出贡献。

鉴于此，历史语言学（historical linguistics）不是语言学历史（history of linguistics），不研究人类语言起源，不决定或企图保存语言的纯正形式，也不试图防止语言的变化。历史语言学也不是语源学(etymology)。语源学研究词的历史,一种特定语言里词的多少、词义的演变,一般不反映该语言的结构系统变化,而历史语言学重点关注的是语言结构的变化。

坎贝尔(Lyle Campbell)曾以《圣经·马太福音》第 26 章第 73 节不同时期的译本为例,说明语言结构是如何变化的(Campbell, 2013:5—8)。下面引文(1)摘自 1961 年版《圣经》,代表现代英语;(2)引自 1611 年詹姆斯版《圣经》,反映的是近代英语;(3)14 世纪威克理夫版《圣经》,为中古英语;(4)记录的是 11 世纪西撒克逊语的福音书,应该是目前存世最早的上古英语文献之一。

(1) The New English Bible(1961):

Shortly afterwards the bystanders came up and said to Peter, "Surely you are another of them; your accent gives you away!" (Modern English)

(2) The King James Bible (1611):

And after a while came vnto him they that stood by, and saide to Peter, "Surely thou also art one of them, for thy speech bewrayeth thee." (Early Modern English)

(3) The Wycliff Bible (fourteenth century):

And a litil aftir, thei that stooden camen, and seiden to Petir, treuli thou art of hem; for thi speche makith thee knowun. (Middle English)

(4) The West-Saxon Gospels (c. 1050):

þa æfter lytlum fyrste genēalǣton þa ðe þær stodon, cwædon to petre. Soðlice þu eart of hym, þyn spræc þe gesweotolað. (Old English)

(上述文字的汉语大意是:"过了不久,旁边站着的人上来对彼得说:'你真是他们的同党,因为你的口音让你露出了马脚。'")

比较一下(1)和(2),从近代英语到现代英语至少有如下一些重要变化。

A. 词汇方面的变化:

bewrayeth 这个词已经不用,现代英语用 to malign、speak evil of、to expose(a deception)来替代。

B. 语法方面(词序)的变化:

XX came they→XX they came

C. 正字法方面的变化:

haue→have

(2)和(3)之间的不同反映了中古英语跟近代、现代英语之间语言结构系统的变化。

A. 语音方面的变化:

-n 辅音尾丢失,如中古的 stooden、camen、seiden 其现代形式分别是 stood、came、said。

B. 语法方面的变化：

-n 辅音尾丢失促使第三人称复数主谓语呼应的特征丢失。

比较一下上古英语和现代英语,其差别更为显著。

A. 词汇方面的变化：

大量词汇消失。

B. 语音方面的变化：

-n 辅音尾丢失;一些-r-丢失;元音大转移。

C. 语法方面的变化：

主谓语倒置结构消失(approached they→they approached);词尾格标志消失;前缀 ge-消失。

D. 正字法方面的变化：

θ 和 ð 现代都写成 th,æ 不再使用。

由此可见,英语一千年之内发生的语言结构变化,跟汉语相比,有过之而无不及。

三 历史语言学研究的对象

通过重新界定语言观,厘清了何为历史语言学。下面的问题就是历史语言学研究的对象是什么。在回答这个问题之前,首先要回答普通语言学研究的对象是什么,然后才能清楚历史语言学在普通语言学中的地位。

理论语言学的一个重要目标是研究人的语言能力(language competence),而这个能力所反映的是人类众多认知系统之一(one of human cognitive systems)的性质。历史语言学家的使命是研究人类语言的变化、发展、演进。研究语言的变化,就是研究跟人的语言能力内容相关的变化(诸如结构、范畴、系统、层次、层级等),研究一个人类认知系统内容的变化。通过对历史上曾经存在过的语言能力的了解,能增进、加强一般意义上对人类语言能力本质的理解。当代共时语言学研究"当下"人类语言的能力,历时语言学则研究"过去"人类语言的能力。当代的语言能力是能力,过去的语言能力也是能力,在这个意义上,共时语言学和历史语言学的目标是一致的,都是探究语言作为人类认知系统之一的本质。由此可见,历史语言学在普通语言学中占有不可或缺的重要地位,是普通语言学的一部分。有了这些认知以后,就可以重新来检讨以往研究中存在的一些有争议的问题。

直觉(intuition)与心理学理论(psychological theory)的关系就是一个问题。自新语法学派(The Neogrammarians)时代以来,人们研究语言变化并不依赖于心理学,可是关于变化的知识却往往是语言学家的"直觉"形式。历时与共时的关系也是一个问题。语言的历时变化是发生在两个阶段之间,但每个阶段都需要有一个连贯、自洽的共时理论,而根据前面提到的索绪尔的结构取代模式{G-1→G-2→G-3···→G-n}，共时与历时却是同步的。历史语言学研究中有更多的概念需要厘清，比如，语言本质的定义(nature of language)、演变原则的概念(principles of change)、如何将清晰的语言本质概念纳入研究框架中、如何辨别语言演变的概念、如何分清语言学(linguistics)和语文学(philology)的异同、如何区别语言变化(language change)和语言学意义上的变化(linguistic change)、如何分辨语言(language)和语法(grammar＝structure of language)的差别(而这又涉及如何科学地定义"社会政治"语言)、如何定义语法(＝语言结构)、如何定义语言行为和语言能力，等等。

一般而言，历史语言学的对象是过去的死语言，而现代共时语言学所面对的则是现在的活语言。但是，根据均变原则(Uniformitarianism Principle)，已经逝去的死语言跟现代任何正在使用的活语言并无本质的区别。"人所具有的我都具有"，活语言所具有的性质特点，死语言也都具有。反之，"人不具有的我也都不具有"。这条原则对历史语言学的构拟尤其有意义。以原始汉藏语和上古汉语的构拟为例，如果把语言知识看作一个符号系统，那就会出现贴标签的结果，所构拟的早期形式会是杂糅各种直接或间接材料的结果，而不考虑这是不是人类历史上曾经存在、使用过的语言。以声母构拟为例，根据严学宭(1981：113—116)的构拟，"需"的早期声母是 xknd-、"绥"是 xsnt'-、"羡"是 xsdl-，无论从音系结构范畴、发音机制配合，都不易找到这样的人类语言，很难说它们是中国历史上曾经使用或存在过的语言形式，这些只是构拟的符号而已。上古韵母研究也有同样问题，下面是白一平(William Baxter)为《诗经·小雅·角弓》这首诗的押韵字所构拟的上古音(Baxter, 1992：689—690)：

此令兄弟

绰绰有裕　　　[ljoks]

不令兄弟

交相为瘉　　　[ljo]

毋教猱升木　　[mok]

如涂涂附　　　[b(r)jos]

君子有徽猷

小人与属　　　[djok]

根据白一平的构拟，这首诗里互相押韵部分的语音形式分别是[-oks][o][ok][os]。凡诗皆韵，那押韵的本质是什么？ 刘勰《文心雕龙·声律》："异音相从谓之和，同声相应谓之韵。"前一句声律规则，后一句韵律要求。前者应用于格律诗，后者应用于几乎所有的诗歌，包括打油诗和儿歌。《小雅·角弓》处于押韵位置的[-oks][-o][-ok][-os]算是"同声相应"吗？ 它们基于何种语言性质可以互相押韵？ 同一范畴？ 同一结构？ 还是同一系统抑或同一层次？《诗经》是经过孔子编订的万诗之宗，被奉为经典。而根据白一平的构拟，此诗的押韵出轨甚于儿歌和打油诗。可见,这个构拟的语音并非中华大地上曾经真实使用或存在过的一种人类语音系统。

根据前面讨论的语言观,还可以得出另外一个结论,就是语料库里的语料并不是语言学意义上的语言。语料库英文是 corpus,corpus 的意义是无生命的尸体。语料库里收的是语言资料(language data),这些资料本身并无一个内在的语法结构系统。语料库语言学(corpus linguistics)主要研究机器可读的自然语言文本的采集、存储、检索、统计、词性和句法标注等,以统计方法为主,主要应用于语言的定量分析、词典编纂、作品风格分析、自然语言理解和机器翻译等领域。用这种方法研究的结果可以反映出一些语言变化的趋势,但并不能真正揭橥一个特定语言变化的性质特点,包括结构、范畴、系统、层次、层级、生成性等性质。而且,这种方法很容易误导,因为语料库里的资料无所不包,鱼龙混杂,包括不少病句资料。对这些性质不一的资料,统计方法对它们所做的是等量齐观的处理。比如,以现代汉语而言,把字句是一个重要的语法结构,也是二语习得的难点之一,但在很多语料库里,把字句所占比例只有百分之六左右。无怪乎有人责问,使用比例那么低,怎么可以认为它是一个重要的语法结构?同理,问题的提出者也可以被反问,一个人的心脏占人体比重百分之一都不到,怎么可以说心脏是一个重要的器官?可见,用统计方法得出的结果未必真正反映事物的本质。

另一个要重视的问题是,语言的证明或证实并不是语言的本身(Attestation of a language is not the language itself.)。比如,很多学者从语言底层、考古发掘、地名人名的考据、文献记载等角度证明,东周时期长江中下游地区居住的主要是百越人,当时使用的语言是百越语。"姑苏"的"姑"、"勾践"的"勾"、"余姚"的"余"等都是当年百越语在地名、人名上的遗留,它们都是百越语的前缀。不错,这些资料确实可以证实或证明百越语在那个地区曾经存在、使用过,但人们并不能据此还原或构拟出一个完整的、两千年前的百越语语言结构系统,因为语言的证明或证实并不是语言本身。雁过留声、人过留痕跟孳乳繁衍、谱系传承性质不同,语言史构拟(语言学)与语言演化的遗迹考据(人类考古学)不是一回事。因此,那些资料与其说具有语言学的价值,倒不如说更具有人类学、考古学、历史学的价值。

那么,语言演变的过程到底是什么?是如何进行的?前面我们讨论过索绪尔的结构取代模式{G-1→G-2→G-3…→G-n},现在来介绍一个与此不同的模式,由海尔(Mark Hale)在 2007 年提出(Hale,2007:12):

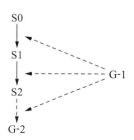

这是一个结合了一语习得的视角来解释语言演变的模式。在这个模式里，S（＝stage）表示阶段，G（＝grammar）表示语言结构。S0 表示小孩习得语言的起始阶段，S1 表示第一阶段，依此类推。由该模式可知，第二代（小孩）语法（即 G-2）是经历多个阶段才形成的。在起始阶段 S0，小孩语法（G-2）的主要语言数据（primary linguistic data）的获取是来自父母语法（G-1）。但是，小孩并不是生活在封闭的真空世界里，从 S0 到 S1，从 S1 到 S2，从 S2 到 Sn，每一阶段虽然都有 G-1 的贡献，但同时也都受到外部的影响和支配（如保姆、幼儿园、学校、媒体、社团等），这些外在因素对 G-2 的形成都作出了一定的贡献。由此可见，第二代（小孩）语法（即 G-2）并不是第一代（父母）语法（即 G-1）的直接拷贝、取代，索绪尔的结构取代模式不能成功地解释这个过程。

乔姆斯基（Noam Chomsky）把语言分成两类，一类是 I 语言（internal language），一类是 E 语言（external language）（Chomsky，1986：20—24）。虽然 I 语言等于语法（grammar），但其演变更替（新一代 I 语言的获取）也要通过 E 语言。上面的模式清楚地揭示了这样一个过程。新一代语法结构的变化更替来自两方面的因素，一是 G-1 作为内部语言结构（I 语言）因素的输出，二是每个阶段外部社团语言（E 语言）因素对形成过程中的 G-2 进行输入。G-2 替代 G-1 的变化发展正是内（I 语言）外（E 语言）共同作用的结果。

现在我们可以对历史语言学和共时语言学的研究对象做一个简单的小结。历史语言学是研究如何从 Gn 到 Gn＋1，以及两者之间的链接允准过程；共时语言学则研究 G。

四　语文学和历史语言学的关系

语文学从文献角度研究语言和文字，主要目的是为历史典籍作注释，帮助人们阅读古籍和语言教学。不同学者对语文学一词有不同理解，有人认为它是研究古老的语言，有的则将其等同于 19 世纪的历史语言学。除了通过文献了解古老语言的情况之外，语文学的研究也包括了解当时的历史文化。但对历史语言学而言，语文学的主要作用和目的应该是从文献中找出信息，帮助人们了解语言的古老形式和历史发展。

虽然历史文献的研究不是历史语言学的研究，但它是历史语言学研究的起点。语文学的主要使命是解决历史文献的时空性质及解读。语文学家运用文献学方法对历史文本的地域性质和年代进行判断，分析文本的特征，确定该文本跟其他文本之间有无亲缘关系，解决因外在因素（如复制错误、风化、物理损坏等）损害文本而造成的解读困难，从文献中发现音变，区分本语言固有词汇和借词，确定语言变化的具体时间，了解书写形式的沿革，等等。语言学家解决了文本解读性质的问题以后，语言学家由此而开始进行语言学的分析。文献学家分析文本内容的解读特征，而语言学家则分析文本所反映出来的语言特征。语言学分析有两大目标：(1)分析文本中存在的语言结构；(2)分析文本编撰者语法中存在的语言结构。语言学分析的结果是要寻找出一组语言学性质的表征。自然,在语言学的分析过程中,也会涉及一些外来因素,诸如文本编撰者的个人写作风格、书写系统、有限的资料范围等。

需要指出的是,出土文献也不是语言(Artifacts are not languages.)。语文学家研究出土文献,是关注这些文献之间的时间先后关系,如下所示:

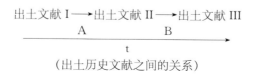

（出土历史文献之间的关系）

至于历史语言学家,他们则更重视这些出土历史文献的语法,关心产生这些历史文献的语法之间的关系,其最终关注点是不同文献的语法(如 A 和 B)之间如何建立联系。那么,如何实现历史语言学的最终目标呢? 下面就是如何从处理文献材料到重建语法的工作流程图(Hale,2007:26):

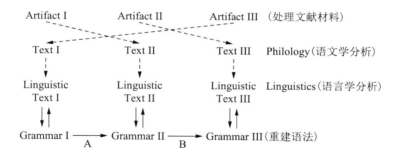

历史语言学虽然研究不同时期"语法之间的关系",但是被研究的语言必须处于"合适"的关系之中,其程序是(1)G-1 提供主要语言数据,构成习得者构建 G-2 的基础;(2)形成直系后代关系 G-n→G-n+1;(3)建构线性后代关系 G-1 到 G-n,这是一条通过直接后代关系的途径。

在历史语言学研究中,使用最频繁的一个词语就是"变化"。然而,文献中关于"变化"的使用颇有问题,比如这三种不同含义的变化被经常混用:(1)G-1→G-2 的变化与 G-1→G-n 的变化,两者的性质和结果都是不同的;(2)一代人的变化和多代人之间的变化,性质和结果也是不同的;(3)通过社区的扩散变化跟前两类的变化,性质更是迥异。另外,关于"可能的变化",情况也是各不相同。"可能的变化"在一代人之间也许不可能,但只要提供足够的时间(如五代、六代等),什么可能的变化都会发生。还有一些不太受语言学制约的可能扩散变化,也是常见现象。因此,我们必须确定,沿着"变化"道路的中间阶段是什么,一个给定语法的哪些属性跟随后的历时发展具有"相关性"。

文献材料和历史比较法的关系曾被严重误解，甚至有人认为如果没有文献材料存世，我们就无法构拟古老的语言。但是现代历史语言学的发展证实，即使没有文献材料，也仍然可以很好地恢复古老语言的本来面貌。最有名的例子就是布龙菲尔德(Leonard Bloomfield)对原始阿尔冈琴语(Algonquian)的构拟。这种美洲印第安语缺乏书面材料，但布龙菲尔德凭借比较方法，成功地完成了构拟(Bloomfield, 1946:85—129)。根据后来发现的新的语言资料，证实布龙菲尔德的构拟相当准确。即使有了书面材料，我们也必须准确地解释其中文字符号的具体音值。虽然赫梯语(Hittite)对研究原始印欧语有巨大贡献，但我们仍然还没有完全搞明白它的符号到底代表什么音，就连它有几个元音也还不很清楚。

在新语法学派之前有一种看法，认为古老的语言都是完美的，然后从古代到现在发生了"退化"，变得越来越不完美。由这个观点出发得出的结论是，古代文献具有特殊地位，也是完美的。但新语法学派推翻了这个说法，认为语言变化发生在所有语言中，语言规则对所有语言都适用。

现存文献材料对研究古老语言固然有帮助，但这种帮助取决于我们对文献的解释能力。在没有文献的情况下，语言重构也可以顺利进行。

对如何运用历史文献我们并没有固定法则，应该尽量发掘一切有用信息。文献记载的文字不同，有象形文字也有字母文字，这就要求我们作不同的处理。在历史文献材料中，我们还可以找到其他非直接的信息，比如诗歌押韵、不同的拼法、又读、外语转写和记录等。英语元音大转移中有 e:→i: 的变化，而 1600 年左右的 symed/semed 的两种拼法显示了这个元音变化的两读状态。哥特语(Gothic)的文献记载有 ai 和 au 的拼法，希腊字母读音应分别为/ɛː/和/ɔː/。根据当时哥特语文献关于外国人名的记录，可以证实这样的语音对应是可信的，因为伊丽莎白对应的哥特语拼法是 Ailisabaiþ，其中/ɛː/对应 ai 的拼写。在解读文献材料时，我们也可参照关系相近的语言。

不过，需要提醒的是，使用文献材料必须小心谨慎。对文献字符音值的判断很容易出错。而且文献的书写形式也常常不能表现所有的读音细节或读音对立。比如声调等特点书面文献就很难表现。同时，书写形式中也有变体存在，有时很难决定其性质。书写形式较之口语的发展容易滞后，也就是说口语已经变了，但书写形式可能还保存着原有旧形式。诗歌语言容易出格，从其他语言翻译来的文献也容易带有借词和扭曲的句法。这些都是在使用文献材料时要特别注意的。

五 语言变化模型及相关理论

关于语言变化的解释可以总结为若干个模型，其中包括对语言变化事实和变化原因的模型。传统意义上的两大模型是"谱系树"和"波浪说"。这两大模型之间的冲突并非不可调和,其实可以互补。

语言谱系树模型的宗旨是反映相关语言如何从同一来源进行分化演变,并解释同源子语言之间的相互关系。语言谱系树代表的是"语言的同源分类"。谱系树模型跟新语法学派有着密切关系,其创始人是新语法学派几位主将的老师施莱赫尔(August Schleicher)。该模型的前提是语言分裂突发性及分裂以后同源子语言没有后继接触。但这两条假设往往得不到保证,而语言间的关系也不可能仅仅是同源关系。谱系树能描述的只是纯粹的无后继接触的同源关系,对那些因语言接触和借用等造成的变化就无能为力了。

许多反对谱系树模型的学者,大多为方言地理学家,他们不接受新语法学派的音变无例外原则。他们提出的口号是"每个词都有自己的历史",并提出了与谱系树模型相抗衡的"波浪说"。波浪理论主要是针对语言和方言接触的。方言地理学派认为,每个词的独立历史是不同因素作用的结果,其中包括来自不同方向的语言基础影响。各大语言都从自己的核心地区向周围实施扩散性影响,距离越远影响越小。在语言和语言接触的地方,来自不同方向的影响相互作用而产生混合体。方言地理学派通过举例反对新语法学派的音变无例外原则,比如诺曼底地区(Normandy)的法语没有完整的 k→ʃ 音变,该地区只是某些词汇因受巴黎法语影响而发生了音变,但在其他词汇里这种音变并没有发生。

语音演变史上发生一系列音变的情形可以用音变链来概括,即某些音段移动到由其他音段空出来的位置,上一音变影响下一音变。这种互为依存的链式音变有推链和拉链两种方向的变化:前者是从链的下端或后端开始变化,每个音段将上位音段推出原来位置;后者从链的上端或前端开始变化,把下位音段拉到链上留出的空位进行填充。英语史上著名的元音大转移(Great Vowel Shift)即为典型例证,如下所示:

(1) aː→æː→ɛː→eː→iː→ai

(2) ɔː→oː→uː→au

研究语言演变的动因也是历史语言学家探索的热点之一,这个大问题又可以分出若干小问题。第一是限制条件问题,即是什么决定了有些演变是可能的,而另一些却是少见的或不可能的? 第二是过渡问题,即演变究竟是如何发生的,有什么中间阶段? 第三是大环境问题。语言演变都是在语言体系和社会体系中发生的,这些大环境对语言演变都有什么样的重大影响? 第四个问题是语言使用者如何评价语言演变,这种评价又如何影响语言演变? 最后一个也是最关键的问题是,语言演变具体发生的状况,语言演变为何在某时某地发生? 如何发生? 如何发展?

关于语言为何变化的解释是一个很有争议性的话题。直至 20 世纪 70 年代初,从历史语言学著作中仍能找到诸如此类的陈述:我们应该关心的是语言如何变化,至于语言为何变化这类问题,因回答不了而应避免。

然而,许多导致语言变化的因素其实已经确定,在最近几十年中,许多语言学家在对语言变化原因的认识方面做了大量工作。首先让我们回顾一下那些早期的、不太成功的解释,即几乎影响到人类及其语言的所有事物在不同时期都曾被认作是某种语言变化的背后动因。它们包括:气候和地理(其实地理原因在语言变化中并不起重要作用);种族和解剖学的论断(这条基本没有根据);礼节、社会习俗和文化特性(这条并不是充分的或必要的解释);懒惰;省力与简化(对于生成学派语言学家来说,简化很重要);外部影响(底层的)——借用(这条经常被夸大与滥用);想要与众不同或想要在社会阶梯中往上爬的欲望(然而,社会语言学家对于语言变化的研究表明,更典型的语言变化模式始自中产阶级);外部历史事件(人们经常会说某一历史事件是某种语言变化的原因,但运用外部历史因素来解释语言变化不应被滥用),等等(Campbell, 2013:323—325)。

在后来的一些关于语言变化的文献中,人们非常注重区分变化的内部原因与外部原因。内部原因以人类语言发音与感知的可能与不可能性为基础。也就是说,内部原因由人类的生物和物理事实来决定,比如对发音器官的控制限度、什么是人类能够通过听觉来分辨的、什么是能够通过认知系统来处理的。因此,内部原因包括生理与心理因素,外部变化原因涉及人体之外和语言结构之外的因素。这些因素包括语言表达形式、积极或消极的社会评价(声望、耻辱)、识字程度、规定语法、教育政策、政治法令、语言计划、语言接触等。

语言某部分内容的改变可能会影响其他部分,一种语言要权衡音系与语义两种需要。语音改变可能会对语义表达产生某些影响;而意义/功能的改变也可能影响语音系统。许多关于解释语言变化的争论,其关键是对产生以上现象的结果有不同认识。避免有害同音异义词也是造成语言变化的一个原因,这种避免表现为词汇替换、丢失、预防、偏转等。许多同音异义词的情况并没有被预防、偏转或替换,这样的话,语音变化所产生的同音词形式留在了语言当中。要解释语言变化必须要有一个广阔视角,一个包括众多因素复杂交互作用和竞争的视角。

社会语言学为我们提供了研究语言演变究竟如何发生及发展的重要信息。社会语言学研究的是语言根据社会条件产生的变体差异,这些条件可以是性别、地位、教育等。社会语言学对演变的即时研究得出了一些基本结论,但这些结论能否运用到不同的时空还有待检验。虽然社会语言学的研究对语言演变的机制提供了很多信息,但不能否认的是,语言变化并不都依赖于社会因素,语言本身的内在因素永远是不可或缺的。否则,我们就无法解释为什么有些音变在不同语言、不同历史时期都反复发生过。

19世纪的新语法学派认为,语言演变的机制无非是三种:规则音变、类推、借用。20世纪70年代王士元(William S.-Y. Wang)及其学生提出的词汇扩散假设(Lexical Diffusion Hypothesis)挑战的就是规则音变(Wang, 1969:9—25; Chen & Wang, 1975:255—281)。从词汇扩散的观点来看,音变不仅仅是规则在语音层面把符合条件的音都变成新的读音形式,音变在词汇层面上是逐个发生影响的。所谓规则音变不过是音变完成了在每一个相关词汇项上的作用。但是,很多历史语言学家对词汇扩散假设持怀疑态度

(Pulleyblank，1982:392—416；Egerod，1981:169—173；Mazaudon & Lowe，1993:1—25),认为所谓的词汇扩散例子,其实都是方言借用或类推的结果。尤其是词汇扩散在汉语中的例子,多为不同方言相互影响或为文白异读相互影响的产物,不能以此来推翻音变规则性这一定律。在这一讨论中,拉波夫(William Labov)的研究提供了一些结合对立双方看法的尝试。拉波夫认为,音变初期基本上是规则的,此时人们对音变不敏感,所以这时候的音变是“由下而上”的。当音变发生到后期,说话人开始意识到音变,一些社会因素就会介入,音变成为“由上而下”,这时就比较容易发生词汇扩散现象(Labov，1994)。

除了从微观的语言变体差异角度探讨语言演变的机制之外,关于远距离同源关系的宏观研究也是近些年历史语言学的热门课题之一。远距离同源关系假设及其方法论都极具争论性,下面分析一下这个课题的各种研究方法及其局限。

潜在的远距离同源关系研究有两个前景或阶段:第一阶段是普查阶段,把所有可能但未经证实的亲缘语言都提出来。第二阶段是检验和证实已被提出有潜在亲缘关系的语言,对第一阶段的证据进行严格考察。

远距离同源关系研究中运用的主要方法和标准是考察基本词汇,这是基于语言年代学(glottochronology)的理论假设。语言年代学建立在四个基本假设上,如下所示。

(1) 基本词汇的存在:语言中存在一个普遍的相对来说不受文化影响的基本词汇,或叫核心词汇。

(2) 基本词汇的保持率是一定的:在时间上,基本词汇中核心词项的保持率是每1 000年保持86%。

(3) 语言横向比较时,核心词汇的遗失率是一样的,大约每1 000年遗失14%。

(4) 起源上相关的两个语言,如果知道它们核心词汇的同源词数量,那么这两个语言从开始分裂到现在的时间是可以计算的。

语言年代学由曾在威斯康星大学麦迪逊分校任过教的斯瓦迪希(Morris Swadesh)在20世纪50年代创建,该方法依赖相对不受文化影响的基本词汇(Swadesh，1955:121—137)。基本词汇包括身体部位名称、近亲名称、自然界中经常碰到的事物名称以及低位数字。支持这一方法的学者认为,这些词一般来说不会是借词,而反对者则认为这些词也可以是借来的。实践证明,该理论及方法存在着重大缺陷。首先是关于基本词汇的假设。基本词汇里的很多词项并非不受文化影响,有些“基本词汇”很容易由于文化的原因而变化,尤其是语言中的避讳。其次,基本词汇表中的100个词汇概念在很多语言里未必都有与之一对一的直接对应词,一些自然中性的对等词在有些语言中一个都找不到。关于第二点和第三点假设,问题更大。统计学研究表明,词汇保持率在不同时间段和不同语言中是不一样的。有1 000年书写记录的语言很少,1 000年前的书写记录更少,词汇遗失率没有足够的证据。另外,对语言分裂发展时间进行计算是不现实的,因为语言的“分裂”往往不是猝然的。语言年代学还忽视了另一个事实,即在语言分裂后姐妹语言之间的接触是很正常的。有鉴于此，现在大多数语言学家都反对此法。不过，不管怎么说，语言年代学可以用于大语系分类的初期阶段，而且提供了一个跟我们所知道的真实案例多少有些对应的年表，可以帮助建立语言之间的远距离亲属关系。

另外，进行多语言的比较是进行远距离同源关系研究的又一种尝试。其基本做法是：取少数几个词，在很多语言中比较；而不是取很多词，只比较一两种语言。但是，不同语言的词汇因非同源原因而产生的相似性，使这个方法变得并不可靠。

建立亲缘关系用得最多的还是语音对应。但必须区分真正的对应与纯粹的相似。要谨防假对应，如借词的相似性、语言之间偶然的类似词项、拟声词、哺育幼儿时的用词等。远距离同源关系研究中有几个最易令人误解的相似性，它包括借词、词义约束、拟声词、婴幼儿用词等。

扩散是语言之间非亲缘关系类似性的一个来源，研究者往往把这些类似性考虑成是可能的远程关系，而不把它们作为借词排除。一个有效的原则是坚持用基本词汇，避免用跟文化环境相关的词。语音相似而词义不同的词不能随意看成潜在的远亲关系证据，虽然可以假设它们本是同源词，后来词义发生了变化，但这样的同源词词义变化往往没有记录。拟声词在不同的语言里往往都很相似，但不能作为亲缘证据，因为它们的相似性是独立模仿自然的声音，而不是因为具有共同的语言历史。婴幼儿用词在考虑语言可能的亲缘关系时应避免，因为它们的特点就是各种语言中的该类词都很相似，而不是由于有共同的母语。词的长度和不匹配音段也是一条参数，两个声称为同源词的词形长度，以及两个词相匹配的音段长度很重要，应该是越长越好。语法上的共同特性是远距离同源关系研究的重要证据，它也叫融合特征、形态构词特征、任意性关联等。但有些形态构词上的相似只是语言之间的偶合现象，要剔除偶然的相似。两个语言比较时，一般会有 5%—6% 的偶然相似。

如果检讨一下以往远距离同源关系的研究，可以发现如下一些问题。

(1) 错误的形态构词学分析：

在亲缘关系分析时，把用来比较的词分析成由多语素组成的成分，这样的语素必须是该语言的语法系统中事实存在的。但在很多所谓的远距离同源关系中，运用的形态构词分析既无根据又无动因。错误的形态构词分析使得所比较的语言的词形更为相似。

(2) 非同源词比较：

把一个语言中本来不是跟该语言同源的词拿来和另一个语言作亲缘关系比较，并作为亲缘关系的证据。

(3) 分布有限的词：

一个语言中的一个词如果在同语系中的其他语言中都没有出现，此即为有限分布；如果拿这样的词来跟其他语系的词作亲缘比较，并作为远程亲缘关系的证据，这种做法是无效的。

（4）缺少已知的历史根据：

如果两个词的相似性是因为其中一个词在近期经历了某种变化，而不是同源历史的结果，这样的词是不能拿来进行比较的。

（5）伪形式：

因记录和转写的错误而产生了虚假的词形，如果把这些词形拿来做亲缘比较，就会有问题。

建立远距离同源关系主要依靠常规的基本词汇的语音对应，以及与"共同特性"相关的语法（或形态构词法）方面的证据。要小心排除产生相似性的其他原因，如外来词、拟声词、偶然性相似、婴幼儿用语等。因此，远距离同源关系研究应遵循两条原则：（1）声音·意义同态性，即只允许声音和意义相结合的比较；（2）纯语言学证据，即只允许语言学的信息，非语言学因素不能算作远距离同源关系的证据。

跟语音演变历史层次相关的理论是相对年代学（relative chronology）。相对年代学跟斯瓦迪希的语言年代学不同。相对年代学是从音系结构系统角度考察语音发展的历程，利用语音结构层次之间的不同性质、语音演变规则之间蕴含的互动关系、音系规则运用的先后次序等，来确定音变现象的先后，决定音变的相对年代。比如，"客人"一词从原始日耳曼语到现代瑞典语的演变历史是：原始日耳曼语*gasti-z→原始斯堪的纳维亚语gastiz→gestir→古挪威语gestr→现代瑞典语gest。瑞典语音韵史上曾发生过两种音变：词中元音省略和umlaut元音交替。根据音系规则运用条件的性质，可以断定词中元音省略现象应该发生在umlaut元音交替现象之后，如下所示：

（1）a→e/＿＿＿（C）C i　　　（umlaut 元音交替）
（2）i→O/V（C）C＿＿＿r　　（词中元音省略）

否则，如果是i元音省略先于umlaut元音交替，那么就不具备umlaut元音交替规则运用的条件，结果就会出现gastr的错误形式。可见，相对年代学可以成功解释语音演变的历史层次。陈渊泉（Matthew Y. Chen）是中国语言学界最早运用相对年代学的理论框架来研究汉语语音演变的学者（Chen, 1976：209—258）。

六　关于语言的史前历史

所谓语言的史前史是指用历史语言学的材料来推断史前的历史和文化。其研究涉及考古学、历史学、人类生物基因学、民族历史研究等。也有人称这项研究为语言考古学、应用历史语言学。

到19世纪中叶，印欧语的语言学史前史研究取得了丰硕的成果，已经能够根据较为可信的证据，提出原始印欧人生活、社会、物质生产和居住地的许多有力假设。语言学史前史研究和考古发掘都将原始印欧人的居住地指向了黑海北岸。研究还表明,原始印欧人的社会是父系氏族,并分成三个等级:氏族首领、贵族和战士、农民。经济上这个原始社会存在着物物交换,从事农业生产,种植燕麦和大麦,饲养牛羊家畜,制造并使用金属工具,生产武器和乐器。他们的交通工具是轮子车和船。在家庭生活中,原始印欧人使用陶罐和烤炉,懂得纺织和裁剪,穿自制的衣服。宗教上他们信奉鬼神,从事占卜、祷告和祭祀活动。这些事实,除了考古发现以外,完全能够从语言构拟上得到证实。通过语言学史前史的研究,我们可以获得一些基本词汇,而这些词汇反映的就是当时活生生的生活场景。

根据不同语系、语族的研究成果,语言学史前史的研究形成了两种主要理论:(1)文化词汇理论;(2)原始聚居地及迁徙理论。通过构拟得到的文化词汇可以帮助我们了解芬兰·乌戈尔人(Finno-Ugric)、乌拉尔人(Uralic)从事渔业生产而非农业种植。相比之下,美洲原始玛雅人的文化词汇告诉我们,他们种植了种类繁多的农产品。虽然文化词汇的研究为我们提供了原始社会生活的许多信息,但不得不承认的是,有时我们也很难排除一些后起或广泛借用的词汇。语言学史前史研究的另一个重要方向是研究原始文化聚居地及人群迁移。在这方面,文化词汇仍扮演重要角色。我们也可以通过反映生物和环境气候的词汇,推断当时的地理位置。比如,我们在原始印欧语里发现了"桦树"一词,这可以间接证明当时原始印欧人居住的地区至少在"桦树线"以北。除了文化词汇理论以外,关于迁徙的语言学理论也是为了找出原始聚居地。迁徙理论建立的基础是最大多样性和最小迁移距离模型。也就是说原始语言分裂后,子语言不会离母语言太远。根据这个假设,我们可以观察语族的语支分布状况,从而猜测在分裂前,最早的原始语应该在什么地区。子语言、语族分布密集的地方,往往就是原始语开始的地方。这些用语言迁徙模型得出的结论和文化词汇所指的地区往往能够吻合。不过,必须承认,语言迁徙理论的基本假设在某些情况下是不能成立的,因而对待这个理论必须非常谨慎。语言的密集分布也可能是由其他原因造成的,即使是文化词也可能因迁徙而丢失或者发生词义变化。

在语言重构中必须排除借词,同样,在用文化词寻找原始聚居地时也要注意排除借词。但如果能确定借词的来源甚至借入年代的话,那就可以揭示古代发生了什么文化交流。比如,德语关于酒类酿造的词汇就来自拉丁语。这可以告诉我们酒类制作工艺和文化的流传方向。几乎所有语言都有外来借词,这些不同时代、不同层次的借词,反映了历史和文化的传承和扩散。在利用借词时必须注意的是,有些词汇的借入并非从 A 语言到 B 语言,而是中间经过了其他的中介语。从 B 语言中找到 A 借词,不一定能说明 A 和 B 的文化曾有接触。在研究借词时,有时可以分析借词的组成。如果一个借词可以分析出几个组成部分,那么它就相对比较新。古老的借词一般不能分析出组成成分。但这种假设也不是绝对的。

地名往往也可以反映出曾经在此居住过的民族的语言。英国地名凡带有 caster 的,都是拉丁语来源,因为 caster 是拉丁语"营寨"的意思。辛坎(Xinkan)人现居住在危地马拉非常有限的地区,但从地名的研究上发现,他们曾经居住在更广大的地域,并在那些地方留下了以他们的语言命名的地名。同样需要小心的是,有人认为,如果一个地名不能被分析成各个语素组成部分,那么这个地名就比较古老。这个论断也只是部分正确。具体地名必须要做具体分析,有的地名现在不能分析是因为经历了比较近的音变。民族的名字也同样是有用的历史材料。比如,英语里的 Russian 一词就是来自北欧语言的词汇。

上述各种历史语言学材料都可以为研究人类史前史提供重要依据。虽然一般的理解是语言和固定的民族有对应关系,但现代研究表明,民族、语言和基因的关系并不一定完全对应。印欧语内部的人群基因差异很大,而且有时同一民族的人还可能说不同语族的语言。民族文化发生交流时,物质文化最容易发生交换,而语言的相互影响则需要较长时间的接触。尽管语言、民族和物质文化不一定能完全对应,但用语言学材料研究人类的史前历史,毕竟是了解遥远过去的最为可信的方法之一。

七　结　论

本文讨论了历史语言学研究中存在的一些基本问题,诸如什么是历史语言学,什么不是历史语言学,为什么研究历史语言学,如何研究历史语言学,历史语言学研究的对象是什么,某个文献能否代表语法,不同时代语法之间的"不同",不同时代语法之间的"变化",如何从处理文献材料到重建语法,语言变化的类型,等等。

本文还努力澄清了一些基本概念,说明历史语言学不是"语言学历史",不研究"人类语言起源"。历史语言学也不是语源学。语源学研究词的历史,不研究语言结构的历史,而历史语言学重点关注的是语言结构如何变化及为何变化,对所观察的特定语言的变化进行描述和解释,进而阐述有关语言变化的成因及方式的普遍原理。使历史语言学的研究能够在一般意义上对人类语言的理解作出贡献。

在厘清上述问题的基础上,本文还简要叙述了历史语言学的基本内容、理论方法、主要成就、遗留问题等。希冀通过这些介绍,能够帮助读者了解历史语言学的概貌。

参考文献

龚煌城.汉藏语研究论文集[M].北京:北京大学出版社,2004.

李方桂.上古音研究[M].北京:商务印书馆,2001[1980].

王士元.语言演化的三个尺度[J].科学中国人,2013(1):16—20.

严学宭.原始汉语复声母类型的痕迹[J].中南民族学院学报,1981(2):113—116.

袁家骅.汉语方言概要[M].北京:语文出版社,2001.

郑张尚芳.上古音系[M].上海:上海教育出版社,2013.

Barrack, C. Lexical Diffusion and the High German Consonant Shift[J]. Lingua, 1976(40):151—175.

Baxter, William. A Handbook of Old Chinese Phonology[M]. De Gruyter Mouton, 1992.

Bloomfield, Leonard. Algonquian[M]//Harry Hoijer et al. Linguistic structures of Native America. New York: Wenner-Gren Foundation, 1946:85—129.

Brian, Joseph, Richard Janda. The Handbook of Historical Linguistics[M]. Blackwell. 2003.

Campbell, Lyle. Historical Linguistics: An Introduction[M]. Edinburgh University Press, 2013.

Chen, Matthew. Relative Chronology: Three Methods of Reconstruction[J]. Journal of Linguistics, 1976, 12(2):209—258.

Chen, Matthew & S.-Y. Wang. "Sound Change: Actuation & implementation[J]. Language, 1975(51): 255—281.

Chomsky, Noam. Knowledge of Language: Its Nature, Origin, and Use[M]. Praeger, 1986.

Egerod, Søren. How Not to Split Tones-The Chaozhou Case[J]. Fangyan, 1982(3):169—173.

Fox, Anthony. Linguistic Reconstruction: An Introduction to Theory and Method[M]. Oxford University Press, 1995.

Hale, Mark. Historical Linguistics: Theory and Method[M]. Malden, MA: Blackwell, 2007.

Kiparsky, Paul. Explanation in Phonology[M]. Foris, 1982.

Kiparsky, Paul. The Phonological Basis of Sound Change[M]//John Goldsmith. The Handbook of Phonological Theory. Blackwell, 1996:640—670.

Labov, William. Principles of Linguistic Change: Internal Factors[M]. Oxford: Blackwell, 1994.

Lightfoot, David. Principles of Diachronic Syntax[M]. Cambridge: Cambridge University Press, 1979.

Lightfoot, David. How to Set Parameters: Arguments from Language Change[M]. Cambridge, MA: MIT Press, 1991.

Mazaudon, Martine & John Lowe. Regularity and Exceptions in Sound Change[M]//MarcDomenici & Didier Demolin. Annual Conference of the Linguistic Society of Belgium. Brussels, 1993:1—25.

Pulleyblank, Edwin. Reviewed Work(s): "The Lexicon in Phonological Change," in Monographs on Linguistic Analysis, no. 5 by William S-Y Wang[J]. Journal of Chinese Linguistics, 1982, 10(2): 392—416.

Saussure, Ferdinand de. Course in General Linguistics[M]. New York: Philosophical Library, 1959 [1906—1911].

Swadesh, Morris. Towards Greater Accuracy in Lexicostatistic Dating[J]. International Journal of American Linguistics, 1955(21):121—137.

Wang, W.S-Y. Competing Changes as a Cause of Residue[J]. Language, 1969(45):9—25.

Zhang, H-M. Chinese Etyma for River[J]. Journal of Chinese Linguistics, 1998, 26(1):1—47.

Zhang, H-M. On Language Change: A Case Study of Morphosyntactic Diffusion[M]//Language and Linguistics(Monograph Series Number W-8). Taipei: Academia Sinica, 2008:243—260.

海南岛语言"那"用法的启示

张惠英[*]

海南师范大学

一　前贤所论指示词"那"来自指示词"爾"或"若"

《王力文集·汉语史稿》(第九卷)(山东教育出版社,1988 年)370 页:"那"字的来源比较简单,如果不是上古的指示代词"若",就是"爾"字。我们比较相信是来自"爾"字,因为上古指示代词"爾"字用途比较广,应用的历史比较长,这样就和"那"字接得上了(369 页说"这、那"时脚注就说"参看吕叔湘先生的《这那考源》")。

吕叔湘《近代汉语指代词》(吕叔湘文集第二卷 186 页,商务印书馆,2004 年)"尔、若、那"节指出"那"的来源:

"那"跟古代的远指指示代词"彼"或"夫"毫不相干,倒是跟第二身代词"尔(爾)"和"若"有关系。"尔"和"若"在古代也有指示的用法:先秦用"若",如"君子者若人!"(《论语·宪问》)但魏晋以后多用"尔",如《世说新语》里尔时、尔日、自尔、尔多、尔馨等就屡见不鲜。因此唐钺先生在《白话字音考源》(《国故新探》卷二)里就假定"那"是"尔"的音变。可是如果从语音上考察,似乎不如假定"那"从"若"出较为合适。

吕先生文后又在注文(244 页)中引章太炎《新方言》卷一的说法:"又指示者或曰'那个','那'与'若'亦一音之转。"

我们现在从汉语方言和少数民族语言的口语实际来看,"那"的语源应该不出前贤所论,但其词性、词义、用法,就纷繁、复杂、生动、有趣多了。

海南岛语言中这个 no^{55}(那),和"个"多少有点相似,也揭示了量词、领属助词、指示词和表人名词之间的一种关联。并非只是指示代词而已。

下面看看"那"在海南岛语言中的有关用法。

---

[*]　作者电子邮箱:zhychz@163.net。

二 海南闽语、临高话、儋州话、黎语的"那"字人名

云惟利《海南方言》126 页、156 页记载有和"挪、娜"同音的 na[33]（阳平），注解中指出，这个音的一个用法是"名词词头。多用为孩子排行的称呼，相当于普通话的'老'。如：～大，即老大"。作者没写汉字，只用一个"□"来表示。笔者以为，这就是表示指示意义的"那"字的阳平调。另据同事林敏告知，除了"那大、那二"表排行外，也可用在人名前，如"那明、那英"。刘剑三先生也告知作者，临高人人名前也可加 nə（阳平）。

在《临高县志·革命烈士表》（临高县地方志编委会，1990：511—525），就有很多人名用"那"作首字。用"那"作人名首字，和用"阿"作人名首字一样，都是词头，都表某种指示意义。例如：

姓 名	牺牲时间	姓 名	牺牲时间
符那训	1927 年 8 月	符那明	1927 年 12 月
符那存	1927 年 12 月	王那勾	1929 年 2 月
符那能	1929 年 8 月	符那轻	1929 年 8 月
王那堂	1929 年 8 月	代那卜	1929 年 11 月
王那是	1929 年 12 月	符那堂	1929 年 12 月
李那土	1930 年 11 月	符那上	1931 年 7 月
陈那年	1931 年 11 月	符那累	1931 年 8 月
王那壹	1941 年 5 月	严那茂	1939 年 3 月
黄那代	1939 年 12 月	王那面	1940 年 6 月
符那庆	1940 年 12 月	符那俭	1943 年 8 月
王那书	1943 年 8 月	王那纪	1943 年 9 月
符那羊	1944 年 4 月	林那尧	1944 年 6 月
符那八	1945 年 5 月	陈那狗	1945 年 5 月
刘那溉	1945 年 6 月	王那正	1943 年 7 月
王那兔	1943 年 2 月	蔡那喜	1943 年 3 月
孙那义	1943 年 6 月	梁那昌	1944 年 9 月
符那遵	1944 年 4 月	王那党	1945 年 2 月
符那君	1945 年 2 月	符那豹	1945 年 3 月
陈那养	1945 年秋	王那登	1945 年 8 月
王那臣	1945 年 8 月	符那廉	1946 年 8 月

陈那果	1946 年 8 月	符那从	1946 年 9 月
符那尊	1947 年 4 月	陈那寒	1946 年 5 月
王那度	1946 年 6 月	郑那行	1946 年 10 月
王那多	1946 年 10 月	符那威	1946 年 10 月
李那通	1946 年 10 月	符那社	1946 年 10 月
陈那壹	1946 年 12 月	黄那麻	1947 年 1 月
王那壮	1947 年 2 月	符那中	1947 年 8 月
王那炳	1947 年 9 月	符那弱	1947 年 9 月
陈那言	1947 年 12 月	黄那汗	1947 年 12 月
王那二	1948 年 2 月	王那损	1949 年 9 月
陈那自	1949 年 11 月	王那吉	1948 年 12 月
王那桂	1949 年	王那中	1949 年 2 月
王那达	1944 年 7 月	王那并	1948 年
符那疆	1939 年 2 月	符那南	1939 年 9 月
符那先	1941 年 6 月	王那军	1947 年 5 月
陈那二	1947 年 8 月	符那祥	1948 年
王那时	1944 年 8 月	王那寿	1945 年 5 月
林那生	1949 年 8 月	王那必	1929 年 4 月
劳那立	1930 年 6 月	吴那高	1930 年 6 月
李那龙	1930 年 9 月	劳那九	1947 年 8 月
王那用	1930 年 3 月	符那洲	1944 年 2 月
符那春	1947 年 6 月	陈那涉	1930 年 12 月
王那积	1931 年 4 月	陈那瑞	1948 年 12 月

从历史记载看,海南旧地方志中从元朝开始就有以"那"为人名首字的官员,黎族首领以"那"为名为姓的从明朝开始就有不少。例如:

(元)刘那本罕,以儋知军摄郡(《正德琼台志》卷廿九,5 页下,又卷卅一,3 页上"刘那本罕"下注:永乐志作那木)。

(元)牛那海,字留根,立簿,安丰人,延佑初陞临高县尹(《正德琼台志》卷卅一,8 页下)。

(明弘治)符那槛、符那树(《临高县志》11 页:"1501 年(明弘治十四年)9 月,符南蛇遣部属符那槛、符那树会合临高黎首王琳、王细保等率众围攻临高县城。")。

(明弘治)陈那洋。乾隆五十七年《陵水县志》卷八,9 上:"明弘治三年,黎亭等峒黎陈那洋等作乱。"

(明正德)郑那忠。乾隆五十七年《陵水县志》卷八,10 页下:"正德二年,崖州千家村乱。……(正德)七年,万州鹧鸪、龙吟等峒黎郑那忠等复出。"

(明嘉靖)那红、那黄。乾隆五十七年《陵水县志》卷八,11 页下:"嘉靖十八年,万州黎贼那红、那黄以千户万人杰激变,入陵水黎亭岭脚乡城大乱。"

(明嘉靖)那燕。《崖州志》278 页:"(嘉靖二十八年)知州邵浚虐取黎赋,激变黎酋那燕。"

(明万历)那阳、那牙、那定。《崖州志》279 页:"(万历)四十年十一月,黎歧、那阳、那牙、凡阳、那定等,结罗话诸峒,焚掠村市。"

(明万历)那保、那真。张嶲等《崖州志》279 页:"计先后擒获贼首那保、那真等一百八十二名。"

(明万历)那诺、那朱、那恩。乾隆五十七年《陵水县志》卷五,18 页上:"龙兆熙,万历四十三年征廖二峒叛贼,招抚那诺、那朱、那恩等三十二村黎一千五百名。"

(清康熙)那入、那瑾、那昌、那湿。乾隆五十七年《陵水县志》卷八,13 页下:"(康熙二十八年)黎首那入、那瑾等投见输诚。……黎首那昌、那湿等归顺。"

(清康熙)那柳。乾隆五十七年《陵水县志》卷八,13 页上:"(康熙二十八年)斩贼首王乾雄、王文成等三十五人,招出余党那柳等四百二十一人。"

(清雍正)王那诚、那萃。乾隆五十七年《陵水县志》卷八,15 页下:"(雍正)八年春正月,崖、定、琼三州县生黎王那诚、王天贵、番否等、陵邑生黎那萃等共二千九百四十六人输诚向化。"

(清乾隆)那隆。乾隆五十七年《陵水县志》卷八,13 页下:"乾隆三十一年三月,定安县六峒黎首王天成纠众王深水光头四、那隆等自定安至会同、乐会、陵水、崖州一带黎地焚杀客民。"

(清乾隆)那回。张嶲等《崖州志》281 页:"(乾隆)四十六年,官坊黎因奸役盘剥,黎首那回等遂作乱。"

(清嘉庆)韦那养、韦那文、韦那硬。张嶲等《崖州志》231 页:"嘉庆八年,抱怀村黎首韦那养、韦那文、韦那硬等,纠党聚啸。"

(清道光)黎那鸡。张嶲等《崖州志》274 页:"道光九年十二月,洋淋村黎酋黎那鸡作乱。"

(清同治)刘那棍。张嶲等《崖州志》275 页:"(同治八年)刘白皮、刘那棍等出降。"

(清光绪)黄那敛。张嶲等《崖州志》285 页:"(光绪)二十年十月,大水弓黎黄观泰、黄那敛等作乱。"

(清光绪)吕那改。张嶲等《崖州志》276 页:"(光绪二十二年)教民陈庆昌入黎索债,被多港峒吕那改枪死。"

又据广东省编辑组《黎族社会历史调查》(民族出版社,1986 年)240 页:光绪年间"六弓首领那贵去陵水"。241 页道光十四年八月《奉宪永禁扰索示碑》有:"总管:卢那洪、卢那有、符那休。头家:林那安、盘那□、韦那令、为亚出。理事:吴亚三、符那若、文那卒。"

(1920 年)林那门、吴那入。1990 年出版的《临高县志》15 页:"(1920 年)5 月,以林那门(林国栋)、吴那入(吴冠山)为首,……1927 年夏,林那门、吴那入被捕杀。"

需要指出的是,黎人本无姓氏,至今有的还无姓氏,都是在某种情况下跟随别人而有姓。所以上述记载中的"那回、那燕、那阳、那牙、那定、那保、那真、那贵、那诺、那朱、那恩、那红、那黄、那柳、那入、那瑾、那昌、那湿、那隆、那萃",都是无姓氏,而用"那"指称。

在刘耀荃编的《黎族历史纪年辑要》(广东省民族研究所,1982 年)中,我们还看到以下"那"字人名:

(明洪武)唐那虎。"明太祖十七年甲子(1384)七月,儋州宜伦县黎民唐那虎、郑银等乱。"(36 页,据《明史·列传二百七》)

(明成化)符那南。"明宪宗成化五年己丑(1469)儋州七方黎符那南判。"(47 页,据黄佐《广东通志》)

(明成化)符那推。"明宪宗成化十一年乙未(1475),儋州落窑峒黎符那推乱。"(47 页,据《明史稿》)

(明成化)符那玉。"明宪宗成化十二年丙申(1476),……古镇州黎贼符那玉等向化。"(48 页,据黄佐《广东通志》)

(明弘治)陈那洋。"明孝宗弘治三年庚戌(1490),陵水县黎亭、峒脚等峒黎陈那洋等作乱。"(49 页,据黄佐《广东通志》)

(明成化)符那南、那月。"先成化初,土舍王赋欲并七方,致符那南之乱,官军平后,其侄那月者,率领蛇父族定钦等诸黎……"(49 页,据《明史·列传二百七》)

(明正德)王那弄、王那边、王那拯。"明武宗正德七年壬申(1512)三月,……王那弄、王那边、王那拯附居冲路。"(52 页,据黄佐《广东通志》)

(明隆庆)那一。"万州黎首那一诱结群黎为乱,自隆庆元年丁卯(1567)出峒动掠为患。"(60 页,据《万州志》)

(明万历)那进、那长。"明神宗万历四十年壬子(1612)春,……后夏五月内,兵勇捉黎首张何、那进、那长等解官正法。"(65 页,据《万州志》)

(明万历)那臭、那求、那欣。"明神宗万历四十一年癸丑(1613)……先后擒贼首那臭等一百八十二名,……擒斩贼首那求、那欣等。"(66 页,据《古今图书集成·职方典》)

(明万历)那献。"明神宗万历四十五年丁巳(1617)……杀黎首那献,夺回被掳人口。"(67 页,据《万州志》)

(明崇祯)符那恩。"明怀宗崇祯四年辛未(1631),昌化县落晒叛黎符那恩行劫。"(68 页,据《昌化县志》)

(清康熙)那叉、那嘎。"清圣祖康熙十六年丁巳(1677),琼山县黎酋那叉、那嘎等聚党蹂躏州县。"(78 页,据《琼山县志》)

（清康熙）那言、那佛。"康熙三十九年，指妈洞生黎王振邦同弟那言、那佛，因营兵扰害，杀死水尾营官兵。"（83 页，据《感恩县志》）

（清同治）刘那沛、刘那盘、刘那。"清穆宗同治（八年）……生擒刘那沛、刘那盘等七名，……将滋事戍官首犯刘振欣、刘那沛、刘那三名就地正法。"（98 页，据故宫博物院清档案部材料）

三 《明史·土司列传》的"那"人名

"那"作人名，不只海南一地有，不只海南的汉人、黎人等有，其他地区、其他民族也用"那/纳"作人名，以《明史·土司列传》为例：

1 安南长官司土舍那代助之以兵，……（8071 页）

2 （洪武十七年）土官那直来朝贡象，……（8100 页）

3 （洪武二十七年）知府那荣及白文玉等来朝贡。（8100 页）

4 景东部皆僰种，……历讨铁索、米鲁、那鉴……（8074 页）

5 （洪武十六年）罗雄州土酋纳居来朝，赐钞币。（8083 页）

6 洪武十五年，总管刀平与兄那直归附，授千夫长。（8075 页）

7 （嘉靖中）（刀平）复调其子刀仁，亦率兵千人，征那鉴，克鱼复寨。初，镇沅印为那氏所夺，至是得印以献，命给之。（8078 页）

8 （永乐）十二年，故土知府那直子那邦入贡方物。（8101 页）

9 宣德五年，黔国公沐晟奏，元江土知府那忠，被贼刀正、刀龙等焚其廨宇及经历引信。（8101 页）

10 正德二年以那端袭土知府。（8101 页）

11 嘉靖二十五年，土舍那鉴杀其侄土知府那宪……

12 万历二十五年，土舍那恕招降车里功，许袭祖职，赏银币。（8102 页）

13 永乐元年，缅酋那罗塔遣使入贡。（8130 页）

14 宣德元年，平浪贼纪那、阿鲁等占副长官地，……（8189 页）

四 《正德琼台志》等所载"那"字地名的指示性

海南、广东、广西、贵州等地有很多"那"字地名。从徐松石《粤江流域人民史》开始，都把这个地名"那"看作是壮语 na 表示水田的意思而来。我们从语言学的角度看，可以看出更多的含义和更普遍的社会现象来。就是壮语"那"固然可以指水田，而从全国南北地名

看,还是由指示词"那"而来。例如:

江西(据《江西省地图册》):那家(20 页,修水县)那塘(38 页,樟树市)

吉林(据吉林省地图册):前图那嘎、西图那嘎、吴达那羊点(40 页,前郭尔罗斯蒙古自治县)

那金河、那金站、那金镇(42 页,洮南市。因产金而得名。参臧励龢等编《中国古今地名大辞典》"那金河")

黑龙江(据《黑龙江省地图册》):后那家(10 页,五常市牛家满族镇)

河南、河北、山东等地的地名,都有"××那(里)"的结构、说法。例如:

河南省(据《河南省地图册》):

　　杞县:顾那(19 页)

　　孟州市:北那、南那(26 页)

　　台前县:张那里、丁那里、艾那里、高那里、韩那里(77 页)

　　西华县:刘那、何那(125 页)

河北清河县:梁家那、邱家那、华家那(《河北省地图册》44 页)

山东省(据《山东省地图册》):

　　梁山县:尚那里、殷那里、路那里、孔那里、郑那里(81 页)

　　东平县:段那里(99 页)

上文交代了"那"可作人名首字表示指示意义之后,我们可再看旧志所记"那"字为首的山川地名,那个"那"的指示意义就一目了然、明白无误了。请看:

临高有个"那盆岭","在县东南三十里,……忽于平地突起一峰,高耸而圆,状如覆盆,蜿蜒东北去"(《正德琼台志》卷五,16 页上)。所以,"那盆岭"就是那形如覆盆的山岭。

临高有个"那新陂","在县西十里县廓都,源自高山,涌流经此,乡人筑塞,灌田五顷"(《正德琼台志》卷七,5 页上)。所以,"那新陂"就是那新筑的灌溉用水塘。

临高有个"那泥井","在县西三十里西塘都,故传宋庆元丙辰大旱",于是掘成一井,"傍有小石刻云庆元三年六月十八日记"(《正德琼台志》卷五,18 页下)。南宋庆元三年是公元 1197 年。"那泥井"当然是那个泥土中掘成的井。

临高有个"那白市",今改作"博厚墟"。"有个叫那白的人在此开一间店铺卖酒饭供应过路客人。后来居住和交易的人逐渐增多,便成为墟"(《临高县志》42 页)。

儋州有个"那姑山","相传乾隆时有少林寺僧名那姑者逃难住此,故名"(《儋县志》卷一,25 页上)。

儋州有个"那合陂","在州北二十里通化都,源自马鞍山流出至此。知县吴子善以木栅堰水正流,复于溪北浚渠导水东之以灌田畴"(《正德琼台志》卷七,6 页下)。所以"那合陂"就是那溪水、渠水合流一灌溉的水塘。

儋州有个"那细峰","那细峰崭岩乎北"(《正德琼台志》卷四,10 页上)。所以,"那细峰"是那个尖削陡险的峰。

上面提到的"那白市""那姑山"，是以人名"那白""那姑"来取名，和海南汉族黎族以"那"为人名首字也相合。一些黎村地名以"那"为首的也是明显的指示意义，例如儋州黎村名：那边村。鞋皮那边村、那父爹村、曹奴那纽村、曹奴那劝村、曹奴那累村、曹奴那分村、曹奴那续村等（《黎族古代历史资料》下册 543—544 页引戴璟《广东通志初稿》卷三十六"生黎"）。

五　海南儋州话的"那"（可作量词、指示词、领属助词、表示人等）

儋州话有一个很有特色的量词 no[55]。它有多种用法，可以归纳为量词、指示词、领属助词、表示人等四种。据丁邦新《儋州村话》（1986 年）的描写：

1. 作量词，单数复数都可以：

$ɔt^{22}$ no^{55} lo^{55} $mɔi^{11}$　（192 页）
一　个　儿　子
$kə^{22}$ no^{55} $sən^{35}$ $p'u^{11}$　（193 页）
这　个　媳妇
$kə^{22}$ no^{55} kon^{55}　（221 页）
这　些　人

2. 表指示：

$cuʔ^{22}$ no^{55} $ŋou^{55}$ $lɔŋ^{55}$　（208 页）
嘱　那个牛　郎
no^{55} me^{35} $ŋɔn^{55}$　（227 页）
那　妇　人
no^{55} me^{35} $mɔ^{11}$ si^{11} ke^{35}　（223 页）
那个太太就　就　大叫

3. 表领属：

$kɔi^{55}$ no^{55} da^{35}　（223 页）
她　那个丈夫

（引者按，注文"她那个丈夫"实际上是她的丈夫，是领属关系。或者说，这个 no[55] 理解为指示或领属都可以。参下例。）

$cuʔ^{2}$ $kɔi^{55}$ no^{55} me^{35}　（224 页）
嘱　他　那个太太
$kɔi^{55}$ no^{55} da^{35} co^{22} han^{11}　（227 页）
她　那　丈夫做　渔业

4. 表示人：

kə⁵⁵ ŋɔi¹¹ no⁵⁵　（206 页）

他　两个人

za³⁵ zɔu¹¹ no⁵⁵　heŋ²² suɔʔ⁵⁵　（224 页）

也　有　一个人听　着

kɔ²²　no⁵⁵ p'ɔŋ²² bau³⁵ ci²²　（245—246 页）

这个人　放　包　子

kə²² no⁵⁵ ne⁵⁵　（246 页）

这　人　呢

ɔ³⁵ no⁵⁵ bau³⁵ ci²² mə¹¹ p'ɔŋ²² le¹¹ q'oi²² lo²²　（246 页）

那人　包　子已　放　了去　啦

这个有特色的多用的高频用词,和指示词"那"同音。

儋州村话的 no⁵⁵（阳平调）可以用作指示这点,和海南闽语文昌话的指称词头 no³³（那）相似。云惟利《海南方言》126 页载有和"挪、娜"同音的 no³³（阳平调）,156 页注解中指出,它的一个用法就是"名词词头","多用为孩子排行的称呼,相当于普通话的'老'。如:no³³ 大,即老大"。我们以为,这个指称词头就是"那"。这和海南用作人名地名词头的"那"可相互参证(参张惠英,2002:273—283)。儋州首府那大的"那"就读这阳平调 no⁵⁵,整个海南,"那"都读阳平调。

儋州村话的 no⁵⁵ 可以用作指示和表示人这点,和分布于海南东方、昌江两县的海南村话也相似。东方县三家乡红花村的村话,"那"就读 nɔ²¹,还有一个指示词 na²¹,既表指示,也用作第三人称代词。请看(据符昌忠,1996)：

nɔ²¹ : kuɯn³⁵ nɔ²¹ dən³⁵ bɔn¹³ tsen²¹。（247 页）

房子　那　间　新　很　（那间房子很新。）

fɔn³⁵ huŋ¹³ tθau²¹ nam³⁵ fɔn³⁵ nɔ²¹ dəŋ²¹ di³³ zou¹³ lai¹³。（311 页）

村　红　草　和　村　那　等　的　由　来

(314 页译文:红花村和那等村的由来。)按,"那等"是地名。

na²¹ : tθɔː(i)³⁵ na²¹ ŋaːu³⁵ na²¹ mɛi³⁵ lɛu²¹。（244 页）

多　　那　人　他　高　全　（那么多人他最高了。）

tθak³³ na²¹（这么深）（246 页）

深

si³⁵ na²¹（现在）；ba²¹ na²¹（今年）；hon¹³ na²¹（今天）　（164 页）

na²¹（他）；ki³⁵ na²¹（他们）　（244 页）

我们以为,东方县海南村话中的"nɔ²¹、na²¹"就是"那"的两种读法。"那"既作指示词又作第三人称代词的情况,在汉语方言中也能见到,如山西的汾阳、离石、临县等地。

六　海南临高话"那"（可作指示词、量词、词头，表示女人）

临高话"那"有 nɔ⁴、na⁴ᐟ³、nə⁴ 等多种读音，张元生等《海南临高话》和刘剑三《临高汉词典》标音有所不同，都是"那"的异读。

张元生等《海南临高话》（1985 年）：

nɔ⁴ 表指示：nɔ⁴（这）、nɔ⁴ tsiʔ⁸（这些）、nɔ⁴ xat⁸（这里）、nɔ⁴ jiaŋ⁴（那样）（147 页）

na⁴ 表指示：na⁴（那）（147 页）

na³ 作量词：na³（位、个），只用于人。（142 页）

　　　　表疑问：ləu² na³（谁）（148 页）

刘剑三《临高汉词典》7 页，na³ 用作人的量词：

【na³】个，量词，用于人：ki³～fəŋ² ju³ 几个朋友

刘剑三《临高汉词典》57 页，nə⁴ 是指示词"这"或"那"，nə³ 表示女人，nə² 用作称人的词头：

【nə²】名词前缀，用于动词素和形容词素前，表示某一类人：

nə² mak⁸（聋子）

nə² den¹（疯子）

nə² lai³（富人）

nə² lao⁴（老人）

nə² nɔ³（老大；成人、大人）

nə² ŋa⁴（穷人）

nə² ŋəi⁴（老二，喻指行动拖拉的滑稽人物）

nə² ŋən²（傻子、笨蛋）

nə² ŋɔŋ³（傻子、笨蛋）

nə² ŋop⁷（哑巴）

nə² un³（年轻人）

【nə³】女，"男"之对：lai³ nəm² lai³～（有男有女）

【nə⁴】那，指示代词，有时与 nia⁴（这）相对，单用时可指"这"：～ hu² kai¹ 这只鸡

nə⁴ mɔʔ8 那个；这个（用于物）：～ kɔu⁴ 这（那）个东西

nə⁴ na³ 那个；这个（用于人）：～ huŋ² tsi³ 这（那）个同志

七　海南回辉话（可作词头，可作指人名词）

郑贻青《回辉话研究》书中，na^{24}、na^{11}都可以用来指人，并可以用作词头；na^{11}来源于指母亲、女性(据郑贻青，1997)：

na^{24} kai^{33}男人；na^{24} mai^{33}女人；na^{24} tha:n^{21}青年男子(未婚)；

na^{24} mai^{33} sia^{11}青年女子(未婚)；na^{24} sa:n^{32}婴儿、儿童(以上154页)

na^{24} sa:n^{32}儿童；na^{24} mo^{11} tui^{33}孤儿(155页)

na^{24}；na^{24} nai^{33}儿子；na^{24} mai^{33}女儿(156页)

na^{24} muan^{33}侄儿、外甥；na^{24} muan^{33} mai^{33}侄女、外甥女(157页)

na^{11}母亲；ʔa^{11} na^{11}祖母；ma^{11} na^{11}父母；na^{11} ko^{24}曾祖母(156页)

ʔa^{11} na^{11}婆婆(夫之母)，外祖母(157页)

na^{11} kia^{33}猴子；na^{11} sa^{33}鹿；na^{11} pa:i^{33}兔子；na^{11} khiat^{43}龙；na^{11} pio^{24}松鼠；

na^{11} ku^{55}老鼠；na^{11} nok^{24}母鸡；na^{11} tsun^{33}鸟(以上142页)

八　湖南永顺、嘉禾土话（"那"指人）

乾隆五十八年(1793)抄本《永顺县志》就记载了湖南永顺土家话称人为"那"的史实："人曰那(上声)""民曰马那""夫曰那(上声)把，妻曰那(上声)假"(引自湖南省少数民族古籍办公室，1991:213)。

湖南嘉禾土话的指示词和指人的名词来源相同。请看(据卢小群，2002:110)：

指示词	人
那□la^{51} sən^{51}（那个）(110页)	女娜 iu^{33} la^{51}:（女孩）(155页)
哪□la^{51} sən^{51}（谁；哪个）(110页)	牛倮拉 tɕiəu^{11} lo^{11} la^{51}（看牛仔）(160页)

上述"那"各种用法的语言现象，启示就在：所有量词、指示、词头、指人名词，原来都是来自"那"可指人，特别是可指女人！自古名量同源，然后量词、指代、词头，随之纷呈异彩。

参考文献

丁邦新.儋州村话[M]."中研院"历史语言研究所，1986.

符昌忠.海南村话[M].广州:华南理工大学出版社，1996.

福建省地方志编委会.福建省志·方言志[M].北京:方志出版社，1998.

广东省编辑组.黎族社会历史调查[M].北京:民族出版社，1986.

湖南省少数民族古籍办公室.永顺县志[M].乾隆五十八年抄本.长沙:岳麓书社,1991.

临高县地方志编委会.临高县志[M].广州:广东人民出版社,1990.

刘剑三.临高汉词典[M].成都:四川民族出版社,2000.

卢小群.嘉禾土话研究[M].长沙:中南大学出版社,2002.

吕叔湘.近代汉语指代词[M]//吕叔湘文集(第二卷).北京:商务印书馆,2004.

瞿云魁,等.(乾隆五十七年)陵水县志[M].影印本,1791.

唐胄.正德琼台志[M].影印本.上海:上海古籍书店,1964.

王力.王力文集·汉语史稿(第九卷)[M].济南:山东教育出版社,1988.

徐松石.粤江流域人民史[M].北京:中华书局,1939.

云惟利.海南方言[D].澳门:澳门东亚大学,1987.

张惠英.汉语方言代词研究[M].北京:语文出版社,2001.

张惠英.语言与姓名文化[M].北京:中国社会科学出版社,2002.

张元生,马加林,文明英,韦星明.海南临高话[M].桂林:广西民族出版社,1985.

张嶲,等.崖州志[M].广州:广东人民出版社,1983.

郑贻青.回辉话研究[M].上海:上海远东出版社,1997.

汉语方言中的"半个音节"

赵日新 *

北京语言大学

王洪君(1999)曾提出弱化合音的规律公式:(两个正常音节)→一个半音节→一个长音节→一个模式特殊、长度正常的音节→一个正常的音节。

本文观察其中的半个音节或称弱化音节的具体情况。

一 弱化音节的变化及在文献中的反映

半个音节即不完整音节,通常最先失去的是本调,在方言中最常见的表现是轻声音节,汉语方言中轻声音节最突出的表现是调值模糊、轻短(当然也有不轻的轻声,即轻声也是有调值的)。

处于弱化位置的音节,通常会发生一系列变化,比如复元音单元音化、主元音央化、声调零化或促化、声母浊化甚至脱落或"零"化等。

复元音单化:过来[kuo lɛ]、听着[tʰiŋ tʂə]、苗条[miau tʰiə]、苗头[miau tʰo]。

主元音央化:棉花[miɛn xuə]、桌子[tʂuo tsə]、金华"个[kə]"、洛阳"今个[tɕi kə]"、忻州"子[tə]"。

声调促化并可能增生塞尾,如晋语中"子"的不同读音形式:[tsəʔ](太原)、[tsʌʔ](平遥)、[zəʔ](山阴)、[təʔ](长治、寿阳)、[ləʔ](沁县、平顺),又如吴语的"个":苏州[kəʔ]。

声母浊化或边音化:北京"五个"[u ɡə]、温州"个"[ɡeʔ]、苏州"勒[lɤʔ]"。

弱化音节因为失去原有字调,不同调类的字读音变得相同,所以文献中的轻声字经常有多种不同的写法,如李荣《旧小说里的轻音字例释》提到"晓得、晓的"("得"字古一等字,官话一般读洪音,"的"字古四等字,官话一般读细音。这两字读轻声就可能同音,如北京话"得、的"读 də,因此"得"才写成"的")、"家火、家伙、家活"、"横竖、恒数、恒是、恒属、横

* 作者电子邮箱:zhaorx@blcu.edu.cn。

是”、“央告、央及”、“闹动、闹腾”（“动”字读轻声，同时声母变送气，元音变央元音，读 təŋ，所以写成“腾”。这就跟“耳朵、板凳儿”第二音读轻音，声母送气一样。）

张树铮（2003）指出《聊斋俚曲集》一些词语在书写上的变异表现的是轻声现象。例如：

割舍—刮拾：割舍，舍得。“舍”“拾”韵母不同。《姑妇曲》作“割舍”：“那生意人割舍不的多给，只给了五两，……”（第三回）。《增补幸云曲》作“刮拾”：“只怕你刮拾不的那衣服”（第二十一回）。

算计—算给：计划，谋算；暗中谋划损害他人。“计”“给”今方言韵母同但调不同。《增补幸云曲》作“算给”：“不过知道我这腰里还有几两银子，您娘们待算给我的”（第十六回）。《翻魇殃》：“您们都不必悲伤，我已是算计就了”（第十二回）。

扎裹—扎挂—扎括：打扮，装束。“裹”“刮”今方言韵母不同，与“挂”声调不同。《禳妒咒》作“扎裹”：“扎裹起来爱杀人……”（第一回）。《墙头记》作“扎挂”：“我看我扎挂的你一崭新”（第三回）。《慈悲曲》作“扎括”：“李氏看了看张讷，扎括的上下一崭新”（第三段）。

波罗盖—波落盖：膝盖。“落”“罗”声调不同。《禳妇咒》作“波落盖”：“戚老爷丢了刀，一波落盖跪下……”（第一回）。《磨难曲》作“波罗盖”：“十万蛆蚩这波罗盖”（第二十八回）。

宋开玉（2008）举到的明清山东方言文献中一些例子：

“骨头”也写作“骨秃”；

名词后缀“巴”可写作“靶、把、羓、䩪、朳、摆、八、笆”等，动词后缀“巴”可写作“把、罢、叭、八”；

动词后缀“打”可写作“搭、达、答、挞、跶、汏”；

后缀“拉”可写作“刺、辣、喇、落、砬”；

后缀“查”可写为“插、揸、擦、察、叉、扠、蹅、嗤、哧、扯”；

后缀“磨”可写为“摸、莫、抹、沫、摩、麻”；

后缀“自”可写为“子、仔、只、咱、则”。

文献中此类例子颇多，如：告诉—告诵—告讼；成日家—成日价；拾掇—拾夺；动弹—动掸；担待—担代—担戴；物事—物什；吓唬—吓呼；糊涂—糊突；溜达—溜跶—溜打—溜搭；逛悠—逛游；热乎—热和—热火；腻憎—腻歪—腻外—腻味；念道—念到—念叨；数道—数叨；数落—数喇；折登—折蹬—折腾；热络—热落—热烙；打量—打谅。

文献中的此类不同书写形式，可以作为判断音节是否读为轻声的依据；特别是非入声字写作入声字的现象，也许可以为我们提供一个观察轻声出现时间的好窗口。弱化音节经常有写作入声的，比如：三字地名中的“家”有写作“各、格、郭”的，北部吴语的弱化音节“个”（量词、结构助词）在明清吴语小说中多写作“格”（如《官场现形记》第八回：倪我格娘有格过房儿子，算倪的阿哥，从前也勒一爿洋行里做买办格），“只、着”多写作“则”。

一个完整的音节多具备声韵调三个部分,至少也得有主要元音和声调。半个音节的表现有多种,即声韵调至少有一个方面是不完全的(本来零声母的音节除外)。有的只剩下声母,如北京话的"豆腐、东西、意思";有的只剩下韵母或主元音(央化),比如北京话的"五个 uə",早期北京话的"五哇、四啊、六哇",浙江湖州话结构助词"个"的弱化形式 ə?、ə、ε,徽语歙县的结构助词"个 ε",等等。钱曾怡(1993)指出:博山方言[ə]作为名词后缀用得最多,有些相当于北京话'子'和'儿'。例如:麦 ə、粟 ə、狮 ə、燕 ə、桌 ə、椅 ə、儿 ə、姑 ə 尼姑、小舅 ə、鼻 ə、黑眼珠 ə、包 ə、帽 ə、馆 ə、药引 ə、钻空 ə、苗 ə、指甲桃 ə、牛犊 ə、蛾 ə、手套 ə、车轮轮 ə、媳妇 ə、妮 ə、牙花 ə、后脑勺 ə、豆汁 ə、兜兜 ə、小铺 ə、虾皮 ə"。

二 弱化音节与基本音节的关系

弱化音节在语流中的表现形式,有如下几种。

(一)弱化音节声母、韵母不复存在,只剩下一个时间格,这个时间格既可能由基本音节的韵基或韵尾"蔓延""浮游"过来占据其位置;也可能前移到基本音节上,成为基本音节的一个音长特征。

(1)基本音节的韵基或韵尾"蔓延"或"浮游"占据半个音节的位置。

孟庆泰、罗福腾(1994)提到:淄川方言"子"单字音读[tsʅ⁵⁵],在做名词的后缀时,其音值受前字韵母的影响而有差别。在多数韵母后,其音值颇难审辨,听起来是一个接近[ə ɤ ɯ]的音素,十分含混。

表1 淄川方言"子"后缀的读音

"子"的音	前字韵母	例 词
ə ɤ ɯ	ɑ iɑ uɑ	沙子、匣子、刷子
	ə iə uə yə	车子、蝎子、盒子、靴子
	ɿ i u y ʅ	小四子、鼻子、肚子、橘子、痣子
	ε iε uε ei uei	袋子、蟹子、筷子、杯子、柜子
	ɔ iɔ uɔ	刀子、条子、口子、袖子
	ã iã uã yã	盘子、辫子、罐子、院子
e ə ɯ	ə̃ iə̃ uə̃ yə̃	盆子、林子、棍子、裙子
ɑŋ	ɑŋ iɑŋ uɑŋ	肠子、箱子、筐子
ŋ	əŋ iŋ uŋ yŋ	棚子、镜子、亭子、种子、粽子

山东一些地区的三音节地名,如"胡家庄、李家桥、朱家井"等,中间的"家"音节读轻

声,有时进一步弱化为零音节,引起前一音节声调变化和音长加长,如山东阳谷方言的地名的弱化现象(董绍克,2005)。

表 2　阳谷方言地名读音的古今变化

古名称	三里庄	[sã$^{13-21}$ li^0 tʂuã^{13}]	段家桥	[tuã$^{312-42}$ tɕia^0 tɕʰiɔ^{42}]
今名称	三〇庄儿	[sã$^{13-21}$ ã^0 tʂuar^{13}]	段〇桥儿	[tuã$^{312-42}$ ã^0 tɕʰiɔr^{42}]
古名称	孟家楼	[məŋ$^{312-42}$ tɕia^0 lou^{42}]	安乐镇	[ɣã$^{13-21}$ luə^0 tʂə^{312}]
今名称	孟〇楼	[məŋ$^{312-42}$ ŋ^0 lou^{42}]	安〇镇	[ɣã$^{13-21}$ ã^0 tsə̃^{312}]

曹延杰(1997)、王彦(2007)分别报告了山东德州、梁山方言地名中的类似事实。

据曾春蓉(2017),湖南武冈(双牌)方言"韵母重叠"表示一定的语法意义,例如:

饭 βã^{113} ã^1 没煮熟。(饭都没煮熟。)

桶 tʰəŋ^{21} ŋ^5 在哪里?(桶子在哪里?)

今日我到街 kæ^{55} æ^1 去。(今天我到街上去。)

打 ta^{21} a^1 没起作用。(打都不起作用。)

看 kʰã^{55} ã^1 一阵。(看了一阵。)

洗 si^{21} i^1 菜哩。(洗了菜了。)

今日我戴 tæ^{24} æ^1 一顶帽子。(今天我戴着一顶帽子。)

今日哪 na^{21} a^5 杀猪?(今天谁杀猪?)

晒干 kã^{55} ã^1 水分哩。(晒干了水分了。)

一个 ko^{24} o^1 没有。(一个都没有。)

据韩宝育(2006),陕西岐山方言"韵母局部重叠"表示一定的语法意义,相当于普通话的"子、儿、头"等后缀,或表示动作持续、动作方式等,例如:

麻食 ma$^{35-21}$ ʂʅ$^{35-55}$ ʅ^{31}(麻食子)

对门 tuei$^{44-55}$ məŋ$^{35-31}$ əŋ^{31}(对门儿)

碗碗 uæ$^{42-55}$ uæ$^{42-3}$ æ̃^{31}(小碗)

挖 ua$^{31-53}$ a^{31} 土(挖的土)

他手 ʂou$^{42-55}$ ou^{31} 有权哩。(他手里有权呢。)

他到洼唱 tʂʰɑŋ^{55} ɑŋ^{42} 哩没有?还唱 tʂʰɑŋ^{55} ɑŋ^{31} 哩。(他在那儿唱歌呢。还唱着吧?还唱着呢。)

你挖 ua^{31} 啥哩?挖 ua^{53} a^{31} 啊么?挖 ua^{53} a^{31} 啊,挖 ua^{31} a^{11} 两个。(你挖什么呢?挖着了没有?挖着了,挖着了两个。)

齐北京到西安,飞 fei$^{31-53}$ ei^{31} 一个多小时。(从北京到西安,飞了一个多小时。)

肉烧 ʂɑɔ^{53} ɑɔ^{31} 吃好。(肉红烧着好吃。)

红 xuəŋ$^{35-3}$ ŋə^{53} 很。(红得很。)

这种所谓"韵母重叠""韵母局部重叠"现象,其实就是基本音节后面的音节弱化导致前一音节韵基或韵尾"浮游"的结果,其性质跟上文所举淄川方言的现象相同,都是一个半音节。

(2)半个音节的时间格前移到基本音节,使基本音节声调发生变化,或成为长音节。

据王彦(2007),山东梁山县辖区内800多个自然村,以姓氏命名的村庄一般都是在姓氏后面直接加通名,如"丁庄、梁庙、李楼、郑垓"等,几乎见不到"X家庄"这种格式的村名。值得注意的是,梁山村名前字的声调往往发生比较奇特的变化,按照轻声前的变调规律改变调值,特别是读上声和去声的姓氏,在地名中几乎都不读原调,而是读轻声前变调的调值。如地名"冷庄 ləŋ⁵⁵⁻²³ tʂuɑ̃r²¹³",比较"冷枪 ləŋ⁵⁵ tɕʰiɑ²¹³",变调不同,而跟"耳²³ 朵⁰"的变调相同,显示"冷"和"庄"之间早期应该有个"家"字。

前字去声的"杜庄 tu³¹³⁻⁴² tʂuɑ̃r²¹³"和"杜康 tu³¹³⁻²¹ kʰɑ̃²¹³"变调不同,却与"爆仗 pʰɔ³¹³⁻⁴² tʂɑ̃⁰"即轻声前的变调相同,同样显示早期曾经有一个"家"存在。

山东德州的一些方言主要用"溜"等表示动词的完成体,但在德州某些地区还可以使用动词末音节的变调来表示完成体,动词要发生像位于轻声音节前一样的变调,有的动词末音节的读音还需要轻微的延长。

我吃[tʂʰʅ²¹³⁻²¹]饭啦_{我吃了饭了。}

他买[mɛ⁵⁵⁻²¹³]菜啦_{他买了菜了。}

二娃下河逮[tei²¹³⁻²¹]条大鱼。

这屋子他扫[sɔ⁵⁵⁻²¹³]两遍啦。

我到[tɔ²¹⁻⁴²]南边儿啦。

屋娄_{屋里}摆[pɛ²¹⁻²¹³]好几张桌子。

耳朵上戴[tɛ⁴²⁻²¹³]俩耳环。

又如青岛方言(基本音节不变调但拖长)(孙彦,2016):

我刚才看[kʰɑ:⁵¹]会儿电视。(意为"看了")

她看[kʰɑ:⁵¹]看[kʰɑ:⁵¹]就哭了。(意为"看着")

这个电影看[kʰɑ:⁵¹]我都不敢睡觉了。(意为"看得")

你的表现我都看[kʰɑ:⁵¹]眼里了。(意为"看在")

用你这个速度,就是看[kʰɑ:⁵¹]明年也看不完。(意为"看到")

山东沿海一些县市,如平度、海阳、龙口、莱州、招远等地通过重读并延长动词读音的方式,来表示动作或性状的完成,我们用"V—"来表示。

他喝—(一)杯酒。(平度)

小明吃—饭啦。(海阳)

倒—油瓶也不扶。(栖霞)

夜来我和她一块儿照—(一)张相。(招远)

看—电影就回去啦。(平度)

米饭炒—吃啦。（龙口）

他写—作业啦。（海阳）

她一早上就出去—两趟啦。（蓬莱）

上月他去—上海好几趟啦。（平度）

张鸿魁(1990)指出，山东临清方言"使用频率很高的部分轻声字，声音上进一步弱化，就成为零音节。就是说，声母、韵母都不复存在，只能从前一音节的声调变化上感觉到音节的'存在'，有时还伴有前一音节的相对延长"。如"吃唠饭就走"可以说成"吃〇饭就走"。类似的现象也出现山东平度、阳谷等方言中。其实所谓的零音节并不真的为"零"，虽然原音节的声母、韵母不复存在，但还留下一个时间格，导致前一个音节音长拖长。

此类音节归"零"的情形，有时可能与基本音节"蔓延"不容易相区别，这是音节界限模糊的表现。在这种情况下，音节之间的界限消失，有时可能造成音节界限的模糊。这是两个音节融合为一个音节的动态过程的表现。

从两个音节到一个半音节再到合并为一个音节，其具体过程方言中可能有两种表现：一是造成一个模式特殊的音，如豫北晋语；二是造成音节界限的模糊，音节界限的消失是一个渐进的过程，中间会有一些过渡阶段，比如浮游、长音等，这时候的音节界限有可能是两可的。

"前一音节拖长"与"前一音节的韵蔓延或浮游占据弱化音节的时间格"，这二者是同一种现象的不同描写，还是两种不同的现象？从现有的材料中不容易判断。目前对此类现象的调查描写因人而异，有些看不上不同的现象其实质有可能是一样的，有些看上去相同的现象其实有可能不一样。

（3）半个音节"芳踪难觅"，基本音节趋于正常音节，但在语音的物理属性上可能略有区别，如北京话：

舍不得＋V→舍不＋V：舍不吃舍不穿的

要不/要么→要：要你明天再来吧

人家→人：人可不像你似的

最后一例由"人家"变来的"人"，虽然写出来是一个正常音节，但跟正常音节还是有一点儿音长的区别。

（二）半个音节与基本音节合音(不表示特定的语法意义)或使基本音节韵母发生变化(有特定的语法意义)。

（1）合音，如河南林州：

表3 林州方言数量结构合音举例

数词	音	数量词	音	例词	音
一	iə?	一个	$yə^1$	一个人	yə ʂəŋ
二	liaŋ³	两个	$liɔ^2$	俩人	liɔ ʂəŋ

续　表

数词	音	数量词	音	例词	音
三	sa¹	三个	sɔ¹	三个人	sɔ ʂəŋ
四	sʅ⁴	四个	sʅə⁴	四个人	sʅə ʂəŋ
五	u³	五个	uo²	五个人	uo ʂəŋ
六	liu⁴	六个	liu⁴ ə	六个人	liu ə ʂəŋ
七	tsʰiəʔ	七个	tsʰiəʔ	七个人	tsʰiə ʂəŋ
八	paʔ	八个	pɔ¹	八个人	pɔ ʂəŋ
九	tɕiu³	九个	tɕiu³ ə	九个人	tɕiu ə ʂəŋ
十	ʂəʔ	十个	ʂəʔ kaʔ	十个人	ʂəʔ kaʔ ʂəŋ
三十	sa¹ ʂəʔ	三十个	sa¹ ʂaʔ	三十个人	sa ʂaʔ ʂəŋ
几	tɕi³	几个	tɕiə²	几个人	tɕiə ʂəŋ

表 4　林州方言指量、方位、趋向结构合音举例

这个	ʈʂuo	那个	nuo
这厢	ʈʂəi siaŋ→ʂaŋ	那厢	nəi siaŋ→naŋ
瓶儿里头	piŋ ə ləu	桌儿里头	ʈʂuaʔ ə ləu
饭里头	fa ləu	碗里头	va ləu
站起来	ʈʂa kai	抬起来	tʰai kai
坐起来	tsuo kai	拿起来	nɔ kai

这类合音并不改变词汇意义和语法意义,只是因为常用,两个音节合并为一个音节。

(2) 变韵(不同于基本韵母),以河南获嘉方言为例:

你买啥?我买葱。niʔ³ mai⁵³ ʂa¹³ ? uaʔ³ mai⁵³ tsʰuŋ³³ (你要买什么?我要买葱)

你买啥?我买葱。niʔ³ mɛ⁵³ ʂa¹³ ? uaʔ³ mɛ⁵³ tsʰuŋ³³ (你买了什么?我买了葱)

你量啥?我量大米。niʔ³ liaŋ³¹ ʂa¹³ ? uaʔ³ liaŋ³¹ ta¹³ mi⁵³ (你要量什么?我要量大米)

你量啥?我量大米。niʔ³ liɔ̃³¹ ʂa¹³ ? uaʔ³ liɔ̃³¹ ta¹³ mi⁵³ (你量了什么?我量了大米)

桶里头装啥?桶里头装油。thuŋ⁵³ liou¹³ ʈʂuaŋ³³ ʂa¹³ ? thuŋ⁵³ liou¹³ ʈʂuaŋ³³ iu³¹ (桶里头要装什么?桶里头要装油。)

桶里头装啥?桶里头装油。thuŋ⁵³ liou¹³ ʈʂuɔ̃³³ ʂa¹³ ? thuŋ⁵³ liou¹³ ʈʂuɔ̃³³ iu³¹ (桶里头装了什么?桶里头装了油。)

变韵与合音的区别在于,变韵往往表示特定的语法意义。上面获嘉方言的例子,动词变韵表示已然。

(3) 弱化音节合入前一个基本音节,弱化音节面貌模糊甚至脱落,有时会导致对弱化

音节的错认。比如对中原官话、冀鲁官话、晋语中名词变韵的认识，目前学界在变韵参与的语素是什么的问题上就存在不小的争议。

三　半个音节的书面化问题

半个音节在书面上怎么写？如北京话"多少钱"弱化之后多写作"多儿钱"；"告诉你"多写作"告儿你"；"反正"写作"反儿"；"人家"多写作"人"。但是音值是否完全准确，似乎无人深究。

书面语很难完全记录口语，特别是对半个音节有时无能为力。下面是北京大学中国语言学研究中心"京人京语京文化丛书"之言也著《面对着生活微笑》中的一些例子：

姥姥叹道："那安平待单位也是这样儿了？也不知道慧心怎么样，右派老婆，横也好不到哪儿去。"（第 13 页）

姥姥说："要说你大姥姥，命也真苦。她爸爸是王爷，爱新觉罗氏，是正经的皇家血统。你大姥姥长得又好看，小时候儿，带进宫去，也不哪个太妃喜欢，认她当了干女花儿，这大家都叫她格格。……她妈死得早，她爸爸惯着她，把家里的事儿都交给她管。那几个哥哥心里能不埋怨？你说也是，她也不怎么跟她的马夫好了，横是待王府里头见不着男人？"（第 51 页）

你太姥姥长得好看，又文武双全，美名儿就传出去了，也不怎么传的瑾妃耳朵里，瑾妃就说带来我瞧瞧，一瞧，就说，留下跟着我吧。（第 52 页）

孙大爷笑道："就可着劲儿这么一跑，七十迈，也不怎么那么寸，跟南小街儿那儿，打东边儿来了一辆车，他倒是刹车了，我刹也刹不住了，索性冲过去吧。就没冲过去。"（第 138 页）

再就是我妈，住过十个月的牛棚，她自个儿说没什么问题，我也不知道是真的是假的。张舒雅家也不儿有什么问题，赶明儿问问她。（第 277 页）

易初说："我倒是第一批红卫兵，可我们那老师也不怎么老看我们不顺眼，说我们是资产阶级黑笔杆儿，老批我们。"（第 277 页）

邓文丽说："这儿没您的事儿。您不儿要买菜去吗？"（第 300 页）

易初说："这江青也不想干什么！真想当女皇啊。也太不自量力了。"（第 387 页）

这大概可以作为"言文脱节"的另一种表现。

四　半个音节的归宿

半个音节的最终归宿是彻底脱落，前面的基本音节也成为一个正常音节。

梁山古分属寿张、东平、坟上、郓城 4 州县，明万历《汶上县志》记载："自济宁州交界孙村起,至东平州靳家口交界止,共五十六里半。……其自潜河而西,曰郭家仓,曰荣家店,曰绳庄,曰蔡家林,曰拳家铺……"其中的"靳家口"即今梁山的"靳口","郭家仓""荣家店""蔡家林""拳家铺"分别为今梁山的"郭仓""荣店""蔡林""拳铺"。

清李绿园所著白话小说中叙述中的"滑家庄",口语中作"滑庄",我们不知道"滑庄"的"滑"是否为正常音节,但从书面上看其中的"家"字已经"归零"。

《歧路灯》第四十回:惠养民到家勉强用了早饭,骑定一匹马,出的南门,顾不得往家中去,便直向城东南滑家村来寻滑玉。这滑家庄离城三十里,傍午时到了继室娘家。惠养民前几年原走过三五次,认的门户。下的马来,岳叔滑九皋见了,哈哈笑道:"惠姐夫,啥风刮的来。"让进草厅。

《歧路灯》第五十五回:谭绍闻本不愿见这几位前辈,争乃感情在即,难说过河拆桥,少不得写了帖子,就叫王象荩沿门挨送。送完时,说:"诸位爷,都说明日饭后早到。惟惠师爷明日要上滑庄吊纸,他的岳叔死了,事忙不能来。"谭宅备办酒席,不在话下。

像"焦作"这样的地名,如果不是从文献中找到历史上曾经是"焦家作",我们可能很难知道其中曾经有个"家"字。

五 半个音节的"借尸还魂"

半个音节也可能复活,特别是书面上写为入声字之后,半个音节可能借入声字形得以"复活",而不是继续走上弱化、脱落的老路。

例如:动真格的。"格"的早期形式应该是弱化的"个",即"个"首先成为半个音节(声调轻声),因为轻声促化为入声,在有入声的方言或时间里,写作"格",这种写法逐步固定下来,成为"真格",如明清吴语文献中的例子(清二春居士《海天鸿雪记》第十九回:"唔笃格种人才是眈拨良心格,难倪总也勿高兴搭唔缠格哉。"牛皮桂宝道:"阿是真格介?"),进而组成"动真格(的)"这样的固定组合。

又如:"张家庄、李家庄"中间的音节弱化之后多写作"张各/格/郭庄、李各/格/郭庄"等,写为入声字使弱化音节得以固化,当然,这主要发生在入声尚未消失的阶段或方言中。

半个音节的"今生"和"来世"有些(指具有特定语法意义的那些)可以用下面的语法化"轮回"加以说明。

$$tɛ: tɛ+n→tɛ:n→tɛ̃n→tɛ̃^n→tɛ̃→tɛ:tɚ$$

参考文献

曹延杰.德州方言地名读音[J].方言,1997(1).
陈鹏飞.林州方言志[M].天津:天津社会科学院出版社,2007.

董绍克.阳谷方言研究[M].济南:齐鲁书社,2005.

韩宝育.韵母局部重叠:岐山话一种重要语法手段[M]//西北方言与民俗研究论丛(二).北京:中国社会科
　　学出版社,2006.

贺巍.获嘉方言研究[M].北京:商务印书馆,1989.

李荣.旧小说里的轻音字例释[J].中国语文,1987(6).

孟庆泰,罗福腾.淄川方言志[M].北京:语文出版社,1994.

钱曾怡.博山方言研究[M].北京:社会科学文献出版社,1993.

宋开玉.明清山东方言词缀研究[M].济南:齐鲁书社,2008.

孙彦.山东青岛方言中的谓词变韵现象[J].中国方言学报,2016(6).

王洪君.汉语非线性音系学[M].北京:北京大学出版社,1999.

王彦.梁山地名中零音节"家"的存在形式[J].中国语文,2007(1).

曾春蓉.湖南武冈方言中的韵母重叠现象[J].中国语文,2017(1).

张鸿魁.临清方言志[M].北京:中国展望出版社,1990.

张树铮.蒲松龄《聊斋俚曲集》所反映的轻声及其他声调现象[J].中国语文,2003(3).

从语言文化学角度答"钱学森之问"：
产生大师的群体演化原因

朱晓农 *

江苏师范大学/云南民族大学

一 游汝杰先生在哪些方面影响了我

不懂民族语，不识白石谱，不知普通话音位，就不是一个好方言学家。

我近年来做的三件事，语言文化学、音节学、民族语探索，无一不是受到游兄的启发和影响。值此汝杰先生伞寿之庆，谨以此文敬贺。

当年读书，游兄长我一届。听上去不过是个高一年的师兄，我是 ABCD，他是 E，但实际上天差地别。我是 ABCD 才萌芽，他是 E(established)，已有建树。

还在读书时他发表了两篇大作，还是高不可攀的顶级刊物，一篇是关于侗台语的，一篇是普通话的音位问题。读了惊为天文，心里暗暗下定决心，将来也要写这样的惊世大文。当然这只是少年立志，"取法乎上"，尽管后来做了极大努力，也就"仅得其中"了。

20 世纪 80 年代"文化语言学"崛起，流派众多，但公认的开山之作就是汝杰先生的《方言与文化》。我知道这方面也难以超越，所以做着做着就改了词序，叫"语言文化学"了，研究的问题也超出了文化语言学的范围。下面我就谈谈语言文化学中的两个基本概念，然后从语言和语言文化学角度来解答"钱学森之问"。

二 语言文化学

文化语言学是语言学的一个分支，以文化为背景来研究语言。语言文化学反过来，从

---

* 作者电子邮箱：2660559923@qq.com。

语言(学)角度来审视文化问题。双方都关心语言和文化,但切入点不同,关心侧重也不同。近年来我写了些这方面的文章(2015a/b, 2018a/b, 2020a/b, 2021)。前些日子发表了一篇《语言文化学宣言》(2020b),我接触这个领域都35年了,才想起来要宣布一下。

2.1 文化的含义

"文化"是个最多义的多义词。村里扫盲叫"学文化",两公婆为装修打架,一个训另一个"没文化",那些个讲《三字经》《弟子规》的也叫"文化学者"。反正你想得到的事情,都可以用"文化"去涵盖。

文化的最广义也最基本的含义,就是人所创造的一切,即所有人造物,与自然相对——这可以看成是文化的内涵定义。具体一点可以作一个外延定义:

> *文化的外延定义:广义文化包括马林诺夫斯基定义的三类:物质文化、制度文化、精神文化,以及我定义的第四类语思文化。狭义文化单指精神文化。*

马林诺夫斯基(1987)的三分法很精辟,三类文化分别处理的是人与自然、人与人、人自身内心三种关系。人在处理与自然的关系时所产生的结果就是物质文化,处理与人的关系时所产生的结果就是制度文化,处理自身内心的想法所产生的就是精神文化。我增补了一类新的文化形态:语思文化。

2.2 语思文化

表面上看,语思文化是把马氏提到但又忽略了的"语言"加以"扶正",但实际上有很大不同:语思包括了语言,但不止于语言。马氏的结构主义和行为主义语言观还考虑不到这一点,马林诺夫斯基(1987:6)把说话看成"一种行为的方式,和使用一工具,挥舞一武器,举行一仪式,或订定一契约完全一样"。语思是我语言前提论(朱晓农,2018a/b)中的一个核心概念:

> *语思定义:语思是指语言和用语言进行的思维方式,以及有语言性思维方式参与的认知过程。*

语言、语思、逻辑、思维方式、推理程序、认知模式等都是语思文化中的概念,与"无产/资产""唯心/唯物""相对论""美学""佛学"都无关,那是思维的内容,属于精神文化。语思文化是大文化范畴中的第四类亚文化。语思文化不同于政治、经济、军事、社会等宏大的制度文化,也不同于哲科文艺等璀璨的精神文化,语思文化是中性的、形式的、工具性的但决定本质的。语思文化史是一道静静但浑厚的深层洋流,它的演化决定了精神文化和制度文化如何呈现,语思在演化中的突变是决定大文化史走向的里程碑。

　　语思与一般的思维有所不同,人类有基于语言的思维方式,还有非基于语言的先天性思维方式,如利弊思维、感性思维、记忆思维。语思跟认知也不同,认知可用语思,也可用前语言的先天性思维方式来进行。语思包括自然语言和人工语言及基于其上的思维方式,以及有它们参与的认知模式。语思认知是全体认知模式集合中的一个子集(参朱晓农,2020b)。

三 "钱学森之问"

3.1 非涉钱的"钱问"

　　新千年初,钱学森(2005)向总理提了一个问题:"这么多年培养的学生,还没有哪一个的学术成就,能够跟民国时期培养的大师相比⋯⋯为什么我们的学校总是培养不出杰出的人才?"总理深受感触,把这问题转问六位大学校长。这就产生了:

　　　　"钱学森之问"(版本1):为什么现在我们培养不出大师?

校长们踊跃献计献策:改革高校招生办法,大学校长公开招聘,建立导师制,引进国外著名学者,把培养提前到中小学,建设爱国求真、严谨求实、宽容创新的校园文化,等等。

　　我在想,要就是这么点主意,就不必劳烦各位校长了,找谁问一下都一样。果然,"钱问"继续发酵,扩散到了社会层面,引起强烈反响。上上下下很多讨论,开会出书,谁都觉得(可能确实也)比那几位校长更有能耐。它成了中国社会少有的持续热门的话题。事关国家民族前途,所以有家国情怀的国人相当投入。

3.2 大师是培养出来的吗

　　很可惜,这个问题问错了!

　　问题都问错了,你能指望有什么正确答案呢?除非歪打正着,有个小概率。

　　问题在于:谁要知道怎么培养大师,不如就把自己培养成大师。要是校长们觉得觉悟晚了,自己已经过了成才期,那就请他们把子女培养成大师。

　　但我们知道他培养不出大师来,因为这不是一个培养的问题。

　　超一流大师如牛顿、爱因斯坦显然不是培养出来的。这就是问题的症结所在。大师非但不是培养出来的，反而往往是在抗压制、抗摧残、抗培养中自生自灭的，因为超一流大师往往是反社会共识、反全体科学家、反现存科学定律公理的、有知无畏的孤胆勇士！有本书叫 *The Scientist as Rebel*（《科学家都是叛逆者》）。

一般认为艺术和科学是两个极端，科学是严谨而有规则的，可以按教材按部就班培养的。而艺术则是个人的、灵感的、突发奇想的，不按部就班的，如艺术大师吴冠中所说："艺术是野生的，艺术家的要害在个性，拒绝豢养，自生自灭，饿死首阳而不失风骨。"大师的要点在于独创。艺术和科学看似两个极端，怎么在抗培养上这么一致？这是因为这个"科学"指的是常规科学，而大师所做的是前沿科学。科学的最前沿是艺术和哲学的双翼载着思维翱翔的幽深太空。

但反过来，要摧残大师倒是有很多手段。这真是不如人意的不对称。

因此，不用刻意去培养，只要不摧残就做好了第一步。如果还提供合宜的土壤环境，就做好了第二步，那就离产生大师不远了。

大师都是作出重大创新的，尤其是在科学研究的"假说—演绎—检验"三步骤中提出超群假说的。教育能够培养的是演绎和检验，但教不了如何提出创新的假说。你要教得了人家创新，不如就自己创了。创新本质上是一种个体的、自我的能力，是不可预测的思维活动，难以用课程教育或计划培养来达到目的。

3.3　修正版"钱问"

虽然钱学森把问题问错了，但问题是这问题还是成问题。我们可以去掉"培养"二字直接问：

> 钱问（版本2）：为什么中国现在产生不了大师？

版本2有了改进，但仍是个有时间限制的弱问题，强问题要把时间词去掉：

> 钱问（版本3）：为什么中国出不了大师？

版本3有了更大的改进，但依然不是个有意义的问题。第一，这是个东西方对待式对比思维下的产物，性质与"李约瑟之谜"相同。第二，历史上大部分时候、世界上大部分国家都不产生大师，当代由于科技的高速发展导致社会文化道德都在快速转型，专业大师比历史上多得多，但也是极少数国家的事，所以：

> 不产生大师是常态，产生是特例，大师出没的社会是变态。

四　正确的提问方式

4.1　不要用否定式提问

"钱问"和"李谜"是提问和解答方式都相同的问题,可以放在一起讨论。

我们已经看到,不产生科学或大师是人类社会的常态。医生不会去问一个病人为什么有两只眼睛,那是正常的;要问得问为什么只有一只眼睛,那是病变或受伤。

否定式问句"为什么不产生大师/科学",着眼于具体情况具体分析,运用对比思维,寻找的是你有我无一类因时因地的条件,结果能找到的只是大量有关无关、经不起推敲的特设性假设,比如他们是海洋性气候,我们是大陆性气候;他们经商,我们种地;他们蓝眼睛,我们黑眼睛;等等。

还有一个有关本体的原因,也否定"钱问"和"李谜"提法的合理性。一般来说,只有对最高的神秘,才往往用否定句问答,如"道可道非常道",就是否定回答终极规律"道"不是什么,因为道是什么没法回答或答不全。"钱问"和"李谜"都不是终极性的本体问题,而是很具体的社会问题,所以,正确的提问方式应该是问科学、大师产生的一般条件是什么。

4.2　要用肯定式提问

这样才能发现因果关系。顺着解答"李谜"的思路(朱晓农,2015),我们可以说,"为什么中国现在培养不出大师"是个弱问题,强问题应该问"为什么中国出不了大师"。再进一步,"钱问"还是个假问题,真问题应该像如下那么提问:

> 竹子问(钱问版本 4):大师产生的一般条件是什么?

回答肯定式提问,才能去寻找内因和外因,寻找普遍性的充分条件和必要条件,而不是两个特定社会相比的特定条件,后者很容易导向特设性假设,方法论上便输了一着。

4.3　对比思维:为什么只会否定提问

综上可知"为什么中国不产生科学/大师"这样的问题,实际上没多大意义,但为什么我们那么热衷于提出这样的问题呢?

这是出于一种对比思维模式(朱晓农,2018)。当然,对比思维西方人也会,"李约瑟之谜"就是英国人提出来的。不过,对比思维对中国人来说更是轻车熟路,我们头脑中固有的对比语法基于其上的中国逻辑对比推演法,让我们的自然语言一出口就是:

> 隔壁小孩英语考六级了,咱们家孩子干嘛不行?
> 人家有科学革命,我们为什么没有?
> 以前能培养出大师,现在为什么培养不出来?

从古到今,贤愚不肖,莫不如此。墨辩中有个逻辑推式或论辩策略,叫作"援":

> 援也者,曰:子然,我奚独不可以然也?墨子·小取[你如此这般,我为什么就不可以呢?]
> 援,彼可,我亦可。墨子·尚同[他可以,我也可以。]

也是名家驳缠的常用手段:

> 惠子曰:"子非鱼,安知鱼之乐?"
> 庄子曰:"子非我,安知我不知鱼之乐?"

庄子的策略是,你可以用"子非鱼"来驳斥我,我为什么不能用"子非我"来反击? 驳你就是斥你,斥得你哑口无言了就算赢了。至于肯定句问题本身"安知鱼之乐?"反倒不重要甚至已经忘了。

这就是为什么说"钱问""李谜"这样的问题没意义,因为这么提问本身是一种对比语法/对比思维的自然逻辑产物,而不是逻辑思维的结果。

此类问题不但误导,而且拉低我们的智商,把我们的理解引向最现成、最表面、最廉价的答案。它们所能起到的作用只是想满足我们集体潜意识的攀比心理,宣泄不满情绪。

五　变异:演化内因

5.1　六德以外

以上我们否定了用否定句提问的有效性,"钱问"要从普遍性角度用肯定形式提问:产生大师的内因和外部条件是什么? 下面是我(2021)提出的个体内因及促进这内因的社会因素:

1) 个体素质内因:六德(理、智、毅、勇、诚、和)的自身修为。

2) 社会环境外因:促进理性的法治社会,促进毅、勇、智的适度压力。

问题至此还未完全解决,因为产生大师不仅涉及个人修为及社会条件,还涉及更深层的生物演化问题。大师六德中,智与勇是品性,与理、毅、诚、和四项后天德行不同。品性涉及天性。既有天性因素,就与生物演化相关,所以下文提出了两个变异分布假设的演化论观点来解答钱问。最早在国内提出这一演化观点的是潘光旦(1997),我提出具体的变异情况并进一步申说。

5.2　超一流决定论

尽管民国大师的回忆美好而激荡人心,但一个显而易见的事实是,一个世纪来,民国以及时空超越民国的海外华人学者中,大师固然很多,但超一流如杨振宁却难得一见。这一点再用体制或文化因素来解释,就勉为其难了,甚至引入民族心理和语思因素,仍嫌不够。这里面还有生物演化因素在起作用。潘光旦(1997:18)指出:

> 近代的西洋文化其实就靠几个这种极端的台柱子,例如里奥那陀、筏克拿、莎士比亚、奈端、达尔文、赫胥黎、爱因斯坦。生物学者不相信这种人可以完全用文化的力量栽培出来的。
>
> [按:有几个译名用字很陌生。所引科学家中,牛顿[奈端]、达尔文、爱因斯坦在现代科学史上居前三位,怕没多少异议。里奥那陀可能是达·芬奇(Leonardo da Vinci)。著《天演论》的赫胥黎属一流科学家,但比上面三位还差一个档次。不过他在19世纪末享有大名,且专业与潘光旦对口,潘光旦可能受其影响较大。筏克拿原疑为创大陆漂移说的魏格纳(Alfred Wegener)或音乐剧始创者瓦格纳(Richard Wagner)之别译,但依潘氏按年列名顺序,筏克拿应早于莎士比亚。]

这就是超级大师不是培养出来的最根本的原因。

我们前面多角度论证了"钱问"无法成立,现在更可看到生物演化的因素,那些众多纠结于社会环境作为充分条件(如"有自由就能产生大师")的观点全然是善意的想当然!

观念文化史,就是那么一小撮天才人物的英雄传奇史,一般大师再卓越,恐怕千万个都难以匹敌亚里士多德或牛顿一个。众多民国大师,只起到跨越地理的引介,影响本地的启蒙,对世界科学学术的前沿进展,最多做些"刊谬补缺"的功夫。引领世界学术和提升民族文化,起决定性作用的是少数几个超一流大师。我在另一篇讨论大师的文章中(朱晓农,2021),为了照顾某些读者脆弱的小心灵,"撇开天赋异禀",只"谈中人之质",免得自尊受挫,更影响智力判断。事实是,超一流事关生物演化,是一人打翻全体的突变。

5.3 扁钟和高钟：标准差大小

一个民族如果品性变异性多样化,比如热情型、冲动型、运动型、冒险型、理智利弊型、逻辑理性型、书斋型、细腻的、粗犷的、仰望星空的、脚踏实地的等等,那么该民族所发展出来的文化也就多姿多彩,会呈现在众多领域中。这样的民族应变能力较强,在应对自然或人文选择时机会也较多,也就具有更强的竞存力。

再进一步,这不同的品性的人数,即使都服从正态分布,但由于均值和标准差不同,分布便各有不同。均值不同是指,比如热情奔放这一点,有的民族比如拉丁民族比汉族可能更高点。有的品性,比如智力,我们假定各民族大体上差不多,均值相等或无统计学上的显著差异,但由于标准差不同,分布曲线仍可能不同。如图 1 所示,甲线和乙线顶点都在中间一条竖线上,表示均值相等,但甲线代表的分布标准差小,呈现较高较窄的钟形,而乙线的标准差大,呈现较扁较低的钟形。这样两种分布——高钟型和扁钟型——对于人才的出现会有很大的影响。这个观点见于潘光旦(1997:21)。下面的解说加深了我的观察和理解。

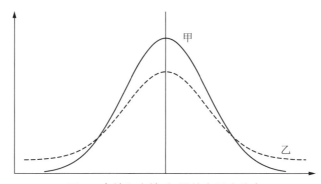

图 1　高钟和扁钟：智勇的变异度分布

造成各民族这些不同的品性变异,以及各自的变异度,其原因在于:1)"历史的背景和地理的环境关系"(潘光旦 1997:20),2)前语言思维模式和语思认知模式,3)生物演化因素。

5.4 智力

5.4.1 原创力分布

原创性大师与众不同的就是他们的创造力。创造力是识见力的一种,识见力属于智力,所以,创造力首先是属于大师六德的"智"。图 1 的两条钟形曲线表示,甲乙两个民族创造力品性的分布均值相等(中间竖线重合),但甲民族的标准差较小,显示为高钟形(细单线),乙民族标准差较大,显示为扁钟形(粗双线)。那么,哪个民族更有可能出现科学奇才呢?

答案不是那个高的,而是扁的乙民族,因为乙民族中处于两端的"极端人"比甲民族为多,所以一方面是科学、文艺奇才多,另一方面精神障碍者也多。而超一流大师就处于高端的极小几率处。也就是说,不同的变异度造成了不同民族的文化成就的高度。变异度越大,出现超一流奇才的概率就越大。

西方学者常常叫嚷"stressed"压力山大,所以周末要外出,年终要度假,七年还要放一年学术假,为了释放压力。这是我们很难理解的,中国人感到压力山大,一般都是财务出了危机。但西方人却是精神方面更有压力(也许他们的社会保障制度减缓了他们的物质压力),所以他们的精神障碍者比我们多得多(也许有我们自己统计材料不足的原因)。按照钟形正态分布原理,一端超常多的,另一端异常也会多。有的时候很难分清某个人是在智力超常这一端,还是在精神异常那一端,如荷兰画家梵高、德国哲学家尼采、俄国作家陀思妥耶夫斯基、英国"计算机之父"图灵、印度数学家拉马努扬、美国数学和经济学家纳什等等,可以列一张长长的单子,但没中国人名字。是不是钟形分布不在平面上,而在球面上,两端在球背后相连接了?

5.4.2 童心:好奇心

另一个与创造力相关的特质是童心,有很多流传很广的大科学家保持童心的故事。现在社会上存在着的"巨婴"心理,是长不大的心理。保持好奇童心是在过去 100 万年中发展出来的一种演化趋势,在文化竞存过程中具有演化优势:

> 人这个物种越来越类似孩童。名为"幼态持续"(neoteny)【按:保鲜期长】的这种趋势有个好处,可以让成年许久的人类依然保有孩童一般的贪玩性格和好奇心。这样一来,他们就越来越富于创新精神。由此才有了所有那些天才的发明,才有无比复杂的现代科技。不过,这种趋势也使节节攀升的好奇心满溢到了生活的其他方面,满溢到了我们那些最基本的动物行为当中。(莫里斯,2011:14)

这种满溢的好奇心,也与探险行为相关。中国人的漂流攀楼,动力是跟外国人攀比。外国人是天性有好奇心(与识见力有关)和冒险心(属于勇进),是天性喜欢去外国、去极地甚至外星球去找刺激;反过来,刺激又加强了好奇心。

5.5 勇进

5.5.1 刚烈度

大师都有超乎常人的勇气和冒险进取心。相比于高加索人种,中国人那种偏执走极端的人较少，而且是越来越少，而且是男人比女人还少。钱理群(2008)读了本女性自传，感慨万千：

> 一个突然的冲动，我抓起笔，在摇晃的飞机座位上，在邹世敏的《追寻》的书后，写下了这样一段文字——这又是一位"伟大的女性"。她最可贵的精神与品格是"不肯苟同"，这正是我们这个民族最缺乏的。

"不肯苟同"，也就是特立独行，就是不肯被截尖抹平，不肯被环境同构。有网友留言道：

> 每每想起张志新和许许多多的为坚持真理而不屈服的柔弱女子，作为男人，中国的大男人们真的是无地自容。

原因是什么呢？是不是历代刚烈男人被抹平，比贞女烈妇损失更多，所以到今天在勇进或刚烈这一品性维度上的变异度比中国女人小了？假定男女刚烈度平均值相同，那么最胆小的一端中国女人比男人多，最刚烈的一端也是女人多于男人。

钱理群强调："这样的凡事苟且的国民性如何形成，它的历史文化与现实根源，都很值得研究。"这个问题无数人研究了一个多世纪，罕有切中肯綮的。刚烈对应于大师六德之勇进。进取心是一种品性，有生理基础，可能与睾丸素高低相关。睾丸素"具有维持肌肉强度及质量、维持骨质密度及强度、提神及提升体能等作用"，亚洲人的睾丸素一般被认为比高加索人种低。

5.5.2　性动力

性异端分布与前述创造力/勇进的异端分布是一脉相承的。很多学者都注意到在生物的食色两大天性上，中国人对于食是不厌精，但对于色却是停留在幼儿期(孙隆基，1988)。或者说，对于性问题，中国人持一种中庸节制的态度。

> 最近德国性学专家罕熙费尔德到中国来观察，对报馆记者说对我也说，中国人在"性心理"这一方面没有多少病态和变态。我认为他是对的，不是片面的话，也不是客气的话。(潘光旦，2014:68—69)

在性心理方面，中国人也是趋大流的高钟形分布，而白人和黑人的分布则为多异端的扁钟形。

弗洛伊德的泛性论在西方固然有反对者，他获此大名如果仅是一时，那可能与争议性大有关，但持续几代仍声名不减，那就是接受度高了。有趣的是到了中国，对于绝大多数信奉中庸的中国人来说，弗洛伊德显得异端，大部分人是属于那种姑妄听之的态度。这种接受度高低可能也跟睾丸素/性动力高低相关。

5.6　智力差异犹如体力差异

上面的论述都基于智力均值跨民族无差异的假设。但这个假设是否成立，很多人是有疑问的。人的生理显然有差异，这种生理差别可分为体力和智力。体力差异太明显，不必多说，亚洲人乒乓球、羽毛球可以称霸，但篮球足球总差个档次。生理差别在外表上最明显的是肤色，以及副性征如胡须。汉语"胡须"的这个构词也显示了在汉人眼中，"须"是"胡人"最显著的特征。肤色也许对智力不起作用，但副性征直接跟上述性动力相关，也就间接跟创造力和勇进心相关。

智力差异有很多跨民族的智商比较研究，其中有中国人津津乐道的结果：欧美人均值100，东亚人105，黑人90，等等。这的确是科学的研究成果。还有一个较少提及的测试结果，那就是阿什肯纳兹犹太人智商达112—115，高出中国人不少，比起欧洲人的智商均值，更是高出3/4个标准差（见图2），令人惊怵（科克伦、哈本丁，2017：154—186，下引此书仅标出页码）。

阿什肯纳兹犹太人即德系犹太人，"阿什肯纳兹"在希伯来语中义为"德国"。德系犹太人1 200年前开始居住在中欧莱茵河流域，先是德国，然后扩散到周边国家，现有1 100万人口，占犹太总人口近七成，主要居住于美国和以色列。德系犹太人中的杰出人物占比是其他民族难以望其项背的，即使按绝对人数和绝对成就，如马克思、爱因斯坦、弗洛伊德等，也只有英德等极少几个民族可以比肩，问题是英德人口要多出犹太人口十来倍。

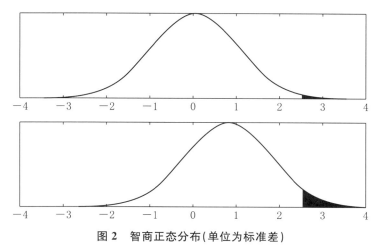

图2　智商正态分布（单位为标准差）

[上]欧洲人均值在0处，[下]德系犹太人均值近0.8（第158页）

对欧洲遗传学亚结构的分析(第168—169页)显示,欧洲西北部的爱尔兰人、不列颠人、斯堪的纳维亚人和德国人为一组(用语言学术语可概括为日耳曼语族的),南部的意大利人和希腊人为一组,德系犹太人独立为一组。所以有理由相信德系犹太人有跟创造力相关的遗传因素。

果然,他们生有"一组不常见的严重遗传病,例如箭镞性黑蒙性痴呆症、高雪氏病、家族性神经功能异常"(第155页)。跟智力高度相关的痴呆症和神经功能症,这跟前文说的智力正态分布的两端(高智商群和智障群)相当。所以图2连标准差也不等,上图欧洲人曲线应该是高钟形,下图德系犹太人应是扁钟形,在扁钟形下的高智力和智障人数会更多。

阿什肯纳兹犹太人智商高还有一个外部因素,那就是他们严格的宗教规条,不但培养了他们严格的宗教意识、内部凝聚力,而且事实上起到了淘汰作用。我们常常听说的故事是犹太人虔诚、团结,其实他们也有不坚定者,被外界同化,那就会被犹太社会开除。

六　结　　语

为什么不产生(科学)大师,是个可以同样针对一千个民族提问的无意义的否定形式问题,读者诸君,你现在应该明白如何提一个有意义的肯定形式问题吧:为什么欧洲产生科学? 为什么犹太民族超级大师辈出?

答案是:个体内因是六德(朱晓农,2021),群体的生物演化内因是智勇变异度大;相关的外因是能促进理性和德智的社会环境。

参考文献

朱晓农.从李谜到钱问:科学及其大师产生的内因和外因[M]//李尧,等.随园文心:李葆嘉先生七十寿庆文集.南京:南京师范大学出版社,2021:295—304.

朱晓农.语言作为文化史分期标准:语言文化学宣言[J].华东师大学报(哲社版),2020b(6):76—90.

朱晓农.基于汉语语法的中国逻辑:语言前提论解析[J].现代中国语研究,2020a(22):1—13.

朱晓农.汉语中三条与中国逻辑相关的基本语法原理[J].中国语文法研究,2018b:1—46.

朱晓农.同构推演法:中国逻辑如何论证[J].华东师大学报(哲社版),2018a(3):102—120.

朱晓农.科学思维和法治、教育[M]//语言学中的科学.北京:人民出版社,2015b:242—265.

朱晓农.语言限制逻辑再限制科学:为什么中国产生不了科学? [J].华东师范大学学报(哲社版),2015a(6):10—28.

孙隆基.中国文化的深层结构[M].西安:华岳文艺出版社,1988.

潘光旦.寻求中国人位育之道——潘光旦文选(上)[M].北京:国际文化出版公司,1997.

潘光旦.逆流而上的鱼[M].北京:商务印书馆,2014.

戴斯蒙德·莫里斯.裸男[M].李家真,译.北京:新星出版社,2011.

马林诺夫斯基.文化论[M].北京:中国民间文艺出版社,1987.

格雷戈里·柯克伦,亨利·哈本丁.一万年的爆发[M].北京:中信出版集团,2017.

美国玛利诺外方传教会与客家方言研究[*]

大岛广美　日本广岛大学大学院人文社会科学研究科
庄初升　　中国浙江大学汉语史研究中心

一　引　　言

一直到清末民初,我国传统文人所撰写的客家方言著述才陆续出现,首发其端的是镇平(今蕉岭)人黄钊于光绪六年(1880)刊刻的《石窟一征》,嗣后还有温仲和的《直隶嘉应州志·方言》(1898)、杨恭桓的《客话本字》(1907)、章太炎的《岭外三州语》(1919)、杨恭垣《一日通韵》(1925)和罗翔云的《客方言》(1932)等,整体上寥寥无几。实际上,同时期甚至早前的 19 世纪中叶,西方人所编写和出版的客家方言文献不论是在数量上还是在质量上都大大超越了上述国人的著述。

就目前所掌握的资料来看,这些由西方人编印的客家方言文献资料主要有三类,其中最重要的一类是第一次鸦片战争之后来华的传教士,包括瑞士巴色会、英国长老会、美国长老会、英国伦敦会、巴黎外方传教会、美国玛利诺外方传教会的传教士所编写和出版的客家方言圣经译本、字典、词典、教科书、语法书等等。

饭岛典子《十九世纪宣教师文书から见た客家(Hakka)》(2003) 介绍了 19 世纪以来西方传教士档案中何时出现"客家"之名,以及如何把握其变迁史的问题;庄初升《清末民初西洋人编写的客家方言文献》(2010)介绍了瑞士巴色会、英国长老会、美国长老会、英国伦敦会、巴黎外方传教会的传教士所编写和出版的客家方言文献;柯理思《西文资料与客家话研究》(2019)首先介绍了巴色会、长老会和巴黎外方传教会的三类具有不同语言和文化背景的客家方言文献,回顾二十多年来针对这些文献的几项研究,都没有涉及玛利诺

---

* 游汝杰教授是我国传教士语言学(missionary linguistics)的主要开拓者,他自 20 世纪 90 年代开始搜集、整理和研究传教士汉语方言文献,用功甚勤,成果显著,特别是他的《西洋传教士汉语方言学著作书目考述》(黑龙江教育出版社,2002 年)一书影响深远,嘉惠学林。本文是国家社科基金重大项目"明清民国珍稀时音韵书韵图整理集成与研究"(19ZDA308)、"海内外客家方言的语料库建设和综合比较研究"(14ZDB103)的阶段性成果,谨以此文祝贺游汝杰教授八十大寿。本文作者电子邮箱:zhchsh@zju.edu.cn(庄初升);oshimah.tdgm@gmail.com(大岛广美)。

外方传教会的客家方言文献。谢留文(2003:20)则已经利用玛利诺外方传教会的 *Beginning Hakka* 一书的记载,推测"20 世纪初期的梅县方言,精知庄章四组声母并不是像现在这样读[ts ts' s]一套声母的,而是精知二庄组读[ts ts' s],知三章组读另一套声母"。庄初升、李惠萍《19 世纪以来客家方言的罗马字拼音方案》(2017:143—144)指出:"笔者所见到的马利诺外方传教会的客家方言文献有《客话简介》(*Introduction to Hakka*, 1926)和《客话入门》(*Beginning Hakka*, 1952)两部,其注音系统均采用赖嘉禄《客法大辞典》的拼音方案。"[1]该文尽管提到了马利诺外方传教会(也翻译为"玛利诺外方传教会")的客家方言文献,但语焉不详,尚待进一步进行考察。

二 关于玛利诺外方传教会

19 世纪以来向客家人传教的天主教会有巴黎外方传教会(Missions étrangères de Paris,简写 M.E.P)和美国玛利诺外方传教会(Catholic Foreign Mission Society of America)。1844 年《中法黄埔条约》签订后巴黎外方传教会借助法国殖民势力进入到岭南各地传教。1850 年巴黎外方传教会汕头教区派李神父(Pierre Le Turdu, 1821—1861)到梅县建立第一个祈祷所,这是近代西方天主教传入粤东客家地区之始。随后,法国巴黎外方传教会在汕头教区设立"嘉应州天主教教会"。"第一次世界大战之后,法国国力衰落,巴黎外方传教会于 1925 年将客属的嘉应地区划归美国的天主教差会玛里诺会,改设为'嘉应教区'"(田志军,2015:20)[2]。

玛利诺外方传教会又名美国天主教传教会,于 1911 年成立于纽约,是美国第一个天主教传教修会,发起人为华尔实(James Anthony Walsh, 1867—1936)和波拉斯(Thomas Frederick Price, 1860—1919)二位神父。1917 年 12 月,华尔实从美国抵达中国香港,与巴黎外方传教会总务长以及天主教广州代牧区主教光若翰(Jean-Baptiste-Marie Budes de Guébriant)主教签署协议书,由玛利诺传教会负起广州代牧区的阳江和罗定两县的传教工作。1918 年,玛利诺外方传教会派出的第一批传教士波拉斯(T.F.Price)、华理柱(J. E. Walsh)、马奕猷(B.F.Meyer)和福尔德(F.X.Ford)到达广东省阳江县,开始了该会在华三十多年传教的历史。到了 1925 年,玛利诺传教会从巴黎外方传教会接管了包括粤东客属梅县、兴宁、蕉岭、五华、平远、龙川、和平、连平 8 县在内的汕头代牧区。"1929 年 2 月从汕头代牧区分设嘉应监牧区,由美国玛利诺外方传教会(M.M.)管理,1935 年 6 月升格为嘉应代牧

---

① *Introduction to Hakka*(1926)没有中文书名,考虑到该书的学术性较强,改译为《客话导论》;*Beginning Hakka*(1948/1952)第一版出版于 1948 年,它有自带的中文书名《客话读本》。下文一律称为《客话导论》和《客话读本》。

② 实际上,粤东客家地区一直到 1946 年才升格为"嘉应教区",此前分别为嘉应监牧区、嘉应代牧区,详见下文。

区,1946 年 4 月升格为嘉应教区,管辖梅县、兴宁、五华、蕉岭、平远、大埔、龙川、和平、连平等地教务"(刘志庆,2013:56)。第一批来华的福尔德神父历任监牧、代牧、主教。

早期美国玛利诺外方传教会有关传教士学习语言的问题在 1919 年之后马奕猷神父给华尔实神父的书信上有记录(Letter of Bernard F.Meyer to James A. Walsh)。马神父对华神父说,已故波拉斯神父说法国神父对学习语言似乎没有任何系统性,他们只把人员派遣出去,在中国人之间生活,让他们尽可能自己学习。结果,似乎很少有法国神父能获得语言的全部知识。马神父认为一位神父至少要有一年的时间学习语言,才能从事传教工作。马神父补充说,如果法国神父犯有一个错误的话,那就是他们没有足够的语言能力就被派遣到传教区去(援引自温天顺,1977)。

早期美国玛利诺外方传教会会士一般需要先学习两年语言,跟私人教师学习,其中第一年单纯学习,而第二年是一个过渡时期,在传教工作中将学习与实际应用结合起来。实际上,登甘雨(William J.Downs)神父指出,不断前来的很多新的传教士一个人被立刻派去教区。[①] 1926 年,华理柱神父设计了五年课程,其中三年在语言学校一直学习语言,另两年半工半读。这个课程计划没能实施,后来决定先是九个月在语言学校集中学习,接着一年进行实践训练和跟私人教师学习(Wiest, 1988:270)。直到 1935 年 5 月,香港赤柱玛利诺神父宿舍(Maryknoll House)竣工,成为华南地区四个传教区江门、梧州、桂林和嘉应玛利诺外方传教会会士的休息之所,也为新来的会士开设语言学校。李重光(Thomas A.O'Melia)开办广东话课,登甘雨神父开办客家话课,弗朗西斯·基兰(Francis X. Keelan)开办官话课[②]。

学习一门新的语言,不论是从教师教的角度还是从学生学的角度,最好有合适的课本。目前所知美国玛利诺外方传教会所编写和出版的嘉应客家方言课本有《客话导论》(*Introduction to Hakka*, 1926)和《客话读本》(*Beginning Hakka*, 1948/1952)。下面分别加以介绍和评述。

三　关于《客话导论》(*Introduction to Hakka*)

该书并没有出现中文书名,英文书名是 *Introduction to Hakka*。该书指明作者是美国玛利诺外方传教会的 James M.Drought(本文译为"詹姆斯·德劳特"),1926 年由香港拿撒勒出版社(Nazareth Press)出版。根据有关资料记载,德劳特 1896 年 11 月 18 日出生于美国纽约市,在纽约市圣礼学校和大教堂学院接受早期教育,于 1920 年加入了玛利

---

①　W.J.Downs. The Kaying Historical Sketch[M]. unpublished manuscript,1962:56,引自 Wiest(1988:269)。

②　参阅 https://stanleymaryknoll.typepad.com/chinahands/2010/07/the-stanley-house-a-short-history.html。

诺外方传教会。德劳特在天主教大学学习一年并在维纳德任教两年之后被派往香港，而后被派往粤东嘉应地区(今广东省梅州市)，协助福尔德主教开展新的教务，《客话导论》应该就是在这段时间编写的。德劳特 1926 年被派往菲律宾群岛协助马尼拉大主教，1933年以后直到 1936 年为詹姆斯·A·沃尔什主教提供服务，减轻他在社会事务中的大部分负担。德劳特 1936 年从香港返回美国飞机出事严重受伤，直到 1938 年才恢复在玛利诺传教会的工作，1943 年 5 月 1 日去世①。1925 年玛利诺传教会从巴黎外方传教会接管了包括粤东客属梅县、兴宁、蕉岭、五华、平远、龙川、和平、连平 8 县在内的汕头代牧区时，德劳特神父协助福尔德神父开展新的教务。德劳特神父只在嘉应待了一年，就参考《客法词典》写出了《客话导论》，实属不易。美国玛利诺外方传教会将这本课本作为标准客家话课本一直使用到《客话读本》(*Beginning Hakka*)出版的 1948 年(Wiest，1988:270)。

《客话导论》在目录之前有一段写于 1926 年 10 月 4 日的鸣谢，明确提到了该书是在巴黎外方传教会赖嘉禄(Charles Rey)的《客法词典》(*Dictionnaire Chinois-Français，Dialecte Hac-ka*)②和中国一位谦逊的朋友的宝贵帮助下才得以迅速编写。据此我们就不难理解，为什么该书的罗马字拼音方案以及所记录的语言事实与《客法词典》如此一致。

《客话导论》的正文从第 7 页到第 298 页，分别有概述、语音练习、句子练习(课文)、英语句子翻译、语法注释、有关前四条戒律的阅读练习、词汇表等内容。

概述部分首先明确提出客家方言是汉语群体中的一种方言，标准发音是在广东的嘉应地区；接着分别介绍了客家方言的六个声调、声母的送气与不送气特征、赖嘉禄的法式罗马字拼音③；最后介绍了该书的练习安排等。

语音练习部分先逐一安排六个声调的单独练习，罗马字与汉字对照，如第一调：亚 *ā*、烧 *chāo*、尸 *chē*、身 *chīn*、殇 *chōng*、……温 *voūn*，不难看出是按照罗马字音序来排列的；接着是第一调到第四调(都是舒声调)的对照练习，如：尸 *chē*、时 *chê*、屎 *chè*、侍 *ché*，以及两个入声调的对照练习，如：舌 *chăt*、设 *chât*；最后是总的六个调的对照练习，如：番 *fān*、烦 *fân*、反 *fàn*、饭 *fán*、罚 *făt*、阔 *fât*。声调练习之后附有发音练习，第一部分汉字之下的拼音只列出声母和韵母，故意省去声调符号，让学生进行声调识别；第二部分是两音节的连读练习。

句子练习(课文)部分一共 24 课，按照由浅入深、由简入繁的原则安排各课的词汇和语句练习。每一课中，先列汉字、罗马字拼音和英文对照的生词表，接着列汉字、罗马字拼音对照的若干个语句，再列每一个语句相应的英文翻译，最后是从语法角度对该课语句进

---

① 参阅 https://maryknollmissionarchives.org/deceased-fathers-bro/father-james-m-drought-mm/。

② 从年份来推测，他当时参考的词典应该是 1901 年出版的第一版 *Dictionnaire Chinois-Français，Dialecte Hac-ka：précédé de quelques notions et exercices sur les tons*，不太可能是 1926 年出版的第二版。

③ 这部分特别提到采用法式罗马字拼音方案对于美国人来说是一个糟糕的选择，但作者又相信这种方案也是容易掌握的。

行解释和分析。这一部分是整本书的主体,占了最多的篇幅。

英语句子翻译部分先列了 12 组的英文,再逐一翻译成客家方言,也是汉字与罗马字拼音对照,如第 2 组的第一句是:The vegetable are on the table in my room./我间肚里个桌上有菜 *Ngaî kiān toù lî ké · tsôc hóng yoū ts'oí*。

语法注释部分依次包括词的位置、名词、小品词、代词、形容词、动词、副词、间接短语、从句等。每个方面内容都很丰富,比如代词就罗列了人称代词(personal pronoun)、领属代词(possessive pronoun)、相互代词(reciprocal pronoun)、指示代词(demonstrative pronouns)、关系代词(relative pronoun)、疑问代词(interrogative pronouns)、不定代词(indefinite pronouns)等多类,有的与今天主流的汉语语法学的看法并不相同;从句方面,则除了疑问句之外,还简要讨论了宾语从句、让步从句、条件从句和连续从句等。有的方面如小品词中的 The Definitive Particles 则很费解,但从书中所列的语料来看,显然是在谈分类词、量词。

有关前四条戒律的阅读练习部分篇幅很短,也是汉字、罗马字拼音和英文对照,都是有关天主教十戒中前四条戒律(First Four Commandments)的内容,如第一条"失信天主/ *chît sín T'iēn Tchoù*./To fail to keep faith in God."。对于教徒而言,这部分的内容是非常实用的。

词汇表按照罗马字音序列举了客家方言的单音节词或语素,罗马字拼音、汉字和英文解释左右对照,如第一条是"*Ā*/亚/Used as a particle of address; or of euphony. Occasionally, it indicates a pause,—a separation of clauses. Cp.阿 *á*.",第三条是"*Ām*/菴/house or monastery of bonzes."。

我们根据该书的罗马字拼音(特别是上述最后一部词汇表的罗马字拼音),整理出了它所记录的客家方言的语音系统,参看下文表 1—3:

表 1 《客话导论》的声母表(包括零声母 21 个)

p[p]	包百把保	*p'*[pʰ]	铺耙排白	*m*[m]	麦墓面木	*f*[f]	番灰饭福	*v*[v]	瘟抚遗完
t[t]	堆答滴知	*t'*[tʰ]	吐透地田	*n*[n]	拈念脑纳			*l*[l]	懒雷类落
ts[ts]	姊井再桌	*ts'*[tsʰ]	操造疾状			*s*[s]	随晒豺生		
tch[ʧ]	遮贞账主	*tch'*[ʧʰ]	尺宠陈称			*ch*[ʃ]	时烧神十		
k[k]	家吉庚久	*k'*[kʰ]	郡奇狂轻	*ng*[ŋ]	牙我	*h*[h]	下响学去		
0/y[∅]	矮爱/如约			*gn*[ɲ]	耳入认热				

说明:(1)与舌尖音 *e*[ɿ]/[ʅ]相拼的声母,有时也分别用 tz/ʧ 拼写,如:子 *tzè*/纸 *tjè*、至 *tjé*;有时送气音符号不出现,如:慈 *tsē*、此 *tsè*、自 *tsé*、池 *tchē*。(2)*ng*[ŋ]与 *gn*[ɲ]属于互补,处理为两个声母,前者与洪音相拼,后者与细音相拼("*gnĕt* 热月"例外,*gn* 与洪音相拼,可实际音值应该是[ȵiet₀])。(3)音节开头不带任何辅音的(上表中暂用"0"表示)和带 y 的属于零声母音节,前者属于开口呼,后者属于齐齿呼(详见表2)。

表 2 《客话导论》的韵母表(59个)

e[ɿ]/[ʅ]	子初/时池世	i/y[i]	欺耳遗姊/如	ou[u]	书母手图抚
a[a]	哑家遮耙花	ia/ya[ia]	邪泻谢/耶也	oua[ua]	瓜
e·[ɛ]	洗细系个鸡				
o[ɔ]	和坐保多锁			ouo[ɔu]	果过
ai[ai]	矮㧎豺排啼	iai/yai[iai]	界街解/挨	ouai[uai]	块
oi/oe·[ɔi]	堆爱吷/灰背				
ao[au]	烧包操毫袍	iao/yao[iau]	姣了票笑/幺		
eou[ɛu]	透头偶狗后	iou/you[iu]	久酒就臼/由	oui[ui]	虽葵泪水贵
am[am]	淡蓝燂三凡	iam/yam[iam]	拈点检/盐		
		im/ym[im]	金淋临心/饮		
an[an]	懒班反檀完	ian/yan[ian]	简间年/烟园		
en[ɛn]	肯脖生朋等	ien[iɛn]	边便田面炼		
on[ɔn]	罕转传短看	ion[iɔn]	软	ouon[uɔn]	官
		in/yn[in]	身贞兴整/因	oun[un]	昏瘟魂盆文
		ioun/youn[iun]	银郡近/晕		
ang[aŋ]	庚钉行厅棚	iang/eang/yang[iaŋ]	井净轻名/领/影		
ong[ɔŋ]	方常讲掌柱	iong/eong/yong[iɔŋ]	响放/两亮/样	ouong[uɔŋ]	光
		ioung/young[iuŋ]	恐讼兄穷/用	oung[uŋ]	风汞宠终公
ap[ap]	盒狎踏答瘩	iap/yap[iap]	劫接/叶蝶		
		ip/yp[ip]	十湿入汁立		
at[at]	舌罚设阔瞎	yat[iat]	悦	ouat[uat]	kouăt:非常
et[ɛt]	虱贼刻或得	iet[iɛt]	别铁弎节	ouet[uɛt]	国
ot[ɔt]	撮渴发～癗				
		it/yt[it]	极直疾吉/一	out[ut]	物佛出骨
ac[ak]	麦厄百赤沥	iac/yak[iak]	伋屐席惜		
oc[ɔk]	杓学薄着恶	ioc/yoc[iɔk]	脚/若约		
		iouc/youc[iuk]	狱局六足/育	ouc[uk]	熟复逐读福
mg[m̩]	唔	ng[ŋ̍]	鱼午五女		

说明:(1)如[ɛm][iɛ][iɔ][iɔi][tɔi][iui][uɛ][uan][uɛn][uaŋ][ɛp][tɛu][uak][uɔk]等一些在粤东客家方言(如梅县话)中辖字很少的韵母没有发现用例,这些韵母有的见于下文将要谈到的《客话读本》(1948/1952)。(2)e拼写[ɿ]/[ʅ]两个韵母,所以[ɛ]用右边加点的e·拼写。[ʅ]只与tch[ʈʂ]组声母相拼,其实际发音应该是舌叶元音而不是舌尖元音(参看万波、庄初升,2014)。(3)oi/oe·都拼写[ɔi],iang/eang都拼写[iaŋ],等等。

表3 《客话导论》的声调(6个)

调序	《客话导论》英文调名		今规范调名	例字	罗马字拼音
1	First Tone	Upper Even	阴平	身/殇/书/番	*chīn/chōng/chōu/fān*
2	Second Tone	Lower Even	阳平	神/常/薯/烦	*chîn/chông/chôu/fân*
3	Third Tone	Rising	上声	哂/赏/手/反	*chìn/chòng/chòu/fàn*
4	Fourth Tone	Departing	去声	圣/尚/树/饭	*chín/chóng/chóu/fán*
5	Fifth Tone	Upper Entering	阳入	十/杓/熟/罚	*chîp/chôc/chôuc/fât*
6	Sixth Tone	Lower Entering	阴入	湿/妁/叔/阔	*chîp/chôc/chôuc/fât*

说明:《客话导论》的六个英文调名对应于赖嘉禄《客法词典》的六个调名分别是:上平、下平、上声、去声、上入、下入。上平、上入调值高,下平、下入调值低。客家话阴平高阳平低,阳入高阴入低,故六个调对应于今天客家方言的规范调名分别是:阴平、阳平、上声、去声、阳入、阴入。

四 关于《客话读本》(*Beginning Hakka*)

该书封面有篆体的中文书名《客话读本》,还有英文书名 *Beginning Hakka*。扉页上方指明作者是玛利诺外方传教会的一个会士,但没有出现具体的姓名;下方印有地址"Maryknoll House, Stanley, Hong Kong"(香港赤柱玛利诺神父宿舍)。扉页之后还指明出版许可者,以及申明香港拿撒勒出版社保留所有权利,并用单独一页印上了大字号大写的"TO OUR LADY OF MARYKNOLL AND HEAVENLY QUEEN OF CHINA"(致敬我们的玛利诺圣母和中国的天后)字样。

该书第二版扉页还指明第一版出版于1948年,第二版出版于1952年。根据比较,第一版270页,只是比第二版多了第270页的勘误表而已。第二版应该只是对第一版的勘误,基本内容没有改变。本文主要使用第二版来进行介绍和评述。

该书尽管没有指明作者,但我们通过翻阅相关文献(Yang, 1960;Hashimoto, 1973),得知其作者是登甘雨(William J. Downs)神父。登甘雨1890年1月1日出生于美国宾夕法尼亚州米德维尔,早年在伊利的公立学校和圣安的教区学校接受教育。他于1920年进入玛利诺传教会,1927年被派遣到了嘉应地区,1931年在广东蕉岭的叟乐教堂担任客家话学校的主任(Wiest, 1988:270)。登甘雨1938年7月在潮州时由于日军的炸弹轰炸而严重受伤,为了治疗而去香港,后来作为主任在香港赤柱玛利诺语言学校教授客家话,1968年回美国(Smith and Downs, 1979:27)。另据有关记载,登甘雨1943年已回过一次美国,1946年返回香港赤柱,直到1969年再回到美国,1970年9月22日去世[①]。

---

① 参阅 https://maryknollmissionarchives.org/deceased-fathers-bro/father-william-j-downs-mm/。

实际上，20 世纪 30 年代在平远东石的修道院也设有专门面向修女的客话学校，修女们编写过多种客家方言课本，而 1935 年登甘雨也在东石印刷《客话读本》的初稿。登神父编写《客话读本》应该参考过修女们的课本，这可能是该书没有正式署名的原因。

该书分为两大部分，第一大部分包括序言、导论、声调练习、分级课程、字表。分级课程共 60 课，是第一大部分的主体，占了全书超过 70％的篇幅。

序言由嘉应主教福尔德撰写，对该书及作者进行高度的评价，并指出在中国内地的村庄里，特别是在妇女和儿童中间，今后许多代人都还要使用客家方言，而只要有人依据这种方言进行教学，天主教会就会继续使用这种方言。福尔德指出："作者由于经过二十年的客家方言的学习和十几年向学生讲授客家方言知识的经历，对客家方言特别熟悉，因此他对客家方言的分析及其注释和评论都是权威性的。"

该书作者在导言中开宗明义地指出该书是一本为了学习客家方言而依据李重光 (Thomas A.O'Melia) 神父的 *First Year Cantonese* 改编的读本，并交代了该书的篇章结构和内容安排。导论还介绍了客家方言在中国境内外的分布，并指出客家方言与其他汉语方言一样，在语音和声调上均有明显的差异，因此为了避免初学者出现混乱，该书限于反映在嘉应城乡（又称为"梅县"）使用的语音和声调。导言也特别指出该书的罗马字拼音方案采用赖嘉禄的《客法词典》（其实不完全相同，详见下文），但是没有提及早在 1926 年就出版的《客话导论》及作者。导言之后是目录，目录之后安排了声调练习，包括连读变调练习和个别单字音声调练习等。特别需要指出的是，作者对客家方言第一调（阴平）连读变调的观察非常细致和准确。除了声调，这部分还安排了声母送气和不送气的对照练习。

分级课程 60 课都是配合客家方言初级语法的语法点进行内容上的安排，比如第一课的语法点在课文一开始就指明是"主语、谓语和直接宾语——现在时"。接着列出词汇表，每一个词都是汉字、罗马字拼音和英文对照，如：人/gnîn/man, men, human，一共有"人、屋、书、饭、菜、客、买、看、食、读"10 条。接着列出词组，也是汉字、罗马字拼音和英文对照，有"人客、食饭、看书、食饭、读书"5 条，其中"食饭"出现两次，分别对应于英语的 to eat rice(吃米饭)和 to dine(用餐)。接着列出了两条语法规则，一是汉语句子中的主语或主格由其位置表示，一般先于动词；一是直接宾语或定语从句一般跟随动词。接着是汉字、英文和罗马字拼音对照的语句，有的对应英语的一般现在时，如第一课"人客看书。/The guest reads./Gnîn-hâc k'ón-chōu."；有的对应于英语的现在进行时，如"人客食。/The visitor is eating./Gnîn-hâc chĭt."。接着是用小号字对有关语法点进行注释(Notes)。最后列举了日常口语中最常用的一两个短句，如：你食哩饭麽? *Gnî chĭt lî fán mô?* /我食哩 *Ngâi chĭt lî*，并用英文进行解读，如：Have you eaten your rice yet(or have you had your breakfast, dinner or supper? depending on the time of the day). The answer may be: I have eaten.。

分级课程之后附有按罗马字音序排列的汉字字表,汉字、客家方言罗马字拼音和英文对照,如头三条是:矮 ài: dwarfish,暗 ám: dark,咁 àn: so, thus。这个字表为熟悉客家方言的读者提供检字之用,十分方便。

该书的第二大部分是客家方言的高级语法,乃是相对于第一大部分的初级语法而言的①。在第二大部分的开场白里,作者直言汉语没有屈折,名词、代词本身不显示性、数,动词也没有变位,因此需要使用语序、助词等语法手段。接着按照语法点分别进行分析,内容依次是修饰语在被修饰语之前、具体名词、抽象名词、专有名词、集合名词、数量名词、量词、量词重叠、量词和形容词的顺序、性、数、格、代词、冠词、形容词、指示形容词、数字形容词……,整体上有些杂乱,不难看出套用印欧语语法的色彩非常明显。有的语法点内容较多,又分为几个方面加以说明,如代词有人称代词、领属代词、反身代词、反身所有格代词、相互代词、指示代词、不定指示代词、关系代词、疑问代词等九小类。

第二大部分的末尾有 3 个附录性质的内容,分别是量词表、数量名词表、度量衡表,最后是语法术语索引,按英文的音序排列,如:Active Voice(主动语态)、Adjectives(形容词)、Adverbs(副词)、Articles(冠词)、Cases(格)……。

最后来看看《客话读本》的罗马字拼音方案和所记录的音系。该书作者在导言中虽然认为其拼音方案采用赖嘉禄的《客法词典》,但实际上还是略有不同,我们观察到最明显的有三条:第一是罗马字拼音全部正体印刷,而《客法词典》和《客话导论》则是斜体印刷;第二是逢韵母有两个或三个元音时调类符号都标在主元音上,而《客法词典》和《客话导论》则统一标在最后一个元音上;第三是[ɛ]韵母基本上都拼写为 e(与[ɿ]/[ʅ]韵母的拼写法相同),而《客法词典》和《客话导论》则拼写为 e·。请参看下面表 4 的比较:

表 4　《客话读本》与《客法词典》《客话导论》罗马字拼音的不同

	石	法	子	毫	屋	走	友	桥	系
《客话读本》	chăc	fâp	tzè	hâo	vôuc	tseòu	yōu	k'iâo	hé
《客法词典》	chăc	fâp	tzè	haô	voûc	tseoù	yoū	k'iaô	hé·
《客话导论》	chăc	fâp	tzè	haô	voûc	tseoù	yoū	k'iaô	hé·

与《客话导论》相比,《客话读本》印刷行距较密,总体体量较大,因此所反映的韵母系统较为齐全,出现了《客话导论》没有的几个韵母,如:[ɛm]揞 ēm、[uan]关 koūan、[ɛp]粒 lêp。初步来看,《客话读本》所记录的客家方言语音面貌与《客法词典》《客话导论》并无明显不同。

----

① 非常奇怪的是,在该书的目录中第二大部分(Part Ⅱ)199 页的标题是"Advanced Grammar(199)",而在正文中第 199 页的标题却变成"Elementary Chinese Grammar in the Hakka Dialect"。

五　结　语

　　《客话导论》和《客话读本》都是编写水准相当高的客家方言教材,使用者是不远万里前来嘉应地区从事传教事工而迫切需要掌握客家方言的美国玛利诺传教会的宗教人士。这两本教材有几个显著的特点:第一,所记录的客家方言语言材料都是汉字、罗马字拼音和英文对照,罗马字拼音采用巴黎外方传教会赖嘉禄《客法词典》的法式拼音方案;第二,所记录的客家方言语言材料都非常口语化,这对于我们了解20世纪上半叶嘉应客家方言具有极其重要的学术价值;第三,都特别重视语音训练和语法教学,有关语法分析的内容较多,都有一定的深广度,但受到印欧语法的影响(如性、数、格等)也相当明显。

　　天主教传教士的嘉应客家方言文献若从1901年的《客法词典》第一版算起,历经1926年的《客话导论》,再到1952年的《客话读本》第二版,先后相距半个世纪,但是它们从罗马字拼音方案到所记录的语言事实都是十分接近甚至基本相同的。此前学界在利用和讨论这些文献时,基本上都认定其方言归属地是旧嘉应州所在地梅县。实际上,三本文献所记录的一些词汇特征和语法特征,与梅县话并不吻合,但与平远、蕉岭一带的客家方言更为接近。有关这个问题,我们将另外撰文加以讨论。

参考文献

饭岛典子.十九世纪宣教师文书から見た客家(Hakka)[M]//一桥论丛(第130卷第2号),2003.

柯理思.西文资料与客家话研究[J].日本中国语学会.中国语学,2019(266).

刘志庆.天主教在广东的传播与发展[J].中国天主教,2013(1).

谢留文.客家方言语音研究[M].北京:中国社会科学出版社,2003.

田志军.近代晚期粤东客音研究[M].北京:中国社会科学出版社,2015.

万波,庄初升.粤东某些客家方言中古知三章组声母今读的音值问题[J].方言,2014(4).

温顺天(Peter Barry).玛利诺会在华传教简史[D].台北:台湾大学历史学研究所,1977.

庄初升,李惠萍.19世纪以来客家方言的罗马字拼音方案[J].中国方言学报,2017(7).

Hashimoto, M.A. The Hakka Dialect:A Linguistic Study of Its Phonology Syntax and Lexicon[M]. Cambridge University Press, 1973.

Smith, J. and Downs, W. The Maryknoll Mission, Hong Kong 1941—1946. Journal of the Hong Kong Branch of the Royal Asiatic Society, 1979, 19:27—148.

Wiest, J.-P. Maryknoll in China:A History, 1918—1955[M]. Armonk, N.Y.:M. E. Sharpe, 1988.

Yang, Paul Fu-mien(杨福绵). The Catholic Missionary Contribution to the Study of Chinese Dialects[J]. Orbis, 1960, IX(1):158—185.

从大数据库探讨港沪两地核心词的发展

邹嘉彦　香港城市大学/香港科技大学

季雅璇　香港教育大学

蔡永富　麒麟(香港)有限公司

港沪两地有着各自特殊的历史渊源,也在文化交流的过程中形成了一些独特的语言文化特征。近半个世纪以来,受到社会环境和语言政策的影响,港沪两地的词汇发展呈现出不同的趋势。这不仅反映出两地社会的变化,也关乎两地语言的互懂度。本文将华语地区交流的基础词汇作为"核心词",核心词的界定标准、所对应的理解能力和其发展变化,都与语言教育和社会语言学的研究息息相关。

从书面语的角度来看,《三字经》《千字文》和教科书所收录的词汇都被视为阅读能力的体现。针对词汇与阅读能力的关系,前人(Tsou & Kwong, 2015)提出,3 000 高频词可以作为各地读者阅读当地报章 80% 内容的"门槛"(即一种最低要求)。若某地读者要同样理解外地报章中 80% 的内容,则需要积累比单一地区 3 000 高频词更多的词汇知识。词汇差异及其对书面语阅读能力的影响,是一个值得关注的问题。

本文以大数据为背景,依托泛华语地区共时语料库 LIVAC(https://en.wikipedia.org/wiki/LIVAC_Synchronous_Corpus),回顾与展望 1995 年以来港沪两地平面媒体中词汇发展的一些显著异同,并通过比较两地词汇,探讨两地阅读的"门槛"和互懂度的不平衡,以及语言文化与社会发展的关系。

一　引　言

地区的划分依据是多样化的,我们可以根据如地理位置、人种特征、语言使用等自然因素来划分一个地区。不同语言或同一语言中的方言,既是一个地区的自然特征,也反映出语言的地区性。汉语方言的差异在口语中尤为明显,可以体现在不同方言之间的口语互懂度差异。比起日常生活中所使用的口语,书面语及正式场合所使用的口语比较文雅,且规范性较高,但也不免呈现出一定的地方色彩。

在过去的一个世纪,香港和上海是中国重要的对外门户。在文化交流中,港沪两地形成了各具特色的语言文化特征,其中包括两地的多语现象和语言的层次化。例如,20世纪70年代,香港的中上层家庭成员往往掌握"三言""两语",三种语言即口语层面的英语、粤语和普通话,两种文字系统即英文书面语和中文书面语①。在口语中,不同的社会功能分别由三类语言来承担,即英语、粤语和并不广泛使用的普通话及其他方言。一个基于香港中上层家庭成员的调查②曾比较不同语用场景下三类语言的使用情况,从而得到三类不同场景下的语用指数③。如表1所示,在中上层阶级家庭中,英语的地位十分重要,高于其他两种语言,尤其是在政府部门和英资及外资机构的工作环境④,书面来往多用英文;粤语主要用于家庭内部沟通和公事之外的社交生活;相比之下,其他少数方言(如多种官话方言、吴语、潮汕话、客家话,以及一些粤方言的次方言,如四邑话)只在少数家庭内部的成人沟通中使用并有日渐减少的趋势,普通话主要在大陆移民家庭使用,使用人数较少,但普通话是中文书面语的基础。上述多种语言并存而产生层次分化的现象反映为香港社会的"双层语言"⑤,在20世纪的香港书面语中,英文和以普通话为基础的现代汉语具有社会"高层语言"的地位,而多在口语中使用的粤语和其他方言则属于"低层语言"。

表 1　香港 1970 年代中上层家庭用语比较表

	家庭	％	工作	％	其他	％	总计	％
粤语	19	43.9	8.2	22.5	16	44.0	43.2	37.2
其他方言或普通话	8.1	18.7	5.8	15.9	2.8	7.7	16.7	14.4
英语	16.2	37.4	22.4	61.5	17.6	48.4	56.2	48.4
	100		100		100		100	

　　根据港沪两地相似的经济文化背景和历史背景,我们可以推测20世纪早期的上海由于租界的存在和"十里洋场"的普遍情况,也出现过类似的多层语言分化的情况,华洋交往中,英语等外语为顶层语言,而沪语作为当地方言,也被当地外来人口所接受,成为当地华人的高层语言。

　　但近半个多世纪,受到社会环境和语言政策等因素的影响,港沪两地的语言发展出现了不同方向的变化⑥,且在词汇方面尤为明显。

---

①　比较普遍的说法是"两文""三语","三言""两语"的说法最早可见于邹嘉彦(1997)的《"三言""两语"说香港》。

②　请见邹嘉彦、游汝杰(2001/2003)的《汉语与华人社会》。受访者每月收入超过港币8千元。

③　此调查将语言的使用场景分为家庭、工作、其他三大类,共30种场合;被调查者回答出在不同场合使用上述三类语言的惯常度,0表示不用,1表示少用,2表示有时用,3表示常用,从而得到一个用语指数,如表1所示。

④　英资机构是当时的主流机构,在香港的主要行业十分普遍。

⑤　请见 Ferguson(1959)及邹嘉彦、游汝杰(2007)。

⑥　蒋冰冰(2014)提到,上海作为近代中国第一大城市,被称作"东方巴黎"。在1843年开埠之后的100年,上海人口从20多万激增至500多万。改革开放之后,普通话、上海话、其他方言与外语在语言接触中"摩擦",影响着上海语言体系的形成。她的调查表明,普通话作为上海的"顶层语言",在公共空间和私人空间都占有优势,且随着在教育领域的大力推广,绝大多数教师都确立了以普通话为职业语言的观念。这种顶层语言发展的情况别于香港,也对两地语言发展有关键性的影响。

1997 年香港特别行政区成立后,香港的语言情况有明显转变。中文在书面语的地位显著提升,粤语作为口语,也已然升格成为公共场合的"高层语言",甚至书面语中也保留着相当一部分粤方言词汇;同时,普通话在口语中发展势头强劲,且在中小学教育中逐渐普及,社会各界已就普通话可否作为教学语言展开了深入讨论。

与香港相比,普通话是内地的通用语言,也是用于社会生活中重要领域的高层语体[①],其用词在上海书面语中占据了绝对主导地位,而上海话作为低层语体,上海方言词几乎没有进入书面语系统,甚至在口语中,也只有部分家庭仍然使用上海话[②]。

由此可见,在多层语言系统中,各语言的地位并不是一成不变的,而是会在诸多社会因素的影响下因时而变[③]。语言的发展变迁对当地居民的文化水平提出了不同的要求,两地书面语的用词差异也可能对两地交流产生影响。作为影响方言可懂度的重要因素[④],词汇与汉语使用者的阅读能力息息相关。掌握多少字词,才能够达到书面语阅读能力的"门槛",值得我们探究。

二 阅读能力的词汇量要求

从词的角度,郑锦全(1998)曾提出"词涯八千"的看法,即假定一般人能够掌握文本中 95％的内容,则以中文典籍中 95％的文本内容所对应的词汇为基准,可以得出一般人阅读这些典籍所需的词汇量大约为 8 000 词[⑤]。也有前人[⑥]基于日常生活中报刊阅读的要求,提出 3 000 高频词可以作为各地阅读当地报章的"门槛"(即一种最低要求)。这种看法是依据每个词在文本中所占的比例累计,计算词汇所对应的文本覆盖率(如"的"字在香港报章中所占的比例为 3.51％,那么其所对应的文本覆盖率即是 3.51％),从而累计得到词汇量与可理解文本所占比的对应关系。结果如图 1 所示。按照这种观点,掌握前 3 000 词的读者应能理解当地报章中近 80％的用词和内容。

如图 1 所示,各个泛华语地区的词汇覆盖率增长趋势相近,但曲线高低略微不同,反映出同样数量的词在各地的覆盖率不同。举例来说,要覆盖本地一年报章中 80％的内容,新加

---

① 请见游汝杰(2021)。
② 见钱乃荣(2007)。
③ 这种语言变化可与双层语言(Diglossia)相比而被称为 Triglossia(Tsou 1983)。
④ 游汝杰、杨蓓(1998)是为数不多的关注到粤语与上海话的研究。此研究采用了量化的方法,得到粤语与普通话之间的词汇接近率为 48.24％,并测量出粤语对普通话和上海话的口语可懂度约为 67％,为泛华语地区间的互懂度计算提供了少有的参考。
⑤ 引自郑锦全(1998)。
⑥ 请见 Tsou & Kwong(2015)。

坡需要约 2 500 词,香港需要 3 500 词,澳门需要近 4 000 词,而上海则需要近 4 500 词。

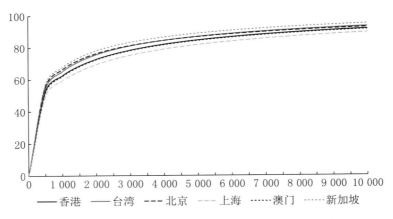

图 1　泛华语六地区首 **10 000** 词覆盖率(**1995—1996**)

　　更值得注意的是,从历时角度看,报章的用词也并非一成不变。阅读一年和多年的报章内容对词汇量的要求是否有分别? 我们试图用抽样①的方法,将 1 年的视窗扩大为 22 年(如图 2 所示)。

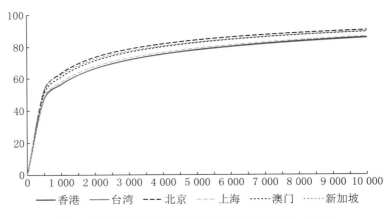

图 2　泛华语六地区首 **10 000** 词覆盖率(**1995—2016**)

　　由此可见,各地阅读 22 年报章的词汇覆盖率曲线无明显走势变化,但对词汇量的要求略有增长。要理解本地 22 年报章 80％的内容,香港要求掌握近 6 000 个词汇,上海亦有增长,但有趣的是,上海仅需要 5 500 词。两地的词汇量"门槛"的差别是否与报章用词

---

　　①　LIVAC 语料库每隔数日便定时、定点、定版采录一次泛华语地区主要报刊的语料。内容包括社论、第一版的全部内容、国际和地方版的主要内容以及一些特写和评论。

的重复率有关①? 从两个时段的词汇覆盖率来看，阅读 22 年报章的"门槛"要远高于 1年，这是因为 22 年里的社会事件和新事物要远多于 1 年，其报章包含的词汇理应更多，且涉及的范围更广。因此，阅读 22 年的报章对阅读者的文化知识和人生阅历都有更高的要求。同时，社会生活和语言的发展并非完全脱离历史轨迹的，所以 22 年间书面语阅读的词汇"门槛"并没有提高至原来的 22 倍之多，只是在 1 年的基础上增长了 22% 到 71%。同理，我们所统计的现代汉语词汇中，也有一些从古代读物中留存下来的词。汉语源远流长，在几千年的社会变迁中不断革新和更替，但终归有一部分核心内容作为根基。因此，我们上溯古诗古籍，或阅读其他华语地区报章时，很可能"一知半解"，但不至于"一窍不通"。

泛华语地区的差异不仅体现在词汇覆盖率所对应的阅读门槛高低，并且，由于泛华语地区的书面语用词差异，各地的高频词并不相同。若要同样理解其他地区 80% 的报章内容，读者的词汇量必须超过本地 3 000 高频词的门槛。多少词汇能够满足不同汉语地区的书面语阅读能力的要求，成为一个值得关注的问题。

最具有代表性，且能反映当地语言特色的书面语研究材料当属本地有代表性的报章。这些报章的内容不仅要迎合读者的兴趣，语言使用也要符合当地读者的习惯。本研究的语料来源于泛华语地区共时语料库 LIVAC(https://en. wikipedia. org/wiki/LIVAC_Synchronous_Corpus)。LIVAC 始建于 1995 年，内容涵盖六个泛华语地区(北京、上海、香港、澳门、台湾、新加坡)中的平面媒体语料。本文以 LIVAC 语料库中 1995 年至 2016年间的语料为基础，分别将港沪两地的词汇以频率排序，并以北京为参照，对比港沪两地的词汇异同，及词汇差异对两地互懂度和书面语阅读能力的影响。

三　港沪两地词汇对比

3.1 "核心字"与"核心词"

"核心字"和"核心词"普遍指那些用于满足最基本沟通需求的字词，但究竟哪些字词可以作为沟通所需的核心内容，从不同角度有不同的看法。长期以来，很多意见都是以教科书所用的词汇为划定核心字词的主要依据。

---

①　邹嘉彦、黎邦洋(2003)在《汉语共时语料库与信息开发》中曾经借助 LIVAC 语料库统计过京港台三地的词熵，以考察三地用词模式。若词熵较高，则反映出该语言的词汇选择较多，且词频比较平均;反之，较小的词熵反映出语言的词汇选择较少，且词频分布不均。结果表明，北京的词熵(11.46)最小，香港的词熵最大(11.96)，台湾(11.69)介于两者之间。而上海的词汇又与北京的词熵十分相似(见 2.4 节)。据此，本文推测，相比于香港，上海的用词模式随机性偏低，即词汇选择更稳定，更倾向于选择既有的高频词。如果这一推断成立，就可以解释 22 年的文本中上海人所需要掌握的词汇数量(5 500 左右)少于香港(近 6 000)。

首先,本文从我国传统蒙学读物来探讨识字量的基础。其中《三字经》①含字种 542 个,而《千字文》②含 995 个,多出《三字经》近一倍;及至近现代,1932 年出版的《开明国语课本》③含字种 2 959 个,2007 年香港教育局制订出版的《香港小学学习字词表》④中收录的《常用字字形表》,则收录改字种 4 762 个,内地《语文课程标准》(2011)⑤中收录的《义务教育语文课程常用字表》(简称"义务教育字表")共收录常用汉字 3 500 个。这表明汉字是随着时代发展而不断扩充壮大的,不同年代和地区所需字种也可以有变化。

对这四本文献进行对比分析(详见表 2),《三字经》中有 7 个字未在其他三本文献中出现,占其总字数的 1.29%;《千字文》32 个,占 3.21%;《开明国语课本》120 个,占 4.06%;《香港小学课本用字》含独有字种 259 个,占其总字数的 7.76%,《义务教育语文课程常用字表》含独有字种 359 个,占其总字数的 10.26%。可以看出,随年代推移,现代教科书的用字数量与字种成倍增加,它们独有的字种也随之增加。不同年代的"教材"在用字上有共性,也有"个性",后来的课本在收字上既借鉴了前者,也发展了适应社会变化的,带有时代特点的新内容。这也支持了本研究更新常用字表必要性。

表 2　华语区各时代基础教育课本字数统计表

	《三字经》	《千字文》	《开明课本》	小学课本用字（香港）	义务教育字表（内地）
字种数量	542	995	2 959	3 337	3 500
独有字种数	7	32	120	259	359
独有字占比	1.29%	3.2%	4.06%	7.76%	10.26%

横向来看,"常用字""常用词"是"因地而异"的。

五四运动后出现了"三千常用字"这一概念,即在日常阅读与沟通会用到三千个核心字。1952 年,中央人民政府教育部公布的《常用字表》选定"常用字"2 000 个,许多年来一直是内地扫盲的标准;1988 年,国家语委和国家教委发布的《现代汉语常用字表》包括"常用字"2 500 个,"次常用字"1 000 个;2013 年,教育部、国家语言文字工作委员会公布的《通用规范汉字表》⑥,一级字表收字 3 500 个,为常用字集,"主要满足基础教育和文化普

---

① 相传为宋代王应麟所编,该书言简意赅,容量丰富,是中国传统的启蒙教材。
② 由南北朝时期梁朝散骑侍郎、给事中周兴嗣编纂的由一千个汉字组成的韵文。
③ 1932 年,上海开明书店出版了一部初等小学用的国语课本,共八册。叶圣陶(绍钧)先生写的课文,丰子恺先生绘的插图。课本上市后受到了教育界的普遍赞誉。
④ 香港教育统筹局于 2003 年委托香港理工大学中文及双语学系开展"香港小学学习字词研究"课题,并依据研究成果重新编订《香港小学学习字词表》。
⑤ 《义务教育语文课程标准(2011 年版)》由中华人民共和国教育部制定。
⑥ 《通用规范汉字表》:《中华人民共和国国家通用语言文字法》的配套规范,规范了现代通用汉字的字量、字级和字形,共收字 8 105 个,分为三级:一级字表为常用字集,收字 3 500 个,主要满足基础教育和文化普及的基本用字需要;二级字表收字 3 000 个,主要满足出版印刷、辞书编纂和资讯处理等方面的一般用字需要;三级字表收字 1 605 个,主要满足资讯化时代与大众生活密切相关的专门领域的用字需要。

及的基本用字需要";根据 GB2312① 标准,一级字库有 3 755 个,为常用字。"哪些是常用汉字"这一问题似乎得到了解答,然而,中国地大物博,不同城市的自然环境与人文历史存在着显著差异,也造成了各地语言与表达方式的同中存异,从而形成了常用字的地域性特点。正如李宇明(2004)曾指出"汉字的使用有共性,但也具有地域性"。单从字数来说,京、港、台三地就存在很大差异,台湾地区常用汉字有 4 808 字②,香港地区有 4 759 字。因此,探究各地区内的情况与各地区之间用字的异同,对了解各地日常汉语的使用与教育的要求具有深刻意义。

在汉语二语教育方面,汉语水平考试(HSK)拟定了 5 000 个常用词作为六级(最高级)学习者的词汇水平参考。2021 年 3 月,教育部和国家语言文字工作委员会发布了《语言文字规范——国际中文教育中文水平等级标准》(下称《规范》),进一步量化了中文学习者的语言指标(见表格 3)。对比《规范》与前人提出的报章阅读"门槛",可以发现掌握 3 000 词能够覆盖报章中 80% 的内容,其所对应的中文水平约为"中等"③;而掌握 10 000 词能够理解约 90% 的报章内容,其所对应的中文水平为最高等级。由此可见,《规范》与前人基于报章内容所提出的词汇量化标准十分接近。

表3 《国际中文教育中文水平等级标准》语言量化指标总表

等次	级别	音节	汉字	词汇	语法
初等	一级	269	300	500	48
	二级	468	600	1 272	129
	三级	608	900	2 245	210
中等	四级	724	1 200	3 245	286
	五级	822	1 500	4 316	357
	六级	908	1 800	5 456	424
高等	七一九级	1 110	3 000	11 092	572
总计		1 110	3 000	11 092	572

近年来,得益于现代科技的发展,已有学者建立了以汉语平面媒体语料为基础的大数据库(如 livac.org),可以作为社会实际用语的依据,探讨教科书与报章用词的异同。本文从平面媒体的角度来看,若以高频词为核心词的标准,我们至少需要掌握约三千个报章"核心词",才有可能满足当地报章 70% 到 80% 内容的阅读要求。如果要懂得超过 90%

① GB2312 是中华人民共和国国家标准简体中文字符集,全称《信息交换用汉字编码字符集·基本集》,GB2312 编码通行于中国大陆,新加坡等地也采用此编码。
② 统计自台湾地区教育主管部门 1998 年修订的《标准字体表》。
③ 中等水平的标准包括"能够理解多种主题的一般语言材料,较为流畅地进行社会交际"。报刊内容基本符合"多种主题的一般语言材料"的描述。因此,我们认为中等水平的学习者应具备理解报章基本内容的能力。

的报章内容,对读者词汇量的要求也会相应提高。从用字的角度,我们统计了北京、香港、台湾三地 22 年共有的 3 000 核心词,其用字约为 1 300 字。当核心词从 3 000 字扩展到 10 000 字,其用字也从 1 300 字增加到 2 400 字左右。由此可见,词汇量和识字量的要求是动态变化的。若 22 年的时段有所加减,则相关的核心字词也会有相应的调整。

表 4　京港台三地核心词的相关核心字(1995—2017)

京港台核心词	用字
3 000	1 300
5 000	1 700
7 000	2 000
10 000	2 400

如上一节所提到的,各个泛华语地区的核心词并不一致。我们比较了香港、台湾、北京、上海、新加坡等地的用词,发现各地常用 3 000 词中共同出现的核心词只有 54%。若将它们两两比较,各地区共同拥有的核心词数量也并不一致。例如北京与上海两地的核心词重合率达 88%,上海与新加坡两地重合率也达 74%,北京与香港两地共同覆盖率则只有 63%。由此可见,各地学生、民众以至学习汉语的外国人,对其他地区的汉语都会感到生疏。①

3.2　比较港沪核心词

如前文所述,若要阅读 80% 的当地报章内容,至少要掌握当地词表中高频前 3 000 词②;若掌握的词汇可以涵盖高频 10 000 词,则应该能看懂报章中 90% 以上的内容。本文以港沪两地的高频 10 000 词为基础,以词种基数由小到大的动态视角对比两地词汇异同,并观察两地词汇关系的变化。

纵然汉语是华语社会共同的书面语基础,港沪两地书面语所使用的词汇仍然呈现出较大差异。以港沪两地前 3 000 核心词为例,港沪两地共有的词条仅 1 977 个,重合率为 65.9%。香港的前 3 000 高频词对应香港报章中近 80% 的内容,但 3 000 词中有 45 个词没有在上海报章中出现。在香港“独有”的词中,除了专有名词和人名,粤方言词汇也占有相当比例,例如“嘅”、“佢”、“咁”、“咗”、“冇”、“喺”、“啲”、“畀”、“我哋”、“畀”等。

上海当地的前 3 000 词均在香港报章中出现,但并不都是香港地区的高频词。一部分词的频率在两地差距较大,比如“俱乐部”,在上海报章中共出现 11 702 次(第 609 位),而在香港报章中仅出现 649 次(第 9823 位);“出租车”一词在上海报章中共出现 4 970 次

---

① 邹嘉彦、赵敏好、蔡永富:《从大数据库看识字率与报刊阅读能力》,第一届语言与语言习得研究工作坊,中山大学珠海校区,2019 年 5 月。

② 请见 Tsou & Kwong(2015)。

(第1452位),而在香港仅出现98次(第32597位)。一部分香港的高频3 000词在上海报章中也鲜有使用,如"出租车"的同义词"的士"共在香港报章中使用过13 640次(第643位),而在上海报章中仅被使用过209次(排第16478位);"汇控",依频率排序在香港排第2324位,但在上海处于第451914位。

将范围扩大来看,两地共有高频词的比例比较稳定。如表5所示,随着词种基数的扩大,两地共有高频词的比例略有降低,最后稳定在64%左右。若对比两地各自的高频10 000词在另一地的出现情况,可以发现香港独有的词多达330个,远远多于上海独有的41个,并且这些独有词在各个词频段均有分布。

表5　前10 000港沪高频词共现情况

	3 000词(%)	5 000词(%)	7 000词(%)	10 000词(%)
港沪共有高频词	1 977(65.9)	3 244(64.9)	4 509(64.4)	6 408(64.1)
香港独有词	45(1.5)	96(1.9)	168(2.4)	330(3.3)
上海独有词	0(0)	5(0.1)	11(0.2)	41(0.4)

在两地词表中,除去两地共有高频词及两地独有词,还有一部分词值得关注,即在一地较常用,另一地用得较少的词条(如前文所提到的"俱乐部""出租车""的士"等)。这一类词的分布也可以反映出两地词汇的差异。根据一个词在两地的排序,我们将词频的分布以坐标点(X=A地频率排序,Y=B地频率排序)的形式表现在坐标轴上,如"特首"一词的出现频率在香港词表中排第239位,在上海词表中为第38138位,则"特首"的坐标为(239, 38 136)。若一个词在两地的频率排序较相似,则这个点落在X=Y附近,反之,则此点所对应的词在两地词频差距较大。以1996—2000年的资料为基础,得出的图像如图3和图4所示:

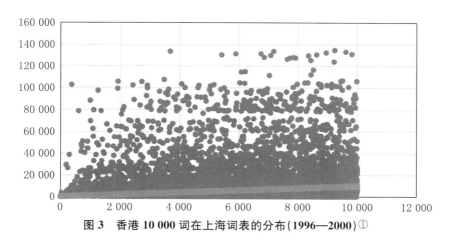

图3　香港10 000词在上海词表的分布(1996—2000)①

①　横坐标为词在当地的序号,纵坐标为词在另一地的序号。

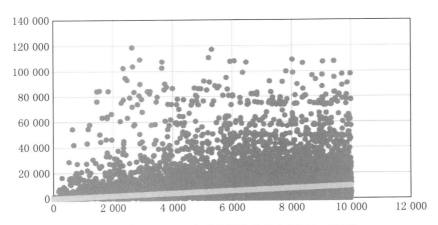

图 4　上海 10 000 词在香港词表的分布（1996—2000）

从图像可以看出，香港词在上海的分布很分散，其在上海的频率排序的最大值大于 130 000（香港词表的前 10 000 高频词，在上海词表排名超过 13 万），反映出一部分香港高频词在上海词表中出现的频率偏低。相比之下，上海词在香港词表的分布较为集中，但也有相当一部分上海词是香港不常用的。

若以更长的时间段来看，两地词汇的频率分布情况是否会有所不同？我们又以 1996—2016 年的资料为基础，得到的分布情况如图 5 和图 6 所示。从下图中可以看出，比起 5 年段的资料，22 年资料中两地的词汇频率分布更集中。两地对比之下，仍然是香港高频 10 000 词在上海词表中的分布更分散，而上海高频 10 000 词在香港词表中的分布较集中。

从港沪词频对比中，我们发现香港高频词汇在上海出现频率相对偏低，甚至有的词汇从未出现。也就是说，上海报章对香港高频词的接纳度并不高。反观上海高频词，其在香港的频率分布比较集中，反映出上海高频词在香港报章中出现频率相对偏高。由此可见，

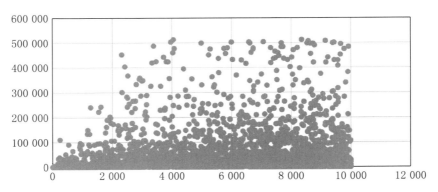

图 5　香港 10 000 词在上海词表的分布（1995—2016）

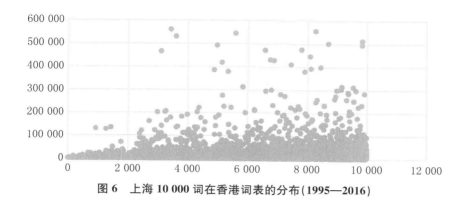

图 6　上海 10 000 词在香港词表的分布(1995—2016)

尽管两地词汇大部分为共有词,但同样的词汇在港沪两地的使用频率不对称;且从分布趋势来看,似乎香港对上海词汇的接纳程度更高。

3.3　港沪词汇的相关性

两地共有的词是两地社群共同的语言储备,奠定了两地交流的基础;而两地高频词的频率排序反映出同一个词在两地的使用频率差异,能够大致呈现出两地的词汇使用差异及其背后的文化差异。在本研究中,两地的词汇差异可以进一步被量化:将两地高频词出现频率进行归一化处理之后取其对数,并通过相关性公式计算两地的高频词出现频率的相关性尝试从使用频率的角度呈现两地词汇差异。计算结果如图 7 所示。

$$\text{Correl}(X, Y) = \frac{\sum (x - \bar{x})(y - \bar{y})}{\sqrt{\sum (x - \bar{x})^2 \sum (y - \bar{y})^2}}$$

(x, y 分别代表在两地词频归一化后的值,$\bar{X}$ 和 $\bar{Y}$ 分别代表两组数据中的平均值)

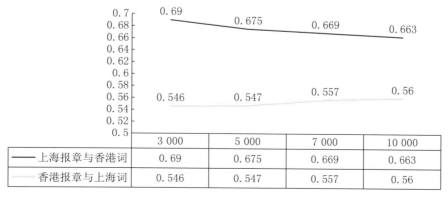

	3 000	5 000	7 000	10 000
上海报章与香港词	0.69	0.675	0.669	0.663
香港报章与上海词	0.546	0.547	0.557	0.56

图 7　港沪两地词汇相关性

随着前 3 000 个到前 10 000 个高频词取词范围的扩大,出现在上海报章中的香港词汇与上海本地词的相关度逐渐降低(即频率差异逐渐变大)。这一变化趋势与两地共有词的变化趋势相符合,表明随着取词范围的扩大,两地词汇差异将比之前显著一点。然而,在同样的取词范围中,上海词汇在香港词表中的相关度逐渐升高,即总体频率差异呈减小趋势。这一变化趋势可能源于香港词表中的高频方言词。在前 3 000 高频词范围内,粤语方言词作为香港独有词占据了相当比例;当取词范围扩大,越来越多的两地共有词进入我们的视野,高频方言词对词汇差异的影响逐渐减弱,因此港沪两地词汇的相关性不降反升。

3.4 与北京相比

为了进一步探究港沪两地的词汇的关系,本文引入了北京的词汇作为对照。若以北京的前 3 000 个和前 10 000 个高频词为参照,对比京港、京沪的词汇相似度,得到的数据显示京沪的共有词汇比例接近 90%,远远高于京港共有的词汇(63% 左右);并且相比于京港,港沪两地的共有词汇更多。这一情况符合我们的预期。由于内地自 20 世纪 50 年代起开始着手推动文字改革、推广普通话和语言规范化,北京和上海两地的书面语使用在政策的影响下不断趋于规范。并且,北京和上海都是内地一线城市,比起一国两制下的香港,北京和上海所关注的热点问题和社会事件可能更相似,因而在词汇使用上也更具一致性。

表 6 京港沪三地前 3 000 词重合率

	上海(%)	香港(%)
北京	2 649(88.3)	1 899(63.3)
上海		1 977(65.9)

表 7 京港沪三地前 10 000 词重合率

	上海(%)	香港(%)
北京	8 740(87.4)	6 199(62.0)
上海		6 408(64.1)

从分布上来看,香港前 10 000 高频词在北京词表的分布也较为分散,反映出同一词条在北京和香港的使用频率差别较大。同样地,若将上海高频词的词频排序和其在北京的频率排序进行对比,可以很直观地看出,上海词在北京词表的分布十分规整,即上海高频词在当地的排序和其在北京的排序比较接近。

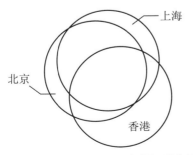

图 8 京港沪三地前 10 000 高频词重合情况

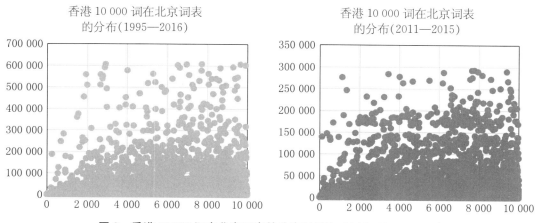

图9　香港 10 000 词在北京词表的分布(1995—2016，2011—2015)

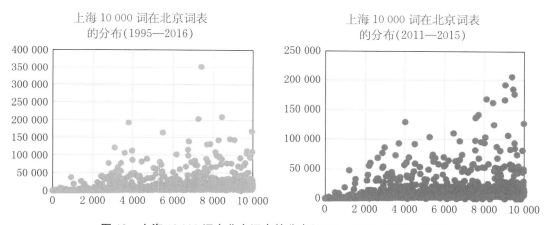

图10　上海 10 000 词在北京词表的分布(1995—2016，2011—2015)

从相关性的角度来比较京沪两地词汇,其总体变化趋势仍然是随着词汇范围的扩大,相关性略微下降。值得注意的是,上海 5 000 高频词处稍低于其前后取词范围下的数值。

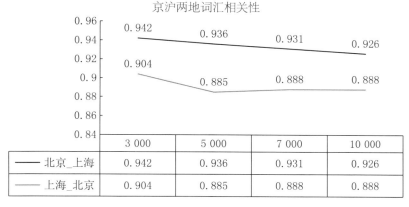

	3 000	5 000	7 000	10 000
—— 北京_上海	0.942	0.936	0.931	0.926
—— 上海_北京	0.904	0.885	0.888	0.888

图11　京沪两地词汇相关性

根据京沪词表对比,京沪两地的高频 5 000 词中共有词占比(88.1%)也略低于高频 7 000 词段(88.6%)。为了进一步探究其中原因,我们将上海当地词中的人名①、地名、专有名词单独统计,并筛选出其中与上海本地生活息息相关的词,如上海的人名①、地名、机构名等,共 142 个,分布如图 12 所示。

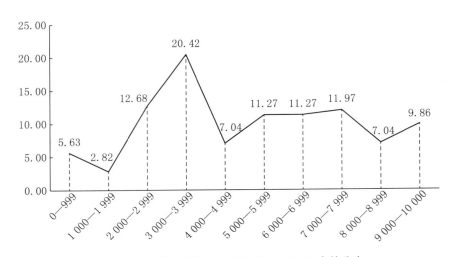

图 12　上海本地事物词在上海前 10 000 词中的分布

图 12 所呈现的分布反映出一个现象,即上海本地事物词在 3 000—3 999 个的取词区间较为集中地出现,其分布比例远远高于其前后区间。这也可以解释为什么在图 11 的相关性分析中,上海与北京词表的相关性在 5 000 词时出现凹点,而不是持续走低。

若以北京为参照,分别比较港沪两地词汇的相关性与京沪词汇相关性的发展情况,得到的结果则是截然不同的。

表 8　北京高频词与港沪两地高频词的相关性

	1996—2000	2011—2015	1995—2016
京—沪 10 000	0.826 4	0.924 5 ↑	0.941 9
京—港 10 000	0.662 0	0.651 9 ↓	0.681 7

如表 8 所示,1996—2000 年段中,北京高频 10 000 词与上海高频 10 000 词的相关性约为 0.83,而到了 15 年后的 2011—2015 年段,相关性已经上升至 0.92,增幅高达 12%。由此可见,1996—2015 年间,上海词汇与北京词汇的相似度明显提升。

香港的情况则与上海不同,京港两地的词汇相关性在前后两个时段中的变化较小,甚

---

①　上海当地人名主要包括本地组织的重要成员,包括当地政府官员、当地非政府组织成员、体育选手,等等。

至稍有下降,总体稳定在 0.66 左右。比较 20 年的总体数据,北京词汇与上海词汇的相关性数值为 0.94,而与香港仅有 0.68 左右。由此可见,京沪两地的词汇在逐渐靠拢,且呈现出高度一致性,而京港词汇相似度并无明显变化。

四　港沪词汇差异与互懂度

4.1　本地词、独有词与互懂度

正如前文所讲,按照频率排序之后,港沪两地各自的前 3 000 高频词中仅有不到三分之二的词是两地共有的高频词,其余三分之一或是出现频率不足以排进另一地前 3 000 词的本地词汇,或是始终未在另一地使用。在两地都出现,频率相当不平衡的词,我们暂且将他们称为"本地词";另一部分仅在香港或上海当地使用,几乎不在另一地出现的词(如上海独有的"大转弯"和"小转弯"),我们称之为"香港独有词"和"上海独有词"。本地词和独有词往往是当地事物或当地方言成分的集中体现,可以反映出华语社会中的微观词汇差异,且由于其独特性,一部分本地词的意义无法通过一般语言知识推导出,从而造成理解问题,与两地文化交流中的阅读"门槛"息息相关。

如果我们将两地共有高频词看作两地交流的语言知识基础,将本地词和独有词的分布和数量看作两地的语言差异,那么这三类词可以从一定程度上反映出两地互相理解的程度,即"互懂度"。互懂度是一个双向概念,其中蕴含着一个值得探讨的问题:A 地对 B 地的理解程度与 B 地对 A 地的理解程度是否对等呢? 一个香港本地人对上海词汇的理解程度与一个上海本地人对香港词汇的了解程度是否对称? 从认知的角度来说,互懂度能够体现两地认知的"门槛",从社会与文化的角度来说,我们也能够透过语言互懂度探究两地词汇扩散的方向,以及与之相关社会文化变迁。

4.2　从量化角度看互懂度

基于 LIVAC 中的词频和排序,我们对两地高频词进行分类统计,可以从共时的角度看出港沪词汇的互懂度。取港沪两地 20 年间的前 10 000 词作为比较的基础,共现情况如表 9 所示。

在港沪两地的前 10 000 个词中,两地共现且频率排序都在 10 000 以内的词占总时段词数的 64%,在另一地出现频率较低的词分别占香港的 32.6% 和上海的 35.5%。值得注意的是,前 10 000 词中,香港独有词约占 3.3%,即 300 词左右,而上海只有 0.41%;香港的独有词是上海的 8 倍之多。从共时比较的角度看,香港居民对上海词汇的理解程度应

表 9 港沪两地前 10 000 词共现情况

分布 ＼ 词数	香港前 10 000 词（％）	上海前 10 000 词（％）
人名/地名/机构名	10.1	9.6
另一地 10 000 内	64.08	64.08
另一地 10 000＋	32.62	35.51
另一地不出现	3.3	0.41
另一地最大词序	(No.512 313)谂	(No.118 745)帮困 (No.560 140)龚学平 n

该高于上海居民对香港词汇的理解程度。

香港对上海词汇的可懂度高于上海对香港词汇的可懂度(即港—沪＞沪—港)的情况,在相关性上也有所体现。在图 11 中,上海词与香港词的相关性(0.66％～0.69％)大于香港词与上海词的相关性(0.55％～0.56％),也就是说,上海高频词与香港高频词在另一地出现的情况不对称。这也进一步说明,总体上来看,香港社会成员对上海词汇的了解程度相对较高。

共时平面上的互懂度不平衡是否历来如此? 为了探究历时平面上互懂度的发展情况,我们也从 1996—2000 年和 2011—2015 年两个时段来看两地词汇互懂度的关系。

表 10 港沪两地前 10 000 词共现关系的历时分布

地区	香港		上海	
时段	96—00(％)	11—15(％)	96—00(％)	11—15(％)
人名/地名/机构名	10.48	9.72	8.79	8.82
另一地 10 000 内	62.92	61.83	62.92	61.83
另一地 10 000＋	29.37	30.75	33.71	36.94 ↑
另一地不出现	7.71	7.42 ↓	3.37	1.23 ↓
另一地最大词序	(No.133 671)簖篷	(No.253 498)党友	(No.118 745)帮困	(No.287 503)艺术宫

从表 10 中可以看到,港沪共同高频词的比例在两个年段内均稳定在 62％左右,共现词比例在后一年段中略微下降。值得注意的是,香港独有词的比例基本保持稳定,占总词数的 7.4％—7.7％,而上海独有词的比例(3.4％～1.2％)明显低于香港,且有下降的趋势。相对地,上海词在香港词表出现,但排名大于 10 000 的词从 33.7％增加至近 37％。这一结果从历时的角度说明更多的上海词汇“从无到有”,进入了香港本地词表。

五 讨论和结论

5.1 词汇量与阅读理解要求

口语沟通中,不止用词,语音和因时因故的不规范的表达都会对理解造成影响。但对于书面语来说,词汇量是影响理解的关键因素。以平面媒体的阅读"门槛"为出发点,前人曾根据报章的用词,推测词汇量与阅读报章所要求的知识量的对应关系:若掌握本地报章中的前 3 000 高频词,则应该能理解其所对应的近 80% 的报章内容,从而满足阅读本地报章的基本要求。若读者的知识文化水平较高,掌握更多的词汇,其词汇量很可能超出报章内容所呈现的一般词汇,深入到专业领域的词汇(如医药领域、科技领域、文学哲学领域等)。

更值得注意的是汉语核心字和核心词的重要概念。从前人的《三字经》《千字文》《开明国语课本》可推算出的字词要求,以及"词涯八千"的看法,可以看到汉语的基本"门槛"核心要求是受到重视的。字词和语言能力的对应关系也是一个重要的议题,受到了不同时代学者和教育者的关注。字词量作为衡量语言能力的量化标准成为了一个趋势。量化标准的具体内容和因时因地的变化,也是一个值得长期探讨的问题。

从阅读的"广度"来看,词汇的地区性差异要求读者具有更广阔的知识面。以港沪两地为例,一个上海居民掌握到上海的前 3 000 高频词,就可以看懂本地报章约 80% 的内容,但只能看懂香港报章中约 66% 的内容;若他要看懂香港报章中 80% 的内容,则需要掌握更多的词汇,包括一些粤方言词。由此可见,汉语社会成员若要阅读两地的报章,则需要掌握超过本地阅读门槛的词汇量,并对两地的社会情况和语言特色都有所了解。

5.2 互懂度的对称与平衡

可懂度是具有方向性的概念,且两地之间的可懂度不需要对等。互懂度是建立在单向可懂度基础上的双向概念,像是一座反映两地相互了解程度的天平。平衡的天平(即对等的互懂度)是理想状况,但实际情况却并非如此。我们认为,互懂度的平衡和变化一定程度上折射出词汇发展与社会文化的具体关系,并与词汇的转移和扩散的方向有关。

本文主要通过 LIVAC 语料库中港沪两地词汇的词种和词频,考察了港沪两地词汇互懂度。我们对比了港沪两地的前 10 000 高频词后,发现香港高频词进入上海的较少,上海高频词进入香港的较多;且香港报章中包含一些本地粤方言词,非粤语使用者想要通过字形推断词义并非易事,而上海报章中的用词更贴近普通话,很少出现本地方言词。从这两方面来看,香港人对上海词的了解程度应该高于上海人对香港词的了解程度。这也进一步说明互懂度可以是不对称的,并且可以有不同的解释。若从大数据库中抽取具体的一类词汇,并将其发展情况放在社会文化大环境中来看,就会发现这种变化并非凭空产生的,也不是一蹴而就的。以港沪两地的"车"类词(如"出租车""火车""检测车"等)为例。1996 年,上海居民了解香港的"车"类词要多于香港居民了解上海的"车"类词,而到 2006 年,情况却是相反的(邹嘉彦、游汝杰,2021)。"车"类词的发展与港沪两地"车"类词的互懂度变化与本文大数据所呈现的大趋势相符合,并且可以从两地汽车产业和汽车文化的发展中得到印证。

5.3 语言差异与大数据

港沪两地的语言差异可以表现为两地语言与普通话的远近关系。泛华语地区的语言基础均有差异,但值得注意的是,本文提出的动态化的核心词可以依据不同要求而定,但核心词的最低门槛都不约而同在 3 000 词左右,且 3 000 词相关的核心字只有 1 000 多个;即使是 10 000 核心词,也只对应 2 000 多个核心字,远远低于前人提出的"3 000 核心字"的要求。同时,比起香港,上海与北京有更广泛的共同语基础,意味着在普通话学习和水平测试等标准语考试中,香港学生需要比上海学生更多,且和上海学生不同的训练来弥补其中的差距。

数据的应用不仅在于反映两地语言差异。不论宏观或微观,数据总是忠实地呈现语言事实。本文主要从宏观的角度来讨论互懂度的差异及其原因,今后我们也可以再借助大数据,从微观的角度进一步研究不同华语地区同一文化个体的有关词汇化发展,以及互懂度变化。词汇的发展与其所对应的社会事物的发展亦步亦趋,而数据库与量化的方法可以帮助探讨语言与社会生活变迁的关系,尤其是在呈现语言使用中的因时因地"不平衡"及发掘"不平衡"背后的社会文化因素等方面。

参考文献

Ferguson, Charles A.Diglossia[J]. Word, 1959, 15(2):325—340.

T'sou, Benjamin. Triglossie et realignement sociolinguistique[J]. Contrastes, 1983(6):101—113.

Tsou, Benjamin K. & Olivia Kwong. LIVAC as a monitoring corpus for tracking trends beyond linguistics. Linguistic Corpus and Corpus Linguistics in the Chinese Context[J]. Journal of Chinese Linguistics Monograph Series, 2015, 25:447—471.

Tsou, Benjamin K. Sociolinguistic Aspects of the Chinese Language[M]//Oxford Bibliographies(retrieved from https://www. oxfordbibliographies. com/view/document/obo-9780199920082/obo-9780199920082-0159.xml), 2019.

汉考国际.新汉语水平考试(HSK)词汇(2012 年修订版)[M/OL].汉语考试服务网.[2021-3-16]. http://

www.chinesetest.cn/userfiles/file/HSK/HSK-2012.xls.

蒋冰冰.移民与城市语言发展研究[M].上海:华东师范大学出版社,2014.

邢福义.文化语言学[M].修订本.武汉:湖北教育出版社,2000.

香港特别行政区政府教育局.小学课程纲要:普通话科(小一至小六)(1997)[M/OL].香港特别行政区
　　教育局网站.[2021-3-16]. https://www.edb.gov.hk/tc/curriculum-development/kla/chi-edu/curric-
　　ulum-documents/primary/pth.html.

新加坡教育部.小学华文课程纲要(2015)[M/OL].新加坡教育部网站.[2021-3-16]. www.moe.gov.sg.

游汝杰.汉语研究的当代观和全球观[J].语言战略研究,2021, 6(3):86—96.

游汝杰,邹嘉彦.社会语言学教程[M].上海:复旦大学出版社,2004.

游汝杰,杨蓓.广州话、上海话和普通话词汇接近率的计量研究[M]//邹嘉彦,黎邦洋,王士元.汉语计量与
　　计算研究.香港:香港城市大学,1998.

郑锦全.从计量理解语言认知[M]//邹嘉彦,黎邦洋,王士元.汉语计量与计算研究.香港:香港城市大学,
　　1998:15—30.

邹嘉彦."三言""两语"说香港.语言文字应用[J]. 1997(2):17—24.

邹嘉彦,黎邦洋.汉语共时语料库与信息开发[M]//徐波,孙茂松,靳光瑾.中文信息处理若干重要问题.北
　　京:科学出版社,2003:147—165.

邹嘉彦,游汝杰.从大数据库比较港沪两地"车"和"笔"类词的衍生和发展[J].语言研究,2021, 41(4):
　　12—25.

邹嘉彦,赵敏好,蔡永富.从大数据看报章阅读能力要求[R].第一届语言与语言习得研究工作坊,中山大
　　学(珠海),2018.

中华人民共和国教育部.义务教育语文课程标准[M].北京:北京师范大学出版社,2012.

中华人民共和国教育部.语言文字规范:国际中文教育中文水平等级标准[M/OL]. [2021-3-24]. http://
　　www.moe.gov.cn/jyb_xwfb/gzdt_gzdt/s5987/202103/W020210329527301787356.pdf.

江苏通州方言入声调的演化方式[*]

大西博子^{**}

一 前 言

1.1 通州方言概况

通州旧为南通县,今为南通市最大的市辖区。东临黄海,南濒长江,与上海的崇明岛及苏州市隔江相望。总面积约 1 526 平方千米,户籍人口 126 万人(《通州年鉴》,2018)。

通州区位于南通市中部,境内共有 5 种地方话:如东话、南通话、金沙话、通东话和启海话。其中如东话和南通话属于江淮官话泰如片,金沙话、通东话和启海话属于吴语太湖片。通州区的代表方言是金沙话,它分布在旧金沙镇大部分地区(东南部通行通东话)。《中国语言地图集》(第二版)把金沙话列入了吴语太湖片毗陵小片,但其归属在语言学上尚有争议。通东话分布在旧金沙镇以东地区,同属吴语太湖片毗陵小片,但与金沙话有一定的差异。启海话分布在通东话通行地区的南北两侧,当地人把它称为"沙地话"。因为海门、启东居民主要来自崇明等吴语地区,所以启海话是典型的吴语,属于太湖片上海小片,与接壤的通东话有较大的差异。

1.2 研究对象和目的

通常所说的入声包括两个概念:入声调和入声韵。通州方言有两个入声调,入声韵母都带喉塞尾[-ʔ]。这点与典型的吴语完全一致。但通州方言的入声在单念时念得有点长,调值也接近舒声调,也就是说通州方言的入声演化主要呈现在声调上。因此,本文以入声调的演化为研究对象。

---

* 本文受到日本学术振兴会科研费项目(18K00596)的资助。初稿曾在第 11 届演化语言学国际研讨会(2019年 11 月,上海)小组宣读。

** 作者电子邮箱:honishi@kindai.ac.jp。

以往的通州方言研究,多以金沙话为主,而且大多着眼于其归属问题,而对过渡性的语言现象却不够重视。通州位于吴语和官话的交界地带,从今天的通州方言中,能观察到吴语向官话的演变现象,如浊声母的清化(瞿晗华,2013;朱瑛,2017),入声音节舒化等(汪平,2010;朱瑛,2017)。本文的研究目的并不在于解决通州方言的归属问题,而是着眼于语言演变的过渡现象。

1.3 前人调查研究

关于通州方言的单字调,已有不少资料可供参考,如《南通县志》(1996)、《江苏省志·方言志》(1998)、《南通地区方言研究》(2002)、《江苏语言资源资料汇编南通卷》(2016)等。但至于入声调的演化情况,所涉及的资料较为少见。就笔者所知,只有以下书面描述:"入声韵母的喉塞音很弱,阳入比阴入更弱,音长上也不太短,跟舒声调相差不大"(汪平,2010:205);"阳入比阴入时长稍长,近于 34 短"(万久富,2016:198、200);"女 1 的阴入喉塞尾保存完好,而女 2 部分喉塞脱落"(朱瑛,2017:57)。由此可知,金沙话的阴入喉塞比阳入强,阳入时长比阴入长。但仅凭这些记录,无法了解具体的演化情况。总之,通州方言的入声调,研究得还不够充分。本文在拙文(2018、2019)研究的基础上,补充了更多的实验数据来对通州方言入声调进行描写,并对周边方言的入声调也深入考察,进一步探究通州方言入声演化的发生原因。

二　材料来源和分析方法

2.1 调查点

本文使用实地调查所得材料进行分析。调查地点为以下 4 个:金沙(旧金沙镇)、袁灶(社区)、二甲(镇)和四甲(镇)。这些地点在地理上互相接壤:金沙南部与袁灶接壤;袁灶东部与二甲接壤;二甲东部与四甲接壤。四甲镇隶属通州邻接的海门市,其方言是通东话的代表(鲍明炜、王钧,2002),与邻接的二甲方言相差不大(大西博子、季钧菲,2016)。袁灶是二甲镇下辖的一个社区,据《南通县志》的划分,属于通东话。但《南通地区方言研究》把它划为金沙话,本文也将其看作金沙话,因为袁灶的声调系统与金沙一致。下文为了把土话和方言小片区别开来,把金沙话和通东话分别叫作金沙片和通东片。金沙片包括金沙和袁灶两个调查点,通东片包括二甲和四甲两个调查点。

2.2 发音人

发音人共有 22 名:金沙 6 名、袁灶 2 名、二甲 8 名、四甲 6 名(见表1)。他们都是土生土长的本地人,兼顾男女并含不同的年龄层次。其中有 7 位发音人曾在外地生活过,但 15 岁以前(即语言形成期以前)未曾离开过本地,对母语影响并不大。录音地点主要是在发音人家中。录音时间如下:金沙和四甲为 2018 年 8 月 14 日至 15 日;袁灶和二甲为 2017 年 3 月 3 日至 5 日。

表 1　发音人①

编号	性别	年龄	职　业	教育程度	备　注
金沙 1	男	65	退休职工	初中	南京住过四年
金沙 2	女	64	退休职工	高中	未曾住过外地城市
金沙 3	男	59	职员	高中	未曾住过外地城市
金沙 4	女	58	农民	小学	未曾住过外地城市
金沙 5	女	40	家庭主妇	初中	未曾住过外地城市
金沙 6	男	37	初中教师	大学	大同住过九年
袁灶 1	男	78	退休职工	高中	未曾住过外地城市
袁灶 2	女	72	家庭主妇	初中	未曾住过外地城市
二甲 1	男	77	退休职工	高中	未曾住过外地城市
二甲 2	女	73	退休职工	初中	未曾住过外地城市
二甲 3	女	73	退休职工	小学	未曾住过外地城市
二甲 4	男	70	退休职工	初中	未曾住过外地城市
二甲 5	男	52	个体户	初中	未曾住过外地城市
二甲 6	女	51	家庭主妇	初中	未曾住过外地城市
二甲 7	男	28	博士生	硕士	南京住过三年半
二甲 8	女	20	职员	大学	苏州住过两个月
四甲 1	男	75	退休职工	高中	未曾住过外地城市
四甲 2	女	69	职员	初中	未曾住过外地城市
四甲 3	男	48	工人	大学	上海住过三年,南京住过三年
四甲 4	女	44	工人	高中	上海住过三年
四甲 5	男	42	医生	大学	扬州住过三年
四甲 6	女	27	会计	大学	未曾住过外地城市

---

①　表中年龄为调查时的年龄,教育程度"大学"包括大专。

2.3　实验字表

本文设计了以下字表作为实验材料(见表2)。选字的条件:(1)声母是不送气[t]系或[p]系;(2)韵母是单元音的开口韵母;(3)韵母同音。根据这三个条件,按中古声母的清浊区别把声调分成八类,从每个调类中各选两字,即共16字。关于入声调的调查字,因为找不到符合上述条件的,所以从[p]系声母字中选定了4字。

本文将8个调类分别用T1、T2、T3、T4、T5、T6、T7、T8的符号来表示。表中音标为各调查点的实际读音。古全浊声母仍然保留独立的声类,即没有并入古清声母。这是吴语最重要的特征,通州方言也具备这一点。并且,跟周边吴语一样,所谓浊声母,并不是语音学上真正带音的浊音,而是音系学上的浊音。实验字中含有[b]和[d]两个浊声母,相对于[b]来说,[d]的浊音感更强一些,而[b]声母略有清化。特别是金沙的浊声母,清化程度较高,甚至也有完全清化的字,如"暴"字。还有一部分字听起来已不是浊声母,这主要体现在阳去的"暴、盗"两字。至于"盗"字,声调也存在内部分歧,共有4种调值:阳平、阴上、阴去和阳去。其中阳平调主要出现在老年发音人中。通州方言有7个声调,平上去入各分阴阳,没有阳上,次浊上声归阴上,全浊上声归阳去。因为阳去的实验字出现了如此问题,所以本文排除了阳去的录音材料,用阳上的实验数据代替阳去进行分析。

表 2　实验字表

调类	T1		T2		T3		T4		T5		T6		T7		T8	
字	包	刀	跑	桃	宝	岛	抱	稻	报	到	暴	盗	八	百	拔	白
金沙	pɤ	tɤ	bɤ	dɤ	pɤ	tɤ	bɤ	dɤ	pɤ	tɤ	pɤ	dɤ/tɤ	paʔ	poʔ	baʔ	boʔ
袁灶	pɔ	tɔ	bɔ	dɔ	pɔ	tɔ	bɔ	dɔ	pɔ	tɔ	bɔ/pɔ	dɔ	paʔ	pəʔ	baʔ	bəʔ
二甲	pɔ	tɔ	bɔ	dɔ	pɔ	tɔ	bɔ	dɔ	pɔ	tɔ	bɔ/pɔ	dɔ/tɔ	paʔ	pəʔ	baʔ	bəʔ
四甲	pɔ	tɔ	bɔ	dɔ	pɔ	tɔ	bɔ	dɔ	pɔ	tɔ	bɔ	dɔ/tɔ	paʔ	pəʔ	baʔ	bəʔ

2.4　分析方法

本文运用声学语言学的研究方法,实验分析利用 praat(Boersma and Weenink,1992—2018)软件,采用 Xu, Yi(2005—2018)的 ProsodyPro.praatscript 进行测量。录音机为 Marantz-PMD561,录音话筒为 AKG-C520。将16个实验字排列在一张纸上,让每位发音人念5遍,即每位发音人都能生成80个录音材料(16字×5遍)。录音结束后,对每位发音人的 80 个录音材料进行标注。标注时,去掉声带振动不稳定的开头部分和结尾部分,以减少数据的误差。测量结束后的数据处理方法,详见拙文(2018)。

典型的吴语入声是短促调,即时长很短,带有喉塞尾。一般而言,入声音节的演变,先从喉塞音的弱化开始,经过音节长化和调值接近等过程之后,最终与舒声调类完全合并(朱晓农等,2008;宋益丹,2009;徐越、朱晓农,2011)。但实际上,有的方言里,喉塞音已弱化,而入声音节还没长化(朱晓农、焦磊,2011);有的方言里,喉塞音还没弱化,而入声音节已长化(袁丹,2013)。可见,喉塞尾的弱化不能看作入声舒化的开端,即不能以喉塞尾是否弱化来判断入声音节舒化与否。笔者认为,喉塞尾是入声音节的伴随因素,入声与否的区别,主要以音节长短来判断。因此本文从时长和调值的实验分析结果来讨论入声调的演化方式。关于喉塞音的分析结果详见拙文(2019)。

三　时长分析结果

3.1　单字调时长均值

表 3 汇总了各调查点的单字调时长均值,上段数值为绝对时长均值,下段数值为相对时长均值。绝对时长的单位是毫秒。相对时长是绝对时长与总均值的比值。所谓入声短调一般被看作舒声调的三分之一(33％)长(朱晓农等,2008)。4 个调查点中,金沙的阴入时长最短,但其绝对时长均值(112 ms)已超过舒声均值(232 ms)的三分之一(77 ms)长。根据这个标准来说,已超越短调范围。可见,各调查点的入声时长都已超过短调范围,即入声音节已经开始长化。

表 3　各调查点的单字调时长均值

方言片	调查点	T1	T2	T3	T5	T6	T7	T8	总均值
金沙片	金沙	265	294	246	167	187	112	185	208
		1.27	1.42	1.18	0.80	0.90	0.54	0.89	1.00
	袁灶	247	315	202	171	221	121	205	212
		1.16	1.49	0.95	0.81	1.04	0.57	0.97	1.00
通东片	二甲	267	334	222	322	258	250	193	264
		1.01	1.27	0.84	1.22	0.98	0.95	0.73	1.00
	四甲	252	280	201	289	225	227	175	236
		1.07	1.19	0.86	1.23	0.95	0.96	0.74	1.00

3.2　入声时长的地理差异

同一个方言片里,入声时长相差无几。如二甲和四甲之间,相对时长差距只有 0.01。但不同方言片里差别较大。如金沙和四甲之间,阴入的相对时长差距竟有 0.42。阴阳入声的长短关系也有明显的地理差异:金沙片阳入比阴入长,通东片阴入比阳入长。表 4 是根据表 3 的结果排列的单字调时长序列,从中可知入声时长地位在金沙片和通东片之间有完全相反的关系。金沙片阴入时长最短,而阳入时长排在第 4 位或第 5 位;通东片阳入时长最短,而阴入时长排在第 4 位或第 5 位。

表 4　各调查点的单字调时长排序

方言片	调查点	最长	2	3	4	5	6	最短
金沙片	金沙	T2	T1	T3	T6	T8	T5	T7
	袁灶	T2	T1	T6	T8	T3	T5	T7
通东片	‵二甲	T2	T5	T1	T6	T7	T3	T8
	四甲	T5	T2	T1	T7	T6	T3	T8

3.3　入声时长的年龄差异

表 5 揭示了 22 位发音人的单字调时长排序,括号内数字表示该调类的相对时长均值。从中可以看到入声时长向舒声时长靠拢的渐变趋势。

金沙片中,入声时长的年龄差异只呈现在阳入上。阴入时长在整个发音人中都居于最短的地位,而阳入时长排在第 3 位到第 6 位之间。其中排在第 4 位的阳入相对时长已超过阴入的两倍。可见阳入音节的长化趋势较为明显,正处于向舒声时长接近的过渡阶段。

通东片中,入声时长的年龄差异主要表现在阴入上。阳入时长在 14 个发音人中有 11 个人把它作为最短的地位。值得注意的是二甲的阴入,其长化趋势与发音人的年龄有一定的关联性,即年龄越小,长化程度越高。如表 5 中,老年发音人(二甲 1)的阴入时长排在第 5 位,而青年发音人(二甲 8)的阴入时长排在第 2 位,其绝对时长与最长的阴平之间只有 1 ms 的差距,可以说阴入时长已达到单字调中最长的地位。

表5　各发音人的单字调时长排序

片	发音人	最长	2	3	4	5	6	最短
金沙片	金沙1	T2(1.52)	T1(1.51)	T3(1.27)	T8(0.86)	T5(0.73)	T6(0.69)	T7(0.43)
	金沙2	T2(1.60)	T1(1.26)	T3(1.12)	T8(1.07)	T6(0.91)	T5(0.64)	T7(0.40)
	金沙3	T1(1.33)	T3(1.29)	T2(1.11)	T6(1.06)	T5(1.05)	T8(0.69)	T7(0.48)
	金沙4	T2(1.26)	T1(1.19)	T8(1.10)	T6(1.08)	T3(0.96)	T5(0.82)	T7(0.59)
	金沙5	T2(1.61)	T1(1.35)	T3(1.28)	T8(0.99)	T5(0.67)	T6(0.61)	T7(0.48)
	金沙6	T2(1.49)	T3(1.25)	T1(1.16)	T6(0.89)	T5(0.83)	T8(0.70)	T7(0.69)
	袁灶1	T2(1.30)	T1(1.20)	T6(1.06)	T3(0.95)	T8(0.92)	T5(0.88)	T7(0.69)
	袁灶2	T2(1.71)	T1(1.12)	T6(1.02)	T8(1.03)	T3(0.96)	T5(0.73)	T7(0.43)
通东片	二甲1	T2(1.26)	T5(1.21)	T1(1.07)	T6(1.00)	T7(0.89)	T3(0.87)	T8(0.69)
	二甲2	T2(1.24)	T5(1.21)	T6(1.06)	T1(0.96)	T3(0.95)	T7(0.91)	T8(0.66)
	二甲3	T2(1.37)	T5(1.28)	T1(1.00)	T6(0.94)	T7(0.89)	T3(0.79)	T8(0.72)
	二甲4	T2(1.29)	T5(1.26)	T6(1.12)	T1(0.98)	T7(0.82)	T3(0.81)	T8(0.71)
	二甲5	T5(1.29)	T2(1.20)	T6(1.02)	T1(0.97)	T3(0.96)	T7(0.87)	T8(0.68)
	二甲6	T2(1.29)	T5(1.19)	T1(0.98)	T7(0.98)	T6(0.94)	T3(0.82)	T8(0.81)
	二甲7	T2(1.33)	T5(1.22)	T7(1.08)	T1(0.98)	T6(0.97)	T3(0.73)	T8(0.68)
	二甲8	T1(1.14)	T7(1.14)	T5(1.12)	T2(1.11)	T8(0.91)	T3(0.83)	T6(0.75)
	四甲1	T2(1.33)	T5(1.23)	T1(1.05)	T6(1.05)	T3(0.93)	T7(0.84)	T8(0.58)
	四甲2	T2(1.17)	T5(1.16)	T1(1.06)	T7(1.00)	T6(0.95)	T3(0.91)	T8(0.74)
	四甲3	T5(1.24)	T1(1.18)	T2(1.17)	T6(0.98)	T7(0.93)	T3(0.89)	T8(0.61)
	四甲4	T5(1.35)	T7(1.08)	T2(1.01)	T8(0.99)	T1(0.99)	T6(0.85)	T3(0.72)
	四甲5	T2(1.19)	T5(1.13)	T1(1.10)	T6(1.07)	T3(0.93)	T7(0.87)	T8(0.73)
	四甲6	T5(1.25)	T2(1.25)	T7(1.06)	T1(1.06)	T6(0.83)	T8(0.80)	T3(0.75)

四　调值分析结果

4.1　单字调调值

表7是根据调值和T值的对应表(表6)以及基频曲线图(图1)所呈现的结果来算出的单字调调值。图1横轴为实时间(单位 s)，纵轴为 T 值。

本文算出的调值与前人记录有所不同。如四甲的入声，在《南通地区方言研究》中，阴入记作 33,阳入记作 55(鲍明炜、王钧,2002),即阳入高于阴入。但基频曲线图(图 1)表明,阳入起点明显低于阴入,终点也没阴入高。实际上四甲的单字调调值与二甲基本一致,阴入为 34,阳入为 23,即阴入高于阳入。

表 6 调值和 T 值对应表

调值	1	2	3	4	5
T 值	0—1.0	1.1—2.0	2.1—3.0	3.1—4.0	4.1—5.0

表 7 各调查点的单字调调值

方言片	调查点	T1	T2	T3	T5	T6	T7	T8
金沙片	金沙	34	213	44	53	31	53	24
	袁灶	34	114	44	42	21	53	24
通东片	二甲	44	113	52	323	21	323	24
	四甲	44	113	52	334	21	34	23

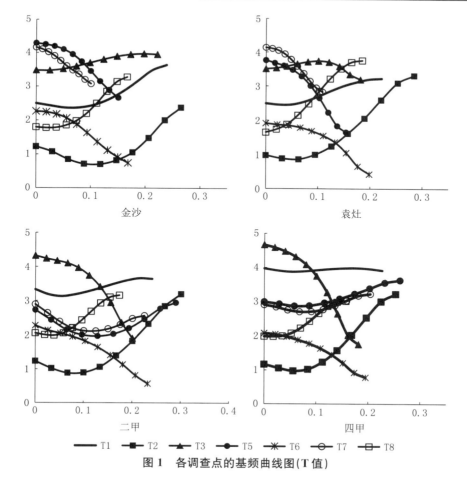

━━ T1 ━■━ T2 ━▲━ T3 ━●━ T5 ━✳━ T6 ━○━ T7 ━□━ T8

图 1 各调查点的基频曲线图(T 值)

4.2　入声调值的地理差异

从表 7 可以看出，入声调值的地理差异主要表现在阴入上：金沙片为 <u>53</u>，通东片为 <u>323</u> 或 <u>34</u>，而阳入的内部一致性很高，调值为 <u>24</u> 或 <u>23</u>。值得注意的是入声和舒声的调值关系。阴入调值虽有地理差异，但调形都向阴去接近，两者的区别只在时长上，即阴入比阴去短<u>些</u>。但从基频曲线图的表现可知，阴入和阴去的接近程度也有地理差异。如四甲的阴入和阴去两条曲线表现得很平行，间隔<u>也</u>很小，而金沙的两条曲线间隔较大，两者的接近程度没有四甲那么高。

4.3　入声调值的年龄差异

图 2 显示了不同年龄层的基频曲线图。先从二甲和四甲的情况来看，不管是老年人还是青年人，阴入曲线都表现为与阴去重合。两者区别只呈现在横轴上，即只有时间差距，且其差距也显示出逐步缩短的趋势。如二甲 1 的阴入时长（277 ms）和阴去时长（374 ms）之间的差距有 97 ms，但二甲 8 的阴入时长（287 ms）和阴去时长（284 ms）之间的差距进一步缩小，仅有 3 ms，而且阴入时长已超过阴去时长，即舒入声调的对立完全消失了。关于阳入调值，只有从二甲 8 的基频曲线中，可以看到阳入接近阳平的趋势。但与阴入相比，阳入的年龄差异不太明显，演化速度较为缓慢。

从金沙的基频曲线图中，可以看到阴入靠拢阴去的趋势。金沙 1 的阴入起点明显低于阴去，而金沙 6 的阴入起点与阴去一样高。至于阳入调值，也能看到明显的年龄差异。但金沙的阳入靠拢阴平，这是与通东片的趋势显然不同的一点。其实，已有的调查材料中，也能看到阴平和阳入调值同形的记录。如鲍明炜、王钧（2002），张璐（2011）等材料，把阴平和阳入调值分别记作 24 和 <u>24</u>；汪平（2010），蔡华祥、万久富（2010），朱瑛（2017）等材料，把阴平和阳入调值分别记作 34 和 <u>34</u>。

五　小　　结

5.1　通州方言入声调的演化方式

上文从时长和调值两个方面来考察阴阳入声在通州方言单字调中的地理差异，并通过不同年龄层的比较分析，对通州方言入声调的演化方式也进行讨论。结果表明，通州方言入声调的演化方式是舒化，即入声音节变长以后，向舒声调值接近。阴入相对阳入来

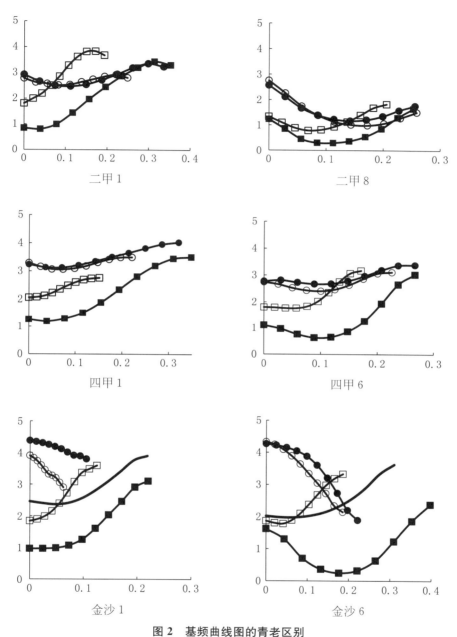

图 2　基频曲线图的青老区别

说,舒化程度较高,调值虽有内部差异,但舒化方向是一样的:阴入接近阴去。阳入舒化程度较低,调值没有内部差异,但舒化方向却不一样:金沙片接近阴平;通东片接近阳平。吴语的声调一般受到声母清浊的制约,阴入字只能并入阴调类,阳入字只能并入阳调类。但金沙的阳入调值接近阴平,这是因为全浊声母清化程度较高,清阴浊阳的制约开始消失的缘故。

5.2　入声调的舒化阶段

入声调的舒化经过以下四个阶段(大西博子,2018)：Ⅰ、入声音节长化；Ⅱ、向舒声调值接近；Ⅲ、向舒声时长接近；Ⅳ、向舒声调类合并。通州方言入声调正处于上述过程中的第 1 阶段至第 2 阶段。但入声调仍然保持单独的声调,这是因为入声调和舒声调之间仍有时长上的差距,如果其差距进一步缩小,就会完全合并。从青年人的基频曲线图中,也能看到上述过程中的第 2 阶段至第 3 阶段的过渡状态,甚至还有第 3 阶段至第 4 阶段的发展趋势。但如此的舒化过程只体现在阴入上,阳入的舒化较为缓慢,仍然处于第 1 阶段至第 2 阶段。

表 8 显示了阴阳入声在金沙和二甲两个地点中的舒化阶段。表中Ⅰ到Ⅳ分别表示上述舒化过程的四个阶段。金沙老年(金沙 1)的入声时长已超过短调范围,而入声和舒声之间仍有一定的距离,因此处于第 1 阶段。金沙青年(金沙 6)的入声调值进一步接近舒声调值,但还没完全重合,因此处于第 2 阶段。二甲老年(二甲 1)的阴入和阴去已经完全重合,但两者之间仍有时间差距,因此处于第 3 阶段。二甲青年(二甲 8)的阴入和阴去基本重合,两者之间的时间差距也进一步缩小,因此处于第 4 阶段。

表 8　金沙和二甲的舒化阶段

	金沙老年	金沙青年	二甲老年	二甲青年
阴入	Ⅰ	Ⅱ	Ⅲ	Ⅳ
阳入	Ⅰ	Ⅱ	Ⅰ	Ⅱ

六　周边方言入声调的舒化情况

入声调的舒化现象并不限于通州方言,吴语和江淮官话中也普遍存在着。下文与周边方言的情况进行比较,考察通州方言入声调的舒化原因。

6.1　入声音节的长化趋势

表 9 是通州近邻的 15 个方言点(包括通州 4 个地点)所记录的入声时长均值及调值①。

---

①　江淮官话材料来自刘俐李(2007),吴语材料来自游汝杰、杨剑桥(2001)。刘俐李(2007)包括男声和女声的实验数据,表 9 采用了男声的数据。

时长均值包括绝对时长和相对时长,排序以单字调中的入声时长地位比声调数量来表示。如6/7表示在7个声调中入声时长排在第6位。

从入声时长的排序来看,东台、如皋、金沙、袁灶、二甲和四甲等6个地点,入声时长排在舒声时长前面(表中阴影处),说明这些地点的入声音节已经开始长化。这6个地点中除了通州以外,都属于江淮官话。可见入声音节的长化趋势只出现在通州方言和江淮官话,而北部吴语的入声音节还没开始长化。

阴阳入声的舒化速度并不是同步的。南部吴语里,阳入的舒化要领先于阴入(曹志耘,2002;徐越、朱晓农,2011)。北部吴语的情况也基本符合南部吴语,因为表8中北部吴语的阳入时长都比阴入更长。但江淮官话的泰州、姜堰、如皋等地点都与吴语相反,阴入时长比阳入长一些。其中如皋的阴入时长在单字调中居于第4位,表现出阴入舒化领先于阳入。可见通州方言的舒化与江淮官话有很大的关系,反而与周边吴语有明显差异。

表9　通州近邻方言点的入声时长均值及调值

方言片		调类	T7				T8			
		地点	时长均值		排序	调值	时长均值		排序	调值
江淮官话泰如片		泰州	168	0.86	5/6	54	151	0.77	6/6	5
		东台	128	0.48	6/6	43	281	1.05	3/6	35
		姜堰	168	0.60	5/6	3	146	0.52	6/6	45
		如皋	262	0.91	4/6	44	230	0.79	6/6	35
		南通	106	0.59	7/7	53	110	0.61	6/7	5
吴语太湖片	通州方言	金沙	112	0.54	7/7	53	185	0.89	5/7	24
		袁灶	121	0.57	7/7	53	205	0.97	4/7	23
		二甲	250	0.95	5/7	323	193	0.73	7/7	24
		四甲	227	0.96	4/7	34	175	0.74	7/7	24
	北部吴语	上海	92	0.56	5/5	44	134	0.82	4/5	23
		苏州	90	0.39	7/7	53	140	0.60	6/7	23
		常州	121	0.64	7/7	5	123	0.66	6/7	3
		杭州	76	0.47	7/7	44	112	0.69	6/7	23
		绍兴	89	0.33	8/8	55	127	0.46	7/8	23
		宁波	105	0.48	6/6	54	175	0.80	5/6	13

6.2 江淮官话的舒化方式

表 10 显示了江淮官话泰如片的如东县和兴化市的单字调调值(朱瑛,2017)[①]。从中可知,泰如片的舒化方式是调类合并。从如东的年龄差异来看,入声舒化后的调类合并有两种方式:(1)阴入归到阴去;(2)阳入归到阳去。前者见于如东河口,后者见于如东掘港。从兴化的地理差异来看,调类合并不仅有入声调和舒声调的合并,还有入声调类之间的合并。众所周知,江淮官话洪巢片的入声调已不分阴阳,即只有一个入声调。兴化沙沟的入声调类合并就是受到洪巢片的影响所致。江淮官话泰如片分阴阳入,但多数地点有阳入字读若阴入的情况(石绍浪,2016)。这种现象只出现在阳入上,阴入字读若阳入的情况却不存在(顾黔,2001)。

通州方言有两个入声调,阴入高于阳入,这点与北部吴语完全一致。但通州方言的入声音节有所长化,阴入调值有接近阴去的趋势,这点与江淮官话泰如片相一致。

表 10　如东和兴化的单字调调值

地 点	年龄层	T1	T2	T3	T5	T6	T7	T8
如东河口	老年	42	45	22	44	T1/T5	4	45
	青年	42	45	22	44	T1/T5	T5	45
如东掘港	老年	22	35	32	45	33	45	3
	青年	22	35	32	45	33	45	T6
兴化戴南	青年	32	35	22	55	T1	55	45
兴化沙沟	中年	32	35	22	55	T1	55	T7

6.3 吴语的舒化方式

表 11 显示了南部吴语的金华、温州和义乌(游汝杰、杨剑桥,2001)以及皖南吴语的湖阳(袁丹,2013)所记录的单字调时长均值。时长栏的上段数值为绝对时长(单位 ms),下段数值为相对时长。

这 4 个地点中,金华和湖阳的阴入调值已与阴去同形,两者只有略微的时间差距。有意思的是,金华的阴入时长比阴去短,而湖阳的阴入时长超过阴去时长。其实,金华的入

---

① 除戴南以外,表 10 语料都采用男声的实验数据。朱瑛(2017)把短平调值标记为[30],但本文据汉语方言学通用的标记,把它记作[3]。如东河口方言的 T6 有部分字与 T1 合并,也有部分字与 T5 合并。表中"T1/T5"表示归入两个声调的意思。以下均同。

声调分为文读调和白读调。文读念短调,带喉塞尾[-ʔ];白读有念长调的趋势,阴入白读部分字归阴去,阳入白读部分字归阳去(徐越,2017:232)。因此金华的阳入调值表面上显得与阳平接近,但实际上有接近阳去的趋势。义乌的入声也与金华一样,有文读调和白读调之别。其中阳入白读已归到阳上,而阴入白读自成调类。实际上义乌的阴入调值也有接近阴平的趋势,新派阴入白读已归到阴平(徐越,2017:257)。温州的入声调与金华和义乌有所不同,没有文白两调之别,而入声喉塞尾都已脱落,念长调,且入声时长在单字调中居于最长的地位。可见,南部吴语的入声舒化方式与通州方言区别较大,但舒化方向有一个共性:阴入接近阴去。这点在通州及周边方言中表现出很高的一致性。

表11　金华、义乌、温州和湖阳的单字调调值及时长均值

地点	调类	T1	T2	T3	T4	T5	T6	T7	T8
金华	调值	334	313	544	T3/T6	34	14	<u>34</u>	<u>212</u>
	时长	310	363	330		251	278	246	255
		1.07	1.25	1.14		0.86	0.96	0.85	0.88
义乌	调值	334	312	53	443	55	24	423	T4
	时长	242	291	290	286	170	232	268	
		0.95	1.15	1.14	1.12	0.67	0.91	1.05	
温州	调值	33	31	45	34	52	33	323	212
	时长	380	318	220	285	208	450	461	500
		1.04	0.87	0.60	0.78	0.57	1.23	1.26	1.37
湖阳	调值	44	13	33	T3/T6	35	51	35	<u>51</u>
	时长	243	280	221		256	209	263	154
		1.05	1.21	0.95		1.10	0.90	1.13	0.66

七　总　结

　　本文通过对通州内部及外部的方言进行比较,归纳了入声调的演化方式,发现通州方言入声调的演化方式既有自己的特点,也有与周边方言共同的特点。

　　入声舒化方式大致有两种类型,一是调值舒化,二是调类舒化(沈明,2005)。前者是方言自身的演变,即原来的短促调值变长之后,如果原声调系统中有相同或相近的调值,就会合并,如果没有,就保留单独的调类。后者是官话方言的影响,即不管该方言的调值系统是什么,一律按官话方言的合并规律来促使发生舒化。如金华方言的阳入白读字,不

管原声调系统中是否有相近的调值，均一律都归到阳去，就是属于这一类。值得注意的是，不管是刚刚开始舒化的方言，还是已经完全舒化的方言，都有一条共同的规律：入声舒化后多派归去声（冯法强，2011：51）。通州方言的阴入靠拢阴去这种趋势，可以说是调值舒化，也可以说是调类舒化。

通州方言中，通东片的舒化程度比金沙片高，这点与阴去的调形有密切关系。通东片的阴去读为上升调，一般来说，上升调跟下降调相比，容易拉长，即易变长调。值得注意的是温州方言的阴入调值，它读为 323，与二甲的阴入调形正好一致。温州方言中，入声时长均值已在单字调中处于最长的地位。由此推测，通东片的阴入调值本来是接近阴去的，因此阴入开始变长之后，自然就靠拢阴去了，并且还受到了官话方言的影响，促使舒化速度进一步加快。就是说通东片的阴入舒化是由于调值舒化和调类舒化两种推动力量引起的结果。金沙片的阳入比起阴入来，已有进一步长化的趋势，但舒化速度迟缓，这就是因为阳入舒化属于方言自身的演变，没受到官话方言的影响，即没有调类舒化的推动力的缘故。

参考文献

鲍明炜.江苏省志·方言志[M].南京：南京大学出版社，1998.

鲍明炜，王钧.南通地区方言研究[M].南京：江苏教育出版社，2002.

蔡华祥，万久富.江苏南通金沙方言同音字汇[J].现代语文，2010(11).

曹志耘.吴徽语入声演变的方式[J].中国语文，2002(5).

大西博子，季钧菲.江苏二甲方言音系初探[M]//近畿大学教養·外国語教育センター紀要（外国語編）（第 7 卷第 2 号），2016.

冯法强.中古入声在方言中的舒化研究[D].上海：上海师范大学，2011.

顾黔.通泰方言音韵研究[M].南京：南京大学出版社，2001.

刘俐李.江淮方言声调实验研究和折度分析[M].成都：巴蜀出版社，2007.

瞿晗晔.金沙方言语音研究[D].南京：南京大学，2013.

通州市地方志编纂委员会.南通县志[M].南京：江苏人民出版社，1996.

通州年鉴[M/OL].http://www.nantong.gov.cn/ntsrmzf/bdgl2018/content/2dcd738b-01c5-4a43-89cf-11dc59983c63.html，2018.

沈明.晋东南晋语入声调的演变[J].语文研究，2005(4).

石绍良.江淮官话入声研究[M].北京：北京语言大学出版社，2016.

宋益丹.南京方言中的入声喉塞尾实验研究[J].南京师范大学文学院学报，2009(2).

万久富.江苏语言资源资料汇编：第六册·南通卷[M].南京：凤凰出版社，2016.

汪平.江苏通州方言音系探讨[M].方言，2010(3).

徐越，朱晓农.喉塞尾入声是怎么舒化的——孝丰个案研究[J].中国语文，2011(3).

徐越.浙江通志[M].杭州：浙江人民出版社，2017.

游汝杰，杨剑桥.吴语声调的实验研究[M].上海：复旦大学出版社，2001.

袁丹.基于实验分析的吴语语音变异研究[D].上海：复旦大学，2013.

张璐.南通话音韵研究[D].苏州:苏州大学,2011.

朱晓农,焦磊,严至诚,洪英.入声演化三途[J].中国语文,2008(4).

朱晓农,焦磊.短调无塞音——报告一例特殊的入声类型[M]//语言研究集刊(第八辑).上海:上海辞书出版社,2011.

朱瑛.江苏境内江淮官话声调实验研究[D].南京:南京师范大学,2017.

中国社会科学院语言研究所.中国语言地图集(第二版)·汉语方言卷[M].北京:商务印书馆,2012.

大西博子.二甲方言の単字調における音響音声学的分析[M]//近畿大学教養·外国語教育センター紀要(外国語編)(第9卷第1号),2018.

大西博子.江蘇通州方言における入声舒声化——金沙と二甲の比較分析[M]//近畿大学教養·外国語教育センター紀要(外国語編)(第10卷第1号),2019.

Boersma, Paul and David Weenink. 1992—2018. Praat: doing phonetics by computer[Computer Program] Version 5.2.03(19 November 2010) from 〈http://www.praat.org/〉.

Xu, Yi 2005—2018. ProsodyPro. praat. Praatscript. Version 4.3(15 August 2012) from 〈http://www.homepages.ucl.ac.uk/～uclyyix/ProsodyPro/〉.

临海方言同音字汇

胡　方 *

中国社会科学院语言研究所

　　临海地处浙江沿海中部,是台州市下属的县级市。临海自唐至清一直是台州府的治所,是台州的文化中心。临海方言属于吴语台州片(《中国语言地图集》,1987),是台州片的代表方言。本文记音基于作者 1998 年至 1999 年在临海的数次田野调查,主要的发音合作人有两位:周文贵,76 岁(1923 年),世居临海城关(五代以上),退休职工,初中文化;陈允兴,64 岁(1935 年),世居临海城关(五代以上),退休职工,初中文化。

一　声　韵　调

声母(33 个)

p	pʰ	b	m	f	v
t	tʰ	d	n		l
ts	tsʰ	dz		s	z
tɕ	tɕʰ	dʑ	ȵ	ɕ	ʑ
c	cʰ	ɟ		ç	
k	kʰ	ɡ	ŋ	h	ɦ
ʔ					

说明:

1. p、t 二母,第一位发音人带有轻微的内爆音色彩,实为 ɓ、ɗ。

2. 与一些吴语中鼻边音主要拼阳调类不同,临海方言的鼻边音呈系统地与阴调类相拼。

3. 分尖团,精组拼细音读 tɕ 组,见组拼细音读 c 组。c 组只拼细音,与 k 组互补。在

---

　　*　作者电子邮箱:hufang@hotmail.com。

新派音中,ɕ组与tɕ组有合并的趋势,即呈现尖团合流。

    4. 零声母记为喉塞,喉塞也可以自然脱落,实现为零声母。

韵母(49个)

ɿ	i	u	y
a	ia	ua	
ɛ		uɛ	
e	ie	ue	
ø		uø	yø
ɤ	iɤu		
o			
ɔ	iɔ		
ã	iã	uã	
ɔ̃	iɔ̃	uɔ̃	
əŋ		uəŋ	
	iɪŋ		
			yøŋ
oŋ			yoŋ
aʔ	iaʔ	uaʔ	
ɛʔ		uɛʔ	
	iɪʔ		
əʔ		uəʔ	
			yøʔ
oʔ			
ɔʔ	iɔʔ	uɔʔ	yoʔ
m̩	n̩	ŋ̩	

声调(7个)

阴平	33	阴上	42	阴去	55	阴入	5
		阳上	31	阳去	13	阳入	2

说明:

1. 中古阳平与阳上合并,因今调形与阴上一致,因而我们定为阳上调。

2. 中古次浊上声字以及部分匣、云、以母上声字今读阴上。

二　连　读　变　调

临海方言属于前变型,以二字组变调为例,即后字保留单字调,前字中和为一个中平调,在表中记为 33、32、3 等。唯一不符合这一规律的是首字平声后字阴平的组合,实现为 334-21,具有后变型连读变调的特点。在变调中,前字以中古的平上去入四声为类,不分阴阳。上声与去声的后字一般区分阴阳,实现为今音单字调。唯一的例外是后字阳去在前字平声的时候与后字阴去合为一类,实现为 55-55。后字阳上与单字调一样,与后字阳平合为一类,实现为 33/32/3-33。后字平声除了前字平声的情况之外不区分阴阳,实现为 32/33/3-33。在前字平声的情况下,后字阳平与后字阴上合为一类,实现为 33-42,与后字阴平实现为 334-21 不同。后字入声不区分阴阳,实现为 33/32/3-5。

临海方言三字组及以上的多字组变调基本遵循中和调 33/32/3 向左蔓延的规则,前字平声、后字阴平的情况则在前面加上中和调 33。

表 1　临海方言二字组连读变调

中古调类	1	2	3	4	5	6	7	8
1	334-21	33-42	33-42	33-33	55-55		33-5	
2								
3	32-33		32-42	32-33	32-55	32-13	32-5	
4								
5	33-33		33-42	33-33	33-55	33-13	33-5	
6								
7	3-33		3-42	3-33	3-55	3-13	3-5	
8								

作为台州方言的代表,除了语音—音系层面的变调之外,临海方言还有构词层面的声调变化现象,李荣(1978)称之为“变音”。台州方言的变音其实就是儿化构词现象。临海的“儿”字音为[ŋ³¹],如果发生儿化的词的最后一个字是入声音节,那么,入声的喉塞尾脱落,入声音节与 -ŋ 发生音节重组,同时,这个音节变读为急降的[51]调;如果发生儿化的词的最后一个字是舒声音节,那么,不发生音段层面的音节重组,只改变该音节的声调为[51]调。温岭方言的儿化有升变调[15]与降变调[51]两种(李荣,1978),临海方言只有降变调。

三 同 音 字 汇

与中古调类保持对应,本文将临海方言的七个声调编号为①③④⑤⑥⑦⑧。所谓的"变音"(李荣,1978),文中以本字加上标"儿"表示,说明儿化是该字常见的形式。如有文白异读的情况,下画单线表示白读音,下画双线表示文读音。

ɿ

ts ①知蜘支枝肢栀姿资咨脂滋辎之芝　③煮紫纸姊旨指子梓滓止趾址　⑤智只只有 致至置志誌痣

tsʰ ①雌疵痴嗤　③扯礎柱下石 鼠此耻齿　⑤刺侈翅次厕

dz ④苎苧麻 池驰迟雉持痔　⑥箸筷子 稚治

s ①筛斯厮撕施私师狮尸屍司丝思诗　③死使史驶始　⑤絮赐四肆伺试

z ④锄匙是氏瓷餈兹慈磁辞词祠似祀巳士仕柿俟时鲥市恃而耳　⑥薯豉豆豉 自示视嗜字寺嗣饲事侍饵

i

p ①蓖　③彼俾鄙比　⑤毙闭臂秘泌庇痹

pʰ ①批披　⑤譬屁

b ④陛皮疲脾被被子 婢琵枇肥　⑥蔽敝弊币被被迫 避备箆

m ③米靡尾　④迷弥眉楣霉　⑤闭　⑥谜媚寐未

f ①非飞妃　③匪榧　⑤废肺吠痱费翡

v ④肥微尾　⑥未味

t ①低　③堤底抵　⑤帝

tʰ ①梯　③体　⑤替涕剃屉

d ④题提蹄啼弟　⑥第递地

l ③礼李里裏理鲤　④犁黎离篱璃荔梨狸厘　⑥例厉励丽隶利痢吏泪

tɕ ③挤　⑤祭际剂济制製

tɕʰ ①妻栖　⑤砌

dʑ ⑥滞

ȵ ③耳　④倪宜仪蚁泥尼疑拟　⑤腻　⑥疑谜语 艺谊义议二贰腻毅

ɕ ①西犀　③洗　⑤细婿世势

z ④齐脐荠

c	①鸡稽饥肌基几几乎机讥饥 ③几茶几已几几个 ⑤计继系系鞋带髻寄冀纪记既
cʰ	①溪欺 ③启企起杞岂 ⑤契器弃气汽
ɟ	④奇骑歧徛立技妓祁鳍其棋期旗祈 ⑥忌
ç	①牺熙希稀轩 ③嬉喜螅 ⑤戏
ɦ	④奚兮移夷姨饴 ⑥系关系易肄业异
ʔ	①伊医衣依 ③已以 ⑤意忆亿

u

p	③补 ⑤布佈怖
pʰ	①铺 ③谱普浦甫
b	④蒲菩脯部簿孵 ⑥步捕埠
m	⑥暮慕募
f	①夫肤敷俘麸 ③府腑俯甫斧殕食上生白毛 ⑤付赋赴讣富副
v	④无巫诬抚父釜腐辅武舞侮鹉浮妇负阜 ⑥护傅附务雾
t	①都 ③堵赌肚猪肚 ⑤妒
tʰ	③土吐吐痰 ⑤唾吐呕吐兔
d	④徒屠途涂图杜肚腹肚 ⑥度渡镀
n	③努 ④奴 ⑥怒
l	③鲁橹卤 ④卢炉芦鲈庐 ⑥路赂露
ts	①租 ③祖组阻
tsʰ	①粗初 ③楚 ⑤醋措
s	①苏酥梳疏蔬 ③所数动词 ⑤素诉塑数名词
z	④锄 ⑥助
k	①过姑孤 ③裹古估牯股鼓
kʰ	①箍枯 ③苦 ⑤库裤
ŋ	④吴吾梧娱 ⑥卧悟误互
h	①呼乎 ③虎浒 ⑤戽
ɦ	④吴吾梧胡湖狐壶葫鬍 ⑥悟误互护
ʔ	①乌污 ③伍葫户沪坞

y

l	③吕旅缕屡履 ④驴 ⑥虑滤
tɕ	①蛆诸诛蛛株朱硃珠追锥 ③拄主嘴 ⑤著驻註注蛀铸缀赘醉
tɕʰ	①趋枢吹炊 ③褚杵取娶 ⑤处趣脆

dz	④除储厨柱雏垂槌锤　⑥署薯住坠
ȵ	③女语蕊　④渔愚虞危　⑥御禦遇寓魏
ɕ	①书舒须鬚需输虽绥衰　③暑髓水　⑤絮庶恕戍岁税
z	④徐序叙绪如汝聚殊竖儒乳随髓垂谁　⑥树睡瑞遂穗
c	①居车_{车马炮}据拘驹鳜龟归　③举矩诡轨癸鬼　⑤锯句桂季贵
cʰ	①区驱　⑤去
ɟ	④渠巨拒距瞿跪逵葵　⑥俱具惧柜
ç	①靴墟虚嘘挥　③许毁
ɦ	④於余馀与盂榆愉逾为_{作为}维惟遗唯违围苇　⑥誉预像芋喻裕伪为_{为什么}位胃猬
ʔ	①淤吁迂于　③雨宇禹羽愈椅伟　⑤慰

a

p	①爸　③跋把摆　⑤拜
pʰ	⑤派
b	④排牌簰_後罢　⑥稗败
m	①妈　③买　④埋　⑥骂卖
t	⑤戴_{~帽子}带
tʰ	①拖他
d	⑥大大_{~夫；~黄,药名}
n	③哪那乃奈奶　④拿
l	①拉　③攋　⑥赖癞
ts	①斋抓　⑤债
tsʰ	①钗差_{出差}　⑤蔡
dz	⑥寨
s	①泄_{五泄,地名}　③洒傻耍驶　⑤晒
z	④豺柴
k	①皆阶街　③解　⑤介界芥尬疥届戒
kʰ	①揩　③楷
ŋ	③骇　④涯崖　⑥外
h	③蟹
ɦ	④鞋　⑥械懈
ʔ	①挨　③矮　⑤隘

ia

tɕ	③姐者　⑤借
tɕʰ	③且　⑤笡斜
ɕ	③写　⑤泻卸
ʑ	④邪斜　⑥谢
c	①家加嘉傢　③假真假贾　⑤假放假架驾嫁稼价
ɟ	④茄
ɦ	④邪耶爷　⑥夜
ʔ	①鸦　③雅也野

ua

k	①瓜乖　③寡剐枴　⑤怪挂卦
kʰ	①夸　③垮　⑤跨快筷
g	④怀
h	①花　⑤化
ɦ	④华怀槐淮　⑥坏画话
ʔ	①蛙洼歪　③划划船

ε

p	①班斑颁　③扳板版　⑤扮绊
pʰ	①攀　⑤盼襻
b	⑥瓣办爿
m	③晚挽　④蛮馒　⑥迈慢漫幔蔓
f	①帆藩翻番　③帆儿反　⑤泛贩
v	④凡范範犯烦繁　⑥饭万
t	①耽丹单　③担~任胆掸　⑤担挑~旦
tʻ	①坍滩摊　③毯　⑤炭叹
d	④谈痰淡檀坛弹~琴诞　⑥坦但弹子~蛋
n	④难~易　⑥难患~
l	③览揽榄缆懒　④蓝篮兰拦栏　⑥滥烂
ts	③斩盏　⑤蘸赞瓒溅
tsʰ	①餐　③铲　⑤灿
dz	⑥暂站赚绽
s	①三杉衫珊山删　③散鞋带~了伞产　⑤散分~疝

z　④惭涣馋换残　⑥栈

k　①尴监艰间奸　③橄减碱简裥拣　⑤鉴谏涧铜

kʰ　①嵌铅　③舰

g　⑥口_{东西嵌在细缝里}

ŋ　③眼　④岩颜　⑥雁

h　③喊　⑤苋

ɦ　④函咸鹹衔闲　⑥陷

ʔ　③馅鸭_儿限　⑤晏_晚

uɛ

k　①关

ɦ　④玩顽还环　⑥患宦

ʔ　①弯湾　③幻

e

p　①杯碑卑悲　⑤簸_{动词}贝辈背

pʰ　①胚坯丕　⑤沛配

b　④培陪赔裴倍　⑥佩背_{～诵}焙_{～干}

m　③每美娓　④梅枚媒煤　⑤妹昧

t　①爹堆　⑤戴_{姓；爱～}对碓

tʰ　①胎台_{天～，～州}苔_{舌～}推　③腿罍　⑤态退蜕

d　④台苔_{青～}抬待怠殆　⑥贷代袋队兑

n　④芮　⑥耐内

l　③儡累_{～积}垒　④来雷　⑥累类

ts　①灾载　③宰　⑤再载最

tsʰ　①催崔　③猜彩採眯　⑤菜翠粹

s　①腮鳃　⑤赛碎帅

z　④才材财裁纔在罪　⑥锐

k　①该　③改　⑤个_{量词}锯概溉盖丐

kʰ　①开　③凯　⑤去慨

g　④渠_他

ŋ　③我　④呆　⑥碍艾

h　③海

ɦ　④孩　⑥害

ʔ　　①哀埃　③亥揩~住　⑤爱蔼

ie

p　　①鞭编边蝙　③贬扁匾　⑤变遍

pʰ　　①篇偏　⑤骗片

b　　④便~宜辨辩辫　⑥汴便方~

m　　③免勉缅渑　④绵棉眠　⑥面麵

t　　①掂颠　③点典　⑤店拣

tʰ　　①添天　③舔

d　　④甜田填　⑥电殿奠佃垫

l　　③脸　④廉镰帘敛连联怜莲　⑥练炼楝

tɕ　　①尖瞻占佔煎毡　③剪展　⑤箭战颤荐

tɕʰ　　①歼籤签迁笺千　③浅

dʑ　　④钱缠

ȵ　　③粘黏染拈碾辇撵　④阎严俨言年研　⑥验念谚

ɕ　　①仙鲜羶搧先　③陕癣　⑤线扇

ʑ　　④潜渐蟾践蝉禅善然燃前　⑥誓逝贱饯羡膳单姓禅~让

c　　①兼毽肩坚　③检俭茧笕□镰刀　⑤剑建见

cʰ　　①谦牵　③遣　⑤欠歉

ɟ　　④钳乾~坤虔捐件键　⑥健腱

ç　　①掀　③险显　⑤宪献

ɦ　　④炎盐檐嫌涎焉延筵贤弦沿　⑥艳焰盐醃砚现

ʔ　　①淹阉蔫食物不新鲜烟燕~京;姓湮　③掩演宴　⑤厌堰燕~子嚥

ue

k　　①圭闺规　⑤会~计刽桧绘贯惯

kʰ　　①魁奎亏窥　③傀　⑤块愧

h　　①盔恢灰挥新文读辉徽　③贿　⑤悔晦秽

ɦ　　④桅回茴卫　⑥匯会惠慧为~什么,新文读位新文读讳纬彗

ʔ　　①煨威　③萎委　⑤畏

ø

p　　①般搬　⑤半

pʰ　　①潘　⑤判

b   ④盘拌　⑥伴叛

m   ③满　④瞒

t   ①端　③短　⑤断_判~锻

tʰ   ①贪　⑤探

d   ④潭谭团糰断_{~绝}　⑥段缎椴

n   ④南男

l   ③<u>卵</u>　④鸾恋　⑥乱

ts   ①簪钻　⑤纂

tsʰ ①参余　③惨　⑤窜篡

s   ①酸　⑤算蒜

z   ④蚕

k   ①甘柑泔干肝乾_{~湿}　③鸽_儿憾感敢橄竿_儿杆秆擀赶　⑤幹

kʰ ①堪龛刊　③坎砍款　⑤勘看

h   ①蚶　⑤汉

ɦ   ④含撼寒韩　⑥汗焊翰岸

ʔ   ①庵安鞍　③罕旱　⑤暗按案

uø

k   ①官棺观_参~冠_衣~　③管馆　⑤灌罐观_寺~冠_{~军}

kʰ ①宽

h   ①欢　⑤唤焕

ɦ   ④桓完丸　⑥换

ʔ   ③缓皖碗豌腕

yø

tɕ   ①专砖　③转

tɕʰ ①川穿　③喘　⑤串

dʑ   ④撰传_{~达}椽篆　⑥传_{~记}

ȵ   ③软阮　④元原源　⑥愿

ɕ   ①闩拴宣喧　③刷_儿选

ʑ   ④全泉旋船

c   ①捐　③捲　⑤眷卷绢券

cʰ   ①圈_圆~　③圈_猪~犬　⑤劝

ɟ   ④拳权颧　⑥倦

ç　　　⑤楦

ɦ　　　④圆员缘袁辕园援玄悬　　⑥院县眩

ʔ　　　①冤渊　③宛远　⑤怨

ɤ

pʰ　　　③剖

m　　　③牡母拇　④谋矛　⑥茂贸

f　　　③否

v　　　④浮

t　　　①兜　③斗抖陡　⑤鬥

tʰ　　　①偷　③敨展开,~气　⑤透

d　　　④头投　⑥豆逗

l　　　③篓搂　④楼　⑥漏陋

ts　　　①邹　③走　⑤奏皱绉

tsʰ　　　⑤凑

dz　　　⑥骤

s　　　①搜飕馊　③叟　⑤嗽瘦

z　　　④愁

k　　　①勾钩沟　③狗苟　⑤够构购勾~当

kʰ　　　①抠　③口叩　⑤扣寇

ŋ　　　③藕偶　④牛

h　　　①齁　③吼

ɦ　　　④侯喉猴　⑥候

ʔ　　　①欧瓯　③后厚呕殴　⑤沤怄

iɤu

t　　　①丢

l　　　③柳　④流刘留榴硫琉　⑥溜馏

tɕ　　　①周舟州洲　③酒肘帚　⑤昼咒

tɕʰ　　　①秋抽　③丑瞅　⑤臭

dʑ　　　④囚泅绸稠筹纣仇酬　⑥宙售

ȵ　　　③纽扭揉　④柔挠

ɕ　　　①修羞蒐收　③手首守　⑤秀绣锈兽

ʑ　　　④受　⑥就袖寿授

c ①鸠阄纠~缠　③九久韭灸纠~正　⑤救究

cʰ ①丘篝

ʝ ④求球臼舅　⑥旧柩

ç ①休　③朽

ɦ ④尤邮由油游犹悠　⑥诱又佑柚釉

ʔ ①忧优幽　③有友酉右　⑤幼

o

p ①波菠坡玻巴芭疤　③把　⑤簸~箕霸欛坝

pʰ ①颇　⑤破怕

b ④婆爬琶杷耙

m ①馍　③马码　④魔磨动词摩麻蟆蟆模摹蟆　⑥磨名词骂墓募

t ①多　③朵躲　⑤剁

tʰ ①拖　③椭妥

d ④驼驮舵惰　⑥大

n ④挪拿　⑥糯

l ①啰　③虏卵　④罗锣箩骡螺䏶手指文

ts ①渣遮　③左　⑤佐诈榨炸乍蔗做

tsʰ ①搓叉杈差~别车~辆　⑤锉岔错

dz ④茶搽查

s ①蓑梭唆沙纱奢赊　③锁琐捨　⑤赦舍晒

z ④坐蛇佘社　⑥座射麝

k ①歌锅戈家加嘉傢佳　③哥儿祸果粿假真~贾　⑤假~期架驾嫁稼价

kʰ ①科窠棵　③可颗裸　⑤课搭

ŋ ③我瓦　④蛾鹅俄讹牙芽衙雅　⑥饿砑

h ①虾　③火伙　⑤货

ɦ ④河何荷和~气禾霞瑕䢂　⑥贺和~面夏暇

ʔ ①倭窝鸦丫桠蛙蜗　③祸下厦哑　⑤亚

ɔ

p ①褒包胞　③保堡宝饱　⑤报豹

pʰ ①抛　③跑　⑤泡炮

b ④袍抱刨鲍　⑥暴爆鲍曝

m ①猫　③卯　④毛茅猫锚　⑥冒帽貌

t　　①刀叨　③祷岛倒_{打~}　⑤到倒_{~水}

tʰ　①滔　③讨　⑤套

d　　④掏桃逃淘陶萄涛道稻　⑥盗导

n　　③脑恼　⑥闹

l　　③捞老　④劳牢唠　⑥涝

ts　①遭糟抓　③早枣蚤澡爪找　⑤躁灶笊罩

tsʰ　①操抄钞　③草騲炒吵　⑤糙

s　　①骚臊梢捎稍　③扫嫂

z　　④曹槽皂造巢

k　　①高膏篙羔糕交郊胶教　③稿绞狡铰搅搞　⑤告校_{~对}窖觉_{睡~}

kʰ　①敲　③考烤巧　⑤靠犒

ŋ　　③咬　④熬　⑥傲

h　　①蒿　③好_{~坏}　⑤好_{爱~}耗孝酵

ɦ　　④豪壕毫肴淆　⑥号效校_{学~、上~}

ʔ　　①坳　③浩袄　⑤奥懊

iɔ

p　　①膘标彪　③表

pʰ　①飘　③漂　⑤票漂_{~亮}

b　　④瓢嫖鳔

m　　③藐渺秒　④苗描　⑥庙妙廖谬

t　　①刁貂雕　③鸟　⑤钓吊

tʰ　①挑　⑤跳粜

d　　④条跳_{~路:走路}　⑥掉调

l　　③了_{~结}　④燎疗聊辽撩寥瞭　⑥料廖

tɕ　①焦蕉椒昭招　③沼　⑤照

tɕʰ　①鍬缲超　⑤俏

dʑ　④朝_{~代}潮赵兆韶　⑥召诏

ȵ　　③鸟　④饶扰绕_{围~}尧　⑥绕_{~线}尿

ɕ　　①消宵霄硝销烧萧箫　③小悄少　⑤笑鞘

ʑ　　④樵韶绍　⑥邵

c　　①交郊胶教骄娇浇　③绞狡剿矫缴侥　⑤校_{~对}窖觉_{睡~}叫

cʰ　⑤窍

ɟ　　④乔侨桥荞　⑥轿

ç	①枵嚣　③晓
ɦ	④摇谣窑姚　⑥耀鹞
ʔ	①妖邀腰幺~二三吆　③舀杳　⑤要

ã

pʰ	①烹
b	④蚌朋新彭膨蚌
m	③猛莽蟒　④虻萌　⑥孟
t	③打
l	③冷
ts	①争筝睁
tsʰ	①撑
dz	⑥铛塞
s	①生牲笙甥　③省
k	①更粳庚羹耕　③埂梗耿
kʰ	①坑　⑤炕
g	④哽
ŋ	⑥硬
h	①夯亨
ɦ	④行~为衡
ʔ	①樱　③杏幸

iã

l	③两　④良凉量~长短粮梁梁　⑥亮谅辆量数~
tɕ	①将浆张　③蒋奖桨长生~涨雀儿　⑤酱帐账胀
tɕʰ	①枪　③抢　⑤畅
dʑ	④长~短肠场丈仗杖
ȵ	③仰　④娘壤攘嚷　⑥酿让
ɕ	①相互~箱厢湘襄商伤　③镶想鲞晌饷　⑤相~貌
ʑ	④墙详祥象像橡　⑥匠
c	①疆僵薑礓缰姜
cʰ	①羌腔
ɟ	④强
ç	①香乡　③享响　⑤向

ɦ   ④羊洋烊_{融化}杨阳扬疡   ⑥样

ʔ   ①央秧殃   ③养痒

uã

ɦ   ④横

ɔ̃

p   ①帮邦浜   ③榜绑   ⑤谤

pʰ   ⑤胖

b   ④滂旁螃庞棒   ⑥傍

m   ③网   ④忙芒茫芒盲   ⑥忘妄望

f   ①方芳妨   ③肪倣纺仿彷   ⑤放访

v   ④房防亡   ⑥望

t   ①当_{~时,应~}   ③挡党   ⑤当_{~作,典~}

tʰ   ①汤   ③倘躺   ⑤烫趟

d   ④堂棠螳唐糖糖   ⑥荡

n   ④囊攮

l   ③朗   ④郎廊狼螂   ⑥浪

ts   ①脏_{肮~}赃庄装章樟桩   ③掌   ⑤葬壮障瘴

tsʰ   ①仓苍疮昌菖   ⑤创唱倡

s   ①桑丧霜孀   ③磉_{柱下石}嗓搡爽赏

z   ④藏床常尝裳偿   ⑥脏_{内~}状尚上

k   ①冈岗刚纲钢缸光江扛豇   ③广讲港   ⑤杠桄降

kʰ   ①康糠   ③慷   ⑤抗园_藏旷矿

ŋ   ④昂

h   ①荒慌   ③谎晃

ɦ   ④行_{~列,银~}航杭黄簧皇蝗王降   ⑥旺巷

ʔ   ①肮汪   ③枉项

iɔ̃

tɕ   ⑤壮

tɕʰ   ①窗   ③闯

dʑ   ⑥撞

ɕ   ①双

cʰ	①匡筐眶
ɟ	④狂
ç	⑤况
ʔ	③往

uɔ̃

ŋ	⑥旺
ʔ	③枉往

iiŋ

p	①彬宾槟冰兵　③禀丙秉饼　⑤殡鬓柄併合~
pʰ	①拚姘拼　③品　⑤聘
b	④贫频凭平坪评瓶屏萍並　⑥病
m	③闽悯敏抿皿　④民鸣明盟名铭　⑥命
t	①丁钉疔　③顶鼎　⑤澄水浑,~~~订
tʰ	①听厅汀　③艇挺
d	④亭停廷庭蜓锭　⑥澄水浑,~~~定
l	③领岭拎　④林淋临邻鳞磷陵凌菱栗ㄦ灵零铃伶翎　⑥呤令另
tɕ	①针斟津珍真征蒸征贞侦精晶睛　③枕诊疹拯整井　⑤浸进晋镇振震证症正政
tɕʰ	①侵亲称蛏清青蜻　③寝请　⑤揿按亲~家趁秤
dʑ	④沉陈尘澄惩橙柚子呈程逞　⑥阵剩郑
ȵ	③迎　④壬吟人仁银仍凝蝇苍~迎宁　⑥任认凝汤~成冻了
ɕ	①心渗深辛新薪身申伸升声星腥　③沈审婶省反~醒　⑤信讯迅胜圣性姓
z	④寻甚秦尽神娠辰晨臣肾仁忍乘绳承丞成城诚情晴静靖　⑥赁任纫慎刃盛净
c	①今金禁巾斤筋京荆惊经　③襟ㄦ锦紧谨境景警竟颈　⑤劲敬镜劲径经~纬
cʰ	①钦卿轻倾　③顷　⑤庆
ɟ	④琴禽擒勤芹近茎擎鲸　⑥仅竞
ç	①欣兴　⑤衅
ŋ	④淫寅蝇盈赢形型刑营茎萤荥　⑥孕
ʔ	①音阴因姻殷鹰莺鹦英婴缨　③饮引隐影颖　⑤荫~凉印应映

ɣŋ

p	①奔锛　③本　⑤迸
pʰ	①喷

b   ④盆笨

m   ④门蚊　⑤闷　⑥<u>问</u>

f   ①分芬纷　③粉

v   ④焚坟文纹闻愤忿刎　⑥<u>问</u>份

t   ①敦墩蹲登灯　③等　⑤顿凳镫瞪

tʰ   ①吞　⑤褪

d   ④屯豚钝囤沌盾腾誊藤疼　⑥钝遁邓澄 _{水浑，～一～}

n   ③暖_热　④能　⑥嫩

l   ④仑伦沦轮　⑥论

ts   ①尊遵曾_姓增憎

tsʰ   ①村　③忖　⑤衬寸

s   ①森参_{人～}孙僧　③损　⑤逊

z   ④存曾_{～经}层　⑥赠

k   ①跟根

kʰ   ③恳垦啃肯

h   ①荤　③很

ɦ   ④痕恒　⑥恨

ʔ   ①恩

uən

k   ①昆崑　③滚　⑤棍

kʰ   ①坤　③捆　⑤困

h   ①昏婚

ɦ   ④魂馄混

ʔ   ①温瘟　③浑稳

yøŋ

tɕ   ①肫　③准　⑤俊

tɕʰ   ①春　③蠢

ɕ   ①旬　③笋榫蟀_儿　⑤殉舜

ʑ   ④循巡唇纯莼醇　⑥顺润

c   ①均钧窘君军　③桔_儿

cʰ   ①菌

ɟ   ④裙　⑥群郡

ç　①熏勋薰嗅_{用鼻子闻}　⑤训

ɦ　④匀云雲　⑥闰韵运晕熨

ʔ　③允尹

oŋ

p　①崩　⑤迸

pʰ　③捧

b　④朋_旧棚篷蓬

m　③懵　④蒙　⑥梦

f　①风枫疯丰封峰蜂锋　⑤讽

v　④冯逢缝_{~衣服}奉　⑥凤俸缝_{一条~}

t　①东冬　③董懂　⑤冻栋

tʰ　①通　③捅统　⑤痛

d　④同铜桐筒童瞳动桶　⑥洞

n　④农脓

l　④笼聋拢隆龙陇垄　⑥弄

ts　①棕鬃宗　③总　⑤粽

tsʰ　①聪匆葱　⑤综_{织布机上的~}

s　①鬆　⑤送宋

z　④崇

k　①公蚣工功攻汞　⑤贡

kʰ　①空　③孔　⑤控

h　①轰揢烘　③哄

ɦ　④弘宏红洪鸿虹熊雄融　⑥闀

ʔ　①翁

yoŋ

tɕ　①中_{当~}忠终钟盅　③种_{~类}肿　⑤中_{射~}众种_{~树}

tɕʰ　①囪充冲　③宠　⑤铳_{放~}

dʑ　④虫重　⑥仲

n̠　④绒浓

ɕ　①嵩舂松

z　④戎绒茸冗丛从_{跟~松}_{~毛丝:松针}　⑥诵颂讼

c　①弓躬宫恭供　③拱巩

cʰ ③恐

ʝ ④琼穷 ⑥共

ç ①兄胸凶

ɦ ④荣容蓉熔庸 ⑥泳咏用

ʔ ①雍 ③永拥甬勇涌 ⑤壅施肥

aʔ

p ⑦百柏伯迫檗

pʰ ⑦拍魄用手撕开

b ⑧薄~荷白帛

m ⑧栢打陌麦脉

ts ⑦摘责隻

tsʰ ⑦拆皱策册栅

dz ⑧泽择宅

k ⑦格革隔

kʰ ⑦客

g ⑧轧~棉花

ŋ ⑧额

h ⑦吓赫

ʔ ⑦阿轭

iaʔ

l ⑧略掠

tɕ ⑦爵着~衣酌小尝芍

tɕʰ ⑦雀鹊

dʑ ⑧着睡~

ɲ ⑧箬虐匿溺

ç ⑦削

ʑ ⑧惹嚼若弱

c ⑦脚

cʰ ⑦怯却

ʝ ⑧剧

ɦ ⑧悦阅越曰粤穴药钥跃

ʔ ⑦约

uaʔ

k　　⑦□~耳光

ɦ　　⑧获划

ɛʔ

p　　⑦八

b　　⑧拔

m　　⑧袜

f　　⑦法髪发

v　　⑧乏伐筏罚

t　　⑦搭

tʰ　　⑦撘塔塌獭

d　　⑧踏沓达

n　　⑧捺

l　　⑧腊蜡镴辣瘌肋

ts　　⑦刌_{用针~}札扎窄

tsʰ　　⑦插擦察

s　　⑦杀

z　　⑧闸炸_{用油~}铡

k　　⑦夹袷峡甲胛挟_{~菜}

kʰ　　⑦恰掐

h　　⑦喝瞎

ɦ　　⑧狭洽辖核

ʔ　　⑦鸭押压轧_{被车~}扼

uɛʔ

k　　⑦括_{包~}刮

ɦ　　⑧滑猾

ʔ　　⑦挖

iiʔ

p　　⑦鳖憋笔毕必逼碧璧壁

pʰ　　⑦撇匹僻闢劈

b　　⑧鼻别

m   ⑧灭篾密蜜觅

t   ⑦跌的_目~滴嫡

tʰ   ⑦帖贴束铁踢剔

d   ⑧捷叠碟牒蝶谍笛敌狄籴

l   ⑧例猎立列烈裂劣栗力历

tɕ   ⑦只_{~有}接摺执汁哲折_{~断}浙节质即鲫织职积迹脊绩

tɕʰ   ⑦妾缉辑切七漆膝赤斥尺戚

dʑ   ⑧蛰彻撤辙侄秩直值殖植掷寂

ȵ   ⑧聂镊蹑业热孽捏日逆

ɕ   ⑦摄湿吸薛泄设屑悉瑟虱失室息熄媳识式饰惜昔适释锡析

ʑ   ⑧席_{~子}捷涉集习袭十什_{~物}拾入舌截疾实食蚀籍藉席夕石

c   ⑦劫急级给_{供~}结洁潔_{镰刀}吉戟击激

cʰ   ⑦怯揭讫乞

ɟ   ⑧及杰极

ç   ⑦胁歇蝎

ɦ   ⑧叶页协逸翼亦译易_{交~}液腋

ʔ   ⑦餍_{酒~}噎乙一益

əʔ

p   ⑦钵拨不

pʰ   ⑦泼

b   ⑧钹勃饽

m   ⑧抹末沫没物

f   ⑦佛勿

v   ⑧佛物

t   ⑦答掇得德

tʰ   ⑦脱忒秃

d   ⑧夺突特

n   ⑧纳

l   ⑦粒   ⑧捋律率_{速~}勒

ts   ⑦卒则侧

tsʰ   ⑦撮_{一~米}测

s   ⑦萨率_{~领}塞色啬

z   ⑧杂贼

k	⑦蛤鸽割葛胳
kʰ	⑦咳磕渴刻克
h	⑦黑
ɦ	⑧合哈盒洽匣_{箱~}

uəʔ

k	⑦豁骨
kʰ	⑦阔窟
h	⑦忽
ɦ	⑧活

yøʔ

tɕʰ	⑦出吃
dʑ	⑧朮_{白~,苍~}
ȵ	⑧月
ɕ	⑦刷涮雪说戌恤蟀
ʑ	⑧绝术述
c	⑦厥倔_{脾气~}决诀桔菊
cʰ	⑦缺屈
ɟ	⑧掘
ç	⑦血

oʔ

p	⑦博北卜
pʰ	⑦扑仆_倒
b	⑧薄_{~荷}雹仆瀑_{~布}
m	⑧墨默木目穆牧
f	⑦福幅蝠複腹覆复
v	⑧服伏
t	⑦啄笃督
d	⑧独读牍犊毒
l	⑧鹿禄六陆绿录
tsʰ	⑦猝駿_{~黑}促
s	⑦速束

z   ⑧族

k   ⑦国谷縠

kʰ   ⑦哭酷

h   ⑦吓

ɦ   ⑧或惑域

ʔ   ⑦屋沃

yoʔ

tɕ   ⑦竹筑祝粥烛嘱足

tɕʰ   ⑦绰触促

dʑ   ⑧逐轴

ɲ   ⑧肉玉狱

ɕ   ⑦宿_{星～}肃宿缩叔束粟

ʑ   ⑧熟淑辱褥蜀属赎续

c   ⑦掬

cʰ   ⑦麹曲

ɟ   ⑧局

ç   ⑦畜蓄

ɦ   ⑧疫役育欲慾浴俗

ʔ   ⑦哕_{干～}郁

ɔʔ

p   ⑦剥驳

pʰ   ⑦樸朴

b   ⑧薄泊

m   ⑧莫膜幕寞摸

v   ⑧缚

tʰ   ⑦讬托

d   ⑧铎踱

n   ⑧诺

l   ⑧落烙骆酪洛络乐

ts   ⑦作_{～坊,工～}

tsʰ   ⑦错_{～杂}

s   ⑦索_{绳～}

z　　⑧凿昨
k　　⑦各阁搁郭觉_{知～角}
kʰ　　⑦廓扩确榷殻
ŋ　　⑧鄂鹤嶽岳乐_{音～}
h　　⑦郝霍藿
ɦ　　⑧镬_锅学
ʔ　　⑦恶握

ioʔ
tɕ　　⑦桌卓琢捉
tɕʰ　　⑦戳
dʑ　　⑧浊镯
c　　⑦饺_{～子}

uoʔ
ʔ　　⑦握

m̩
ɦ　　④<u>无</u>
ʔ　　③某亩<u>母拇</u>

n̩
ɦ　　④儿　⑥二贰

ŋ̩
ɦ　　④吴鱼　⑥二贰
ʔ　　③五午尔耳

参考文献

李荣.温岭方言的变音[J].中国语文,1978(2):96—103.
中国社会科学院,澳大利亚人文科学院.中国语言地图集[M].香港:朗文出版(远东)有限公司,1987.

湘桂边界苗瑶平话概况

胡　萍[*]

湖南省西南边陲的城步苗族自治县、绥宁县和广西壮族自治区的龙胜县、资源县的部分乡镇的苗族群众以及湖南新宁县麻林乡、黄金乡的瑶族群众使用一种既无法与当地汉语方言沟通，又不同于典型的苗瑶语的语言，他们自称为"平话""人话"或者"苗话""瑶话""峒话"等。据调查，上述地区的"苗话"（或"峒话"）的基本面貌已是汉语，但部分方言点还残留了苗瑶语的底层成分。分布在两省五县的苗瑶平话内部差别不大，互相可以通话。

关于苗瑶平话的语言属性，最早的记载见于《苗语简志》（王辅世，1985）："湖南省城步苗族自治县、广西壮族自治区龙胜各族自治县的苗族和贵州省天柱县白市一带的苗族说汉语。"[①]1987版《中国语言地图集》也提到，"广西资源、龙胜两县的苗族和湖南绥宁、城步两县大部分苗族说的一种汉语方言。贵州天柱县的一部分苗族说的另一种汉语方言。贵州晴隆、普安等县的一部分苗族说的第三种汉语方言。这三种汉语方言都和当地汉语不同，它们彼此也不同"。[②]李蓝（2004）《湖南城步青衣苗人话》认为"人话"应属"民汉语"范畴，"民汉语的基本含义为：语言的总体面貌已是汉语了，但语言持有者不是汉族，语言的深层还保留着一些原语言的成分"。[③]笔者（2018）也认为苗瑶平话是一种特殊的汉语方言，是当地苗瑶族弃用自己的母语转用汉语的结果。

一　苗瑶平话的"他称"和"自称"

湘西南绥宁、城步以及广西龙胜各地的汉族和其他少数民族都把苗族"平话"称为"苗话"，新宁人称麻林和黄金两乡（新宁县境内）的瑶族群众说的话为"瑶话"，但各地苗族（包括瑶族）的自称却不尽相同：

---

* 作者电子邮箱：huping_630@sina.com。
① 王辅世.苗语简志［M］.北京：民族出版社，1985：2.
② 中国社会科学院，澳大利亚人文科学院.中国语言地图集［M］.香港：朗文出版（远东）有限公司，1987.
③ 李蓝.湖南城步青衣苗人话［M］.北京：中国社会科学出版社，2004：240.

1）绥宁关峡、李家团和城步羊石的苗族称自己的话是"平话"。

2）城步兰蓉、五团，龙胜里市、牛头、中洞、太平等地的苗族称自己的话为"人话"。

3）据李蓝（2004）介绍：城步汀坪的苗族称自己的话为"团里话"。

4）新宁县的麻林、黄金的瑶族称自己的话为"人话"，同时也自称为"峒话"。所谓"峒"，乃宋代以后羁縻州辖属的行政单位。大者称州，小者称县，又小者称峒。新宁瑶族自宋靖康末年后聚居在雪峰山和越城岭山脉交汇的瑶山八峒之中，故自称为"峒话"。

本文根据绥宁关峡等地的自称定名，统称"苗瑶平话"。

二　苗瑶平话的地理分布、使用人口和族群来源

2.1　地理分布

苗瑶平话是以城步苗族自治县为中心区域并向四周扩散的，其具体的分布也体现了"大杂居小聚居"的特点，即讲"平话"的苗族主要集中分布在一个县的几个乡镇里。例如，城步县讲"平话"（人话）的苗族主要分布在兰蓉乡、汀坪乡、丹口镇、五团镇，即老百姓口中的"三区、四区、五区"（中华人民共和国成立初的行政分区）；绥宁县讲"平话"的苗族主要集中在关峡苗族乡及其附近几个村落，与城步羊石毗连；龙胜县则主要分布在县域北部的伟江、马堤两个乡并与城步五团镇接壤。新宁县集中分布在县境西北的麻林、黄金两乡，临近城步兰蓉。

事实上，苗瑶平话的地理分布是有历史渊源的。平话的核心区在城步苗族自治县，而城步苗族平话（人话）集中的区域历史曾是所谓"五峒四十八寨"之地。明弘治年间，朝廷实行"改土归流"，在湘西南实行民族同化政策，强迫大批苗族人民改装易服，化为汉民。据《蓝氏墨谱》记载，城步除当时的横岭、扶城、莫宜、拦牛、蓬峒五峒地区"耆老合众商议莫丈入里地，宁可守旧当峒地为峒民"之外，其余八里、都、图的苗族皆"丈地化为汉民"。同治《城步县治》也载，县民有三："一曰里民，……二曰瑶民，……三曰苗民，在五峒四十八寨，语言侏离，辄刀击刺，死丧而歌。"当时的五峒即今长安营乡、五团镇、汀坪乡、白毛坪乡、兰蓉乡和丹口镇的平林、丹口责任区，正是今苗族平话（人话）的主要分布地。

2.2　使用人口

为了使苗瑶平话的使用人口有个相对准确的数据统计，我们曾于2009年8月对城步、新宁、绥宁、龙胜四县有平话分布乡镇作了以村为基本单位的地毯式实地调查和数据收集工作。为了便于统计，我们对数据采集的方式作了如下规定：

① 如果某村说平话的人口达到 80％以上，我们按全村总人口数计数。例如，城步兰蓉乡的尖头田村总人口为 1 100 人，其中只有一个陈姓村民小组为外来移民，不说平话，统计时忽略仍按全村总人口数计。

② 如果某村说平话的人口在 50％—80％之间，我们按比例折算。

③ 少数苗汉(或侗)混居村落说平话的人口在 30％以下，这种情况往往是由于驻军、杂居、通婚、移民等因素造成的。例如，城步五团镇的腊里和白水头村主要居住的是新化移民，讲新化话，苗族比例不到 30％，像这样的情况我们就忽略不计。

苗瑶平话的具体分布和人口统计见下文。

2.2.1 城步苗族自治县(总计 30 674 人)

丹口镇：合计 9 776 人，主要分布在石灰、信塘、尖口、羊石、旺溪村、大桐坪、青田、田头、岩门、斜头山、大洲村、白水、杆头、竹岔、花龙、边溪、桃林等 17 个行政村。

白毛坪乡：合计 9 196 人，主要分布在城溪、腊屋、上坪、下坪、青峰、下小言、白毛坪、卡田村、白头坳、大岔坪、小坪水、小推、大阳等 13 个行政村。

兰蓉乡：合计 3 280 人，主要分布在尖头田、新寨、水坪、报木坪等 4 个行政村。

五团镇：合计 5 563 人，主要分布于独树、金东、一居委、二居委、石空、腾坪、木懂、初水、茶园等 7 个行政村和 2 个居民委员会。

汀坪乡：合计 2 859 人，主要分布于团心寨、大水、横水、沙基等 4 个行政村。

2.2.2 绥宁县(总计 22 576 人)

关峡苗族乡：合计 19 279 人，主要分布在高坪、茶江、岩头、文家、插柳、关峡、大元、四甲、南庙、凤凰、鸟塘、梅口、花园角、石脉、兰溪、岩脚田、石江坪等 17 个行政村。

长铺子苗族乡：合计 3 297 人，主要分布在李家团、田心、荣岩等 3 个行政村。

2.2.3 新宁县(总计 12 594 人)

麻林乡：合计 8 750 人，主要分布在麻林、上林、沉利、水尾、界富、五盘、三水、大圳、大坝、高竹、金桥、八角、黄沙、竹里、上阳等 15 个行政村。

黄金乡：合计 3 844 人，主要分布在黄金、农科、黄茶、百宝、岩山、三合、圳水、二联、金沙、大龙、粟田、菜杉、细桥、杉坪等 14 个行政村。

2.2.4 广西龙胜各族自治县(总计 17 300 人)

伟江乡：合计 8 900 人，主要分布在甘甲、洋湾、新寨、中洞、里木、大湾、崇林等 7 个行政村。

马堤乡：合计 8 400 人，主要分布在牛头、张家、龙家、芙蓉、里市、东升等 6 个行政村。

2.2.5　广西资源县(资源县车田乡也说平话,但具体分布和人口使用情况暂未调查)

综合上述数据,湘桂边界苗瑶平话的使用人口(广西资源县的平话人口暂不计入)保守地估算应在83 000人以上。

2.3　族群来源

湘西南苗族先民的主体,是汉代溯沅江而上的"武陵蛮"。因武陵郡内有雄溪、樠溪、潕溪、酉溪、辰溪(即沅水的五条主要支流),到南北朝时又称"五溪蛮"。《水经注·沅水》载:"武陵有五溪……蛮夷所居,故谓五溪蛮。"聚居于雄溪(今巫水)中上游地区的蛮民即今绥宁、城步苗族的先民。唐时,朝廷在这一带少数民族聚居地置诚州、徽州,为羁縻州,由"蛮"族大姓管理,"散掌州峒",史称"诚徽蛮",因其据飞山自守,故称"飞山蛮"。《宋史·蛮夷传》载:"诚徽州,唐溪峒州,宋处,杨氏居之,号十峒首领,以其族姓,散掌州峒。""飞山蛮"自称"猫",因古代"猫"与"苗"同音,到南宋时,汉人典籍中开始把绥宁、城步苗族称为"苗",如朱辅的《溪蛮丛笑》,此为苗族族称的来源。

明清时期朝廷称苗地为"苗疆",绥宁、城步为"苗疆要区"。《清高宗实录》载:"宝庆府属之城步县……靖州及本州所属之绥宁、通道二县,均系苗疆要区。"《湖南乡土地理参考书》(清宣统二年)载:"绥宁、城步二县,山界毗邻,势如合璧。城步民居十之三,苗居十之七。绥宁民居十之四,苗居十之六。"

根据服饰喜好,湘西南苗族有"红苗""花苗""青衣苗"之别。"红苗"衣喜红色,现居住在城步岩寨乡的上排、下排等村寨中;"花苗"衣爱花色,曾聚居在扶城、莫宜一带(今城步丹口、柳寨、平林、五团等地),但今已经绝迹。其他侗寨的苗族衣尚青色,故称"青衣苗"。《宝庆府志》载青衣苗种:"好为楼居,衣裳青色。"据民间口头传说,广西龙胜的苗族多自城步迁入,也为青衣苗。因此,龙胜境内还流传着一句根据服颜色饰识别民族的口诀:"白衣壮、红衣瑶、青衣苗、紫亮侗。"清道光《龙胜厅志》载:"苗人,留长发挽髻子,四时用青布或花布包头。男上穿青衣长至膝,下穿着围布非裤;妇女头髻挽于额前……上穿长花领青布短衣。胸前常挂银牌,下穿青布短裙……"因此,青衣苗是湘桂边界地区苗族的主体,也是使用平话或"人话"的主体。

另据调查,新宁县麻林、黄金两个瑶族乡境内大约有12 000多名瑶族群众(含少数混居的苗族、侗族人)使用与城步苗族一致的方言,也自称"人话",互相可以通话。根据《新宁县志》以及民间口碑传说等,新宁瑶族先后于北宋、元朝、明代年间自广西龙胜、湖南城步等地迁徙转入境内。

三　苗瑶平话的主要语音特点

苗瑶平话有内部差异但不大,其语音方面一致性的特征比较多,现列举部分如下(限于篇幅,各条语音特点的例字略):

1) 古全浊声母无论平仄,今逢塞音、塞擦音时多读不送气音,但各地保留浊音的情况不一。

2) 古微母字部分读如[m-],与明母相混。

3) 古知组字部分读如[t-][tʰ-],与端组相混。

4) 尖团音不混。

5) 溪母部分字读擦音。

6) 蟹摄开口一二等[-i]韵尾丢失,多读单元音。

7) 效摄开口一二等豪肴韵有别。

8) 咸山宕江四摄舒声韵鼻音韵尾失落,读口元音。

9) 没有闭口韵[-m]、塞音韵尾[-p-t-k]以及喉塞尾。

10) 咸山宕江摄都有"阳入同变"的现象。

11) 都有自成音节的[ŋ]。

12) 声调五个至六个不等,平声按古声母的清浊分阴阳,多平调,有假声。

四　苗瑶平话的土著语底层

袁焱(2001)以阿昌语为对象,把语言接触引起的各种变化当作一个系统来研究,提出"语言接触引发出语言影响、语言兼用及语言转用等三种结果,是语言接触导致的一种语言变化链"。本文研究的是湘桂边界苗瑶族(主要是青衣苗)说的平话(人话),顾名思义,此平话是当地苗族最终弃用本族语转用汉语的结果。从理论上来说,作为"战败"语言,原本族语的某些成分有可能残留下来而成为平话中的"底层"。但对于哪些语言现象是"底层",尚不能贸然定论,这里我们提出几个疑为平话中的土著语"底层"现象供大家讨论、评判。

4.1　苗瑶平话中的 tɬ 声母

广西龙胜县马堤乡、伟江乡的青衣苗人话中精组字以及庄章组部分字声母读舌尖边塞擦音[tɬ]声母,或者边擦音[ɬ/ʑ]声母,笔者(2010)曾对其具体的读音分布和演变路径做过比较详细的描写和阐述,这里不再赘述。多数学者认为,今南方汉语方言中的[ɬ]声母与少数民族语言的影响有关,欧阳觉亚(1995)认为南宁白话的边擦音是壮语的底层;麦耘(1997)认为,粤语四邑片的台山端芬和邕浔片的横县止摄开口字有tɬ、tɬʰ的读法,显然是一种走向消亡的结构的残余,并且认为这一语音现象当与壮侗语的影响有关。龙胜青衣苗人话中的tɬ组声母的存在,有别于与之毗连的湖南境内青衣苗人话,显示出明显的地域性差别,是湖南境内的tɬ声母消失了呢,还是迁徙到广西这一支青衣苗与壮侗语族融合接触所吸收的语言成分呢? 目前尚不能确定,有待进一步的调查与研究。

4.2　苗瑶平话中"一"的说法

先比较苗瑶平话中牛头(龙胜县)、五团(城步)、兰蓉(城步县)、羊石(绥宁县)、关峡(绥宁县)、麻林(新宁县)6个方言点"一"和"一个"的读音。

表 1　苗瑶平话"一"和"一个"的读音比较

	牛头	五团	兰蓉	羊石	关峡	麻林
一	i¹¹	i²¹	i³³	i¹³	i²¹³	i¹³
一个	ɑ³³ ko³³	ɑ⁴⁴ ko³³	i⁴⁴ ko⁴⁴	i¹³ ko³³	i⁴⁴ kəu³³	i¹³ kɣu³³

上表显示,除牛头、五团外,其他方言点的基数词"一"单用和"一"接量词的读音是一致的,但牛头、五团的"一"作为基数词单用的读音和后接量词的读音不同。以牛头为例,当"一"为基数词单用时,声调 11 为阳平调,符合牛头清入字的读音规律。"一"作为序数词的用法与基数词单用一致,如"第一"[ti⁵² i¹¹]。序数词表示月份和日期,形式也不变,如:"初一"[tʰu⁵⁵ i¹¹],"一号"[i¹¹ hao³⁵]。但是,当"一"后接量词时,读音就变为[ɑ³³],例如:

一把椅子　　ɑ³³ pɑ²² i²² le⁰　　　　　一只鸡　　ɑ³³ tɕiɑ¹¹ tɕi⁵⁵
一蔸树　　　ɑ³³ tao⁵⁵ tɕiu⁵²　　　　　一个人　　ɑ³³ ko³³ ŋ¹¹
一条裤　　　ɑ³³ diu¹¹ fu³³　　　　　　一床被　　ɑ³³ do¹¹ bi²²
一块豆腐　　ɑ³³ kʰua²² tao⁵² fu²²　　一口井　　ɑ³³ hao²² tɬie²²

上述例子中"一"的读音难以从汉语中得到解释,下面把牛头、五团的"一"后接量词时的读音与其他的苗语方言进行对比①。

　　　　　牛头　　五团　　潭泥　　凤凰　　腊乙坪　　养蒿
一　　　　ɑ³³　　　ɑ⁴⁴　　　ɑ³¹　　　ɑ²¹　　　ɑ⁴⁴　　　i²¹

---

① 材料来源:潭泥位于绥宁南部黄桑苗族乡,是绥宁苗语的代表,凤凰位于湘西北,凤凰苗语属于苗语湘西方言中的西部次方言。上述材料为本人调查所得。腊乙坪和养蒿的语料来自王辅世的《苗语简志》(民族出版社,1985 年)。

依上可见,牛头、五团"一"读音是与多数苗语"一"的读音存在语音对应,可以认为牛头、五团"一"单用时的读音源于汉语,但后接量词时的读音应为苗语的底层残留。

4.3 苗瑶平话指量名结构的语序

苗瑶平话表示近指的指量名结构的语序类型与汉语一致,只有"近指词＋量词＋名词"这一种形式;但是表示远指的指量名结构的语序类型则有如下四种形式:

A:量词＋中心词＋远指词(乜)

B:近指词＋量词＋中心词＋远指词(乜)

C:远指词＋量词＋中心词＋远指词(乜)

D:远指词(乜)＋量词＋中心词

以"那个人"为例,在苗瑶平话不同的方言点有不同的表达形式:

A(牛头):ko^{33} ŋ^{11} mi^{55} 个人乜

B(麻林):kuei^{13} tɕia^{22} ɦŋ^{13} mi^{35} 桂＝(表近指)隻人乜那个人

C(兰蓉):ŋ^{24} ko^{44} ŋ^{24} mi^{55} 嗯＝(表远指)个人乜

D(关峡):mei^{21} kəu^{33} ŋ^{22} 乜个人

我们知道,汉语名词短语的语序规则是:修饰语在前,中心语在最右端,从左向右,层层叠加,也被称为左分支语序类型。但苗语的语序类型却是偏向于右分支的向心结构。例如,汉语说"红花""大山",苗语却是"花红""山大"。

上述例子说明,当表示近指时,苗瑶平话的语序与汉语一样是左分支类型,是"指代词＋量词＋中心词",但表示远指时,却有"量词＋中心词＋远指词"的语序,与汉语完全不同,接近于苗语的右分支的向心结构。

根据胡萍(2018)对整个湘西南苗瑶平话远指用法的调查的结果来看,从龙胜牛头的"量词＋中心词＋远指词"→新宁麻林"近指词＋量词＋中心词＋远指词"→城步兰蓉"远指词＋量词＋中心词＋远指词"→绥宁关峡"远指词＋量词＋中心词"是一个苗瑶语远指语序逐渐向汉语远指语序演变的过程。

余　　论

苗瑶平话究竟如何定性? 如果单从语言特征来看,苗瑶平话更接近桂北平话和部分湘南土话的特点。覃远雄(2007)《平话和土话》说道:"桂北、湘南、粤北三片有比较多的共同语音特点,主要有三条:①古入声字今读开尾韵或元音尾韵。②古知组三等读如端组。③古阳声韵不同程度地今读开尾韵、元音尾韵或鼻化韵。"同样,上述三条特征在苗瑶平话中均有体现。

但是如果从语言持有者的民族属性和他们强烈的语言认同感来看(如自认是苗话或瑶话),笔者还是比较赞同李蓝(2004)的观点:这是一种少数民族说的汉语,语言的总体面貌已是汉语了,但语言持有者不是汉族,语言的深层还保留着一些原语言的成分。因此,从该语言的社会属性来考虑,暂不宜强行划到某一类汉语方言中去。

苗瑶平话同时也是一种濒危方言,胡萍(2018)对苗瑶平话的使用人口、语言活力、语言功能等进行了比较客观的评估,认为苗瑶平话的濒危性主要表现在以下几点:

(1) 语言使用人口少且居住分散。平话的使用人口虽然有8万多,但是并没有形成一个连接成片的聚居区。由于湘桂边界处于雪峰山和南岭交汇处,境内高山毗连,形成了天然的语言屏障,苗瑶平话流行区域也就被分隔成各自相对独立的小片,成为事实上的"方言岛"。因此,苗瑶平话每个聚居区的绝对语言使用人口,有不少没有达到1万。从语言的使用人口看,平话处于"不安全"的级别。

(2) 苗瑶平话的代际传承存在危险。不少村落的儿童已不再把平话当成第一语言(母语)来习得,一半以上的青少年习惯在家庭中使用其他强势方言如县城话作为与长辈交流的工具,平话最年轻的使用者为父辈一代。

(3) 平话的语言结构出现衰退迹象,主要表现在词汇丢失、语音和语法系统的调整和改造上,这些变化已引起固有语言特征的萎缩,如浊音的衰颓等,导致方言特征的流失。如平话文白异读十分丰富,使得很多重要的语音特征正在被叠置着或者已经被叠置掉了,这是一种更隐蔽的方言流失现象,孤岛方言的消失总是伴随着独特方言现象的消失。

从整个大的语言环境来看,苗瑶平话就是一个处在弱势地位的"方言岛",因此,其所面临的危险并不是其使用族群会有意识地放弃母语而转用强势语,而是在频繁的语言接触的环境下,平话会在不知不觉中被"改造",其固有的语言特征逐渐萎缩乃至被取代,从而引起方言的转用,这是一种更为隐性、缓慢的转换。因此,开展苗瑶平话的调查、记录、整理和研究工作就显得尤为迫切。

参考文献

李蓝.湖南城步青衣苗人话[M].北京:中国社会科学出版社,2004.

刘村汉.桂南平话——粤方言的一个分支[C].第五届国际粤方言研讨会,1995.

梁敏,张均如.广西平话概论[J].方言,1999(1).

袁炎.语言接触与语言演变[M].北京:民族出版社,2001.

覃远雄.平话和土话[J].方言,2007(2).

吴荣臻,杨章柏,罗晓宁.古苗疆绥宁[M].成都:四川民族出版社,1993.

胡萍.语言接触与湘西南苗瑶平话调查研究[M].长沙:岳麓书社,2018.

胡萍.湖南绥宁关峡苗族平话研究[M].长沙:湖南师范大学出版社,2016.

胡萍.龙胜苗族"人话"的[tɬ]组声母[J].方言,2011(4).

麦耘.中古精组字在粤语中的读法[J].中国语言学报,1997(25).

欧阳觉亚.两广粤方言与壮语的种种关系[J].民族语文,1995(6):49—52.

伍新福.湖南民族关系史[J].北京:民族出版社,2006.

湖南省绥宁县志编纂委员会.绥宁县志[J].北京:方志出版社,1997.

城步苗族自治县县志编纂委员会.城步县志[M].长沙:湖南出版社,1996.

湖南省新宁县县志编纂委员会.新宁县志[M].长沙:湖南出版社,1995.

广西龙胜县志编纂委员会.龙胜县志[M].上海:汉语大词典出版社,1992.

中国社会科学院,澳大利亚人文科学院.中国语言地图集[M].香港:朗文出版(远东)有限公司,1987.

家庭语言管理中的误区与儿童语言发展

雷红波 *
上海大学

一 引 言

儿童在语言选择、语言能力等方面与祖辈、父辈有很大不同。儿童的方言、民族语等传承语水平下降、对传承语的认同感和积极评价下滑,这些都是比较普遍的社会语言现象。早期社会语言学研究者一般认为这些问题主要受宏观社会因素的影响。但近年来,家庭领域对语言继承和转用的影响也开始受到真正的关注(Spolsky,2008、2012)。我国大多数地方的社会语言常态是多语多方言共存,在这种情境之下,儿童的语言选择和语言习得首先受到家长的语言观念的影响,他们在对不同变体进行比较之后,为子女做出相关的决策并付诸语言实践。

受到教育普及、国家语言政策、经济一体化和人口流动等诸多因素的影响,少年儿童的语言环境和观念发生了很大的变化。在一些方言地位较高、方言传统深厚的城市,如广州、上海等地,这些变化也引起了社会各界的讨论,"方言危机"等问题在媒体和网络上都引发了极大的关注。在少数民族语言发展方面,青少年民族语能力下降也时有讨论。在传承语的发展问题上,家庭语言环境的重要性得到了研究者的一致认同。当前的研究主要通过社会语言调查,对各类青少年的语言选择、能力等进行语言行为调查,而后对调查所得数据进行讨论,基于主观感受和反思等进行评析。不过,近年来,随着语言规划研究的深入,也出现了一些结合语言规划理论深入探讨儿童语言发展和家庭语言问题的研究(王玲,2016;许静荣,2017;李英姿,2018;李德鹏,2018),但总体来说此类研究还处于初级阶段,而且外语习得问题更受到关注,对方言、民族语、手语等其他变体关注不多。

本文对家庭语言规划的理论和方法进行梳理,结合不同的家庭可能面对的方言、外语和手语等变体选择,探讨家庭内部语言规划与管理的语言观念及其实施策略可能存在的

---

* 作者电子邮箱:lei.hongbo@163.com。

误区,以及它们对儿童语言发展的影响。

二　家庭语言政策理论框架

Spolsky(2004)认为经典语言规划的内容包括语言观念、语言实践和语言管理三个组成部分,对语言的看法反映的是语言意识和理念,而语言使用是具体的语言实践,语言管理是个人或机构为了塑造语言意识、付诸语言实践所付出的明确的可观察到的努力。Schiffman(1996)将这一经典框架应用于家庭领域,认为家庭语言规划就是影响家庭内部成员语言使用的相关计划、理念等。家长为儿童语言发展设定基本的框架,这一框架既可以体现父母的语言意识,也可以反映出整个社会对儿童语言习得和发展的基本态度和观念。在家庭中,语言意识表现为家长如何评价生活中接触的各类语言变体,以何种方式认同或不认同这些变体。语言意识决定了家长和儿童在家庭生活中的语言实践,也决定了家长如何对儿童的语言习得和使用进行管理,用什么语言进行家庭内部语言交流,支持还是反对自己的家庭成员习得和使用这些变体,是否以其作为与家庭成员对外沟通的语言,采取什么措施习得、保持、传承、放弃某一种变体。

多语多方言条件下,面对多种变体的选择,家长基于自己对不同语言变体市场价值、语言交际环境等外部条件的感知,在文化认同、家庭内部成员结构关系等因素的影响下,形成了一定的语言观念,并潜移默化地将自己的语言观念以各种不同的方式渗透到儿童的语言习得计划中,最终影响儿童的语言选择、习得能力和水平、语言观念(包括语言态度、语言学习动机)和语言认同等。

在语言的发展过程中,一般认为,语言规划的主体是家长,包括父母和主要照料儿童生活起居的祖父母、看护人等,儿童则是被规划和管理的客体。这种主客体关系并不是绝对的。少年儿童在语言学习和使用方面也可能有自己的想法,并不会一味接受父母的安排(李德鹏,2018)。

对家庭语言管理的研究可以包括语言意识(产生、影响因素及作用机制)、主体、客体、语言环境、儿童该语言习得方式、习得过程以及习得效果等七个部分的研究(许静荣,2017)。这七类研究也可以被进一步归纳为家庭语言意识研究、家庭语言互动者研究、语言环境研究以及家庭语言习得研究。

当前家庭语言规划与管理的主要研究对象是父母关于儿童语言习得的目标、动机、态度等方面的语言意识(李英姿,2018;王玲,2016)以及认同、文化、社会政治、经济等多家庭外因素对语言意识的影响。其中对语言意识的研究以客观调查和描写为主,不做评价。但语言政策研究的本质属性就是介入的,社会语言学者必须同时看到,作为个体,家长的语言意识有正确、理性的部分,也可能存在局限性和偏见,对此有必要进行梳理和引导。

另外,家长的语言意识并不一定能够完全转化为儿童的语言行为,除了外部语言环境的影响,在家庭内部父母使用什么语言策略灌输和实践自己的语言意识在家庭中也是非常重要的。家庭内部的互动实践与策略是实现语言管理目标的重要途径。

三 家庭语言管理的影响因素和认识误区

社会语言是一个生态系统,语言意识的形成基础是社会文化背景和父母的语言意识,作为家庭语言管理的主体,父母将自己的意识通过显性的语言行为施加给子女,确定各种不同语言变体的地位,在生活中做出相应的选择,父母帮助子女选择什么是正确的,应该习得的,并且对合意的语言变体投入相应的时间、精力和财力,在语言环境的共同作用下,子女对各种语言变体的习得也会产生不同的效果,他们既可能偏重某种单一语言和文化,也可能形成流利的双语、多语能力,成为双语双文化人。

儿童语言选择与家长的明确的意志和付出的努力息息相关。父母在选择家庭语言目标时,其家庭语言管理的决策受到以下很多因素的影响,这些影响有可能是积极的,也可能是片面、盲目的。对这些因素的错误认识也容易成为影响家庭语言管理决策的认识误区。总的来说,影响父母语言决策的因素有以下三类。

(1) 语言市场价值。各种语言变体作为文化资本符号,对应着教育、求职、社会地位、社会交际网络等不同方面的价值。语言价值观受到语言背后的人口、教育、媒体等多重因素的影响。当人们感知到某种语言能带来相应的好处,就会积极地学习这种语言,如果他们感到自己已经错过了语言学习的最好时机,则会为自己的后代创造学习机会。当前说好普通话已经成为教育领域的必备技能要求,各学科知识一般都是以标准普通话和规范的现代汉语为载体的。除此之外,外语,特别是英语也被认为是具有重要市场价值的语言技能。家长一般认为语言的发展和儿童的认知发展有密切关系,在语言上快速发展,就意味着在教育的队列中不落后甚至领先。这种语言价值观直接对家长产生影响,促使他们决定在哪些语言变体上做更多的投入。

一些社会机构敏锐地捕捉到了家长在这些问题上的语言意识,开发出各种针对不同年龄阶段的语言培训服务,积极地介入和推动家庭语言教育。因此很多城市家庭从孩子的幼儿时期就开始有意识地在汉语拼音、诵读、演说、思维表达等方面做投入。随着对教育的重视和教育机构的推波助澜,此类教育服务也越来越普遍和精细化。

随着语言教育的持续,以母语为核心的认知训练逐渐转为以语文和外语为双核心的各种升学知识培训。为了使孩子在小升初、中考、高考、出国考试等选拔竞赛中突出重围,这些语言学习的难度和广度也日益提升。参与哪个层次的竞争,获得怎样的学习效果,不仅仅是父母的语言观念和意识决定的,培训机构、学校、社会和部分激进家长群体共同将语言学习从一个模糊的愿望推进为一个巨大的产业。

在没有外力推动的情况下，在儿童语言发展时期，方言、民族语言等作为家庭内部语言，语言的市场价值无法得到即时兑现，家长无法预期在教育和求职等方面的收益，就可能有意无意地减少在这些变体方面的投入。

可以看到，家长的语言意识可能并不是本人自发的语言意识，而是由其他外力共同作用形成的。这种意识既有合理、合乎社会经济文化发展规律的一面，也有盲从和不理性的一面。当前我国语言学界的研究成果主要限于专业领域，在国民语言知识普及上并不深入，因此普通民众，甚至很多知识分子在语言观念上也存在不少误解。而语言服务市场鱼龙混杂，更是加剧了错误知识和观念的传播。

自然语言的语音、词汇、语法都是成熟多样的，掌握多种自然语言变体能够帮助拓展儿童的语言知识库，对后期理解和学习更多语言很有帮助。同时，掌握不同语言体系，也有助于真正理解这些语言背后的文化，从长期来说，从小接触双语双方言对扩展文化知识，培育多元文化意识和文化包容心态有很大的帮助。很多家长认为没有即时市场价值的语言就是低劣的，不值得学习。错误的双语观也很常见。例如培训机构刻意误读和营销语言习得的关键期概念，迎合和推动家长的语言焦虑，将似是而非的语言能力发展理论与少儿乃至婴幼儿培训市场捆绑起来，使家长认为只要尽早学习外语，就能获得地道的语言能力。家长投入巨大的时间、精力和财力，培训机构不断膨胀，但儿童的语言能力实际上并没有获得有效的提高。

错误的双语意识还体现在对语言能力和语言价值的另一种误读，很多人认为只有与发达国家相关的外语才是有价值的，即使自己没有条件接触这些语言，也要出钱出力创造条件来接触。而天然具有的另外一些民族语言、方言等则被认为毫无价值甚至只有负面作用。有些家长认为，说方言或民族语言会影响孩子的语言甚至认知能力发展，因此要求家庭内部必须只说普通话。有的祖父母或出于子女的强烈要求，或出于自觉自愿，在教育孙子孙女时，宁愿使用一些生硬的普通话，也要避免自己流畅自然生动的方言母语表达。也出现了少数极端的父母，在语言教育中无视先天条件不足的情况，即使自己的发音不标准、语言不流畅、词汇和语法僵化，也坚持要用英语与自己的子女交流。

对聋人这样的特殊需求家庭来说，语言观念的错误造成的负面作用更具破坏力。聋童家庭普遍存在父母语言观念落后，影响聋儿语言、认知和社会情感发展的情况。社会各界对手语存在普遍的误解和认识不足。很多人不了解手语也是一种功能全面发达的语言表达系统，不了解它可以作为聋儿认识世界的最重要方式，更不了解在这样的家庭中，语言规划应该针对家庭内部所有成员。由于95%以上聋儿的父母都是听力健全人士，他们常常认为学会手语就会使聋儿依赖手语，阻碍他们学会说话，因此会刻意地阻止孩子学手语，即使孩子听不到，也坚持用大声说话、喊叫、胡乱比划等方式与聋儿交流。这种粗暴无知的方式不仅使聋儿错过了认知发展的关键时期，极大地影响了他们后期的语言和智力发展,也会激发家庭所有成员情绪上的无助、焦躁,不仅对孩子的情感培育不利,也是对家长的情感打击,为他们原本就艰难的育儿过程增加了更多烦恼。

(2)语言认同和语言态度。家长作为社会化的个体会对自己接触的各种语言变体产生归属感,认为某种变体是本群体固有的表达方式,可以代表自己的社会身份,使自己归属于某一群体,同时也将自己和其他群体区别开来。语言认同的产生会受到国家语言政策、外部语言评价机制等因素的影响,也会受到家庭内部的影响。父母常常会将自己的语言认同感、语言价值观传递给子女,而对语言的这些主观认识和态度又影响了下一代的语言选择、使用等实践活动。

在多语多方言社会,语言认同是多元多层次的。以我国为例,普通话作为国家通用语,是我国各民族、各地区人民的共同语,代表着最高层次的国族认同,即中华民族认同,而各种民族语、方言则是各民族、民系的内部语言,代表下一层次的族群或地方认同。有些人将普通话和本族群本民系的认同对立起来,这种错误观念表现为两类极端认识:极端认同普通话,轻视民族语、方言等其他变体,或者极端认同民族语、方言,敌视普通话。前者与上文提到的语言价值观息息相关,而后者则与语言认同和态度密不可分。特别是在民族认同和方言认同较为强势的地区,极端的民族语或方言至上观念在被人误导和挑唆的情况下,甚至会引起社会动荡。例如2010年广州的"撑粤语"事件中,部分人放大了普通话和粤语之间的对立,把国家通用语的适度推广等同于对粤语和说粤语的广州本地人的"压迫"。

事实证明,要保持国家的繁荣和中华民族的统一,在保护民族和地方语言资源的同时,确保国家通用语的推广是必不可少的。通用语是中华民族的共同语言,各地各族人民既是中华民族的一部分,也是有鲜明特色的社会群体。普通话和民族语言、地方方言互补共存而不是对立的。掌握通用语既是国民的义务,也是他们的权力,它保证了我国各地人民无障碍的互联互通,也为人们创造了更多教育、就业等机会。在确保国家通用语地位的同时,保护民族语言和方言,多语多方言和谐共存,才能实现最大化地开发语言文化资源。世界各地的语言实践已经证明,多语共存不但是可能的,而且是一种常态。以瑞士为例,该国长期有德、法、意等官方语言共存,国民英语水平也普遍较高。即使是瑞士德语也有瓦莱、伯尔尼、苏黎世等方言。高水平的多语多方言能力在提升瑞士的国家影响力和市场竞争力等方面起到了重要的作用。认为推广一种语言就必然消灭另一种语言的对立语言观显然是错误的。

在家庭内部,有语言偏见的家长会强势灌输自己错误的语言观念,干涉儿童的语言发展,有时反而会起到相反的作用。一项对上海家庭进行的儿童方言调查发现,在语言教育中有焦虑情绪的一般是极少数语言认同观错误的家长(约占3.1%),认为普通话是外地人说的话,上海话才是上海人说的话。这种错误的语言认同往往对应着家庭语言教育中一些粗暴的做法,有这种偏见的家长往往会挑剔孩子说方言时的"洋泾浜"口音,或者鄙视孩子使用普通话的习惯,使得孩子无所适从,甚至产生反弹情绪,反而不利于保持和推广方言，无法达成原有的语言学习目标。这种偏见和当前儿童接受的正常教育完全对立，一旦被接受，也会伴随一些错误的价值观和人生观，为孩子在人际交往、社会理解和沟通人为制造障碍。

对聋人或听障者这样有特殊语言需求的群体来说，这样的语言认同错误可能产生更大的恶果。很多聋童家长将手语污名化，在儿童听力明确丧失的情况下，替自己的孩子做出与聋人群体割裂的选择，拒绝孩子学习手语，不许他们与聋人群体交际，一厢情愿地认为这样会保证孩子融入"正常人"的世界。结果孩子受限于听力，无法有效地掌握口语和文字，又被断绝了手语这样原本可以有效连接世界的语言媒介。在交际中，被父母的错误语言观念和语言管理影响的聋童，既不能融入听力正常的儿童，也不被允许加入聋人群体，只能陷入孤独无助之中，既不利于认知的发展，也会引发他们的心理问题。

（3）家庭语言环境。内部选择什么语言，也受到家庭语言环境的重要影响。意识、认同和态度并不会自然地转化为语言实践。国际社会语言学领域的多项研究已经证实，语言态度等主观因素和人们的语言行为之间并非镜像对应的关系。能否实现语言学习和使用的愿望与现实的语言环境非常直接的关系。

民族语言、方言水平较高的少年儿童几乎都成长在有利的家庭语言环境之中，家长在家庭成员内部使用传承语的习惯与后代的相关语言能力的发展呈明显的正相关。上海、广东等多地语言调查也发现（雷红波，2008；张斌华、张媛媛，2015），尽管许多移民都有学习移居地方言的意愿，有些人甚至在移居的初期有很强烈的意愿学好当地方言，但绝大部分都失败了。学会新方言的几乎都是与当地居民通婚的移民，他们的子女最终学会了当地方言，主要是由于配偶一方提供了良好的语言习得环境。这是语言选择的重要客观因素。

如果不能认识家庭语言环境的重要作用，就会对语言学习中的失败进行错误的归因，不能认识到某些人群学习某种语言变体的实际困难，简单地认为对方不学习该语言是积极性不足、认同感不强的原因，从而异化这些群体。这样会导致群际摩擦或习得失败。

在聋人家庭中，尽管一些人已经认识到手语对聋儿语言和认知能力发展的重要性，但如果父母双方都是健听者，且没有强大的决心付出巨大的努力学习手语，即使他们愿意让孩子学习手语，但由于外部语言接触时间较短，无法建立稳定持续的手语交际的环境，儿童在语言学习的进度和效果上会远远落后于家中有聋人家长或会使用手语的群体。

四　儿童语言习得与家庭语言管理策略

除了上述语言意识、语言认同以及家庭语言环境的影响，儿童的语言选择，特别是民族语、方言等传承语的选择和父母的家庭语言管理策略也有重要的关联。在同样具有坚定的语言传承意识的情况下,通过自然、友好、持续的对话,传承语能够实现更为顺利的代际保持。而僵化、强势、批评性的对话策略,则会激发儿童的负面情绪和反抗意识。

2006—2018 年,我们对上海的一些家庭做了持续跟踪调查,发现一些家庭同样对上海话有强烈认同和浓厚的乡土情结,但子女的方言习得效果完全不同。在这些家庭中,父母都习惯于说上海话,但有的孩子坚持以普通话回应家长的上海话,有的则能够根据交谈对象灵活、流畅地使用上海话和普通话。调查初期对孩子的方言能力做了客观测试,在所有顺利完成了方言相关的选择题、指物认物、需求表达、情感表达、评价、辩论等任务的少儿之中,在语言能力差别并不大的情况下,他们的自我评价呈现很大的差异,语言使用习惯也不断分化。自我评价较低的孩子越来越习惯于单一地使用普通话。

对他们的家庭互动模式的观察清楚地说明了不同的语言管理策略对孩子的巨大影响。访谈发现,不说上海话的孩子一般都会将说上海话和一些被取笑、批评的经历关联起来。他们经常提到,家长曾经或经常说自己"洋泾浜""阳腔怪调""说得像外地人""不是上海人"等。而在家庭中经常说上海话的孩子则对自己的方言能力更为自信,经常提到他人会表扬自己"上海话说得老好",或提起说上海话带来的有趣、温馨的经历。

在家庭中因为上海话不地道、不正宗而被取笑对孩子来说是常有的事。家长,特别是祖父母说普通话时,也经常受到孩子的嘲笑。但这两种玩笑对双方的影响显然是不同的。家长社会化程度更高,情绪管理水平更稳定,他们能够接受孩子的玩笑。当他们取笑孩子时,常仍然认为自己只是开玩笑,孩子应该能够很容易明白这只是家人内部愉快沟通的一种方式,也是为了促进孩子说更正宗的方言。但孩子往往有不同程度的挫折感,并不能够真正像成年人一样处理这种问题。成年人认为无伤大雅的玩笑并不断重复,对少年儿童来说是反复的否定和羞辱。为了回避这种负面评价,他们也会回避使用这种语言。

尽管在一般的语言规划研究中,儿童都被认为是规划和管理的客体、对象,但事实上在家庭语言使用方面,儿童的角色并不仅仅是被动的。当前的中国城市家庭中,儿童更经常是作为家庭的核心出现的,父母和祖父母在婴幼儿到少年时期,更愿意改变自己的行为,迎合孩子的喜怒哀乐。儿童受到媒体环境、教育、同伴等外部因素的影响,普通话语言能力迅速发展,不仅能够用来执行简单的语言功能,而且能够用普通话完成叙事、辩论、推理等更复杂的任务。在这种情况下,说普通话更容易也更有趣更丰富。此时,家庭语言环境如果不能维持和拓展方言的功能,让位于普通话,儿童势必出现语言转用。很多家长往往会迎合儿童的转变,在家庭语言管理中,他们也不再是语言规划和管理的主体,儿童反而成为规划和管理家庭传承语的关键角色。特别是当儿童的这种隐性规划并不会带来教育和就业等方面直接的负面影响时,家长几乎是毫不犹豫地接受了儿童在这一语言决策的决定,并在会话中迎合儿童的主导地位。

五 结 语

儿童语言的选择受到多种因素的影响,除了教育、媒体、外部语言环境之外,家庭内部的语言管理对他们的语言选择和能力发展也有重要的影响。当前儿童的语言发展过程中,家长对儿童语言习得表现出前所未有的积极介入。在儿童该学什么、怎么学、学多少等方面,家长意志都极为突出。正确的语言意识可能积极促进语言学习,而错误的语言观念则可能阻碍儿童的健康发展。

这一点突出地表现为两方面。一方面,家长急功近利地追逐语言的市场价值,反而为市场所左右。这不仅损失了大量的财力物力,对儿童的语言发展和认知发展也没有起到应有的作用,有时甚至可能起到负面的作用;另一方面,在面对民族语、方言等传承语和手语等一些特殊语言时,由于这些变体无法带来即时语言市场效应,在认识不充分的情况下,家庭语言的管理者可能形成错误的语言意识,做出不合理的语言决策,轻视这些语言变体,或用错误的策略使用它们,致使儿童不能有效地习得这些语言。然而从长远的角度来看,这些语言变体的发展对儿童的语言能力、认知能力、文化能力和社会情感能力等各方面,仍然具有不容小觑的重要影响。

家庭管理者语言意识的健康发展和恰当的语言管理策略对后代语言能力的提高有重要的影响,因此我们很有必要厘清语言意识中的误区,改善语言管理策略,从而提高家庭语言管理水平,培育高素质的多语多方言人才,促进社会的稳定和繁荣。

参考文献

李德鹏.我国家庭该语言规划的基本要素分析[J].云南师范大学学报,2018(6).

李英姿.家庭语言政策研究的理论和方法[J].语言战略研究,2018(1).

王玲.语言意识与家庭语言规划[J].语言研究,2016(1).

许静荣.家庭语言政策与儿童语言发展[J].语言战略研究,2017(6).

张斌华,张媛媛.外来务工人员子女语言使用状况研究——以东莞民办小学为例[J].语言文字应用,2015(2).

Schiffman, Harold F. Linguistic Culture and Language Policy [M]. London and New York: Routledge, 1996.

Spolsky, Bernard. Language Policy[M]. Cambridge: Cambridge University Press, 2004.

Spolsky, Bernard. Family Policy Management: Some Pre-luminaries[M]. A. Stavans and I. Kupferberg. Studies in Language and Language Education: Essays in Honor of Elite Ohlstain. Jerusalem: The Hebrew University Magnes Press, 2008.

娄邵片湘语中的指示代词"箇"*

李冬香

广东技术师范大学文学与传媒学院

据《中国语言地图集》(第 2 版)B2-8,娄邵片湘语分布在湖南中西部地区,具体来说,主要分布在以下地区:湘乡市、韶山市、娄底市_{市辖娄星区}、双峰县、安化县_{东坪镇}、衡阳市_{南岳区部分乡村}、衡山县_{后山地区、南岳区的拜股乡、岳林乡北部}、涟源市、冷水江市、安化县_{梅城镇}、宁乡县_{上宁乡地区}、新化县、邵阳市_{市辖双清区、大祥区、北塔区}、邵阳县、邵东县、新邵县、武冈市、洞口县_{南部及东南部}、隆回县_{包括县城在内的南部地区}、新宁县、城步苗族自治县_{大部分}、绥宁县_{包括县城在内的南部地区}、会同县_{包括县城林城镇在内的大部分地区}。[1]根据我们掌握的材料来看,娄邵片湘语中每个方言点都有一个读 k-声母的指示代词,只是写法不一致,有"咯/箇/古"等多种写法。关于这个指示代词的本字,学界普遍认为是"箇",如张惠英(1997)[2]、彭逢澍(2000)[3]、李娇雷(2016)[4],这个结论是可信的。不过,这个指示代词虽然都来源于"箇",但其用法存在明显的差别。根据其用法,可以分为三种类型,一类是邵阳、邵东型,一类是涟源、娄底型,一类是新化、冷水江市区型。下面我们详细介绍。

一 娄邵片湘语指示代词"箇"的用法

1.1 邵阳、邵东型指示代词"箇"的用法

这类方言中的"箇"用于指代人、物、处所、时间、程度、性状和方式等,相当于普通话的"这",与远指代词"那"等相对应。如邵阳:在那里,没在咯里_{在那儿,不在这儿。} │ 咯只比那只好_{这个比那个好。} │ 没是那□ka⁰ 做的,是要咯□ka⁰ 做的_{不是那么做的,是要这么做的。} │ 太多哩,□ŋ³⁵要那多,只要咯多就有哩_{太多了,用不着那么多,只要这么多就够了。}[5](p195—196)邵东:咯个是我妹妹。 │

---

* 本文是 2016 年国家社科基金一般项目"吉安片赣语与周边方言的比较研究"(项目编号:16BYY043)阶段性研究成果。作者电子邮箱:ldxsg1012@163.com。

你住咯里，我住懒里你住这里，我住那里。｜咯好看咯衣衫这么好看的衣服。｜你咯样讲，要唔得你这样说，要不得。[6](p41—44)武冈：咯是我新交的好朋友这是我新交的好朋友。｜咯两个人是从北京来的这两个人是从北京来的。｜咯里有只猫狸这里有只猫。｜你有要咯一下，呢₂一下，浪费我的时间你不要这一下，那一下，浪费我的时间。｜咯细甜的西瓜，我今年还是头回子吃这么甜的西瓜，我今年还是第一次吃到。｜我咯细家做也要不得，呢₂细家做也不行，你到底想要我哪细家做我这么做也不对，那么做也不对，你到底想要我怎么做？｜我们得到的是咯样结果，还能何哩办滴我们得到的是这样的结果，还能怎么办呢？[7](p18—26)

1.2 涟源、娄底型指示代词"箇"的用法

这类方言中的"箇"主要用于指代谓词性成分，相当于普通话的"这样/那样""这么/那么"。如涟源有两个指代性状、方式、程度的指示代词"古古 ku⁴² ku⁰"和"古谷 ku⁴² ku³³"。其中，"古古"是指示方式、程度的指示代词，有时可以单用；"古谷"用来修饰名词指示事物的性状。涟源方言中，没有与这两个指示代词对立的另一个词，也就是说，这两个指示代词既相当于普通话的"这么（样）"，也相当于普通话中的"那么（样）"。如：只碗你古古端会扮烂去碗你那么端会摔坏。｜你古古会讲，哪个不喜欢吧。｜两只古谷帽子，印才不要咪两个这样的帽子，我才不要呢。｜古古要得这样可以。当"古古"连用指示不同的方式或性状时，常常伴以手势或身势。如：筷子莫古古拿，要古古拿筷子别那么拿，要这么拿。｜只准古古，不准古古。[8](p269—271)

冷水江铎山"咯"的用法与涟源的"古"基本相同。此外，在冷水江铎山方言中，指示处所、时间时，从来不用"咯"，只用另一个近指代词"以"。而指示方式、程度时则只能用"咯"，不能用"以"，如"这么多"只能说"咯多"，"这样做"只能说"咯个做"，而不能说成"以多"或"以个做"。[4]

娄底指代方式、性质时用"箇₁解 kɤ⁴²解"。"箇₁解"的意思是"这样""这么样"。如：印跟尔么解做滴？——印看者我看是箇₁解，印先挖一阵一会儿，尔再又来。"箇₁解"又可以指代事物的性质，意思是"这样的"。如：只箇₁解好东西，尔是哪里买个₁咧？｜娄底就是只箇₁解，有得别的。[3](p154)娄底除了近指"已（以）i⁴²指代名词性成分""这 tɕi³⁵指代名词性成分""箇₁ kɤ⁴²指代性状、方式"以外，还有一个表旁指或不定指的"各 kɤ¹³"以及泛指"箇₂ kɤ⁰"。"各解"只在对举时使用，译为"那样"。"箇₁解"和"各解"表示方式是配对的。如：箇₁解做要不得，要各解做。[3](p152—154)我们认为，"箇₁"与"各"其实都是指示代词"箇"，只不过用法有区别而已，"箇₁"表近指，"各"表远指。其实质是用声调来区别近指和远指，如同该方言远指和更远指靠"尔"的不同声调来区别一样（详见下文"娄邵片湘语的指示代词"）。"箇₂"在动词前指示方式，意思是"这（那）样地"。相比之下，"箇₁解"具有明确的近指性，而"箇₂"的指示性是泛泛的。如：隻手指脑箇₂动。｜（买鸡）要提起在处箇₂

看下唧到处(那样地)看一看。[3](p158—159)彭逢澍(2000)认为,从整体上讲,我们不能把"箇₂"定为结构助词,因为很多句子,"箇₂"的前面是句子的主语。[3](p159)他认为"箇₂"可能是量词"个"的音变。[3](p60)但是,从"箇₂"用于动词前做状语的用法来看,它不是来源于量词。我们认为,其实质还是指示代词"箇",只是其功能表示泛指而已。其功能泛化后,其读音也就弱化为"kɤ⁰"。

1.3 新化、冷水江市区型指示代词"箇"的用法

这类方言中的"箇"既可用于指代名词性成分,也可用于指代谓词性成分。如新化"咯"可以用于指代处所、时间、数量,相当于普通话的"这"。如:我要以个,唔要你₂个。|我坐咯落,你坐你₁落,其坐你₂落我坐这里,你坐那里(离我不太远),他在那里(离我较远)。|以粒书这些书。不过,在指代方式、程度时,指示代词"咯里/咯箇"指代的对象范围就比较宽,不受远近限制,普通话的"那样"往往也可用"咯里/咯箇"表示,只有在出现对比的时候才使用远指"你₂样"。如:你咯里做要唔得,要仿其你₂样做你这样做要不得,要像他那样做。|其偌里咯个唔负责啰他怎么那么不负责任嘛!|你咯里着神,仿你俚哥哥你₂样着神你这样努力,像你哥哥那样努力。|其俚屋里咯里困难他家那样困难?[9](p238—242)

冷水江市区的指示代词"咯"的用法与新化的"咯"基本相同。如:咯部拖拉机这部拖拉机|咯里摆桌子,女₁里摆箱子,女₂里摆床这里摆桌子,那里摆箱子,那里摆床。|女咯佃时计架势做么咯你这时候准备干什么?|咯佃讲话会变啰罗子这说话会变结巴。|杀草手要握高滴几,女咯理会杀到手割草手要握高一点,你这样会割着手。|女哥哥长得咯佃壮,女何理长得咯佃瘦你哥哥长得这样胖,你怎么长得这样瘦?与新化一样,冷水江市区指代性状、程度的"咯理""咯箇"指称的对象范围不受远近限制,比如普通话说"他那样爬树是爬不上的",冷水江话可以说成"其咯理越树是越唔上咯"。而"女₂样"只能用在表示比较的句子里,构成"仿……女₂样"的格式,"女₂样"含有"一样"的意思。例如:仿其女₂样越树是越唔上咯像他那样爬树是爬不上的。|女咯理讲才对,仿眼珠毛几女₂样讲唔对你这样说才对,像刚才那样讲不对。|仿其女₂样高佃人唔多像他那样高的人不多。[10]

由上可知,新化、冷水江市区的"咯"指代名词性成分时相当于普通话的"这";指代谓词性成分无比较时则相当于普通话的"这样/那样""这么/那么"。

综上所述,娄邵片湘语"箇"的用法有三种类型。第一类,既可以用于指代名词性成分,又可以用于指代谓词性成分,此时只能表近指,如邵阳、邵东等方言。第二类,只能用于谓词性成分,此时既可以表近指,又可以表远指,如涟源、娄底、冷水江铎山。第三类,用于名词性成分时只能表近指,用于指代谓词性成分时既可表近指,又可表远指,如新化、冷水江市区。为什么娄邵片湘语指示代词的用法存在上述明显的差异?在讨论这个问题之前,我们先来看娄邵片湘语的指示代词系统。

二 娄邵片湘语和赣语的指示代词

2.1 娄邵片湘语的指示代词

表 1 娄邵片湘语的指示代词①

	近 指	远 指	更远指②
韶山	咯 ko^{24}	那 la^{24}／姆 m^{33}	
邵阳	咯 ko^{53}	那 la^{35}	
邵东	咯 ko^{31}	懒 lan^{31}	那 la^{35}
双峰	果 ku^{31}	咯 $lʊ^{33}$	
湘乡	咯 $kɵ^{21}$	糯 $lɵ^{22}$	
隆回	咯 ko^{31}	那 n^{31}	眯 $mẽ^{55}$
绥宁	咯 ko^{55}	呢₁ $n̩in^{33}$	呢₂ $n̩in^{55}$
武冈	咯 ko^{31}	呢₁ ni^{31}	呢₂ ni^{45}
新化	以 i^{21}／咯 ko^{21}	你₁ n^{21}／咯 ko^{21}	你₂ n^{33}
冷水江市区	以 i^{21}／咯 ko^{21}	女₁ n^{21}／咯 ko^{21}	女₂ n^{22}
冷水江铎山	以 i^{41} 指代名词性成分／咯 $kʊ^{21}$ 指代性状、方式	嗯₁ n^{21} 指代名词性成分／咯 $kʊ^{21}$ 指代性状、方式	嗯₂ n^{44}
娄底	已(以)i^{42} 指代名词性成分／这 $tɕi^{35}$ 指代名词性成分／箇₁ $kɵ^{42}$ 指代性状、方式	尔₁ n^{42} 指代名词性成分／箇₁ $kɵ^{42}$ 指代性状、方式	尔₂ n^{35}／那 $lɵ^{11}$
涟源	伊 i^{33} 指代名词性成分／古 ku^{42} 指代性状、方式	那₁ n^{33} 指代名词性成分／古 ku^{42} 指代性状、方式	那₂ n^{55}

从表 1 可以看出,娄邵片湘语的指示代词具有以下两个明显的特点:

第一,三分的方言中,有些方言近指和远指有两个基本的形式。如新化、冷水江、娄底、涟源近指有"以/伊""咯/箇/古"两个,韶山、新化、冷水江、娄底、涟源远指有"姆/你/女/尔/嗯"等和"咯/箇/古"两个。

第二,三分的方言多用不同的声调来区别远指和更远指。如绥宁远指读"$n̩in^{33}$",更远指读"$n̩in^{55}$";武冈远指为"ni^{31}",更远指为"ni^{45}";新化远指读"n^{21}",更远指读"n^{33}";冷水江市区远指读"n^{21}",更远指读"n^{22}";娄底远指为"n^{42}",更远指为"n^{35}";涟源远指读"n^{33}",

---

① 材料来源:韶山,曾毓美(1999);邵阳,储泽祥(1999);邵东,孙叶林(2009);双峰,袁家骅等(2006);湘乡,湖南省地方志编纂委员会(2001);隆回、绥宁、娄底,伍云姬(2000);武冈,戴嘉欣(2016);新化,罗昕如(1999);涟源,陈晖(1999);冷水江市区,陈建初(1995);冷水江铎山,李娇雷(2016)。

② 表中的三分有些原文表述为近指、中指和远指,本文根据原文的内容统一为近指、远指和更远指。

更远指读"n⁵⁵"。

我们注意到,在娄邵片湘语中,指示代词除了"箇"以外,近指代词还有一个"以/伊","以/伊"应该只是一个同音字,其本字还有待进一步研究;远指代词除"咯/箇/古"以外还有一个虽然读音各异,但其本字都是"尔"的指示代词(彭逢澍,2000[3];江西省地方志编纂委员会,2005[11];郑伟,2017[12])"以/伊""尔"从哪里来的? 用不同的声调来区别远指和更远指又源自何处? 由于历史上娄邵片湘语接受了大量唐宋以来的江西移民(周振鹤、游汝杰,1985[13];谭其骧,1987[14];曹树基,1990[15];葛剑雄等,1997[16]),因此,我们来看赣语中"以""尔"的分布情况以及区分远指和更远指的情况。

2.2 赣语的指示代词

2.2.1 指示代词"以/伊""尔"

为考察娄邵片赣语指示代词"以/伊""尔",我们考察了周边的湘赣方言,发现"以/伊""尔"多见于周边赣语,其他湘语暂时没有发现。

表 2 娄邵片湘语周边方言"以/伊""尔"的分布①

方言	方言点	近指	更近指	远指	更远指
湖南赣语	浏阳	以 i²⁴		咚 ko¹¹	嗯 n⁴⁴
	平江	伊 i³⁵		咯 ko³⁵	翁 ŋ³³
	岳阳柏祥	宜 i²⁴		跟 ken³³	既 tɕi³⁵/边 bian³³
	绥宁	咯 ko²²		嗯 n²²	□tʃi³²⁴
	洞口	咯 ko²¹³		嗯 n²¹³	□mĩ⁵³
江西赣语	星子	箇 ko⁴²		尔 n⁵/ŋ⁵	
	武宁	该 koi²⁴		尔 n²¹¹	
	彭泽	伊 i²¹⁴		尔 n⁴⁵	尔 n:⁴⁵
	黎川	该 koi²²		许 ɛ²²	尔 ŋ²²
	余干	该 koi³³		唔 ŋ⁴⁵	□xoi⁴⁵
	横峰	□ai²³		尔 ŋ²³	
	铅山	这 tse²¹		尔 ŋ³³	

① 材料来源:浏阳,伍云姬(2000);平江,朱道明(2009);岳阳柏祥,李冬香、刘洋(2007);都昌阳峰,卢继芳(2007);峡江巴邱,周冬梅(2013);新干,宋小花(2014);余干,江婷(2019);绥宁、洞口、峡江和遂川,本人的实地调查;其余方言点,《江西省志·方言志》(2005)。

方言	方言点	近指	更近指	远指	更远指
江西赣语	波阳	箇 ko³⁵	箇 koː³⁵	尔 ȵi⁴²	尔 ȵiː⁴²
	余江	箇 ko²⁴		伊 i²⁴	
	宜黄	箇 ko²³²		伊 i²³²	
	峡江巴邱	个 ko²¹²/该 koi²¹²	嗯 ŋ²¹²/以 i²¹²	许 he²¹	
	遂川	□ti⁵⁵用于处所/个 kiɑ²⁴		个 kiɑ²⁴	
	上高	里 li²¹³		□ha²¹³	
	高安	箇 ko³⁵	里 li⁴²	□ha⁴²	
	宜丰	箇 ko⁴⁴	□li²¹²	□ha²¹²	
	新余	箇 ko²¹³	以 i²¹³/里 li²¹³	许 hɛ²¹³	
	宜春	箇 ko²¹	里 li²¹	恁 len³⁴	
	新干	这 ko³²⁴	俚 li³⁵/嗯 ŋ³⁵	那 le³⁵	
	峡江	□li³³		个 ko³³	□len³³
	都昌	里 li³⁵²	里 liː³⁵²	尔 n²¹⁴	寄 tɕi³²⁵
	都昌阳峰	□li³⁵²		□n²¹⁴	继 tɕi³²⁴

　　首先要说明的是,表2江西赣语几个方言点如上高、高安、宜丰、新余、宜春、新干、峡江、都昌等方言点近指代词虽然读"li",但从新余有"以 i²¹³/里 li²¹³"两读可以看出,"以 i²¹³"与"里 li²¹³"是同源的,"以 i²¹³"是"里 li²¹³"声母弱化后脱落的结果。

　　从表2可以看出,"以/伊"和"尔"散见于湖南赣语和江西赣语,未见于其他湘语。此外,江西赣语中也有些方言"以/伊""箇"两个指示代词都用,不过,一个表近指,一个表更近指。这一点与娄邵片湘语两个指示代词不区分远近不同。

2.2.2　用声调区别距离的远近

　　表2显示,江西赣语波阳、都昌方言有用延长音长来区别近指和更近指、远指和更远指的现象,未见用声调区别近指和远指的。是不是江西赣语不存在用声调来区别距离的远近的现象呢? 其实并不是。事实上,在江西境内尤其是赣中赣语较多存在用声调来区别距离的远近的现象。

　　根据我们的调查,赣中赣语安福运用改变声调来区别近指和远指,近指用"ko²¹²/□kei²¹²",远指用"□ko⁵⁵/□kei⁵⁵"。永丰和吉州通过改变声调来区别远指和更远指,其中,永丰远指为"箇 koa↗",更远指为"箇 koa⁴⁴";吉州远指为"许 xei²¹",更远指为"许 xei⁵³"。另据《江西省志·方言志》(2005),新建远指用"许 hɛ¹¹",更远指用"许 hɛ↗";乐平近指用"恁 ne³³",远指用"恁 ne²⁵";东乡近指用"箇 ko³³",更近指用"箇 ko²⁴",远指用"恁 lɛ³³",更远指用"恁 lɛ²⁴";广昌近指用"改 kɛi⁵³",远指用"该 kɛi¹³"。[11](p765—767)

把娄邵片湘语和赣语的指示代词进行比较可以看出,无论是基本形式,还是区分距离远近的方式,两者都有着非常多的一致性。结合移民史来看,我们认为,娄邵片湘语的指示代词"以/伊""尔"、用声调区分远指和更远指的现象都是源于江西移民带来的方言,是本方言固有的早期的现象。周振鹤、游汝杰(1985)在详细考察江西向湖南的移民后指出:"从五代至明末长达七个多世纪的时间内,江西持续不断地向湖南实行大量移民,即使是僻远县份也有江西人的足迹,与江西结邻的县份则有尽为江西人占据的。这种情况自然使湖南方言发生深刻的变化,不但在湘赣边界形成明显的赣语片,而且赣语特征显著的成分自东北深入西南,自湘阴而宁乡,而新化,而绥宁,直达湖南之僻壤。"[13]

三 娄邵片湘语"箇"的用法的来源

李娇雷(2016)在谈到娄邵片湘语冷水江等地的这个指示代词"箇"时认为,冷水江等地方言的近指代词"箇"不是本方言固有的成分,而是受以长沙话为代表的强势新湘语的影响出现的。理由如下:第一,新湘语长益片的指示代词都是二分,近指代词都是"箇",在长沙方言的影响下,"箇"进入地方方言,并不断侵占固有方言"以"的地盘。第二,从方言自身指示代词功能的发展顺序来看,冷水江等地方言"箇"功能扩散的顺序不符合"人>物>事>空间>时间>性质"这个自身等级发展的顺序,从而确定不是本方言固有的。[4]我们认为,冷水江等地指示代词"箇"的用法有两个不同的来源,周边强势新湘语的影响只是来源之一。下面我们详细阐述。

第一,"箇"用于指代谓词性成分方言时既可表近指又可表远指的现象是江西移民带来的本方言固有的现象。

前文指出,娄邵片湘语指示代词"以/伊""尔"以及用声调区别远指和更远指的现象都见于赣语尤其是赣中赣语。事实上,除了这些相同点以外,指代性状、程度不分近指和远指用"箇"的现象在赣中赣语也非常普遍。据我们调查,赣中赣语泰和、万安、遂川、永新、莲花等方言都是如此。如泰和都用"□koŋ⁵³□lɔŋ³³",万安都用"□kaŋ³³□laŋ⁵",遂川都用"□koŋ³¹嘚",莲花都用"固样"。龙安隆(2013)也指出,永新方言指代时间、性状、程度时不分近指和远指都用"固"。[17](p205—206)在这些方言中,不仅指代性状、程度时不分近指、远指,指代人、物等时也不分近指和远指用同一个读 k-声母的指示代词,只不过各自的读音不同。其中,泰和读 ke,万安、遂川读 kia,永新、莲花读 ku。从这些方言读 k-声母的指示代词的读音和用法上来看,其本字都是"箇"。有些方言这个"箇"与量词"个"同音,如万安、遂川;有些与遇摄合一合流,明显是"箇"古音的保留,如永新、莲花。泰和、万安、遂川指代性状时阳声韵的读音应该是"箇"与"样"的合音。要区分近指和远指时就用别的手段来辅助，如永新县城、泰和县城在表远指的那个前面分别加上表处所的远指代词"格头""□kan⁵³□lin⁴⁵"；而泰和县万合乡流塘李家近指和远指浑然不分，需要予以区别时，一般用手势辅助[11](p20)。

我们再来看娄邵片周边强势方言长沙、衡阳等方言指示代词指代谓词性成分时的情况。据鲍厚星等(1998)，普通话的"这样""那样"长沙方言分别为"咯样""那样"。如：不是那样搞的，是咯样搞的。不是那么做，是要这么做的。｜太多哒，要不得那样多，只要咯多就有(咖)哒。太多了，用不着那么多，只要这么多就够了。[18](p342)据彭兰玉(2005)，衡阳方言普通话的"这样""那样"分别为"箇 ko³³样""那 na²¹³样"等。[19]从上面的描写可知，周边强势方言指代性状、方式时是分近指和远指的，而娄底、涟源本身指代名词性成分时也是分近指和远指的，只有指代性状、方式时是不分近指和远指的。如按照李娇雷(2016)的看法，本身分近指和远指的强势方言影响另一个方言时在该方言中形成一个新的不分近指远指的系统，我们认为，这个在理论上很难成立。因此，用周边强势方言影响显然是说不通的。

事实上，与娄邵片紧紧相接的衡山前山方言的指示代词受到强势衡阳方言的影响下，指代性状时由本身的一分变为二分。彭泽润(1999)指出，衡山前山方言近指为"果 ko¹³"，远指为"那 la⁴⁴"；相当于普通话"这样、这么""那样、那么"有两个说法，一个是"果样""那样"，一个是"(果)□kɯ⁴⁴世/□kɯ³³(离)""(那)□kɯ⁴⁴世"。"(果)□kɯ⁴⁴世"中的"果"与"□kɯ⁴⁴"有语义重复。而且远指缺乏对应的构词方式，是在近指语素"□kɯ⁴⁴"的基础上前加"那"来区分。"果样""那样"是新出现的，可能取代"(果)□kɯ⁴⁴世/□kɯ³³(离)""(那)□kɯ⁴⁴世"。[20](p281—282)很明显，衡山前山方言原本指代谓词性成分时不分近指和远指都用"□kɯ⁴⁴"，这个"□kɯ⁴⁴"的本字也是"箇"。后来，受周边势衡阳方言影响，产生语义重复的近指"(果)□kɯ⁴⁴世/□kɯ³³(离)"和远指"(那)□kɯ⁴⁴世"。现在，这两个又要被新出现的"果样""那样"所取代。

综合上述事实，我们认为，娄邵片赣语指示代词指代谓词性成分时不分近指和远指都用"箇"的现象并不是周边强势新湘语影响的结果，而是其江西移民带来的方言本身早期的语言现象。

第二，"箇"用于指代名词性成分时表近指是受强势新湘语影响的结果。

娄邵片湘语"箇"用于指代名词性成分时的用法从何而来？我们注意到，相对于近指代词都用"箇"的现象，远指代词则存在明显的区别。多数方言只用"尔"，有隆回、绥宁、武冈、新化、冷水江、娄底、涟源；少数方言只用"那"，有邵阳、双峰、湘乡、邵东；只有韶山、娄底既用"尔"又用"那"。除了娄底以外，用"那"的方言中，"箇"的用法都是既可以用于指代名词性成分，又可以用于指代谓词性成分，而且指代谓词性成分时与"那"对应。娄底虽然出现了"那"，但"那"只用于指代名词性成分，此时与"尔"通用；指代方式、性状时则不能用"那"，只能用本方言固有的"箇"。结合"尔"来源于江西移民带来的方言这一现象，可以看出,娄底的"那"来自周边的强势方言新湘语。

对照娄底"那"的功能,发现新化、冷水江市区"喀"的指代名词性成分的用法与它一样,因此,也应该是来自周边强势的新湘语。也就是说,新化、冷水江市区指代名词性成分的近指代词本来是"以",后来,受强势新湘语的影响,"箇"慢慢进入了指代名词性成分的位置,因而形成了指代名词性成分"以/喀"两个并用的现象。冷水江市区和铎山镇"箇"的功能的差别可以说明这一点。冷水江市区方言"箇"在指示处所和时间时,可以与"以"互换,但在指示程度、方式时只能用"箇",不能用"以";位于冷水江东部的铎山镇,"箇"只能用于指示程度和方式,不能用于指示处所和时间等。[4]之所以出现这个区别,就在于铎山镇因为地理位置比较闭塞,没有受到强势方言指代名词性成分"箇"的用法的影响,因而"箇"只保留了本方言固有的用法;而冷水江市区则由于强势方言的影响,这个指示代词已经进入了指代名词性成分的位置,因而形成了近指代词指代名词性成分时有两个的现象。

综上所述,娄邵片湘语"箇"的用法有两个不同的来源,指代谓词性成分时既可表近指、又可表远指的用法来自江西移民带来的方言,属于早期的现象;指代名词性成分时表近指的用法来自周边强势的新湘语,属于晚期的现象。正是因为来源不同,所以,它们的功能的扩散的顺序不符合指示代词自身功能发展的顺序,表现出了独特性。李娇雷(2013)因为没有认识到这个"箇"的用法属于两个不同层次的叠加,根据不符合指示代词自身功能发展的顺序这一点把"箇"的所有用法归结于周边的强势方言的影响,显然是不符合事实的。

四　结　语

本文首先介绍了娄邵片湘语指示代词"箇"的用法,然后把娄邵片湘语指示代词与周边赣语进行比较,通过比较指出,"箇"用于指代谓词性成分时不分近指和远指的用法是江西移民方言带来的本方言固有的现象;用于指代名词性成分时只能表近指的用法是受强势新湘语影响的结果。也就是说,涟源、娄底、冷水江铎山的"箇"是来自江西移民带来的方言的最早的层次;邵阳、邵东等地的"喀"是来自周边的强势新湘语的晚期的层次;新化、冷水江市区的"箇"则是上述两个层次的叠加,这与李冬香(2014)从这两地入声的文白异读得出的结论一致。

前文指出,娄邵片湘语"以/伊""尔"以及指代谓词性成分时不分近指和远指的"箇"都来自江西赣语,但从赣中赣语如永新、莲花等指代名词性成分时仍然用"箇"来看,娄邵片湘语的指示代词指代名词性成分时原来也应该是用"箇"的,后来逐渐被"以/伊""尔"所取代,因此,"箇"只在指代谓词性成分时保存下来了。这又正好与娄邵片湘语的"以/伊""尔"逐渐被强势新湘语的"箇"所取代的现象一样。不过,这个"以/伊""尔"又来自哪种方言？它们又是什么时候进入到江西赣语的？这些问题我们另文讨论。

参考文献

中国社会科学院语言研究所,中国社会科学院民族学与人类学研究所,香港城市大学语言资讯科学研究中心.中国语言地图集·汉语方言卷(第2版)[M].北京:商务印书馆,2012.

张惠英.汉语方言代词研究[J].方言,1997(2).

彭逢澍.娄底方言的代词[M]//湖南方言的代词.长沙:湖南师范大学出版社,2000.

李姣雷.娄邵片湘语中的两个近指代词"以"和"個"[M]//历史语言学研究(第十辑).北京:商务印书馆,2016.

储泽祥.邵阳方言研究[M].长沙:湖南教育出版社,1998.

孙叶林.邵东方言语法研究[M].广州:花城出版社,2009.

戴嘉欣.武冈方言代词研究[D].长沙:湖南师范大学,2016.

陈晖.涟源方言研究[M].长沙:湖南教育出版社,1999.

罗昕如.新化方言研究[M].长沙:湖南教育出版社,1998.

陈建初.湖南冷水江方言的代词[J].古汉语研究,1995.

江西省地方志编纂委员会.江西省志·江西省方言志[M].北京:方志出版社,2005.

郑伟.汉语方言指示词"尔"的共时分布与历史来源[J].语言科学,2017(1).

周振鹤,游汝杰.湖南省方言区画及其历史背景[J].方言,1985(4).

谭其骧.湖南人由来考[M]//长水集.北京:人民出版社,1987.

曹树基.湖南人由来新考[M]//历史地理(第九辑).上海:上海人民出版社,1990.

葛剑雄.中国移民史(第三卷)[M].福州:福建人民出版社,1997.

龙安隆.永新方言研究[M].北京:中国社会科学出版社,2013.

鲍厚星,崔振华,沈若云,伍云姬.长沙方言研究[M].长沙:湖南教育出版社,1999.

彭兰玉.衡阳方言语法研究[M].北京:中国社会科学出版社,2005.

彭泽润.衡山方言研究[M].长沙:湖南教育出版社,1999.

储泽祥.邵阳方言研究[M].长沙:湖南教育出版社,1999.

湖南省地方志编纂委员会.湖南省志·方言志[M].长沙:湖南人民出版社,2001.

江婷.江西余干方言的代词研究[D].长沙:湖南师范大学,2019.

李冬香.湖南新化和冷水江方言古入声的演变[J].广东技术师范学院学报(社会科学版),2014(6).

李冬香,刘洋.岳阳柏祥方言研究[M].北京:中国社会科学出版社,文化艺术出版社,2007.

李永明.衡阳方言[M].长沙:湖南人民出版社,1986.

刘丽华.娄底方言研究[M].长沙:中南大学出版社,2001.

卢继芳.都昌阳峰方言研究[M].北京:中国社会科学出版社,文化艺术出版社,2007.

卢小群.湘语语法研究[M].北京:中央民族大学出版社,2007.

宋小花.新干方言代词研究[D].南昌:江西师范大学,2014.

袁家骅等.汉语方言概要[M].北京:语文出版社,2006.

曾毓美.韶山方言研究[M].长沙:湖南师范大学出版社,1999.

周冬梅.峡江方言的指示代词[J].井冈山大学学报(社会科学版),2013(5).

朱道明.平江方言研究[M].武汉:华中师范大学出版社,2009.

东港方言"知庄章"声母读法的变异研究

亓海峰 *

上海外国语大学

　　东港是辽宁所辖的一个县级市,位于辽宁省东南部,东临鸭绿江,南濒黄海,东北与丹东相连,西北与凤城接壤,西部与庄河毗邻,东南与朝鲜隔海相望,总面积约 2 478 平方千米,全市约 60 万人。东港市辖 3 个街道、14 个镇、1 个民族乡:大东街道、新兴街道、新城街道、孤山镇、前阳镇、长安镇、十字街镇、长山镇、北井子镇、椅圈镇、黄土坎镇、马家店镇、龙王庙镇、小甸子镇、菩萨庙镇、黑沟镇、新农镇、合隆满族乡,共有 17 个社区、206 个行政村。

　　东港县历史悠久,唐朝时属于安东都护府,清光绪二年(1876)析大东港以东至瑗河一带始设置安东县,1965 年改名为东沟县,据《东港县志》"大东沟,鸭绿江之一港,旧时东边百货咸集于此,盖安东西南水路要冲也",1993 年更名为东港县。

　　宋学(1963)最早提出东港话的方言区属问题,他将辽宁的东港、长海、庄河等划为一个区,这几个方言点都带有典型的胶辽官话的特征。贺巍(1986)将东港话归入胶辽官话登州片,张树铮(2007)进一步对胶辽官话分区进行了细化,根据东港方言的内部差异将东港方言分为两片,东港话分属于胶辽官话的登连片烟威小片和盖桓片。在使用中,东港话、大连话等这些辽东半岛上跟胶东方言比较接近的土语群,通常还被称为辽东半岛方言或辽南话(罗福腾,1998)。

　　东港位于辽东半岛的北部,方言形成以后与周围地区的东北官话不断接触,同时,近几十年来,随着东港经济的发展和当地居民教育程度的提高,东港方言,特别是市区方言也受到了普通话的影响。东港方言与东北官话和普通话的接触导致方言面貌的不断改变,语言接触成为方言变化的催化剂,现在东港方言语音、词汇都发生了明显的变异。本文对东港方言"知庄章"声母读法的变异进行调查分析。

　　我们在东港进行了不同年龄的社会分层调查。老派调查了市区三位男性发音人,年龄都在 60 岁以上,分别是东港第二职业中学的退休职工、东港中心医院的退休大夫和小

---

　　*　作者电子邮箱:zoeqihaifeng@126.com。

学的退休教师;新派方言,我们采用了抽样调查法,在东港第二职业高中进行了多人次的调查,共调查了来自市区和郊区各乡镇的 40 位学生,年龄在 18 岁到 20 岁之间。

一 东港方言的语音特点

东港城区老派发音人声韵调的情况如下:

声母(包括零声母在内)有 19 个:

p 步部别	pʰ 坡怕盘	m 门墨泥	
f 飞符冯	v 碗围危		
t 带到夺	tʰ 太同偷	n 南拿耐	l 来连扔
k 该贵干	kʰ 开葵看	x 喊海话	
tɕ 经节趾	tɕʰ 缺秋除	ɕ 像说书	
ts 增蒸祖	tsʰ 粗醋倡	s 丝诗事	
∅ 延元日			

声母的主要特点是没有舌尖后音 tʂ、tʂʰ、ʂ,在普通话中读 tʂ、tʂʰ、ʂ 的字在东港话中分别读 ts、tsʰ、s 和 tɕ、tɕʰ、ɕ。

韵母 35 个:

ɿ 资支	i 第日	u 故木	y 雨虚
a 爬辣	ia 架夹	ua 花刮	
ə 色破		uə 过落	
ɛ 白在	ie 接铁	ue 怪帅	ye 靴月
ɔ 饱桃	iɔ 条校		
ei 倍妹		uei 贵桂	
əu 斗丑	iəu 流修		
ɚ 儿耳			
ã 干宽	iã 严尖	uã 宽关	yã 远卷
ən 根恨	in 林心	un 棍魂	yn 云群
aŋ 党桑	iaŋ 亮良	uaŋ 光黄	
əŋ 庚朋	iŋ 灵星	uŋ 东翁	yŋ 胸穷

韵母的主要特点是部分前鼻音韵母韵尾丢失,an、ian、uan、yan 弱化为鼻化韵,ai、au 等复韵母简化为单韵母。

东港方言有三个单字调,普通话中的阳平和去声在东港话中合并为一个单字调:

平声 51 上声 213 去声 412

老派语音主要特点如下:

① "知庄章"三组声母分别读"ts、tsʰ、s"和"tɕ、tɕʰ、ɕ";

② 不分尖团音;

③ 止摄以外的日母字读零声母或边音声母;

④ "蟹止山臻"四摄的合口端母字没有"u"介音;

⑤ 东港方言的轻声音节比较多,轻声音节分为三类:第一类是声调弱化的轻声音节,这类轻声与普通话中的轻声音节相同,声调变得轻短;第二类不仅声调轻化,同时韵母弱化为央元音"ə",比如鼻子、瓶子、椅子、孩子、桌子、土豆子、洋柿子等,"子"弱化为"tə";第三类轻声音节声、韵、调整体弱化为一个零音节,在听感上只能感到前一个音节声调拖长,比如饺子、本子、堡子、扣子、傻子、儿子。

二 "知庄章"声母读法的变异

据《东沟县志》(1996)和其他有关资料(罗福腾,1998;潘晓东,2004;麻晓芳,2007),东港方言中"知庄章"声母分为两种读法,大部分"知庄章"声母字读舌尖音 ts、tsʰ、s,假摄开口三等、遇摄合口三等、止摄开口三等、山摄开口三等、梗摄开口三等及通摄合口三等的知庄章声母字读舌面音 tɕ、tɕʰ、ɕ,比如:车_假开三 tɕʰiə,舌_山开三 ɕiə,尺_梗开三 tɕʰi,但我们在调查中发现东港话中"知庄章"声母的读法在新、老派中都在发生变异。

我们首先对三位 60 岁以上的老年发音人进行了调查,他们都是东港本地人,没有长时间地离开过东港,年龄都在 60 岁左右,发音清楚,有中学以上文化程度。

2.1 老派的读法

麻晓芳(2007)在对东港音系的描写中对东港市区和郊区椅圈的两位老年人进行过调查,调查结果显示市区老年人和郊区老年人的"知庄章"声母读法有一定差异,这种差异主要表现在郊区老派"知庄章"声母的假摄开口三等、遇摄合口三等、止摄开口三等、山摄开口三等、梗摄开口三等及通摄合口字读舌面音 tɕ、tɕʰ、ɕ 的比市区老派多,从麻晓芳的调查结果可以看出"知庄章"声母的读法在东港市区老派口中已经开始发生变化,这种变化如何进行? 在新派口中有什么变化? 变异与什么因素有关? 这些是我们在声母的调查中比较关心的问题。

我们根据《方言调查字表》,对市区三位老年发音人"知庄章"声母字进行了调查,调查结果与麻晓芳(2007)对市区老年人的调查结果基本相同,与麻晓芳(2007)对郊区老年人的调查结果有差别。同时对这三个声母中来自假开三、止开三、山开三、梗开三和遇合三以及通摄合口字的读法进行重点调查,并对它们的字频进行了调查,发现其中高频字多读 tɕ,而低频字多读 ts,调查结果具体如下:

表 1　市区老年人"知庄章"部分字的读法

韵摄	字	声母读音	频	次
假开三	车	tɕʰ	5050	.0611
	遮	ts	201	.0024
	蔗	ts	82	.0009
	赊	s	15	.0001
遇合三	猪	tɕ	893	.0108
	主	tɕ	33063	.4002
	树	ɕ	2527	.0305
	熟	ɕ	1141	.0138
	数	ɕ	5900	.0714
	书	ɕ	6618	.0801
	锄	tsʰ	100	.0009
	暑	ɕ	141	.0017
	阻	ts	891	.0108
	梳	ɕ	127	.0014
	储	tsʰ	399	.0047
	煮	tɕ	205	.0025
止开三	知	tɕ	7605	.0920
	吃	tɕʰ	3501	.0423
	指	tɕ	9143	.1106
	诗	s	1987	.0240
	肢	ts	113	.0012
	枝	ts	634	.0076
山开三	说	ɕ	31674	.3833
	拙	ts	46	.0005
	折	ts	3	.0000
梗开三	只	tɕ	11823	.1431
	石	ɕ	3949	.0477
	适	ɕ	2756	.0331
通摄合口	叔	ɕ	499	.0059
	熟	ɕ	1141	.0138
	束	ɕ	1363	.0164
	祝	ts	678	.0082
	烛	ts	79	.0009

　　在麻晓芳(2007)的调查中,这些字东港郊区椅圈镇的老派都读舌面音,在我们的调查中可以看出市区老派读舌面音的字在逐渐减少,特别是低频字一般读舌尖音,这种变化正在进行中。

2.2 新派的读法

在调查老派"知庄章"声母调查的基础上,对东港职业中学的 40 位本地学生进行了进一步的调查,在这 40 位学生分别来自东港市区和郊区的各乡镇。新派的调查我们使用的是简表,对来自假开三、止开三、山开三、梗开三和遇合三以及通摄合口的"知庄章"声母字进行调查,共调查了车、社、初、猪、煮、知、纸、时、舌、说、石、出、叔、熟、束、适、尺、食等 18 个常用字。

调查中发现年轻人"知庄章"声母字的读法出现了新的变化,一方面读舌面音的字正趋于消失,另一方面,还有一部分字由舌尖音或舌面音开始变为卷舌音 tʂ、tʂʰ、ʂ。这种变化在不同的发音人口中表现不完全相同,特别在郊区和市区的学生中有所差异。

表 2　新派"知、庄、章"部分字的读法

地域	性别 人数			ts 组、tʂ 组、tɕ 组 人数、比例		ts 组、tʂ 组 人数、比例	
郊区	30 人	男	18	16	88％	2	11％
		女	12	10	80％	2	20％
市区	10 人	男	5	1	20％	4	80％
		女	5	0	0％	5	100％

从表中可以看出 80％的郊区学生"知庄章"声母分为 ts 组、tʂ 组、tɕ 组三种读法,而来自市区的 10 个学生中只有 1 人有三种读法,市区其他学生只有 ts 组、tʂ 组两种读法。这说明假开三、止开三、山开三、梗开三和遇合三以及通摄合口的"知庄章"声母字在新派中正在发生"舌面音→舌尖前音→舌尖后音"的变化,在市区新派中只有个别字还保留着舌面音的读法,已经是一种濒临消失的读法。同时,从表中还可以看出,不管是在市区还是在郊区,女性语音的变化都比男性更快。

郊区 30 位学生来自东港各乡镇,除来自长安、合隆两个乡镇的 4 个发音人外,其他人简表中的字声母的读法可分为舌面音、舌尖音和卷舌音三类,此外,还有些字可以两读甚至三读,比如:"出"可以读"tɕʰy、tsʰu、tʂʰu",不同的发音以自由变读的形式存在,这反映出"知庄章"声母的变化在郊区正处于快速的变化过程中,导致一字多读的变读情况比较多。那么哪些字还保留着舌面音的读法,哪些字已经变成了与普通话相同的卷舌音,在声母的变异中是否有一定的规律呢?

从郊区学生的调查结果看,保留舌面音 tɕ、tɕʰ、ɕ 读法的字主要集中在"猪""叔""熟""煮"等几个合口韵字。开口韵字保留舌面音读法的比较少,在 26 位保留着舌面音的学生中,有 20 位合口韵字中有"tɕ、tɕʰ、ɕ"的读法,这种情况也许反映出"知庄章"声母由 tɕ 到 ts/tʂ 变化的过程中,合口韵字更为保守。

三 "知庄章"声母变异的原因和特点

"知庄章"声母在东北官话及普通话中只有一种读法,而在胶辽官话登大部分方言中有两种读法。胶辽官话存在两种读法的方言点根据其读音可分为牟平型、荣成型、长岛型三种类型。东港方言老派的读法反映出胶辽官话的影响,新派则反映出东北官话和普通话的影响。我们可以结合老派的读法对照胶辽官话、东北官话、普通话进行简单的对比。

表3 东港方言"知庄章"读法与普通话及其他方言的对比

中古音		东港方言（老）	胶辽官话			东北官话 沈阳	普通话
			牟平	长岛	荣成		
知组	开口二等	Ts 组	Ts 组	Ts 组	Tʂ 组	Ts 组	Tʂ 组
	开口三等	Ts 组	Tɕ 组	Tʃ 组	Tʃ 组	Ts 组	Tʂ 组
	合口三(除遇摄)	Ts 组	Ts 组	Ts 组	Tʂ 组	Ts 组	Tʂ 组
	合口三(遇摄)	Tɕ 组/Ts 组	Tɕ 组	Tʃ 组	Tʃ 组	Ts 组	Tʂ 组
	庄组	Ts 组	Ts 组	Ts 组	Tʂ 组	Ts 组	Tʂ 组
章组	开三止摄	Ts 组	Ts 组	Ts 组	Ts 组	Ts 组	Tʂ 组
	开三除止摄	Tɕ 组/Ts 组	Tɕ 组	Tʃ 组	Tʃ 组	Ts 组	Tʂ 组
	合三遇摄	Tɕ 组/Ts 组	Tɕ 组	Tʃ 组	Tʃ 组	Ts 组	Tʂ 组
	合三除遇摄	Ts 组	Ts 组	Ts 组	Tʂ 组	Ts 组	Tʂ 组

从表中可以看出,东港方言"知庄章"声母老派分读两类的读法与胶辽官话登连片各点分类情况一致,从具体音值看与牟平型最接近,这种情况说明了东港方言早期在山东移民的影响下带有明显的胶辽官话的特点。

现在东港方言的声母正处于剧烈的变化中,这种变化由新派到老派,由市区到郊区扩散,使方言声母越来越接近普通话。

从字音变化的过程看,变化从"知庄章"声母中最能代表方言特色的 tɕ、tɕʰ、ɕ 开始,变化以词汇扩散的方式从低频词到高频词逐步扩散,最终完成"tɕ、tɕʰ、ɕ→tʂ、tʂʰ、ʂ"的变化。

变化可以分为几个不同的阶段。我们认为郊区老派可以代表变化的初始阶段,市区老派代表变化的第二个阶段,这个阶段声母从 tɕ、tɕʰ、ɕ 变为 ts、tsʰ、s,跟东北官话更接近,东港处于胶辽官话的边缘,与周边的东北官话深度接触,在频繁的接触中,中、老年人的方言发生了变化,东港方言的声母与东北官话差异最明显的部分就体现在"知庄章"声母的读法上,这部分声母的读法开始向东北官话靠拢。

郊区新派的读音可以代表变化的第三个阶段,声母完成"tɕ、tɕʰ、ɕ→ts、tsʰ、s→tʂ、tʂʰ、ʂ"的变化。

市区新派的读音可以代表变化的第四个阶段,声母从 ts、tsʰ、s 变为 tʂ、tʂʰ、ʂ,从变化的方向看,新派读音更接近普通话,新派和老派"知庄章"声母都在变异,但是变异的方向不同,老派主要受东北官话的影响,新派的发音更多地受到普通话的影响。

东港在辽宁省是个经济发展比较迅速的沿海城市,开放程度较高,而周边东北官话的几个城市经济地位不如东港,与东北官话相比,东港的年轻人更能接受普通话,所以新派东港话在东北官话和普通话的双重影响下,处于方言混合状态,在变异中声母的读法显得比较混乱,特别是郊区新派的读音中很多字处于自由变读状态,在不同的词语或不同的发音人口中读法不同,目前这部分声母的读法正处于无序变异中,在普通话的强大影响下,这部分字的读法会从无序变异发展到有序变异。

tʂ、tʂʰ、ʂ 作为东港方言声母中的异质成分取代"知庄章"声母中的 tɕ、tɕʰ、ɕ 的变化在东港方言中还没有完成,在这个变化过程中,我们可以看到东港方言在胶辽官话、东北官话、普通话的影响下近几十年来处于剧烈变化中。胶辽官话分布在东北地区的方言点,主要是盖桓小片,还有登连片的几个方言点,除庄河方言外,其余地区"知庄章"声母都不存在对立,基本都是舌尖音,这种读法在东北地区普遍存在,我们认为胶辽官话盖桓片的这种读音既与东北方言的影响有关,也受到语言系统内"庄"组类化的影响。

四 余 论

语音的变化既会受到内部因素的制约,也会受到外部因素的影响,东港方言中卷舌声母的借入并不符合音系经济性的原则,而且卷舌声母发音更费力,可以说这种变异主要是方言接触引发的,是在外部因素的影响下形成的,随着普通话的进一步普及,声母的变化会最终完成。

东港方言在移民的背景下形成,早期阶段不同来源的移民方言相互混合,形成了带有明显胶东方言特征的混合方言。方言形成以后处于胶辽官话与东北官话交界地带的东港方言既受到东北话持续不断的影响,又受到普通话的冲击,方言处于迅速的变异中。

参考文献

William Labov. Principles of Linguistic Change:Social Factors(语言变化原理社会因素)[M].影印本.北

京：北京大学出版社，2007.

陈松岑.语言变异研究[M].广州：广东教育出版社，1999.

范立君.近代东北移民与社会变迁(1860—1931)[D].杭州：浙江大学，2005.

何大安.规律与方向——变迁中的音韵结构[M].北京：北京大学出版社，2004.

贺巍.东北官话的分区(稿)[J].方言，1986(3):172—181.

李荣.官话方言的分区[J].方言，1985(1):2—5.

李荣.汉语方言的分区[J].方言，1989(4):241—259.

罗福腾.胶辽官话研究[M].山东：山东大学，1998.

麻晓芳.东港方言语音研究[D].天津：南开大学，2007.

潘晓东.东港方言语音研究[D].沈阳：辽宁师范大学，2004.

钱曾怡.古知庄章声母在山东方言中的分化及其跟精见组的关系[J].中国语文，2004(6):536—544.

桑宇红.《中原音韵》知庄章声母研究中的几个问题[J].语言研究，2009(3):58—61.

宋学.辽宁方言语音说略[J].中国语文，1963(2).

许敬文.东沟县志[M].沈阳：辽宁人民出版社，1996.

熊正辉，张振兴.汉语方言的分区[J].方言，2008(2):97—108.

游汝杰，邹嘉彦.社会语言学教程[M].上海：复旦大学出版社，2009.

游汝杰.方言接触和上海话的形成[M]//语言接触论集.上海：上海教育出版社，2004.

余志鸿.语言接触与语言结构的变异[J].民族语文，2000(4):23—27.

曾晓渝.语音历史探索——曾晓渝自选集[M].天津：南开大学出版社，2005.

张世方.东北方言知系声母的演变[J].汉语学报，2009(1):5—21.

张树铮.胶辽官话的分区[J].方言，2007(4):363—371.

混合效应模型与语言研究

孙锐欣[*]

华东师范大学中文系语言认知与演化实验室

一 绪 论

混合效应模型(mixed effects models),又称为分层模型(hierarchical models),是对数据进行统计分析的重要方法。就模型的归属而言,混合效应模型属于稍微有些复杂的回归分析模型,与后者相比,前者在分析数据的时候区分了固定效应和随机效应,混合效应模型的名称也正源于此。吴诗玉(2019:236)认为 R.H. Baayen 等在 2008 年发表的文章 *Mixed-effects Modeling with Crossed Random Effects for Subjects and Items* 是语言学学术圈接受混合效应模型的标志。近几年来,语言学归属于科学这样的理念获得了越来越多的学者的认同,越来越多的语言学研究者使用各种数据分析方法分析语言现象,在这个大背景下,混合效应模型也获得了更多的关注。本文尝试从回归分析模型开始过渡到混合效应模型,以较为浅显的方式梳理混合效应模型的基本内容,并尝试用混合效应模型分析声调的调形。

二 回 归 分 析

在了解混合效应模型之前,有必要先看一下回归分析(regression analysis)。回归分析最初是英国统计学家 F. Galton(1822—1911)于 1885 年在研究了人类亲子身高的关系之后提出的概念;其后,K. Pearson 和 G. U. Yule 完善了回归分析的数学理论[①]。F. Galton 观测了 928 对夫妇以及每对夫妇的一个成年子女的身高数据。以夫妇平均身

---

* 作者电子邮箱:soonrx@hotmail.com。

① 相关内容引自于数学百科网站 https://encyclopediaofmath.org/wiki/Galton,_Francis/。

高为横坐标,以子女的身高作为纵坐标,作散点图,并且用一条直线拟合亲子两代身高的关系。相关的研究数据见于 R 语言程序包 UsingR 中的数据集 galton,原始数据的计量单位是英寸。身高数据的散点图如图 1,在这个图中,重叠的点做了扰动处理,以便它们都能被显示出来;直线是拟合出来的直线;图中的大椭圆包围了 95％的数据,小椭圆包围了 50％的数据。

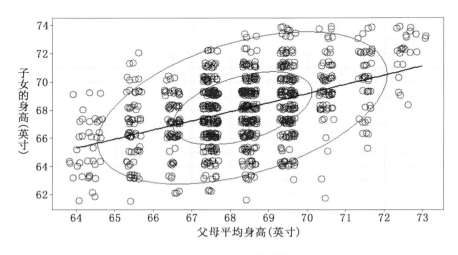

图 1　F. Galton 身高数据散点图

研究发现如果夫妇二人的平均身高很高,那么他们的子女的身高要比父母的平均身高矮一些;而如果夫妇二人的平均身高很矮,那么他们的子女的身高就会比父母的平均身高要高一些。综合全部数据的情况来看,仿佛子代的身高有向前述散点图中的直线靠拢的趋势,因此 F. Galton 用"回归"(regression)这个词来描述子代身高与亲代身高的关系。随着回归分析的数学理论的发展,现代的回归分析不再具有最初的回归的意义,但是回归这个名称却保留了下来。正因如此,回归分析的原理不能简单地通过"回归"这个词的字面意义去理解。

一般来说,回归分析是确定两个或两个以上变量之间相互依赖的定量关系的一种统计分析方法。以简单的一元线性回归分析为例,利用已知的一系列观测数据 x_i 和 y_i（其中 i 属于区间 $[1, N]$,而 N 是所观测的对象的数量）,经过计算,得出公式 $\hat{y}_i = \hat{\beta}_0 + \hat{\beta}_1 x_i$ 中的 $\hat{\beta}_0$ 和 $\hat{\beta}_1$ 的值,于是可以得到模型 $Y = \beta_0 + \beta_1 X + \varepsilon$。在这个模型中,$\varepsilon$ 是残差,模型系数的计算原理以及残差的意义在此不做讲述。

这里有个符号方面的问题需要说明一下,即公式中置于字母上面符号"∧",在英文中是 hat,但是在国内人们通常依据其符号形状呼之为"尖",于是"$\hat{y}$"就是"y 尖"。$\hat{y}$ 的意义有两个,分别对应两个过程,第一个过程是使用原始观测数据推算公式系数,第二个过程是使用已经构建的模型推测新的自变量对应的因变量[①]的结果。对于第一个过程来说，第 i 次观测的自变量的取值 x_i 有可能跟另一次观测的自变量 x_j 取值相同，但是第 i 次观测的因变量的取值 y_i 却不一定跟 y_j 相同。以前述身高的研究为例，假如三对夫妇身高的平均值都是 178 cm，而这三对夫妇的子女的身高则是 177 cm、179 cm、180 cm，由于公式中的 $\beta_0 + \beta_1 x$ 部分在 x 的取值相同时只能对应一个因变量 y 的值，所以在计算公式系数 β_0 和 β_1 的时候，只能对自变量取值相同而因变量取值不同的那些 y 值计算平均数，然后把这个平均数带入到公式 $\hat{y} = \hat{\beta}_0 + \hat{\beta}_1 x$ 中去求解 $\hat{\beta}_0$ 和 $\hat{\beta}_1$ 的值。所以对于第一个过程来说，$\hat{y}$ 的意思是平均数（因此 $\hat{y}$ 有另一个称呼就是"y 均"）。对于第二个过程来说，是利用已经计算出来的 $\hat{\beta}_0$ 和 $\hat{\beta}_1$ 的值以及原始观测数据中不存在的 x 值求得新的 y 值，此时 $\hat{y}$ 的意思是"估测值"。需要注意的是，由于 $\hat{\beta}_0$ 和 $\hat{\beta}_1$ 的值也是经过运算得出来的，所以它们也属于估测值，因此在正式的公式中，β_0 和 β_1 也都带着帽子符号"ˆ"（为了简便起见，后文不再使用这个帽子符号）。

回归分析的计算目的大致上有三个，第一个目的就是获得模型本身，即获取 β_0 和 β_1 的值。第二个目的是利用计算所得的 β_0 和 β_1 的值，以及公式 $y = \beta_0 + \beta_1 x$ 作预测分析。比如根据刚过去的 20 年的经济指标数据预测第 21 年的经济指标。第三个目的是利用 β_0 和 β_1 的值观察 x 和 y 之间的关系，比如一项研究发现人们说话时平均的基频跟年龄之间存在这样的回归关系 frequency $= 260 - 0.9$ age，也就是说根据这一回归分析的计算结果可以得出结论"年龄每增加一岁，则说话时的平均基频降低 0.9 Hz"。显然，第三种目的对于语言学研究来说意义比较大，比如当因变量是 HSK 成绩而自变量是学习汉语的年限时，可以得到学习年限对 HSK 成绩的影响程度。

在实际作研究的时候，经常使用的是多元线性回归分析（Multiple Linear Regression）。多元线性回归分析与简单的一元回归分析的不同之处在于，前者可以把很多因素（即自变量）加入回归分析中，并且参与运算的因素允许是非数值型的，比如性别、班级、籍贯等，也可以加入计算之中。于是，可以构建复杂回归分析模型，如：

$$\text{HSK 成绩} = \beta_0 + \beta_1 \times \text{性别} + \beta_2 \times \text{学习年限} + \beta_3 \times \text{开始学习汉语时的年龄}$$

用这个模型来分析性别、学习年限、开始学习汉语时的年龄对 HSK 成绩的影响情况。需要注意的是，如果一项研究本质上有很多因素影响因变量，而在分析数据的时候仅仅使用单因素回归模型进行分析，那么得到的结果很有可能与考虑多因素的模型有天壤之别。

下面依然以 F. Galton 的身高数据为例，看一下简单的回归分析的程序和结果。本文的 R 语言程序是在版本 4.0.2 上面运行的。

---

① 此处"自变量、因变量"是较为一般性的术语，在回归分析领域，常把自变量称为预测变量，把因变量称为响应变量。

程序 1

```
install.packages("UsingR")
library(UsingR)
galtonLM<-lm(child~parent, data=galton)
summary(galtonLM)

galtonPT<-predict(galtonLM, newdata = data.frame(parent=74),
    interval="prediction", level=0.95)
```

程序 1 的语句 summary(galtonLM)的运行结果

Call：
lm(formula=child~parent, data=galton)
Residuals：

Min	1Q	Median	3Q	Max
−7.8050	−1.3661	0.0487	1.6339	5.9264

Coefficients：

	Estimate	Std. Error	t value	Pr(>|t|)
(Intercept)	23.94153	2.81088	8.517	<2e−16 ***
parent	0.64629	0.04114	15.711	<2e−16 ***

- - -
Signif. codes： 0 ′ *** ′ 0.001 ′ ** ′ 0.01 ′ * ′ 0.05 ′.′ 0.1 ′ ′ 1
Residual standard error：2.239 on 926 degrees of freedom
Multiple R-squared：0.2105,　　Adjusted R-squared：0.2096
F-statistic：246.8 on 1 and 926 DF,　p-value：< 2.2e−16

　　由程序 1 的运行结果可知，截距项（Intercept）和自变量 parent 的斜率项都是显著的（$p<0.05$）。于是得到一个回归模型（Regression Model）：

$$子女身高＝23.94＋0.65×父母平均身高$$

并且由这个模型可知，如果一对父母的平均身高比另一对父母的平均身高高出 1 英寸，那么前者的子女的身高可能比后者子女的身高高出 0.65 英寸。又，根据这个模型，可以估算原始数据集中不存在的自变量对应的因变量，例如当父母二人的平均身高为 74 英寸的时候，直接根据模型计算可得子女身高为 72.04 英寸；当然，更好的做法是利用统计算法获得子女身高的估计值和置信区间，对于此处设定的父母二人的平均身高为 74 英寸来说，使用函数 predict()即可得到子女身高的估计值为 71.77 英寸，置信区间为 67.35～76.19 英寸。

　　一般来说，严格的回归分析还要检视残差是否属于正态分布、决定系数 R-squared（即 R^2）是否符合规定等。在本例中 R-squared 很低，只有 0.2105，说明当前的直线模型跟原始散点数据的拟合情况不太好，这一点通过图 1 就能看出来，原始数据本来就比较分散，并不是集中分布在一条直线附近的。但是，这个回归模型在反映子代身高与亲代身高的数值关系方面还是有效的，也就是说根据原始数据估测出来的斜率值 0.65 是有价值的。

三　对实验研究中的变量的深入分析

为了从回归模型过渡到混合效应模型,在此使用网络流行度很高的数据集 politeness,这是 B. Winter 在 2013 年研究说话声音的音高频率①跟说话态度的关系时获得的数据,数据文件为 politeness_data.csv②。这个数据集的结构包括五个字段(对应数据集中的每一列数据,也可称之为变量):被试(subject)、性别(gender)、情景(scenario)、态度(attitude)、频率(frequency)。其中被试一共有六人,分别标示为 F1、F2、F3、M3、M4、M7;性别有两类:F 和 M;情景有七种,分别标示为数字 1、2、3、4、5、6、7;态度有两种:pol(polite,礼貌的)、inf(informal,随便的);频率则属于数值型数据,最小值是 82.2 Hz、最大值是 306.8 Hz。需要指出的是,在这个数据集里没有出现变量"年龄"(age),这是因为此处的实验所用被试太少,导致变量 subject 和变量 age 具有很强的相关性,把它们同时引入计算环节会导致错误的结果,故而这个数据集里没有变量"年龄"。

这个示例实验的研究目的是分析影响说话声音的频率的因素,以及各个因素影响话音频率的程度。由此可知,因变量是频率,潜在的可以用作自变量的是态度、性别、情景、被试。先来分析一下各个变量的情况:

(1)态度 attitude,这个变量的意义和取值是由研究者设定的,是研究者感兴趣的变量,期待获得这个变量对因变量的影响方式。也许由另一位研究者研究相同的论题可能会有不同的设定,但是就现在的数据集而言,attitude 这个变量,只有两种取值 pol 和 inf,并且对于一次观测来说,因为事先做了实验设计,所以 attitude 的取值在目标实验进行之前就已经知道了。

(2)性别 gender,这个变量的意义和取值都浅显易懂,以人类为被试的研究都可能会用到性别变量,并且性别这个变量的取值就只有"男""女"两种。任何以人类为被试的实验,虽然参加实验的被试是随机的,不确定的,但是性别这个变量是确定存在的,不是随机的。在一些研究中,性别是研究者所关注的自变量,但是在另一些研究中,性别可能不重要。

(3)情景 scenario,这个变量的取值有七种,在进行实验设计的时候设定每种态度都有七种情景,根据 B. Winter 的举例可知,七种情景包括"请求帮助"(asking for a favor)、"为迟到而道歉"(excusing for coming too late)等。做实验的时候,在每一个试次里告知被试要采用哪种 attitude,然后给定七个场景之一,被试需要根据要求设想一种可能发生的情节,完成任务。由此可见,变量 scenario 本质上就是在一个试次里呈现给被试的条目

---

① 频率是一个多义词,既可以指频繁程度,也可以指声音频率,甚至可以描述语速,本文中的"频率"都是指声音频率。
② 这一数据集的原始下载网址是 http://www.bodowinter.com/tutorial/politeness_data.csv,一个可以使用的下载网址是 https://github.com/usplos/Eye-movement-related/blob/master/politeness_data.csv。

(item)，也就是相当于行为实验的刺激信号。又或者说变量 scenario 好像是考试中的一道道试题，理论上有无数道试题可供使用，而数据集对应的实验只选取了七道题而已。由此可见，变量 scenario 跟前述的两个变量 gender 和 attitude 都不同，变量 scenario 的取值没有也不可能穷尽所有的可能性，只是选择了很少的几种情况。

（4）被试 subject，这个变量的取值完全不是在实验设计阶段就能确定的，而是在具体的实验实施前才去寻找和确定被试的，并且理论上被试可以由符合要求的任何人担任，所以在数据集里出现的被试只是偶然出现在了实验里，具体参加实验的那些个人的表现并不是研究者关心的。

表 1 对比了数据集里的全部变量。在潜在的可以用作自变量的四个变量中，变量 gender 和 attitude 是可以在实验设计阶段就考虑到需要遍历所有的可能的取值的，因为研究的目的就是为了考察变量 gender 和 attitude 是否会影响话音频率。而变量 scenario 和 subject 则不属于这种情况，尤其是变量 subject，参与一次实验的一批人，大概率不会参与另一次相同的实验，甚至研究者也不希望参加过一次实验的人再次参加相同的实验，研究者根本就不会有兴趣去研究特定的被试是否会对因变量产生影响。同理，变量 scenario 也是一样，"为迟到而道歉"可以替换为"为踩到对方的脚而道歉""为打扰到对方而道歉"等无数种情景，而实验的时候使用"为迟到而道歉"作为变量 scenario 的一个值纯属偶然，而研究者也不会有兴趣去研究几个特定的情景是否会对因变量产生影响。

表 1

变量	变量取值获得确认的时间	设计实验时是否遍历所有可能的取值	是否是研究者感兴趣的变量
attitude	实验设计阶段	是	是
gender	实验开始前	是	不一定
scenario	实验设计阶段	否	否
subject	实验开始前	否	否
frequency	实验后	（因变量不涉及此项）	是

综合起来说，因变量之外的四个变量中，变量 attitude 是研究者感兴趣的，变量 gender 有可能是研究者感兴趣的。研究者希望通过实验知晓自己感兴趣的变量对话音频率的影响情况。而变量 subject 和 scenario 不是研究者感兴趣的，因为这些变量的取值有很大的随机性，并且在研究中不可能遍历所有的取值（以被试为例，任何研究都不可能遍历世界上所有的人）。对于这两个变量的处理有两种方式，其一是既然它们并不被研究者所重视，那么索性一开始就不去记录这两个变量，这就相当于假定被试 subject 和情景 scenario 是匀质的，不同被试、不同的情景对因变量的影响是均匀的，没有什么不同。其二是考虑这两个变量有可能会以自己的方式影响因变量。变量 subject 和 scenario 的真实作用，在图 2 和图 3 中作了呈现。图 2 所示为六个不同被试对话音频率的影响情况，

图 3 是不同情景对话音频率的影响。

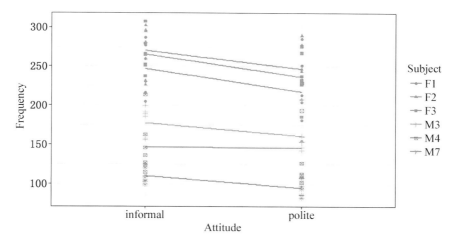

图 2 不同被试对话频率的影响

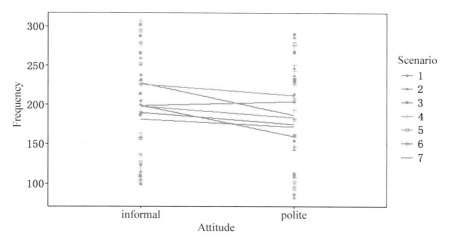

图 3 不同情景对话音频率的影响

图 2 所呈现的情形符合社会的实际情况,即参加实验的人并不是匀质的,不同的人对话音频率的影响还不小。比如所有的被试在变量 attitude 取值为"inf"的时候,话音频率的高低完全不同,而当变量 attitude 取值为"pol"时,每位被试话音频率的转变程度也不一样,在所有六位被试中,男性被试 M4 的话音频率基本上不随变量 attitude 发生变化。这些情况说明虽然被试的不同个体对因变量的影响力不在研究者的考虑之中,但是这种影响力是实实在在存在的。

图 3 是不同情景对话音频率的影响,由图可见情景的影响力也是存在的。虽然如前所述,不同的被试、不同的情景都会影响话音频率,但是却不能把变量 subject 和 scenario 跟变量 gender 和 attitude 等量齐观,因为这么做不符合最初的研究逻辑。如前所述,参加

实验的被试只是偶然出现在了实验里，具体参加实验的那些个人的表现并不为研究者所关心。同理，在实验过程中需要被试做出反应的那些情景有无数的可替换项，在当前实验里所用到的情景同样是偶然出现在了实验里。再者，这里用作示例的实验中只有六个被试和七个情景，但是大量的真实实验中，被试和类似情景的用于不同试次的条目的数量都很大，不可能也没必要重点关注这类变量对因变量的影响。

总之，现在的情况是，虽然不同的被试、不同的情景都会影响话音频率，但是变量 subject 和 scenario 跟变量 gender 和 attitude 的意义和价值完全不同。如何以适当的方式把变量 subject 和 scenario 加入计算过程中去是需要解决的问题。

四　混合效应模型

解决前述问题的方法，就是根据变量的不同情况，确定变量的不同地位，把类似于变量 attitude 和 gender 的那些变量设定为重点关注的固定效应（fixed effects）；把类似于变量 subject 和 scenario 的那些变量设定为虽然不是重点关注但是也期望考虑其影响的随机效应（random effects）。因此需要使用另一个模型 $Y = \beta_0 + \beta_1 X + rZ + \varepsilon$，在这个模型里，存在一个表示随机效应的部分 rZ。

接下来，首先看一种具有对比价值的分析方法，即把四个变量 attitude、gender、subject、scenario 都看作是固定效应，然后采用常规的回归分析方法做分析，程序 2 提供了这种分析方法和运算结果。

程序 2
♯ 此处略去读取数据的程序段 plmodel1<－lm(frequency~attitude＋gender＋scenario＋subject,data＝politeness) summary(plmodel1)
程序 2 的语句 summary(plmodel1) 输出的计算结果的部分内容

Coefficients：（1 not defined because of singularities）

	Estimate	Std. Error	t value	Pr(>|t|)
(Intercept)	249.264	10.587	23.543	<2e−16 ***
attitudepol	−19.492	6.392	−3.049	0.00317 **
genderM	−129.857	10.999	−11.806	<2e−16 ***
scenario	−1.871	1.598	−1.171	0.24549
subjectF2	26.150	10.999	2.377	0.01998 *
subjectF3	18.700	10.999	1.700	0.09325
subjectM3	66.800	10.999	6.073	4.78e−08 ***
subjectM4	42.761	11.214	3.813	0.00028 ***
subjectM7	NA	NA	NA	NA

由程序 2 的计算结果可知, 变量 scenario 的显著性检验结果的 p 值为 0.24549, 大于 0.05, 说明这个变量对因变量没什么统计学上显著的影响力。其余的三个变量都对因变量有显著的影响力(计算结果 Pr(>|t|)的值小于 0.05)。但是正如前面所述, 把变量 subject 设定为固定效应是不符合研究逻辑的, 那些被试只是因为偶然因素才进入了实验环节, 并不是需要固定在实验里的因子。另一方面, 根据程序 2 的计算结果, 可知当被试的态度由"随意"变为"礼貌"时, 话音频率平均降低 19.5 Hz;而被试间由性别差异引发的频率差异则是男性话音频率比女性低 129.9 Hz。又, 计算结果中 attitudepol (意为当变量 attitude 取值为 pol 时)最后有两个星号, 而 genderM 最后标注了三个星号, 说明性别对话音频率的影响力更大, 这个结果也说明了如果不做实验, 也不对数据做统计分析, 仅仅凭借直觉印象, 那么礼貌与否对话音频率的影响会被性别对话音频率的影响所遮蔽, 而通过实验和数据分析才有效地区分了不同因素造成的话音频率的改变。

程序 3
plmodel3 <− lm(frequency ~ attitude+gender, data=politeness) summary(plmodel3)
程序 3 的语句 summary(plmodel3) 输出的计算结果的部分内容

Coefficients:

	Estimate	Std. Error	t value	Pr(>|t|)
(Intercept)	256.762	6.756	38.006	<2e−16 ***
attitudepol	−19.553	7.833	−2.496	0.0146 *
genderM	−108.349	7.833	−13.832	<2e−16 ***

程序 3 是在仅保留变量 attitude 和 gender 作为固定效应的情况下得到的结果, 当被试的态度由"随意"变为"礼貌"时, 话音频率平均降低 19.6 Hz;而被试间由性别差异引发的频率差异则是男性话音频率比女性低 108.3 Hz, 这个结果跟程序 2 的计算结果有很大差异。由于程序 3 的计算过程去除了变量 subject 和 scenario, 因此这个回归模型在研究逻辑方面没有问题了, 但是新的问题是, 已经发现了被试会影响因变量的结果(见图 2), 然而进行数据分析的时候却又不考虑其影响, 所以程序 3 的回归模型并不完美。

为了解决前述"不完美"的问题, 可以把变量 subject 和 scenario 加入计算过程中, 但是又不让这两个变量获得跟变量 attitude 和 gender 一样的地位, 因此可以使用混合效应模型来解决问题。简单地说, 混合效应模型就是综合考虑固定效应和随机效应的回归分析模型。固定效应就是研究者感兴趣的那些自变量, 希望通过计算分析, 找到固定效应跟因变量之间的关系;随机效应则不是研究者重点关注的自变量, 但是这些变量对因变量会产生影响。当然,事情没有绝对的,如果研究者就是对特定的几个人、特定的试次条目感兴趣,那么这些变量就应该设定为固定效应。总体来说,因为研究的旨趣不同,对固定效应和随机效应的设定是不同的。有统计专家提出,心理学者更推荐使用随机效应模型,而经济学者基本都用固定效应模型①。可见不能机械地、教条地设定固定效应和随机效应,应该紧密结合所研究的论题选择合适的模型。

程序 4

```
plmodel6 <- lmer(frequency ~ attitude + gender + (1|subject) + (1|scenario),
    data=politeness)
summary(plmodel6)
```

程序 4 的语句 summary(plmodel6)输出的计算结果的部分内容

Random effects:

Groups	Name	Variance	Std.Dev.
scenario	(Intercept)	219.5	14.81
subject	(Intercept)	615.6	24.81
Residual		645.9	25.41

Number of obs: 83, groups: scenario, 7; subject, 6

Fixed effects:

	Estimate	Std. Error	t value
(Intercept)	256.846	16.116	15.938
attitudepol	-19.721	5.584	-3.532
genderM	-108.516	21.013	-5.164

程序 4 是混合效应模型的计算程序和运行结果,程序中写法独特的部分"(1|subject)"就是混合效应回归计算函数 lmer( )所要求的表示随机效应的写法。这个写法概括起来说就是"express | factor",其中竖线左边的 express 是随机斜率,竖线右边的 factor 是随机截距。此处讨论的问题中,变量 subject 和 scenario 属于交叉关系,所以分列在两个括号里。如果两个变量是嵌套关系,比如有来自不同班级的被试,那么被试跟班级之间就存在嵌套关系。具体到此处的 R 语言表达式"(1|subject)",只考虑了变量 subject 对截距的随机效应。

在程序 4 的计算结果中,既有随机效应又有固定效应。根据随机效应的计算结果可知被试的差异对话音频率的影响比较大,方差值 615.6,而情景差异对话音频率的影响比较小,方差值 219.5。在固定效应方面,对比程序 4 和程序 3 的结果可见,截距项和两个固定效应变量的系数值有细微的变化。

---

① 见知乎 https://zhuanlan.zhihu.com/p/60528092。

程序 5

```
plmodel7 <— lmer(frequency ~ attitude + gender + (1|subject) + (1|scenario),
    data=politeness, REML=FALSE)
plmodel8 <— lmer(frequency ~ gender + (1|subject) + (1|scenario),
    data=politeness, REML=FALSE)
anova(plmodel7, plmodel8)
```

程序 5 的语句 anova(plmodel7, plmodel8) 输出的计算结果的全部内容

Data：politeness
Models：
plmodel8: frequency ~ gender + (1 | subject) + (1 | scenario)
plmodel7: frequency ~ attitude + gender + (1 | subject) + (1 | scenario)

	npar	AIC	BIC	logLik	deviance	Chisq	Df	Pr(>Chisq)
plmodel8	5	816.72	828.81	−403.36	806.72			
plmodel7	6	807.10	821.61	−397.55	795.10	11.618	1	0.0006532 ***

\- - -
Signif. codes: 0 ′*** ′ 0.001 ′** ′ 0.01 ′* ′ 0.05 ′.′ 0.1 ′ ′ 1

在程序 4 中,固定效应既有 attitude 又有 gender,如果想知道变量 attitude 对话音频率 frequency 是否有显著影响,可以使用程序 5 进行检验。在程序 5 中,运算过程设置参数 REML=FALSE,并且模型 plmodel8 比模型 plmodel7 减少了变量 attitude。计算结果表明变量 attitude 有显著效应,模型 plmodel7 的 p 值为 0.0006532,远小于 0.05,并且获得了三颗星的标记。这个计算结果可以记为"态度对话音频率有显著影响,($\chi^2(1)=11.62$, $p=0.00065$),态度从随意到礼貌会导致话音频率下降 19.7 Hz±5.6 Hz(标准差)"。总之,根据前面的计算和分析,可以看出使用混合效应模型的前提是在当前研究的框架内合理区分固定效应变量和随机效应变量,然后利用混合效应模型计算和分析因变量受到的固定效应和随机效应的影响的详细情形。

五　使用混合效应模型分析普通话声调调形的曲拱度

曲拱(contour)是声调调形的特征,有水平、上升、下降、下凹、上凸等形式。在诸多的形式中,有直线和曲线,需要特别指出的是,水平的直线形调形应该归入曲拱调形之中,属于曲拱度等于零的特殊曲拱。为了用统计分析的方法观察调形的曲拱度,需要解决的问题是只用一个因变量描写曲拱度,为了解决这个问题,在此使用图 4 的方法。

现在,在分析声调的时候,通常对单个音节的基频曲线以等时间间隔的方式取十个观测点。在图 4 中呈现了某个音节的十个观测点,重点关注其中的三个点,即第二个观测点、频率最低的观测点、频率最高的观测点。之所以选择第二个观测点,是因为第一个观

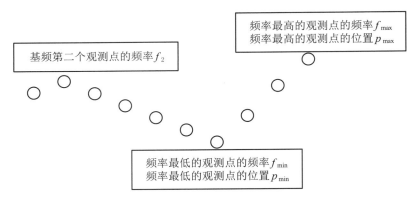

图 4　涉及音节基频等时长观测点的几个变量

测点的频率波动幅度较大，在后续的计算中，第一个观测点也不参加计算。然后使用如下的公式计算曲拱度：

$$\text{Contour} = (f_2 - f_{\min}) * (p_{\min} - 2) + (f_2 - f_{\max}) * (p_{\max} - 2)$$

在这个曲拱度计算公式中，$f_2 - f_{\min}$ 是第二个观测点与频率最低的观测点的频率差值，$f_2 - f_{\max}$ 是第二个观测点与频率最高的观测点的频率差值。$p_{\min} - 2$ 是频率最低的观测点的位置减 2，$p_{\max} - 2$ 是频率最低的观测点的位置减 2，这两项作为前述差值的加权。频率最低或者最高的观测点距离第二个观测点越远，加权值就越大；频率最低或者最高的观测点距离第二个观测点越远，加权值就越小。

对于差值 $f_2 - f_{\min}$ 来说，如果频率最低的观测点与第二个观测点重合，那么这个差值就是 0，如果频率最低的观测点不是第二个观测点，那么这个差值肯定大于 0。对于差值 $f_2 - f_{\max}$ 来说，如果频率最高的观测点与第二个观测点重合，那么这个差值就是 0，如果频率最高的观测点不是第二个观测点，那么这个差值肯定小于 0。进一步，根据这个 Contour 计算公式，如果调形是水平的直线，那么曲拱度 Contour 的值接近于 0；如果调形是单调上升的直线，那么曲拱度 Contour 的值小于 0；如果调形是单调下降的直线，那么曲拱度 Contour 的值大于 0。如果调形是先下降再上升，由于上升段在后面，所以上升段的权重比较大，受此影响，Contour 的值小于 0，但是程度弱于单调上升的情形（此处"程度弱"的意思是绝对值小）；如果调形是先上升再下降，下降段的权重比较大，因此 Contour 的值大于 0，但是程度弱于单调下降的情形。

在对调形曲拱度实验数据做统计分析的时候，实验过程跟传统的声调实验类似，实验之后获得的数据如表 2，为了便于显示，表中略去了从 Point3 到 Point10 这些点的情况。每个例字的每一次发音的数据都在一行之内。然后，把前述公式用于计算单独一行的数据，如此一来相当于在整个数据表中增加了一个新的字段 Contour，这个字段的每一行的值就是由公式计算得来的。接下来再做统计分析的时候就以这个字段为因变量。

表 2　声调实验后所得的数据

A	B	C	D	E	F
Subject	Gender	Token	Tone	Point1	Point2
PEMS1	F	ji	T4	303	297
PEMS1	F	hu	T4	287	301

实验和计算的情况是,有汉语北方方言母语者 13 人参加实验,普通话的四个调类的调形的曲拱度,用混合效应模型计算的时候,以发音资料音节和发音人为随机效应,以调类和性别为固定效应,得到的结果列于程序 6 的结果中。

由程序 6 的运行结果可知,作为随机效应,发音人(即此处的 subject)和发音音节(即此处的 token)对曲拱度的影响比较接近,发音音节的标准差是 35.52,发音人的标准差是 37.88。在固定效应里,genderM 为－45.04,其意义是在发音资料的音节和调类都相同的情况下,男性发音人的曲拱度比女性发音人的曲拱度变化负 45.04,根据前面的分析可知,男性发音人比女性发音人更趋向于让调形提升。又,根据计算结果中 Estimate 这一列的数据可知,截距项为 12.43,这一项对应第一声的曲拱度,其值为正数,并且比其他调类的值小很多,说明第一声的调形是接近于水平略下倾的调形。toneT2＝－227.17,说明第二声是一个上升的调形,toneT3＝115.28,说明第三声总体上是一个下降的调形,toneT4＝667.85,说明第四声是一个非常显著的下降的调形,其绝对值比其他调类的值大很多,正好说明了这一点。

程序 6
♯ 核心代码 tnmodel12＜－lmer(slope～gender＋tone＋(1|subject)＋(1|token),data＝dataTone) summary(tnmodel12)
程序 6 的语句 summary(tnmodel12) 输出的计算结果的部分内容

```
Random effects：
Groups          Name           Variance        Std.Dev.
token           (Intercept)    1262            35.52
subject         (Intercept)    1435            37.88
Residual                       19730           140.47
Number of obs：228，groups：token，20；subject，13

Fixed effects：

                Estimate       Std. Error      t value
(Intercept)     12.43          30.50           0.408
genderM         −45.04         28.26           −1.594
toneT2          −227.17        33.83           −6.714
toneT3          115.28         36.09           3.194
toneT4          667.85         34.18           19.537
```

接下来分析一位以西班牙语为母语的中高级水平的汉语学习者的四个调类的曲拱度，数据分析结果在程序 7 的运行结果中。由计算结果可知，这位学员大体上能够区分四个调类的调形，其中第二声的调形是上升的，而第三声的调形几乎是水平的，第一声则是略微下降的情形，第四声则是大幅度下降的调形。

程序 8 呈现的是一位以西班牙语为母语的初级水平汉语学习者的四个调类的曲拱度数据，可见全部调形都是下降的，并且在下降程度方面，第四声＞第一声＞第二声＞第三声。这说明在学习汉语之初，学员能够发现声调调形的一些特点，但是还不能准确发音，而是用不同程度的下降调形代替汉语四个声调原本差异明显的调形。

通过数据分析，发现汉语学习者从初级到中高级确实经历了声调调形的学习过程，初级水平的汉语学习者使用不同程度的下降调形代替汉语声调的正确调形，而中高级汉语学习者则能够区分不同的调形，尤其是掌握了带有上升调形的第二声。

程序 7
♯ 代码略
程序 7 的混合效应模型的计算结果的部分内容

Fixed effects：

	Estimate	Std. Error	t value
(Intercept)	16.909	67.931	0.249
toneT2	−583.579	81.706	−7.142
toneT3	2.966	80.115	0.037
toneT4	472.636	81.202	5.820

程序 8
♯ 代码略
程序 8 的混合效应模型的计算结果的部分内容

Fixed effects：

	Estimate	Std. Error	t value
(Intercept)	56.47	39.42	1.433
toneT2	41.64	57.00	0.730
toneT3	24.03	55.75	0.431
toneT4	135.60	57.00	2.379

六　总　　结

本文从回归分析模型入手讨论了实验研究中的不同变量的特点，进而引出使用混合效应模型的必要性。指出在使用混合效应模型分析数据的时候，首先应该搞清楚全部变量的特点,区分出因变量、固定效应变量和随机效应变量。本文还报告了使用混合效应模型分析普通话声调调形的曲拱度以及母语为非声调语言的汉语学习者在不同的学习阶段对汉语普通话声调曲拱的学习情况。研究发现母语为非声调语言的汉语学习者从初级到中高级经历了声调调形的学习过程,初级水平的汉语学习者使用不同程度的下降调形代替汉语声调的正确调形,而中高级汉语学习者则能够区分不同的调形。

参考文献

郭伯良.多水平模型应用[M].北京:北京师范大学出版社,2020.

贾慧芝,安蕾,许磊.居民收入影响因素的交叉随机效应模型分析[J].社会科学前沿,2015.

刘红云,孟庆茂.教育和心理研究中的多层线性模型[J].心理科学进展,2002,10(2):213—219.

王家铖.基于 R 的语言学统计方法[M].北京:外语教学与研究出版社,2019.

吴诗玉,马拯,胡青青.中国英语学习者词汇与概念表征发展研究:来自混合效应模型的证据[J].外语教学与研究,2017.

吴诗玉.第二语言加工及 R 语言应用[M].北京:外语教学与研究出版社,2019.

吴喜之.应用回归及分类——基于 R[M].北京:中国人民大学出版社,2016.

Baayen, R.H., Davidson, D.J., Bates, D.M. Mixed-effects Modeling with Crossed Random Effects for Subjects and Items [J]. Journal of Memory and Language, 2008(59):390—412.

戴维·穆尔,威廉·诺茨. 统计学的世界[M].郑磊,译. 北京:中信出版社,2017.

Raudenbush, S.W., Bryk, A.B.分层线性模型:应用与数据分析方法[M].郭志刚,译.北京:社会科学文献出版社,2018.

Galton, F. Regression Towards Mediocrity in Hereditary Stature[J].The Journal of the Anthropological Institute of Great Britain and Ireland, 1886,15: 246—263.

斯蒂芬·托马斯·格莱斯. 语言研究中的统计学:R 软件应用入门[M].韦爱云,译. 北京,商务印书馆:2018.

Kabacoff. R.I. R 语言实战[M].王小宁,等,译.北京:人民邮电出版社,2016.

Wickham, H., Grolemund, G.R.数据科学[M].陈光欣,译.北京:人民邮电出版社,2018.

Winter, B. Linear Models and Linear Mixed Effects Models in R with Linguistic Applications [DB/OL]. https://www.researchgate.net/profile/Bodo_Winter.

广西客家话并列连词的主要类型及历史层次

唐七元[*]

广西大学

  并列连词是指连接词与词、短语与短语,表示并列关系的连词,相当于普通话的"和"。有的学者又称为"和"类虚词(吴福祥,2003)或"和"类词(赵川兵,2009)。江蓝生(2012、2014)认为伴随性介词和并列连词同形,也可以称为"连介词"。

  目前对客家话并列连词的调查和描写,主要集中于江西、福建、广东等地的客家话。李如龙、张双庆(1992)记载了广东(6 个点)、江西(4 个点)、福建(4 个点)、广西(2 个点)、香港(1 个点)等 17 个客家话点的并列连词。刘纶鑫(1999)记载了江西 12 个客家话点的并列连词。李如龙等(1999)记载了广东 8 个客家话点的并列连词。除了上面提及的广西 2 个客家话点的材料,目前对广西客方言的并列连词尚未见到较全面的调查和研究。本文在已搜集到广西客家话 179 个方言点材料(覆盖了广西 14 个地级市 48 个县市区。大部分为笔者近年来调查所得,部分来自他人成果)的基础上,对广西客家话并列连词的主要类型及地理分布做了较全面的介绍,并结合广西区外客家话并列连词的主要类型,分析和探讨了广西客家话并列连词的历史层次。

一　广西客家话并列连词的
主要类型及地理分布

  根据我们的调查,广西客家话并列连词多种多样,一共有 12 种类型。这些并列连词一共有"捞""同""同埋""共""佮""凑""和""跟""□un⁴⁴""□na⁵⁵""□pui⁴⁵""□tsʰi¹³"等 12 类。这 12 种类型分布在广西不同的地区。有的地区存在一种并列连词,有的地区存在两种及以上的并列连词。下面我们将分别介绍每类并列连词的具体分布地区。

---

  *　作者电子邮箱:sevenyuan@163.com。

1.1 "捞"

"捞",是广西客家话最常见的并列连词,其本字可能为"摎",《广韵》:"摎,束也,又音留",《集韵》:"平声,肴韵,物相交也,力交切"。今博白、陆川等地客家话念阴平调,调值一般是高升调或高平调,读音为 lau¹,音义皆合。在广西客家话已有的 179 个点中,以"捞"为并列连词的点有 137 个,占比 76.5%,占绝大多数。"捞"主要分布地区大多是客家话较集中地区,如玉林市的博白和陆川,贺州市的平桂和昭平,贵港市的桂平和港南,防城港市的防城区,北海市的合浦等地。具体方言点见表1。

表 1 "捞"的分布区域及方言点数量

序号	地级市	县市区及乡镇	数量
1	玉林市	博白县:博白、菱角、三滩、双旺、文地、东平、径口、新田、松旺、顿谷、大垌、宁潭、沙陂、英桥、凤山、沙河、龙潭、大坝、黄凌、亚山、旺茂、那卜、江宁; 陆川县:温泉、乌石、滩面、沙湖、横山、良田、古城、大桥、清湖、沙坡; 北流市:西埌;兴业县:高峰;福绵区:沙田	36
2	贺州市	八步区:莲塘、仁义、里松; 平桂区:公会、沙田、黄田、水口、鹅塘; 昭平县:黄姚、樟木林、巩桥、凤凰、九龙、北陀; 钟山县:清塘、英家	16
3	贵港市	港北区:大圩、庆丰、根竹;覃塘区:覃塘、五里、三里; 港南区:桥圩、木格、湛江、瓦塘、八塘、木梓; 平南县:国安、大鹏、思旺、镇隆; 桂平市:峒心、金田、紫荆、石龙、木圭、木乐、社坡、大湾	24
4	防城港市	防城区:扶隆、峒中、那良、大菉、十万山; 东兴市:马路;上思县:在秒、思阳	8
5	北海市	合浦县:公馆、白沙、闸口、常乐、石康、山口、曲樟、石湾、星岛湖; 铁山港区:兴港	10
6	钦州市	浦北县:张黄、石埇;灵山县:石塘; 钦北区:大直;钦南区:黄屋屯	5
7	南宁市	马山县:周鹿、片联;上林县:明亮;武鸣:灵马	4
8	柳州市	柳江区:拉堡、进德;鹿寨县:寨沙、龙江、拉沟; 柳城县:大埔、沙埔;三江县:古宜	8
9	来宾市	兴宾区:凤凰、三五、小平阳、蒙村; 武宣县:武宣、东乡、桐岭、三里、金鸡、思灵、马步; 象州县:石龙;金秀县:罗香	13
10	河池市	罗城县:龙岸莲花	1

续 表

序号	地级市	县市区及乡镇	数量
11	崇左市	宁明县:亭亮	1
12	桂林市	平乐县:同安;临桂区:六塘; 阳朔县:金宝、白沙、高田;恭城县:莲花	6
13	梧州市	蒙山县:蒙山、文圩、西河	3
14	百色市	田林县:高龙	1

1.2 "同"

并列连词"同",主要出现在北流、桂平、灵山、兴业、八步、柳城、武宣等粤方言区和官话区的客家话方言岛上。共有 48 个点说"同"。具体方言点见表 2。

表 2 "同"的分布区域及方言点数量

序号	地级市	县市区及乡镇	数量
1	玉林市	北流市:西埌、大里、民乐、新圩、塘岸; 兴业县:高峰、山心、沙塘;福绵区:新桥; 容县:县底	10
2	贵港市	桂平市:垌心、金田、江口、紫荆、石龙、社坡、大湾、厚禄; 港南区:桥圩、木格、湛江、木梓;港北区:武乐	13
3	贺州市	八步区:莲塘、桂岭、信都、里松; 平桂区:水口、鹅塘	6
4	柳州市	柳城县:大埔、东泉;鹿寨县:寨沙; 融水县:怀宝;融安县:大将;三江县:古宜	6
5	来宾市	兴宾区:凤凰; 武宣县:武宣、东乡、三里、河马、马步	6
6	南宁市	宾阳县:黎塘、王灵	2
7	钦州市	灵山县:旧州、文利	2
8	桂林市	荔浦市:青山;平乐县:同安;阳朔县:金宝	3

1.3 "同埋"

并列连词"同埋",目前仅见北流西埌方言点。陈晓锦《广西玉林市客家方言调查研究》记载北流西埌客家话的并列连词为"同埋"。但根据我们的调查,该方言点的并列连词还有"同""捞"的说法。

1.4 "共"

并列连词"共",主要出现在浦北、兴业、合浦、灵山等地。共有 13 个点说"共",主要分布在广西钦廉片粤方言区的客家方言岛。具体方言点有:浦北县:大成、张黄、白石水、三合、福旺、江城、小江等地;兴业县:高峰;灵山县:旧州、佛子、灵城;合浦县:白沙、山口等。

1.5 "佮(合)"

并列连词"佮",其本字可能是"合"。共有 5 个点说"佮",主要在灵山和钦南等地。钦州壮语的并列连词说"ko:p⁸"(张均如等,1999),可能也受客家话影响。灵山客家话"佮"念 kap³,有可能来自广州粤语的并列连词"夹 kap³"(李新魁等,1995)和钦州粤语的并列连词"□kap³"(谢建猷,2007),但广州粤语中的"夹",主要用来连接谓词,与"佮(合)"连接体词有所不同。因此,灵山等地并列连词"佮(合)"来自粤语"夹"的可能性不大,其很有可能来自福建客家话的"佮(合)",因为该地区客家话的并列连词有"佮(合)"的说法。具体方言点有:灵山县:旧州、陆屋、烟墩、沙坪;钦州钦南区:那思等。

1.6 "凑"

并列连词"凑",共有 6 个点说"凑",主要分布在宾阳、上林等地,这些地方基本上是平话方言区。宾阳客家话"凑"念 tsʰei³³,上林客家话"凑"念 tsʰeu³³。具体方言点有:宾阳县:古辣、黎塘、王灵、新桥;上林县:三里;蒙山县:蒙山等。

1.7 "和"

并列连词"和",共有 11 个点说,音念 xɔ¹³。主要分布在柳城、荔浦、阳朔、金秀等官话方言区以及八步、平桂等多方言混杂地区的客家方言岛。具体方言点有:柳城县:大埔;鹿寨县:寨沙;荔浦县:青山;阳朔县:金宝;武宣县:武宣、马步;象州县:金秀;贺州八步区:莲塘、桂岭、里松;贺州平桂区:黄田等。

1.8 "跟"

并列连词"跟",共有 6 个点。主要分布在融安大将、百色田林、贺州平桂水口、崇左江州、桂平厚禄、陆川横山等地。

1.9 "□un⁴⁴"

并列连词"□un⁴⁴"，目前共有 2 个点。主要分布在融水怀宝、罗城龙岸龙凤等地。

1.10 "□na⁵⁵"

并列连词"□na⁵⁵"，目前只有 1 个点，分布在桂平木圭。

1.11 "□pui⁴⁵"

并列连词"□pui⁴⁵"，目前只发现 1 个点，分布在北流山围。

1.12 "□tsʰi¹³"

并列连词"□tsʰi¹³"，本字可能是"齐"。目前只有 1 个点，分布在浦北龙门。

二　广西区外客家话并列连词的主要类型

广西客家话是明清时期从福建、广东、江西等地传播过来的，应保留了原来迁出地客家话语音、词汇和语法的一些特征。因此，为了更全面地了解客家话的来源，我们将广东、江西、福建等客家话核心分布地区，特别是这三个省份部分纯客县的并列连词进行了初步整理，并以四川、湖南、香港、台湾以及海外马来西亚、泰国等客家话迁入地区的并列连词为旁证，两者结合考察，力求完整地展现客家话并列连词在不同时期不同地区的类型。

2.1　广东客家话并列连词的类型

广东客家话主要分布在粤东北和粤北地区。此外，粤西也有成片的客家话分布。广东的客家话可分为粤台、海陆、粤北、粤西四片，广东全省使用客家话的人数约 2 300 万。广东省还有不少纯客县，如梅县、兴宁、大埔、五华、蕉岭、丰顺、平远、河源、和平、连平、龙川、紫金、始兴、新丰、翁源等地(谢留文、黄雪贞，2007)。我们对广东一些纯客县和非纯客县的客家话的并列连词进行了整理,见表3(资料来源:李如龙、张双庆,1992;李如龙,1999;五华·朱炳玉,2010;中山·甘甲才,2003;大埔·何耿镛,1993;河源佗城·练春招等,2010;新丰·周日健,1992;顺丰·高然,1999;饶平·詹伯慧等,2003;普宁·韩山师范学院温东芳老师提供)。

表3 广东客家话并列连词的类型

方言点	梅县	翁源	连南	河源	清溪	揭西
并列连词	同	同	同	同	摎	同
方言点	佗城	中山	阳西塘口	阳春三甲	信宜思贺	信宜钱排
并列连词	摎	捞	捞	□t^hən^{42}	同	捞
方言点	高州新垌	电白沙琅	化州新安	廉江石角	廉江青平	大埔
并列连词	□taŋ^{41}	捞	共	捞、同	捞	得
方言点	五华	饶平	新丰	丰顺	普宁	
并列连词	同	挎(捞)	同	和	捞、佲	

据表3,广东客家话23个点共有"捞(摎)""同""共""和""得""□t^hən^{42}""□taŋ^{41}""佲"等8种并列连词。其中"捞(摎)"有9个点说,"同"有9个点说,"共""和""得""□t^hən^{42}""□taŋ^{41}""佲"分别有1个点说,"□t^hən^{42}""□taŋ^{41}"这两种说法,其本字很有可能是"同"。可见,广东客家话的并列连词是以"捞(摎)"和"同"为主,其他类型的并列连词较为少见。

2.2 江西客家话并列连词的类型

江西客家话主要分布在江西南部,江西中部和西北部的山区、丘陵地带也有少量分布。江西客家话可分为宁龙片、于信片、铜桂片三片。江西客家话的使用人数约800万。江西有不少纯客县,如宁都、兴国、石城、瑞金、会昌、安远、寻乌、定南、龙南、全南、于都、南康、大余、崇义、上犹、赣县等(谢留文、黄雪贞,2007)。我们对江西客家话的并列连词进行了整理,见表4(资料来源:刘纶鑫,1999;李如龙、张双庆,1992;瑞金·刘泽民,2007;信丰·暨南大学张倩老师提供;寻乌、会昌、崇义、兴国·江西省方言志,2005)。

表4 江西客家话并列连词的类型

方言点	上犹	南康	安远	于都	龙南	全南
并列连词	摎	摎	□t^hiŋ^4	摎	摎	摎

续　表

方言点	定南	铜鼓	澡溪	井冈山	宁都	石城
并列连词	摎	同	摎	同	跟	□iaŋ²
方言点	三都	赣县	大余	瑞金	信丰	寻乌
并列连词	同	搭、捞	同	跟	捞、同	同
方言点	会昌	崇义	兴国			
并列连词	跟	同	跟			

　　据表4，江西客家话21个点共有"捞(摎)""同""跟""搭""□tʰiŋ⁴""□iaŋ²""□kaŋ²²"等7种并列连词。其中"捞(摎)"有9个点说，"同"有7个点说，"跟"有4个点说，"搭""□tʰiŋ⁴""□iaŋ²""□kaŋ²²"各有1个点说。可见，江西客家话的并列连词以"捞(摎)""同"为主。

2.3　福建客家话并列连词的类型

　　福建客家话主要分布在福建省西部8个县，其中有7个县是纯客县，如长汀、上杭、宁化、清流、永定、武平、连城等。闽中、闽北和闽东还有一些客家方言岛。福建客家话属于客家话汀州片，其使用人数约300万(谢留文、黄雪贞，2007)。我们对福建客家话的并列连词进行了整理，见表5(资料来源：李如龙、张双庆，1992；永定·李小华，2014；宁化·张桃，2020；上杭·邱锡凤，2012；连城·项梦冰，1993；清流·《福建省志·方言志》，1998)。

表 5　福建客家话并列连词的类型

方言点	诏安秀篆	武平	长汀	永定	宁化	清流	上杭	连城
并列连词	搭	佮	搭	得 te²	□tsʰi²、合	甲	同	合

　　据表5，福建客家话8个点共有"搭""佮(合、甲)""得""同""□tsʰi²"等5种并列连词，其中"搭""佮(合、甲)"各有2个点说，"同""得""□tsʰi²"各有1个点说。"□tsʰi²"的本字可能是"齐"。可知，福建客家话并列连词以"搭""佮(合、甲)"为主。

2.4　四川、湖南、香港、台湾以及海外马来西亚、泰国等地客家话　　　并列连词的类型

　　四川客家话主要分布在成都郊县的东部山区、沱江流域、四川北部的仪陇、四川西南的西昌。四川约有60余个县市说客家话。四川使用客家话人数约100万。湖南客家话

主要分布在湘东和湘南地区,主要县市有汝城、桂东、安仁、资兴、宜章、江华、新田、江永、炎陵、茶陵、攸县、醴陵、平江、浏阳等。湖南客家话属于客家话铜桂片,其使用客家话的人数约300万(谢留文、黄雪贞,2007)。

此外,我们还考察了香港、台湾以及海外马来西亚及泰国等地的客家话。香港客家话主要分布在新界地区,台湾客家话主要分布在苗栗、新竹、桃园、屏东、高雄等地。我们对四川、湖南、香港、台湾以及海外马来西亚、泰国等地客家话的并列连词进行了整理,见表6(资料来源:崔荣昌,2011;兰玉英,2015;郏远春,2012;湖南桂东·曾嘉颖,2018;湖南汝城·曾献飞,2006;香港·李如龙、张双庆,1992;台湾新竹·邱湘云,2005;台湾云林·吕嵩雁,2008;台湾桃园·江俊龙,1999;台湾高雄美浓·杨时逢,1971;马来西亚基隆坡·张淑敏,2014;马来西亚士乃·陈晓锦,2003;泰国曼谷·陈晓锦,2010)。

表6　四川、湖南、香港、台湾以及海外马来西亚、泰国等地客家话并列连词的类型

方言点	四川成都市郊	四川威远	四川仪陇₁	四川西昌₁	四川隆昌	四川西昌₂
并列连词	□nau⁵⁵(注:捞)	同	同	同	跟、同、捞	跟、同、捞
方言点	四川凉水井	四川洛带	四川仪陇₂	四川成都十陵	四川成都龙潭寺	四川成都石板滩
并列连词	捞、跟、给、同	同、捞	和	捞	捞	捞
方言点	四川成都龙王	四川泰兴	湖南桂东	湖南汝城	香港	台湾新竹
并列连词	捞	捞	和	和	捞	佬(注:捞)
方言点	台湾云林诏安	台湾桃园	台湾高雄美浓	马来西亚吉隆坡	马来西亚士乃	泰国曼谷
并列连词	□ka⁵⁵	捞(注:捞)	同	同埋	捞	和

据表6,四川客家话14个点共有"捞(捞)""同""跟""和""给"等5种并列连词,其中"捞"有10个点说,"同"有7个点说,"跟"有3个点说,"和""给"各有1个点说。可见,四川客家话的并列连词以"捞(捞)""同"为主。湖南和泰国曼谷并列连词说"和",可能受官话的影响。香港、台湾新竹、台湾桃园、马来西亚士乃等4地客家话说"捞",保留了客家话固有的并列连词。台湾云林客家话说"□ka⁵⁵",其本字可能是"合(佮)"。马来西亚基隆坡说"同埋",台湾高雄美浓说"同",可能受粤语的影响。

从广东、江西、福建、四川、湖南、香港、台湾以及海外马来西亚、泰国等地客家话的70个方言点来看,共有"捞(捞)""同""共""佮(合)""跟""搭""和""给""得""□tsʰi²""□tʰən⁴²""□taŋ⁴¹""□tʰiŋ⁴""□iaŋ²""□kaŋ²²"等15种类型的并列连词。其中使用"捞(捞)"的方言点有27个,占比38.5%,使用"同"的方言点有23个,占比32.8%,使用其他13个并列连词仅有16个方言点,占比为22.8%。可见,广西区外客家话的并列连词以"捞(捞)"和"同"主。

三　广西客家话并列连词的历史层次

我们将广东、江西、福建、四川、湖南、香港、台湾以及海外马来西亚、泰国等地客家话15 种并列连词与广西客家话 12 种并列连词相比较,发现共有"捞(摎)""同""共""佮(合)""跟""和""□tsʰi¹³"等 7 种类型是重合的,这说明广西客家话基本上保留原住地客家话的并列连词,是客家话早期和晚期的历史层次。但广西客家话也有一些不同与外省的并列连词,如"凑""□na⁵⁵""□un⁴⁴""□pui⁴⁵"等。这些新的并列连词,应该是最新的历史层次。总体而言,广西客家话并列连词的历史层次,可以分为三类。一类是客家话本身固有的早期的历史层次,如"捞(摎)"。一类是与原住地方言接触形成的晚期的历史层次,如"同""同埋""共""佮(合)""跟""□tsʰi¹³"等六类。一类是从广西民族语言或汉语方言接触形成的最新的历史层次。如"和""凑""□na⁵⁵""□un⁴⁴""□pui⁴⁵"等五类。下面,我们分别讨论。

3.1　广西客家话并列连词早期的历史层次

我们在前面较全面考察广东、江西、福建、四川、湖南、香港、台湾以及海外马来西亚、泰国等地的客家话,可以得到一个初步结论是客家话并列连词早期的历史层次可能是"捞(摎)"。因为在客家话核心分布区域,即广东、江西、福建等地,这三个地方"捞(摎)"在所有的方言点中占比最高。

说"捞"是客家话早期的历史层次,早期历史文献也可佐证。庄初升、黄婷婷(2014)报道的《启蒙浅学》(1888)记录客家话的伴随性介词(与并列连词同形)是"捞",且使用频率非常高。同时,还记载了伴随性介词"同",但它仅见两例且用法单一,这也说明"同",不是客家话早期的历史层次。

《客英字典》(1905)记载的伴随性介词(与并列连词同形)也是"捞",如"捞尔讲(同你说)"。

广西客家话大多从广东、江西、福建等地传播过来的,自然保存了客家话并列连词早期的历史层次"捞(摎)"。因此,广西客家话说"捞(摎)"的点也是最多的,高达 137 个。

3.2　广西客家话并列连词晚期的历史层次

广西客家话并列连词还存在晚期的历史层次,这些并列连词可能来自于江西、广东、福建等原住地方言。这些晚期历史层次的并列连词有"同""同埋""共""佮(合)""跟"

"□tsʰi¹³"等。

"同",可能来自广东客家话。广东客家话的"同",可能借自广东粤方言。詹伯慧、张日昇(1998)报道的粤西十县市粤方言,其中有 8 个粤方言点的并列连词说"同",因此,广东和广西客家话的"同",都有可能来自粤方言的"同"。

"同埋",可能来自广东客家话。广州粤语的并列连词常说"同埋"(李新魁等,1995),广东客家话应受广州粤语影响,借用了"同埋"的说法,然后再传至广西客家话。

"共",主要出现在浦北和灵山一带客家话。其来源可能来自广东西部的客家话,因为在广东化州新安也有此说法。不过,横县县城粤语、灵山县城粤语和浦北县城粤语都说"共"(谢建猷,2007),也不排除浦北和灵山客家话的"共"受当地粤语的影响。但合浦白沙、山口等地客家话也说"共",而廉州话说"捞"(《广西通志·汉语方言志》),两者不同,可以排除其受廉州话的影响,因此,"共"从广东西部客家话迁入的可能性较大。

"佮(合)",主要出现在钦州和灵山地区。可能来自福建客家话,因为福建武平、宁化等地客家话有类似的说法,福建客家话在迁入广西之前,应受到了闽语的影响。如厦门话的并列连词是"及 kap³³",潮州话是"甲 kaʔ²¹"(《汉语方言词汇》,453 页)。

"跟",主要出现在融安大将、崇左江州、百色田林、桂平厚禄、陆川横山等地。其可能来自江西客家话,江西吉安、永丰、泰和等地客家话有此说法。而这些地区是客赣接触比较密切的地区。江西赣方言中,不少方言点的并列连词都说"跟"。如永修、修水、南昌、波阳、乐平、横峰、高安、新余、临川、黎川、吉水、宜丰、安义、都昌、余干、弋阳、南城等地(刘纶鑫,1999;李如龙、张双庆,1992)。

"□tsʰi¹³",只出现在浦北龙门一处。其可能来自福建客家话,因为福建宁化有此说法。

因此,广西客家话"同埋""共""佮(合)""跟""□tsʰi¹³"等并列连词,这些并列连词是晚期的历史层次。其可能来自广东、江西、福建等客家人原住地,但这些并列连词可能并不是客家话本身所固有的,而是在受到当地粤方言、赣方言和闽方言的影响,进入当地客家话系统后,再从原住地迁入广西的。这也从侧面说明广西客家话是从广东、江西和福建迁徙过来的。

3.3　广西客家话并列连词最新的历史层次

广西客家话最新历史层次的并列连词,是"和""凑""□na⁵⁵""□un⁴⁴""□pui⁴⁵"等。它们是从广西汉语方言和民族语言借用的并列连词,是最晚的历史层次。

托马森认为,借用成分的种类和等级跟语言接触的强度密切相关,因此在借用等级的概括中必须考虑两个语言之间的接触强度和等级。托马森的接触和借用等级分为四个阶段,第一阶段为偶然接触,只有非基本词汇被借用;第二阶段为强度不高的接触,功能词和较少的结构借用;第三阶段为强度较高的接触,基本词汇和非基本词汇均可借用,中度的结构借用;第四阶段为高强度的接触,继续大量借用各类词汇,大量的结构借用。如果接触中的两个语言社团,其中一个语言社团的人口数量比另一个社团大得多,那么较小的语言社团更有可能借用较大的语言社团的语言特征(转引吴福祥,2007)。因此,我们结合各地客家话的使用人数和总人数说明接触的可能性。

"和"主要出现在柳城、荔浦、阳朔、金秀等官话方言区以及贺州八步、平桂等多方言混杂地区。这些地区官话的并列连词都说"和",如荔浦官话:小王和小陈差不多高(潘大廉,2017);临桂官话是"和"xo^{31},雒容官话是"和"xɔ^{21}(谢建猷,2007:1959)。从客家话使用人口来看,柳城说客家话有9万,但总人口数有31万,荔浦说客家话3万,但总人口数有39万,阳朔说客家话人数只有1万,但总人口数有32万,金秀说客家话有1万,但总人口数有12万,贺州八步、平桂说客家话有25万,但总人口数有72万。因此,从客家话人口数所占比例来看,说客家话的人数都是大大少于当地说官话或其他方言的,很容易发生并列连词的借用。

"凑"主要出现在宾阳和上林等地区的客家话,该地区主要分布平话。从客家话的使用人数来看,宾阳说客家话的人数有17.9万,但宾阳总人口有78万,上林说客家话人数为0.6万,但上林总人口有38.8万,因此,从人口比例看,说客家话的人数是远远少于说平话的(刘村汉,2011)。因此,宾阳、上林等地客家话的并列连词"凑",主要来自平话的并列连词"凑"。广西平话区不少方言点的并列连词都说"凑",如崇左四排平话 tʃʰɐu^{45}、南宁沙井平话 tʃʰɐu^{45}、绥龙头平话 tʃʰɐu^{55}、百色那毕平话 tʃʰɐu^{45}、宾阳新桥平话 tʃʰɐu^{55}(谢建猷,2007)。此外,武鸣、上林壮语等地并列连词说"ɕau^5",隆安、扶绥壮语说"tsʰau^5",上思、崇左、宁明、大新等地壮语说"sau^5/ɕau^5"(张均如等,1999),都有可能受平话的影响。

"□na^{55}",主要出现在桂平地区客家话。桂平客家话使用人数只有16.6万,但桂平总人口有193万(刘村汉,2011),绝大多数人都使用白话,桂平白话并列连词使用"□na^5"。因此,桂平客家话从白话中借用了"□na^{55}"。

"□pui^{45}",与"杯"同音,主要出现北流山围客家话。北流客家话使用人数约10万,但北流市总人数有130多万,大部分人说北流白话。李芒(2012)指出北流说客家话的人一般都会说北流白话。北流白话常用的并列连词是"杯 pun^{54}"(其本字可能是"伴"),相当于普通话连词"和",是北流白话一个较有特色的连词(李芒,2012:301)。北流山围客家话并列连词"□pui^{45}",虽与北流白话的并列连词在语音上略有差异,但根据它们的语义,我们仍认为北流山围客家话的并列连词是借用了北流白话的连词成分。

"□un^{44}"这个并列连词,较为特别,主要出现在罗城龙岸客家话。罗城是仫佬语分布的主要地区,因此,我们从仫佬语的并列连词入手,观察其来源。根据《仫佬语简志》记载,仫佬族居住在罗城及其柳城、忻城、宜山等县,人口约7万多人,其中罗城县有6万多人,约占仫佬族总人口90%。而罗城客家话使用人数有3万多人,因此,从人口数来看,仫佬语使用人数要远多于客家话使用人数。仫佬语固有的并列连词为"□wən⁴",罗城龙岸客家话也说"□un⁴⁴",我们可以推断罗城龙岸客家话的并列连词"□un⁴⁴"肯定是借用了仫佬语的并列连词。

四 结 语

我们统计了广西客家话 179 个点,得到了 12 类并列连词,并详细介绍了这些并列连词的分布地区,并跟其他地区的客家话进行比较,认为广西客家话的历史层次主要有三个,一个是来自客家话固有的并列连词,属于早期的历史层次;另一个是借自广东、江西、福建等客家话核心分布区域的并列连词,属于晚期的历史层次;此外,还有一个是借自广西民族语言和汉语方言的并列连词,属于最新的历史层次。广西客家话并列连词历史层次的多样性,一方面可以考察广西客家话的原住地及迁徙情形,另一方面也可以观察广西境内客家话与其他民族语言和汉语方言的接触情形,为语言接触提供鲜活的语言事实。

目前一些重要的语法论著对客家话的并列连词提及不多,客家话的语法研究以及内部之间比较研究还不够充分,这对客家话的全面研究是不够的。

黄伯荣(1996)主编的《汉语方言语法类编》,一共列举了 16 个点的并列连词,但没有提及客家话的并列连词"捞"。

吴福祥(2003)列举了汉语方言 16 类"和"类虚词(即并列连词),主要有"搭(塔/得/脱/忒/□ʈɤ)""合(佮)""凑""对""听""搞""得""斗""做""赢""连""缲""□neŋ⁵⁵""教(告)""帮""国赐"等。这 16 类并列连词中,并没有提到客家话常用的并列连词"捞(㧯)"和"同",不能不说是一大遗漏。

曹志耘(2008)的《汉语方言地图集》语法卷第 40 页,共列出"和类词"(并列连词)有 35 种类型,主要有:"和""跟""同""给""干""同埋""合""及""共""交""兼""搭""带""对""连""凑""齐""会""伙""伴""挨""邀""两个""邓""脱""拿""捞""割""好""亨""稳""□ta²⁴""□tsəʔ⁵""□kʰɔ⁵""□xɑ⁵³"等。但没有提及广西客家话中的"□na⁵⁵""□un⁴⁴"等并列连词。

因此,本文对广西客家话并列连词的研究,还有助于补充和完善汉语方言中并列连词的类别,为进一步讨论汉语方言的并列连词提供较丰富的材料。

参考文献

北京大学中文系语言学教研室.汉语方言词汇[M].北京:文字改革出版社,1964.
曹志耘.汉语方言地图集[M].北京:商务印书馆,2008.
陈晓锦.广西玉林市客家方言调查研究[M].北京:中国社会科学出版社,2004.

崔荣昌.四川境内的客方言[M].成都:巴蜀书社,2011.

福建省地方志编纂委员会.福建省志·方言志[M].北京:方志出版社,1998.

何耿镛.客家方言语法研究[M].厦门:厦门大学出版社,1993.

黄伯荣.汉语方言语法类编[M].青岛:青岛出版社,1996.

江蓝生.汉语连—介词的来源及其语法化的路径和类型[J].中国语文,2012(4).

江蓝生.连—介词表处所功能的来源及其非同质性[J].中国语文,2014(6).

兰玉英.汉语方言接触视角下的四川客家方言研究[M].北京:中国社会科学出版社,2015.

李芒.北流话研究[M].桂林:广西民族出版社,2012.

李如龙,张双庆.客赣方言调查报告[M].厦门:厦门大学出版社,1992.

李如龙.粤西客家方言调查报告[M].广州:暨南大学出版社,1999.

李新魁,等.广州方言研究[M].广州:广东人民出版社,1995.

刘村汉.广西客家方言研究论文集[M].桂林:广西师范大学出版社,2011.

刘纶鑫.客赣方言比较研究[M].北京:中国社会科学出版社,1999.

王均,郑国乔.仫佬语简志[M].北京:民族出版社,1980.

吴福祥.汉语伴随介词语法化的类型学研究[J].中国语文,2003(1).

吴福祥.关于语言接触引发的演变[J].民族语文,2007(2).

郄远春.成都客家话研究[M].北京:中国社会科学出版社,2012.

谢留文,黄雪贞.客家方言的分区(稿)[J].方言,2007(3).

詹伯慧,张日昇.粤西十县市粤方言调查报告[M].广州:暨南大学出版社,1998.

张均如等.壮语方言研究[M].成都:四川民族出版社,1999.

庄初升,黄婷婷.19世纪香港新界的客家方言[M].广州:广东人民出版社,2014.

汉语方言中的动态与静态[*]

王　健

常熟理工学院师范学院

绪　　言

　　本文所谓动态,指的是在某一时点正在进行的动作行为^①;所谓静态,指的是一种状态的持续,呈现的是静止的面貌。有些语言可以通过不同形式区分动态和静态。比如英语,动态要用进行体"verb+ing"表示;静态则不能用进行体表示。英语还可以根据有无进行体把动词分为两类:状态动词(stative verb)和非状态动词(nonstative verb)(Comrie,1976:35—36)。还有一些语言可以用同一形式表示动态和静态。比如日语"田中さんは姉さんからもらったセーターを着ています"既可以表示正在发生的动作行为,也可以表示状态的持续。

　　据我们了解,很多汉语方言动态和静态可以通过形式上的对立加以区分。同时,我们也注意到,其中有一些方言动态和静态形式上的区分变得模糊,出现了对立中和的现象(neutralization)。考察历时语料我们发现,这种对立中和的现象历史上就曾经发生过。

　　本文首先描写不同方言区别动态和静态所用的标记手段,再看某些方言中出现的对立中和现象,最后从历时的角度考察方言中常见的标记形式的来源以及它们的发展。

　　* 本文曾获得第三届新世纪现代汉语语法国际学术研讨会(2005年)语法新秀一等奖。本文的部分内容以"汉语方言中的两种动态范畴"为题发表于《方言》2005年第3期。这是本文第一次全文发表。本文的修改得到2020年度国家社科基金项目"江苏境内汉语方言岛的调查与研究(20BYY046)"的资助。作者电子邮箱:wkg18@163.com。

　　① 动态这个名词不同的学者有不同的理解。有的学者把动态和事态对立,认为动态是观察动作的发展变化的过程所区分的体貌类型;事态是观察事件的发生、存在、变化与否所区分的体貌类型(李小凡,1998a:198)。也有学者将动态和静态对立,认为动态指正在进行的动作行为(刘一之,2001)。本文的动态指的是跟静态对立的动态。也有学者把正在进行的动作行为叫进行体;把状态持续叫持续体。我们不用进行体、持续体的说法是因为:一,在很多学者的分类中,持续体也包括动态的持续(钱乃荣,2002);二,不同的学者对进行体、持续体的理解不同。比如,钱乃荣(2002)在进行体、持续体之外还分出存续体;林立芳认为梅县话进行体和持续体在形式上没有区别,两种体可以合并为一种(林立芳,1996:40)。而从林文提供的材料来看,梅县话表示动作进行和状态持续还是有不同标记的:助词"撑地"表动作进行,"等"表状态持续(林立芳,1996:38)。为避免不必要的误解,我们径直用动态、静态的名称。

本文所用方言材料的来源会随文注出，没加说明的为本人田野调查所得。

一 汉语方言中动态和静态在形式上的对立

很多方言都可以通过一定的形式标记区分动态和静态这两个范畴。不过，不同的方言所采用的形式有所不同。根据不同方言区别动态和静态这两个范畴所用标记形式的不同，我们把汉语方言分为四种类型。限于篇幅的原因，每一种类型我们只选取代表点的方言详细说明，其他点只给出例句。

1.1 北京话型

北京话用"（正）……呢"的框架来表示动态，当强调的时候用副词"正"，不强调的时候不用。"呢"总是处于句尾，同时还是一个语气词。北京话用紧跟动词的助词"着"表示静态①。下面的两个句子能很清楚地体现出这种差别：

(1) a. 他正开门呢。
　　b. 他开着门呢。

(1) a 没有"着"，用"正……呢"表示的是"他"正在做"开门"这个动作；b 用了"着"，表示的是"他的门"是处于"开"的状态，至于"他的门"是谁开的，无法判断。因为和"着"表示静态义相冲突，动态动词和活动动词，即表示可以用眼睛看出来在动的动作的动词和需要一连串的动作行为才能实现的活动，比如"跑、吃、砍、啃、跳、爬、帮、巴结、办、承认"等，后面不能加"着"（刘一之，2001：114—115）。

像北京话这样用句尾语气词兼表动态，用紧跟动词的助词表示静态的方言还有：

哈尔滨：他们正看电视呢。　　　　坐着比站着好。

大连：我做作业呢。　　　　　　　躺着比坐着舒服。

太原：老四正跟一个朋友倒楔了。　坐的吃比站的吃好。
　　　　　　　　　　　　　　　　　（侯精一、温端政，1993：289、299）

运城：他正跟一块人说话着哩。　　坐着吃比立着吃好些。
　　　　　　　　　　　　　　　　　（侯精一、温端政，1993：290、299）

代县：正洗衣裳的□[læ⁴]。　　　　小玲穿的件碎花花儿裙子。（崔淑慧，2002：124—
　　　　　　　　　　　　　　　　　126）

---

① 据刘一之（2001），北京话的"着"除了是静态的标记外，还有其他三种功能：表示方状、表示通过某种手段、连接两个分句。"着"的其他用法不在本文考察之列。北京话在表示动态时，也可以在动词前加虚化的"在这/儿"。不过，北京话即便加了"在这/那儿"，句尾还是要有"呢"，所以我们认为，"呢"是北京话表示动态的强标记。

户县：他正吃饭着呢。　　　　门口围着一伙人。（孙立新，2003：222—223）

济南：他们正吃饭呢。　　　　　他穿着一件毛衣。

徐州：他两个喷正说话来。　　　桌子上放着一张报纸。

武汉：他们说话在。　　　　　　柜子里放倒旧报纸在。（汪国胜，1999：105）

襄樊：他吃饭在。　　　　　　　我在门口站倒。（罗自群，2003：18）

英山：他吃在里，你就莫说了。　门口站倒人在，我过不去。（汪国胜，1999：106）

合肥：爹爹吃饭在。　　　　　　门锁着在。

　　北京话型的方言主要分布于北方，包括东北官话、胶辽官话、中原官话、部分西南官话、部分江淮官话和晋语。

1.2　苏州话型

　　苏州话表示动态的标记是在动词前加来源于表示处所的介词结构；表示静态则是把介词结构放到动词后面。在苏州话中，这个可以在动词前或后出现的介词结构有"勒海、勒浪、勒笃、勒里"等，它们都可以表示"在这/那里"的意思。但当它们在动词前或后出现时，往往表处所的意思虚化，成为表动态或静态的标记。请看下面的例子：

（2）a. 我勒海着穿衣裳。

　　　 b. 我毛衣着穿勒海。

"着"是动态兼静态动词，a 句"勒海"出现在"着"的前面，表示"我"正做"穿衣服"的动作，是动态的；b 句"勒海"出现在"着"的后面，表示"毛衣"穿上后的状态，是静态的。

　　苏州话表静态的"勒海"跟北京话的"着"不同的是，当动词带宾语时，北京话"着"紧跟动词，在宾语前；苏州话"勒海"则出现在宾语后。

　　像苏州话这样把来源于表方位的介词结构放在动词前表动态，用在动词后表静态的方言还有：

绍兴：渠来亨讨相骂。　　　　　　渠头毛廊下头坐动个。（陶寰，1996）

温州：外面着搭落雨，着带雨伞。　门开着搭。（潘悟云，1996）

金华汤溪：渠是达吃饭。　　　　　门开达〈的〉，里面无农〈的〉。（曹志耘，1996）

南通：外头赖在下落雨，带把伞。　坐叨（tə⁰）赖下比站叨赖下舒服。

泰州：外头在下下雨呢，要带伞。　坐啊下比站啊下舒服。

涟水：外头蹲（那）块下雨呢，要带伞。坐块比站块舒服。

浠水：他发得写信。　　　　　　　他站得吃饭。（詹伯慧，1962：409—410）

绩溪：渠是尔搭吃饭。　　　　　　渠家门锁是搭，槛楣=也关是搭，一个人都□[mi³¹]（平田昌司，1998：278—279）

黟县：渠是那吃饭。 渠家门锁是那,槛也关是那,一个侬都无□[kʰɤɐ³]。(同上)

歙县：渠在尔呐吃饭。 渠家门锁在呐,槛窗也关在呐,一个人都□[mio³⁵](同上)

安义：我勒个里吃饭,渠勒许里洗手。 桌上有两盆花摆勒许里。(万波,1996：84—86)

岳西：我在吃饭,过一会就来。 我抱着伢儿在底。(储泽祥,2003：232)

福州：我礼食饭,伊礼洗手。 有侬坐礼,有侬蹲礼。(陈泽平,1996)

泉州：我嘞食。伊嘞洗手噢。 坐嘞,唔通〈站〉起来。(李如龙,1996：202、204)

汕头：我裸在块食饭,伊裸洗手。 个门开在/在块,许内无人。(施其生,1996：172—179)

洛阳：他们正搁那儿说着话儿。 坐那儿好,还是站那儿好?(贺巍,1993：104)

睢宁：他喷正搁那跟人讲话来。 站那,不要乱动。

苏州话型的方言主要分布在南方的吴语区、闽语区、徽语区、部分赣语区、部分江淮官话区,中原官话也有极个别点用这种类型。

1.3　广州话型

广州话动态和静态都是用紧跟动词的助词表示。动态用助词"紧"表示;静态用助词"住"表示。例如(彭小川,1996)：

(3) a. 今日我去揾个阵,佢着穿紧件红衫。

　　　b. 今日我去揾个阵,佢着穿住红衫。

a 句动词后用助词"紧"表示动态,意思是"佢"正在"穿红衫";b 句动词后用助词"住"表示"穿"的动作完成后所表现出的静态。

类似广州话这样,用不同的助词区分动态和静态的方言还有：

梅县：佢戴撑地帽子。 戴等帽子。(林立芳,1996：39)

安仁：佢南吃起饭哒。 我站到做事。(陈满华,1996：125—126)

长汀：叔叔看定黎书,出来唔得。 徛倒来讲。/床边放黎(倒)一大堆书(饶长溶,1996：242—243)

成都：老刘喝倒茶得。 他在屋头坐起得。(张一舟等,2001：66—68)

广州话型的方言主要分布在粤语区、部分客家话区、部分西南官话区。

1.4　南京话型

据刘丹青(1995)介绍,南京话表示动态用前加动词的"在"表示,这应该和苏州话是一

致的,"在"是"在这/那块"的省略;不过,南京话静态的表示法和苏州话不一样,它是用紧跟动词的助词"着"来表示的。例如:

(4) a. 他在关窗子。

　　 b. 他天天关着窗子睡觉。

a 句表示"他"正在做"关窗"的动作,是动态的;b 句则表示"窗"处于"关"的状态,是静态的。南京话新派不用"着",用"倒"表示静态。

像南京话这样用前加动词的介词结构表动态,用后加动词的助词表静态的方言还有:

扬州:我在吃饭。　　　　　　　　门口站到一个人。

连城新泉:我得食饭,渠得洗手。　　壁上挂倒(有)一张画。/门开稳定,内底无人。
　　　　　　　　　　　　　　　　　　(项梦冰,1996:54—60)

大冶:我阿母在里洗衣裳。　　　　　渣子还在里堆倒,有得哪个问事。(汪国胜,1999:
　　　　　　　　　　　　　　　　　　104)

石城(龙岗):渠〈在〉看书,冇话事。　水缸装稳水,冇份泆鱼。(曾毅平,1998:406、409)

宜都:我在做作业。　　　　　　　　房子空倒在。(李崇兴,1996:61—63)

常宁:他们在开会。　　　　　　　　像甲疯狗子,红起红眼珠,乱咬人。(吴启主,
　　　　　　　　　　　　　　　　　　1996:47、53)

六安丁集:我在看电视。　　　　　　伸手拦倒一个。/搞小蛇皮袋裹着。(刘祥柏,
　　　　　　　　　　　　　　　　　　2000)

南京话型的方言分布比较零散,不成片,江淮官话、客家话、西南官话、湘语中都有。

我们还注意到,有的方言可以用不止一种手段区分动态和静态。比如广州话,除了可以用不同的助词区分动态与静态之外,还可以采用类似苏州话的方式来区分。例如:

(5) 桥脚有两个伯爷公响度捉棋。　　　树上便有个细路仔坐处。(钱乃荣,2002:47)

安仁话也有类似情形:

(6) 细把戏到那里笑,到那里唱。　　　壁头上写嘎三只字到那里。(陈满华,1996:124)

再比如宜都话除了可以用紧跟动词的"倒"表示静态外,句尾的"在"(应该是"在里"的省略)也表示静态,比如"帽子挂底墙上在"(李崇兴,1996)。六安丁集话紧跟动词表示静态的标记有两个"倒、着",除此以外还有一个类似宜都话的"在",比如"我在耐,我坐在"(刘祥柏,2000)。

有些方言还可以几种不同的标记形式连用,比如石城(龙岗)话助词"紧"可以和动词前的"在"连用表示动态(曾毅平,1998:409):

(7) 外厢在落紧雨,要带雨盖。

某些方言出现不止一种方式表示动态或静态,我们认为其中可能存在时间层次的问题。比如我们调查的扬州话,城区内表静态多采用在动词后加助词"到"或"住"的方式,但在它的东邻江都却用的是在动词后加"在这/那块"的方法,而且城区内年纪大一些的人也

有用江都话这种方式表示静态的。所以我们认为，扬州话原先也是用后加介词结构表静态的，后来受北京话型方言的影响，改用在动词后加助词的方式表静态。

从分布范围来看，北京话型和苏州话型的方言分布范围最广，合在一起大约占 85%以上，其他两种类型的方言分布范围较小。

二 汉语方言中动态和静态在形式上的中和

多数汉语方言都可以用不同的形式区分动态和静态这两个范畴。不过我们也发现，因为动态和静态这两个范畴关系极为密切，"动作完成就变成状态"（吕叔湘，1990:56），呈现的就是一种静态的面貌，所以在不少方言里动态和静态在形式上就出现了中和的现象：一种形式突破原有的范畴侵入另一个范畴的领地，使原本从形式上就能区分出的两种范畴在形式上趋于同一。

我们发现，最先成为突破口的是那些所表示的情态在持续段没有意义上的差别的动态动词。这样的动词因为在持续段上缺乏变化，可能会被认为具有状态性；又因为表示的是某种动作，有可能被认为具有动态性。比如"等"就是这样的动词。在一百年前的《燕京妇语》中"等"后面总要带"着"，说明老北京人是把它作为状态动词看的；但是现在北京话"等"后完全可以没有"着"，可以把它作为动态动词用，比如"我等她呢"（刘一之，2001:113）。再比如"听"，在苏州话中可以说"我听勒海，倽讲末哉"，是把它作为状态动词用；而在邻近的常熟话中，人们更接受"我勒海听"的说法，是把它当作动态动词用。同样的情形也出现在其他语言中，比如英语的"hear"一般没有进行体的说法，不能说"You aren't hearing"，但是在葡萄牙语中同样的意思用进行体是很正常的（Comrie, 1976:35）。由于"等、听"这类动词兼具动态性和状态性，所以不同的形式在它们身上都可以使用，时间久了就会迁移到其他动词。

老北京话"着"表静态，在句中只有一个动词的情况下，不能出现在动态动词、活动动词后面（刘一之，2001:104）。但是，现在北京人也说"我跑着呢""他正唱着呢"。我们认为"着"向动态句的渗透是以词汇扩散的形式进行的。我们考察了刘一之（2001:104—108）列出的只能出现在"V……呢"框架中，而不能带"着"的动词，发现：在不带宾语情形下，单音节动词，现代北京话都可以带"着"，而且以带"着"为常，双音节动词多不带"着"[①]；在带宾语情形下，单双音节动词都以不带"着"为常，年轻一些的人认为少数动词带"着"也可以接受，比如"摆、剥、炒、锄"等。这样的变化在有些方言中走得更远。在带宾语的情况下，

---

① 据我们调查，"伺候、哆嗦、打听、骨碌、后悔、活动、嫉妒、矫情、溜达"这几个双音节词在不带宾语的情况下，有些被调查人认为后面可以加"着"。

动态、活动动词后面也可以加上"着(倒)"之类原来只能表静态的标记。比如：

哈尔滨：他们正说着话呢。　　　　　**海拉尔**：他正跟一个朋友说着话呢。

济南：家里正吃着饭呢。　　　　　　**聊城**：他吃子着饭哩。

襄樊：他吃倒饭在。(罗自群,2003:18)　**合肥**：我看着电视在。

由于不同方言静态标记向动态领域扩展速度不同,就容易造成同一种形式在不同方言中表示的意思可能会有不同。比如：

丰城：我戴着帽子在。(陈小荷,1996:142)

合肥：我戴着帽子在。

六安独山：我戴着帽子在。

上面的句子中丰城话只能理解为动态的动作进行;合肥话只能理解为静态的状态持续;六安独山话则有歧义。

这类中和现象经常发生在施事作主语或存现句中,受事主语句一般只能理解为静态持续。比如大冶话(汪国胜,1996:160—161)：

渠戴倒耳环。(静态)　　　　　　渠洗倒衣裳。(动态)

屋门口徛倒很多人。(静态)　　　外头下倒雨。(动态)

稻草在里堆倒。(静态)　　　　　水缸盖倒个。(静态)

我们认为,方言中后起的标记形式也会促使原来的标记转变功能。比如"倒",从文献材料看,它最初应该是静态标记(我们在第三节中会具体讨论),但在西南官话和湘语的一些方言中,"倒"却成为常用的动态标记;后起的"起"成为常用静态标记。不过在这些方言中"倒"和"起"一般都呈现复杂的纠缠局面。

据张清源(1991:94),成都话中的助词"倒"一般表示动态,"起"一般表示静态。但是在一些表示自然现象,无隐含施事的句子中"倒""起"可以互换,意思不变。比如：

外头下倒雨在＝外头下起雨在　　　管子头(里)流倒水在＝管子头(里)流起水在

当动词后是表示处所的词语时,即便是表示静态也得用"倒"。比如：

铁锁锁倒大门[在]。　　　　　　雨布盖倒汽车[在]。

铁锁锁倒大门上[在]。　　　　　雨布盖倒汽车上[在]。

饭剩倒碗头(里)[在]。　　　　　来宾坐倒汽车头[在]。(张清源,1991:95)

张清源(1991:96)认为,成都话中"倒"最初是表示静止功能的;后来,除了在处所词语前,在别的条件下,这个功能让给了"起"。除此以外,成都话中还有一个助词"倒起"既能表示动态也能表示静态(张一舟等,2001:65)。

重庆话的"倒"和"起"也有类似成都话的分工,"倒"着重表示正在进行的行为动作;"起"着重表示已经形成的动作延续下来的状态。重庆话里,凡存现句只能用"起",不能用"倒"。不过,在有些情况下,这种对立被中和了。例如重庆话可以说"外头正下起雨的,等一下儿走",这里的"起"用在动态句中;"捏倒又怕死了,放了又怕飞了",这里的"倒"用在静态句中(喻遂生,1990:215—222)。

同样是属于西南官话的贵州大方话情形又有一些不同。据李蓝(1998),在大方话中,表动作进行一般是用"ᶜ到",表状态持续用"起",在存现句中一般只能用"起"。但是,大方话中"ᶜ到"和"起"的混用的情况更加普遍,"他穿ᶜ到衣服的"有歧义,既有"正在穿衣服"(不能做其他事)的意思,又有"穿着衣服的"(没有裸露着身子)的意思;而"他穿起衣服的"一般只理解为"穿着衣服的"意思。不过,这种区别并不明显,有人有时会混用。再比如(李蓝,1998:116):

在写ᶜ到字的＝在写起字的　　　　在打ᶜ到架的＝在打起架的
是写ᶜ到字的＝是写起字的　　　　是打ᶜ到架的＝是打起架的

这些句子用"到"或者用"起"基本没有什么区别。

同样的中和现象也发生在苏州话中。"勒海"之类的介词结构放在动宾短语后本来只能表示静态,但现在新派苏州话中也出现了"俚汰衣裳勒海""外头落雨勒海"(李小凡,1998b:173)的说法,而按照老派,只能说"俚勒海汰衣裳""外头勒海落雨"。六安丁集话也有类似的现象,句尾的"在"是静态的标记,但也可以出现在表动态的以光杆名词做宾语的动宾短语后面,比如"我看电视在"①。江淮方言的涟水话"(在这/那)块"放在动词后一般是表示静态,但新派也可以接受"他洗衣裳块呢""他看电视块呢"的说法。以上三种方言中和现象主要发生在动宾短语后,光杆动态、活动动词后还是不能加"在这/那块"之类的成分表动态。这可能是因为动态、活动动词带宾语后往往表示一种事态,事态往往具有静态特征,所以更能够接受本来是表静态的句法形式。不过苏州话(吴中区)只要在动词前加动态标记"勒",光杆动词后就也可以加静态标记"勒海"了,比如"我跑勒海"不说,但"我勒跑勒海"就可以说了。南通话走得更远,光杆动态、活动动词后也可以加静态标记"赖在下",比如"我跑叨赖下"意思和"我赖下跑"一样。

上述的中和现象发展到终点就是取消动态和静态在表现形式上的差异。在我们看到的材料中似乎只有香港新界福佬话动态和静态不分,都用助词"[lin⁵³]"(或者轻声)表示。例如:(张双庆、庄初升,2003:59)

外边落进 lin⁵³/²⁴雨。　　　　坐 lin⁵³食。　　　　倚·lin,唔好郁。

三　从历时角度看汉语方言动态静态标记的形成

从历史文献看,上古汉语动态句和静态句没有形式上的区别。汉语的体标记基本都是中古以后逐渐形成的。汉语方言区分动态和静态的形式标记大多也是中古以后的产

---

①　丁集话动态动词后不能直接加"在",比如不能说"我看在",但可以说"我看电视在"。

物。限于资料和篇幅的原因,我们无法全面梳理所有方言动态和静态标记形式的发展历程,我们将把关注的重点放在北京话型方言和苏州话型方言上,因为这两种类型的方言分布范围最广,其中涉及的问题也最复杂。

北京话型方言静态标记主要有三个"着""倒"和"的"。"的"主要分布在晋语区。江蓝生(1994)认为"的"就是"着"。我们认为江先生的判断是正确的。详细论述可以参看江蓝生(1994),此处不赘。"倒"主要分布在西南官话、赣语和湘语中,它的本字有人认为是"着"(汪平,2003、1994;罗自群,2003);有人认为是"到"(李蓝,1998;吴福祥,2002)。认为"倒"就是"着"遇到的最大困难就是语音上很难解释为什么古知组药韵的入声字在西南官话的一些地方可以读"t"声母,"ao iao"韵母,上声调(李蓝,1998:117—118)。其实,把"倒"的本字定为"到"也有问题。首先,据汪平(2003)、李蓝(1998),贵阳话和大方话的"倒"可用于命令式,在句末表处置,如"不要等他喽,我们先吃倒"。可是我们只能从文献中找到"着"在句末表示处置的例子,却找不到"到"在句末表处置的例子。如果认为"倒"就是"到"的话就必须解释"到"怎么会有了在句末表处置的用法。其次,认为"倒"就是"到"也得解释为什么"都导切"的"到"在西南官话和江淮官话中不读去声而读上声。

不过,有一点是大家的共同认识,那就是"到"和"着"从动词发展到静态标记所走过的历程大体相似,都是"主要动词—连动式后项动词—趋向补语—动相补语—持续体助词(静态)"(吴福祥,2002、2004;李蓝,1998)。下面简要地来看一下"着"虚化的历程①:

"着"的语源可以追溯到表"附着"义的动词。汉代以后这种"附着"义动词开始用在主要动词之后,构成"V+着+O"的连动式,"V"一般是有"附着"语义特征的动词。魏晋南北朝以后"V着O"用例大量增加,而且"V"可以是没有"附着"语义特征的动词。在这种情况下,"着"的动词性逐渐减弱,意义和功能有了明显变化:首先,"着"的词汇意义由"附着"变成"在"或"到";其次,在语法功能上"着"由连动式中后一谓语动词变为谓语动词的趋向补语。"着"的意义和功能的变化使"V着O"被重新分析为动补结构,此时"O"还只能是处所宾语,"着"是指向后面的处所成分的,"V着"对"O"的共现有强制要求。唐五代时期"V着O"一个重要的变化是,当"着"表示"到"义的时候,"V着"后面的宾语开始出现受事宾语。在这种情况下,"着"在语义关系和结构关系上不再是和后面的宾语而是和前面的动词结合在一起,表示动作已实现或完成,是一种虚化的动相补语。由于"着"在语义和结构关系上跟后面的受事宾语不再有直接联系,所以"V着"对宾语的共现没有强制的要求。当"着"前面的动词既能表示动作又能表示状态时,"着"逐渐获得"状态持续"的语义(吴福祥,2004)。

大约从宋代开始,"着"和"到"可以用在动作动词之后表示动态(李蓝,1998;吴福祥,

---

① 详细的分析请看吴福祥(2004)。"到"的虚化历程因为和"着"很相似,因为篇幅原因就不再详细论述。有兴趣的读者可参看吴福祥(2002)。

2002、2004）。不过，"着"和"到"由静态标记向动态句扩展在各方言中的速度是不一样的，北京话直到最近"着"才开始用在动态句中（句中只有一个动词情况下），而其他一些方言，比如赣语丰城话则走得明显更快，详细的论述可参看第二节的内容。

北京话型方言动态标记是由句尾的语气词兼任的。在不同方言中，语气词可分为两类："呢"类和"在"类。"呢"类主要分布在东北官话、北方官话、西北官话、中原官话和晋语中；"在"类主要分布在江淮官话和西南官话中。

关于"呢"和"在"的来源，吕叔湘（1941）在《释〈景德传灯录〉中"在""著"二助词》中认为北京话的"呢"来源于唐宋时候的语助词"在裏"。按照吕先生的意见，"呢"的来源大致如下：在裏—裏—里—哩—呢。吕先生还认为，现代西南官话语尾助词"在"和吴语中的"勒海""勒里"等就是唐宋时期语气词"在裏"的遗留。对于吕先生的观点，太田辰夫（1987）认为"哩"不可能是"在裏"的省略，因为"在裏"出现得更晚。太田先生认为，作为叙实功能的"呢"的来源是"里""裏"等表示处所的词，把表示处所词的词放在句末的用法从古就有（古汉语的"焉"就是这样）。

曹广顺（1995：171—178）认为语气词"在"较早的用例见于唐代，表示强调某种事物存在的语气。到宋代"在"与"里"连用的例子增多，"在"开始出现在疑问句中。语气词"里"出现的时间和"在"相似，都可见于唐人笔记，不过"在"和"里"在不同的文献中分布不均，比如《敦煌变文集》似不用"在"，"里"则用得较多；《祖堂集》中则多用"在"，"里"极少见；《景德传灯录》多用"在"，"里"不用；辛弃疾词"里"两见，"在"不用；《朱子语类》"在"多见，"里"则较少，《二程集》和《朱子语类》相近的句子，《二程》多用"里"，朱熹多用"在"，有时朱熹也用"在里"。这似乎表明，自唐宋以来，"在"系就分布于南方，而"里"系则分布于北方，这和现代方言的情况正好吻合。元明之际，"在"已很少用，"里"用得很多，此时"里"又写作"俚、哩"等。明代以后，"呢"逐渐取代了"哩"。前人还普遍注意到"在"和"里"都是"袪疑树信"的"申言之词"，表达肯定语气（吕叔湘，1941；曹广顺，1995）。

不过，我们发现，和今天方言表现不完全相同的是，历史上"在"和"里"多用在表示静态的句子中，尤其是"在"。我们全面考察了《祖堂集》句尾语气词"在"，没有发现一例是用在动态句中。直到宋代的《景德传灯录》，我们才发现一例用在动态句中。请看实际用例①：

（1）师曰："咄！这饶舌沙弥，犹挂着唇齿在。"（祖堂集卷4）
（2）对曰："莫错和尚，自有人把匙筯在。"（祖堂集卷4）
（3）对曰："诸事已备，只欠点眼在。"（祖堂集卷5）
（4）师曰："犹持瓦砾在。"（祖堂集卷3）
（5）对曰："舌头不曾染著在！"（祖堂集卷5）

---

① 例（8）—（9）引自太田辰夫（1987）；例（10）引自吕叔湘（1941）。

(6) 吾云:"牙根犹带生涩在。"(祖堂集卷 5)

(7) 云喦云:"这个人未出家在。"(祖堂集卷 6)

(8) 正在那里吃酒哩。(燕青博鱼 3)

(9) 你吃什么哩? ……我吃烧饼哩。(潇湘雨 4)

(10) 大德正闹在,且去,别时来。(景德传灯录 8.1)

例(1)—(7)中的"在"都是用在静态句中;例(8)—(10)中的"里(哩)"和"在"用在动态句中。我们认为,"里"和"在"本来都只用在静态句中,后来它们的功能扩展,也可用在动态句中。与"在""里"几乎同时发展的还有静态标记"着"的虚化。在一些方言中,"着"取代"里"和"在"成为更常用的静态标记;"里""在"则成为动态标记。"在"作为动态标记的一些方言,在某些特殊的句式中,往往仍保留"在"作为静态标记的用法。比如在武汉话中,"V(+O)+在"中的"在"表示动态;但在"V+在+处所词+在"和"V/A+倒+在"中"在"却表示静态(汪国胜,1999:105)。

苏州话型的动态标记是在动词前加来源于表处所的介词结构,静态标记是处于动词后的介词结构。从类型学的角度看,很多语言的进行体都是从表示"处所"的词语虚化来的。比如英语的进行体-ing 就是这样:he is on -fishing＞he is a-fishing＞he is fishing(Comrie,1976;又见胡明扬,1996)。当我们把关注的焦点放到动作本身时,动作的活动场所(由介词结构体现)就很容易虚化,成为表示动态的标记。

我们知道,上古汉语表示动作行为活动场所的介词结构主要放在动词短语的后面;从西汉时候开始,这一类的介词结构开始前移,到《世说新语》时,分布在动词短语前面已开始占据优势;而在体标记形成、稳固、定型的唐宋时期,这一类的介词结构以分布于动词前面为绝对优势,分布于动词后的已成残存了(张赪,2002;洪波,1999)。这就为这些介词结构虚化为动态标记提供了可能。到了宋元时期,"在这/那里"表进行的例子已经很多了[①]:

(11) 且说武大挑着担儿,出到紫石街巷口迎着郓哥提着篮儿在那里张望。武大道:"如何?"(水浒传 25 回)

(12) 那人正来卖鱼,见了李逵在那里横七竖八打人,便把秤与行贩接了,赶上前来大喝道。(水浒传 38 回)

清代小说《儒林外史》中出现了在动词前加"在"表进行体的例证[②]:

(13) 若是还在应考,贤契留意看看。(儒林外史 7)

我们还要回答一个问题,既然表示"处所"的词语虚化为动态标记是很多语言中常见的现象,为什么北方话"处所"没有虚化为动态标记? 一种可能的解释是,从中古开始的介

① 例(11)、(12)转引自伊原大策(1986)。
② 例(13)转引自太田辰夫(1958)。

词结构位置转移在各方言间是不平衡的。这一点我们从现存文献中不大容易看得出来，因为我们很难判断文献的方言基础，况且多数文献并不能如实地反映口语的实际；不过我们却可以从现代方言中窥出一些线索。柯理思(2003)发现，有些北方方言，如河北冀州话，处所词位于动词后的句式只能表达动态的位移事件；和冀州话情形相仿的还有山西闻喜话、河北泊头话、山西河津话、山西定襄话、陕西永寿话、河南林县话、山东平邑话以及老北京话。以上方言点包括了晋语、冀鲁官话、中原官话和北京官话。我们推测，这种现象在北方分布的范围应该更广。这种方言现象的存在说明，在北方很多地区表示静态性状态的处所成分只能放在动词前，而在吴语区，这类的成分则倾向于放在动词的后面。这样一来，吴语动词前以"在"标引的处所成分主要是表示动作行为活动的场所；而北方话动词前以"在"标引的处所成分就既能表动作行为活动的场所，又能表静态性的存在处所。这从下面一句话的不同说法中可以看出来："我在北京住"在北方话中是可以接受的；但在淮河以南的很多地区是不能接受的，他们要说成"我住在北京"，而这又恰好是北方话不大能接受的。由于苏州话(还包括其他一些南方话)"在＋处所＋V"的句子总是动态活动句，适宜描述现在正在进行的动作行为，所以说苏州话的人听到"她在房间里看书"会很自然地理解它是表示动态的意思；而北方人则不会做这种理解。在这种情况下，苏州话的处所结构虚化为表示动态的标记就很自然了；而以北京话为代表的北方话由于动词前的处所成分还表示静态性的存在，所以成为动态标记也就比较难了。

苏州话表示静态存在处所一般出现在动词的后面，当交际双方不把注意力放在这个处所成分时，它就很容易虚化为静态标记。所以，苏州话虚化的静态标记"勒海"一般也要放在宾语后面①。这样，苏州话型的静态标记就经常出现在句尾，和语气词的位置相同，进一步虚化就成为语气词。从文献材料来看，苏州话的"勒海"和唐宋之际出现的"在里"同出一源。"在里"是由动词"在"和方位词"里"组合在一起构成的，有"在这里/在其中"的意思。比如②：

(14) 及重试退黜，喧者甚众，而此僧独贺曰："富贵在里"(《唐摭言》卷七)

(15) 若与摩，和尚来时，莫向他说纳僧在里。(《祖唐集》卷六)

后来，"在里"方所义虚化，成为静态的标记。比如：

(16) 要之，仁未能尽得道体，道则平铺地散在里，仁固未能尽得。(《朱子语类》卷六)

(17) 既有这物事，方始具是形以生，便有皮包裹在里。(《朱子语类》卷十六)

(18) 保合，便是有个皮壳包裹在里。(《朱子语类》卷十六)

(19) 因叹曰："天下道理，各见得恁地，剖析开去，多少快活！若只鹘突在里，是自欺而已！"(《朱子语类》卷一百三)

---

① 新派苏州话也允许"动词＋浪＋宾语"的说法。

② 例(14)、(15)引自俞光中、植田均(1999:21)。

上面这 4 个例子中的"在里"已经很像苏州话里的"勒海"了。因为汉语一般不允许出现"动词＋介词结构＋宾语"的格式,动词带宾语时,宾语要么提前做话题,要么宾语放到介词结构前面,形成"动词＋宾语＋介词结构"的格式。这从下面两个《朱子语类》中的例子可以很清楚地看出来:

(20) 曰:"兼有在里。且如见尊长而拜,礼也,我却不拜。……"(《朱子语类》卷二十二)

(21) 若先有一个影象在里,如何照得!(《朱子语类》卷十六)

例(20)动词"有"后没有宾语,"在里"紧跟着动词;例(21)"有"后带宾语,"在里"处于动词后。由于"在里"经常处于句尾,进一步虚化,它就很容易和"在""里"一样成为语气词。现代苏州话的"勒海"之类也有语气词的用法①:

(22) 像耐金大少一样格客人也多煞来浪。(《九尾龟》36 回)

(23) 像李漱芳个人,俚晓得仔,蛮高兴看来浪。(《海上花列传》36 回)

汉语方言中的其他动态和静态标记,由于资料匮乏,我们不可能准确地了解它们产生和发展的过程。不过,从已有的研究成果来看,紧跟动词之后的助词一般都是来自结果补语。我们猜想,西南官话、湘语中的"起";粤语的"紧"和"住";客家话的"稳""稳定""定黎"之类都应该是从结果补语虚化而来。当然这还需要详细的论证。

四　余　　论

我们在"绪言"中就已经指出,世界上的语言有的能通过一定的标记形式区分动态和静态;有的动态静态用同一标记形式,根据这种区别可以给语言分成两类类型。我们发现汉语方言多是属于前一种类型。不过,从历时和共时两个方面看,很多方言中的标记形式并不是很稳固。我们分析的中和现象似乎预示着某些方言的走向。动态和静态这两个既有密切联系,又有着巨大差异的范畴在汉语中的发展确实值得我们做更深入的研究。

参考文献

曹广顺.近代汉语助词[M].北京:语文出版社,1995.

曹志耘.金华汤溪方言的体[M]//动词的体.香港:香港中文大学中国文化研究所,吴多泰中国语文研究中心,1996:285—301.

陈满华.安仁方言的结构助词和动态助词[M]//汉语方言体貌论文集.南京:江苏教育出版社,1996:107—135.

陈小荷.丰城话动词之后的"着"[M]//汉语方言体貌论文集.南京:江苏教育出版社,1996:136—148.

陈泽平.福州方言动词的体和貌[M]//动词的体.香港:香港中文大学中国文化研究所,吴多泰中国语文研

---

① 例(22)、(23)引自钱乃荣(2003)。

究中心,1996:225—253.

储泽祥.赣语岳西话中的过程体与定格体的标记形式[M]//汉语方言语法研究和探索——首届国际汉语方言语法学术研讨会论文集.哈尔滨:黑龙江人民出版社,2003:231—240.

崔淑慧.山西代县的持续体和进行体研究[J].汉语学报,2002(5):124—128.

贺巍.洛阳方言研究[M].北京:中国社会科学出版社,1993.

洪波.汉语场所成分的语序演变及其机制[M].坚果集——汉台语锥指.天津:南开大学出版社,1999:85—121.

侯精一,温端正.山西方言调查研究报告[M].太原:山西高校联合出版社,1993.

胡明扬.B.Comrie《动态》简介[J].国外语言学,1996(3):33—38.

江蓝生."动词＋X＋地点词"句型中介词"的"探源[J].古汉语研究,1994(4):21—27.

柯理思.从河北冀州方言对现代汉语 V 在＋处所格式的再探讨[M]//汉语方言语法研究和探索——首届国际汉语方言语法学术研讨会论文集.哈尔滨:黑龙江人民出版社,2003:144—154.

李崇兴.湖北宜都方言的助词"在"的用法和来源[J].方言,1996(1):61—63.

李蓝.贵州大方话中的"到"和"起"[J].中国语文,1998(2):113—122.

李如龙.泉州方言的体[M]//动词的体.香港:香港中文大学中国文化研究所,吴多泰中国语文研究中心,1996:195—224.

李小凡.苏州方言的体貌系统[J].方言,1998a(3):198—210.

李小凡.苏州方言语法研究[M].北京:北京大学出版社,1998b.

林立芳.梅县方言动词的体[M]//动词的体.香港:香港中文大学中国文化研究所,吴多泰中国语文研究中心,1996:34—47.

刘丹青.南京方言词典[M].南京:江苏教育出版社,1995.

刘宁生.论"着"及其相关的两个动态范畴[J].语言研究,1985(2):117—128.

刘祥柏.六安丁集话动态助词研究[D].北京:北京大学,2000.

刘一之.北京话中的"着"字新探[M].北京:北京大学出版社,2001.

罗自群.现代汉语方言持续体标记的比较研究[D].北京:中国社会科学院,2003.

罗骥.北宋语气词及其源流[M].成都:巴蜀书社,2003.

吕叔湘.释《景德传灯录》中在、著二助词[M]//汉语语法论文集(增订本).北京:商务印书馆,1984:58—72.

吕叔湘.吕叔湘文集·中国文法要略[M].北京:商务印书馆,1990.

潘悟云.温州方言的体[M]//动词的体.香港:香港中文大学中国文化研究所,吴多泰中国语文研究中心,1996:254—284.

彭小川.广州话的动态助词"住"[M]//汉语方言体貌论文集.南京:江苏教育出版社,1996:205—225.

平田昌司.徽州方言研究[M].日本:好文出版社,1998.

钱乃荣.进行体、持续体和存续体[J].中国语文研究,2002(1):45—52.

钱乃荣.苏州方言动词"勒浪"的语法化[M]//北部吴语研究.上海:上海大学出版社,2003:373—383.

饶长溶.长汀方言动词的体貌[M]//汉语方言体貌论文集.南京:江苏教育出版社,1996:240—254.

施其生.汕头方言的体[M]//动词的体.香港:香港中文大学中国文化研究所,吴多泰中国语文研究中心,1996:161—194.

孙立新.陕西户县方言的助词"着"[M]//汉语方言语法研究和探索——首届国际汉语方言语法学术研讨会论文集.哈尔滨:黑龙江人民出版社,2003:221—230.

孙锡信.近代汉语语气词[M].北京:语文出版社,1999.

太田辰夫.中国语历史文法[M].北京:北京大学出版社,1987.

陶寰.绍兴方言的体[M]//动词的体.香港:香港中文大学中国文化研究所,吴多泰中国语文研究中心,1996:302—330.

万波.安义方言的体[M]//动词的体.香港:香港中文大学中国文化研究所,吴多泰中国语文研究中心,1996:79—96.

汪国胜.湖北方言的"在"和"在里"[J].方言,1999(2):104—111.

汪平.贵阳方言词典[M].南京:江苏教育出版社,1994.

汪平.贵阳方言的语法特点[M]//方言平议.武汉:华中科技大学出版社,2003:220—245.

吴福祥.南方方言里虚词"到(倒)"的用法及其来源[J].中国语文研究,2002(2):28—46.

吴福祥.也谈持续体标记"着"的来源[M]//汉语史学报(第四辑).上海:上海教育出版社,2004:17—26.

吴启主.常宁方言动态助词研究[M]//湖南方言的动态助词.长沙:湖南师范大学出版社,1996:36—74.

项梦冰.连城(新泉)方言的体[M]//动词的体.香港:香港中文大学中国文化研究所,吴多泰中国语文研究中心,1996:48—78.

伊原大策.表示进行时态的"在"[J].河北大学学报,1986(3):90—98.

俞光中,植田均.近代汉语语法研究[M].上海:学林出版社,1999.

喻遂生.重庆方言的"倒"和"起"[J].方言,1990(3):215—222.

曾毅平.石城(龙岗)方言的体[M]//客家方言研究.福州:福建人民出版社,1998:399—411.

詹伯慧.浠水话动词"体"的表现方式[J].中国语文,1962:409—410.

张赪.汉语介词词组词序的历史演变[M].北京:北京语言文化大学出版社,2002.

张清源.成都话的动态助词"倒"和"起"[J].中国语言学报,1991(4):84—101.

张双庆,庄初升.香港新界方言[M].北京:商务印书馆,2003.

张一舟等.成都方言语法研究[M].成都:巴蜀书社,2001.

Comrie. Aspect[M]. Cambridge: Cambridge University Press, 1976.

元音声学空间归一化方法综述

吴 波[*]

南京师范大学

一 引 言

1.1 元音的二维声学空间

元音性质与共振峰的关系很早就被揭示并研究。Helmholtz(1863)就发现了前元音有两个突出的频段,Bell(1879)又发现了后元音也有两个共振频段[①]。20 世纪 40 年代,由于声谱仪的发明,语音学家对元音的共振峰结构进行了一系列的实验分析,进一步明确了前两个低频共振峰 F_1、F_2 对元音分类的显著作用。Stevens 和 Volkman 在 1940 年以 Mel(美)为线性标度,在 F_1 和 F_2 为二维平面绘制了英语 10 个单元音的循环图;Joos(1948)已经尝试利用合成的方法,分析了 F_1-F_2 空间与 Daniel Jones 的基本元音的四边形图的对应关系,并总结了 F_1 与舌位高低、F_2 与舌位前后成负相关关系。Delattre 等(1952)在 Joos 等人的研究基础上,利用频谱模式的合成技术,对 F_1 与 F_2 的作用做了进一步的分析。Peterson 和 Barney(1952)则从统计分布的角度用 F_1 和 F_2 来区别不同元音的声学特性,并采用椭圆图的绘制来描写元音的二维声学空间,从椭圆图的大小、偏度和频率范围等可以清晰地观察到不同元音的声学差异,成为了元音声学描写的典范。随着元音的声道共振理论的建立(Fant, 1960),由 F_1、F_2 构成的二维空间格局成为元音声学分析的基本视角。

Joos 等先贤的研究影响深远,元音的声学特征通过声学空间的分析被揭示,后来有关元音共振峰的讨论主要是二维空间的坐标参量及其性质的讨论。如文献研究也发现,元音高低、前后的定性分类与舌位的位置并不总是能对应起来,而与共振峰 F_1 与

---

* 作者电子邮箱:wubo1977@163.com。

① 详细可参看 Traunmuller & Lacerda(1987:143—146)对元音研究历史的回顾。

F_2 的值的大小相关,主张以听觉单位来刻画 F_1、F_2 的声学空间与元音高低前后的关系(Ladefoged,1967)[1]。为使声学空间中元音的距离更接近于听觉距离,研究者们主张将频率值转换成美值,并对 F_2 进行权重处理。Ladefoged(1976)就以 F_1 为纵坐标(Mel 线性标度)、F_2-F_1 为横坐标(Mel 对数标度)来看元音的声学空间,该空间显示出展唇后元音的 F_2 值明显比与圆唇后元音大很多,说明了 F_2 一定程度上会受到圆唇的影响(鲍怀翘等,2014:106—107)。

1.2　二维声学空间的特征量

从概率论与统计学的角度来看,元音的声学空间即是元音的有效共振频率值的分布。根据概率分布的一般描写范式,可分为集中趋势空间与离散空间。集中趋势空间相当于所谓的谱重心分布空间,具体指的是数据样本的平均分布,反映了数据的集中趋势,常用的描写参量有众数、中位数、算术平均值和几何平均值等。离散与集中是相对应的概念,反映出数据分布空间的大小、距离等;并且在测量集中趋势时,如果同时测量离差,也能更好地帮助理解集中趋势在数据概括上的优点。绘图技术上,一般可采用椭圆图(或散点图)的方法实现。在可视化描写中,数据分布的几个常见特征包括图心、离散、偏度和峰度等(Kerns,2010)。

(1) 图心值

图心值反映了分布的集中趋势,在元音二维声学图中(F_1-F_2),该值反映了空间分布的上下、左右的关系。根据不同的特征分布,定量性变量的集中趋势可通过不同的数学量进行观察描写。一般情况下,中位数和算术平均值应用较多,选择哪一类可以根据规避异常值影响的效果来选择。异常值多且无法确定其原因时,应采用中位数;在充分了解数据特点的情况,也可以用截尾均值来避免异常值的影响。[2]

(2) 离散值

也可称离差,简单说是各样本分布值与数学期望值的差的大小,反映了数据分布的离散波动的程度。离散度的测量方法要根据分布类型的不同来确定对应的数学量,如果是正态分布,一般计算标准差或方差来描写离散程度;如果是非正态分布,计算四分位数差(IQR)或绝对中位差(MAD)等往往能达到较好的效果。对元音声学空间来说,经典的可视化方式常采用椭圆图,椭圆面积的大小即反映了离散度的大小。

(3) 偏度与峰度

偏度是用来测量数据分布的均匀程度与对称性,峰度是用于衡量分布的集中程度或

---

[1]　Ladefoged,P. Three Areas of Experimental Phonetics[M]. Oxford:Oxford University Press,1967.引自 Hufang(2005:41)。

[2]　截尾就是去掉异常值,如去掉一个最大值和一个最小值。截尾值(trim)一般根据数据集的对象数量来定,如有 10 个数,trim=1/10。

分布曲线的尖峭程度的指标，它们的优点是不受度量单位的影响。对数据空间分布来说，分布偏度和峰度也有一定的区别作用。频谱中的偏度和峰度测量可采用数学上"矩"的方法实现。"矩"是用来统计分析离散点的分布形状的总体变异状况，也叫 k 阶动差；其中一阶矩（k_1）对应的数学量是平均值，反映集中趋势；二阶矩（k_2）对应的是方差值，反映离散程度；三阶矩（k_3）对应是偏度值；四阶矩（k_4）对应峰度值；"矩"的方法常常被应用于频谱空间分布的测量中，称之为"谱矩"。语音信号的分布形态的偏度与峰度值在以往的描写中，不是主要参量。一方面是因为集中趋势与离散度的计算与检验方法都比较成熟，解决问题的效果已经比较显著；另一方面是基于数据库的语音信号分析常常都是大样本实验，理论上是可以用正态分布的计算与检验方法进行目的的近似性测量，这时偏度与峰度意义已经不大。不过，从语言变异理论来说，应充分关注分布的微观差异，对特殊的样本量，偏度与峰度也会有相当的作用。偏度的计算公式是：

$$k_3 = \frac{1}{n} \frac{\sum\limits_{i=1}^{n} (x_i - \bar{x})^3}{s^3} \tag{1}$$

当 $k_3 > 0$，为正偏度或右偏度；当 $k_3 = 0$，为正态分布；当 $k_3 < 0$，为负偏度，或左偏度。元音声学椭圆图中，如果偏度值为 0 时，椭圆呈垂直或平行形态，为零偏斜，大于 0 称正偏斜，椭圆尾梢偏右，小于 0 称负偏斜，椭圆尾梢偏左。峰度的计算公式是：

$$k_4 = \frac{1}{n} \frac{\sum\limits_{i=1}^{n} (x_i - \bar{x})^4}{s^4} - 3, \ -2 < k_4 < +\infty \tag{2}$$

当峰度指标 $k_4 > 0$ 时，表示分布比正态分布更集中在平均数周围，分布呈尖峰状态；$k_4 = 0$ 分布为正态分布，为常峰；$k_4 < 0$ 时，表示分布比正态分布更分散，分布呈低峰态。统计学中，如果某数据分布的偏度值 $|k_3| > 2\sqrt{6/n}$，那么是偏度显著；峰度值 $|k_4| > 4\sqrt{6/n}$，峰态有显著意义。n 指数据样本的长度。

二 元音声学空间的归一化

2.1 归一化的两个目的

由于个体声道结构的差异，即使是同一个元音，由不同的说话人发出，它的共振峰结构也一定会存在差异。无论在元音共性研究，还是变异研究中，以初始的频率单位赫兹（Hz）为尺度时，并不宜直接进行共振峰的比较研究，因为我们无法判定这些差异是语言学意义上的,还是个体生理结构上的,这是元音声学研究的共识。因此在多样本的统计分析中,就需要对频率(Hz)进行某种转换处理,这种转换的过程就是归一化(normalization),也有文献译为规整或标准化。

元音归一化的目的主要为了消除说话人生理因素引起的共振峰结构的差异性,通过归一化计算,实现不同说话人的声学空间的比较。主要有以下两种情况:

(1) 元音的声学归一化与知觉的关系

我们知道,同一个元音,尽管不同的说话人的音色存在差异,或其共振峰的绝对频率值存在差异,人耳知觉时都会自觉地归为一类。因此,建立起个体生理的变异性与知觉的范畴化之间的联系是元音归一化的主要目的之一。其前提是,同一个元音,即使由不同的发音人发出,但引起的基底膜的运动模式应该是相近的。其基本思路是,通过对个体生理变异性的归一化,与知觉的唯一性进行匹配。其基本方法是,对共振频率的单位进行转换,即将赫兹(Hz)转换为听觉单位,主要有三种方法:Mel(美)、Bark(巴克)和 ERB(等效矩形带宽)转换。详细可参看 Syrdal 和 Gopal(1986)。

(2) 元音归一化与语音的社会变异

社会语言学的变异理论提出后,引起了人们对言语异质的充分关注。语音变异研究中,焦点是社会因素对语音的影响,以及如何处理这种影响。这些社会因素主要是年龄、性别、职业、阶层等,而年龄与性别的社会性差异最为明显,也最便于进行实验数据的采集与处理。以年龄为例,元音变异研究的主题是:同一年龄层次的社会团体的元音的共性是什么? 不同年龄层次的社会团体的元音的差异是什么? 这就要求元音归一化在充分消除同一年龄层内每个个体生理差异的同时,还要保留不同年龄层的社会性特点,而不是将所有的年龄层归一化为一。

西方学者很早就关注了元音归一化的问题,提出了很多不同的计算方法;不少文献对其中的一些方法进行了比较与评估,试图找到最好的归一化方法(Disner, 1980; Adank et al., 2004; Clopper, 2009; Fabricius et al., 2009; Flynn, 2011 等)。归一化方法的比较研究发现,并不存在绝对的最优方案,如 Hindle(1978)比较结果认为 Nearey 单对数平均法最好,Adank 等(2004)显示 Lobanov 的 Z 值法对语音社会变异的归一化最优,Flynn(2011)综合了元音空间变异程度与元音空间对齐的两项参数,Bigham 的四边形图心法在所比较的 20 种方法中排在了第一位。

造成这种差异的原因实际与研究者的目的相关,如 Hindle(1978)与 Disner(1980)是为了归一化后与知觉实验相符,即归一化后的结果可用知觉实验重复,而 Adank 等(2004)是基于社会语音学的变异的基本目的。也就是说,在对待那些不同的归一化程序时,要注意研究的目的和对象是什么,不同程序设计时,本身就会受研究目的和对象的影响,并不一定存在哪个程序绝对最好的说法。比如,如果是基于知觉的研究,那么归一化的程序设计要尽可能反映出人类元音知觉的过程与特点,也就是归一化后要与元音知觉特性相符合；如果是社会语音学研究，则尽可能地保留社会语音学上的相关信息，如年龄、性别等变异因素。尽管如此，以往关于元音归一化的研究仍达成了一些重要的共识(Disner，1980；Thomas，2002；Thomas & Kendall，2007；Flynn，2011)，包括以下四点(Flynn，2011：2)：

① 将由于生理原因引起的说话人内部的变异成分消除(或减小到最少)。

② 保留由于社会因素的不同引起的说话人内部的变异成分，包括年龄、性别、方言口音或音变等因素。

③ 保证元音类别和音位差异。

④ 实现认知过程的模型化，即让听话人能够归一化不同说话人的元音。

2.2 归一化的常见方法

目前关于元音归一化的方法约有 20 种之多，以往的比较研究对其进行了三种六小类的划分，包括说话人归一化、元音归一化、共振峰归一化，每一类又分出内部与外部归一化。

① 说话人的内部归一化与外部归一化(speaker-intrinsic，speaker-extrinsic)

前者指从单个说话人的数据提取信息，进行归一化；后者指用多个说话人的信息来归一化某个说话人的元音数据。

② 元音的内部归一化与外部归一化(vowel-intrinsic，vowel-extrinsic)

前者指从单一的元音中提取信息，如归一化元音[a]时，就用元音[a]的数据来归一化；后者指用几个不同的元音类来归一化某个元音，如归一化元音[a]时，可用[a][i][u]的数据来归一化。

③ 共振峰的内部归一化与外部归一化(formant-intrinsic，formant-extrinsic)

前者指对某一频次共振峰归一化时，使用的就是该次共振峰的数据信息，如用 F_1 值去归一化 F_1；后者指归一化某共振峰时，用的是多个频次共振峰的信息，如用 F_1、F_2、F_3 值去归一化 F_1。

以上六种类型的归一化各有不同的计算方法，Flynn(2011)的综述中就包含了 20 种，结合 Adank 等(2004)和 Clopper(2009)的评述，我们将其中影响较大的几种方法转述如下：

(1) Watt 和 Fabricius 以及 Bigham 的图心归一化法

图心法指的是先确定元音声学空间的图心坐标，然后计算各共振频率与该图心值的比值。这种方法先要确定声学空间的形状，如三角形、四边形或多边形，首见于 Watt 和 Fabricius(2002)。他们采用的是三角形的声学空间，即以[a][i][u]为三个端点元音，其图心算式是：

$$S(F_i) = \frac{F_i[\mathrm{i}] + F_i[\mathrm{a}] + F_i[\mathrm{u}']}{3} \tag{3}$$

式中 i 表示 1, 2, …, n, 如 $i=1$, 表示 F_1, 元音上的短撇表示取最大值或最小值, 如确定 $S(F_1)$ 时, 分别取元音 [i][a] 的 F_1 的平均值、[u] 的最小值, 然后求三者的平均数。最后利用式 (4) 作归一化 (右上角 N 表示归一化义):

$$F_i^N = \frac{F_i}{S(F_i)} \tag{4}$$

Bigham (2008) 认为四边形空间图更适合于美式英语的元音系统描写, 它采用了 [i] [u][æ] 以及 [ɑ][ɔ] 五个元音来确定四个端点的坐标值。Flynn (2011) 将端点坐标的元音改成了 [i][a][o][u], 图心算式是:

$$S(F_i) = \frac{F_i[\mathrm{i}'] + F_i[\mathrm{a}'] + F_i[\mathrm{o}'] + F_i[\mathrm{u}']}{4} \tag{5}$$

(2) Gerstman 的最值法

Gerstman (1968) 提出了根据多个说话人的共振峰的最值来匹配不同说话人的声学空间, 算式如下:

$$F_i^N = 999 \left(\frac{F_i - F_i^{\min}}{F_i^{\max} - F_i^{\min}} \right) \tag{6}$$

式 (6) 中的 $F_i^{\max}$ 或 $F_i^{\min}$ 是单个说话人的所有元音的共振峰最值, 而不是某个元音。

(3) Lobanov 的 Z 值法

Lobanov (1971) 提出的 Z 值法思路与 Gerstman (1968) 相近, 不同的是他假定元音空间的存在一个中心, 然后用统计学的方法, 将元音空间分布转换成统一正态分布。算式如下:

$$F_i^N = \frac{(F_i - \mu_i)}{\sigma_i} \tag{7}$$

例如, 针对某一个说话人, 将其某次共振峰频率减去所有样本的该类共振频率的均值, 再除以标准差, 因此该方法属于说话人内部归一化, 共振峰内部归一化和元音外部归一化。

(4) Nearey 的对数法

文献很早就发现, 对共振频率进行对数转换后 (以 10 为底或以 e 为底) 与听觉有一定的匹配关系。Nearey (1978) 提出了两个具体的算式, 一个是用于共振峰的内部归一化, 一个是用于共振峰的外部归一化, 两种方法都是用说话人的共振频率的均值来描写他们的声学空间并进行比较。Nearey 的共振峰内部归一化叫作 Nearey 单对数平均法 (Nearey's Single Log-Mean Method Neary, Adank et al., 2004), 或称 Nearey 个体共振峰均值法

（Nearey's Individual Formant Mean Method, Clooper, 2009）。算式是：

$$F_i^N = \ln(F_i) - \mu_{\ln(F_i)} \tag{8}$$

式(8)中 $\ln(Fi)$ 指对某个说话人的某个频次共振频率的对数转换，$u\ln(Fi)$ 指该发音人的该频次共振峰所有元音的频率对数转换值的平均值。

Nearey 的共振峰外部归一化法，又叫 Nearey 总平均法（Nearey's Grand-Mean Method, Clooper, 2009），或称 Nearey 共享对数平均法（Nearey's Shared Log-Mean Method, Adank et al., 2004）。算式是：

$$F_i^N = \ln(F_i) - \sum_{j=0}^{n} \mu_{\ln(F_j)} \tag{9}$$

在 Nearey(1978)的计算中，实际上计算的是 $F_0 \sim F_3$ 的对数平均值，即：

$$F_i^N = \ln(F_i) - [\mu_{\ln(F_0)} + \mu_{\ln(F_1)} + \mu_{\ln(F_2)} + \mu_{\ln(F_3)}] \tag{10}$$

Nearey 的方法在 Disner(1980)的比较评估中效果最优，由于他采用了对数函数转换。也有文献用其反函数指数函数式进行转换（Thomas & Kendell, 2007），即对上式(9)(10)分别又做指数函数的二次运算，但从 Flynn(2011)的评估结果看，归一化效果并没有对数转换好。

(5) Nordström 和 Lindblom 的声道长度比值法

Nordström 和 Lindblom(1975)提出了一种对元音的性别差异的归一化方法，具体是将男女声道长度的比值作为归一化系数，只针对女性的元音样本进行变换，男性为参考值。算式如下：

$$F_i^N = \begin{cases} F_i, & male \\ kF_i, & k = \dfrac{L^{male}}{L^{fmale}} = \dfrac{\mu_{F_3}^{male}}{\mu_{F_3}^{female}}, & female \end{cases} \tag{11}$$

k 值为男女声道长度的比值，该系数经验上可以用男女说话人的所有开(低)元音的 F_3 均值的比值得到，且这些元音的 F_1 必须都要大于 600 Hz。

(6) Miller 的共振峰比值法

Miller(1989)在 Nordström 的基础上，提出共振峰比值的归一化方法，并提出一种所谓"知觉参考(SR sensory reference)"的计算思路，算式如下：

$$F_i^N = \begin{cases} \dfrac{\ln(F_i)}{\ln(F_{i-1})}, & i > 1 \\ \dfrac{\ln(F_i)}{SR}, & i = 1 \end{cases} \tag{12}$$

SR 值是对说话人所有样本的基频的几何平均值的对数转换，并乘以所有说话人的

F_0 的几何平均值 k，所以该算法属于说话人外部、元音外部、共振峰外部归一化，算式是：

$$SR = k \sqrt[3]{\frac{\ln(\mu_{F_0})}{k}} \qquad (13)$$

（7）三种听觉尺度转换法

早期对元音归一化的处理多是为了与听觉结果相符，采用的方法是将共振频率的赫兹单位转换为听觉单位量，包括以下三种：

① Mel 转换[①]

$$F_i^N = 1\,127\ln.\left(1 + \frac{F_i}{700}\right) \qquad (14)$$

② ERB 转换[②]：ERB 全称为 Equivalent Rectangular Bandwidth，即等效矩形带宽

$$F_i^N = 21.4\ln.(0.004\,37F_i + 1) \qquad (15)$$

③ Bark 转换[③]

$$F_i^N = 26.81\left(\frac{F_i}{1\,960 + F_i}\right) - 0.53 \qquad (16)$$

Bladon 等（1984）对男女的 Bark 单位转换时，有所不同，提出女性的转换式为：

$$F_i^N = \left(26.81\left(\frac{F_i}{1\,960 + F_i}\right) - 0.53\right) - 1 \qquad (17)$$

Syrdal 和 Gopal（1986）发现即使说话人不同，但他们元音的相邻共振峰的距离却是相似的。因此提出"Bark-Distance Method"（巴克距离法），算式如下：

$$F_i^N = F_i^{BARK} - F_{i-1}^{BARK}, \quad i = 1, 2, \cdots, n \qquad (18)$$

如对 F_1 进行归一化，则有 $F_1^N = F_1^{BARK} - F_0^{BARK}$。

Thomas 和 Kendall （2007）用 $B_3 - B_1$ 代替 $B_1 - B_0$，他们的算式是：

$$F_i^N = B_3 - B_i, \quad i = 1, 2, 3, \cdots, n \qquad (19)$$

以下 7 类中包含了 12 种主要的归一化算法[④]，与六种归一化类型的有如下的对应关系：

————————————

① Stevens，S. S.，Volkmann，J. The relation of pitch to frequency：A revised scale[J]. American Journal of Psychology，1940，53(3)：329—353.

② Glasberg，B. R.，Moore，B. C. J. Derivation of auditory filter shapes from notched noise data[J]. Hearing Research，1990，47(1—2)：103—138.

③ Traunmüüller，H. Analytical expressions for the tonotopic sensory scale[J]. Journal of the Acoustical Society of America，1990，88(1)：97—100.

④ 比较简单的两种对数转换（以 10 为底与自然对数）以及对 Nearey 两种方法的指数函数转换法不计在内。

表 1　十二种元音归一化方法的对比

方　　法	元　音	共振峰	说话人
W 和 F 三角形图心法	外部归一化	内部归一化	内部归一化
Bigham 四边形图心法	外部归一化	内部归一化	内部归一化
Gerstman 最值法	外部归一化	内部归一化	内部归一化
Lobanov Z 值法	外部归一化	内部归一化	内部归一化
Neary 单对数平均法	外部归一化	内部归一化	内部归一化
Neary 共享对数平均法	外部归一化	外部归一化	内部归一化
Nordström 声道长度比值法	外部归一化	外部归一化	外部归一化
Miller 共振峰比值法	外部归一化	外部归一化	外部归一化
Mel 转换法	内部归一化	内部归一化	内部归一化
ERB 转换法	内部归一化	内部归一化	内部归一化
BARK 转换法	内部归一化	内部归一化	内部归一化
S 和 G Bark 距离法	内部归一化	外部归一化	内部归一化

Adank 等(2004)、Fabricius(2009)和 Flynn(2011)在比较了多种归一化方法的效果后，一致认为对语音变异研究来说，元音的外部归一化、共振峰的内部归一化和说话人的内部归一化方法最为适合，如表中加粗的五种方法。从 Adank et al.(2004)的比较结果看，Lobanov 的 Z 值法对语音的社会变异归一化效果最佳。而对元音的声学与听觉相适应的关系研究来说，元音、共振峰和说话人的内部归一化的几种方法更适用，如表中斜体的三种方法。

2.3　其他归一化方法

(1) 同一归一化(uniform normalization)与非同一归一化(non-uniform normalization)

所谓同一归一化，即归一化的尺度的标准或依据是相同的；非同一归一化指从不同的角度或标准进行归一化，综合了不同的条件得到归一化系数。Fant(1975)年就详细比较了他的非同一归一化法与 Nordström 和 Lindblom (1975)的同一归一化法。Nordström 和 Lindblom 提出了用男女声道长度的比值作为性别变异的归一化系数，并用这一系数对 Peterson 和 Barney(1952)的男性、女性的北美英语的元音进行了归一化，取得了良好的归一化效果，k 值的算式如下：

$$k = \frac{l_{av}}{l_{ref}} = \frac{F_3^{ref}}{F_3^{av}} \quad F_1 > 600 \text{ Hz} \tag{20}$$

该式的 k 值最终有男性与女性 F_3 均值的比得到，从声道理论来说，这是因为 F_3 大约相当于口腔 1/2 处的共振频率,而男女声道差异主要反映在口腔。经验上低元音的声道的性别差异最典型,因此 Nordström 和 Lindblom 从经验上取 $F_1 > 600$ Hz 的样本作为计算 k 值的依据。Fant 认为应进一步考虑唇部长度的因素,提出了在原有的声道长度(声门至齿背)上增加 1 厘米进行终端校正,他的同一归一化式如下:

$$1 + \frac{k}{100} = \frac{l_{\text{ref}} + 1}{l_{\text{av}} + 1} = \frac{F_3^{\text{av}}}{F_3^{\text{ref}}} \tag{21}$$

另外,由于 Nordström 计算声道长度有很强的主观经验性,应考虑不同元音的共振频率,如高元音[i]。因此他又提出了非同一归一化计算方法:

$$k = \frac{2k_{\text{open}} + \frac{1}{2}(k_{2\text{i}} + k_{3\text{i}})}{3} \tag{22}$$

从式(22)中,可以看出,Fant 没有简单以 $F_1 > 600$ Hz 为条件进行归一化系数的计算,而是采用综合平均的非同一思路,同时考虑低元音与高元音的情况。式中 k_{open} 指是低元音的归一化系数,他选的是[a][ɐ]或[a][ɛ](但未注明是 k_1、k_2 还是 k_3,根据对 Nordström 的评论,我们认为是 k_3 的均值)。$k_{2\text{i}}$、$k_{3\text{i}}$ 分别是元音[i]的 k_2、k_3(对应 F_2 与 F_3)的值。不过从我们对合肥话的元音数据分析结果看①,Nordström 的同一归一化与 Fant 的非同一归一化方法在对合肥话的性别归一化的结果上几乎是相同的(Nord. k = 0.8896;Fant. k = 0.8898),如图 1 所示:

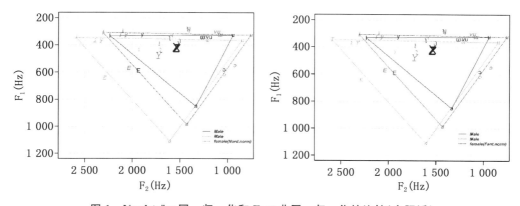

图 1　Nordström 同一归一化和 Fant 非同一归一化的比较(合肥话)

(说明:左图中 XYZ 分别表示男性、女性和 Nordström 方法归一后的图心坐标点;右图的 Z 指 Fant 方法归一后的图心坐标点。)

———————————

① 本节举例用的合肥话单元音数据系作者的田野调查,共 5 男 5 女,年龄在 20—25 岁之间,采样率 16 000 Hz,16 bit,单声道。合肥话共有单元音 12 个,分别是[ɿ][i][y][E][a][ɔ][u][uᵥ](图中显示为 vu,为擦化音位)、[ɯ][l][ʅ][ɥ],有效样本共计 2 235 个。

（2）DCT 变换归一化

同一个元音尽管个体差异在声学上表现得十分明显，但从知觉来说仍是同一类，可见声学量与知觉量并不是严格地对应。Syrdal 和 Gopal（1986）提出 Bark 距离法，用 F_3-F_2（Bark）代替了原来的 F_2，取得了较好的归一化效果。文献研究发现，在 Bark 转换的基础上，如果再进行离散余弦变换（Discrete Cosine Transformation, DCT）处理，能够很大程度地避免频率异常值的干扰，能取得更好的归一化结果（Watson & Harrington, 1999 等）。DCT 变换可分别对频谱赫兹 Hz 单位和听觉谱 Bark 或 Mel 单位进行变换处理。DCT 是类似于离散傅里叶变换（Discrete Fourier Transformation, DFT）的一种算法，它和 DFT 不同的是：DCT 是半循环，即 $k=0, 0.5, 1, 1.5 \cdots 1/2(N-1)$，$k$ 为频率；DFT 是整数循环，即 $k=1, 2 \cdots N-1$。DCT 系数反映的是余弦波的振幅，如果余弦波的长度是从 0 到 $N-1$，那么就有 $N-1$ 个 DCT 系数，即 DCT_0、$DCT_1 \cdots DCT_{N-1}$。通常前 3 到 5 个系数就能起到较好的拟合作用，特别是 $DCT_{0\sim2}$ 三个系数与音频信号的属性相关，以频谱为例，分别对应于谱包络的能量均值、斜率、曲率。它对信号分析有四个基本作用：一是可以通于计算 DCT 系数来分析语音信号的分布特征，与谱矩的方法异曲同工；二是通过把将低频率系数相加进行变换，可平滑初始信号，从复杂的信号中得到相对简单的区别特征；三是听觉谱 DCT 信号更优于频率谱 DCT 变换，对信号识别用处更大，在声学分析上，应用更广；四是该方法既可以用于周期性信号分析也可以用于非周期性信号分析。并且 DCT 的算法与倒频谱基本一致，在语音识别和合成中被广泛应用，两者输出的信号非

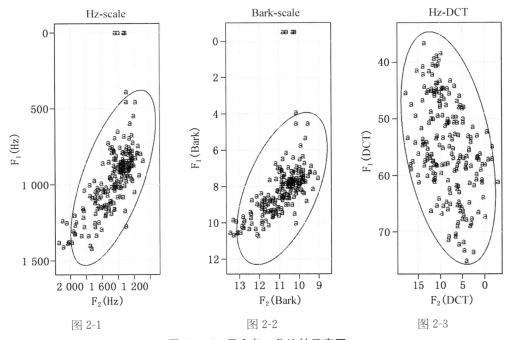

图 2-1　　　　　　　　图 2-2　　　　　　　　图 2-3

图 2　DCT 元音归一化比较示意图

常接近,Bark 或 Mel 单位的频谱 DCT 变换实质上与梅尔倒频谱系数或巴赫倒谱系数的计算没有多大的差异(Harrington, 2010:207—208)。下面我们以合肥话的元音[a]为例试作比较。

　　图中横坐标为 F_2,纵坐标为 F_1。比较前,我们没有对异常值进行预先的处理。图 2-2 经过 Bark 转换后的元音的空间分布,实际上只是转换了单位刻度,对异常值没有作用。图 2-3 采用 DCT 方法进行优化处理。比较初始 Hz 单位、Bark 转换、Hz-DCT 变换后的二维空间,不难发现,初始 F_1-F_2 二维空间中的共振频率出现不少异常值的情况,而 DCT 变换后可以很好地消除异常值的影响,所以我们认为对初始赫兹单位 DCT 二次变换,虽然坐标参数改变了,但实际上可作为非同一归一化的一种方式,这种方法可适用于跨方言的元音归一化研究。

三　小　结

　　除了以上的归一化方法外,国内学者也提出了几种归一化方法,如石锋、时秀娟(2007)提出的元音共振峰的归一化法,与 Gerstman 的最值法较为相似(见鲍怀翘,2014:414 评述)。孙锐欣(2008)提出一种以普通话的共振频率为基准参数,对方言中的元音进行归一化的方法,也取得了一定的效果。凌锋(2017)还提出了从标准分的跨方言元音系统的比较数据进行归一的思路和方法。整体来说,相比较英语,对汉语元音空间归一化问题的讨论仍然不够充分。例如方言点的归一化是否可以作为一种归一化类型,包括用同一个方言点的元音共振峰数据归一化该方言点的元音空间,和用不同方言点的数据归一化一个方言点的数据,即方言点的内部归一化与外部归一化,采用哪一种计算方法更好;归一化后的空间越规整是否就代表了归一的方法越好等,都是需要进一步探讨的问题。

参考文献

Adank, P., Smits, R., van Hout, R. A comparison of vowel normalization procedures for language variation research[J]. Journal of the Acoustical Society of America, 2004, 116(5):3099—3107.

鲍怀翘,林茂灿.实验语音学概要(增订版)[M].北京:北京大学出版社,2014.

Bigham, D. S. Dialect Contact and Accommodation among Emerging Adults in a University Setting[D]. Austin: University of Texas at Austin,2008.

Bladon, R. A. W., Henton, C. G., Pickering, J. B. Towards an Auditory Theory of Speaker Normalization[J]. Language & Communication, 1984, 4(1):59—69.

Clopper, C. G. Computational Methods for Normalizing Acoustic Vowel Data for Talker Differences[J]. Language and Linguistic Compass, 2009, 3(6):1430—1442.

Delattre, P. C., Liberman, A. M., Cooper, F. S., Gerstman, F. J. An Experimental Study of the Acoustic Determinants of Vowel Color: Observations on One- and Two-formant Vowels Synthesized from Spectrographic Patterns[J]. Word, 1952, 8:195—210.

Disner, S. F. Evaluation of Vowel Normalization Procedures[J]. Journal of the Acoustical Society of America, 1980, 67(1):253—261.

Fabricius, A., Watt, D.L., Johnson, D. A Comparison of Three Speaker-intrinsic Vowel Formant Frequency Normalisation Algorithms for Sociophonetics[J]. Language Variation and Change, 2009, 21(3):413—435.

Fant, G. The Acoustic Theory of Speech Production[M]. The Hague: Mouton, 1960.

Fant, G. Non-uniform Vowel Normalization[J]. STL-QPSR, 1975, 16(2—3):1—19.

Flynn, N. ComparingVowel Formant Normalization Procedures[C]. York Papers in Linguistics Series 2, Issue 11, 2011.

Gerstman, L. J. Classification of Self-normalized Vowels [J]. IEEE Transactions of Audio Electroacoustics, 1968, AU-16:78—80.

Gries, S. T. Statistics for Linguistics with R: A Practical Introduction 2 (Revised Edition) [M]. Mouton, 2013.

Kerns, G. J. Introduction to Probability and Statistics Using R[M]//The Phonetic Analysis of Speech Corpora. Wiley-Blackwell, 2010.

Hindle, D. Approaches to Vowel Normalization in the Study of Natural Speech[M]//Sankoff, D. Linguistic Variation: Models and Methods. New York: Academic Press, 1978.

Hu Fang. A Phonetic Study of the Vowels in Ningbo Chinese[D]. Hong Kong: City University of Hong Kong, 2005. (又 2014 年《宁波话元音的语音学研究》,中国社会科学院出版社)

Joos, M. Acoustic Phonetics[J]. Language, 1948, 24(2):1—136.

凌锋.基于标准分的跨方言元音系统比较数据规整法[J].方言,2017(3), 290—301.

Lobanov, B. M. Classification of Russian Vowels Spoken by Different Speakers[J]. Journal of the Acoustical Society of America, 1971, 492:606—608.

Miller, J.D. Auditory-perceptual Interpretation of the Vowel[J]. Journal of the Acoustical Society of America, 1989, 85(5):2114—2134.

Nearey, T. M. Phonetic Feature Systems for Vowels [D]. Indiana: Indiana University Linguistics Club, 1978.

Nordström, P., Lindblom, B. A Normalization Procedure for Vowel Formant Data[C]. Paper 212 at the International Congress of Phonetic Sciences in Leeds, August, 1975.

Peterson, G., Barney, H. Control Methods Used in a Study of Vowels[J]. Journal of the Acoustical Society of America, 1952, 24:175—184.

石锋,时秀娟.语音样品的选取和实验数据的分析[J].语言科学,2007(2):23—33.

孙锐欣.元音的实验与计算研究——以上海方言元音为例[D].上海:复旦大学,2008.

Syrdal, A., Gopal, H. S. A Perceptual Model of Vowel Recognition Based on the Auditory Representation of American English Vowels[J]. Journal of the Acoustical Society of America, 1986, 79:1086—1100.

Thomas, E. R. Instrumental phonetics[M]//Chambers, J.K., Trudgill, P. , Schilling, N. The Handbook of Language Variation and Change. Oxford: Blackwell, 2002:168—200.

Thomas, E. R., & Kendall, T. NORM: The Vowel Normalization and Plotting Suite[M/OL]. http://nc-slaap.lib.ncsu.edu/tools/norm/index.php, 2007.

Traunmuller, H., Lacerda, F. Perceptual Relativity in Indentification of Two Formant Vowels[J]. Speech Communication, 1987, 6:143—157.

Watson, C. I., Harrington, J. Acoustic Evidence for Dynamic Formant Trajectories in Australian English Vowels[J]. Journal of the Acoustical Society of America, 1999, 106:458—468.

Watt, D. L., Fabricius, A. Evaluation of a Technique for Improving the Mapping of Multiple Speakers Vowel Spaces in the $F_1 \sim F_2$ Plane[C]. Leeds Working Papers in Linguistics and Phonetics 9, 2002: 159—173.

近十年社会语言学研究热点述评*

吴春相　上海外国语大学国际文化交流学院
王连盛　上海财经大学国际文化交流学院

一　引　言

　　语言是人类最重要的交际工具,社会性是语言的本质属性。随着社会变化日益加剧,人们之间交往日益密切,加上网络及移动互联网等技术的突飞猛进,导致语言变化加速,出现林林总总的语言变异,这为社会语言学研究提供了丰富的有价值课题,展现出社会语言学科发展的美好前景。当前社会语言学研究的热点,主要包括社会流行语和社会热词、社会语言生活以及语言规划和语言政策研究。但对相关热点情况的研究,则比较少,本文将对上述研究热点近十年研究情况进行统计和分析,以期对国家语言规划工作者提供一定的参考,并对社会语言学研究者提供一些借鉴。

二　社会流行语和社会热词研究情况

　　社会流行语是指在某一时期特别流行的词语①。流行是指某个新出现的事物样态或者行为方式,在很短的时间内被广大民众自发地接受,并且迅速地传播开来,达到一定程度之后,又因为成为一种常态而停止扩展甚至逐渐衰弱的过程。语言也是如此,某些在一定社会条件下获得新意的旧有语言项目,或者一些新出现的语言项目,在很短的时间之内被广大民众自发接受,并加以使用,主动对其进行传播,达到一定程度之后又逐渐停止扩展甚至衰弱。

　　社会热词,也叫作新闻热点词或者社会热点词②。某一个或某一些词语由于其所指的对象是社会各界关注的热点,从而使其本身也获得社会的关注,并且同时获得了较高的

---

　　* 基金项目:本文为国家社科基金重大项目"对外汉语教学语法大纲研制和教学参考语法书系"(17ZDA307)的阶段性成果。吴春相为本文的约稿作者,电子邮箱:shdwchx@126.com。
　　① 戴庆厦.社会语言学概论[M].北京:商务印书馆,2004:10.
　　② 郭熙.中国社会语言学(第三版)[M].北京:商务印书馆,2013:142.

使用频率,这个词也就成为热词。热词之所以"热",是由于其本身指称的事物或者事件十分重要,人们在表达对这些事物、事件看法的时候,不得不使用这些词语。例如,"汶川地震""一带一路"就是这样成为热词的。事物、事情本身的重要性,再加上政府政策的支持以及新闻媒体的传播,相应的一些词语势必会成为社会热词。

随着社会的发展和变化,会不断出现一些新的社会流行语和社会热词①。尤其是近几年,涌现出了大量的流行语和热词,例如"厉害了我的哥""马云和雷军之间,隔着一百个刘强东"等流行语,以及"一带一路"等热词。对于社会流行语和热词的研究是很有必要的,而对其研究情况进行统计、分析,也具有十分重要的意义。下面,我们从期刊论文、出版专著以及立项课题三个方面,对研究情况进行具体的数据统计和分析。

2.1 期刊论文情况

有关社会流行语和社会热词期刊论文情况,我们根据中国知网相关数据进行统计和分析。此次检索限定在中国语言文字、外国语言文字、社会学及统计学、中国文学四个学科领域,排除工业经济、贸易经济等,时间范围限定在 2011 年 1 月 1 日至 2020 年 12 月 31 日。

首先,分别以"关键词""主题""篇名"进行预检索,通过对比检索结果,选取其中获取的最大值为检索目标,确定为"主题检索"。其次,对所获得的篇目——社会流行语(3 930 篇),社会热词(4 018 篇),共计 7 948 篇,经人工排查,均符合要求。具体数据如表 1 所示:

表 1　2011—2020 年社会流行语和社会热词期刊论文年度检索结果

年度	2011	2012	2013	2014	2015	2016	2017	2018	2019	2020	合计
数量	735	732	746	803	944	922	868	819	738	641	7 948

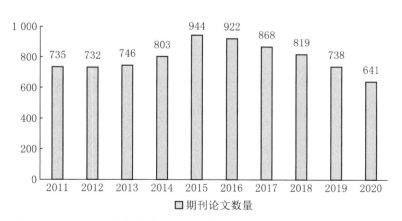

图 1　2011—2020 年社会流行语和社会热词期刊论文数量年度变化走势

---

① 郭熙.新加坡中学生华语词语使用情况调查[J].华文教学与研究,2010(4).

表1、图1显示,从2011年开始,年度文章数量就为735篇,自此居高不下:除2012年外,从2011年至2015年一直处于上升的状态,在2015年达到目前最高峰,为944篇;除2011年至2012年外,增长数量都在十位数以上,2014年至2015年更是达到了百位数,增长量最大,为141篇。2015年以后,期刊论文的数量逐减少,到2020年达到最低值,为641篇,每年减少数量都在十位数,其中2019年至2020年减少量最大,为97篇。

这说明近十年时间,社会流行语和社会热词研究经历了一个先是不断增加然后再逐渐减少的阶段。从整体来说,中国近十年有关社会流行语和社会热词研究的论文总篇数已达7 498篇,说明这一方面的研究已经取得了一些成果,有了一些规模,但是我们还应看到,国内社会语言学在这一方面的研究还有很多可以挖掘的空间。

2.2　出版专著情况

与成百上千的学术论文相比,这十年以社会流行语和社会热词为研究对象的专著数量并不壮观,但与之前相比,成果可以说是丰硕的。我们在中国知网上对社会流行语和社会热词方面专著进行了检索和数据统计,分别以"社会流行语"和"社会热词"作为关键词进行检索,分别搜索到图书159本和87本,其中近十年专著的数量分别为115本和83本,经查验均符合条件,无重复的书目,总数为198本。具体情况如表2所示:

表2　2011—2020年社会流行语和社会热词出版专著年度检索结果

年度	2011	2012	2013	2014	2015	2016	2017	2018	2019	2020	合计
数量	10	20	14	16	17	20	41	27	20	13	198

图2　2011—2020年社会流行语和社会热词专著数量年度变化走势

表2、图2显示,从2011年至2020年,每年都有相关专著出版,从2011年到2017年

整体呈上涨趋势,并且在 2017 年达到了目前最高峰,有 41 本专著之多。而且,社会流行语方面的专著要多于社会热词,可见对于社会流行语的研究更多一些,有些机构还会发布每年的中国流行语,这也势必会提高社会流行语专著出版数量。

2.3 立项课题情况

我们通过对全国哲学社会科学工作办公室网站语言学专业近十年立项课题的统计,对社会流行语和社会热词在课题方面的情况进行考察。国家社科基金语言学项目,我们从重点项目、一般项目和青年项目三个方面进行统计。我们对每一年的语言学立项课题逐一查看,找出与社会语言生活相关课题,并且对每一年语言学方面的立项课题总数进行统计。具体统计数据如表 3 所示:

表 3 2011—2020 年社会流行语和社会热词立项课题年度检索结果

年份	立项课题数量	语言学总立项数	所占比例
2011	1	198	0.5%
2012	0	265	0.0%
2013	0	323	0.0%
2014	0	292	0.0%
2015	0	306	0.0%
2016	0	281	0.0%
2017	1	306	0.3%
2018	1	319	0.3%
2019	1	308	0.3%
2020	1	298	0.3%
总计	5	2 896	0.03%

表 3 显示,在 2011 年至 2020 年十年时间中,从数量上看,2011 年以及 2017 年到 2020 年每年均有 1 项有关社会流行语和社会热词的立项课题,其他几年并没有这一方面的立项课题;从所占比例看,最低为 0.0%,最高为 0.5%。2011 年所占比例最高,为 0.5%。总体来看,近十年社会流行语和社会热词方面的立项课题总数为 5 项,占总数的 0.03%,这一比例远低于社会语言生活、语言规划和语言政策的比例,国家社科基金未来在对语言学课题考核立项时,可以适当地向社会流行语和社会热词相关的课题倾斜,促进其研究进一步开展。

三 社会语言生活研究情况

对社会语言生活进行观察和统计,也是近年来社会语言学的一个热点。社会中很多发展变化,都会在语言生活中反映出来。换句话说,语言生活是社会生活的一面镜子①。社会生活的任何一处变化,哪怕只是最为细小的变化,都多少会在语言中有所反应,这是由语言是社会生活中最重要的交际手段决定的。通过语言的变化,尤其是词汇的变化,去探索社会生活的变化,是可能的,也是十分必要的,并且会取得很多有意义的成果②。而对其研究情况进行数据统计和分析,也同样具有十分重要的意义③。下面,我们从期刊论文、出版专著以及立项课题三个方面,对研究情况进行数据统计和分析。

3.1 期刊论文情况

有关社会语言生活的期刊论文情况,我们依然根据中国知网的相关数据进行统计分析。首先,以"社会语言生活"为关键词,进行主题检索。其次,对所获得的篇目进行人工排查,发现均满足条件,最终得到有关社会语言生活的期刊论文共 34 257 篇,经人工核查,均符合条件。具体情况如表 4 所示:

表 4　2011—2020 年社会语言生活期刊论文年度检索结果

年度	2011	2012	2013	2014	2015	2016	2017	2018	2019	2020	合计
数量	4 064	3 580	3 072	3 269	3 144	3 418	3 513	3 653	3 676	2 868	34 257

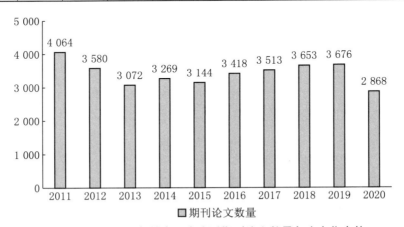

图 3　2011—2020 年社会语言生活期刊论文数量年度变化走势

① 郭熙.语言生活研究十年[J].语言战略研究,2016(3).
② 郭熙.中国语言生活状况报告[J].语言文字应用,2015(3).
③ 李宇明.语言生活与语言生活研究[J].语言战略研究,2016(3).

表4显示,从整体来看,2011年至2020年近十年时间里,国内社会语言学有关社会语言生活方面的期刊论文数量达到了34 257篇,多于社会流行语、社会热词和语言规划、语言政策期刊论文的总和,这充分说明国内社会语言学在语言社会生活方面的研究非常充分,对于这一方面的研究成果颇丰,规模很大。从整体趋势看,图3显示,2011年至2020年近十年时间里,相关方面的研究经历了一个先减少再不断增长,然后再逐渐减少的过程。具体来说,2011年至2013年的三年时间里,有关社会语言生活的期刊论文数量总体在不断减少,而且每年减少数量在百位数,可见下降速度较快,并且在2013年达到了最低点,为3 072篇。而从2015年开始,发表论文数量则呈现出不断增加的趋势,但上升的幅度不是很大,可见对其研究的热度有所上升,而在2020年大幅度下降到只有2 868篇,研究热度快速下降。

3.2 出版专著情况

与成千上万学术论文相比,这十年与社会语言生活相关的专著数量并不壮观,但与社会流行语和社会热词方面的专著相比,成果可以说是丰硕的。对社会语言生活出版专著情况的考察,我们依然在中国知网上进行检索和数据统计,以"社会语言生活"作为关键词进行检索,搜索到图书6 924本,其中近十年专著的数量为5 367本,经查验均符合条件,无重复的书目。具体数据如表5所示:

表5 2011—2020年社会语言生活专著年度搜索结果

年度	2011	2012	2013	2014	2015	2016	2017	2018	2019	2020	合计
数量	310	330	493	482	537	557	696	799	670	493	5 367

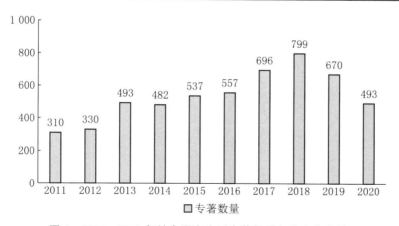

图4 2011—2020年社会语言生活专著数量年度变化走势

表5显示,2011年至2020年十年时间里,一共出版语言社会生活方面的专著5 367本,远多于社会热词和社会流行语的198本,但与语言规划和语言政策还有比较大的差距。

图 4 显示,从整体趋势看,2011 年到 2020 年经历了一个先不断上涨再回落的过程。具体来说,从 2011 年到 2018 年有关语言社会生活的专著数量在不断上涨,并在 2018 年到达最高点,为 799 本,此后开始回落,到 2020 年已经降到 493 本。总的来说,社会语言生活方面的专著数量比较多,成果比较丰硕,研究比较成熟,但在近几年有热度下降的趋势。

3.3 立项课题情况

我们通过对全国哲学社会科学工作办公室网站语言学专业近十年立项课题的统计,对社会语言生活在课题方面的情况进行考察。通过对每一年语言学立项课题逐一查看,找出与社会语言生活方面相关的课题,并且对每一年的语言学方面的立项课题总数进行统计。具体数据情况如表 6 所示:

表 6 2011—2020 年社会语言生活立项课题年度检索结果

年份	立项课题数量	语言学总立项数	所占比例
2011	0	198	0.0%
2012	4	265	1.5%
2013	10	323	3.1%
2014	9	292	3.1%
2015	3	306	1.0%
2016	7	303	2.3%
2017	1	306	0.3%
2018	0	319	0.0%
2019	2	308	0.6%
2020	2	298	0.7%
总计	38	2 896	1.3%

表 6 显示,在 2011 年至 2020 年十年时间中,从数量上看,除 2011 年和 2018 年外,其他年份每年均有社会语言生活方面的课题立项,其中 2013 年立项课题数量最高,为 10 项;从所占比例看,2011 年和 2018 年所占比例最低,为 0.0%,2013 年所占比例最高,为 3.1%。总体来看,近十年社会语言生活方面的立项课题总数为 38 项,占总数的 1.3%,这一比例高于社会流行语和社会热词、语言规划和语言政策的比例,说明国家社科基金近 10 年对社会语言生活课题的资助相对来说还是比较大的,但仍有上升的空间。

四 语言规划和语言政策研究情况

语言规划是近年来社会语言学关注、研究的热点问题。语言规划是指,国家或者社会为了对语言进行相关的管理而进行的各种工作①。这里所说的"规划",是一个十分宽泛的概念,包括文字的创制与改革、语言的选择与规范化、语言文字的复兴等各个方面的问题②。就中国而言,由政府支持或发起的汉语规划、推广普通话、文字改革以及正在推进的语文标准化等都属于这一类的工作。

语言政策也是近年来社会语言学关注、研究的热点问题。根据对语言的三种不同态度,可以把语言政策分为三大类:第一类,语言作为问题时的政策(language as problem);第二类,语言作为一种权利时的政策(language as right);第三类,语言作为一种资源时的政策(language as resource)(Richard Ruiz, 1984)③。

4.1 期刊论文情况

有关语言规划和语言政策期刊论文情况,我们仍然根据中国知网相关数据进行统计和分析。首先,分别以"语言政策""语言规划"为关键词进行主题检索,分别搜集到 10 079 条和 8 983 条,共计 19 062 条。其次,对所获得的篇目进行人工排查,发现均符合条件。具体情况如表 7 所示:

表 7   2011—2020 年语言规划和语言政策期刊论文年度检索结果

年度	2011	2012	2013	2014	2015	2016	2017	2018	2019	2020	合计
数量	1 442	1 377	1 448	1 646	1 946	2 135	2 276	2 430	2 332	2 030	19 062

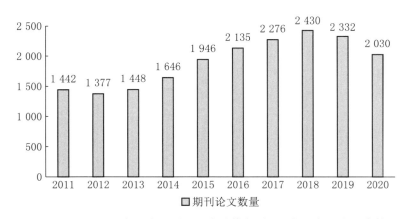

图 5   2011—2020 年语言规划和语言政策期刊论文数量年度变化走势

表 7 显示,从整体数量看,2011 年至 2020 年十年时间里,国内社会语言学有关语言

① 郭熙.华语规划论略[J].语言文字应用,2009(3).
② 郭熙.论华语视角下的中国语言规划[J].语文研究,2006(1).
③ 徐大明,陶红印,谢天蔚.当代社会语言学[M].北京:中国社会科学出版社,1997:101.

规划和语言政策方面的论文总数为 19 062 篇,高于社会流行语和社会热词,但低于社会语言生活,这说明这一方面的相关研究已经比较充分,取得的成果比较丰富,研究达到了一定的规模,但仍有较大的发展空间。图 5 显示,从总体趋势看,2011 年至 2020 年,相关论文发表数量呈现出先不断上升再有所回落的趋势。具体来说,从 2011 年到 2018 年,除 2012 年略微有所减少外,其他年份都在不断增加,到 2018 年达到最高峰,为 2 430 篇。从 2019 年开始,这一逐年上升的趋势有所改变,出现下滑,但下降幅度并不是很大,2020 年仍有 2 030 篇,远多于 2011 年的 1 442 篇。可见,语言规划和语言政策方面的期刊论文成果还是比较丰硕的。

4.2　出版专著情况

语言规划和语言政策出版专著方面,我们依然在中国知网进行检索和数据统计,分别以"语言规划"和"语言政策"作为关键词进行检索,分别搜索到图书 13 339 本和 1 821 本,其中近十年专著的数量分别为 9 100 本和 1 460 本,经查验均符合条件,无重复的书目,总数为 10 560 本。具体统计数据如表 8 所示:

表 8　2011—2020 年语言规划和语言政策专著年度搜索结果

年度	2011	2012	2013	2014	2015	2016	2017	2018	2019	2020	合计
数量	1 136	1 059	1 144	1 018	1 058	961	1 410	1 288	994	492	10 560

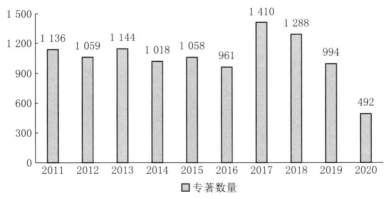

图 6　2011—2020 语言规划和语言政策专著数量年度变化走势

表 8 显示,从总体上看,语言规划和语言政策相关专著近十年出版总数为 10 560 本,虽然与相关论文的数量相比少一些,但与社会流行语、热词以及社会语言生活相比,可以说是数量很大,比二者的总和还要多出不少。具体来说,从 2011 年到 2020 年,除 2016 年、2019 年和 2020 年外,其他年份的专著出版量都在 1 000 本以上,其中 2017 年出版量

最大,为1 410本,并且2016年和2019年专著出版量接近1 000本,数量也很可观。图6显示,从总的趋势看,基本上呈现出错落变化的趋势,总体上比较稳定,除2020年大幅度减少外,其他年份差别不是很大,稳定在1 000本左右。可见,目前语言规划和语言政策方面的专著成果很多,但也出现有所降温的趋势。

4.3 立项课题情况

我们通过对全国哲学社会科学工作办公室网站语言学专业近十年立项课题的统计,对语言规划和语言政策在课题方面的情况进行考察。通过对每一年语言学立项课题逐一查看,找出与语言规划和语言政策方面相关的课题,并且对每一年的语言学专业立项课题的总数进行统计。具体数据情况如表9所示:

表9 2011—2020年语言规划和语言政策立项课题年度检索结果

年份	立项课题数量	语言学总立项数	所占比例
2011	2	198	1.0%
2012	1	265	0.3%
2013	3	323	0.9%
2014	0	292	0.0%
2015	7	306	2.3%
2016	5	303	1.7%
2017	3	306	1.0%
2018	0	319	0.0%
2019	2	308	0.6%
2020	3	298	1.0%
总计	26	2 896	0.7%

表9显示,在2011年至2020年十年时间中,从数量上看,除2014年和2018年外,其他年份每年均有语言规划和语言政策方面的课题立项,其中2015年立项课题数量最高,为7项;从所占比例看,2014年和2018年所占比例最低,为0.0%,2015年所占比例最高,为2.3%。总体来看,近十年语言规划和语言政策方面的立项课题总数为26项,占总数的0.7%。这一比例高于社会流行语和社会热词的比例,但低于社会语言生活的比例,说明国家社科基金近十年对于语言规划和语言政策课题的资助相对来说还是比较大的,但仍有很大的上升空间。

五 结 论

随着我国社会语言学的发展,社会语言学已成为当代汉语研究的重要组成部分。我们的社会开始以越来越理性的眼光看待语言的社会属性和社会意义。十年的语言演进,社会语言学研究十年相随,以丰厚的成果为社会提供了有力的学术支持。我们相信这种良好态势还将持续下去,而基于大规模真实语料、大数据研究手段的社会语言学仍是语言研究的重要工具。

社会流行语和社会热词、社会语言生活以及语言规划和语言政策是当今社会语言学研究的热点,文章对上述热点近十年的研究情况进行了数据统计和分析。从整体趋势来看,对于热点的研究都呈现出先上升再下降的趋势,只是存在具体量的差别;从个体来看,当前研究成果最多、规模最大的是社会语言生活,语言规划和语言政策的研究次之,社会流行语与社会热词的研究成果相对最少。可见,今后社会语言学的相关研究,在确保社会语言生活、语言规划和语言战略研究稳步增长的同时,可以适当向社会流行语和社会热词方面的研究倾斜。

参考文献

戴庆厦.社会语言学概论[M].北京:商务印书馆,2004.

郭熙.中国社会语言学(第三版)[M].北京:商务印书馆,2013.

郭熙.新加坡中学生华语词语使用情况调查[J].华文教学与研究,2010(4):27—33.

郭熙.语言生活研究十年[J].语言战略研究,2016(3):24—33.

郭熙.中国语言生活状况报告[J].语言文字应用,2015(3):2—11.

郭熙.华语规划论略[J].语言文字应用,2009(3):45—52.

郭熙.论华语视角下的中国语言规划[J].语文研究,2006(1):13—17.

李宇明.语言生活与语言生活研究[J].语言战略研究,2016(3):15—23.

徐大明,陶红印,谢天蔚.当代社会语言学[M].北京:中国社会科学出版社,1997.

游汝杰,邹嘉彦.社会语言学教程(第二版)[M].上海:复旦大学出版社,2009.

游汝杰.台湾大学生语言使用状况研究[J].陕西师范大学学报(哲学社会科学版),2015(4):156—160.

上海儿歌的变体研究

杨　蓓[*]

中山大学

民间流传的儿歌不仅难以搜集,而且也难以记录。就目前出版的一些儿歌童谣而言,很多儿歌都会有一些不同的版本,存在不同的变体。许多当地人看了这些儿歌集会诧异其完整性和丰富性,并同时质疑其准确性,所以我们往往都会听到类似于"这首儿歌不是这样的""这首儿歌不是某地方言说的"这样的评语。

儿歌作为一种口耳相传的民间文学,其自身具有不稳定性和动态发展的特点。周作人在《读〈绘图童谣大观〉》中就考证过儿歌的动态变化(吴平、邱明一,1999)。因此,界定一首儿歌不应是个体的概念,而应该是一个处于多维层面的范畴。本文以上海儿歌为例,从不同层面研究儿歌的变体,力求从时间和空间角度分析儿歌的范畴。

上海自20世纪初以来,就一直是中国的经济中心。移民人口众多,语言接触频繁。从方言的角度说,上海方言是吴语的权威方言(游汝杰,2000)。这种社会经济状况和语言状况给儿歌带来了多元化的局面。因此,本文以上海儿歌为例,观察和分析儿歌的变体及其动态性,提出"一首儿歌的界定是范畴而非个体"的观点,并从主体交流、空间和时间变化等几个方面分析其成因。

一　研究方法及数据采录

本文通过搜集上海儿歌、采访不同年龄层的上海人、分析相关的方言和活动,对上海儿歌的各种变体进行研究,以探究儿歌动态性的发展及其范畴。

有24位上海人参与了本项调查研究。他们都出生于上海市,在上海市长大,其性别和年龄见表1。

---

* 作者电子邮箱:yangb76@mail.sysu.edu.cn。

表1　参与调查者的年龄、性别和人数

性别＼出生	1940—1949 年	1950—1959 年	1960—1969 年	1970—1979 年	1980—1989 年	1990—1999 年
女	2人	2人	2人	2人	2人	2人
男	2人	2人	2人	2人	2人	2人

数据采录分两个步骤。首先,研究者从不同的书籍(如郑土有、王士均,2006;朱贞淼,2015)中收录、整理了90首上海儿歌。然后请被调查者做了一个网上调查问卷和一次1—2个小时的面对面的访谈。

网上调查问卷分两部分,第一部分是背景调查,包括性别、年龄、家庭背景、语言使用情况等。第二部分请被调查者阅读90首上海儿歌,判断他们小时候有无说过,同时提供这90首儿歌中没有收录但他们却记得的儿歌。

访谈也分为两部分。第一部分,请被调查者将他们会说的儿歌说一遍。说儿歌时,他们只能看一下儿歌的标题,然后说出他们记得的整首儿歌或者其中的几句。这样可以避免被调查者在说儿歌时受书面记录的影响。被调查者说的儿歌都被录音。第二部分,请被调查者说出每一首儿歌所使用的时间、地点、环境和相关的活动,以及其他相关的内容。在访谈过程中,调查者根据被调查者所说的信息,可以进一步提问。第二部分亦被录音。

网上调查问卷根据不同的条目进行分类整理。访谈内容被转写成汉字,按照儿歌的方言、内容、使用环境和活动(游戏)几个方面进行归类分析。

二　上海儿歌的变体

2.1　方言变体和共同语变体

就语言而言,某地儿歌是非常难以界定的。一般认为,某地的儿歌应以该地方言为基础传唱。其实未必。

首先,方言的分区是非常复杂的,而且一向是有争议的。无论以哪一条或者哪几条语言特征为标准进行分区,在划分好的区域内都会有例外(Norman,1988),也就是说在一些方言区域交界地,由于语言接触,会存在与周边地域方言相似而本方言区却没有的特点。此外,方言分区从大到小,可以一层一层分下去。如吴语一般可以分为5个片,而其中的太湖片又可再分为7个小片,其中的小片又可再分。所以,一般以地域命名的儿歌也存在着同样的问题。地域大了,儿歌的变体就多(其中包括小地域的方言变体)。此外,行政区域和方言区域并不完全相同,再加上历代语言接触而形成的语言演变与分化,又使传统的地域名与现行的名称不同。如《吴歌甲集》和《吴歌乙集》就以吴地最大的地域名"吴"来界定当时所收的儿歌。沈兼士曾经对《吴歌甲集》的命名持反对意见,认为"不应该以广狭异域界限不清的古代国名范围现代的歌谣"①。后来,他却"幡然改途,不反对而赞成了",因为扬雄的《方言》中也是以通用的广狭异域名来命名不同方言的。沈兼士认识到,"方言因交通的关系而仍是变动不居的",所以很难把区域划分得很清楚。而"歌谣的性质也和方言相仿",所以他最终同意"吴歌"一语。因《吴歌甲集》中的歌谣从来自不同吴地的人那里收录,不只限于苏州、吴县,顾颉刚亦在其自序中提到了这个问题,他认为,"沿太湖居住的人民,无论在风俗上、生活上、言语上,都不应分割"。

其次,移民也使儿歌中的方言问题更加复杂。如,移民一般都说自己的家乡话,所以传给孩子的歌谣有相当部分也是这些移民的家乡歌谣,与当地方言和文化没有很大的联系。而来自不同地域移民的接触也会形成方言混杂的儿歌形式。在我们的调查中,《大头歌》就有多种方言的表达形式。在上海比较通行的有上海方言的《大头歌》和苏北方言的《大头歌》。因为上海有很多苏北地区的移民,所以很多人的上海方言带有苏北口音。而一些非苏北人,因儿时的伙伴或者邻居有苏北移民,所以他们能说出较地道的苏北方言《大头歌》。此外,20世纪早期,一大批宁波人移民上海,以致目前上海话中有很多词汇都来源于宁波话,而在儿歌中,也有一些儿歌是宁波儿歌,在我们的调查中就有一首《宁波人格小菜》:

> 宁波人格小菜真罪过,
> 咸带鱼咯、咸黄鱼、臭冬瓜。
> 阿娘、阿叔,吃酿,
> 自家人么冒客气。

这首儿歌以宁波人的小菜为内容,语言夹杂了上海方言和宁波方言。多少程度是宁波方言,这是因人而异的。但是最后两句一般都是宁波话说的。在调查过程中,很多人不知道这首儿歌。但是,从宁波移民至上海的宁波人的后代以及儿时与宁波人接触较多的上海人,都能用宁波话演绎这首儿歌,即使有些上海人不是宁波人的后代,也不会说宁波话。

此外,随着普通话推广的深入,普通话和上海话都已成为上海市区的通用语言。再加上教育的因素、外地移民的涌入,普通话在上海的使用率在一定程度上已经超过了上海话。早在20世纪,很多儿歌中就有普通话。比如《木头人》:

---

① 顾颉刚,《吴歌甲集》,1926年(1970年重印),《序二》第2页。

三，三，三，

我们都是木头人，

不许讲话不许动！

这首儿歌，只有第一句"三、三、三"是上海话说的，其他都是普通话说的。在我们的调查中，被调查人也充分肯定了这一点。但是也有调查人通篇都是用上海话说的，其内容稍有不同。他们说的上海方言版是这样的：

三，三，三，

山上有只木头人，

不许讲话不许动！

在这个版本中，三句都是用上海话说的。"山上有只木头人"是上海话的说法，其中的量词"只"也是上海话中特有的量词，若用普通话说就非常别扭。这说明同一首儿歌，语言和内容可以根据其中一方的变体而产生相应的变化。

从语言上看，由于移民、居住人群的母语差异、普通话的推广等因素，儿歌会产生不同的方言变体和普通话变体。就上海儿歌来说，有些以上海话为主，没有方言和普通话变体，如《笃笃笃，卖糖粥》；但是有些有方言变体，如《宁波人格小菜》《大头歌》；还有些有普通话变体，如《木头人》《汤司令到》等。同时，这些儿歌变体可以只用一种方言/标准语或者两种方言交杂。可见，移民及其语言接触等因素促使儿歌的动态发展，具有丰富的、独特的方言接触特点的儿歌因此而形成了一个个不同范畴的儿歌，而非单个个体。

2.2 语言内容变体

儿歌是口耳相传的，基本没有文字的记载。在采集儿歌的过程中，我们发现，不同的人说出的同一首儿歌在内容上会有所不同。有些是说的时候，用了内容相似、语音结构相近的词，所以产生了变体，如《笃笃笃，卖糖粥》：

笃笃笃，卖糖粥，

三斤蒲桃四斤壳，

吃侬格肉，还侬格壳，

张家老伯伯，

问侬讨只小花狗。

最后一句中的"小花狗",有些 50 年代出生的被调查者就说成"花小狗"。这种情况其实很常见,因为在口耳相传的过程中总会出现变化。而且这种变化常常会随着时间的久远而越来越大。如,在调查中,很多被调查者都承认听到过这首《七字歌》:

地上七块冰,

台上七盏灯,

墙上七只钉,

树上七只鹰,

天上七粒星。

乒——乓,踏碎地上七块冰,

扑——扑,吹灭台上七盏灯,

吭——嗨,拔去墙上七只钉,

呵——嘘,赶走树上七只鹰,

一朵乌云遮没天上七粒星。

不同的被调查者(50 年代至 80 年代出生)说的会稍微有些差别,但是大致相同。当我们查阅典籍,发现 1926 年出版的《吴歌甲集》第 25 页在儿歌部收录了这首儿歌:

天上七簇星,

地上七块冰,

台上七盏灯,

树上七只莺,

墙上七只钉。

杏化杏化拔脱七只钉,

汗鼠汗鼠赶脱七只莺,

平林碰冷踏碎七块冰,

一阵风来吹隐七盏灯,

行之乌云遮之星。

由此可见,这首儿歌确实是 20 年代流行于街头巷尾的儿歌,但是到了 60 年代,当它逐渐淡出民俗文化时,表演艺术家因地取材,通过曲艺的形式将其呈现了出来[1]。严格来

---

① 20 世纪开始,上海有一种表演形式,叫上海说唱,其中最有名的就是《金陵塔》。这首《七字歌》是《金陵塔》中的一段。这首《七字歌》的呈现形式就类似 Opie 等人提到的表演,所以一般不归入儿歌一类。

说，《金陵塔》中《七字歌》的说唱形式并不是儿歌，只是一种表演。儿歌一般认为是民间流传的，在一定范围的社区里，儿童活动时一起传唱的歌谣，这有别于为了表演而创造出来的歌谣。表演(performance)与儿童游戏、儿歌不同(Gomme，1984；Opie, et al.，1985)，其目的并非参与娱乐，而是供人观赏。但在这里，我们还是将这首《七字歌》归入儿歌，原因有二：根据其来源，这原本就是儿歌；虽然它在《金陵塔》中属于表演，但在大众再次接受后，它又变成一种民间艺术流行于街头巷尾，不少儿童将其作为儿歌来说。当然，20年代记录的儿歌，与60年代后的版本不同之处很多。一方面是时间的原因，在时间长河中口耳相传，各处的变化累积起来，慢慢就越来越多；另一方面也是艺术家的加工。同时，每个人说出来的又有不同。但因这首儿歌在形式、结构、主要用词等方面仍然保持了原有儿歌的特点，所以我们仍然将其归为一个范畴，认为它们属于同一首儿歌。

有些儿歌，由于使用的方言变体不同，其内容也会有相应的变化。比如2.1节中提到的《木头人》，其内容是根据方言和普通话的变体而产生不同的变体。但这类儿歌中的变化只有几句，并不是通篇的内容和方言都不同。

另有一种最常见的情况：因为年代久远，当儿童成人后，有时很难记得整首儿歌，所以不少儿歌的前几句比较固定，而到后面，就会产生不同的变体。比如《哎呦哇》：

哎呦哇！

做啥啦？

蚊子咬我呀，

快点上来呀，

（上来做啥呀？

上来白相呀。）

大部人都只记得前面四句，括号中的两句只有少数人记得，所以可以把它看作变体。有这类变体的儿歌很多，如《金锁银锁》《尖尖头，碰碰飞》，等等。

还有一种情况就是儿歌中某种语言结构形式是关键，所以说儿歌者在内容上根据语言结构和形式做了一些随意的改动，如《从前有个老伯伯》：

从前有个老伯伯，

年纪活到八十八，

早上头八点钟起来，

乘仔八路电车，

跑到八仙桥，

买仔八碗八宝饭，

一共用脱八块八角八分八厘八毫八。

每个人说的不尽相同,比如最后一句"八块八角八分八厘八毫八",有人说到"八分八"结束,也有人说到"八厘八"结束。这首儿歌的有趣之处在于,说"八/伯"①这个音时,双唇先往嘴内吸入,然后双唇突然分开,口腔中的气流骤然往外冲,形成一种咂嘴巴的声音。这种咂嘴巴的声音就取代了双唇音"八/伯"。这种说法很有趣,非常吸引儿童,几位被调查者都谈到了这种说法,一位50年代出生和一位70年代出生的被调查者还示范了这种发声。在这首儿歌中,具有相同的音的字多次重复出现,需要用咂嘴巴的声音去取代,就像朱自清谈到的一种情况:某种语音形式"迎合儿童心理"(朱自清,2005:188),所以很受儿童喜爱。儿童故意将"八/伯"这个音发成一个特别的形式,并以此为乐。他们的关注点是这个特别的语音形式,所以在内容上会做一些随意的改动,但是关键的语音形式却保持不变。所以,我们可以把这些内容上的变体看成是一个范畴。

同一首儿歌由于语音或词汇的结构相似、方言变体以及时间的久远,在儿歌的内容上产生不同的变体。所以,就内容而言,当我们定义一首儿歌的时候,我们也只能定义一个范畴,而这个范畴包括这首儿歌的所有内容变体。总的来说,因为儿歌具有口耳相传的特点,所以在传承过程中自然会带有说儿歌者的个体特点,因此会出现各种内容稍有不同的变体;同时,儿歌在历史长河的传承过程中,因其时间的长久而使其在内容和形式上的差异越来越大。但是,无论儿歌如何变化,无论其变体的差别有多大,在同一范畴中的儿歌,其主要内容是一样的,而且必定会有一个特别鲜明的共同特点,比如大家都能记住的一两句儿歌或者其特定的语音形式等。

就内容而言,任何一种变体只是其中的一个形式,我们不能说这种变体是标准的,而那种变体是不准确的之类的评语。例如,目前出版的很多儿歌辑刊,如果只收集了某首儿歌的一个版本,很多人会说,这首儿歌不是这么说的,或者这首儿歌记录错了。如果我们用范畴的概念来看,这些儿歌只是同一首儿歌的语言和内容的变体,无所谓对或错。

2.3 环境变体

同一首儿歌由于使用的环境不同,也会产生一些变体。比如《落雨喽》这首儿歌是孩子们在下雨天唱着玩的。但是,在孩子们聚会的时候,有时也会使用其中的几句。一位60年代出生的女性说,她们小时候,老师安排几个住得比较近的孩子,聚在某个小朋友家一起做作业,家长或者小朋友就会笑道:"哎呀,小巴辣子开会喽。"他们只用了该儿歌中的一句。这种变体是儿歌在不同语境中的应用。因环境不同而产生变体的情况并不太多。

---

① 上海话"八"和"伯"同音。

不同居住环境也会导致不同的儿歌变体。比如《落雨喽》这首儿歌，大部人是这样说的：

> 落雨喽，
>
> 打烊喽，
>
> 小巴辣子开会喽。

但是在我们的调查者中，有两位被调查者(分别出生于 20 世纪 40 年代和 50 年代)，小时候住在上海老城厢南市区(现在行政区划属于黄浦区)的老西门，他们说出来的儿歌比其他人多一句：

> 落雨喽，
>
> 打烊喽，
>
> 小巴辣子开会喽。
>
> 廿四路电车打弯喽。

20 世纪 90 年代以前，廿四路电车的一个终点站在老西门。在到达终点站所有的乘客下车后，廿四路电车需要转一个 180 度的弯，然后停靠在终点站马路对面的起点站上客。所以，《落雨喽》这首儿歌的这个变体的最后一句"廿四路电车打弯喽"，就是由此而来的。这充分体现了老西门地区的地域特点，虽然在内容上和上一句"小巴辣子开会喽"并没有关系。可能是当时老西门地区的居民看惯了廿四路电车打弯，自然而然就在儿歌里加上去了。

由于居住环境不同，接触的事物也不同，久而久之，儿歌里就会体现出日常生活中经常出现的画面。这是一种动态的发展过程。又如，上海儿童耳熟能详的《笃笃笃，卖糖粥》(见 2.2 节)，首先说的是卖糖粥，然后说到吃核桃，最后说的是邻居家的狗。这首儿歌很不连贯，为什么完全不相关的三件事会凑到一起呢？其实 90 多年前，《吴歌甲集》[1]中记录的这首儿歌是《精精阁》：

> 精精阁，阁精精，
>
> 三升核桃四升肉，
>
> 吃子奈个肉，
>
> 还子奈个壳。

---

① 顾颉刚，《吴歌甲集》，1926 年(1970 年重印)，第 3 页。

这首儿歌只讲了一件事情,就是吃核桃。而到了五六十年代,上海的弄堂里出现了很多挑着担子卖糖粥之类的小贩,所以居住在弄堂里的上海人听惯了,自然而然将其融入儿歌。就像《落雨喽》中的"廿四路电车打弯喽"。而此首儿歌中,原本用作敲核桃的象声词也被改为挑扁担敲木桶卖糖粥的象声词。至于第三件事,小花狗为什么会加上去,还有待考证,有可能是邻居家养狗的原因。但无论什么原因,我们都可以看出这首儿歌动态发展的过程。

儿歌是儿童说的,反映的是人们日常生活中的事物。所以生活在不同环境中的儿童所说的儿歌也会因为环境的不同而产生不同的变体。这种变体反映的是环境的动态变化,如果环境发生了变化,儿歌也会产生相应的变体。不同环境中的同一首儿歌的变体因此而形成一个范畴,每一个变体可以反映共时或者历时的一种环境。

2.4 游戏变体

儿歌的主要功能在于娱乐。所以儿歌往往与游戏相联系。就儿歌的内容来说,有些儿歌没有实质的内容。也就是说,儿童只是说,至于说的内容,在儿歌里并没有体现,而是和与之相应的活动联系在一起的,这其中就包括游戏。比如《艮艮里趴》,这首儿歌通篇由三个字"艮""里"和"趴"组成。每一个字表示双脚的一种摆法,除此之外,这三个字没有任何意思。所以如果不包含游戏,这首儿歌毫无意义。而这首儿歌中的变体,也就是这三个字的组合,也与游戏本身相关。只有配合游戏,这些变体才有意义。所以,讲到一首儿歌的时候,与之相应的游戏也应是这首儿歌中必不可少的一部分。这类带游戏的儿歌的数量比较多。很多学者都注意到了游戏类的儿歌(见表 2 下画线处)。在儿歌的范畴中,游戏变体也应归入其中。

表 2　早期研究者对儿歌的分类①

研究者	年份	著　作	分　　类
周作人	1914	《儿歌之研究》	母歌:抚儿使睡之歌;弄儿之歌;体物之歌;人事之歌。儿戏:游戏歌、谜语歌、叙事歌。
褚东郊	1926	《中国儿歌的研究》	从实质形上分七类:催眠止哭的;游戏应用的;练习发音的;知识的;含教训意义的;滑稽的;其他。
徐芳作	1936	《儿歌的唱法》	从唱法上分独唱、对唱、合唱三类。从唱歌者角度分为母歌和儿歌两类。
苏子涵	1936	《儿歌中的教训与希望》	分为三类:成人借此诅咒现政治的,儿童自己编来唱的,母亲或保姆教给儿童唱的。

① 陈诗昀,《中西儿歌的比较及其在语文教学上的应用》,1999 年,第 39 页。
文中表 3-3-1 列举了 6 位学者的分类,在此基础上,根据其他学者的研究结果,作者整理出表 2。

续　表

研究者	年份	著　作	分　类
蔡尚志	1982	《儿童歌谣与儿童诗研究》	分为七类：母子歌；<u>游戏歌</u>；逗趣歌；语辞歌；生活歌；知识歌；劝勉歌。
陈正志	1985	《中国儿歌研究》	分为八类：催眠歌；<u>游戏歌</u>；知识歌；逗趣歌；劝勉歌；抒情歌；生活歌；故事歌。
林守为	1988	《儿童文学》	从唱者角度分两大类。 成人为儿童唱：催眠歌；弄儿歌；知识歌。 儿童自己唱：<u>游戏歌</u>；滑稽歌；动物歌；计数歌；急口令；各地童谣。
朱介凡	1988	《中国儿歌》	分为八类：锁歌；对口歌；岔接歌；儿化韵歌；颠倒歌；滑稽歌；绕口令；急口令。
宋筱惠	1994	《儿童诗歌的原理与教学》	分为八类：摇篮歌；育子歌；<u>游戏歌</u>；娱情歌；幻想歌；连珠歌；知识歌；口技歌。
林仙姝	2006	《故事性儿歌在教学上的研究》	分为十类：摇篮歌；<u>游戏歌</u>；故事歌；滑稽歌；口技歌；娱情歌；知识歌；对口歌；歌辞歌；劝勉歌。

　　一些儿歌本身没有意义，但与之对应的游戏却可以诠释儿歌的意义，所以这类儿歌中游戏的变体可以看作是儿歌的直接变体。如《小皮球小小来》，这首儿歌是儿童（一般为女孩子）跳橡皮筋时说的。跳橡皮筋这种娱乐活动在英国曾经非常流行（Fawdry,1965：55），而在上海20世纪80年代以前亦是十分流行的。

<blockquote>
小皮球小小来，毛栗子开花二十一，
两五六，两五七，两八两九三十一，
三五六，三五七，三八三九四十一，
四五六，四五七，四八四九五十一，
五五六，五五七，五八五九六十一，
六五六，六五七，六八六九七十一，
七五六，七五七，七八七九八十一，
八五六，八五七，八八八九九十一，
九五六，九五七，九八九九一百一。
</blockquote>

　　这首儿歌从内容上来看，没有意义、十分枯燥，只是将一串毫无意义的数字放在一起吟唱。但是孩童却极其享受，原因就在于其韵律。数字是就着韵律出现的，而这种韵律便是跳橡皮筋时所需要的节奏，其目的是配合娱乐活动中的节奏。

　　但是，这首儿歌还有其他的游戏变体。一位60年代出生的男性被调查者说"小皮球小小来,这个游戏呢,是我们小时候弄堂里面玩游戏,就是少么两三个人,多么可以八,九,十来个人,就是大家脚都搁在一起,单个脚跳,转圈子,就是一面转,一面就是叫那个'小皮球小小来',……一直叫到'九八,九九,八十一',然后结束。"这个游戏主要是男孩子玩的,游戏时,用手抱起自己的一条腿,单脚跳着和其他的男孩子一起"斗",以撞翻对方者为胜,儿歌中的数字是为单脚跳提供节奏的。从这首儿歌中可以看出,第一种游戏适合女孩子玩,无意义的数字配合的是跳橡皮筋的节奏;而第二种游戏则适合男孩子玩,无意义的数字配合的是单脚跳的节奏。虽然与这两种游戏相关的儿歌在语言形式上相似,但是其游戏的内容和游戏者的性别却不同,所以这两种游戏在性别上互补。无论是跳橡皮筋游戏先出来还是单脚跳的游戏先出来,第二种出现的游戏变体无疑是对第一种游戏的动态补充,在性别上寻求互补和平衡。

有些儿歌有实质的内容,所以儿童会根据其内容编制出不同的游戏。如《木头人》,一种游戏是两个小朋友一起手拉手玩的,说完儿歌后,两人都不能动,谁动谁就输(大部分被调查者都描述了这个游戏)。另一种游戏是几个小朋友一起在户外玩时,一个小朋友面对墙,其他小朋友在他身后往前走,只要面对墙的小朋友一回头,其他小朋友就不能动了,谁动谁就输(据一位20世纪80年代出生的男性被调查者描述)。这两种游戏互补的一面就在于,第一种游戏是两人游戏,是室内坐着时玩的,两人都是"木头人";而第二种游戏是多人游戏,必须在室外大家站着玩,游戏中面对墙的那个小朋友不是"木头人"。

还有些有实质内容的儿歌会和一些既有的游戏相联系,将游戏的内容调整到与儿歌内容相匹配。但与此同时,另一种根据儿歌内容而创造的新游戏也会逐渐出现,广泛流传。如《笃笃笃,卖糖粥》就有两种游戏,一种游戏就是"老鹰捉小鸡"(据一位40年代出生的男性被调查者描述),但是不同的是,游戏中的"老鹰"是儿歌中的"我",而"小鸡"则是儿歌中的"小狗",最前面张开两手保护小狗的人即是"张家老伯伯"。另一种根据儿歌内容新创的游戏则是一群小朋友"坐一排,……然后一个人(儿歌中的"我")呢,拿个小碗,……走一圈,走在前面,那个话呢要说完。……这样这个老伯伯(儿歌中的"张家老伯伯")呢,就把我们坐在后面的哪一个人(儿歌中的"小花狗")呢捞一个出来,叫那一个人出来,再替换这个人,再拿这个碗去……。就这样周而复始的一个游戏吧。"(据一位20世纪50年代出生的被调查者陈述;另有四五十年代出生的调查者亦描述了相同的游戏。)这两种游戏虽然不互补,却可看出它从既有到创新的动态发展。

除了儿歌会形成不同的游戏变体,其实游戏也会造成儿歌在内容上的变体①。比如《金锁,银锁》:

---

① 内容上的变体应该归在2.2节,但是此处与游戏相关,故放在这一节中。

金锁，银锁，

格啦啦啦一锁。

游戏是几个小孩将自己的食指放在一个小朋友平摊的手掌下，然后，平摊手掌的小朋友说这首儿歌，最后一句中的"格啦啦啦"可以有很多变体，也就是说，这一句可以重复说很多遍，至于多少遍，就由这个平摊手掌的小朋友决定，然而当他说到"一锁"时，就将自己的手掌收拢，食指逃脱的小朋友可以以胜利者的姿态退出游戏，而被抓住食指的小朋友，还要继续做这个游戏，直到最后一个小朋友的手指被抓住，游戏结束。而这最后一个小朋友就会被选中去做某一件事情(据一位 70 年代出生的被调查者描述)。

儿歌与一般的文学作品不同，口耳相传且伴随着不同的活动，这就使儿歌在动态的环境中产生大量变体。其中游戏变体充分体现了儿歌的范畴性。没有实质内容的儿歌依靠游戏来体现其内容；有实质内容的儿歌为了适应不同儿童的活动或者环境而产生变体，这些游戏往往动态互补以求平衡，或者在动态的发展中推陈出新；同时，游戏本身又会对儿歌产生反作用，促使儿歌的内容产生不同的变体。

2.5　小结

我们从方言、语言的内容、环境和游戏几个角度分析了儿歌的变体，发现一首儿歌可以在不同的层面包含各种不同的变体。比如《笃笃笃，卖糖粥》，既有语言内容的变体，也有游戏的变体。《木头人》既有方言变体，也有语言内容的变体，而且两者是相互关联的；同时，《木头人》还有游戏变体。可见，定义一首儿歌，如果只以一个人说的典型儿歌来界定，或者从一个层面来定义，都是不妥的。

三　形成儿歌变体的成因

通过儿歌的各种变体，从范畴的角度定义儿歌才能还原接近民间的真实儿歌。这是因为儿歌是口耳相传的民间文学，与记录于纸笔的各种文学不同，没有既定的形式，它随时可以发生变化。形成儿歌变体的动因有三：交流的需要，环境的变化和时间的推移。

3.1　主体交流

说儿歌的主体是儿童，儿歌是儿童之间的交流，而非大人与儿童的交流。这种交流使儿歌一直处于动态之中，所以儿歌随时都会产生因主体不同而形成的变体。一些西方民俗学家和人类学家严格区分了不同的儿歌。首先是 nursery rhyme 和 children's rhyme (Cliff，1992)。虽然这两个短语在中国文化里是一个意思，那就是儿歌或者童谣。周作人(1914)将儿歌分为母歌与儿戏，这与西方的 nursery rhyme(母歌)和 children's rhyme (儿戏)相似。其后，刘文林(1923:16)提出的儿歌与母歌之分也与此相似，常惠(1923)也是这么分的。nursery rhyme 在西方民俗学和人类学中是从属于 nursery 民俗的，也就是说这类儿歌只局限于成人对幼儿说的儿歌，比如哄儿童睡觉时唱的摇篮曲。而 children's rhyme 则是指孩童之间说的儿歌，成人有时也会说，但是当成年人说这些儿歌时，他们的角色是与儿童同等的娱乐伙伴，而不是单纯的"成年人"。这是从儿歌的传递角度区分儿歌的。但是，事实上，对于同一首中国儿歌，它究竟是 nursery rhyme 还是 children's rhyme，有时还是很难完全区分的。比如，《摇啊摇，摇到外婆桥》。根据我们采录的数据，一位 80 年代出生的年轻人和一位 40 年代出生的老年人都提到，这首儿歌可以是成人哄小孩睡觉时，抱着孩子，一边摇一边说的，所以可以说是一首 nursery rhyme。然而，我们调查的所有人都谈到这首儿歌是一首孩童之间传唱且游戏的儿歌：两个孩子面对面坐着，手拉手，按着儿歌的节奏前后摇动，嘴里说着"摇啊摇，摇到外婆桥"。有时候，也有大人和小孩一起手拉手说这个儿歌的。在这种情况下，这首儿歌就是 children's rhyme 了。nursery rhyme 和 children's rhyme 的不同在于儿歌传递的方式不同。在 2.2 节中，我们解释了"儿歌"重在参与的特点，与表演的欣赏性不同。由此可见，"母歌"是单向地从大人传递给儿童，而"儿戏/儿歌"是儿童与其他人之间的参与和互动，主要以孩童交流为主，即使有大人参与，其交流方式还是以平等的交流为主。如果是大人说给儿童的，就可能是一种比较成熟的传递形式，所以变动的可能不大。但是儿歌本身是儿童的交流方式，所以更多是儿童交流过程中产生的变体。尤其是有游戏的儿歌，儿童参与得更多。

语言也是促进交流的一个很重要的因素。汉语方言非常多，吴语地区的方言虽有差异，但在一定程度上还是相通的。移民到上海地区的人相互之间可以用彼此的方言交流，所以儿歌中会出现方言变体。同时，普通话的推广也是为了促进交流，所以儿歌中亦有普通话的变体。这种由于交流而产生的变体，因人、因环境(见 3.2 节)而变，形成儿歌的动态发展，为儿歌的范畴性注入了丰富的内涵。

此外，交流往往在一定的社区(community)中形成。所以，在儿歌的范畴中，我们也可以看见因社区的不同而形成的变体。如，性别造成的男孩社区和女孩社区。《小皮球小小来》就是因为性别不同而产生的两种不同的游戏变体。

总之，形成儿歌变体的主观因素是儿童交流的需要和因儿童的交流而使儿歌易发生变化，产生多种变体。

3.2 空间变化

第二个成因是空间的变化，也就是环境的变化。

移民可以说是一种空间上的变化,原来居住于某地的人移动到另一个地方。不同地域的人来到同一个地方,居住在一起,就会形成一个封闭的居住人群。这样一个操不同方言的人居住的环境自然会影响孩童之间的交流。所以,这种空间上的移动,造成了语言接触,产生了许多儿歌的变体,如宁波话、苏北话的儿歌变体。

日常生活的空间是最能影响儿童的活动的,所以,在很多儿歌中,存在不少由于周围环境不同而产生的变体。其中有随意的环境而导致孩子或者大人引用儿歌中的部分句子来表达他们的感受或想法,如"小巴辣子开会喽"会用在孩子们在家里一起做作业的时候。其中也有不同地域环境的影响,如早年南市区老西门地区的"廿四路电车打弯",在这一时期,其他地区是没有的,所以这种"电车打弯"的环境就被体现在该地区的儿歌中,成为儿歌《落雨喽》的一种变体。这是共时的环境影响儿歌的变体。此外,还有历时的环境变化。如我们讨论的《笃笃笃,卖糖粥》中的三件不相干的事情,就是不同时间的不同环境所导致的。

儿歌的游戏变体也受到环境的影响,如《木头人》,就是根据室内和室外的空间环境而形成了两种不同的游戏。

3.3　时间变化

时间的推移能够使很多事物发生变化,儿歌也是其中一种。如《蜜蜂叮瘌瘌》,1926年就有,但其内容和几十年后的相差甚远。儿歌随着时间的推移,根据儿童的心理、生理的需要,会出现各种不同的变体。例如游戏变体,从既有的游戏发展到新的游戏,这就是孩子活动的需要所导致的。

当然时间的推移与人的主观变化也是不可分割的。儿歌是儿童所说,而儿童随着时间的推移长成大人后就不再说了。所以成年人回忆的儿歌会有所遗忘,而他们和自己孩子一起玩时所说的儿歌也已经和儿时所说的有所不同。这样一代一代下来,儿歌的变化就会很大,所以出现多种变体。

时间的推移也与环境相关,如3.2节中所说的《笃笃笃,卖糖粥》中的三件不相关的事就是因时间的不同而出现在不同环境中的。

3.4　小结

由于时间和空间的客观因素与儿童交流的主观因素,儿歌会出现各种变体,在动态中得以发展,所以在界定儿歌时,从范畴性出发,尽可能找出不同变体,这样才能比较客观、全面地还原民间的儿歌,并对儿歌进行研究。

参考文献

常惠.与魏文通信[J].歌谣周刊,1923(4).

陈诗昀.中西儿歌的比较及其在语文教学上的应用[D].台东大学,1999.

顾颉刚.吴歌甲集[M].北京:北京大学研究所国学门歌谣研究会,1926(1970年重印).

刘文林.再论歌谣分类[J].歌谣周刊,1923(16).

王翼之.吴歌乙集[J].中山大学,1928(1970年重印).

吴平,邱明一.周作人民俗学论集[M].上海:上海文艺出版社,1999.

游汝杰.汉语方言学导论[M].上海:上海教育出版社,2000.

郑土有,王士均.笃笃笃,卖糖粥[M].上海:华东师范大学出版社,2006.

周作人.儿歌之研究[J].绍兴县教育会月刊,1914(4).

朱贞淼.上海话童谣[M].上海:上海大学出版社,2015.

朱自清.中国歌谣[M].北京:金城出版社,2005.

Cliff, Janet. On Relations between Folk Music and Folk Games[J]. Western Folklore, 1992(2):51, 129—151.

Fawdry, Marguerite. Chinese Childhood[J]. Barron's New York, 1965.

Gomme, Alice Bertha. The Traditional Game of England, Scotland, and Ireland(2 Volumes in 1) [M]. London, Thames and Hudson, 1984.

Norman, Jerry. Chinese[M]. Cambridge University Press, 1988.

Opie, Iona, Peter Opie. The singing game[M]. Oxford:Clarendon, 1985.

语言接触作用下反向音变所形成的特殊元音系统[*]
——基于宣州片吴语年陡方言的声学实验分析

袁　丹[**]　谈周婷

华东师范大学

一　引　　言

　　从类型学上来看,元音三角/i//u//a/在世界语言中是最普遍的(Maddison, 1988: 125)。Crothers(1978:114)根据已知的世界语言元音类型构建了元音等级的普遍共性,元音三角/i//u//a/处于最高等级,也就是说不管哪种语言必须有元音/i//u//a/,才可能有其他元音类型。皖南吴语年陡方言的元音系统也符合这一条蕴涵共性,但较为特殊的是,高元音/i/和/u/并非出现在口元音系统中,而是出现在鼻化元音系统中,那么这样特殊的元音系统是怎样形成的呢? 本文将通过声学实验分析,详细描写年陡方言元音的声学空间,并分析年陡方言鼻化元音的来源及其音变,在此基础上解释年陡方言特殊元音格局的成因。

　　年陡镇位于安徽省马鞍山市当涂县东部,与芜湖市(江淮官话)交界。根据《中国语言地图集(第2版)》(2012)的划分,属于皖南吴语铜泾小片。由于地处江淮官话与皖南吴语的交界地带,年陡方言受江淮官话的影响较大。

二　实　验　程　序

2.1　发音人、数据获取

　　参加本次实验的有3男4女,共7位发音人,年龄在25岁至70岁之间,均为土生土

　　*　本研究获得2020年度上海市浦江人才计划项目"基于实验分析的吴湘语全浊声母演变类型研究"(2020PJC041)以及中央高校基本科研业务费项目华东师范大学青年预研究项目"基于实验分析的皖南吴语接触音变研究"(2020ECNU-YYJ002)资助。

　　**　袁丹为本文的约稿作者,电子邮箱:dyuan@hanyu.ecnu.edu.cn。

长的年陡人,并且没有长期外出经历,在年陡当地生活,部分发音人在芜湖打工,每天往返。

使用录音器材包括联想 Thinkpad X240s 笔记本电脑、SoundDevices Usbpre 2 外置声卡、AKG-C544L 头戴式指向性话筒,使用录音软件为 Cooledit Pro。录音地点在年陡当地的一个宾馆,录音环境安静。为了使发音人的语速和音量保持稳定,录音采取负载句的方法,句子为"我讲 X 拨你听"。

2.2 语料

年陡方言 CV 音节中的元音共有 14 个,包括 11 个口元音和 3 个鼻化元音,口元音分别为:/iᶻ//yᶻ//uᵦ//o//ɐ//æ//ɿ//ɔ//ɯ//ʅ//ʮ/,鼻化元音分别为:/ũ//ɐ̃//ĩ/。每个元音音位选取 2 个例字(部分元音由于内部有变异,只有 1 个例字),每个发音人每个例字读 3 遍,例字详见附表 1。

2.3 测量和统计

声学测量采用阿姆斯特丹大学 Paul Boersma 和 David Weenink 开发的 Praat 软件。观察元音稳定段,手动提取元音共振峰 F1、F2、F3 数据。在 R 软件(R Core Team, 2014)中进行 F1、F2、F3 平均值(mean)和标准差(.s.d)的统计。[①]

三 实验结果及讨论

图 1 为年陡方言 CV 音节中女性和男性发音人元音声学空间图(数据详见附表 2 和附表 3),图 1-1 为 3 位男性发音人的元音椭圆,图 1-2 为 4 位女性发音人的元音椭圆。图中可见以下两个特点:

(1) 高元音/i/和/u/出现在鼻化元音系统(/ĩ/和/ũ/)中,而不是在口元音系统中。图中显示:不管是男性还是女性,/ĩ/都要比/ɿ/更加前高化,女性发音人的/ũ/也比/o/更加后高化,男性发音人的/ũ/,元音椭圆面积较大,说明其变异范围较大,/ũ/已经出现和/o/重合的趋势。女性发音人鼻化元音/ɐ̃/的舌位比口元音/a/更加央化,男性发音人/ɐ̃/和/a/有合并的趋势。

(2) 年陡方言元音系统中高元音占绝对优势,CV 音节的 14 个元音中,高元音有 10

---

① 元音声学空间图绘制脚本由上海大学凌锋老师提供。

个,其中/ĩ//ũ//ι//o/和/ɯ/是舌面元音,/ɿ/和/ʅ/是舌尖元音,/iᶻ//yᶻ//uᵦ/是摩擦元音,从声学空间来看,舌尖元音和摩擦元音的位置和央高元音/ɯ/的位置比较接近,/iᶻ/和/yᶻ/的 F2 数值明显小于/ĩ/。

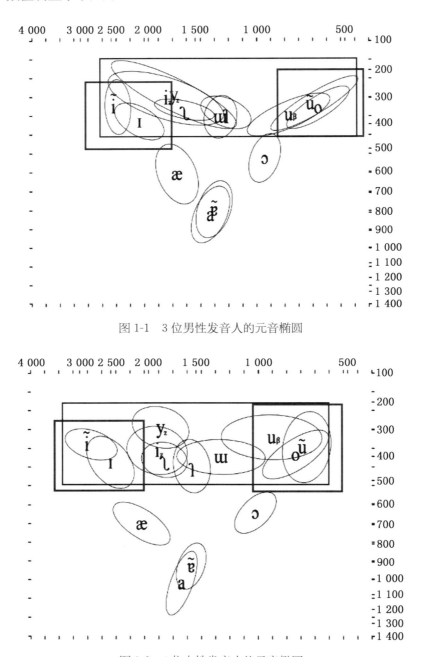

图 1-1　3 位男性发音人的元音椭圆

图 1-2　4 位女性发音人的元音椭圆

图 1　年陡方言 CV 音节中女性和男性发音人元音声学空间图

从年陡方言 CV 音节元音声学实验结果来看,以下两个问题值得关注:

第一,年陡方言的高元音[i]和[u]出现在鼻化元音系统(/ĩ/和/ũ/)中,这与鼻化元音比相应的口元音的更加央化的音理不相符,就音理而言,鼻化元音的声学空间相较于同舌位的口元音要更为央化,这是因为鼻化元音的共振峰带宽更宽,这使得 F1 上升 F2 下降(Jonson,2003),例如上海话中带鼻韵尾或鼻化的元音就要比相应的口元音更加央化(Chen,2015:328)。由此推测,年陡方言的高鼻化元音/ĩ/和/ũ/可能并非来源于鼻尾脱落 *VN＞Ṽ(N 代表鼻尾,包括 m、n、ŋ,下同,如:iŋ、oŋ 等)的演变,因为就音理以及上海方言的事实来看,如果年陡方言中的/ĩ/和/ũ/是鼻尾脱落而来,其元音音值必然不可能处于整个元音系统的最外围,而是更加央化。那么这样的特殊元音系统到底是怎样形成的呢?

第二,从声学空间来看,舌尖元音和摩擦元音的位置比高元音/ĩ/和/ũ/更加央化,和央高元音/ɯ/的位置比较接近,但实际发音上舌尖元音和摩擦元音要更靠前,声学结果和发音结果产生了矛盾。凌锋(2011:185)指出单纯从语音学角度来看,苏州话的摩擦元音[iᶻ]可以描写成[ʓ]"音节化的舌叶(或舌面前)-齿龈后浊擦音"。实际上,不仅是/iᶻ//yᶻ/,年陡方言中摩擦化的高元音/uᵝ/其性质也更接近成音节的唇音/β/。年陡方言读为摩擦元音/iᶻ//yᶻ/和/uᵝ/的字在北京话中读为正则的/i//y/和/u/(例如表 1),那么正则高元音的辅音化,是否对这一特殊格局的形成产生影响?

表 1 北京话和年陡方言"衣""雨""五"的读音

例字	年陡	北京
衣	i_z^{41}	i^{55}
雨	y_z^{35}	y^{213}
五	u_β^{35}	u^{213}

以下,我们将通过考察年陡方言中鼻化元音的中古来源以及周边方言的读音,来详细讨论这两个问题。

四 年陡方言鼻化元音的中古来源 及其音变路径分析

表 2 为年陡皖南吴语鼻化元音的来源。表中可见:(1)鼻化元音/ĩ/的来源实际可以分为两类:一类来自舒声韵的假开三麻韵字,例如:"写"/ʃĩ³⁵/和"谢"/ʃĩ⁴⁴/。年陡方言的其他精组麻韵字读为不鼻化的/ia/,例如:斜/ʃʰia¹³/、卸/ʃʰia⁴⁴/,可以推测读为鼻化元音/ĩ/的应该为借自官话的文读层,/ia/为白读层。另一类来自阳声韵,包括咸山摄开口二等

字的文读层以及咸山摄开口三、四等字。(2)鼻化元音/ũ/来源于古咸、山摄一等字，表中例字读音显示，咸山摄开口一等字有两类读音：一些字读为/ũ/，另一些字则读为/ɐ̃/，从例字的口语性以及与官话读音的近似度来看，/ũ/应为白读层，/ɐ̃/则为借自官话的文读层。(3)鼻化元音/ɐ̃/来源于古咸摄开合口字、山摄开口一二三等字以及宕江摄字，/ɐ̃/是古咸山摄字文读层的读音。

表 2　年陡方言鼻化元音的中古来源

读音	韵　类	例　　字
ĩ	假开三麻	写 ʃĩ³⁵｜谢 ʃĩ⁴⁴
	咸开二咸/衔	减 tʃĩ³⁵｜监 tʃĩ³¹｜陷 ʃĩ⁴⁴
	咸开三盐/严	帘 lĩ¹³｜检 tʃĩ³⁵｜盐 ʃĩ¹³
	咸开四添	点 tĩ³⁵｜甜 tʰĩ¹³｜兼 tʃĩ³¹｜嫌 ʃʰĩ¹³
	山开二山/删	奸 tʃĩ³¹｜简 tʃĩ³⁵｜闲 ʃʰĩ¹³｜限 ʃʰĩ⁴⁴
	山开三仙/元	仙 ʃĩ³¹｜煎 tʃĩ³¹｜连 /lĩ¹³｜乾 ʃʰĩ¹³
	山开四先	边 pĩ³¹｜眠 mĩ¹³｜典 tĩ³⁵｜年 nĩ¹³｜肩 tʃĩ³¹｜显 ʃĩ³¹
ũ	咸开一覃/谈	贪 tʰũ³¹｜南 nũ¹³｜蚕 sũ¹³｜庵 ũ³¹｜甘 kũ³¹
	山开一寒	干 kũ³¹｜汗 χũ⁴⁴
	山合一桓	搬 pũ³¹｜端 tũ³¹｜钻 tsũ³¹｜酸 sũ³¹｜官 kũ³¹｜碗 ũ³⁵
ɐ̃	咸开一覃/谈	潭 ɾʰɐ̃¹³｜谈 ɾʰɐ̃¹³｜男 nɐ̃¹³｜胆 tɐ̃³⁵｜篮 lɐ̃¹³｜参 tsɐ̃³¹｜感 kɐ̃³¹｜勘 kʰɐ̃³¹｜喊 χɐ̃³⁵｜含 hɐ̃¹³
	咸开二咸/衔	搀 tʃʰɐ̃³¹｜馋 tʃʰɐ̃¹³｜衫 sɐ̃³¹
	咸开三盐	沾 tʃɐ̃³¹｜占 tʃɐ̃³¹｜陕 ʃɐ̃³⁵
	咸合三凡	凡 fʰɐ̃¹³｜范 fɐ̃⁴⁴
	山开一寒	餐 tsʰɐ̃³¹｜残 tsʰɐ̃¹³｜灿 tsʰɐ̃³¹｜珊 sɐ̃⁴⁴｜肝 kɐ̃³¹｜看 kʰɐ̃⁴⁴｜刊 kʰɐ̃³¹｜岸 ɰɐ̃⁴⁴｜安 ɐ̃³¹
	山开二山/删	山 ʃɐ̃³¹｜产 tʃɐ̃³⁵｜间ᵣₒₙ₉~ kɐ̃³¹｜眼 ɰɐ̃³⁵｜班 pɐ̃³¹｜蛮 mɐ̃¹³｜删 ʃɐ̃³¹
	山开三仙	展 tʃɐ̃³⁵｜缠 tʃʰɐ̃¹³｜禅 tʃʰɐ̃¹³
	宕开一唐	帮 pɐ̃³¹｜榜 pɐ̃³⁵｜党 tɐ̃³⁵｜郎 lɐ̃¹³｜缸 kɐ̃³¹｜行 xɐ̃¹³
	宕合三阳	方 fɐ̃³¹｜纺 fɐ̃³⁵｜放 fɐ̃⁴⁴
	江开二江	邦 pɐ̃³¹｜胖 pʰɐ̃⁴⁴｜棒 pɐ̃⁴⁴

　　从上文的分析来看，除麻₃字"写"和"谢"的文读音读为/ʃĩ³⁵/和"谢"/ʃĩ⁴⁴/外，其他读为鼻化元音的字都来源于古阳声韵，最合理的推测是年陡方言的阳声韵字经历了鼻尾脱落为鼻化的音变：* VN＞Ṽ。但从音理和其他方言的语音事实来看，却并非如此(详见本文第三节)。我们认为应该是古阳声韵字先脱落了鼻尾和鼻化，变为口元音，后又在江淮官话的接触影响下，发生了反向音变，重新增生鼻化。

4.1 鼻化元音/ĩ/的音变路径

表 3 为当涂城关镇、年陡及其周边皖南吴语、常熟 7 个方言点来源于古麻三韵、咸山摄二三四等字的读音。其中当涂城关镇属于江淮官话洪巢片,年陡、新博、博望属于皖南吴语铜泾小片,湖阳和高淳属于皖南吴语太高小片,常熟为太湖片苏沪嘉小片。

表 3 当涂城关镇、年陡及其周边皖南吴语、常熟 7 个方言点古麻三韵、咸山摄二三四等字的读音

韵摄	例字	当涂江淮	年陡铜泾	新博铜泾	博望铜泾	湖阳太高	高淳太高	常熟苏沪嘉
麻假开三	写	ʃĩ213	ʃĩ35	si44	si44	ɕi33	ɕia33	sia44
	谢	ʃĩ54	ʃĩ44	si51	si51	ɕi51	jia11	zia213
咸咸开二	减	tɕĩ213	tʃĩ35	tsi44	tsi33	tɕi33	tɕi33	kɛ44
衔咸开二	监	tɕĩ21	tʃĩ44	tsi44	tsi33	tɕi33	tɕi33	kɛ44
盐咸开三	帘/镰	lĩ24	lĩ13	li35	li24	li24	li24	lie24
添咸开四	点	tĩ213	tĩ35	ti44	tsi33	ti33	ti33	tie44
山山开二	艰	tɕĩ21	tʃĩ31	tsi44	tsi44	tɕi44	tɕi55	tɕie51
删山开二	奸	tɕĩ21	tʃĩ31	tsi44	tsi44	tɕi44	tɕi55	tɕie51
仙山开三	仙	ɕĩ21	ʃĩ31	si44	si44	ɕi44	ɕi55	sie51
先山开四	边	pĩ21	pĩ31	pi44	pi44	pi44	pi55	pie51

表 3 记音材料表明:(1)常熟、常州和高淳方言中麻三韵的"写"和"谢"只有白读层,今读为/ia/,而湖阳、博望、新博和年陡则"写"和"谢"则只有文读层,与咸山摄开口二三四等字合并,另外当涂江淮官话麻三韵读为口元音,咸山摄开口二三四等字则读为鼻化元音,两者不合并;(2)就具体音值而言,湖阳、博望和新博今读为口元音/i/,而年陡则今读为鼻化元音/ĩ/;(3)咸山摄开口三四等字中古拟音韵腹为-jɛN-(麦耘,2009:77),常熟方言韵母音值-ie,除了鼻音成分脱落外,韵母主元音也发生了高化,而到了皖南吴语则进一步高化为 i。

由此可见,咸山摄开口字读为/ĩ/并非鼻尾脱落变为鼻化的音变,而是与其他皖南吴语一样,先脱落鼻尾鼻化,变为口元音/i/,与麻三韵文读层合并,然后在当涂江淮官话的接触影响下又增生出鼻化,变为鼻化元音/ĩ/。那么是否有可能年陡方言的咸山摄开口二三四等字本来就是江淮官话的性质呢?通过分析当涂江淮官话可知,虽然在当涂江淮官话中咸山摄二三四等字也读为/ĩ/,但其麻三韵的文读层和咸山摄开口二三四等字并不合并,例如:"写"/ʃĩ³/≠"藓"/ɕĩ/,也就是说在当涂江淮官话中麻三韵文读层并没有与咸山摄合并的阶段。可见,虽然从音值来看年陡方言与当涂江淮官话相似,但从韵类分合来看仍是皖南吴语的特征,而与江淮官话音值相似正是由于受到江淮官话影响,发生反向音变,增生鼻化所致。而且鼻化增生应该是较为晚近的音变,发生在咸山摄开口二三四等字元音高化之后。

4.2　鼻化元音/ũ/的音变路径

表4为当涂城关镇、年陡及其周边皖南吴语、常熟7个方言点来源于古覃、谈、寒、桓韵字的读音。

表4　当涂城关镇、年陡及其周边皖南吴语、常熟7个方言点来源于古覃、谈、寒、桓韵字的读音

韵摄	例字	当涂江淮	年陡	新博	博望	湖阳	高淳	常熟
覃咸开一	南	læ²⁴	nũ¹³	nu³⁵	n̠iu²⁴	nu¹³	n̠y²⁴	nəŋ²⁴
谈咸开一	甘	kæ²¹	kũ³¹	ku⁴⁴	kɛ⁴⁴	kɣi⁴⁴	kei⁵⁵	kɝ⁵¹
寒山开一	鞍/安	æ̃²¹	ũ³¹	u⁴⁴	u⁴⁴	ɣi⁴⁴	ŋei⁵⁵	kɝ⁵¹
桓山合一	端	tũ²¹, tæ̃²¹	tũ³¹	tu⁴⁴	tu⁴⁴	tu⁴⁴	tu⁵⁵	ˈtɝ⁵¹

表中记音材料表明:(1)除了当涂江淮官话和年陡方言读为鼻化元音以外,古覃、谈、寒、桓韵字在其他方言点都读为口元音,需要说明的是,常熟方言覃韵字保留了鼻韵尾,例如:"南"/nəŋ²⁴/,这是存古的体现。(2)上文分析表明,年陡方言的古覃、谈、寒、桓韵字有文白异读两个层次,白读层为/ũ/,文读层为/ɐ̃/,从表4中博望、湖阳、高淳等地的记音来看,这几个方言点也有文白两个层次,读为高圆唇元音/u/和/y/的应为白读层,读为/ɛ/、/ɣi/、/ei/为文读层。常熟方言的[ɝ]应为白读层读音,常熟方言寒韵部分字有文白异读,如:"餐快~"/tsʰɝ⁵¹/,"餐一~饭"/tsʰɛ⁵¹/。(3)年陡方言虽然与当涂江淮官话一样都读为鼻化,但从音类分合和音值来看,与新博、博望等皖南吴语一致,覃、谈、寒、桓韵字合并,当涂江淮官话的桓韵字虽然也有/ũ/的读音,但覃、谈、寒只有/æ/一读,因此年陡方言覃、谈、寒、桓韵字的读音实际也还是反映的皖南吴语的特征。可以推测,年陡方言古覃、谈、寒、桓韵字白读层原来应该读为口元音/u/,后受到当涂江淮官话的影响,发生了反向音变,读为鼻化元音/ũ/。

4.3　鼻化元音/ɐ̃/的音变路径

表5为当涂城关镇、年陡及其周边皖南吴语、常熟7个方言点来源于古咸山宕江摄字的读音。

表5　当涂城关镇、年陟及其周边皖南吴语、常熟7个方言点来源于古咸山宕江摄字的读音

韵摄	例字	当涂	年陟	新博	博望	湖阳	高淳	常熟
覃_{咸开一}	参	tsʰæ̃²¹	tsʰæ̃⁴⁴	tsʰɛ⁴⁴	tsʰɛ⁴⁴	tɕʰie⁴⁴	tsʰei⁵⁵	tsʰəŋ⁵¹
谈_{咸开一}	胆	tæ̃³⁵	tæ̃³⁵	tɛ⁴⁴	tɛ³³	tie³³	tie³³	tɛ⁴⁴
咸_{咸开二}	杉	sæ̃²¹	sæ̃³¹	sɛ⁴⁴	sɛ⁴⁴	ɕie⁴⁴	ɕie⁵⁵	sɛ⁵¹
衔_{咸开二}	衫	sæ̃²¹	sæ̃³¹	sɛ⁴⁴	sɛ⁴⁴	ɕie⁴⁴	ɕie⁵⁵	sɛ⁵¹
盐_{咸开三}	占	tsæ̃³⁵，tsũ³⁵	tʃæ̃³¹	tsɛ⁴⁴	tsɛ⁴⁴	tɕie⁴⁴	tɕɒ⁵⁵	tʂe⁵¹
凡_{咸合三}	范	fæ̃⁵⁴	fæ̃⁴⁴	fɛ⁵¹	fɛ²⁴	bie⁵¹	bie¹¹	ve²¹³
寒_{山开一}	餐	tsʰæ̃²¹	tsʰæ̃³¹	tsʰɛ⁴⁴	tsʰɛ⁴⁴	tɕʰie⁴⁴	tɕʰie⁵⁵	tsʰɛ⁵¹
山_{山开二}	山	sæ̃²¹	sæ̃³¹	sɛ⁴⁴	sɛ⁴⁴	ɕie⁴⁴	ɕie⁵⁵	sɛ⁵¹
删_{山开二}	班	pæ̃²¹	pæ̃³¹	pɛ⁴⁴	pɛ⁴⁴	pie⁴⁴	pie⁵⁵	pɛ⁵¹
仙_{山开三}	展	tsæ̃³⁵	tʃæ̃³⁵	tsɛ⁴⁴	tsɛ³³	tɕie⁴⁴	tɕɒ³⁵	tʂe⁴⁴
唐_{宕开一}	帮	pæ̃²¹	pæ̃³¹	pɔ⁴⁴	pɔ⁴⁴	pɑ⁴⁴	pɑ̃⁵⁵	pɑ̃⁵¹
阳_{宕合三}	放	fæ̃⁵⁴	fæ̃⁴⁴	fɔ⁵¹	fɔ²⁴	fɑ³⁵	fɑ³⁵	fɑ³¹⁴
江_{江开二}	胖	pʰæ̃⁵⁴	pʰæ̃⁴⁴	pʰɔ⁵¹	pʰɔ²⁴	pʰɑ³⁵	pʰɑ̃³⁵	pʰɑ̃³¹⁴

　　表中记音材料显示：(1)当涂江淮官话和年陟方言来源于古咸山宕江四摄（表中所列韵类）的字合并读为鼻化低元音，但音值又有所不同，当涂今读为/æ̃/，年陟今读为/ɐ̃/；除了这两个方言点以外，其他吴语点宕江摄和咸山摄不合并，宕江摄读为后低元音/ɑ/或/ɔ/，咸山摄读为前半低元音/ɛ/或半高元音/ie/；(2)常熟、高淳点的宕江摄仍保留了鼻化/ɑ̃/，但到了湖阳则鼻化脱落，读为口元音，音值仍保持为后低元音/ɑ/，到了新博和博望则元音音值高化为/ɔ/。但年陟方言的宕江摄读为鼻化低元音。

　　我们的推测是，年陟方言咸山宕江四摄早期可能和新博、博望方言一样咸山读为/ɛ/，宕江读为/ɔ/，在当涂江淮官话的影响下，这两个音都带上了鼻化，鼻化的结果是使两个音都发生央化，合并为/ɐ̃/，因而虽然年陟和当涂一样咸山宕江四摄合并，但两者音值并不相同，年陟比当涂的要更加央化。联系其他几个皖南吴语点的情况来看，年陟方言咸山宕江四摄合并应该发生在鼻化之后。

五　余　论

　　综上，虽然年陟方言的三个鼻化元音与当涂江淮官话在音值上较为接近，与其他吴语读为口元音有所不同,但从音类分合来看,年陡方言的鼻化元音与新博、博望、湖阳这几个皖南吴语更接近。因此年陡方言咸山宕江四摄读为鼻化元音,实际上是在皖南吴语的元音系统上,受到当涂江淮官话影响,发生反向音变而形成的。麻三韵与咸山摄二三四等字读为鼻化元音应该发生在合流为口元音/i/之后;覃、谈、寒、仙合、桓韵字读为鼻化元音也应该发生在合流读为口元音/u/之后;而咸山宕江四摄字读为鼻化元音/ɐ̃/则可能是咸山摄读为/ɛ/,宕江摄读为/ɔ/,受到江淮官话影响,分别鼻化而后再合并。也就是说年陡方言的口元音系统也曾经有过一个阶段是有元音三角/i//u//a/的,但是在当涂江淮官话的影响下,口元音变为了鼻化元音,才出现了口元音系统中前高元音/i/缺位的现象。在这过程中口元音的"高化"和"鼻化"是两个主要因素,吴语中咸山摄的鼻尾、鼻化脱落后就变成了口元音,从常熟方言 ie 到新博方言 i,咸山摄呈现出一种高化的趋势,发生了 *ie＞i 的音变,i 又受到江淮官话语言接触的影响,使其带上了鼻化经历了 *ĩ＞ĩ 的音变。关于高化的动因,目前学界有两种解释:一种是推链。徐通锵(1996:188—191)分析宁波方言元音系统的链变就是采用了推链的解释,他认为咸山摄阳声韵鼻尾脱落变为口元音是推链发生的动因。另外一种是拉链,前高元音 i 的舌尖化为 ɿ 或 ʅ,导致了前高元音的空位,拉动了低一位的元音来填补。年陡方言的元音系统高化到底是推链造成的还是拉链造成的,就目前的材料来看还不能圆满解答,留待日后做进一步研究。

参考文献

凌锋.苏州话[i]元音的语音学分析[M]//语言学论丛(四十三辑).北京:商务印书馆,2011:177—193.

麦耘.音韵学概论[M].南京:江苏教育出版社,2009.

孙宜志.安徽江淮官话语音研究[M].合肥:黄山书社,2006.

徐通锵.历史语言学[M].北京:商务印书馆,1996.

郑伟,袁丹,沈瑞清.安徽当涂湖阳吴语同音字汇[J].方言,2012(4).

中国社会科学院语言研究所,中国社会科学院民族学与人类学研究所,香港城市大学语言资讯科学研究中心.中国语言地图集(第 2 版)[M].北京:商务印书馆,2012.

Chen, Yiya & Carlos Gussenhoven. Shanghai Chinese[J]. Journal of the International Phonetic Association, 2015, 45:321—337.

Crothers, J. Typology and universals of vowelsystems[M]//J. H. Greenberg et al. Universals of Human Language, Vol. 2, Phonology. Stanford: Stanford University Press, 1978:93—152.

Johnson, K. Acoustic and Auditory Phonetics[M]. Blackwell Publishing, 2003.

Maddison, Ian. Pattern of sound[M]. Cambridge University Press, 1988.

R Core Team. R: A language and environment for statistical computing[M/OL]. https://www.R-project.org/. Vienna, Austria: R Foundation for Statistical Computing, 2017.

附表 1　实验例字

哑	ɥa^{35}	狗	kɯ^{35}	鱼	y$_z$^{13}
家	ka^{41}	钩	kɯ^{41}	雨	y$_z$^{13}
改	kæ^{35}	歌	ko^{41}	五	u$_\beta$^{35}
拜	pæ^{44}	烟	ĩ^{41}	纸	tʃʅ^{35}
帮	pɐ̃^{41}	边	pĩ^{41}	枝	tʃʅ^{41}
榜	pɐ̃^{35}	醉	tsɿ^{44}	四	sɿ^{44}
高	kɔ^{41}	借	tsɿ^{44}	师	sɿ^{41}
宝	pɔ^{35}	椅	i$_z$^{35}		
搬	pũ^{41}	医	i$_z$^{41}		

附表 2　女性发音人 F1、F2 和 F3 的平均值(mean)和标准差(s.d.)

Vowel	F1 Mean	F1 s.d.	F2 Mean	F2 s.d.	F3 Mean	F3 s.d.
a	1 029.567 3	96.847 81	1 641.926 6	77.756 33	2 924.795	352.886 8
æ	696.563 0	53.391 86	2 093.710 8	177.348 65	2 946.362	182.069 3
ɐ̃	925.409 7	68.344 86	1 546.980 2	71.681 80	2 952.086	175.240 0
ɔ	643.640 3	48.720 45	1 025.654 6	71.630 44	3 197.924	140.704 1
ɯ	403.235 2	34.346 22	1 291.227 2	183.587 61	3 023.770	148.926 7
ũ	366.873 3	69.257 83	709.415 4	67.411 65	2 111.860	616.547 6
o	394.425 6	48.876 01	773.508 2	96.788 24	2 375.812	557.180 5
ĩ	354.005 6	29.840 18	2 813.352 2	223.400 43	3 676.646	331.822 9
ɪ	425.150 5	53.398 59	2 512.290 3	170.847 04	3 175.960	307.785 0
i$_z$	378.483 8	47.276 05	1 908.200 2	174.781 40	3 258.373	189.200 9
y$_z$	290.711 3	38.693 96	1 866.699 1	155.925 92	2 923.203	223.814 3
u$_\beta$	327.672 9	42.159 88	923.411 3	155.234 87	2 337.581	346.060 3
ɿ	414.906 5	35.494 21	1 823.440 5	123.977 46	3 112.919	298.487 4
ʅ	440.383 5	54.891 53	1 541.958 1	89.525 52	3 060.943	165.394 0

附表 3　男性发音人 F1、F2 和 F3 的平均值（mean）和标准差（s.d.）

Vowel	F1		F2		F3	
	Mean	s.d.	Mean	s.d.	Mean	s.d.
a	813.490 1	74.663 91	1 365.752 9	85.841 30	2 669.173	467.004 2
æ	612.824 5	68.934 41	1 684.450 7	112.904 77	2 532.499	104.023 8
ɐ̃	785.457 5	76.891 15	1 333.619 6	77.860 02	2 702.956	375.625 7
ɔ	541.252 5	53.105 03	950.313 6	52.668 03	2 775.475	328.845 5
ɯ	372.331 5	41.211 77	1 278.952 6	68.117 80	2 500.876	128.586 3
ũ	321.840 6	50.999 10	658.597 3	115.619 13	2 035.762	566.334 3
o	336.903 9	39.976 98	637.015 0	83.650 38	2 367.571	600.452 0
ĩ	334.907 3	51.946 94	2 407.514 2	94.489 88	3 298.104	152.397 6
ɪ	389.354 8	35.934 00	2 118.796 5	159.698 44	2 895.825	354.707 9
i_z	302.133 2	49.649 20	1 823.203 6	312.438 56	3 142.114	177.356 7
y_z	289.004 8	62.629 34	1 737.944 8	328.907 68	2 611.973	199.015 6
$u_β$	364.112 8	41.057 96	803.911 8	120.698 18	1 991.323	324.672 7
ɻ	344.538 4	20.253 85	1 610.039 3	151.633 85	2 880.679	352.573 7
ɹ	355.213 3	31.380 36	1 234.727 2	99.158 29	2 751.867	244.058 6

游汝杰教授学术自述

徐　蓉 * 整理

上海子水文化传播有限公司

记录时间:2020 年 10 月 16 日

修改完稿时间:2020 年 12 月 14 日

地点:上海,游汝杰教授家中

记录者:徐蓉,游汝杰学生

记录方式:双机位影像拍摄,音频记录

徐蓉(下文简称"徐"):今年是 2020 年,我们非常高兴地迎来了您的八十寿辰,这是学界的一大喜事。在 2020 年 8 月 23 日,我们举办了您的八十寿辰师生聚会,聚会上您简单回顾了您的一生,所讲述的东西让我们都很感动。

那天的聚会中,各位同门也发表了自己的感想,过后一直在说对那场聚会印象特别深刻。游老师您有很多经历,包括您的心得体会,包括对学界的展望和期望等等,我们想了解得更加深入一点。今天很荣幸有这样的一个机会,请您通过口述的方式,把它们比较系统地梳理一下。

游汝杰(下文简称"游"):好,好。

徐:那就先讲个人这一部分。您幼年时期的学术启蒙、兴趣志向等,我们非常感兴趣,要不先从您的父辈开始?

游:我老家在温州。我的长辈,他们有三个兄弟。大伯父游止水,他是私塾出身,古文底子很好,一直在教育界工作,大概他当过温州师范学校的教务长还是校长,我记不清了,可能是教务长。在温州,他可以说是一个比较著名的学者。我的三叔叫游修龄。他是在40 年代上大学的,以前大学生的知识面好像比较广。他在离开温州之后到外地去读书或者工作,在家里留下了一些书。其中有一部分是他上学时候的教科书,我看他用的都是英

---

　*　原东方卫视节目部导演,现为上海子水文化传播有限公司创始人、总导演,上海温哥华电影学院客座讲师。作者电子邮箱:923380784@qq.com。

文教科书。还有一大批是他学英语的书。以前商务印书馆出的一些简易的英语读物,他那时候买得蛮多的,放在家里,我后来这些书都看了,比方说《鲁滨逊漂流记》《阿拉伯之夜》《莎士比亚故事集》。《莎士比亚故事集》是把莎士比亚的戏剧改编成了小说,这类书蛮多的。我当时就看三叔的这些书,自己看不懂,但是也觉得很有兴趣,所以我想我要把英语学好,将来可以看这些书。我在初中里面学的是俄语,后来我想要学英语,正好到了高中就有机会学英语了,我就非常努力地去学,主要想看懂这些书。当时学校里教的英语也很简单,我当然先要把学校的英语学好。学校英语我怎么学呢? 我当时的学习方法是,每一篇课文至少读 22 遍。为什么要读 22 遍呢? 因为繁体字读书的"讀"字,一共是 22 画,我读一遍,就写上一画,第二遍再写一画……把这个"讀"字全部写完就是读了 22 遍,我就算把它读完了。所以我基本上英语课本都会背的,后来自己再学,就开始看这些书。大概是高中的时候就看这些英语的书。后来还把它们都翻译出来了,当然没有出版,就自己看看,练习练习,那些翻译的东西现在恐怕不在了。当时开始学英语是一种兴趣。

徐:您的底子要比您的同龄人好,又有着强烈的兴趣驱使,使得您要去看这些名著。

游:是。现在我还有几本,放在这里。比方说,《伊索寓言》《莎士比亚故事集》《鲁滨逊漂流记》。"文革"前商务印书馆也出过不少简易英文读物,例如《爱丽丝奇遇记》。这些书也看了很多,当时对英语还是比较有兴趣的。这是我叔叔,后来他在浙江大学做教授,学的是农学,研究中国农业历史。

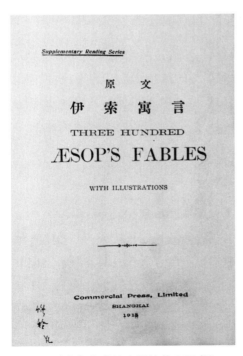

（旧时商务印书馆出版的英文图书）

徐:游修龄先生是我国很有名的农史研究专家。

游:对,他是农史研究的一个专家,写过好多书。比较著名的就是关于中国水稻历史的研究,他的成就我就不多说了。他现在还健在。他是 1920 年出生的,现在已经 101 岁了。他的精神还不错,他现在还在家里经常用电脑写文章、写书。最近他们给我发来一个视频,他在家里弹钢琴。弹的是钢琴曲《送别》,大概二三十年代是很流行的。

徐:所以您后来写了文章《从语言地理学和历史语言学试论亚洲栽培稻的起源和传布》是不是也受到他的影响?

游:是受到他的影响。在到复旦读研究生之前,我经常到他家去,每个月大概至少去一次,有时候就讲到这些植物的历史,包括水稻的历史。当时听他说过这些事情,但是没有写这篇文章。这篇文章到了复旦之后才开始写的,当时他对我是有影响的。这篇文章写完之后,我寄给他,他给我修改了。那时候我已经到上海来了,他还推荐我发表这篇文章。

徐:那应该是八几年的时候。

游:80 年代初。对,《中央民族大学学报》上面发表的。

徐:那个时候,从语言学的视角来看亚洲水稻的栽培是非常独特的,应该在当时也引起较大反响的吧?

游:这是比较特别,一般人也想不到吧。当时写了这一篇文章,是叔叔对我的影响。我自己的父亲倒不是一个读书人,他是开店的,但是我父亲也是比较喜欢读书的,虽然他自己没有很高的学历,家里也有一些书,比方说《三国演义》啦,《水浒传》啦,《西游记》啦,还有《本草纲目》,还有画国画的《芥子园画稿》,那些书都有的。他自己也会吟诗,有时候会在家里吟诗。但是父亲对我学术方面的影响比较少。我的哥哥和姐姐是 50 年代交大和浙大的大学生,他们是我中小学时代用功读书的榜样。

这是小时候在温州的情况。我小学毕业之后,在温州上的初中。初中毕业之后升高中要体检,体检之后发现有轻微的肺结核,在左上肺,虽然比较轻,也没有症状,但是不得不休学了,不能再去读书了。当时父亲考虑到我在家里也没有什么事情做,就把我送到杭州姑丈家。我的姑丈就是夏承焘先生。夏承焘是做宋词研究的,在杭州大学当教授,他们家里没有小孩,他们也希望跟一个年轻人在一起生活。这样我就到了杭州。到了杭州之后,因为姑丈是研究古典文学的,他经常讲唐诗宋词,研究这些,在家里自己也会吟诵,我觉得也蛮有兴趣。他就说可以教我唐诗宋词。当时怎么教呢,不是在学校里教课的那样子。有一段时间每一个星期他会给我一张纸,上面写一首宋词,然后解释给我听,这首宋词每一句是什么意思,还要吟诵一遍。我也跟他吟诵一遍,然后让我去临摹纸上的字,学他的字体,我觉得他字写得很好。当时因为在他家里,书橱上面有很多线装书,都是一函一函的,你要打开了才会知道里面是什么书,书找起来不方便,要贴一

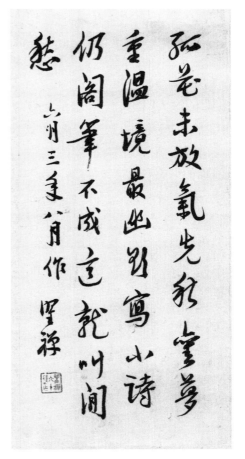

（夏承焘书法作品）

张纸上去，写上这是什么书。他当时叫我来写书名，比如《梦溪笔谈》，写了把它贴上去。但我觉得自己字写得不好，所以我说要学他的字。当时就是这样一面学唐诗宋词，一面习字。他留给我的当时他写的宋词，现在我还保存着两张。一张是用钢笔写的，另一张是毛笔字。姑丈对我的帮助是很大的，可以说是我学术研究的启蒙老师，我后来走上读书治学的道路，最初也就是在杭州受姑丈的影响。因为他说，你要学这些唐诗宋词，你要学会做笔记，每读一本书都要做读书笔记，所以我那时候开始养成写读书笔记的习惯。

徐：您这个是真正意义上的私塾啊。其实您的这些学习方法，对于我们现在的学习，是很有借鉴意义的。我们没有机会亲自向词学宗师们学习，从您身上我们也一样可以学到。

游：所以我觉得相较于学校里，还是自己校外学得多一点，包括刚才说的学英文什么的，我等一下还会讲到这些。我初中毕业之后在杭州待了一年，姑丈的意思是可以在杭州升高中，但是我还是比较想念家乡的生活和同学，老家兄弟姐妹很多，是比较热闹的，在他家里可能比较孤单一点，我想回去了，这样就回到了温州。

然后读高中，高中读完了之后要考大学。我去考了，最后是因家庭出身不好，被降格录取到杭州师范学院。这学校我觉得很不满意，我觉得学校太小。后来我就写了一封信给姑丈，我说我今年也高考了，这学校不好，我不想来，明年再考。姑丈写了封信给我，他说读书主要靠你自己，不是靠学校的，他说你就来吧。当时录取的也是中文，他可能想在家里教我也可以的，不一定要去学校，他叫我去，那么我就去了。

毕业之后，我就被分配到杭州一个中学教语文。后来这个学校缺少英语教师，校长说，你们谁愿意改行教英语？我说我试一下看看。校长说，那么这样，你去进修英语，有个教师进修学院，你去读两年，毕业之后你再回来教英语。我觉得这很好，我就去了当时的杭州教师进修学院。有位吴宗泽老师，是上海圣约翰大学（Saint John's University）毕业的，英语很好，他对我帮助很大。

中文方面呢，因为开始想跟姑丈学古典文学，也背了不少东西，比如《长恨歌》《琵琶行》《离骚》《春江花月夜》这些长篇。这些我不但能背诵，还能默写出来。

但是后来呢，我的兴趣慢慢转到语言学，离开了古典文学。我觉得自己的性格方面好像也比较适合语言学，而不是文学。当然我上大学的时候，两个老师对我的帮助和启发是很大的。我刚才说到那个学校是很小，但是两位青年语言学教师是复旦毕业的，一位叫张永绵，一位叫陆稼祥，这两位老师现在复旦大学的老教师都还有认识他们的，可能是他们的学生或者同学。特别是张永绵老师，他是教语言学理论的，课程可能是"语言学概论"吧。我就去浙江图书馆借英文书，当时他们英文书放在大学路图书馆，包括 Sapir 的 *Language*，还有 Bloomfield 的 *Language*，这两本是最出名的。当时书不能借回来，坐在那儿看是可以的。我一下子看不懂，就抄书，拿回来再看。Sapir 我是抄过的。他的书对我来说也比较难,后来就没有抄下去。Sapir 还是要看,过些时候,我就去买一些浅近的书,比较容易看懂的,介绍结构主义的书。书后来买得比较多了,我现在还放在这里,有 30 来种。

在语言学里面,我也不是专门对方言学有兴趣。我在杭大宿舍住的时候经常去拜访老先生,有一位老先生叫姜亮夫。姜亮夫是研究敦煌学的,他也研究音韵,还有他自己家乡的方言云南昭通方言,他写过方言和音韵方面的著作。有一天我到他家去拜访他,他住我姑丈家隔壁。我是想请他写一幅书法给我。他说书法已很久没有写,因为他现在的书房里面全部都是书,桌子上都是书,都没地方练书法了。他说如果现在要写字,就只好把床上被褥翻开来,在床板上写几个字,当时是"文化大革命"的后期。他们都是受批判的,住房都很小,这样的情况写字是很困难的,所以字他就不写了。那天他问我是哪里人,自己有什么兴趣。我说是温州人,对语言学有兴趣。他说,你是温州人,很好。为什么呢? 他说有一个

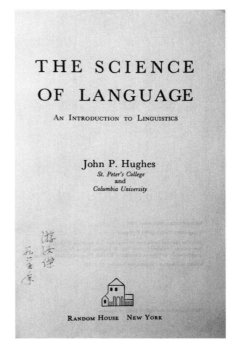

（影印的英文版语言学书籍）

郑张尚芳是研究温州话的。郑张尚芳在《中国语文》上发表过两篇文章,《温州音系》跟《温州方言的连读变调》,他说这两篇文章写得非常好,你将来可以跟郑张一起研究温州方言。后来还讲到他在巴黎的时候,每天早上带两个面包去图书馆,把敦煌的文献拍下来,闭馆才离开。他这次讲的话我印象很深刻。其实我在我姑丈家已经见到过郑张尚芳先生,他来请教温州话的一些问题,比如说某些字应该怎么写之类的问题,我当时听了很感兴趣,详细就不去讲了。这样我对方言学就慢慢有兴趣了,所以我到复旦之后也很快就觉得我可以学方言学。

这是来复旦以前的一些大致情况。到复旦以后,我自己也在写语言学方面的文章,但这些文章是自己练习用的,还不能算是论文。

徐: 有些什么感想就写下来。

游: 有些感想什么的,立一些题目,自己再写。我姑丈其实是认识这些民国时代出生的人的,像吕叔湘、王力等先生。他到北京去的时候,跟吕先生提起我这个人,我也把自己写的东西寄去给吕先生看了。姑丈问吕先生我写的东西怎么样,吕先生说,我写的是古代的东西,是中古汉语,他说可以研究中古汉语,但是觉得我写的东西太琐碎了。后来不是有报考研究生这回事了嘛,我就写信给吕先生说,我这种情况可不可以报考? 他一开始说是有年龄限制的,好像 35 岁还是几岁,我那时候刚刚过了年龄,不可以报

考。后来吕先生说年龄放宽了你可以来报考,他说根据你以前做的东西,可以报考近代汉语。吕先生当时招两个方向,一个叫近代汉语,一个叫英汉语法比较,他当时给我讲了这样的情况。那时候我也写信给复旦大学,他们欢迎我报考复旦大学,详细已经记不清楚了。

我后来考虑了一下,觉得吕先生这个可能也很难考,因为全国性的嘛,英汉比较,英语好的人可能很多。

徐:吕先生在北京的。

游:是的,吕叔湘先生在中国社会科学院语言研究所工作。所以我考虑,要么我向郑张学习,研究方言,正好许宝华老师是研究方言的,所以我后来就考复旦了,我没有去北京。

我考复旦的时候,当时报考语言学专业的一共有七十多人,最后录取是 12 个人。初试我考第一,复试我也考第一。

(看书橱里的英文书)

游:这里有几本我自己翻译过的书,这本书,*Structure of English*,翻得比较旧了,已经翻破了。这本书我后来写《上海市区方言志》语法部分也用上了。这本书也是翻译过的。(指着另一本书)

徐:很早之前就翻译好了吧?

游:比较早的时候,来复旦之前。这本书内容是比较简单的,讲结构主义的,开始要学这种比较简单的东西。这本是《伊索寓言》,英文的《伊索寓言》,这是《富兰克林自传》。这里写的是:This book was bought at the second-hand bookshop of Wenchow,温州旧书店,1960 年。

徐:1960 年?

游:对。

徐:太有纪念意义了。

游:对。像这样的书很多,这本是语言学词典,那时候也是自己翻译过的。小说之类的这里有两本。

徐:1960 年的。

游:对,60 年的。

徐:60 年了。

游:这一栏都是影印的。刚才提到的《富兰克林自传》和《伊索寓言》不是影印的,是1949 年以前的商务印书馆和中华书局出版的。

徐:您毕业是 1981 年?

游:我是提前毕业的。为什么呢? 当时许老师大概想把我留下来教书,他说你可以提前半年毕业,当时提前毕业的人很少,只有几个人。我是提前半年就工作了,这也是好的,但是也有不好的地方,就是过了半年之后,恢复博士生制度,原来就是叫研究生,不分博士、硕士的。那时我已经工作了,我就失去了攻读博士的机会了。如果说我是按时毕业,我可能会读博士。因为这样我就没有读博士。提前毕业的人反而没有机会读博士。当时是这样一个情况。

徐: 那一年正好我们复旦的语文所也成立了。

游: 对。

徐: 您毕业以后就直接到语文所了?

游: 是的,具体说是到吴语研究室去了。吴语研究室就是另外一个话题了,它是关于学科建设方面的,我先把我自己的事讲一讲。

徐: 好。

游: 刚才讲到自己读书,读书是跟许宝华、汤珍珠两位老师学的。

许老师跟汤老师主要是描写方言的,从事方言调查、记录和整理。许老师我觉得他有一个很大的优点,他不是说我是研究这个的,你以后必须要走我的路子,你不能够自己做别的事情,有别的兴趣或者领域,好多老先生都是希望自己学生按照他的路子走。我觉得许老师这一点很好,他是比较宽容的,对学生研究什么,很多还是比较支持的。当时因为我除了调查方言之外,还写了《方言与中国文化》这本书。这本书不是传统的方言学的研究领域,也不是许老师的研究领域,所以我当时写这本书,心里也有点担心,不知道许老师会怎么看。许老师其实也没讲什么,还觉得蛮好,我觉得这一点我对许老师还是很感谢的。许老师还有一个优点,就是对学科建设非常重视,出了很多力,可以说复旦大学语言学学科的发展,"文化大革命"之后的发展跟他的关系很大。他非常积极地去申请项目或者策划组织会议,或者建立研究机构。吴语研究室就是他牵头建立起来的,包括语音实验室,这些都是很好的。

另外一位对我影响蛮大的老师是胡裕树先生。他对我的成长也是有很大帮助的。胡先生是夏承焘的学生。我来复旦的时候,姑丈叫我向两位老师问好,一位是张世禄先生,一位是胡裕树先生,张世禄先生我先问过好了。当时,胡裕树先生在朝鲜,他们在协助朝鲜方面将《毛泽东选集》翻译成朝鲜文,他作为中国专家去朝鲜一年,刚好我来的时候他不在。我们是现代汉语专业的研究生,其实应该是胡裕树先生带头的,胡裕树先生资历比较深,但是因为在朝鲜,所以他没有挂名,当时挂名的就是许宝华跟汤珍珠两位老师。所以问好到了一年之后他回来才能问到,存了一年。一年之后他回来了,胡先生就给我们上课,讲现代汉语语法,我觉得他讲得很好,他对研究生的教法是讨论式的,他用了吕叔湘先生的一本书《汉语语法分析问题》,叫我们每个星期来讨论,假如有什么问题就提出来,他来解答,假使没问题了,这个课就结束了。

我开头几年写了几篇文章。有一次大概是 1986 年,吕叔湘先生设立了中国社会科学院青年语言学家奖。那一年吕先生打电话来问胡裕树先生我几岁了,假使在 45 岁以下,应该可以申请。当时这个奖是自己不能提出申请的,要别人来给你推荐申请。胡先生说他也不知道,胡先生来问我,我说我不到 45 岁。这样,胡先生就把我推荐上去,后来就申请到了,我很感谢他。后来他又让我参加编写《中国语言学名著提要》,还让我做副主编。我就请杨剑桥一起参加。因为里面有很多是古汉语著作,杨剑桥更加熟悉一点。我们把稿子交给胡先生,他看得很仔细,会指出其中的一些问题。我也是一直很感谢他的。

徐:您的这本第一版的《方言与中国文化》应该也是在 1986 年出版的。

游:这本书的写作过程是这样的。当时怎么会写这本书呢? 历史系要出一套丛书,叫"中国文化史丛书",由朱维铮主编。他们要找人来写文化史,比方说古代哲学史或者中国小学史。他们当时是找周振鹤写的。

周振鹤当时忙于写自己的博士论文吧,他时间很紧,所以就来跟我商量,说能不能写一本书。他开始的意思是,因为我在做方言学,能不能写一本方言学史。我说方言学史恐怕比较难写,因为现在的方言学西方的东西比较多,一下子可能写不了。方言学史,你要是只写现代的话,时间也很短,也没多少年,如果加上古代,一下子写不出来。后来我的意思是说,就写一本关于方言与中国文化的书,因为有些内容,我们当时已经写过几篇论文了。就这样开始写这本书了。

这本书主要是我写的,后来老周增加了一些内容。因为当时"文化大革命"刚刚结束不久,这种类型的书市面上很少,大家就很喜欢看,先后出过很多版本,在语言学书里这本书的印数是比较多的。还有日文版、韩文版、英文版、繁体字版,等等。今年上海人民出版社还在重印,已经出过好多版了,非常受欢迎。王士元先生当时看到这本书,说这本书很好很有用,讲中国的东西,他就请他的一个学生,把其中的第二、第三章翻译成英文,这两章是有关移民和方言地理的。当时他不是在加州大学伯克利分校教语言学嘛,就把这个作为辅导教材,发给班里的学生看。伯克利的学生也学这两章。

徐:你们最后还得了奖。这个奖是不是青年语言学家奖?

游:这个不是青年语言学家奖,是教育部的第一届哲学社会科学著作奖。吕叔湘那个奖呢,是关于湖南方言的地理区划的一篇文章,关于方言分区提出了一个新的方法。王士元先生叫学生翻译的两章,其中有一章我还放着,另外一章没有找到。前几年有人要把全书翻译成英文,这是国家社科基金中华学术外译项目,这样的项目每年都有。因为要翻译这本书,我就去找这两章,

(《方言与中国文化》的各语种版本)

结果只找到一章,另外一章不知道哪去了。

徐:对,我看您这里有好多个版本。这个是繁体字版,这个是韩文版。

游:对。这是日文版,这是英文版的,版本很多的。

徐:这里还有这个版本,是中文的。

游:对,这个是最早的版本。王士元先生后来送给我一本《语言与人类交际》,是英文书,把发表在美国 *Scientific American* 杂志上有关语言学的论文编在一起。那时候我们想把它翻译成中文,潘悟云跟我商量找哪些人翻译,其中王士元先生的一篇文章是我翻译的,又请他写了一篇序言。我们后来也请他到复旦来讲学。王士元先生到香港城市大学任教的时候,我也在香港,再次见到了他。

还有一些外国的学者,到我们复旦来访问过,有几十个人之多,名单没有全部列出来。刚才讲了王先生,另外我可以再讲一讲,有一位美国人叫 Ballard,中文名叫贝乐德。贝乐德是加州大学伯克利毕业的,也是王士元的学生。他那时候要调查中部跟南部吴语的词汇跟连读变调,就到复旦来了。

来了之后是我陪同他到浙江中部跟南部去调查,调查可能有一个月,时间比较长。比较有意思的是他把调查结果的资料都寄给我,他在日本做了语音实验,把成果什么的也寄给我。另外他也很感谢我一直陪着他,还有调查连读变调的表格是我们给他的,他根据表格来调查的。他回去之后又送了两套书给我们,一种就是美国一个顶尖的语言学杂志叫 *Language*,就是 50 年代的 *Language* 杂志,因为中国 50 年代跟美国没有来往,这种杂志国内没有的,现在还在语音实验室里放着。另一种就是《美国语音学会学报》,也是国内没有的。他在上海的时候,有两件事情比较有趣。有一天他打电话给我,我们那时候住在复旦第五宿舍,要到宿舍门口去听传呼电话,他说本来想请我们去看上海杂技团演出,他们外国人都喜欢马戏。他知道我家里有三个人,一个小孩两个大人,他说刚好碰到那一天马戏团因故取消演出,要把相当于三张票子的钱送给我,不能请你们看了,但是这个票价的钱要送给你们,所以当时我觉得美国人有点奇怪,比较直率。

另一件是,有一次从上海坐轮船到温州去,那时候有轮船,现在不开了。我买了两张船票,一张是二等的,一张是三等的。我给他买二等,自己是三等。他问我,为什么我们不一样?我说你是贵宾,这是我们的待客之道,他觉得这个比较难理解。他还问我,买船票花了多少钱?多少钱我记不清楚,好像二等舱是三十几块,他听了以后大笑,说真是不可思议,这票价在美国只能看一场电影,从上海到温州这么远,才这么点钱。那时候中美物价相差太远了。这件事情我还记得。

另外一个也是美国人,也有类似的一件事情,我们觉得好玩。有一次在澳门开会,见到一个美国的学者,她是研究接触语言学的,写过一本接触语言学的书,开完会之后,我觉得这本书很好,很有兴趣,我问她可不可以送我一本,她说送给你没问题,但是有一个交换条件。我问什么条件？她说你要送给我一斤中国红茶,我说好的。她回到美国之后,就把这书寄给我了。我去买了中国祁门红茶,寄了一斤给她。后来她还回信说,这茶好,是正宗的中国红茶。所以美国人我感觉比较直率。

徐:他们对中国的茶文化还是很感兴趣的。

游:她喜欢中国的红茶。

徐:对。

游:Scotton,这个人好像叫 Scotton, Myers-Scotton。

徐:是位女士?

游:是的。

徐:您跟平田昌司先生是怎么认识的?

游:关于平田昌司先生呢,还要涉及另外一部分的学科建设情况。最初我们要开一个东南方言比较语法会议,但是当时经费很困难,他就资助我们办这个会。之前他也看到过我写的书,这样就开始合作。后来,我上次在会上讲到过,我去申请日本的学术振兴会基金,申请这个基金是要有 sponsor,也就是发起人,并且要日本本国的发起人,那么他就提出叫我到日本去做研究,什么题目我自己定,他做 sponsor。这样我就去日本了。日本的做法,跟我们中国有一些不太一样的地方,比方说你到日本之后,他问你除了京都大学之外,还需要到什么别的地方去游学吗? 如果需要,他就派一个人来陪同你去别的地方,参观图书馆或访问同行什么的。还有一件事比较有意思,我把所有的出差的票据都保存下来,我想可能最后他们要我报销,最后他们什么都不要。日本的做法是给你多少经费,你自己用,不需要报销,跟国内完全不一样。到了之后他们还有一点很好的,他问你是要自己做饭还是到外面去吃饭? 我说可能我自己要做一些。他就把锅子什么的拿来给我,很仔细的。可能是别的学者用过的,他们有一套东西,送过来给你,做法跟国内不太一样。但是这个经费他们是不管的,随便你怎么用。你每到一个地方都有人来接待你,是他们安排的。听说陪同的人也是他们给经费的,不包括在你自己的经费里。

徐:所以您当时游学过的地方也不少。

游:去过的地方比较多了,国内比方香港、台湾,香港去得最多了,还有美国、加拿大和欧洲一些国家。

在加拿大,我主要是去听课,听了两门课,还有就是翻译蒲立本的很长的一篇论文。我去的时候蒲立本已经退休了,不到学校来了,就第一次去的时候见了一次面,后来他一直在家里。翻译当中发生的问题我就打电话去问。蒲立本中文水平很高,但是他不讲中文,只是写、看。所以我开始觉得还有点忐忑不安,不知道电话里讲这种学术问题会不会有问题、有困难。但是还好,虽然这是我第一次在电话里面讨论学术问题,我觉得还是蛮清楚,后来觉得还是蛮欣慰的,本来担心自己可能会有问题,但是实际上没有问题。电话

（首次用英语宣读论文，1988 年国际社会语言学研讨会，香港大学）

里讲英文跟见面又是不一样的了。离开之前终于把文章翻译好了。他后来把他写的所有论文都给了我一套。

（1990 年在加拿大英属哥伦比亚大学图书馆）

　　荷兰莱顿大学去了两次，第二次是去开会。第一次为什么去呢？当时他们有两个博士生，博士论文写的是汉语方言语法，他们请我去一个月，指导指导他们，所以我就去了那儿。其间，又去了巴黎一次，巴黎有一个科学院，他们叫我去讲课。

徐：您当时去瑞士好像搜集了一些西洋传教士的著作。

游：对，去了 Basel，现在翻译为巴塞尔，以前叫巴色，这是一个教会。这个教会当时在中国客家话地区传教，最初是在香港，香港有客家人，然后到广东北部的梅县，现在叫梅州市的那个地方。他们收集的客家话的资料是全世界最多的，而且他们保存得很好，把这些著作全部都重新装订过了，放在一个地下室里面。他们有一个招待所，我就住在里面。这个招待所有一个很好的做法，你把要看的书告诉书库，就有人推个小车把书送到你住的房间，我那张照片里面好像有个小车子，推过来就放在那儿。一日三餐，都有人送给你，用一个大托盘送到你房间门口，服务很周到。有一件事记得很清楚，他们外国人喜欢喝饮料，每天送过来一大瓶的饮料。但是那个味道我不怎么喜欢，所以我基本上没有喝。我觉得他们对所有来做研究的人，照顾、招待都蛮周到的，环境也很好，楼下还有花园。

（巴色教会研究室兼卧室，身后小车上是客家话文献）

徐：您在那边也很有收获。

游：对，这里面客家话的文献我都搜了，我应该是第一个到他们那儿去收集资料的中国学者，后来有一个香港人也去了。伦敦有一个大英圣经会，后来我去的时候我要找的文献已经放到剑桥大学去了，我就去了剑桥大学，也找到了很多资料。这些汉语《圣经》，大英圣经会跟美国圣经会是最多的，最全的就是这两个地方。美国我也去了，美国圣经会的书装订得比较好。英国有些书还没有重新装订过，有些书也不能复印，可以复印的，也只能复印其中一部分。

徐：在美国您好像去过不少地方。

游：伯克利什么的。日本呢，去过的大学也比较多，最初是到同志社大学，这是一个教会大学。它里面书比较多。有一些日本学者 30 年代在上海研究汉语,他们买了很多书,不断地买。回日本之后,小川环树把这些书捐给图书馆。日本东北大学那些书中广东话资料比较多,有一个美国人 Ball Dyer 在广州那边待过,他当时研究粤语,书买了很多,后来捐给东北大学。我去东北大学的时候,花登正宏教授接待我,他的博士生野间晃陪同我找资料。他们自己也不知道本校图书馆有这么多广东话的著作,后来他们才编了一个目录,写成一篇文章在他们的学报上登了出来。我上次开会讲过,从美国回来之后,中途从出租汽车下来打公共电话,驾驶员认为行李里面是很好的东西,把我的行李拿走,车子逃掉了,后来没有追回来。第二年去美国开会,我又去了加州大学伯克利分校的东亚图书馆,但是其中有一本书找不到了。他们已经把我看过的那两本比较重要的书放到善本书库里去了。原来是放在一般书架上的,他们也不知道这两本书是非常珍贵的,我去了才知道这两本书很重要。放到善本书库里之后,我就看不到了,那是不能外借的。

美国去了好多学校,斯坦福大学也去了,芝加哥大学也去了。

徐:您去了这么多个国家,搜集西洋传教士方言学著作,是不是目前来说您手头上这部分资料可以说在我们中国学者里面是最齐全的?

游:我只能说吴语方面可能是最齐全的。因为其他的资料你要全部去复印,也没有这么多时间,经费也有限。广东话、福建话、客家话都非常多,你全部要去搜集就难了,我只能重点搜集吴语。吴语大概有 9 000 多页,我当时复印了,现在也都在。这些东西当时来说在国内是很难找到的。"文革"当中烧掉了一些,徐家汇藏书楼也有一些,当时没有开放,后来才开放的。我前两天去过,那里也不全的,方言《圣经》基本上没有,传教士的其他著作也没有我看到的全。因为有一个样书间"文革"的时候烧掉了,样书间本来每一种书都有 5 本,这真是可惜。现在网上有很多电子版,这几年出现得很多,包括像伯克利的图书馆把所有这些书做成电子版,放到网上了,跟那个时候不太一样了。

徐:您早年搜集的这么多的资料,对出书都很有帮助的。

游:对。现在讲一讲我自己写的几本书。我刚才讲到了《方言与中国文化》,另外我可以再讲一讲其他几本书,也是说说自己在做学术研究的时候的一个理想。我的一个想法,学术研究比较高的境界,就是开拓一个新的研究领域。我觉得这是学术研究比较高的一个理想,也很难达成。我觉得方言与中国文化这样的研究,可以算是一个新的研究领域,因为老先生们原来都不是这样研究的,当然以前罗常培研究过语言与文化,但是他不是以方言学为主,虽然也有过方言与文化的研究,但是还是比较初步的研究。方言学以前都是以描写为主,调查记录方言以描写为主。所以我的另一个理想就是把这些调查记录的资料归纳起来,提升到理论的高度,做一个方言学的理论建设。所以,我就写了一本书,叫作《汉语方言学导论》,这本书的想法就是做一个汉语方言学的理论建设。那么,西洋传教士这个部分也可以说是一个新的领域,以前也有老先生讲过,还是在比较早的时候,比方说林语堂他们讲过这些事，罗常培也讲过，但是在1949年以后，因为某些原因，对西方传教士的著作评价是不高的，也没有人去研究，最初的时候基本是空白。所以说我研究这个领域还是比较早的。最近几年研究成果也越来越多了。

徐：但是最难的其实就是开拓。

游：对。还有一个领域也可以说是比较新的，就是地方戏曲音韵研究，你也参加了，以前讲的人也不多，假如有人讲也是比较零散地讲，这个将来也会是一个领域。其实最近几年研究的人好像也越来越多了，有专门研究地方戏曲跟音乐的国家社科项目，好像是江西那边高校申请的一个项目。

徐：我看现在在知网上面的下载量还是挺高的，就是论文的引用，现在都是有一个电子记录，有多少人下载了这篇文章，都会有记录。我看了一下那个地方戏曲，您主编的这本书，下载量是属于比较高的。我记得当时我们做课题的时候好像还是个空白，在这个领域里面。

游：当时还没有人做。昨天还有人来问我黄玮的地址，说他现在研究越剧与方言的关系，要跟黄玮联系。黄玮很久没有联系了，我就给他一个老的电邮地址，不知道她还在不在用。

徐：对，好久没联系了，当时我就记得我是做昆曲的，黄玮做越剧，张洁友是做黄梅戏的。

游：几个同学分头做，这也是一个理论建设。还有，我做了社会语言学，方言学跟社会语言学有很大的关系。社会语言学是后来出现的，我觉得社会语言学跟方言学有很大关系，也许方言学将来一个新的方向就是社会语言学。最初我也并不是说想研究社会语言学，主要是因为跟香港城市大学邹嘉彦先生合作，开始慢慢有这样一个兴趣。邹嘉彦呢，他是比较早的，也许是最早的，在华人当中研究计算语言学的学者。他是香港人，在美国读的本科，在哈佛大学读的数学专业，计算语言学是需要数学基础的，然后他到伯克利去读语言学，他说听过赵元任的课。他做语料库是比较早的。他的语料库跟别的语料库不一样，有地方特点，包括六个华语地区（城市）：北京、上海、台北、香港、澳门、新加坡，不同地区的华语他认为是不同的。上海的跟北京的也会不同，他是从报纸上面来观察的。有些词汇上海用得比较多，有些是北京用得比较多，香港更加不一样了。他的语料库是蛮有意思的，他每四天要收集这几个地方的报纸上的词汇，然后进行比较、计算。所以当时他认为我在上海的嘛，所以叫我去参加他这个语料库项目。一开始我就过去了，跟他在一起做，最初是在香港，他办了一个公司，叫麒麟星信息技术公司。后来这个公司好像在2001年搬到了珠海。搬到珠海之后，我经常在暑假里去做一些事情，有时候也会去香港。

有一年，他在香港城市大学给本科生上社会语言学这门课。那一个学期他要到西班牙去访学，所以需要有人代课。我刚好在香港，他问我是不是可以代他一个学期的课，我说好的。他给我一些资料，我自己补充一些资料，就开始在香港城市大学教社会语言学，

（珠海麒麟星信息技术公司门口，与邹嘉彦、霍四通合影）

在这门课程的基础上就写了《社会语言学教程》，这本书是这样一个来历。他的 LIVAC 语料库里的许多资料，也可以用于社会语言学研究的，包括他以前写过一些社会语言学的论文。但是他都是用英文写的，我把内容改成中文，放在那本《社会语言学教程》里面，有好些章节，原来是他写的英文论文，他的论文在国外发表比较多的。他们香港人的英文程度比汉语程度要好，大学里一般人都这样。我开始去的时候，邹嘉彦先生办公室有一个秘书，她都是讲英文的，不讲中文的，就是跟你讲英文。我香港去的时间比较长了，到后来那几年，秘书才开始慢慢讲一点普通话，大概是这样的情况。邹先生本身也是这样的，他是上海人，他喜欢讲上海话，老的上海话他会讲的，普通话当然也会说，但是写呢，他是习惯用英文写，他用中文写可能不是很顺畅。多年来我和他电邮通信都是用英文写的。

香港的情况跟我们不一样。我在香港教过一个学期课，他们的学生英语口语都还不错，但是要他写文章，我看起来可能也只有 1/3 的学生英文写得比较好，语法上比较好，有 2/3 好像写作方面也不怎么样。也许现在上海的学生写作方面也不错，不会比他们差，但是平时讲话可能我们讲得比较少，香港情况大概是这样。

我还跟邹先生一起编过词典，叫《全球华语新词语词典》。我如果不到香港去，这些事情是做不成的，可能《社会语言学教程》这本书也写不成，还有词典也编不成。

徐： 现在这本《社会语言学教程》好像经常在大学里面做教材用，书店里也经常看到。

游： 卖的情况我也不知道。现在已经出了第三版，我知道现在有几个学校在用。这本社会语言学呢，一个好处是它结合汉语的资料来讲，国外的社会语言学的书，大部分都是英语的资料。你讲一个理论，能近取譬比较好，就是说用读者熟悉的资料、语料来讲，读者比较容易接受。所以这本《社会语言学教程》比较适合在中国用。我退休之后到泰国去了一年，这是怎么回事情呢？我刚好退休那一年，有一个学生叫黄霞，她以前在新加坡从事医务工作,因为我在退休之前,我们中文系就在新加坡教师协会办班吧,具体叫什么我不记得了。反正要授予学位的,由复旦的老师到他们那里给他们上课,各种各样的课。那一年我去新加坡教师协会上课,好像上了一个月。我跟唐金海一起去的,他上文学方面的课,我就是去上一门社会语言学。我退休那一年,黄霞在泰国的清莱,在一所叫皇太后大学的学校里教书,她说有一位研究生导师就要离开他们学校了,他们缺少一位研究生导师,问我可不可以到他们这里来。

我刚好那一年退休了,倒有时间的,那么我就想去试一下。这样就去了泰国,培养他们那边的研究生,上研究生的课程。学生不多的,他们只有5个学生。我在那一年除了教书之外,还做了个境外汉语使用情况调查的项目。这个项目也跟邹先生有关系,因为他也比较喜欢研究境外华语,他在境外待的时间很长,也走过很多境外华语社区,大概去过100多个地方,所以对这样的课题很感兴趣。后来我们合作申请到这个项目。我就利用到泰国教书的机会,带研究生去调查泰国北部华人的语言,他们是讲云南话的。

然后又去曼谷调查那里的汉语使用情况,曼谷的华裔主要是潮州人,他们是讲闽语的。为了完成这个项目,回来之后,又到台北去调查,特别是调查当地大学生使用"国语"跟闽南话的情况。

我再想想有没有漏掉一些东西,其实刚才也讲到过《上海市区方言志》。这本书不是我个人的项目,是许宝华老师组织我们写的。这本书我觉得水平还是很高的,后来也获奖了,在方言志里面应该是水平最高的一本书。当时是许老师带领我们几个研究生一起来写的,基本上是许老师和汤老师的研究生,包括钱乃荣、石汝杰等人。还有一位沈亚明,我记不清是不是研究生了。我负责的是语法部分。语法部分以前也没有人写过,有些方言志里面也讲到一些,但是不怎么全面。虽然我学会了讲上海话,但是毕竟不是上海人,所以语料部分该怎么搜集,理论方面该怎么办是我要解决的问题。语料部分,我刚才给你看过 *The Structure of English* 这本书,这是我以前看过的,里面写到去录人家随机说的话,然后以这些话作为语料来写语法,那么我想我可以用这个方法,这是结构主义的方法。

我就找了一个录音机去随机录音,在市区各个地方,包括公园等各种场地、场合去录,大概录了36个小时的录音带,然后把36

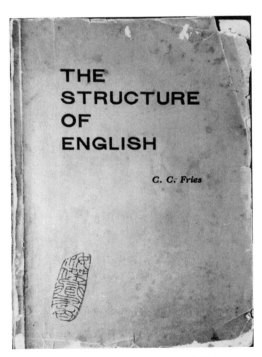

(*The Structure of English* 书影)

小时的语料用汉字写出来。我想这样的语料可能比较可靠,我不是上海人,我自己想的可能不太正宗,别人也不会相信,所以我采取了这个办法。

语法理论方面,参考了朱德熙的《语法讲义》。因为朱德熙先生刚好那几年特别喜欢研究方言语法,所以他对这个很感兴趣。因此我就参考他那本书,写成一个提纲初稿,再到朱德熙先生家去请教他。他给我眉批,提一些修改意见什么的,他看得蛮仔细的。现在这本草稿大概还在的,不过不在我这里,我那天听盛益民讲,他说他看到朱德熙先生的批注了。后来我在美国西雅图的时候,也参加了朱德熙先生的一个项目,他就是做汉语方言反复问句的比较研究的。他需要各种方言区的人来参加,这样比较好。一开始我在加拿大,他跟余霭芹先生商量,叫我去参加他的项目。我就到了西雅图,在华盛顿大学参加他这个项目,讨论这个课题。这样跟朱德熙先生接触就比较多了,我们每个月大概在他家里讨论一次。

所以后来我跟张洪明合作,主编一套丛书,叫"中国当代语言学丛书",是上海教育出版社出版的,当时就请在美国的朱德熙先生写一篇序。朱德熙先生说好,他说这些作者也都是一时之选,当时我把作者的名单交给他。但是很不幸,他没来得及写,就去世了,应该是得癌症吧。之前我们几个人还曾经到张洪明那儿去,在圣地亚哥,朱先生也去了。但是过了可能不到一年他就过世了,所以这篇序也没写成。但是,这套丛书后来还是做下去了。

(与朱德熙先生合影,1991 年,圣地亚哥)

《上海市区方言志》这本书跟李荣先生也有关系的,就是语音部分了。语音部分我也到李荣先生那儿去请教。他家里有很多书,房间当中有一张大桌子,上面都是书,方言学的书比较多。

他对这本书也是蛮感兴趣的。所以这本书应该讲是很不错的,这本书刚才没拿来。这本书后来还多次获奖。

徐:国家社会科学奖?

游:对。这些年来我写成十来本书、几十篇论文,这跟我老伴吴文翔的支持分不开,她几乎承担了全部家务,让我有时间读书、教书、写作,非常感谢她。我现在讲的是个人的事情,有没有漏掉? 我再看一看。个人事情可能就讲这些,现在暂时也想不到别的了。

徐:要不然您先喝点水。

游:刚才基本上是讲个人的一些经历,那么现在主要讲讲我们这个学科里面的一些事情。我是 1981 年留在复旦大学工作的。当时复旦大学成立了中国语言文学研究所。这个研究所可以说是在之前的语法修辞研究室的基础上成立的。语法修辞研究室是陈望道最初成立的,基本上就是研究语法和修辞这两类。在八〇、八一年的时候,全国正在掀起改革开放的热潮,各方面都要发展,学术研究也需要发展,所以就计划成立一个中国语言文学研究所。这一方面是形势的需要,学术研究的需要;另一方面也是需要有人积极地去做这件事。许宝华老师起到了很好的组织跟推动作用。当时成立研究所的时候,在语言学方面有这样几个研究方向,一个是语法,一个是修辞,人员就是原来的那些研究人员。第三个是方言,有一个吴语研究室。这个吴语研究室人员一位是许宝华老师,一位是汤珍珠老师,接下去就是我了。我留下来是个专职人员,后来张洪明也参加了,陈忠敏也参加了。但是张洪明很快就到美国去了,陈忠敏后来也到美国去了,所以之后人比较少。陶寰也参加做了一些事情,这是吴语研究室的情况。后来大概过了一两年又成立一个理论语言学研究室,研究人员主要是高天如老师,还有一位就是申小龙,他是后来留校之后参加的。主要是这样几个研究方向。吴语研究室成立之后,第一件事情是编写《上海市区方言志》,刚才讲得比较多了,编完之后,许老师当时说要把研究扩大到郊区,所以要编写郊区方言志,或者说整个上海地区的方言志。

他带领我们去每一个郊县调查方言,当时我负责的是金山县。这是我第一次去一个自己陌生的方言区调查方言,这个应该说是比较困难的,但我也不敢怠慢,就去了。当时金山有十几个公社,现在叫乡,每一个公社,还有镇,都去了。全部都是记《方言调查字表》中的 3 000 多个字音,还有两字组、三字组变调。调查大概前后有快两个月时间。其他几个郊区都有人负责去,比方说钱乃荣去了,汤志祥也去了,石汝杰也去了,陈忠敏也去了。每个人都分头去调查。最后是把语音部分调查完了,全部材料都记录在一张《方音字汇表》上面。这个项目后来没有进行下去,因为种种原因,一个可能是有新的任务,比较重要的一个任务就是《汉语方言大词典》的编写。

《汉语方言大词典》是许宝华老师主持的,这是他跟日本的宫田一郎教授合作的一个项目。这个项目开始可能是宫田提出来的,宫田在日本,那时候经费比较多,他跟许老师说有一笔经费可以合作编纂一本《汉语方言大词典》。后来复旦大学出面,跟他所在的京都大学合作,一起做这件事。做这本词典是要花很多时间和精力的。这本词典其实我参加得很少,许老师当时叫我到杭州去,浙江方言在 60 年代调查过,每个县市都调查过的,他们有些材料当时没有出版。他还叫我去找一下傅国通老师,当时他负责浙江方言的调查。我到他家里去翻看那些没有出版过的原始调查资料。资料很多,他们每一个县都去了,一个县一个档案袋,七八十个县,这些资料都放在一个储藏室里,从地上一直快堆到天花板了。我一本本拿出来看,主要看词汇部分,摘录一些我觉得比较特别的词汇,有些其他地方都有的也就不摘录了。当时摘录了一些东西带回来,做成卡片。后来还摘录了一些地方志里的词汇。我只是做了这样一些工作,在整个词典工作里面是很小的一部分。我后来没有再参加这个项目了。这个项目后来做得比较多的是史宝金和朱莉英这两位,他们是在语言文学研究所资料室工作的。其他的资料是外地的,每个地方的方言研究工作者,他们寄过来一些资料。当时这个项目是付经费给他们的。做了很多卡片,几乎教室大小的一个房间都放不下,后来有一部分放在走廊上。比较可惜的是什么呢?到 2005 年的时候,从文科大楼搬到光华楼,光华楼没有那么多地方放这些卡片,后来这些卡片都被当废纸处理掉了,非常可惜。因为当时认为这本词典已经出版了,卡片已经用过了,不需要再保存了。这本词典一共出了五卷,很大一套。这本词典现在中华书局重印了,是修订本,可能就是今年出版的。这是方言大词典,那么接下去一本书是《吴语声调的实验研究》,这里有一本。这本书是你带来的,是吧?

徐:这是您这里的。

游:当时杨剑桥是语音实验室主任,所以我跟他合编的这本书。这本《吴语声调的实验研究》,这么多地方,每个地方都有单字调和两字调的实验,以前没有人做过的,单点的有人做过,全部是吴语语音实验的以前没有做过。这本书现在还是有人引用。这本书出力比较多的是平悦铃,虽然我是挂着名的主编。当时我的想法呢,这本书就让平悦铃做主编,但是出版社希望名气大一点的人做主编,对销售这本书可能有些好处,所以没有让平悦铃做主编。所以我讲到这本书的时候,总是说平悦铃出力比较多。

后来杨剑桥退休之后是平悦铃做语音实验室的主任,语音实验室也是成立吴语室之后才有的,以前没有,这个语音实验室是属于中文系的。它可以说与吴语实验室也有关系,但是它名义上是属于中文系的。后来搬到光华楼之后,我还没退休,就申请到两个房间,比较大,可能有 90 个平方,作为语音实验室,其中一个房间基本上作为小教室来用。另外一个有录音室,录音室是后来设立的。语音实验室的集体项目,主要是编了这本书,其他个人也有研究成果。

还有一个比较大的项目,这是我主编的《上海地区方言调查研究》,这套书一共 6 卷 4 册。这个是怎么回事呢?国家社科基金有各种各样的科研项目,有一个叫后期资助项目,后期资助的意思是说你前期已经做了一些事情，然后我可以资助你出版这样子。

前面我已经申请过上海市的社科项目，做过一些调查，但是经费不够，做不下去了。最初是在上海郊区各地的调查，80年代做的这些资料还在，所以我把这两部分资料合在一起去申请国家社科基金后期资助项目。申请到这个项目之后，最后编成了《上海地区方言调查研究》。这应该也是吴语研究室的最后一个集体项目。现在他们做什么我就不谈了。大概是这样一个情况。

这套书里面一个比较重要的部分，是80年代我们调查的上海老派字音表格，有一卷全部是表格。发音人都已经过世了。当时的录音资料，有一部分还在，大部分都已经没有了。怎么会这样呢？因为当时录音带还是比较贵的，没有那么多录音带，所以有些用过的录音带要洗掉录新的。所以把有些东西都弄掉了，实在可惜。只有留下一部分。我前面讲贝乐德到浙江去调查，我陪他去，那些录音带都还在，一共有20卷，他后来拷贝给了我。我现在还保存着，这些资料包括我说的还有一部分留下来的当时的录音，最好能够把它们数字化。现在这个工作还没有做，希望有条件的时候去做一做。

吴语研究室有一件比较遗憾的事。我退休的时候，包括我刚才说的贝乐德送给我们的 *Language* 杂志、美国语言学会的学报，还有一些书，包括一些很好的书，是五六十年代当时各地的方言工作者调查出来的东西，当时都是油印本，内部的资料，还是比较齐的。这一批资料呢，最初的时候是存放在中文系当时有一个叫汉语教研组里面。我到复旦来的时候，是在相辉堂左边的一幢楼里面，是两层的，不是很高。过了几年就搬到相辉堂对面的两幢有翘檐的楼里面。汉语教研组里面的一些资料要清理，这些书要被清理掉。我去的时候他们清理完了，不知谁在清理，把刚才我讲的50年代那些有用的资料都堆在外面，说要做废纸处理了。我去刚好看到，我想这些资料不能丢掉，就把它们收起来，后来一直存放在吴语研究室，我退休了也没地方放了。那么，这些东西怎么处理呢？我跟中文系商量，他们几乎也没有地方可以存放。最后他们说暂时放在中文系资料室的一个角落里。我退休之后过了几年，我觉得放在那里可能容易散失，后来把它们搬到语音实验室去了。现在这些资料有没有散失我就不知道了。因为这些资料是不属于语音实验室的，谁去管它们呢。

（《湖北方言概况》书影）

我退休之后，推荐陶寰做吴语研究室主任。

名义上他是主任,但是,语言文学研究所基本上已经是名存实亡了。搬到光华楼之后,每一个研究室都没有具体的办公室。后来黄霖担任所长,他是研究古典文学的,成立了古典文学研究中心,他的主要精力就在研究中心了。所以语言文学研究所基本上是名存实亡。

下面讲一讲申请重点学科的事。2001年,教育部要设立重点学科,汉语言文字学是一个二级学科,不是一级学科。当时我们去申请还是有一点难度的。为什么呢? 一是北大肯定比我们强。另外,在60年代,中国也就这两所学校有汉语专业,所以两个学校的力量应该是比较强的。后来,到了我们这个时代的时候,因为复旦大学有些老师退休了,譬如说古汉语的张世禄先生,现代汉语的胡裕树先生,那么力量就弱了。就是说在全国有权威性的老师的学校里面就弱了,那么还能不能申请到就是有疑问的。当时比较好的一个地方,就是我们门类还是比较齐全的,比方说修辞学,北大没有修辞学,我们是有的。文字学是后来有的,当时裘锡圭先生还没来。我们把这些有关学科建设的材料组织起来,当时是我跟戴耀晶两个人到北京去申请的,评委里面有北大的陆俭明老师,我们学校的黄霖。最后还是评上了,可能跟除北大以外的几个学校比起来,复旦大学还是有优势的有关。

评上之后,大大加强学科力量的是裘锡圭老师带来的文字学。裘锡圭老师来的时候,他工作的地方叫作"出土文献与古文字研究所",它不属于中文系。他刚来头一次一起开会,我跟裘先生说,虽然我们是两个单位,我们在学科建设上还是可以算一个学科吧,他当时同意了。这样我们就多了一个门类,多了一个文字学。另外有一个新的门类,就是我们引进了龚群虎。龚群虎是做手语的,其他学校几乎都没有这个门类,现在可能北师大也有了,其他大学好像都没有,手语语言学这是比较特别的。这样我们的学科门类就比较全了。

刚才讲到我们的古汉语力量弱了是吧? 我们在申请的时候,胡奇光老师已经退休了,但是傅杰、殷寄明他们进来了,他们主要做汉语史、汉语学史。汉语史,傅杰也做一点,殷寄明也做一点,傅杰主要做汉语学史。后来他们年龄也慢慢大起来了,所以引进了梁银峰,梁银峰是做汉语语法史的,他是从北京社科院来的,是语言所江蓝生的一个博士。我们这里也缺语法理论方面,就引进了从北大过来的张新华。刘大为是怎么回事情呢? 我们这里的李熙宗老师年纪也偏大,所以需要一个比较年轻的。刘大为研究修辞,每次我们一起开会,都觉得他对修辞学很有想法,很有活力,所以把他引进来了。后来他为《修辞学习》这本杂志出力很多。

还有一个引进的是陈忠敏。当时,我们学科需要一个带头人,因为我要退休了,谁来带头是一个问题。当然那时候戴耀晶还在,他是做汉语语言学方面的,但是语言学及应用语言学也需要有人带头的。当时找了几个人都没有成功,曾经考虑过北大的一位,还有其他大学的也考虑过,但是都没有成功。

最后考虑到陈忠敏,把他引进了。他是不错的,因为他原来是复旦出去的,之前也做过方言调查研究,再到美国去读的博士。他现在确实对学科建设发挥了很大作用。我在没有退休的时候,还引进了一些,他们后来又引进一些更加年轻的人了,最近还在引进,这个就不说了。我们这个吴语研究室刚才讲了一些,出了一些书,做了一些事情,还有一个比较重要的就是国际吴方言学术研讨会,基本上也是吴语研究室最先发起的。发起人应该可以说是许宝华老师。他当时组织的第一次会议是在1982年的时候,在复旦举行的,那时候不叫国际吴方言学术研讨会,因为没有外国人来,还是我们自己在研究的。后来把这个会转到香港去开了,因为有外国人参加了,所以就加了"国际"两个字。加了"国际"之后,开到现在第十届,如果说第一次开会算进去就是十一届了,开得还是比较频繁的。粤语、闽语、客家话也有类似的研讨会。大概粤语可能开得比较正常,我们吴语算是比较成功的,最早这种地区方言的研讨会是从吴语开始的,第一届至第五届我们开的时候,经费很少,是香港中国语文学会资助的。香港中国语文学会的会长叫姚德怀,主要是他支持,每次开会他都会来,他给我们经费。从第六届开始,我们自己有经费了,所以跟香港中国语文学会的合作也就结束了。每一届会后都会出吴语研究论文集,能够坚持下来也是比较难的。

要出版一本论文集,一要论文,二要出版经费,我们到现在一直是支持的。

徐:从第一次会议开始就有论文集了吧?

游:第一本论文集叫《吴语论丛》,我现在还有一本,是1982年由上海教育出版社出版的,后来历次都是由上海教育出版社出版。其中有一次你提到你参加了,是在苏州吧?

徐:对,苏州,应该是第二届。

游:吴语研讨会本来两年开一次,今年11月份原定是要在浙江丽水开的。现在因为疫情的关系就延期了。明年想在安徽的芜湖开,因为安徽的徽语跟吴语关系也很密切。有一种设想,是把徽语跟吴语合在一起研究。明年开应该是第十一届了。今年就不开了,这也是特殊情况。

还有一个会叫中国东南部方言语法研讨会,这个会是比较早的时候,可能是90年代初开的。那是跟前面讲到的平田昌司先生一起合作的。他当时资助我们开这个会。

第一届我觉得开得很好,讨论方言语法。我们是在大柏树新疆酒店开的,这是新疆驻上海的一个办事处。会上,每一个方言区至少有一个人讲一讲自己方言的"体"。这是第一次就汉语方言语法,讨论"体"这个问题,并且进行比较研究。以前没有这种比较研究的,后来会开完之后出了一本书叫《动词的体》,这本书应该说是最早的研究汉语方言语法体或者时态的论文集。应该说在这一点上,这个会还是有开创性的。后来连续开,开到第几届为止,现在我已经记不清,可能是有十来届的样子。其实后来因为方言学方面的会议很多,有人参加别的会去了。这个会最近这两年有没有办我都不清楚,也许已经不办了。

还有两本刊物,一本是《修辞学习》,这本刊物的历史也是比较久了,原来并不是复旦大学单独办的,是华东修辞学会主编的一本杂志,当然,复旦也是华东修辞学会的一个组成单位,但是名义上不是复旦大学的。到后来变成华东修辞学会和复旦大学合办。后来可能有一个规定,就是杂志必须跟某一个单位挂钩。华东修辞学会不是一个行政单位,但是复旦大学是一个实体单位,所以慢慢就变成复旦大学主办的杂志了。当然他们华东修辞学会的人也是参加编辑的,编委也有他们的人。这个时候修辞学会说作为一个学科来主办的刊物,是不是让我来做主编。但是,我觉得不合适,因为我不是研究修辞的,但是他们还是叫我来担任这个主编,当然只是名义上的。他们让谁做主编大概也存在一些问题,现在想不起来当时是什么情况了。反正让我去当主编了。我当主编之后,跟刘大为商量,说《修辞学习》是不是要改刊。改刊是什么意思呢? 一个是内容方面,内容方面要改主要是什么原因呢? 就是修辞学以前基本上是以辞格为中心,比方说借代是怎么样的,比喻是怎么样的,各种各样的辞格,包括陈望道的《修辞学发凡》,基本上也就是讲辞格的。辞格的研究很多,修辞学能不能有一种除了辞格之外的新思路? 后来慢慢觉得修辞和语法关系很大,修辞是不是结合语法来研究? 这样路子会走得越来越宽,所以在内容上就改刊了,就引进了语法方面的研究。因为陈望道先生不仅研究修辞,也研究语法。如果能走这样的一条路,那么修辞学的研究面会越来越宽广,参加的人会越来越多,读者面也会越来越广,这是一个思路。

另外一个改刊的措施就是改刊物的名称,原来叫《修辞学习》,最初想改为《中国修辞》,后来经过反复申请,没有批准。后来想一想,改为《当代修辞学》。这之后,这本刊物的稿子质量有明显的提高,特别是学术性。后来慢慢变成了一本核心期刊,这是在我退休的一两年之后的事情。刘大为后来退休了,我也退休了,现在是祝克懿担任主编。

下面讲一下《语言研究集刊》,这也是"文革"以后办的。1987 年的时候创刊,是语言文学研究所成立以后想起来要办的。我想这个事情跟许宝华老师关系也很大,也是他组织创刊的,可是当时主编是李振麟老师。他在中文系工作,原来是英语系毕业的,研究语言学理论。但是第一辑出版之后,好多年都没有再继续出。后来是我退休之前跟几个人商量之后,又从第二辑开始继续出。

徐:间隔很多年了。

游:隔了 10 多年没有出。后来我跟大家商量是不是要出第二辑。当时没有设主编,因为李熙宗老师当时也没有退休,他比我的资历要深一点。我虽然是学科负责人,但是还是觉得不要设主编妥当。一直到退休之后,说要有一个主编比较好,如果申请核心期刊,没有主编是不行的,所以后来让陈忠敏当了主编。那么这个期刊呢,从第二辑开始一直这样坚持下来,现在还是坚持出的。基本上是一年出一辑,现在可能有二十几辑了,出得蛮多了。几年前,这本集刊已经是 CSSCI 来源集刊了。以后的稿子质量会更加好。

还有一个就是讲习班，它的名称叫"全国语言学暑期讲习班"。最初发起人是南开大学的石峰，他也去过美国的暑期讲习班。回来之后他觉得美国的方法很好，最初就在南开大学举办。后来觉得有更多的学校参加，就会有更大的号召力。所以这样就有 4 个单位：北大、中国社科院、复旦、南开参加，每年轮流举办。我在退休之前，复旦大概举办过两三次。到后来呢，北大可能另外有一个暑期里面举办的学习班，北大好像就退出了。现在怎么样，是不是继续在办，我也没有问他们，不清楚。讲习班对于培养年轻一代的语言工作者，我觉得是好处很大的，很有贡献的。因为请来讲课的人都是国内外比较知名的学者，都是在职从事研究的学者，我觉得蛮好的。后来的那几届我好像记得是算学分的。这是关于暑期讲习班的事情。

在我们这个提纲里面就是这些内容了。李方桂来访问过，李方桂讲的是上古音，但是这里面没有什么故事可以讲。来访的人很多，我这里写了几个。范德博可以说一下，他是莱顿大学的教授，我曾经请他来讲社会语言学的课程，讲了差不多一个学期。他是研究社会语言学的，美国夏威夷大学毕业。他对中国的社会语言研究很有兴趣。他最初好像是到了南京大学。我知道了以后，就请他到复旦来讲课。雷红波那时候还没有毕业，我就跟雷红波一起去请他过来。他在复旦大学教书的时候，就让大家写小论文，当时好像去调查过上海的百货公司里面人们讲话的情况，调查上海人对上海话的语言态度，我觉得这个还是蛮有意思的。钟雯晶也写过这样的文章，写得还是不错的。他指导了几个学生。他在台湾的时候也是调查这些，他是学拉波夫调查的那种方式，拉波夫在纽约百货公司调查的嘛。他后来到深圳大学去，也是做这些调查工作。后来我们在深圳大学又见面了，他到深圳大学也是去讲课的。他在欧洲曾组织一个国际的社会语言学的会议，我们跟徐大明一起去参加过几次。我退休以前复旦也办过一次。范德博和德国的一些社会语言学家也来了。我们也到德国去参加他们的会议，去过曼海姆和海德堡。曼海姆好像是在莱茵河边上，非常漂亮。傍晚的时候在那里喝咖啡啦，吃牛排啦，印象很深。

我们接待的境外学者里面，郑锦全是比较早的。他是台湾人，在美国的一个大学教书。他来的时候可能是 1979 年，那时候中美刚刚建交。之前美国的语言学家不能到中国来。那一年美国有一个语言学家代表团访华，郑锦全当时是请他到复旦来的。他对胡裕树先生的著作很熟悉，特地来拜访胡裕树先生。胡裕树先生有一本叫《现代汉语》的教科书，台湾地区大概也在用的。他那天来给我们讲的主要是关于计算语言学的，还讲了美国的语言学研究情况，他是做计算语言学的。有位青年学者陆致极英语很好，郑锦全这次来之后就跟他去美国学计算语言学，得了一个博士学位，但是不久他就不从事语言学的研究了。后来来的人就多了，可能有几十个之多。

徐：这么多年来，您在语言学界将近也有……

游：语言学界，如果从 1978 年算起的话，现在多少年？40 年？

徐：42 年。

游：42 年时间。

徐：这 42 年您做了这么多事情，写了这么多著作。

游：但是有些事情，还是上次说的，心有余而力不足，一直也做不了。

徐：您已经做了很多了，您有一些什么样的期望？

游：语言学将来的发展方向，可能是跨学科研究。以前王士元也讲过，他说 21 世纪是一个跨学科研究的世纪，语言学也不能讲没有用，它也是有用的，比方说你学外语必须要学语法，现在教外国人学汉语也是要讲语法的。但是一般人会感到，比方说我写一篇文章，我不懂汉语语法，我也可以写的，是吧？一般人觉得语言学实际用处不太大。

复旦大学现在成立的现代语言学研究院，主攻方向还是跨学科的。比方说神经语言学、言语听觉科学、病理语言学、计算语言学，这些都是跨学科的。比方说科大讯飞，你刚才带来那个转写机器就挺不错的。他们应该用到语言学知识，我不知道他们公司有没有语言学家。好像科大原来没有语言学专业，我不知道他们是怎么做出来的。现在做机器翻译，有些是根据经验或者统计来做的，不一定要语言学家，不知道语言学家的作用是什么，但是我想可能语言学家还是要参与的。我们现在很多东西都是科大讯飞翻译研究的成果，比方说电视里面出现的或者微信里面出现的字幕之类的，很多都是他们机器翻译的，但是翻译还是有些问题的。比方我有一天看到 breaking news，它的意思就是突发新闻，但是机器翻译出来是"破新闻"，这个意思就完全不对了。不对的原因是什么呢？肯定不是语音方面的原因，可能是语义方面的，在某一个场合不能发现，这个是需要语言学知识的。还有一个翻译错误，我现在想起来，有一次开翻译学的会议，有个英语词interpreter，应该是译员的意思，但是机器翻译出来是一元两元三元钱的"一元"，这个明显错了。这种错误肯定是个语义学方面或者语境方面的问题，这是需要语言学去解决的。所以我觉得语言学在这些方面将来可能发挥很大作用。跨学科研究，包括现在做的基因研究，人类基因跟语言扩散的关系，语言的亲缘关系，等等。包括现在讲的病理语言学，小孩讲话讲得不好，有些障碍该怎么样帮助他；或者一个人得了失语症，该怎么来恢复他的语言能力，这些都需要语言学家的帮助。

所以将来可能大的方向就是这个，当然语言描写、语言本体研究还是需要的，这是基本，是吧。将来比较广阔的一个大的空间，可能是这个方面。也包括人文学科内部的互相交流，比方说语言与文化关系的研究也是一种，但是更大的范围，就是跨学科，与自然科学的那些交流，科大讯飞可能是很好的，我不知道语言学里面它用了哪些东西，也许它没有用到，所以它会出现一些错误。

徐：应用的领域还是很广的。

游：现在应用领域很广的。但是这个还需要进一步改善，把错误率给它消灭掉。现在可能还是不断地会发现一些错误，但是不会很多。

徐：所以科技的发展其实还是离不开人文的，不然就很难走得远。

游：对。还有人类学基因研究，金力他们已经做了一些事情了，在目前国内应该也是走得比较强、比较前沿的。现在他们招聘了一个年轻的学者，他也是做这方面的，叫语言生物学，还是叫人类生物学，反正是把语言跟生物学结合起来研究。

徐：您觉得在您40多年的语言学的生涯当中，我们整个语言学界发展最大的变化，有哪几个方面？

游：变化最大、最明显的，就是以前的研究的范围比较窄小，现在研究的范围变大了。当然研究语言本体也是越来越深入了，这是一方面。另一方面范围确实扩大，比方说社会语言学以前没有，这是新产生的。还有语言科技方面，确实也是有一些进展的，特别是像徐州的一个大学，现在称为"江苏师范大学"，杨亦鸣他们做了很多，很不错的。语言本体方面越来越深入了，以前没有那么深入。像语法方面的研究，我们现在看胡裕树先生的《现代汉语》这本书里面讲的内容是当时研究水平的反映，跟现在是不一样的，现在语法方面的研究已经非常深入和细致了，包括古汉语研究，也是非常深入的。

研究的深度和广度方面都有所拓展，研究人员增加很多，以前相对来说还是比较少的。我们方言学的研究队伍也是越来越壮大了。有些以前不大注意的，比如语言地理学以前也没有怎么研究，现在编了语言地图什么的，而且编得很多。汉语研究以前限于国内，现在也去国外调查研究，有海外汉语方言研究重大项目，这是暨南大学做的，也出过书，这以前都是没有的。每一个学科，包括小的学科，本身范围也扩大了，人员也增加了，研究也深入了。还有，各种会议以前都是很少的，现在学术会议也很多，研讨会也很多，跟国外的交流也是大大加强了。

其他有一些我们不太了解的研究领域，比如认知语言学，以前研究也很少的。另外，还有实验语言学，我本人了解不多。总体来说，就是研究的领域开阔了，各方面的研究也更加深入了。

徐：那也是因为有您这样一批前辈在我们前面，已经帮我们做了很多的开拓，就像方言与中国文化，类似这样的文化语言学研究早就已经开始了。您现在退休以后其实也非常繁忙，是吧？

游：对，一是出版社有些约稿，我一直还没有完成，还有各种会议，别人委托我做的事情。我自己想写一本《汉语方言学史》，不知能不能完成。以前上课的时候有这门选修课。我也收集了一些资料，也做过一些事情，还跟中华书局签过合约，恐怕已经毁约了，现在还没有写好，但是希望我还能够把它做出来。前一阵，陈平叫我写一本文化语言学的书，把这几十年来不断研究的成果写成一本书。陈平，就是我刚才提到的吕叔湘先生第一届的研究生，他是学英文出身的，后来他到了澳大利亚。他原来在语言所，研究语言理论。最近开过一次会，商务印书馆组织的，他们要做一套丛书是跨学科研究的，已经邀请了一些刚才说的病理语言学、神经语言学的专家来写这套丛书了。作者里面有像我这样的研究人文科学的,也有研究自然科学的。

  徐:很有意义。

  游:今天要么先讲到这里。

  徐:谢谢,好了,您今天花了这么多时间。

  游:以后如果想起什么可以再讲。

  徐:好的,我们随时都可以再聊。谢谢您了,游老师!

游汝杰先生论著目录

论 文 类

1980 年

[1] 从语言地理学和历史语言学试论亚洲栽培稻的起源和传布[J].中央民族学院学报,1980(3):6—18.转载:中国语言人类学百年文选[M].北京:知识产权出版社,2008:171—188.(合作人:周振鹤)

[2] 地名的学问[J].百科知识,1980(4).

[3] 海南岛原始居民问题略考[J].地名知识,1980(3):54.

[4] 古越语地名初探——兼与周生春同志商榷[J].复旦学报(社会科学),1980(3):93—96.(合作人:周振鹤)

[5] 论普通话的音位系统[J].中国语文,1980(5):328—334.(合作人:钱乃荣、高钲夏)

1981 年

[6] 温州方言的语法特点及其历史渊源[J].复旦学报(社会科学版),1981(S1):107—123.

1982 年

[7] 论台语量词在汉语南方方言中的底层遗存[J].民族语文,1982(2):33—45,48.

1983 年

[8] 补语的标志"个"和"得"[J].汉语学习,1983(3):18—19,49.转载:现代汉语补语

研究资料[M].北京:北京语言学院出版社,1992.

[9] 从语言学角度试论亚洲栽培稻的起源和传播[M]//农史研究(第三辑).北京:农业出版社,1983:131—144.

1984 年

[10] 方言与文化史研究[M]//中国文化研究集刊(第一辑).上海:复旦大学出版社,1984.(合作人:周振鹤)

[11] 苏南和上海吴语的内部差异[J].方言,1984(1):3—12.(合作人:许宝华)

[12] 方言地理和历史行政地理的密切关系——以浙江方言分区为例[J].复旦学报,1984(2):67—76.(合作人:周振鹤)

[13] 北片吴语内部的异同[J].方言,1984(4):247—254.(合作人:许宝华,汤珍珠)

[14] 老派金山方言中的缩气塞音[J].中国语文,1984(5):357—358.

1985 年

[15] 湖南省方言区划及其历史背景(首次文摘)[J].复旦学报,1985(2):55—57.(合作人:周振鹤)

[16] 吴语在溧水县内的分布[J].方言,1985(1):65—66.

[17] 汉语量词"个"语源辩释[J].语文研究,1985(4):23—24.

[18] 湖南省方言区画及其历史背景[J].方言,1985(4):257—272.(合作人:周振鹤)

[19] 方言与中国文化[J].复旦学报,1985(3):232—237.(合作人:周振鹤)

1986 年

[20] 从语言学角度看栽培植物史[J].农业考古,1986(2):33—41.(合作人:周振鹤)

[21] 人口变迁与语言演化的关系[J].上海社会科学院学术季刊,1986(4):164—172.转载:中国语言人类学百年文选[M].北京:知识产权出版社,2008:53—68.(合作人:周振鹤)

[22] 上海地区十六至十九世纪方言地理[J].历史地理研究(创刊号),1986:279—292.(合作人:周振鹤)

1987 年

[23] 上海与江苏、浙江交界地区方言的内部差别[M]//语言研究集刊.上海:复旦大

学出版社,1987:257—270.

[24] 汉语方言学的萎缩和发展[J].语文导报,1987(4).转载:语文建设,1987(5):59—60.

[25] 语言学与文化学(上)[J].语文导报,1987(5):32—35.

[26] 语言学与文化学(下)[J].语文导报,1987(6):57—59.

1988 年

[27] 吴歌采集和研究中的语言问题[M]//民间文艺集刊(六).上海:上海文艺出版社,1988.

[28] "客话本字"条目[M]//中国大百科全书·语言文字卷.北京:中国大百科全书出版社,1988.

[29] 温州方言的一些特殊语法现象及其在台语里的对应表现[M]//吴语论丛.上海:上海教育出版社,1988:273—281.

[30] 方志所见上海方言初探[M]//吴语论丛.上海:上海教育出版社,1988:184—192.(合作人:许宝华)

[31] 宋姜白石词旁谱所见四声调形[J].中国语言学报(美国),1988(2):246—262.

[32] 汉语方言分区方法的多种可能性[M]//语文论集(三).北京:外语教学与研究出版社,1988:127—132.

[33] 第一次吴语研究学术会议纪要[M]//吴语论丛.上海:上海教育出版社,1988:336—339.

[34] 建设新的《现代汉语》教材[J].语文建设,1988(3):51—53.(合作人:钱乃荣)

1989 年

[35] 文化语言学答疑[J].汉语学习,1989(3):1—3.

1990 年

[36] 汉语方言岛及其文化背景[M]//中国文化(第二期).北京:读书·生活·新知三联书店,1990:161—167.

[37] 宁波方言(老派)的单字调和两字组变调[J].语言研究,1990(1):106—111.(合作人:汤珍珠、陈忠敏)

[38] 南方地名分布的区域特征与古代语言的关系[M]//纪念顾颉刚先生学术论文

集.成都:巴蜀书社,1990:709—724.(合作人:周振鹤)

1991 年

[39] 中国文化语言学刍议[M]//语言·社会·文化(首届社会语言学学术讨论会文集).北京:语文出版社,1991:412—423.转载:文化与语言(论文集)[M].北京:外语教学与研究出版社,1993.

1992 年

[40] 台湾与大陆华语文书面语的差异[J].语文建设,1992(11):14—16.

[41] The History and Meaning of Cultural Linguistics(文化语言学的历史和涵义)[M]//Macro-linguistics(宏观语言学)No.2.Household World Publisher(英国),1992.

1993 年

[42] 吴语里的反复问句(中、英文,删节)[J].中国语文,1993(2):93—102.

[43] 黑龙江省的站人和站话述略[J].方言,1993(2):142—147.

[44] 汉语方言微观演变的文化背景[M]//第三届社会语言学学术讨论会论文集.北京:北京语言学院出版社,1993:223—224.

[45] 吴语里的人称代词[M]//中国东南方言比较研究丛刊(第一辑).上海:上海教育出版社,1993:32—49.

[46] 汉语方言研究综述[M]//语言学年鉴(1992 年).北京:语文出版社,1993:21—25.

[47] 普通话音位问题[M]//社会科学争鸣大系.上海:上海人民出版社,1993:816—820.

1994 年

[48] 略论古代汉语方言的构拟[M]//现代语言学(论文集).北京:语文出版社,1994:219—230.

1995 年

[49] 中国南方语言里的鸟虫类名词词头及相关问题[J].中国语言学报(JCL)(单刊 8

辑《中国语言的祖先》),1995(8):253—268.

[50] 中国文化语言学的涵义和界说[J].复旦学报,1995(3):217—222.转载:光华文存(《复旦学报》社会科学版复刊 30 周年论文精选)[M].上海:复旦大学出版社,2008:383—391.

[51] 吴语里的合璧词[M]//中西学术(第一辑).上海:学林出版社,1995.

1996 年

[52] 杭州方言动词的"体"[M]//中国东南方言比较研究丛刊(第二辑).香港:香港中文大学中国文化研究所,1996:331—348.

[53] 温州方言的"有字句"和过去时标志[C].第一届汉语方言语法国际研讨会论文集.澳大利亚墨尔本大学,1996.

[54] 中国语言系属研究述评[J].云梦学刊,1996(3):67—75.转载:人大复印资料,1997(1).

1997 年

[55] 古文献所见吴语的鼻音韵尾和塞音韵尾[M]//桥本万太郎纪念中国语学论集.日本:东京内山书店,1997:247—263.

[56] 吴语的音韵特征[M]//中国语学研究·开篇(第 15 辑).日本:东京好文出版社,1997:98—113.

[57] 温州方言里带"起"字的补语句[M]//动词谓语句(中国东南部方言比较研究丛书第三辑).广州:暨南大学出版社,1997:76—83.

1998 年

[58] 西洋传教士著作所见上海话的塞音韵尾[J].中国语文,1998(2):108—112.

[59] 愿文化语言学走向成熟——评戴昭铭著《文化语言学导论》[J].语文建设,1998(3):15—16.

[60] 浙江慈溪的一个闽语方言岛——燕话[J].语言研究,1998(2):90—102.(合作人:徐波)

[61] 明成化本南戏《白兔记》中的吴语成分[J].杭州师范学院学报,1998(3):23—31.

[62] 西洋传教士的方言学著作及其研究价值[M]//纪念胡裕树先生八十华诞论文集.上海:上海教育出版社,1998.

[63] 上海话、广州话、普通话接近率的计量研究[M]//汉语计量和计算研究.香港:香港城市大学语言资讯科学研究中心,1998:57—78.(合作人:杨蓓)

1999 年

[64] 温州方言的有字句与过去时标志[M]//汉语方言共时和历时语法研讨会论文集.广州:暨南大学出版社,1999:168—192.

[65] 温州方言两字组的音长变化[M]//中国语言学的新拓展——庆祝王士元教授六十五岁华诞论文集.香港:香港城市大学出版社,1999.

2000 年

[66]《圣经》方言译本书目考录[M]//基督教与中国文化丛刊(第三辑).武汉:湖北教育出版社,2000:80—131.

[67] Xiang(湘语), Facts about the world's Major Languages[M]. H. W. Wilson Company, U. S., 2000.

2001 年

[68] 吴语地理在历史上的演变[J].中国语文研究(香港),2001(1):43—56.

2002 年

[69] 西洋传教士的汉语方言学著作调查报告[M]//东方语言与文化研究(第一辑).上海:东方出版中心,2002:264—281.

[70] 1994—1997 年文化语言学综述[M]//中国语言学年鉴(1994—1997).北京:语文出版社,2002:316—347.(合作人:黄玮)

[71] 吴语内部各片的音韵对应[M]//声韵论丛(第十二辑).台湾:学生书局,2002:189—216.

[72] 现代汉语兼语句的句法和语义特征[J].汉语学习,2002:1—6.转载:①人大复印资料,2003(3).②革新与开拓(复旦大学中文学科建设丛书·现代汉语语法卷)[M].北京:商务印书馆,2018:71—83.

2003 年

[73] 吴语内部各片的音韵对应[M]//吴语研究(第二届国际吴方言学术研讨会论文集).上海：上海教育出版社,2003:2—8.

[74] 当代汉语新词的多元化趋向和地区竞争[J].语言教学与研究,2003(1):12—21.(合作人：邹嘉彦)转载：人大复印资料,2003(7).

2004 年

[75] 汉语方言同源词的判别原则[J].方言,2004(1):7—15.转载：人大复印资料,2004(5):21—29.

[76] 在第二届社会语言学研讨会上的总结发言[J].语言教学与研究,2004(1):15—16.

[77] 方言接触和上海话的形成[M]//语言接触论集.上海：上海教育出版社,2004:319—346.

[78] 汉语方言学与社会语言学[J].中国社会语言学,2004(1):29—36.

[79] 吴语否定词的语法类别和历史层次[M].王士元教授 70 华诞庆祝论集(乐在其中).天津：南开大学出版社,2004:31—37.

[80] 方言兴衰存废的社会语言学观[N].雅言(复旦),2004-12-30.

2005 年

[81] 吴语与粤语人称代词的比较研究[M]//吴语研究(第三届国际吴方言学术研讨会论文集).上海：上海教育出版社,2005:356—361.

[82] 吴语儿尾词的历史——兼论汉语"儿"音的历史[M]//丁邦新,余霭芹.汉语史研究：纪念李方桂先生百年冥诞论文集(《语言暨语言学》专刊外编之二).华盛顿大学、"中研院",2005:293—306.

[83] 吴语语法的历史层次叠置[M]//语言研究集刊(第二辑).上海：上海辞书出版社,2005:30—53.

[84] 汉语方言学的现状和愿景[J].暨南学报,2005(5):108—115.

[85] 汉语方言的调查和描写[M]//二十世纪中国社会科学·语言学卷.上海：上海人民出版社,2005:147—166.

[86] 中国南方语言里的鸟虫类名词词头及相关问题[M]//汉语的祖先.北京：中华书

局,2005:419—441.(是[49]的再版)

[87] 社会语言学与汉语方言学的新阶段[M]//刘丹青.语言学前沿与汉语研究.上海:上海教育出版社,2005:332—346.

2006 年

[88] 上海话在吴语分区上的地位——兼论上海话的混合方言性质[J]方言,2006(1):72—78.转载:人大复印资料·语言文字学,2006(6).

[89] 19 世纪中期上海话的后置处所词[M]//语言研究集刊(第三辑).上海:上海辞书出版社,2006:1—12.

[90] 文化语言学研究综述[M]//中国语言学年鉴(1999—2003).北京:商务印书馆,2006:401—418.(合作者:汪东锋)

[91] 方言和普通话的社会功能与和谐发展[J].修辞学习,2006(6):1—8.

[92] 略谈方言和普通话的社会功能与和谐发展[N].语言文字周报,2006-12-06.

[93] 合璧词和汉语词汇的双音节化倾向[M]//东方语言学(创刊号).上海:上海教育出版社,2006:140—151.

[94] 温州方言儿尾词的连读变调问题[M]//丁邦新先生七秩寿庆论文集(《语言暨语言学》专刊外编之六).台北:台湾"中研院"语言学研究所,2006.

2007 年

[95] 汉语方言学的传统、现代化和发展趋势[J].中文自学指导,2007(1):33—38.

[96] 《21 世纪华语新词语词典》编纂感言[J].辞书研究,2007(6):123—128.(合作人:邹嘉彦)

2008 年

[97] 汉语新词与流行语的采录和界定[J].语言研究,2008(2):53—61.(合作人:邹嘉彦)

[98] 吴语元音的简约性问题[M]//吴语研究(第四届国际吴方言学术研讨会论文集).上海:上海教育出版社,2008:11—16.

[99] 早期西儒的汉语方言分类和分区研究[M]//语言研究集刊(第五辑).上海:上海辞书出版社,2008:89—101.

2009 年

[100] 当代上海的语言竞争[M]//文化认同与语言焦虑.桂林:广西师范大学出版社,2009:311—340.

[101] 汉语同义词的地域竞争和整合[M]//经典与理论——上海大学中文系学术演讲录.上海:复旦大学出版社,2009:245—262.

[102]《上海通俗语及洋泾浜》所见外来词研究[J].中国语文,2009(3):261—269.

[103] 汉语方言的文字问题[M]//语文论丛(9).上海:上海教育出版社,2009:1—9.

2010 年

[104] 语言学的学科地位问题[J].语言科学,2010(1):19—21.

[105] 三十年来上海方言的发展变化[M]//吴语研究(第五届国际吴方言学术研讨会论文集).上海:上海教育出版社,2010:236—247.

[106] 上海郊区语音近 30 年来的变化[J].方言,2010(3):194—200.

[107] 圣经和合本和上海土白本的比较研究[M]//自上帝说汉语以来——和合本圣经九十年.香港:香港研道社出版,2010:37—52.

2011 年

[108]《旅居上海手册》所见洋泾浜英语研究[M]//澳门语言文化研究(2009).澳门:澳门理工学院出版,2011:235—250.

[109] 杭州话语音特点及其古官话成分[M]//中国语言学集刊(第 5 卷,第 1 期).香港:香港中文大学,2011:129—144.

[110] 老派杭州方言的两字组变调[M]//吴语研究(第六辑).上海:上海教育出版社,2011:74—83.

2012 年

[111] 方言趋同与杭州话的"柯因内语"性质[M]//中国语言学会《中国语言学会》编委会.中国语言学报(第十五期).北京:商务印书馆,2012:13—26.

2013 年

[112] 华语运动与新加坡的语言使用考察[J].西部学刊,2013:61—66.(合作人:黄霞)

2014 年

[113] 逆序词与吴语的话题优先倾向[M]//中国语言学会《中国语言学会》编委会.中国语言学报(第十六期).北京:商务印书馆,2014:1—9.

2015 年

[114] 泰国潮州籍华裔语言使用情况调查报告[J].海外华文教育,2015(1):52—63.

[115] 台湾大学生语言使用状况研究[J].陕西师范大学学报(哲学社会科学版),2015,44(4):156—160.

[116] 当代华语新词分地定量分析[J].中国语言学报(JCL)(单刊 25 辑),2015:375—392.

2016 年

[117] 语言接触与新语言的诞生[J].华东师范大学学报(哲学社会科学版),2016(1):88—95.转载:人大复印资料,2016(7).

[118] 当代汉语的国际观[M]//汉语方言在海外的播迁与变异(第四届海外汉语方言国际研讨会论文集).北京:世界图书出版公司,2016:9—25.

[119] 试论混合型方言的特征[J].民族语文,2016(1):3—14.

[120] 吴语音系的归纳问题[M]//汉语研究的新貌:方言语法与文献——献给余霭芹教授.香港:香港中文大学中国文化研究所、吴多泰中国语文研究中心出版,2016:285—304.

[121] 江苏省溧水县方言述略[M]//边界方言语音与音系演变论集.上海:中西书局,2016:21—43.

[122] 当代汉语新词的地域竞争和整合[M]//多学科视野中的当代修辞学(望道修辞学论坛论文集萃).上海:复旦大学出版社,2016:225—237.

[123] 高本汉对汉语方言学的贡献及相关问题探讨[M]//语言研究集刊(第十七辑).上海:上海辞书出版社,2016:33—46+316.

2017 年

[124] 谈谈海内外华人社会的外来词[J].语言战略研究,2017(1):69—70.

[125] 博士论文贵在有创见[J].中国大学教育,2017(1):20—22.

[126] 上海的社区词[J].中国语言战略,2017(1):10—18.

2018 年

[127] 香港大学生语言使用情况调查报告[M]//飘扬万里觅知音——第五届海外汉语方言国际研讨会论文集.北京:世界图书出版公司,2018:45—66.

[128] 《广东土话文选》所见外来词研究[M]//汉语与汉藏语前沿研究——丁邦新八秩寿庆论文集.北京:社会科学文献出版社,2018:672—685.

2019 年

[129] 吴语"声调别义"的类别和特点[J].辞书研究,2019(2):73—80.

[130] 受业之惠　知遇之恩——我与胡裕树先生的缘分[M]//语言的描写与解释——胡裕树先生诞辰 90 周年纪念文集.上海:复旦大学出版社,2019.

2020 年

[131] 卷首语·我看当代汉语[J].语言战略研究,2020(4).

[132] 文读音、白读音和旁读音[J].方言,2020(2):148—157.转载:人大复印资料,2020(8).

2021 年

[133] 中国古代文化制度与语言演变[J].语言战略研究,2021(1):26—35.转载:人大复印资料,2021(4).

[134] 汉语研究的当代观和全球观[J].语言战略研究,2021(3):86—96.转载:《高等学校文科学术文摘》2021 年第 5 期.(列为上海社联 2021 年度推介论文)

[135] 从大数据库比较港沪两地"车"和"笔"类词的衍生和发展[J].语言研究,2021(4):12—25.(合作人:邹嘉彦)

[136] Development of Chinese dialect Bibles[M]//The Oxford Handkook of the Bible in China.Oxford University Press，2021:113—128.

著 作 类

1986 年

[1] 方言与中国文化[M].上海:上海人民出版社,1986.(合作人:周振鹤。共 260 页, 附图 24 幅,印数 11 000 册。1988 年、1992 年、1997 年、2006 年、2015 年、2019 年等年份均有重印本或修订本出版)

　a) 1988 年台湾南天书局出版繁体字本

　b) 2005 年韩国岭南大学出版社出版韩文版,收入"岭南中国研究丛书 7"。译者:全广镇、李研周

　c) 2015 年日本光生馆出版日文版,译者:岩本真理、大石敏之、濑户口律子、竹内城、原濑隆司,监译者:内田庆市、沈国威

　d) 2017 年 American Academy Press 出版英文版。译者:吴学忠(*Chinese Dialects and Culture*,英文版据上海人民出版社 2006 年第二版翻译)

1988 年

[2] 上海市区方言志(语法部分)[M].上海:上海教育出版社,1988:393—483.(全书主编:许宝华、汤珍珠,1997 年出版修订本)

1990 年

[3] 现代汉语[M].北京:高等教育出版社,1990.(主编:钱乃荣,常务编委及十一位撰稿人之一)

[4] 金山县志(第三十九编·方言)[M].上海:上海人民出版社,1990:1103—1138.

1991 年

[5] 中国语言学大词典(方言学主编及部分条目撰写)[M].南昌:江西教育出版社, 1991.(主编:陈海洋)

1992 年

[6] 汉语方言学导论[M].上海:上海教育出版社,1992.(2000 年出版修订本,2018 年出版修订本精装本)

[7] 中国学术名著提要·语言文字卷(前言、方言学部分)[M].上海:复旦大学出版社,1992.

1993 年

[8] 中国文化语言学引论[M].北京:高等教育出版社,1993.(上海辞书出版社 2003年出版修订本)

1994 年

[9] 上海话音档[M].上海:上海教育出版社,1994.(1998 年出版修订本)

1997 年

[10] 汉语的文化透视[M].沈阳:沈阳出版社,1997.

1998 年

[11] 现代汉语方言大词典·温州方言词典[M].南京:江苏教育出版社,1998.(合编人:杨乾明)

1999 年

[12] 游汝杰自选集[M].桂林:广西师范大学出版社,1999.

2001 年

[13] 汉语与华人社会[M].上海:复旦大学出版社,香港:香港城市大学出版社,2001.(合著人:邹嘉彦。繁体字本 2003 年出版)

2002 年

[14] 西洋传教士汉语方言学著作书目考述[M].哈尔滨:黑龙江教育出版社,2002.
(增订本 2021 年由上海教育出版社出版)

2003 年

[15] 著名中年语言学家自选集·游汝杰卷[M].合肥:安徽教育出版社,2003.
[16] 中国文化语言学引论(修订本)[M].上海:上海辞书出版社,2003.

2004 年

[17] 语言接触论集[M].上海:上海教育出版社,2004.(合著人:邹嘉彦)
[18] 汉语方言学教程[M].上海:上海教育出版社,2004.(第二版 2016 年出版)
[19] 社会语言学教程[M].上海:复旦大学出版社,2004.(合著人:邹嘉彦。此书入选
普通高等教育"十一五"国家级教材。第二版 2009 年出版。第三版 2016 年出版。繁字体
本由台湾五南图书出版股份有限公司于 2007 年出版。韩文版由韩国 China House 出版
社于 2008 年出版,译者:卞志源)

2006 年

[20] 地方戏曲音韵研究[M].北京:商务印书馆,2006.(主编、作者之一)

2007 年

[21] 21 世纪华语新词语词典[M].上海:复旦大学出版社,2007.(合作人:邹嘉彦。繁
字体本由台湾丽文文化事业股份有限公司于 2008 年出版)

2010 年

[22] 全球华语新词语词典[M].北京:商务印书馆,2010.(合作人:邹嘉彦)

2013 年

[23] 上海地区方言调查研究[M].上海:复旦大学出版社,2013.(主编及作者之一)

2014 年

[24] 耦耕集——文化语言学存稿[M].桂林：广西师范大学出版社，2014.（合作人：周振鹤）

[25] 什么是社会语言学[M].上海：上海外语教育出版社，2014.

2016 年

[26] 方言接触论稿(复旦中文学术丛刊之一)[M].上海：复旦大学出版社，2016.

[27] 全球华语大词典[M].北京：商务印书馆，2016.（李宇明主编，本人为港澳组编写人员之一）

2018 年

[28] 吴语方言学[M].上海：上海教育出版社，2018.

2021 年

[29] 怀念姑丈夏承焘先生[M]//温州学人印象丛书·夏承焘.上海：文汇出版社，2021:153—160.

序 跋 类

1987 年

[1] 中文版后记[M]//语言与人类交际.南宁：广西教育出版社，1987.

2007 年

[2] 序[M]//吴子慧.吴越文化视野中的绍兴方言研究.杭州：浙江大学出版社，2007.

2009 年

[3] 后记[M]//语文论丛(9).上海：上海教育出版社，2009.

2010 年

[4]后记[M]//吴语研究(第五辑).上海:上海教育出版社,2010.

2012 年

[5]序[M]//戴黎刚.闽语的历史层次及其演变.北京:中国社会科学出版社,2012.

2013 年

[6]序[M]//林艳.汉语双宾语构式句法语义研究.北京:北京语言大学出版社,2013.
[7]序[M]//吴春相.现代汉语句子组成单位的语序变换研究.济南:齐鲁书社,2013.

2014 年

[8]序[M]//蔡瑱.类型学视野下汉语趋向范畴的跨方言比较.上海:学林出版社,2014.
[9]序[M]//王健.苏皖区域方言语法研究.北京:商务印书馆,2014.

2015 年

[10]序[M]//林素娥.一百多年来吴语句法类型演变研究.北京:中国社会科学出版社,2015.
[11]序[M]//袁丹.基于实验分析的吴语语音变异研究.上海:上海世纪出版集团·上海人民出版社,2015.

2016 年

[12]序[M]//杨文波.工业化进程中的语言接触——江西上饶铁路话调查研究.花木兰文化出版社,2016.

2018 年

[13]序[M]//胡萍.语言接触与湘西南平话调查研究.长沙:岳麓书社,2018.

2019 年

[14] 序一[M]//杨蓓.上海话音系习得.上海:上海教育出版社,2019.转载:语言文字周报,2019.

2020 年

[15] 序[M]//吴波.江淮官话音韵研究.北京:商务印书馆,2020.

审校与审订类

[1] (英)艾约瑟.上海方言口语语法[M].钱乃荣,田佳佳,译;游汝杰,校.北京:外语教育与研究出版社,2011.

[2] (英)艾约瑟.上海方言词汇集[M].杨文波,姚喜明,胡炜炼,校注;游汝杰,审订.上海:上海大学出版社,2016.

[3] 睦礼逊(William T. Morrison).宁波方言字语汇解[M].朱音尔,姚喜明,杨文波,校注;游汝杰,审订.上海:上海大学出版社,2016.

译 著 类

1980 年

[1] "音位"的历史和涵义[J].国外语言学,1980(2):23—31, 38.

1987 年

[2] 文字的始祖[M]//王士元,主编;葛传椠,徐烈炯,审校;游汝杰,潘悟云,等译.语言与人类交际.桂林:广西教育出版社,1987:100—112.(原书: *Human communication, language and its psychological basis, with introduction by William S-Y Wang*, W. H. Freeman and company, San Francisco, 1982)

[3] 汉语[M]//王士元,主编;葛传椠,徐烈炯,审校;游汝杰,潘悟云,等译.语言与人

类交际.桂林:广西教育出版社,1987:56—71.

1998 年

[4] 上古时代的华夏人和邻族[M]//扬州大学中国文化研究所集刊(第一辑).南京:江苏古籍出版社,1998:343—376.(又刊《中国文化语言学引论》(修订版),上海辞书出版社,2003:269—334.原书：E. G. Pulleyblank, *The Chinese and their neighbors in Prehistoric Times*, *The Origins of Chinese Civilization edited by David N. Keightley*, University of California Press,Berkeley, Los Angeles, London, 1983.)

2004 年

[5] 罗马所藏 1602 年手稿本闽南话—西班牙语词典——中国与西方早期语言接触一例[M]//语言接触论集.上海:上海教育出版社,2004:211—234.(原书：MASINI Federico, *A Minnan Chinese-Castillian Spanish Dictionary of 1602. Preserved in Manuscript in Rome：An Early Case of Sino-Western Language Contact*。又刊周振鹤编《中欧语言接触的先声——闽南话与卡斯蒂里亚语初步接触》,复旦大学出版社,2008)

2006 年

[6] 邹嘉彦.从合逊《广东的对话》看十九世纪中叶广东的语言、文化和社会[M]//游汝杰,译.语言研究集刊(第三辑).上海:复旦大学出版社,2006:371—389.(原文：*Hobson's Canton Dialogues—Language, Culture, and Society in 19ᵗʰ Century Canton*,刊 Collection des Cahiers de Linguistique 6, Ecole des haules etudes ensciences socials, Centre de Research Linguistuques sur L'Asie Orientale.)

2018 年

[7] 常州方言(The Changchow Dialect)[M]//吴语方言学.上海:上海教育出版社,2018.

(截至 2022 年 2 月)

图书在版编目（CIP）数据

汉语方言研究的多维视角：游汝杰教授八秩寿庆论文集/胡方，杨蓓主编.—上海：上海教育出版社，2022.9
ISBN 978-7-5720-1514-4

Ⅰ.①汉… Ⅱ.①胡… ②杨… Ⅲ.①汉语方言 – 方言研究 – 文集 Ⅳ.①H17-53

中国版本图书馆CIP数据核字(2022)第160238号

责任编辑　毛　浩
封面设计　郑　艺

汉语方言研究的多维视角：游汝杰教授八秩寿庆论文集
胡　方　杨　蓓　主编

出版发行　上海教育出版社有限公司
官　　网　www.seph.com.cn
地　　址　上海市闵行区号景路159弄C座
邮　　编　201101
印　　刷　上海叶大印务发展有限公司
开　　本　787×1092　1/16　印张29　插页4
字　　数　605千字
版　　次　2022年9月第1版
印　　次　2022年9月第1次印刷
书　　号　ISBN 978-7-5720-1514-4/H·0047
定　　价　118.00 元

如发现质量问题，读者可向本社调换　电话：021-64373213